NÖRDLICHE SPORADEN

Dirk
hönrock

Text & Recherche	**Dr. Dirk Schönrock**
Text & Recherche "Athen"	**Eberhard Fohrer**
Lektorat	Sabine Beyer
Redaktion & Layout	Stefanie Eber
Fotos	Dr. Dirk Schönrock (Athen: Eberhard Fohrer)
Cover	Karl Serwotka
Titelfotos	*oben*: Fresken im Kloster Kechrias (Skiathos) *unten*: Hafenansicht von Skopelos-Stadt
Karten	Susanne Handtmann

Der Autor: **Dr. Dirk Schönrock**, Jahrgang 1968, studierte Politikwissenschaft, Geschichte und Öffentliches Recht an der Universität Mannheim. Staatsexamen 1994, danach Promotion im Fach Politikwissenschaft mit einer Arbeit über politische Koalitionsbildung in der italienischen Republik. Seit einigen Jahren als freier Mitarbeiter bei zahlreichen Tages- und Wochenzeitungen in Deutschland und der Schweiz tätig. Griechenlandfan.

Mein herzlicher Dank für die Mithilfe bei den Recherchen gilt Elisabeth Maria Köpke.

Vielen Dank für zahlreiche Tips an: Dimitris Alvanos, Pakis Athanassiou, Geórgios Damaskos, Alexandra Dozi, Agamemnon Kakulidis, Leonidas Kantartzis, Familie Willem Lüth, Manólis Mavrogenis, Kiriakí Melissopoulou, Monika und Nikos Pappas, Hans Jörg Rothenberger, Achilléas E. Simetáikis, Stefanos Speerli von Overheid, Martina und Stamatis Trachanas, Dimitris Vassalios, Ilías Vlaikou, Maria Volioti, Karin Wolf-Alexiou.

ISBN 3-932410-13-0

Aktuelle online-Infos unter: http://www.Michael-Mueller-Verlag.de

Originalausgabe 1998

Herzlich willkommen auf den grünen Inseln Mittelgriechenlands

Skíathos, Skópelos, Alónnissos und etwa ein halbes Dutzend unbewohnter Inseln liegen unmittelbar östlich der Pílionhalbinsel im Meer. *Nördliche Sporaden* wird die gesamte Gruppe genannt. Dazu zählt außerdem *Skýros*, etwas abseits vor der Küste von Euböa gelegen. Was macht die Sporadeninseln aus, die hier in einem Reisehandbuch vereint sind?

Kurz gesagt, allesamt sind attraktiv durch die Vielfalt ihrer Angebote und gleichzeitig wunderschöne Urlaubsziele. Sei es das pulsierende *Skíathos* mit einigen der phantastischsten Strände Griechenlands und seinem üppigen Nachtleben. Oder vielleicht eher *Skópelos*? Die Hauptinsel des Archipels präsentiert sich dicht bewaldet, nur die über 360 strahlendweißen Kapellen, Kirchen und Klöster ragen aus dem saftigen Grün der Wälder heraus. Wer nicht den großen Sommerrummel sucht, fühlt sich vielleicht auf *Alónnissos* wohl. Wander- und Bootsausflüge sowie Baden in glasklarem Wasser bestimmen hier die Zeit. Eine angenehme Mischung von alledem findet der Besucher auf *Skýros*: hübsche Strände und Wandermöglichkeiten, eine belebte Chóra mit vielen kulturellen Eigenarten und dem Reiz zweier gänzlich verschiedener Inselteile. Genießen Sie die reichhaltige sporadische Küche in traditionellen Tavernen, und erleben Sie die Herzlichkeit der Einheimischen, denen der Fremde noch immer Gast ist. Suchen Sie sich Ihre Lieblingsbucht. Besuchen Sie die hervorragend erhaltenen und oftmals noch bewohnten Klöster. Sakrale Kostbarkeiten von unschätzbarem kunstgeschichtlichem Wert sind überall hinter den dicken Mauern verborgen.

Bei all Ihren Inselaktivitäten hilft Ihnen dieses Reisehandbuch. Es bietet ausführliche Hinweise zur Geschichte, zu Festlichkeiten und Sehenswertem, eine Fülle reisepraktischer Tips und – wo immer möglich – Einblicke in das Alltagsleben der Insulaner. Auch wenn der große Bauboom in Griechenland mittlerweile vorüber ist, ist vieles noch im Wandel begriffen. Neue Unterkünfte entstehen in wenigen Wochen, und wo in diesem Jahr eine Tavérna untergebracht war, kann im nächsten eine Schiffsagentur Tickets verkaufen oder eine Bar griechische Musik spielen. Schreiben Sie mir, wenn Sie auf Ihrer Sporadenreise auf Interessantes oder Originelles gestoßen sind oder aktuelle Änderungen feststellen. Jeder Tip kommt der nächsten Auflage zugute.

Jássas – viel Spaß im grünen Inselparadies Mittelgriechenlands wünscht

Dirk Schönrock

Inhalt

Die Inseln erleben ... 8

Die Nördlichen Sporaden im Überblick ... 12
Klima und Wetter ... 13
Geographie und Geologie ... 15
Feste und Feiertage ... 17
Flora ... 18
Fauna ... 21

Anreise ... 24

Mit dem Flugzeug ... 24
Mit dem eigenen Fahrzeug ... 31
Mit dem Fahrrad ... 34
Mit der Bahn ... 36
Weitere Anreisemöglichkeiten ... 38
Fährverbindungen Italien – Griechenland ... 39
Von Athen per Flug auf die Nördlichen Sporaden ... 42

Unterwegs auf den Nördlichen Sporaden ... 43

Per Schiff ... 44
Per Tragflügelboot ... 46
Per Flugzeug ... 47
Verkehr auf den Inseln ... 48
Wandern ... 53

Wissenswertes von A bis Z ... 56

Alkohol ... 56
Ärztliche Versorgung und Apotheken ... 56
Baden ... 58
Diebstahl ... 58
Diplomatische Vertretungen ... 58
Einkaufen ... 59
Ermäßigungen ... 59
Essen und Trinken ... 60
Familie ... 67
Finanzen ... 68
Fotografieren/Filmen ... 70
Gesten und Gruß ... 70
Informationen ... 70
Kartenmaterial ... 71
Kleidung ... 71
Klöster und Kirchen ... 72
Komboloí ... 72
Moral ... 72
Öffnungszeiten ... 74
Papiere ... 74
Post ... 74
Radio und Fernsehen ... 75
Reisezeit ... 75
Religion ... 77
Sport ... 77
Sprache ... 79
Strom ... 79
Telefon ... 79
Toiletten ... 80
Übernachten ... 81
Uhrzeit ... 86
Umwelt ... 86
Wasser ... 87
Zeitungen/Zeitschriften ... 87
Zoll ... 87

Buchtips ... 88

Stop-over Athen ... 91

Pláka ... 102
Antikes Athen ... 103
Akrópolis ... 104
Museen ... 107

Insel Skíathos ... 110

Skíathos/Stadt (Chóra) ... 121
Süden und Südwesten ... 142
Südküste zwischen Skíathos/Stadt und Kanapítsa ... 143
Halbinsel Kanapítsa ... 148
Südküste zwischen Kanapítsa und dem Órmos Koukounariés ... 151
Órmos Platánias ... 151
Troúlos ... 153
Órmos Koukounariés ... 156
Nördlich von Troúlos ... 164
Moní Panagía Kounistrá ... 165
Inselnorden ... 167
Entlang der Nord- und Ostküste ... 168
Inselinneres ... 170
Moní Evangelístria ... 171
Weitere Kirchen im Inselinnern ... 172
Moní Charálambos ... 174
Moní Kechriás ... 175
Wanderung vom Moní Kechriás zum Órmos Kechriás ... 176
Von der Kirche Profítis Ilías zum Kástro ... 178
Kástro ... 179

Vorgelagerte Inseln ... 181

Insel Skópelos ... 183

Inselsüden ... 195
Skópelos/Stadt (Chóra) ... 196
Rundwanderung von Skópelos über die Kapelle Agía Marína zurück in die Stadt ... 213
Rundwanderung von der Stadt zum Kloster Metamórphosis und wieder zurück nach Skópelos ... 215
Östlich von Skópelos/Stadt ... 217
Moní Evangelístria ... 217
Moní Metamórphosis ... 219
Moní Agía Barbára ... 220
Moní Timíou Prodrómou ... 221
Südliches und westliches Hinterland von Skópelos/Stadt ... 224
Moní Regínou ... 224
Südwestküste ... 226
Órmos Stáphylos/ Órmos Velanió ... 226
Órmos Agnóntas ... 229
Pánormos ... 232
Inselnorden ... 235
Loutráki ... 236
Glóssa ... 240
Klíma (Epáno Klíma) ... 243
Elíos (Káto Klíma) ... 244
Órmos Miliá ... 247
Äußerster Inselnorden ... 248
Moní Agíos Taxiarchón ... 249

Vorgelagerte Inseln ... 250

Inseln zwischen Skópelos und Alónnissos ... 251

Insel Alónnissos ... 252

Inselsüden ... 263
Patitíri ... 264
Rsoúm Gialós ... 275
Vótsi ... 277
Südlich von Patitíri ... 281
Von Patitíri nach Alónnissos/Ort ... 283
Alónnissos/Ort ... 284

Wanderung von Alónnissos/Ort nach Patitíri 289
Westlich und nordöstlich von Alónnissos/Ort 290
Wanderung von Patitíri zum Strand von Megálo Mourtiá und weiter nach Alónnissos/Ort 292
Der mittlere Teil der Insel 294
Südostküste 295
Órmos Chrissí Miliá 295
Órmos Kokkinó Kástro 296
Stení Vála 298
Kalamákia 301
Nordwestküste und Inselinneres 303
Mourteró 305
Wanderung von Patitíri zur Klosterkirche Agía Anárgiri 306
Inselnorden 308
Gérakas 309

Vorgelagerte Inseln 311

Peristéra 311

Einsame Inseln östlich und nordöstlich von Alónnissos 313

Kyrá Panagía 315
Ghioúra 318
Pipérion 319
Psathoúra 320

Einsame Inseln zwischen Alónnissos und Skýros 322

Adelphí-Gruppe 322
Skantzoúra-Gruppe 322

Insel Skýros 324

Inselnorden 337
Skýros/Stadt (Chóra) 339
Magazía 357
Mólos 361
Gyrísmata 365
Hinterland von Skýros/Stadt 366
12-Kapellen-Wanderung von Skýros/Stadt nach Gyrísmata 367
Wanderung von Skýros/Stadt nach Linariá 371
Von Skýros/Stadt in den Inselnorden bis zum Flughafen 373
Vom Flughafen an der Westküste entlang bis Pévkos 375
Atsitsa 377
Mittlerer Teil der Insel 383
Linariá 383
Von Linariá nach Skýros/Stadt 388
Aspoús 389
Östlich von Linariá 391
Kalamítsa 391
Inselsüden 393
Nífi 394

Vorgelagerte Inseln 398

Sprachführer 402

Register 415

Kartenverzeichnis 419

Was haben Sie entdeckt?

Haben Sie den Strand der Nördlichen Sporaden gefunden eine freundliche Taverne weitab vom Trubel, ein nettes Hotel mit Atmosphäre, einen schönen Wanderweg?
Wenn Sie Ergänzungen, Verbesserungen oder neue Tips zum Buch haben, lassen Sie es uns wissen!

Schreiben Sie an:

Dr. Dirk Schönrock
Stichwort "Nördliche Sporaden"
c/o Michael Müller Verlag GmbH
Gerberei 19
D – 91054 Erlangen

Alónnissos – Órmos Kokkíno Kástro

Die Inseln erleben

Skíathos, Skópelos, Alónnissos und Skýros heißen die vier bewohnten Inseln der Nördlichen Sporaden. Insgesamt zählt die Gruppe aber nicht weniger als achtzig Eilande. Beliebtestes Ziel und als einziges von Mitteleuropa per Direktflug erreichbar ist Skíathos mit seinen phantastischen Stränden. Aber auch die Nachbarinsel Skópelos hat sich einen ordentlichen Teil des Tourismuskuchens gesichert. Nach Alónnissos verirren sich eher die traditionellen Inselfans, die mehr Ruhe und Erholung als Disco und Nightlife suchen. Skýros bietet für jeden Geschmack das Richtige. Eine lebendige Stadt, touristisch erschlossene Strände, kulturelles Leben und ruhige abgelegene Dörfer mitsamt ihren unberührten Buchten.

Auf jeden Fall erwarten den Besucher dicht bewaldete und überaus grün wirkende Inseln. Nur Skýros fällt etwas aus dem Rahmen – das Eiland liegt nicht zufällig ein ganzes Stück weit von den anderen entfernt. Skýros ist die südlichste Insel der Nördlichen Sporaden, obwohl sie eigentlich nur noch aus geographischer Sicht zu diesem Archipel gezählt wird. Die griechische Republik läßt die "Prinzessin des Windes" nicht von Skópelos, dem Hauptort der Sporaden, sondern von dem zwei Fährstunden entfernten Euböa verwalten. Skópelos bildet das Zentrum der sogenannten "Magnesischen Inselreihe": Skíathos, Skópelos und Alónnissos. Im Grunde müßte unser Buch "Magnesische Inseln und Skýros" heißen.

Die Kirche Panagía ston Pírgo und die Bucht von Skópelos/Stadt

Besonders geeignet sind die Sporaden für alle, die auf der einen Seite Sonne, Landschaft und Naturverbundenheit suchen, andererseits auf Unterhaltung nicht verzichten möchten. Wer es einrichten kann, sollte sich als "Insel-Springer" betätigen. Die Verbindungen sind ausgezeichnet. Mehrfach täglich pendeln konventionelle Fähren oder die etwas teureren Tragflügelboote zwischen den fünf Häfen. Auf allen Inseln findet man duftende Pinienwälder, herrliche Sand- und Kiesstrände, Sommertemperaturen bis zu 35 Grad, glasklares und sauberes Wasser, optisch reizvolle Häfen und im Juli und August der erfrischende Nordwind der Ägäis. Selbst im Hochsommer wird es durch den *Meltémi* nie unerträglich heiß.

Skíathos ist seit Jahren der unbestrittene Marktführer in Sachen Fremdenverkehr. Der einzige internationale Flughafen der Nördlichen Sporaden macht es möglich, und die Insulaner haben ihre Heimat zu einem perfekten Ferienzentrum ausgebaut. Wohl kaum eine andere Insel Griechenlands zählt so viele Übernachtungsmöglichkeiten auf so geringer Fläche wie Skíathos. Hauptanziehungspunkt sind die Strände, für die das Prädikat "phantastisch" nicht übertrieben ist. Kilometerlanger feinster weißer oder goldgelber Sand an der windgeschützten Südküste, ein wahres Badeparadies und oft die "griechische Karibik" genannt. In der Hauptstadt wird dann die Nacht zum Tag gemacht, Discos und Musikbars bieten den Vergnügungssüchtigen reichlich Raum zum Austoben. Im Hinterland befinden sich eine alte, verlassene Stadt und das Kloster Evangelistría, "Geburtsort" der griechischen Nationalflagge.

Skópelos zeigt sich dagegen etwas ruhiger. Der Touristenansturm ist geringer. Dichte Nadelwälder und eine liebliche Hügellandschaft bestimmen das

Hausansicht in Alónnissos/Ort

Bild der Insel. Ihre Hauptstadt zieht sich pittoresk einen Hang hinauf und wurde schon vor Jahren in seiner Gesamtheit unter Denkmalschutz gestellt. Außerhalb des Ortes liegen zahlreiche Kirchen und Klöster in den Bergen. Allesamt lohnenswerte Ziele für wunderschöne Wanderungen durch die einsame Inselwelt. Skópelos bietet außer 360 Gotteshäusern aber auch einige hervorragende Sandstrände mit glasklarem Wasser. Entlang der Inselstraße liegen zahlreiche kleine Dörfer, eines wurde bei dem Erdbeben von 1965 stark beschädigt und fast gänzlich verlassen. Keine andere Insel der Nördlichen Sporaden verfügt über zwei Häfen. Wer nach Skópelos will, kann auch in Loutráki das Schiff verlassen und später über den Highway die gesamte Insel nach Skópelos/Stadt durchqueren – eine lohnende Reiseroute.

Alónnissos ist das dritte Eiland im Bunde der magnesischen Reihe. "Auf Alónnissos liegt der Hund begraben", sagen die Skopeliten. Ganz unrecht haben sie damit nicht, aber genau das macht auch den Reiz dieser Insel aus. Hier geht es noch merklich ruhiger zu. Mangels Flughafen und guter Sandstrände ist noch viel Ursprünglichkeit erhalten geblieben. Der alte Hauptort hoch oben auf den Hügeln über Patitíri wurde 1965 von einem Erdbeben zerstört und mittlerweile wieder fast vollständig aufgebaut. Alónnissos bietet sich vor allem für Ausflüge in die grüne, fast unberührte Natur an. Neuerdings ist die Insel zu einem Kristallisationspunkt für den Naturschutz geworden. Mehrere deutsche und internationale Stiftungen sind auf Alónnissos mit verschiedenen Projekten tätig, und auch der weltbekannte griechische Homöopath Geórgios Vithoulkas hat nicht zufällig Alónnissos als Standort für seine "Internationale Akademie" auserkoren.

Skíathos – Órmos Tsanerías

Kyrá Panagía, *Ghioúra*, *Pipérion*, *Psathoúra*, *Adelphí* und *Skantzoúra* heißen die größeren der unbewohnten Sporadeninseln. Sie liegen allesamt im sogenannten "Meeresnationalpark Nördliche Sporaden", den die griechische Regierung Ende der achtziger Jahre als Naturschutzgebiet eingerichtet hat. Derzeit dürfen nur die Inseln Kyrá Panagía und Psathoúra überhaupt betreten werden. Zweifellos zählt ein Bootsausflug zu diesen sehenswerten Eilanden zu den schönsten Erlebnissen einer Sporadenreise.

Waldbrände

Alle Sporadeninseln sind nahezu vollständig von einem herrlich duftenden, aber strohtrockenen Wald aus Aleppokiefern, Pinien und Zypressen überzogen. Zudem gibt es überall etliche Olivenhaine. Die Einwohner haben berechtigte Angst, daß dieser Waldbestand durch ein Feuer vernichtet werden könnte.

Schon der kleinste Funken kann die Katastrophe auslösen, zum Beispiel eine achtlos weggeworfene Cola-Dose! Das Aluminium reflektiert die Sonnenstrahlen, und durch die enorme Hitze können sich im Sommer zundertrockene Äste oder Grashalme entzünden. Auch eine vermeintlich ausgedrückte Zigarette hat schon auf anderen griechischen Inseln für ein Flammenmeer gesorgt.

Am besten verzichtet man außerhalb der Ortschaften ganz auf jedwede Spielereien mit Feuer. Ohnehin drohen für offenes Lagerfeuer im Wald und an den Stränden drastische Strafen. Daher gilt: Wer sich beim Wandern in den Wäldern einen Glimmstengel gönnt, steht schon mit einem Fuß im Gefängnis ...

Skýros scheint auf den ersten Blick so gar nicht in das typische Sporadenbild zu passen, denn das Eiland unterscheidet sich in vielerlei Hinsicht von den Inseln der Skópelos-Gruppe. Ein erschlossener grüner Norden steht der kargen und trockenen Südhälfte gegenüber. Geologen behaupten sogar, der Südteil von Skýros sei eine abgedriftete Kykladeninsel. An den Mittelpunkt der griechischen Inselwelt erinnert aber auch der kubische Baustil der Häuser. Die Bewohner haben ihre Wohnzimmer wie ein Privatmuseum eingerichtet. Skýros/Stadt zieht sich in einem weiten Bogen den Felszahn hinauf, auf dessen Spitze ein bewohntes Kloster thront. Außerdem bietet die Insel hervorragende Sandstrände und eine touristisch entwickelte Infrastruktur. Wer nicht per Schiff anreisen will, kann einen innergriechischen Flug von Athen wählen. Skýros hebt sich auch durch sein originäres Brauchtum und seine uralte Kultur von den anderen Inseln der Nördlichen Sporaden ab.

Die Nördlichen Sporaden im Überblick

Geographische Lage: ca. 39 Grad nördliche Breite und 23,5 bis 24,5 Grad östliche Länge. Der 39. nördliche Breitengrad und der 24. östliche Längengrad kreuzen sich ziemlich genau in der Mitte zwischen *Skíathos* und *Skýros*. Die Inseln zählen damit zu den sommertrockenen Subtropen. Fast auf gleicher nördlicher Breite liegt die westgriechische Stadt *Preveza* und die Insel *Lesbos* nahe der türkischen Küste. Auf demselben östlichen Längengrad liegen der *Heilige Berg Athos* und die Großstadt *Chania* im Westen *Kretas*.

Bevölkerung: Etwa 15.650 Menschen leben dauerhaft (d. h. auch im Winter) auf den Nördlichen Sporaden. Davon wohnen ca. 5100 auf *Skíathos*, ca. 6000 auf *Skópelos*, ca. 1800 auf *Alónnissos* und ca. 2750 auf dem etwas abseits liegenden *Skýros*. Die restlichen Inseln sind nicht ständig bewohnt. Vor allem im Sommer leben dort nur einige Ziegenhirten.

Wichtige Orte: auf *Skíathos* nur die *Chóra*, d. h. Skíathos/Stadt. Auf *Skópelos* gibt es außer Skópelos/Stadt mehrere größere Dörfer: *Elíos*, *Glóssa* und *Loutráki*. *Alónnissos* hat nur den gleichnamigen Hauptort, d. h. die *Chóra*, und den Hafenort *Patitíri* zu bieten. Auch auf *Skýros* trägt der Hauptort denselben Namen wie die Insel. Außerdem gibt es dort noch die Dörfer *Linariá*, *Atsitsa*, *Aspoús* und *Kalamítsa*.

Größe: *Skýros* ist mit 208 qkm die größte Insel der Nördlichen Sporaden. Die Eilande der Skópelos-Reihe sind allesamt deutlich kleiner: *Skíathos* umfaßt gut 60 qkm, *Skópelos* 96 qkm und *Alónnissos* mißt eine Fläche von 64 qkm.

Oberfläche: mit Ausnahme der Südhälfte von Skýros allgemein dicht bewaldete Hügel- und Berglandschaft. Die Nadelwälder reichen oft bis an die Küste heran. Im Inland entspringen zahlreiche Quellen. Eine größere Ebene gibt es nur im Norden von Skýros. Gleichzeitig dominiert im Südteil dieser Insel eine steile und karge Gebirgslandschaft wie auf den Kykladen.

Berge: Die Nördlichen Sporaden sind allgemein hügelige Inseln, Berge im eigentlichen Sinne gibt es nur auf Skópelos und Skýros. Dort steigen der *Délphi* auf 688 m (Skópelos) und der *Kochilas* sogar auf 792 m (Skýros) an. Die höchste Erhebung auf Skíathos, der *Karafiltsanáka*, reicht gerade mal auf 427 m, und auch auf Alónnissos führt die höchste Kuppe, der *Óros Kouvoúli*, nur auf 476 Höhenmeter hinauf.

Verbindungen: per Autofähre und Tragflügelboot ab Vólos und Agíos Konstantínos sowie innerhalb der Skópelos-Gruppe recht gut. Nach Skýros am besten von Kými auf der Insel Euböa aus übersetzen. Querverbindungen von Skíathos, Skópelos oder Alónnissos nach Skýros gibt es nur mit den Flying Dolphins.

Straßen: Die Hauptverbindungsstraßen auf den Inseln sind in den letzten Jahren durchgängig asphaltiert worden und zeigen sich in gutem Zustand. Dies gilt insbesondere auch für die Strecken zu den beliebten Stränden. Zu abseits gelegenen Klöstern und ins Hinterland führen aber nach wie vor überwiegend Schotterpisten.

Baden: auf Skíathos, Skýros und im Süden von Skópelos sehr gute Sandstrände, auf Alónnissos und im Nordteil von Skópelos überwiegend feiner Kies. Fast überall klares, sauberes Wasser. Die Nördlichen Sporaden sind ein wahres Badeparadies.

Auto- und Zweiradverleih: Verleih von motorisiertem Gerät existiert auf jeder Insel, die Büros liegen meist in den Hauptorten und in Hafennähe. Mit Blick auf die Größe der Eilande genügt meist ein Zweirad.

Kartenmaterial: Für Alónnissos gibt es eine sehr gute Privatkarte und für Skýros ein recht brauchbares Kartenblatt. Katastrophales Material dagegen für Skíathos und Skópelos. Alle Inselkarten werden vor Ort an Kiosken und in Touristenläden verkauft.

Telefonvorwahl: Skíathos: 0427; Skópelos und Alónnissos: 0424; Skýros: 0222.

Klima und Wetter

Der gesamte Archipel gehört zum Bereich des subtropischen Mittelmeerklimas. So wechseln sich auch auf den Nördlichen Sporaden heiße und trockene Sommer mit windigen und regenreichen, aber milden Wintern ab. Die Übergangsphasen im Frühjahr und Herbst sind dagegen nur kurz.

Generell gilt: Die Nördlichen Sporaden sind keine empfehlenswerten Winterziele. Die Anzahl der Regentage pro Monat steigt in November rapide an, erreicht im Januar ihren Höhepunkt und sinkt erst im April wieder unter sieben. Zudem gibt es im Winter fast immer starken Sturm, aber Schnee fällt in den tiefer gelegenen Gebieten und an den Küsten nur selten. Wirklich verlassen kann man sich nur auf das Sommerwetter. Es wurden sogar schon Jahre verzeichnet, in denen erst Ende September wieder der erste Regen seit der Osterzeit fiel. Üblicherweise haben die Sommermonate nur ein bis zwei Tage mit kurzem, aber heftigem Regen.

Dagegen gehört Wind genauso zu den Nördlichen Sporaden wie Sonne und Meer. Generell zeichnet sich das Mittelmeerklima durch im Sommer höhere und im Winter niedrigere Temperaturen über Land als über Wasser aus. In der Folge entsteht in der Ägäis ein scharfer Nordwind (seltener auch Nordwestwind). Der trockene und kühle *Meltémi* erreicht nicht selten Stärken bis acht, während die Sonne gleichzeitig weiter erbarmungslos auf die Inseln brennt. Warmer Wind aus südlichen Richtungen wird dagegen *Schirokko* genannt.

Durch die Nähe zum Festland regnet es auf den Nördlichen Sporaden häufiger als auf anderen griechischen Inseln, denn das Sporaden-Wetter wird durch die dahinter liegende mittelgriechische Festlandsmasse bestimmt. Leichte Bewölkung oder ein kurzes Gewitter kommen gelegentlich vor. In manchen Jahren allerdings fällt auch hier im Sommer in küstennahen Landstrichen monatelang kein Tropfen vom Himmel. Im Jahresdurchschnitt werden auf den Nördlichen Sporaden je nach Insel und Ort ca. 610-870 mm

Niederschlag gemessen. Im Frühjahr und Herbst also auf jeden Fall einen dicken Pullover und Regenkleidung mitnehmen!

Meltémi – Der Wind, der die Glocken läuten läßt

Der *Meltémi* tritt stets zwischen Juni und September auf. Meist setzt er am späten Vormittag ein, steigert sich tagsüber bis Windstärke 5 oder 6 und flaut gegen Abend wieder allmählich ab. Gelegentlich erreicht er Windstärke 7 oder 8, wobei er dann meist auch die Nacht über und mehrere Tage lang mit unverminderter Härte weht. Ab Windstärke 6 beeinträchtigt der Sturm die Fährschiffahrt zwischen den Inseln erheblich, bei noch stärkerem Sturm geht in der Ägäis gar nichts mehr. Selbst die großen Autofähren bleiben dann in den Häfen liegen, was auf den Nördlichen Sporaden allerdings nur sehr selten vorkommt.

Die Griechen klassifizieren die Stärke des Meltémis nicht durch Zahlenangaben, sondern mit Namen: Der *Karekládos* bläst alles durch die Gassen, was nicht niet- und nagelfest ist, der *Trapezados* wirft Tische und Stühle um, und der *Kabándos* bringt sogar Kirchenglocken zum Läuten.

In der Antike machte man den Äolus, den Sohn des Poseidon und Beherrscher der Winde, für den *Meltémi* verantwortlich. Heute ist das Rätsel um den Wind längst wissenschaftlich erforscht: Angetrieben wird der *Meltémi* von den gravierenden Temperaturunterschieden zwischen dem erwärmten Land und dem kühleren Meer. Da diese Differenz tagsüber noch zunimmt, verstärkt sich der *Meltémi* meist erst am späten Vormittag. Gegen Abend und nachts läßt der Wind meist schnell nach, weil sich die Landmasse wieder abkühlt und die Temperaturdifferenz zum Meer abnimmt.

In den Bergdörfern ist es immer ein paar Grad kälter als an der Küste. In *Glóssa* oder *Alónnissos/Ort* kann das Quecksilber sogar im Mai nachts noch unter die Marke von 10° C fallen. Außerdem zeigt das Thermometer an den windgeschützten Südküsten immer eine etwas höhere Temperatur als an den Nordseiten der Inseln. Die relative *Luftfeuchtigkeit* ist in der Ägäis gering und variiert zwischen 35 und 55 % im Sommer sowie 50 und 75 % im Winter.

Natürlich sind auch die *Wassertemperaturen* von verschiedenen Einflüssen (Küstenbeschaffenheit, Wassertiefe, Strömungen Wind usw.) abhängig. Üblicherweise schwanken die Messungen im Laufe eines Jahres um gut 11 C. Am kältesten ist das Wasser der Nördlichen Sporaden im Februar mit knapp 13° C, am wärmsten im August mit ungefähr 24° C. Generell ist der *Salzgehalt* des ägäischen Meeres einige Promille höher als zum Beispiel in der Nordsee. Außerdem sind die *Gezeiten* rund um die Nördlichen Sporaden im griechischen Vergleich stark ausgeprägt. Der Tidenhub beträgt immerhin mehr als 30 cm (Kykladen nur etwa 10 cm).

Die Nördlichen Sporaden sind in den Monaten von Mitte April bis Ende Oktober angenehme Reiseziele, aber die besten Urlaubsmonate sind im späten Frühjahr von Mai bis Juni. In dieser Periode fallen Regenschauer seltener, der Meltémi bläst noch relativ schwach, und das Wasser mißt auch schon über 18° C. Auch von Mitte September bis Mitte/Ende Oktober verfügen die Inseln über ein angenehm warmes Klima. Das Wasser präsentiert sich dann sogar noch in seiner Sommertemperatur. Nachteil im Herbst: Es wird merklich früher dunkel.

Unsere Klimatabelle gilt für die Inseln der Magnesia-Reihe (Skíathos, Skópelos und Alónnissos). Skýros liegt etwas abseits in der Wetterzone von Euböa, daher gibt es dort durchaus relevante Abweichungen. Ohnehin gilt: Die Angaben sind nur Durchschnittswerte, Überraschungen können nicht ausgeschlossen werden.

Klimatabelle	März	April	Mai	Juni	Juli	Aug.	Sept.	Okt.
Tageshöchsttemperaturen in ° C	17	20	23	27	28	29	26	22
Tagestiefsttemperaturen in ° C	10	13	16	20	21	22	19	17
Wassertemperaturen in ° C	15	17	18	21	23	24	24	22
Sonnenstunden pro Tag	6	8	9	10	10	10	9	7
Anzahl der Regentage	10	6	2	1	0	0	1	5

Geographie und Geologie

Skíathos, Skópelos und *Alónnissos* sowie die größeren der unbewohnten Inseln *Kyrá Panagía, Ghioúra, Pipérion* und *Psathoúra* liegen wie an einem Faden aufgereiht in der östlichen Verlängerung des *Pílion*-Armes. Sie bilden die sogenannte *Skópelos-Gruppe* oder werden auch oft *Magnesische Inselreihe* genannt. Von ihrer Oberfläche her sind sie eindeutig mit dem Pílion verwandt. Nur *Skýros* fällt aus dem Rahmen, weil es vor der Ostküste von *Euböa* weit von den anderen Inseln entfernt einsam im Meer thront und in vielfacher Hinsicht eher an ein Kykladen- als an ein Sporadeneiland erinnert. Zwischen Alónnissos und Skýros liegen außerdem die unbewohnten Inselgruppen *Adelphí* und *Skantzoúra*. Rund um die großen Eilande befinden sich noch mehrere kleine vorgelagerte Inseln.

Die Magnesische Inselreihe bildet eine Barriere quer vor dem Golf von Thessaloníki, was zu recht kräftigen Gezeitenströmungen führt. An den Küsten von *Skíathos* beträgt der Tidenhub z. B. etwa 30 35 cm. Die gesamte Insel gruppe ruht auf einem untermeerischen Rücken von weniger als 200 m Tiefe, der nach Norden hin steil bis auf 1000 m abfällt. In der Regel liegt die 200-m-Tiefenlinie recht nahe an den Küsten (ca. 1 km). Nur zwischen den Magnesischen Inseln und dem abseits gelegenen *Skýros* beträgt die Wassertiefe

Anders als die anderen – Skýros, Blick auf Skýros/Stadt

bis zu 500 m. Zahlreiche Unterwasserklippen stellen eine Gefahr für größere Schiffe, aber auch kleinere Sportboote dar.

Sämtliche Inseln der Magnesischen Reihe sind geologisch sehr ähnlich beschaffen. *Schiefer und Kalkgesteine* bestimmen das Bild. Der Schiefer tritt oft als grauer Glimmer- (Skíathos und Skópelos) oder als Tonschiefer (Skíathos und Alónnissos) auf. Dagegen ist die Beschaffenheit der Kalkschichten sehr viel differenzierter: Sie reicht von einfachem weißem bis grauem Kalkstein (Skíathos und Alónnissos) bzw. dunkelgrauem Kreidekalk (Skópelos) über den Dolomit (Skópelos) bis hin zu hellgrauem Marmor und Glimmermarmor (Skíathos und Skópelos). Im Westteil von Alónnissos wurden auch rotes Konglomeratgestein, eine Sandsteinzone und ein Braunkohlenflöz entdeckt.

Skýros fällt etwas aus dem Rahmen. Zwar besteht die Insel ebenfalls aus Schiefer- und Kalkgesteinen, doch im Süden und Norden lagert eine mächtige Kalkdecke, deren Beschaffenheit oft auf geringer Entfernung wechselt: vom grobkörnigen Marmor bis zu dichtem Dolomit. Am Nordende der Insel sind auch Adern von Eisenoxid gefunden worden, die kleine Chrom- und Nickelbestandteile enthalten. Teilweise wurden sie sogar abgebaut. Die besondere geologische Eigenart von Skýros liegt jedoch in dem schönen bunten *Brekzienmarmor*: weiße, gelbliche, rote, violette und grünliche Lagen treten überall im Süden und Westen der Insel auf. Der antike Geograph Strabon berichtet, daß der bunte Marmor von Skýros in Rom als prachtvolles Baumaterial sehr begehrt war.

Feste und Feiertage

Die Griechen lieben ihre Feiertage, die sie mit großem Aufwand begehen. Es gibt zwei Arten von Feiertagen: die nationalen und die lokalen. Meist sind es historische, religiöse oder kulturelle Anlässe.

Die oft zweitägigen Feiern mit Essen, Tanz und Musik sind Höhepunkte im griechischen Alltag. Fremde sind bei den Feierlichkeiten immer willkommen. Zuvor findet meist ein Gottesdienst statt.

Nationale Feiertage

1. Januar	Neujahr, Tag der Geschenke
6. Januar	Epiphanie (Dreikönigstag)
Karfreitag/Ostern	größtes Kirchenfest des Jahres. Es wird überall noch immer nach alter, griechisch-orthodoxer Tradition gefeiert. Das Osterfest der griechisch-orthodoxen Konfession wird, da nach dem Julianischen Kalender berechnet, eine oder zwei Wochen später gefeiert als unser Osterfest.
25. März	griechischer Unabhängigkeitstag (Erinnerung an den Aufstand von 1821 gegen die Türken)
23. April	Fest an (fast) allen Agíos Geórgios-Kirchen
1. Mai	Frühlingsfest und Tag der Arbeit
21. Mai	Fest an (fast) allen Agíos Konstantínos-Kirchen
Himmelfahrtstag	Fest an (fast) allen Agía Análipsi-Kirchen
Pfingsten	Fest an (fast) allen Agía Triáda-Kirchen
26. Juli	Fest an (fast) allen Agía Paraskeví-Kirchen
27. Juli	Fest an (fast) allen Agíos Panteleímon-Kirchen
15. August	Panagía, zu deutsch "Mariä Entschlafung". Gedenken an den leiblichen Tod Marias (die eigentliche Himmelfahrt findet für die orthodoxe Kirche erst drei Tage später statt)
14. September	Fest an (fast) allen Agíos Stavrós-Kirchen
28. Oktober	"Ochi-Tag" (Erinnerung an das Ultimatum der italienischen Faschisten im Zweiten Weltkrieg)
25./26. Dezember	Weihnachten

Lokale Feiern (Patronatsfeste)

Fast ohne Ausnahme feiert jede Stadt und jedes Dorf auf den Nördlichen Sporaden ein eigenes Kirchweihfest. Oft wird mit einer Prozession an den örtlichen Kirchenheiligen erinnert. Auch die zahlreichen Klöster feiern fast alle einmal im Jahr ihren Stiftungstag oder sind der Veranstaltungsort bedeutender kirchlicher Zeremonien. Ansonsten sind die Kirchweihfeste immer ein willkommener Anlaß, sich bei Musik und Tanz endlich wieder einmal zu treffen.

Feste auf den Nördlichen Sporaden

6. Januar	"Kreuzwerfungsfest" in Patitíri auf Alónnissos
Februar	griechischer Karneval auf Skýros und Skópelos
25. Februar	Fest im Kloster Regínos auf Skópelos
12. März	Inselfeiertag von Skýros
23. April	Fest an der Kirche Agíos Geórgios gegenüber der Hafenbucht von Skíathos/Stadt
1. Mai	Blumentag auf Alónnissos
21. Mai	Fest an der Kirche Agíos Konstantínos im gleichnamigen Bauernweiler auf Alónnissos
Pfingsten	Fest an der Kirche Agía Triáda in Nífi auf Skýros
1. Juli	Weihfest an der Klosterkirche Agía Anárgiri auf Alónnissos
26. Juli	Fest an der Kirche Agía Paraskeví hinter der Bucht von Platánias auf Skíathos
	Weihfest an der Kirche Agía Paraskeví in Patitíri auf Alónnissos
	Fest zu Ehren der Agía Paraskeví an der gleichnamigen Kirche hoch über der Straße von Mólos nach Atsitsa auf Skýros
27. Juli	Weihfest des Schutzheiligen Agíos Panteleímon an der Kirche zwischen den Buchten von Pévkos und Foukás auf Skýros
August	Kulturfestival in Skópelos/Stadt
6. August	Fest im Kloster Metamórphosis auf Skópelos
23. August	Weihfest an der Kirche Panagía Epíscopis in Skópelos/Stadt
August-September	Kulturfestival im und am Faltaits-Museum in Skýros/Stadt
2. September	Fest an der Kirche Agías Mámas oberhalb der Kalamítsa-Bucht auf Skýros
14. September	Erinnerungsveranstaltung an die Versenkung eines griechischen U-Bootes durch deutsche Kriegsschiffe im Zweiten Weltkrieg auf Skíathos
9. November	Fest zu Ehren der Eisodia Theotókou im Kloster Evangelistría auf Skópelo
21. November	Fest im Kloster Panagía Kounistrá auf Skíathos
25. November	Fest an der Kirche Christós in Skópelos/Stadt

Flora

Dank der regenreichen Winter gedeiht auf allen Inseln, mit Ausnahme der Südhälfte von Skýros, eine prächtige Vegetation. Dabei besteht das typische Gehölz der Nördlichen Sporaden vorwiegend aus Aleppokiefern, die oft mit Pinien verwechselt werden.

Früher gab es große Wälder von immergrünen *Kermeseichen*, die zum Teil als Brennmaterial abgeholzt wurden oder Waldbränden zum Opfer fielen. Außerdem dominieren heute natürlich weitläufige *Ölbaumhaine* die Hänge. Als Kulturpflanzen werden Weizen, Gerste und Hafer angebaut. Ein großer Bestand an Obstbäumen versorgt die Inseln mit *Orangen*, *Zitronen*, *Pflau-*

Artischocken

men, Pampelmusen, Feigen, Mandeln und *Äpfeln. Rebstöcke* werden meist nur noch für den privaten Weinkonsum gepflegt.
Nach der ersten großen Hitze im Juni bleibt aber längst nicht die gesamte blühende Pracht erhalten, denn im Hochsommer fällt auch auf den Sporaden nur wenig Regen. Die Trockenzeit überleben nur Bäume und Macchiabüsche mit immergrünen harten Blättern oder einfach dorniges Gestrüpp. Auf den Hügeln duftet es überall intensiv nach den verschiedenen Gewürzkräutern. Besonders der markante Thymiangeruch ist auf fast jedem Quadratmeter der Inseln wahrzunehmen.

Macchia ist eine Sammelbezeichnung für die Vegetationsart, die den ursprünglichen Mittelmeerwald nach dessen Vernichtung (weitgehend während der Antike und unter venezianischer Besatzung) ersetzt hat. Gewöhnlich wächst die Macchia besonders dicht in Wassernähe (an der Küste oder neben Flüssen), doch hat sich das oft nur kniehohe und dornige Gestrüpp auch in sehr wasserarmen Gebieten durchgesetzt. Als typische Macchia bezeichnen Botaniker ein undurchdringliches Dickicht von 2-4 m Höhe.

Neben *Thymian* wachsen auf den Nördlichen Sporaden vor allem *Oregano, Basilikum, Salbei, Rosmarin, Majoran, Fenchel, Lorbeer, Dill* und *Wermut* in der wilden Natur. An einigen Stellen sind auch *Mohn, Ginster, Aronstab, Huflattich, Arnika, Glockenblumen* und *Johanniskraut* sowie fast überall mannshohe *Disteln* zu finden. In den bewässerten Gärten werden insbesondere *Rosen* in allen Farben, *Oleander* in rosa und weißen Tönen, violette *Bougainvillea* und bunte *Geranien* gepflegt. Auf den kleinen Inseln westlich und südlich von Skýros wachsen wilde *Kapernsträucher*, eine Seltenheit. Bei Kapern werden nur die vorderen, zarten Blätter (für Salat) gesammelt und die noch nicht geöffneten Blütenknospen (als Kapern für Fleisch- und Fischgerichte).

Generell leidet auch die Vegetation unter dem starken Wind. An den Nordwestküsten findet sich kaum ein Strauch, der nicht nach Südosten gekrümmt ist. Wo die Vegetation einmal abgeholzt oder niedergebrannt wurde, hat sie trotz der günstigen klimatischen Lage auf den Sporaden kaum eine Chance auf natürliche Regeneration. Dafür sorgen Tausende von Ziegen, die auch noch die allerletzten Grashalme abfressen.

Die wichtigsten Kräuter

Thymian: eigentlich *kopfiger Thymian*. Kugelbuschartiger Zwergstrauch der aromatisch duftet. Kleine Blätter (ca. 6-10 mm lang und 1-1,2 mm breit) mit zahlreichen Öldrüsen. Die Blüten sind eiförmig, dicht und lassen den ganzen Busch, oft auch riesiger Felder, rosarot bis hellviolett erscheinen (Mai-September).

Salbei: aromatisch duftender Halbstrauch mit einfachen, länglich-eiförmigen und runzligen Blättern, der fast an jedem Wegrand wächst. Jeweils 5-10 kurzstielige purpurfarbige Blüten (Mai-Juli). Filzig behaarte Zweige. Salbei findet vor allem als Gewürz- und Heilkraut wegen seiner stark antiseptischen Wirkung bei Entzündungen der Mundhöhle und bei Erkältungskrankheiten Anwendung.

Rosmarin: immergrüner und weit verbreiteter Strauch, der stark aromatisch duftet. Bis zu 4 cm lange ledrige Blätter, deren Oberseite kräftig grün und Unterseite weißfilzig schimmert. Blütenkrone (ganzjährig) meist blau oder hellblau (seltener weiß oder rosa). Wird als Gewürz- und Heilpflanze benutzt. Außerdem hoher Gehalt an ätherischen Ölen. Kampferartiger Geruch der Blätter.

Die wichtigsten Sträucher und Kakteengewächse

Oleander: eigentlich *gemeiner Oleander*. Kräftiger, immergrüner Strauch, der oft an Flußufern oder in sommertrockenen Flußbetten wächst. Bis zu 15 cm lange, ledrige und glänzende Blätter. 3-4 cm breite, rosarote oder weiße Blüten, die zwischen Juli und September blühen. Rötlichbraune und aufrechtstehende, 8-18 cm lange Früchte. *Vorsicht, alle Teile des milchsaftführenden Oleanderstrauches sind stark giftig!*

Ginster: eigentlich *Pfriemenginster*. Gut 1-3 m hoch wachsender Rutenstrauch mit biegsamen Zweigen. Kleine Blätter, von April bis Juli leuchtend gelbe Blüten von gut 2 cm Länge. Rötlichgelber und glänzender Samen. *Vorsicht, Ginster enthält das giftige Alkaloid Spartein!*

Wacholder: zwei Arten: *Stechwacholder* und *phönizischer Wacholder*. Kleine knorrige Bäume oder Sträucher, oft an windigen Küstenabschnitten. Entweder kleine nadelartige Blätter (phönizischer Wacholder) oder ca. 2-3 cm lange Dornen (Stechwacholder). Beide Arten tragen ab dem zweiten Jahr rotbraune Beerenzapfen von gut 1 cm Durchmesser. Unscheinbare Blüten an den Zweigenden (Februar-Mai).

Agave: eigentlich *amerikanische Agave*. Dickfleischige, graugrüne und längliche Blätter von bis zu 2 m Länge, mit Dornen an den Rändern. Auffällig die bis zu 8 m hohen, wohlriechenden Blütenstände, die zwischen dem zehnten und 15. Jahr ausgetrieben werden. Nach der Reifezeit der kapselartigen Frucht stirbt die Agave ab, hat sich aber zu diesem Zeitpunkt schon über Wurzelsprosse vermehrt.

Feigenkaktus: große, baumförmig verzweigte und fleischige Kakteen, deren herrlich süße und saftige Früchte von winzigen, aber sehr lästigen Stacheln (etwa 1 cm lang) effektiv geschützt werden. Zahlreiche kräftige gelbe und orangerote Blüten (April-Juli). Eiförmige, gelbe und rote Früchte von 5-10 cm Länge. Das Fruchtfleisch ist eßbar. Vorsicht: nur mit einem dicken Lederhandschuh ernten.

Die wichtigsten Bäume

Olivenbaum: immergrüner Baum, im Alter kräftig und knorrig. Sehr langsamwüchsig und mit breiter Krone. Die Rinde ist schlicht grau und oft rissig, während die Blätter länglich und mit kurzen Stielen versehen sind. Ihre Oberseiten sind dunkelgrün, die Unterseiten silbergrau schimmernd. Kleine gelblich-weiße Blüten (Mai-Juni). Die Oliven eines Baumes werden nur jedes zweite Jahr geerntet.

Aleppo-Kiefer: kann lange Trockenzeiten ohne Schaden ertragen. Erscheinung oft mit gedrehten und gekrümmten Zweigen. Die Krone ist licht und unregelmäßig schirmförmig. Ihre Nadeln sind bis zu 15 cm lang, die Zapfen kegelförmig und rotbraun glänzend. Aleppo-Kiefern bilden große Wälder und wachsen auf Kalkstein. Unscheinbare Blüten (März-Mai).

Pinie: Kiefernart mit dichter, schirmförmig gewölbter Krone. Die graubraune Rinde hinterläßt beim Abblättern rötliche Flecken am Stamm. Die Zapfen sind erst im dritten Jahr reif. Ihre ca. 1,5 cm langen ölhaltigen Samen kommen als Pinienkerne in den Handel. Unscheinbare Blüten (April-Mai).

Tamariske: eigentlich *afrikanische Tamariske*. Strauch oder kleiner Baum mit schuppenförmigen, eng anliegenden Blättern. Der Stamm hat eine schwarze oder sehr dunkelviolette Farbe. Blüten weiß oder blaßrosa (April-Juni).

Zypresse: säulenförmiger Baum mit aufrechten Ästen. Die dunkelgrünen Blätter sind schuppenförmig. Kleine, bis zu 4 cm große Zapfen. Aus jungen Zweigen und Blättern wird Öl gewonnen, das bei Atemwegserkrankungen angewendet wird. Unscheinbare Blüten an den Enden kleiner Triebe (März-Mai).

Platane: eigentlich *morgenländische Platane*. Oft als Sonnenschutzbaum in Dorfzentren und neben Kafenía angelegt. Bis zu 30 m hoher, sommergrüner und im Frühjahr herrlich duftender Laubbaum. Ahornähnliche, gezähnte Blätter mit langen Stielen. Weibliche rote Blütenstände im oberen Teil des Baumes, männliche gelbgrüne Blüten im unteren Teil (April-Mai). Kleine, runde Früchte.

Eukalyptus: auch *gewöhnlicher Fieberbaum* genannt. Schnell- und hochwüchsiger Kultur- und Zierbaum, durch seinen immensen Wasserverbrauch oft zur Trokkenlegung von Sümpfen angepflanzt. Kräftige, glatte Borke, die sich in Streifen ablöst. Gestielte, 10-30 cm lange und grünlich glänzende Blätter. Blaugrüne Blütenknospen mit weißen und rosafarbenen Staubblättern (Februar-Juli). Das bei Erkrankungen der Atmungsorgane angewandte Eukalyptusöl wird aus den Blättern gewonnen.

Fauna

Die üblichen Tiere der Ägäisinseln: Eidechsen, Schlangen und zahllose Insekten. Durch die dichte Bewaldung existiert auf den Nördlichen Sporaden auch ein geringer Bestand an Großwild und eine Menge Hasen.

Natürlich gehören Nutztiere wie *Hühner*, *Ziegen*, *Schafe* und *Maultiere* zum alltäglichen Bild. Das gilt leider auch für Katzen, die (als "Müllkatzen" und nicht als Hauskatzen) insbesondere in (Fisch-)Tavernennähe zur echten Plage werden können. Auffallend ist auch der Artenreichtum an *Vögeln* und *Insekten*, die überall kreuchen und fleuchen. Die bis in den Hochsommer hinein grünen Wiesen der Sporaden eignen sich hervorragend für die *Imkerei*. Der Honig ist durchweg sehr lecker und ein schönes Mitbringsel.

Eine der größten Leidenschaften der Griechen ist die Jagd. Mittlerweile haben die Jäger zwar fast alles erlegt, was ihnen vor die Flinte kam, dennoch bekommt man bei Wanderungen in den Wäldern in seltenen Fällen noch *Rehe*,

Linaría – Ziegen werden auf die vorgelagerten Inseln transportiert

Hirsche und *Wildschweine* zu Gesicht, viel häufiger allerdings *Hasen, Fasane* und *Rebhühner*. Aber auch ihnen droht jedes Jahr im Herbst eine Ladung Schrot aus Jagdgewehren. Großwild gilt in vielen Gebieten Griechenlands mittlerweile als ausgestorben.

Bunte *Käfer*, prächtige *Schmetterlinge* und *Heuschrecken* gibt es überall, genauso wie Millionen von *Zikaden*, die ihr nächtliches Konzert veranstalten. Dazu der durchdringende Ruf der *Käuze*. Nachts sind dann auch in jedem Dorf Dutzende *Fledermäuse* unterwegs, die man durch den Lichtkegel der Straßenlaternen huschen sieht. Am auffälligsten sind natürlich die hübschen *Riesensmaragdeidechsen* und die weit verbreiteten *Ägäischen Mauereidechsen*. Außerdem gibt es auf den feuchten Sporaden zahlreiche *Schlangenarten*, vor allem *Nattern* und *Vipern*. Auch kleine *Skorpione* leben (theoretisch) auf den Inseln. Ihr Biß ist aber nicht giftig. In den Ritzen der Ziegenmauern verstecken sich auch oft zahlreiche *Spinnen*. Zur Gattung der Wolfsspinnen gehören *Taranteln*, die es auch in Griechenland in sehr trockenen und steinigen Gebieten gibt. Doch keine Angst, wir haben auf den Nördlichen Sporaden zwar zahlreiche Schlangen, aber noch nie Skorpione und Giftspinnen gesehen.

Ohnehin leben die Tiere der Macchia von ihrer Schnelligkeit. Bei so wenig Deckung suchen sie ihr Heil stets in der Flucht. Insofern besteht kaum ein Risiko für den Menschen. Die Tiere werden nur dann aggressiv, wenn man sie im Schlaf überrascht (z. B. einen größeren Stein wegrollt, unter dem sich eine Viper oder ein Skorpion versteckt), in die Enge treibt oder ihre Nester plündern will (Bienen und Hornissen).

Natürlich darf auch die Unterwasserwelt nicht vergessen werden. Kleine *Fische*, *Krebse* und andere *Schalentiere* gibt es in Ufernähe reichlich, doch die Fischer klagen über den stark abnehmenden Bestand an Speisefischen. Die Ägäis ist mittlerweile durchweg überfischt. In der Nebensaison reicht es zur Versorgung der Touristen allemal, im Hochsommer wird auch schon mal tiefgefrorener Importfisch aus Kanada serviert.

Beim Baden kann insbesondere an Felsküsten der Kontakt mit *Seeigeln* sehr unangenehm werden, da sich die schmerzhaften Wunden oft auch noch entzünden. In solchen Fällen sollte man unbedingt einen aufsuchen oder besser zur Vorbeugung in entsprechenden Buchten Badeschuhe tragen. In den Gewässern der Sporaden gibt es auch *Delphine*. Wer mit dem Ausflugsboot durch den Meeresnationalpark um Alónnissos fährt, bekommt fast immer Delphine zu sehen. Dort leben zudem zahlreiche vom Aussterben bedrohte Tierarten wie *Mönchsrobben* und eine originäre Steinbockrasse.

Die wichtigsten Reptilien

Ägäische Mauereidechse

Smaragdeidechse: schlanker Körper, der bis zu 13 cm lang werden kann, während der Schwanz oft die doppelte Länge erreicht. Das männliche Tier ist grün mit einer feinen schwarzen Punktierung, sein Kopf dunkler und blasser punktiert. Die Weibchen sind grün und braun gefleckt oder gestreift. Beide Geschlechter haben einen gelben Bauch und eine blaue Kehle.

Ringelnatter: rundlicher, deutlich vom bis zu 2 m langen Körper abgesetzter Kopf. Die Farbpalette reicht von grünlich über olivgrau oder braun bis stahlgrau und erscheint oft mit dunklen Flekken oder helleren Streifen. Der arttypische Nackenfleck kann weiß, gelb, orange oder rot sein und ist stets schwarz umrandet. Ringelnattern halten sich meistens in etwas feuchteren Gebieten auf.

Vipernatter: der Ringelnatter sehr ähnlich, aber deutlich kleiner. Auf dem Rücken tragen sie oft eine Serie von eckigen schwarzen Flecken und Zickzacklinien. Auf den Nördlichen Sporaden gibt es wohl hauptsächlich die kleineren Vipern.

Die wichtigsten Mollusken

Gemeiner Kalmar: als Tintenfisch (Kalamari) bekannt. Bis zu 50 cm langer und schlanker Körper. Kleiner Kopf und große Augen. Zehn Arme, davon zwei deutlich länger und mit Saugnäpfen. Im Innern ein horniger Schulp. Die Farbe wechselt, doch die meiste Zeit erscheint der Kalamari rosarot. Schwimmt frei im offenen Wasser.

Gewöhnlicher Krake: als Oktopus bekannt. Bis zu 1 m langer und taschenartiger Körper. Jeder der acht Fangarme (daher der Name) verfügt über zwei Reihen Saugnäpfe, die nicht zurückziehbar sind. Auch der Oktopus kann die Farbe wechseln und erscheint ebenfalls oft rosarot. Freischwimmend.

Anreise

Die Nördlichen Sporaden sind von Mitteleuropa aus fast ein reines Flugziel. Dabei gibt es drei gängige Möglichkeiten: erstens per Charterflug zum internationalen Flughafen von Skíathos, zweitens mit einem Linien- oder Charterflug nach Athen und von dort weiter zunächst mit Bus bzw. Bahn und danach einer Fährüberfahrt. Drittens besteht auch die Möglichkeit, per Inlandsflug von Athen nach Skíathos oder Skýros anzureisen.

Alle anderen Verkehrsmittel (Zug/Auto/Bus usw.) lohnen kaum, falls man nicht zusätzlich ausgedehnte Festlandstrips in Griechenland, z. B. auf dem Pílion, plant. Eine Woche muß man für die Hin- und Rückfahrt rechnen, wertvolle Urlaubstage gehen mit Sicherheit drauf – Straßenmarathon, überfüllte Züge, zeitraubende Schiffspassagen. Immerhin: Rund 1800 km sind es auf die Nördlichen Sporaden ab München, von Frankfurt aus gut 2200 km, ab Hamburg 2700 km. Zudem hat man dabei in der Regel wenig finanzielle Ersparnis: per *Charter* ("Nur Flug", d. h. ohne gebuchte Unterkunft) und sogar mit einem *Linienflug* kommt man oft genauso günstig nach Griechenland.

Mit dem Flugzeug

Im Direktflug auf die Nördlichen Sporaden – zweifellos die einfachste, zeitsparendste und bequemste Lösung. Jedoch wird nur Skíathos von Mitteleuropa aus per Charter direkt angeflogen. Der Airport auf Skýros ist ein riesiger Militärflughafen und nicht zugelassen für internationale Düsenclipper. Alternative: Flug nach Athen oder Thessaloníki und am gleichen oder nächsten Tag weiter per Bus bzw. Bahn und Schiff oder preiswertem Inlandsflug.

Auf den vier bewohnten Inseln der Nördlichen Sporaden gibt es zwei Flughäfen. *Skíathos* verfügt seit 1971 über einen internationalen Airport, auf dem auch große Touristenmaschinen landen können. Er liegt nur 2 km von Skíathos/Stadt entfernt und ist verkehrsmäßig gut angebunden. Dagegen wird der Militärflughafen auf *Skýros* im Norden der Insel nur ausnahmsweise für die zivile Luftfahrt genutzt, d. h. ein einziger innergriechischer Flug pro Tag von und nach Athen. Die anderen Sporaden-Inseln verfügen lediglich über Hubschrauberlandeplätze für Notfälle.

Wer individuell unterwegs ist, also nicht mit fest gebuchtem Ziel und Quartier – direkter Inselflug nach Skíathos lohnt auf jeden Fall, auch wenn das eigentliche Ziel eine andere Insel der Sporaden ist *(s. u. "Verbindungen" in den einzelnen Inselkapiteln)*. Die wichtigste Alternative ist einer der häufigen Flüge in die Hauptstadt Athen. Nur wenn auch hier alles ausgebucht ist, sollte man auf einen Flug nach Thessaloníki ausweichen.

Flughafen Skíathos – Olympic Airways

Prinzipiell hat man die Wahl zwischen *Charter-* und *Linienflügen*: Erstere sind vom reinen Flugpreis her oft günstiger, wegen des limitierten Angebots muß man sich aber um frühzeitige Buchung kümmern – oder man vertraut auf sein Glück mit "Last Minute"-Angeboten. Allerdings ist Skíathos von Mitteleuropa aus nur per Charterflug erreichbar. Nach Athen und Thessaloníki gibt es dagegen sowohl Charter- als auch Linienflüge.

Gleichgültig ob Charter oder Linie, von jedem Passagier verlangen die Griechen eine stolze **Flughafensteuer** von etwa 36 DM zuzügl. zum Flugpreis. Das Geld wird für den Ausbau des neuen Großflughafens *Spata* bei Athen verwendet (siehe Kapitel Athen). Dazu kommt bei Charterflügen an den deutschen Flughäfen eine **Sicherheitsgebühr** von 8-10 DM.

Charterflüge

Charterflüge sind üblicherweise Bestandteil sogenannter Pauschalreisen, d. h. man bucht Flug und Unterkunft zusammen. Im Zuge der Deregulierung des EU-Luftverkehrs kann man inzwischen problemlos Charterflüge ohne Pauschalarrangement buchen.

Eine Ausnahme bildet allerdings bisher noch Griechenland: hier müssen die Reisebüros nach wie vor Hotel-Vouchers verkaufen. Jedoch wird dies mit sogenannten "Pseudo-Vouchers" umgangen. Aufenthaltsdauer ist bei Charterflügen laut griechischer Regierungsdirektive bis höchstens sechs Wochen möglich, längere Aufenthalte kann man nur mit Aufpreis buchen.

Alle bekannten deutschen Charter-Gesellschaften, darunter *Air Berlin, Condor, Germania, Hapag Lloyd, Aero Lloyd* und *LTU*, steuern Athen an. Nach Skíathos fliegen aber nur *Aero Lloyd* und *Condor*. Allerdings haben nur vier der großen deutschen Griechenlandanbieter die Nördlichen Sporaden in ihrem Programm: *Attika, Jahn, Kreutzer* und *TUI*. Diese Großveranstalter bieten alle auch sogenannte "Nur-Flug-Angebote" ("Only-Flights") an, d. h. Flüge ohne Unterkunft an. Charterflüge kann man aber auch über viele Spezialanbieter buchen, die beispielsweise Ferienwohnungen und Wanderreisen vermitteln. Athen wird dagegen von praktisch allen Veranstaltern angeboten.

Leider sind die Flugkapazitäten auf den Nördlichen Sporaden nicht allzu groß, so daß die Maschinen schon oft früh im Jahr für den ganzen Sommer ausgebucht sind. Zudem werden praktisch nur zwei Inseln mit Pauschalangeboten versorgt: **Skíathos** und **Skópelos**. *Attika* bietet zusätzlich ein kleines Kontingent für **Alónnissos** an. Im Grunde sind aber Alónnissos und Skýros nach wie vor Oasen des individuellen Tourismus geblieben.

Wegen des scharfen Konkurrenzkampfes auf dem hart umkämpften Charterflugmarkt ist die Fülle der Angebote nur noch mühsam zu überblicken. Um im Dschungel von Saisonpreisen, Sonderarrangements und Billigangeboten das für sich günstigste Angebot zu erfahren, sollte man sich immer in mehreren Reisebüros informieren – nicht alle bieten dieselben Veranstalter an, und oft zahlt man bei verschiedenen Gesellschaften für die gleiche Leistung erheblich unterschiedliche Preise. Stellen Sie auf jeden Fall Vergleiche an.

▶ **Flug mit Unterkunft**: wird für Skíathos, Skópelos und in geringem Umfang auch für Alónnissos angeboten. Alle Reiseveranstalter haben zahlreiche Unterkünfte in den verschiedensten Preisklassen im Angebot.

• *Veranstalter*: **Attika, Jahn, Kreutzer** und **TUI**. Lassen Sie sich die entsprechenden Prospekte geben. Ansonsten gibt es zahlreiche "kleine" Anbieter, siehe z. B. in der Broschüre **"Urlaub in Griechenland/ Reiseveranstalter-Ferienziele"** vom griechischen Fremdenverkehrsamt und die Wochenendausgaben überregionaler Zeitungen.

Studienreisen, geboten sind Hin- und Rückflug, Übersetzen zu verschiedenen Inseln, Übernachtungen mit Halbpension, Bus- und/oder Taxifahrten, Führungen und Eintritte. Möglich sind Studienreisen, Wanderstudienreisen oder Studienkreuzfahrten. Anbieter: *Studiosus Studienreisen* (Prospekt im Reisebüro, 14 Tage ab ca. 2500 DM); *Neues Reisen*, Ginsterheide 6, D-21149 Hamburg, Tel. 040/7024117, Fax 7017844; *Akademische Studienreisen*, Wielandtstr. 20, D-69120 Heidelberg, Tel. 06221/450936; *Studien-Kontakt-Reisen-GmbH*, Kurfürstenallee 5, D-53177 Bonn, Tel. 0228/357013.

Wanderreisen, Hin- und Rückflug, Übernachtung, geführte Wanderungen auf verschiedenen Inseln. Verschiedene Anbieter, siehe Kapitel "Unterwegs auf den Nördlichen Sporaden/Wandern".

▶ **Nur Flug**: neben "Last Minute"-Flügen in der Regel die preiswerteste Möglichkeit, per Flug nach Griechenland zu kommen.

Um den griechischen Bestimmungen Genüge zu tun, muß allerdings ein Billighotel *pro forma* als Unterkunft mitgebucht werden. Die Reisebüros geben dafür kostenlose "Pseudo-Vouchers", d. h. fingierte Hotelbuchungen, aus. Tatsächlich muß sich der Kunde aber vor Ort eine Unterkunft auf ei-

gene Faust suchen. Vorteil: Man ist flexibel und an kein Hotelzimmer bzw. eine bestimmte Insel gebunden, ideal also für Leute, die individuell und "auf eigene Faust" reisen wollen.
Gute Anlaufadresse ist die Reisebürokette *Zentralflug* (früher: Flugbörse) mit über 60 Niederlassungen in Deutschland (Sammelnummer: Tel. 0180/5252555). Aber auch *L'tur* bietet in seinem Discount-Programm eine reiche Auswahl (Sammelnummer: Tel. 0190/575700). Die starke Nachfrage nach diesen preiswerten Flügen läßt in der Hochsaison erhebliche Engpässe entstehen. Terminlich sollte man deshalb flexibel sein.

• *Preise*: unterscheiden sich je nach Termin, Abflug- und Ankunftsairport stark – nach **Skíathos** siehe folgende Tabelle. In manchen Reisebüros kann man Listen mit den ausgedruckten "Nur-Flug"-Preisen der verschiedenen Reiseveranstalter erhalten. Sämtliche Rückflüge landen in Thessaloníki zwischen. Ausnahme: Der Flug von Stuttgart führt auf dem Rückweg über Sámos.

Nur-Flug-Preise nach Skíathos

	Frankfurt/M.	Berlin	Düsseldorf	Stuttgart	München
Flugzeit	2 Std. 40 Min.	2 Std. 30 Min.	2 Std. 30 Min.	2 Std. 55 Min.	2 Std. 20 Min.
Attika	Dienstag 659-779	Dienstag 699-819	Dienstag 689-809	Montag 699-759	Dienstag 609-729
Jahn	Dienstag 660-850	Dienstag 690-880	Dienstag 660-850	—	Dienstag 640-830
Kreutzer	Dienstag 690-780	Dienstag 730-790	Dienstag 730-790	—	Dienstag 670-750
hit (TUI)	Dienstag 729-804	Dienstag 769-844	Dienstag 739-819	Montag 729-804	Dienstag 689-764

(Stand: Sommer 1997)

▸ **Last Minute-Flüge (Restplatz-Börsen)**: inzwischen ein heiß umkämpfter Markt in der Bundesrepublik. Plätze in nicht ausgebuchten Maschinen für alle Feriengebiete werden preisgünstig an den Mann gebracht. Solche Tikkets kann man nur kurzfristig buchen und darf natürlich nicht wählerisch sein, was das Ziel betrifft. Man höre und staune: Die Preise können dabei bis unter 300 DM für Hin-/Rückflug sinken! Das Angebot kann bei den verschiedenen Anbietern vom Band abgehört werden (meist werden Restplätze für die nächsten 2-14 Tage gehandelt), auch auf allen wichtigen Flughäfen sind Last-Minute-Schalter eingerichtet. Marktführer ist L'tur mit insgesamt 59 Filialen in Deutschland, Österreich, der Schweiz und den Niederlanden (Adressen und weitere Infos unter Tel. 0180/5858585), weitere Anbieter findet man in den Gelben Seiten unter Reisebüros. Preisvergleiche anstellen und eventuell mehrmals kommen, Angebote werden ständig aktualisiert – je kürzer vor Abflug man bucht, desto billiger! *Last-Minute-Angebote nach Skíathos sind allerdings absolute Mangelware*, nach Athen dafür umso häufiger.

Neu ist der Abruf von Angeboten per Fax: daheim das Gerät auf Abruf stellen und eine der folgenden Nummern wählen – umgehend erhält man die neuesten Angebote zugefaxt, was allerdings ein paar Mark kostet: L'tur 0190575702 ("Nurflug-Knüller"), -03

("Flug & Hotel-Knüller"), -07 ("Östliches Mittelmeer"); Tjaereborg 02202-93678-920; LTU 0211-92700-00 (ab Düsseldorf), 06950040000 (ab Frankfurt); Air Marin 0190252000.

Linienflüge

Im deutschen Sprachraum angeboten von Lufthansa, der griechischen Fluggesellschaft Olympic Airways und verschiedenen anderen Linienfluggesellschaften, z. B. Alitalia, Air France, Austria Air, Sabena und Swiss Air. Gibt es von den meisten großen Flughäfen fast täglich nach Athen und Thessaloníki, jedoch nicht direkt auf die Nördlichen Sporaden.

Die regulären Tarife liegen, je nach Abflughafen, um die 1500-2000 DM. Mit Sicherheit also die teuerste Variante, aber mit dem Vorteil, daß man auch recht spät buchen kann und die Flugscheine bis zu einem Jahr gültig sind – demgegenüber sind die Chartertickets maximal sechs Wochen gültig. Da die Kapazitäten der Chartermaschinen nach Skíathos nicht sehr üppig sind, bietet sich diese Möglichkeit nicht nur für Geschäftsreisende an, die relativ kurzfristig buchen wollen oder müssen, sondern kann auch für einen Urlaub auf den Nördlichen Sporaden attraktiv sein.

Die großen Linienfluggesellschaften bieten nämlich auch preisgünstige Flüge an. Bei Lufthansa und Olympic Airways heißen sie *flieg & spar-* bzw. *Jugend-Tarif*, außerdem *buy & fly* (nur Lufthansa). In den letzten Jahren war das Ticket von *Alitalia* auch eine günstigste Möglichkeit nach Athen. Allerdings muß man in Rom umsteigen, daher mit hohem Risiko durch Streiks des Personals verbunden. *Generell ist bei allen Transfer-Flügen mit Wartezeiten und Verzögerungen zu rechnen.*

> Vorteil bei **Athen-Flügen** von Olympic Airways: Sie landen auf dem *West Terminal*, wo auch alle innergriechischen Flüge abgehen. Wer einen Anschlußflug nach Skíathos oder Skýros gebucht hat, muß also nicht den Terminal wechseln, was bei ausländischen Fluggesellschaften der Fall ist.

▸ **Flieg & spar-Tarif** (Pex): bieten Lufthansa und Olympic Airways zu untenstehenden Bedingungen für Linienflüge ab Deutschland nach *Athen* (mindestens einmal täglich) und *Thessaloníki* (mehrmals wöchentlich). Ähnliche Angebote gibt es auch von Österreich und der Schweiz aus. Solche Tickets werden allerdings nur für nicht ausgelastete Flüge angeboten und sind limitiert.

Die Flieg & spar-Tarife liegen gut 20-30 % über den billigsten Charterflugpreisen, sind also gerade noch erschwinglich, falls wirklich kein Charter mehr zu bekommen ist. Jugendliche unter 25 und Studenten unter 27 Jahren erhalten auf die Tarife 25 % Ermäßigung (vgl. Jugendtarif).

Innerhalb der Flieg & spar-Tarife gibt es noch zahlreiche Subtarife und Sonderbedingungen, die mittlerweile unüberschaubar geworden sind (Gruppentickets, verschiedene Mindest- und Höchstaufenthaltsdauer, mit oder ohne Umbuchungsmöglichkeit usw.). Die Reisebüros erhalten diese Informationen ständig aktuell auf ihren Computern, daher ist unbedingt eine persönliche Beratung zu empfehlen.

Kirche und Welt – Pope vor Souvenirshop

• *Preise*: Die Preise differieren stark je nach Abflugtag, Länge des Aufenthalts und Zeitabstand zwischen Buchung und Abflugtag. Auch die Möglichkeit des Umbuchens beeinflußt die Preise sowie natürlich der Abflugsort in Deutschland. Im Sommer 1997 schwankten die Preise nach **Athen** und **Thessaloníki** zwischen ca. 650 und 1100 DM für Frankfurt. Von Hamburg aus liegt der Preis etwa 120 DM darüber, für München ca. 90 DM darunter. Von **November bis März** liegen die Preise nochmals ca. 100-150 DM niedriger.

• *Bedingungen*: Man muß Hin- und Rückflug fest buchen und spätestens 24 Std. nach Reservierung bezahlen. Aufenthaltsdauer bis zu sechs Monaten, frühester Rückflug am Sonntag nach dem Hinflug. Kinder unter zwei Jahren 90 % Ermäßigung, bis zum vollendeten elften Lebensjahr 50 %. Umbuchungen kosten 150 DM.

▸ **Super-flieg & spar-Tarif** (Apex): noch preiswerter als Flieg & spar, allerdings nur möglich auf Direktflügen ohne Umsteigen an ausgewählten Tagen, also stark limitiertes Angebot. Gibt es derzeit nur im Winterhalbjahr ab Düsseldorf, Frankfurt und München nach *Athen*, im Sommer kein Angebot. Jugendliche unter 25 und Studenten unter 27 Jahren erhalten auf die Tarife 25 % Ermäßigung (vgl. Jugendtarif).

• *Preise* (Hin- und Rückflug, Stand Sommer 1997): nach **Athen** ab Düsseldorf und Frankfurt 599 DM, ab München 529 DM.

• *Bedingungen*: Aufenthaltsdauer bis zu drei Monaten, frühester Rückflug am Sonntag nach dem Hinflug. Buchung und Bezahlung spätestens sieben Tage vor Reiseantritt, Änderungen sind nur bis sieben Tage vor Abflug gegen eine Gebühr von 150 DM möglich. Nach Reiseantritt Änderungen nur gegen Aufzahlung auf den Normaltarif. Kinder unter zwei Jahren 90 % Ermäßigung, bis zum vollendeten elften Lebensjahr 50 %.

▸ **Jugendtarif**: Die Linienfluggesellschaften haben erkannt, daß ihnen die Charterlinien im unteren Preisbereich viele Kunden wegschnappen. Bei Lufthansa und Olympic Airways deshalb im Angebot die sog. *"up'n away"*- bzw. Jugend-Tickets. Gestaffelt wird für Junge Leute unter 18, unter 25 und für Studenten unter 27 und unter 30 Jahren. Sie erhalten (je nach Alter) diese günstigen Tarife für Direktflüge in nicht ausgelasteten Maschinen – im Fall Sporaden von allen großen deutschen Flughäfen nach *Athen* oder *Thessaloníki*. Jedoch limitiertes Angebot, bei dem man terminlich flexibel sein muß.

- **Buy & fly**: "Last Minute" für Linie – Lufthansa bietet für Kurzentschlossene preiswerte Flüge nach Athen, Kostenpunkt meist um die 500 DM zuzügl. Flughafensteuer. Alle 14 Tage neue Angebote.

Rail & fly, mit dem "Zug zum Flug" – wenn man im Besitz eines Flugtickets ist, ist dies eine preiswerte Möglichkeit, mit der Bundesbahn vom Heimatort zum Flughafen und wieder zurück zu reisen. Kostet in der 2. Klasse (inkl. EC/IC-Zuschlag) bei Entfernungen bis zu 300 km für Einzelreisende 110 DM, über 300 km 159 DM (jede weitere Pers. 69 DM, Kind 4-11 Jahre 20 DM). In ICE-Zügen Aufpreis von 20 DM pro Pers., Kind 10 DM (Stand 1997). Der Weg vom Bahnhof zum Airport und umgekehrt ist inbegriffen. Bedingungen: Beim Fahrkartenkauf müssen Sie das Flugticket vorzeigen. Abflug- und Ankunftsflughafen müssen identisch sein.

Transport von Gepäck und Sondergepäck

- **Gepäck**: Auf allen internationalen Linien- und Charterflügen dürfen pro Person 20 kg Freigepäck mitgenommen werden, auf innergriechischen Flügen dagegen nur 15 kg. Wer aber aus dem Ausland kommt und einen Anschlußflug gebucht hat, darf seine 20 kg trotzdem kostenfrei mitnehmen. Ansonsten zahlt man pro Kilo Übergepäck ca. 10 DM (bei kleiner Überschreitung wird meist ein Auge zugedrückt).
- **Sportgerät, Fahrrad**: Pro Person können bis zu 30 kg mitgenommen werden, Gebühren sind je nach Fluggesellschaft unterschiedlich – *Taucherausrüstung* fliegt meist kostenlos, ein *Fahrrad* kostet auf Charterflügen 30-60 DM, ein *Surfbrett* 50-90 DM, Linienfluggesellschaften berechnen diese Posten häufig als Übergepäck nach ihrem Kilogewicht. Rechtzeitige Anmeldung und sachgerechte Verpackung sind in jedem Fall obligatorisch!
- **Motorrad**: Bei *LTU* ist die Mitnahme des eigenen Bikes nach Athen möglich, die Firma "Fly & Bike" in Bielefeld organisiert den Transfer. Kostenpunkt für Maschine ca. 1900 DM retour, für Fahrer ca. 630-730 DM.

  Buchung/Information: bei **Fly & Bike Reise GmbH**, August-Bebel-Str. 32, D-33602 Bielefeld. Tel. 0521/174985, Fax 138738.
- **Tiere**: Hier gilt generell: besser zu Hause lassen. Wer seinen Waldi unbedingt mitnehmen will, muß dies bei der Buchung anmelden. In der Kabine darf der vierbeinige Liebling nur mitfliegen, wenn er ein bestimmtes Gewicht nicht überschreitet und eine spezielle Transportbox gekauft wurde. Das Gewicht des Tiers wird bei Charterflügen dem Gesamtgepäck zugezählt, gezahlt wird nur, wenn 20 kg überschritten sind. Linienfluggesellschaften berechnen Tiere generell als Übergepäck.

Schrottreifes Auto – Hauptsache es fährt!

Mit dem eigenen Fahrzeug

Falls sich mehrere Personen die Benzinkosten teilen, kann der eigene Pkw eine preiswerte Anreisemöglichkeit sein. Allerdings bei einer ausgesprochenen Sporaden-Reise nur empfehlenswert, wenn man länger bleibt und daher über genügend Zeit verfügt – ansonsten lohnen Fährkosten und der Streß keinesfalls.

Dazu kommt, daß auch nach dem Ende des Kriegs im ehemaligen Jugoslawien die direkte Anreise mit Schwierigkeiten verbunden ist – und auch die Ausweichrouten auf dem Festland bieten Probleme. Bleibt als einzige realistische Möglichkeit derzeit nur die Fährpassage ab Italien – mit nicht unerheblichen Kosten für den Fahrzeugtransport.

Also besser vor Ort ein Fahrzeug mieten, bei der Kleinräumigkeit der Inseln genügt meist ein preiswertes Zweirad. Die Inseln der Nördlichen Sporaden nennen nur relativ wenige Kilometer Asphalt- oder Betonstraßen ihr eigen – der Rest sind nicht selten üble Staub- und Schotterpisten, die das eigene Fahrzeug wenig dankt.

Wer trotzdem nicht auf den fahrbaren Untersatz verzichten will, sollte bedenken, daß die Mitnahme nur bedingt auf *Skópelos*, *Alónnissos* und *Skýros* lohnt. *Skíathos* bietet einen hervorragenden Busservice. Alle anderen Nördlichen Sporaden sind unbewohnt. Interessant wäre natürlich auch ein Abstecher auf das *mittelgriechische Festland* oder nach *Euböa*, zumal die Großstadt Vólos und die Hafenstädte Agíos Konstantínos und Kými ohnehin die sinnvollsten Fährhäfen für die Überfahrt auf die Inseln darstellen.

Wichtig: Auf allen Inseln der Nördlichen Sporaden gibt es eine relativ gute Versorgung mit Tankstellen, wenngleich sie auch oft räumlich nicht gerade sinnvoll auf die Eilande verteilt sind. **Skíathos** verfügt über drei Zapfsäulen am Stadtrand, **Skópelos** bietet vier Tankstellen (zwei am Stadtrand und zwei im Inselnorden), auf **Alónnissos** gibt es seit 1997 zwei Zapfsäulen (im Hafen Patitíri und im Nachbarort Vótsi), und **Skýros** verfügt ebenfalls über vier Tankstellen (im Hafen Linariá, in Skýros/Chóra und an den Straßen nach Aspoús und Atsitsa. Alle Tankstellen verkaufen Super (bleifrei), Normal und Diesel. Leihfahrzeuge gibt es auf jeder Insel zu mieten. Details in den jeweiligen Inseltexten!

Die großen Autofähren benötigen von *Vólos* gut 3,5 Stunden nach Skíathos, ca. 4,5 nach Skópelos und ca. 5,5 Stunden nach Alónnissos. Die Insel Skýros wurde in der Saison 1997 nicht mehr per Fähre von Vólos, Agíos Konstantínos oder den anderen Inseln der Nördlichen Sporaden angefahren. Eine Überfahrt nach Skýros per Autofähre war 1997 nur von der Hafenstadt *Kými* auf der Insel *Euböa* möglich. Diese Möglichkeit ist für Autobesitzer ohnehin sinnvoller, denn sie besteht ein- bis zweimal täglich und dauert nur etwa zwei Stunden.
Von Vólos nach Kými gelangt man über die E 75. Sie führt weiter um den Golf von Maliakos nach Lamia an der Küste entlang über Thivä bis zur Abzweigung nach Chalkis. Hier verläßt man die E 75 und fährt über Chalkis die Nationalstraße 44 nach Kými an die Ostküste der Insel Euböa.

Faustregel: Wenn Sie mit dem Auto den Trip über Igoumenítsa nach Vólos oder eine andere Hafenstadt wagen, müssen Sie je nach Route mit gut drei Tagen Fahrt rechnen, hin und zurück also eine gute Woche einkalkulieren.

Details und Preise der großen Autofähren und Flying Dolphins siehe unter "Verbindungen" in den jeweiligen Inselkapiteln.

Routen nach Vólos

▸ **Über den Autoput:** Die direkte "Luftlinie" nach *Vólos* – durch Österreich, Jugoslawien und Nord/Mittelgriechenland – war fünf Jahre lange gesperrt. Seit dem Frühjahr 1996 ist die "Autoput" genannte Schnellstraße E 70 über Zagreb, Belgrad, Ni« und Skopje nun wieder geöffnet. Allerdings ist die Fahrt ein finanzieller Kraftakt. Verlangt werden derzeit schon in Österreich 22 DM für eine Zweimonatsvignette (12 DM für Motorräder). Danach sind etwa 100 DM Straßenbenutzungsgebühren für die gesamte Strecke ab der österreichisch-slowenischen Grenze bis zur Einreise nach Griechenland (also für Slowenien, Kroatien, BR Jugoslawien und Makedonien) zu entrichten. Außerdem verlangt die BR Jugoslawien 120 DM für eine Kfz-Vollkasko-Versicherung für 15 Tage, da sie die grüne Karte nicht anerkennt. In der Regel bleibt man aber länger als 15 Tage in Griechenland und zahlt dann nochmals 120 DM bei der Rückfahrt. Dazu kommen noch 57 DM für ein Transitvisum für die BR Jugoslawien (erhältlich nur bei den jugoslawischen Vertretungen in Deutschland, nicht erst an der Grenze!).

Achtung: Zwischen Slavonski Brod und der kroatisch/jugoslawischen Grenze ist die Strecke in jeder Richtung nur einspurig, zudem wegen der Kriegshandlungen noch beschädigt. Entlang der Route sollen noch Minen liegen – deshalb keinesfalls die Straße verlassen! Erkundigen Sie sich bei den Automobilclubs nach der aktuellen Situation, auch bezüglich Versorgung mit Treibstoff und Ersatzteilen.
Glücklich in Griechenland angekommen, verläuft die gebührenpflichtige Fernstraße nach Athen an *Thessaloníki* vorbei und bleibt in der Nähe der Ostküste. Gelegentlich fährt man direkt am Meer entlang und kommt auch hinter Katerini dicht am mythischen *Olymp-Massiv* vorbei. Nächste Station ist die Großstadt Lárissa. Ab und zu Bademöglichkeiten, mehrere Zeltplätze mit Zufahrt von der Autobahn, zum Teil sehr gut ausgestattet, aber viel Straßenlärm. Die Autobahngebühren sind in Griechenland sehr gering. Alle Details zum Festland in unserem Band zu Nord-/Mittelgriechenland.

Keine Lust mehr auf Asphalt? Per **Autoreisezug** im Sommer z. B. von München nach Rimini (leider keine Verbindung nach Ancona). Preis: 322 DM für ein Mittelklassewagen und 93 DM pro Person im Liegewagenabteil.
Außerdem: Von April bis Oktober fährt *Minoan Lines* einmal wöchentlich ab Thessaloníki direkt nach Skíathos. Fahrtdauer ca. 8,5 Std., Deckpassage 26 DM pro Person, Kabine ab 45 DM, Pkw je nach Länge ca. 72-96 DM, Motorrad 12-16 DM, Fahrrad frei.

- **Über Ungarn, Rumänien und Bulgarien**: deutlich abzuraten – riesiger Umweg, schlechte bis katastrophale Straßen, lange Wartezeiten an den Grenzen (in Stoßzeiten bis zu einem Tag!), bleifreies Benzin gibt es nicht, ebenso kaum technische oder medizinische Hilfe. In Rumänien und Bulgarien sind *Transitvisa* nötig, werden an den Grenzen ausgestellt und hängen bezüglich Preis von der Laune der Zöllner ab, die sich hier eine goldene Nase verdienen (derzeit um die 35 bzw. 95 DM).

- **Über Italien**: derzeit einzig vernünftige Option, noch dazu abwechslungsreiche Strecke und wenig Streß – Übersetzen nach Griechenland mit der Fähre ab *Triest*, *Venedig*, *Ancona*, *Bari*, *Brindisi* oder *Otranto*. Außerdem nicht allzu weit – von München nach Ancona sind es z. B. weniger als 900 km. Allerdings nicht die preiswerteste Möglichkeit – zu den Überfahrtskosten kommen Autobahngebühren (Italien, Österreich, Schweiz) und hohe Benzinpreise im italienischen Stiefel. Und – *seit dem Krieg im ehemaligen Jugoslawien sind die Griechenland-Fähren oft schon Monate im voraus ausgebucht.* Nicht ohne Vorbuchung fahren!
  Unterwegs jederzeit interessante Zwischenstopps möglich, z. B. in Verona mit seinem grandiosen Amphitheater oder in Ravenna, wo großartige byzantinische Mosaiken zu besichtigen sind. Viele Infos in unserem ITALIEN-Band.
  In Griechenland Ankunft im nahe Kórfu gelegenen Hafen *Igoumenítsa* (über Pátras wäre ein Umweg, ist aber auch möglich). Ab Igoumenítsa schöne, aber kurvige Fahrt über die E 92 durch das Bergland West- und Mittelgriechenlands. Die gut ausgebaute Straße führt über *Ioánnina*, *Kalambaka*, *Trikala*

und *Lárissa* ebenfalls nach *Vólos*. Von dort setzt man auf die Nördlichen Sporaden über.

Bei Anfahrt über die **Schweiz** – alle Schweizer Autobahnen (Nationalstraßen) und autobahnähnlichen Straßen sind gebührenpflichtig. Pauschal wird der Preis von umgerechnet ca. 50,50 DM für eine **Vignette** (Plakette) erhoben. Diese ist gut sichtbar am Fenster des Fahrzeugs anzubringen. Erhältlich in allen Automobilclubs oder an der Grenze.
Auch die **österreichischen Autobahnen** sind seit 1997 kostenpflichtig, wobei es hier **Vignetten** für verschiedene Zeiträume zu kaufen gibt! Eine Jahresvignette kostet 80 DM (Motorräder 32 DM), Zweimonatsvignette 22 DM (Motorräder 12 DM) und eine Wochenvignette 10,50 DM (für Motorräder nicht angeboten). Anhänger sind frei. (Stand 1997).

- *Informationen*: Besorgen Sie sich vor Antritt der Fahrt bei Ihrem Automobilclub die neuesten Daten zu den erlaubten Höchstgeschwindigkeiten, besonderen Verkehrsregeln und Benzinpreisen in den Transitländern.
- *Papiere*: nationaler Führerschein, grüne Versicherungskarte, Fahrzeugschein. Sinnvoll ist auch der Auslandsschutzbrief und eventuell eine kurzfristige Vollkaskoversicherung (bei Anreise über Restjugoslawien obligatorisch).
- *Werkzeug*: An Bord sollten sein: Verbandskasten und Warndreieck, Reserverad (Luftdruck?), Wagenheber, Radkreuz oder Radmutternschlüssel, Starthilfekabel und Abschleppseil, Keilriemen, Satz Glühbirnen, Zünd- bzw. Glühkerzen, evtl. Kontakte; außerdem Bremsflüssigkeit, Motoröl, Behälter mit Kühlwasser zum Nachfüllen, destilliertes Batteriewasser, Kontaktspray, Grundausstattung an Werkzeug, Straßenkarten. Benzinkanister sind in Italien wegen der Brandgefahr verboten. Überprüfen Sie regelmäßig den Säurestand in der Batterie, Ölstand und Kühlerwasser!

Unterwegs in Griechenland

Höchstgeschwindigkeit: Autobahn 120 km/h, Schnellstraße 110 km/h, außerhalb von Ortschaften 90 km/h, Motorräder 70 km/h.

Wichtige Verkehrsregeln: An gelb markierten Straßenrändern darf nicht geparkt werden; Promillegrenze liegt bei 0,5!

Benzinpreise: Super-Bleifrei (98 Oktan) kostet ca. 1,55 DM, Normal ca. 1,45 DM und Diesel ca. 1,12 DM. Normalbenzin sollte man wegen der niedrigen Oktanzahlen nicht tanken, verbleites Super wird auf den Nördlichen Sporaden nicht mehr angeboten.

Pannenhilfe: Der griechische Automobilclub ELPA leistet auf den wichtigsten Straßen täglich rund um die Uhr Pannenhilfe (kostenlos für Mitglieder von Automobilclubs). Rufnummer 104, dazu die Vorwahl der nächsten größeren Stadt: Athen 01, Thessaloníki 031, Lárissa 041, Lamia 0231, Pátras 061.
Polizeinotruf 100, Touristenpolizei in Athen 171.

Griechischer Automobilclub: ELPA, Automobil- u. Touring-Club von Griechenland, GR-11527 Athen, Messogion Str. 2-4, Tel. 01/7775644.

Mit dem Fahrrad

▸ **Anreise per Flugzeug:** Fahrradmitnahme ist bei keiner Airline ein Problem, Kostenpunkt im Charter ca. 30-60 DM, Linienfluggesellschaften berechnen etwa 50 DM pro Strecke, also 100 DM hin und zurück. Manche Air-

Kaiki-Idylle am Órmos Agnóntas

lines behandeln das Rad auch als Übergepäck nach Kilogewicht (20 kg Obergrenze). Ein Rad wiegt allein schon ca. 12-18 kg, deshalb Pedale und Sattel ins Handgepäck. Sachgerechte Verpackung ist unabdingbar, z. B. in Pappe oder Luftpolsterfolie, gut geeignet sind auch spezielle Fahrradtaschen. Pedale müssen abmontiert, Lenker soll quergestellt und festgebunden sein. Anmeldung des Fahrrads beim Ticketkauf mit Angabe des Gewichts.

▸ **Per Bahn und Fähre**: in jedem Fall umständliche und zeitraubende Angelegenheit. Vor allem der Transport über Ungarn und Rest-Jugoslawien ist langwierig und kompliziert. Etwas besser ist es, das Rad durch Italien nach *Ancona* zu schicken und von dort nach *Igoumenítsa* überzusetzen. Allerdings ist der Bahntransport in Italien sehr teuer geworden. Das gute Stück als Vorausgepäck am heimischen Bahnhof aufzugeben, geht nämlich in Italien seit einigen Jahren nicht mehr, es muß als *Stück-* oder *Expreßgut* im Güterverkehr verschickt werden – und das kostet 100 DM aufwärts (abhängig von Entfernung und Gewicht), schon allein die Strecke München-Florenz kostet ca. 200 DM. Glücklicherweise gibt es Alternativen. Die *Fährpassage* Italien-Griechenland ist kostenlos. Von *Igoumenítsa* muß das Rad mit der Bahn nach *Vólos* versandt werden (sehr preiswert), direkte Mitnahme im Zug ist nicht möglich. Auf den Sporaden-Fähren kostenloser Transport.

• *Fahrradmitnahme in Italien*: Nur in wenigen **Treno und Bici-Zügen**, die im italienischen Kursbuch ein Fahrradsymbol tragen, darf man das Fahrrad selbst ein- und ausladen, der Transport kostet unabhängig von der Entfernung nur ca. 5 DM. Die Karte ist 24 Stunden gültig. An der italienischen Grenze (Brenner bzw. Chiasso) kann man zusteigen. **Fahrräder in Radtaschen** dürfen in allen italienischen Zügen (Ausnahme: Hochgeschwindigkeitszug "Pendolino") mitgenommen werden. Die Tasche muß die Maße haben: 80 x 110 x 30 cm, der Transport kostet wie bei den Bici-Zügen ca. 5 DM. Hinweis: Da nicht jeder Schaffner diese Bestimmung zu kennen scheint, empfiehlt sich die Mitnahme der einschlägigen Transportbestimmungen der Staatsbahn. Nähere Infos bei den *Italienischen Staatsbahnen* in München, Tel. 089/591597, Fax 553406.

Aktuelle Infos zum Radtransport in europäischen Zügen über die **Radfahrer-Hotline** der DB, Tel. 0180/3194194 Mo-Fr 8-18 Uhr, Sa 8-12 Uhr. Dort kann man auch buchen.

Mit der Bahn

Für Sporadenfahrer eigentlich nur zu empfehlen, wenn sie auch vom griechischen Festland etwas sehen wollen und dort reichlich Zwischenstopps einlegen, zum Beispiel auf dem Pílion. Die direkte Linie durch das ehemalige Jugoslawien war zum Redaktionsschluß im Herbst 1997 nach wie vor unterbrochen – alle Züge von Mitteleuropa nach Athen werden über Ungarn umgeleitet, was nur wenig länger dauert, aber erhöhte Preise zur Folge hat. Weniger stressig, außerdem mit schöner Fährüberfahrt, ist die Anreise über Italien – von den italienischen Adriahäfen gehen Fähren nach Igoumenítsa.

Egal welche Strecke man wählt, nötig ist in jedem Fall eine rechtzeitige *Sitzplatzreservierung*, außerdem eventuell *Liege-* (26 DM) oder *Schlafwagen* (67 DM) für die Nacht. Spätestens ein paar Wochen vorher muß man buchen. Insgesamt ist, alles einberechnet (Verpflegung, Liegewagen usw.), die ökologisch vorbildliche Zugfahrt leider keinesfalls günstig.

▶ **Balkanroute**: Gutes Sitzfleisch und Durchhaltevermögen sind nötig, man verbringt (ab München gerechnet) immerhin mehr als 40 Stunden in "vollen Zügen". Außerdem ausreichend Lebensmittel und Trinkwasser mitnehmen, die teuren Speisewagen belasten das Budget.

Derzeit gibt es nur eine einzige Zugverbindung auf der Route *München-Salzburg-Wien-Budapest-Subotica-Novi Sad-Belgrad-Ni«-Skopje-Gevgelija-Thessaloníki-Lárissa-Athen*, wobei mehrmals umgestiegen werden muß (zuletzt in Lárissa, da die Züge von Thessaloníki nach Athen nicht direkt über Vólos fahren). Fahrplanmäßig sind es ab München etwa 43 Stunden bis *Vólos*, entsprechend geschlaucht kommt man an. Preis ab München satte 332 DM einfach bis Vólos oder 365 DM bis Athen (Stand 1997) und knapp das Doppelte hin und zurück. Für denselben Preis bekommt man oft auch ein Flugticket. (Spartip: nur bis Budapest lösen und erst dort die weitere Fahrt bezahlen – wird deutlich günstiger, allerdings gibt's dann vielleicht Probleme mit Reservierung von Sitz-/Liegeplatz). In Serbien ist ein *Transitvisum* nötig, wird nicht an der Grenze ausgestellt. Erkundigen Sie sich wegen der aktuellen Situation im Reisebüro oder beim Bahnhof.

• *Züge*: von München nach Budapest per D-Zug im Schlaf- oder Liegewagenabteil des *Kalman-Imre-Expreß* (etwa 8 Std. Fahrzeit, Reservierung ratsam). Von Budapest nach Thessaloníki ebenfalls per D-Zug im Schlaf- oder Liegewagenabteil mit Reservierungspflicht (etwa 23 Std.). Anschließend von Thessaloníki im ebenso reservierungspflichtigen griechischen IC nach Lárissa, einer Großstadt auf der Linie

Thessaloníki-Athen (ca. 1,5 Std. bis Lárissa). Von Lárissa dann per Bahn oder Bus in die Hafenstadt Vólos und weiter per Fähre oder Tragflügelboot auf die Nördlichen Sporaden.

▸ **Über Italien**: reizvolle Anreise durch die Alpen und Oberitalien zu einem der Fährhäfen, willkommene Abwechslung bringt im Anschluß die Überfahrt nach Griechenland. Wichtigster Fährhafen ist *Ancona*, für die Fahrt von München über Kufstein und den Brenner mit etwa zwölf Stunden rechnen, Preis exakt 97,40 DM einfach pro Person. Vorsicht – alle Jahre wieder streiken in Italien Zöllner und Zugpersonal! Wenn man davon, mit Zug- und Schiffsticket in der Tasche, betroffen ist, ist das mehr als ärgerlich.
Von *Igoumenítsa* fahren häufige Busse die Strecke über *Vólos* nach Athen (Fahrtzeit etwa 7 Std. bis Vólos, Kostenpunkt ca. 32 DM).

Bahnsparen

• *Sondertarife der DB* (Stand 1997): **Sparpreis**, zusammenreisende Personen fahren auf Inlandstrecken von mehr als 400 km mit diesem Festpreis günstiger als mit einer Normalfahrkarte – die erste Person zahlt auf dem deutschen Streckenteil 199 DM für Hin- u. Rückfahrt 2. Kl. (ICE 290 DM), bis zu vier Mitfahrern werden 50 % Rabatt auf den Sparpreis gewährt (Mitfahrer-Sparpreis 2. Kl. 99 DM, ICE-Mitfahrer-Sparpreis 145 DM). Lohnt sich, wenn der Wohnort weit von der Grenze entfernt liegt, im Fall Italien/Griechenland also für Reisende aus Mittel- und Norddeutschland. Bedingung ist gemeinsame Hin- u. Rückfahrt, Geltungsdauer 1 Monat. Früheste Rückfahrt möglich am Samstag nach dem ersten Geltungstag.
ICE-Super-Sparpreis, ist eine reine ICE-Ermäßigung für zusammenreisende Personen, gilt einen Monat lang (jedoch nicht an Freitagen und Sonntagen). Lohnt ebenfalls nur auf längeren Strecken – die erste Person zahlt 230 DM (inkl. Zuschläge), bis zu vier Mitfahrer zahlen die Hälfte. Früheste Rückfahrt möglich am Samstag nach dem ersten Geltungstag.
Bahncard, bei besonders langen Anfahrten (z. B. Hamburg-Kufstein) macht sich die Anschaffung einer Bahncard (240 DM, 2. Kl.; Jugendliche 18-22 und Stud. bis 26: 120 DM) langfristig bezahlt, denn man kann sie anschließend im innerdeutschen Bahnverkehr ein Jahr lang weiterbenutzen (50 % vom Normaltarif).
TwenTicket, wer unter 26 ist und die Bahn nur für Hin- und Rückfahrt in Anspruch nimmt, sollte unbedingt mit einem solchen Ticket fahren. Gibt's in DER-Reisebüros und bringt Ermäßigungen von mindestens 20 %, Benutzung von EC/IC-Zügen ist zuschlagsfrei. Im Ausland kann man die Fahrt jederzeit unterbrechen.
Last but not least – das neue Angebot **"Schönes Wochenende"** der DB: von Freitag 24 Uhr bis Sonntag 24 Uhr kann man für 35 DM in Nahverkehrszügen so viel fahren, wie man will. Wer sich also den Streß des ständigen Umsteigens antun will oder grenznah günstig wohnt, sollte sich dieses Ticket kaufen. Wegen des supergünstigen Angebots sind allerdings die Wochenendzüge teilweise chaotisch überfüllt (z. T. mußten Reisende wegen Überfüllung auf dem Bahnsteig bleiben). Im Oktober 1997 kündigte die Bundesbahn für 1998 eine Veränderung des "Wochenendtickets" an. Vorher also eingehend erkundigen.

• *Italienische Bahnpässe*: Anschaffung rentiert sich nur, wenn man den Sporadentrip mit einer ausgiebigen Tour durch Italien kombiniert. Man kann sie bei der Kölner Auslandsvertretung der italienischen *CIT-Reisebüros* (Compagnia Italiana Turismo) erwerben – D-50667 Köln, Komödienstr. 49, Tel. 0221/207090. In Italien gibt es die Netzkarten an den Bahngrenzübergängen, in großen Bahnhöfen und CIT-Reisebüros.

• *Griechische Bahnpässe*: Es gibt **Netzkarten** für das gesamte Bahnnetz, gültig für 10, 20 oder 30 Tage. Preis je nach Anzahl der Personen unterschiedlich, kann man nur vor Ort erwerben.

Für 30 Tage pro Person zwischen 115 (Einzelreisender) und 190 DM (Gruppe von 5 Pers.).
Studenten mit internationalem Studentenausweis erhalten auf Bahnkarten 25 % Rabatt.
• *Internationale Bahnpässe*: Das neue **InterRail-Ticket** für alle unter 26 Jahre kostet 630 DM, gilt einen Monat lang und bringt unbeschränktes Bahnfahren auf den staatlichen Bahnnetzen von mittlerweile allen euopäischen Ländern außer Albanien, BR Jugoslawien und den baltischen Ländern (halber Fahrpreis im Land, in dem die Karte ausgestellt wurde). Außer dem Globalticket besteht auch die Möglichkeit, verschiedene geographische Zonen-Netzkarten zu wählen (insgesamt sieben). Griechenland gehört zusammen mit Italien, Slowenien und der Türkei zur Zone G und kann mit dem 1-Zonen-Ticket für 420 DM 15 Tage lang bereist werden, mit dem 2-Zonen-Ticket für 500 DM einen Monat lang und mit dem 3-Zonen-Ticket für 560 DM ebenfalls einen Monat lang. Wer die Bahn nur braucht, um an- und wieder abzureisen, fährt mit Twentours usw. günstiger.
Euro Domino, ohne Altersbeschränkung, man kann Netzkarten von insgesamt 26 europäischen Ländern kaufen (außer Wohnsitzland) und dann innerhalb eines Monats pro Land an 3, 5 bzw. 10 Tagen das gesamte staatliche Bahnnetz benutzen (zuschlagspflichtige Züge ohne Aufpreis), Jugendliche bis 26 erhalten die Netzkarten verbilligt, Kinder von 4-11 J. um 50 % reduziert. Dazu gibt's 25 % Ermäßigung für die Strecke vom Wohnort bis zur Grenze und für Strecken in Transitländern. Klingt zwar etwas kompliziert, kann sich aber lohnen, falls man nicht länger als einen Monat unterwegs ist. Man legt die 3, 5 bzw. 10 Tage am besten so an, daß An- und Rückfahrt sowie 1, 3 bzw. 8 längere Bahnfahrten innerhalb Italiens abgedeckt sind. Die italienische Netzkarte (z. B. 5 Tage, 2. Kl.) kostet für Erwachsene 306 DM, für Jugendliche bis 26 Jahre 237 DM, die griechische 158 bzw. 101 DM.
Euro-Minigruppe, gültig für Gruppen von 2-5 Personen auf 18 europäischen Bahnstrecken. Jugendliche unter 16 J. erhalten 50 %, über 16 J. 25 %. Mindestens eine Person muß unter 16 sein, und ein Erwachsener muß dabei sein. Bedingung ist gemeinsame Hin- und Rückfahrt auf internationalen Strecken.
Rail Europ S (1. und 2.Kl.), Senioren mit einer Senioren-Bahncard können auch im Ausland (auf 25 europäischen Staatsbahnen) ermäßigt reisen – wenn sie zusätzlich eine Rail-Europ-S-Karte kaufen.
Weitere Infos im aktuellen Prospekt "JUGENDREISEN" der DB.

Weitere Anreisemöglichkeiten

▸ **Mit dem Bus**: Die *Deutsche Touring GmbH* bietet ganzjährig Fahrten von verschiedenen deutschen Städten nach Athen an, die vor allem von griechischen und türkischen Arbeitnehmern genutzt werden. Da auch die Busse von den katastrophalen Reisebedingungen auf dem Balkan betroffen sind, werden mittlerweile Busse nach *Brindisi* eingesetzt, von dort geht es weiter per Fähre, in Pátras steigt man wieder in den Bus um. Der Preis liegt mit ca. 385 DM hin und zurück (Frankfurt-Athen) nicht höher als auf der Balkanroute, allerdings kommt noch die Fährpassage dazu – für dasselbe Geld könnte man schon einen Charterflug nach Athen bekommen. Aufgrund der langen Fahrtzeit empfiehlt sich der Europabus nicht für einen zwei- bis dreiwöchigen Urlaub. Zum Essen und zum Trinken sollte man sich genug mitnehmen (die Busse halten unregelmäßig) und sich auf zwei Tage Nichtstun einstellen. Nichtraucher haben schlechte Karten – es wird gequalmt auf "Teufel komm raus".

• *Auskünfte/Buchung*: **Deutsche Touring GmbH**, **"Europabus"**, Am Römerhof 17, D-60486 Frankfurt/Main, Tel. 069/79030.
• *Reservierung Rückreise*: **CEH International Road Service**, Peloponnes Station, Athen/Griechenland, Tel. 01/5135768 und 5136769 (in jeder größeren Stadt Zweigniederlassungen).

Mitfahrzentralen: preisgünstige Lösung für Fahrer und Mitfahrer – ersterer spart Benzinkosten, letzterer kommt preiswert nach Griechenland. Im Fall, daß mehrere zahlende Personen mitfahren, wird auch der obige Buspreis leicht unterboten. Insgesamt rund hundert Mitfahrzentralen *(MFZ)* gibt es inzwischen in fast allen bundesdeutschen Großstädten, zu finden im Telefonbuch. Vor allem die Universitätsstädte sind gut bestückt. Wem also alles andere zu teuer ist, der sollte ruhig mal bei der nächstgelegenen Zentrale anrufen. Falls man von einer Mitfahrzentrale an einen Fahrer vermittelt wird, wird zusätzlich zum eigentlichen Fahrpreis (Bezinkostenbeteiligung) eine Vermittlungsgebühr fällig, die eine Unfallversicherung enthält. Machen Sie den Preis vor der Abfahrt mit ihrem Fahrer fest, gegebenenfalls schriftlich in der Zentrale, um Unklarheiten zu vermeiden. Derzeit ist nur die Fahrt zu einem der italienischen Fährhäfen ratsam. Natürlich kann man auch Teilstrecken versuchen – z. B. Lift nach Verona und weiter mit Zug und Fähre.

Fährverbindungen Italien – Griechenland

Die Verhältnisse im ehemaligen Jugoslawien haben den Reedereien einen Boom sondergleichen beschert, der selbst nach Kriegsende noch anhält. Bis zur Konsolidierung der Verhältnisse wird wohl fast jeder Nichtflieger die Adria überqueren, um nach Griechenland zu gelangen.

Die Folge ist, daß die Fähren lange im voraus ausgebucht sind, vor allem Stellplätze für Pkw, Wohnmobile usw., aber auch Kabinen. Für Sporadenfahrer kommt in Griechenland noch ein Transfer nach Vólos bzw. auf die Inseln dazu, gegebenenfalls auch eine Zwischenübernachtung auf dem mittelgriechischen Festland, in Kými oder in Vólos usw.

An Bord kann man wählen zwischen dem billigen Deckplatz, dem Pullmannsitz oder einer 2- bis 4-Bett-Kabine. Es gibt ausreichend Speisesäle, und es kann zollfrei eingekauft werden, Pkw-Mitnahme ist möglich, Fahrradtransport frei.

Von welchem Hafen man in Italien abfährt, ist ein individuelles Problem. Besorgen Sie sich die aktuellen Prospekte (in jedem größeren Reisebüro erhältlich), und rechnen Sie die verschiedenen Fährpreise, kombiniert mit den Anfahrtskosten Auto oder Bahn, einmal durch (Spritpreise und Autobahngebuhren ın Itahen beı den Automobilclubs). Die Fährlinien staffeln ihre Tarife nach Saisonzeiten. In der Nebensaison liegen die Preise generell niedriger als in der Hauptreisezeit. Es gibt teilweise erhebliche Schwankungen zwischen den konkurrierenden Linien. Achten Sie auch besonders auf die je nach Reederei verschiedenen Sonderpreise und Ermäßigungen (z.B.

New Port – Fährhafen von Skíathos/Stadt

Kinder- und Rückfahrtermäßigungen). Generell dürfte *Ancona* ein günstiger Fährhafen sein – man muß nicht bis *Brindisi* hinunterfahren.

▸ **Schiffsrouten:** Sie setzen ab *Triest*, *Venedig*, *Ancona*, *Bari*, *Brindisi* oder *Otranto* nach *Igoumenítsa* (wenn kein Platz mehr frei ist, auch nach *Pátras*) über und fahren anschließend mit Bus oder Pkw (kein Bahnanschluß) durch das west- und mittelgriechische Bergland weiter nach *Vólos*. Diese Möglichkeit bietet auch schöne Ziele an der Festlandsstrecke.

Entfernungen zu den italienischen Fährhäfen

Basel-Venedig	620 km	München-Venedig	470 km
Basel-Ancona	800 km	München-Ancona	850 km
Basel-Bari	1250 km	München-Bari	1300 km
Basel-Brindisi	1380 km	München-Brindisi	1415 km
Basel-Otranto	1500 km	München-Otranto	1500 km

Hafenstädte und Fährlinien

▸ **Triest:** Die nördlichste Hafenstadt Italiens ist wohl hauptsächlich für Österreicher interessant, die über die Alpen-Adria-Autobahn zügig vorwärtskommen.

• *Fähren*: Die kretische Fährgesellschaft **ANEK Lines** fährt von Januar bis Oktober 1-2x wöchentlich über Kórfu und Igoumenítsa nach **Pátras**. Mit der F/B El. Venizelos besitzt die Anek eines der größten Fährschiffe der Welt (2500 Passagiere, 1100 Autos).

▸ **Venedig:** für deutsche und Schweizer Urlauber der nächste Fährhafen nach Griechenland und somit wenig Streß. Dafür muß man jedoch tief in die Tasche greifen und durchkreuzt das halbe Mittelmeer. Mit Zwischenaufenthalt in der weltberühmten Lagunenstadt aber sicherlich ein Tip.

Fähren: **Minoan Lines** fährt von April bis Okt. täglich über Kórfu und Igoumenítsa nach Pátras.

▶ **Ancona**: für mitteleuropäische Kraftfahrer der wichtigste Hafen, da noch relativ nah und zahlreiche Verbindungen. Täglich gibt es mehrere Abfahrten aufs griechische Festland.

• *Fähren*: U. a. fahren **ANEK Lines**, **G.A. Ferries**, **Karageorgis Lines**, **Marlines** und **Minoan Lines/Strintzis Lines** (kürzlich fusioniert) nach Kórfu, Igoumenítsa und Pátras. Die superschnellen **Superfast Ferries** von Attica Enterprises benötigen für die Überfahrt nach Pátras nur 20 Std. (üblicherweise um die 32 Std.), die neuen **Catamaran Ferry Lines** gar nur noch 11,5 Std.

Seit mehr als zehn Jahren fahren die Schiffe der griechischen Reederei **Marlines** Ende Juni bis Mitte September 1x wöchentlich von Ancona nach **Heraklion**. Zwischenstation ist Pátras (Möglichkeit, 2-3 Std. an Land zu gehen).

▶ **Bari**: *Ventouris Ferries* und *Marlines* pendeln über Kórfu und Igoumenítsa nach Pátras, *Poseidon Lines* fährt über Igoumenitsa nach Pátras, *Adriatica* läuft direkt Pátras an.

Achtung – in der Altstadt von Bari erhöhte Vorsicht vor Klau!

▶ **Brindisi**: neben Ancona wichtigster Fährhafen nach Griechenland, zahlreiche Linien fahren nach Kórfu, Igoumenítsa und Pátras, im Sommer täglich mehrere Abfahrten.

• *Fähren*: U. a. fahren **Adriatica Lines**, **Fragline**, **Hellenic Mediterranean Lines**, **Marlines**, **Minoan Lines/Strintzis Lines** und **Ventouris Ferries** nach Kórfu, Igoumenítsa und Pátras.

Catamaran Ferry Lines preschen in 3,5 Std. nach Igoumenitsa.

▶ **Otranto**: hübsches Städtchen tief unten am Sporn des italienischen Stiefels. Nur eine Linie, die *Utac Lines*, fährt hinüber nach Igoumenítsa – billigste und kürzeste Möglichkeit, nach Griechenland überzusetzen.

Wer mit dem Zug anreist: von Brindisi mit der staatlichen FS bis Lecce fahren, dort in eine Privatbahn umsteigen und in Maglie eventuell noch einmal umsteigen.

Fähr-Infos

- Alle Überfahrten kann man über Reisebüros in Deutschland, der Schweiz und Österreich buchen, die meisten mittels Buchungssystem START.
- Wer noch nicht zu Hause gebucht hat, kann im Juli und August Schwierigkeiten bekommen, die Fähren sind dann überfüllt, besonders in Ancona und Brindisi.
- Bei gleichzeitiger Buchung von Hin- und Rückfahrt gibt es auf den meisten Linien 20-30 % Ermäßigung für Personen und Fahrzeuge. Ebenso gibt es Kinderermäßigung (meist bis vier Jahre frei, bis zwölf Jahre 50 %).
- Mindestens zwei Stunden vor Abfahrt am Hafen sein – unter Umständen verliert man sonst seinen reservierten Platz. Zugfahrer sollten mögliche Verspätungen einkalkulieren!
- Bei der Einfahrt in den Hafen Paß bereithalten. Mit dem Ticket zuerst zum Büro der Schiffslinie gehen. Dort bekommt man die "Embarcation-Card" zum Abstempeln bei der Hafenpolizei. Hafentaxe von etwa 10 DM muß bezahlt werden.
- Für Kraftfahrer: Normalerweise kann man während der Seereise nicht ans Auto, deswegen alles Wichtige schon vorher zusammenpacken und mit

nach oben nehmen. Wird aber bei den langen Überfahrten nicht so streng gehandhabt.

- Wohnwagen/-mobilfahrer haben die Möglichkeit, bei Minoan Lines, Marlines und Ventouris Lines im Wohngefährt auf Deck überzusetzen. Vorteil: Man zahlt nur eine Deckpassage und genießt den Komfort des eigenen Mobilheims. Gilt jedoch nur für die Strecken nach Pátras.
- Tiere werden in Käfigen an Deck transportiert.

Von Athen per Flug auf die Nördlichen Sporaden

Wer den zähen Trip nach Vólos oder Kými und weiter mit den Autofähren oder Flying Dolphins scheut, kann nach Skíathos, aber auch nach Skýros fliegen. Alle innergriechischen Inselflüge von Olympic Airways starten am West Terminal von Athen.

Der regelmäßig verkehrende Bus 091 bringt Passagiere vom Zentrum schnell hin, vom East Terminal pendelt außerdem Bus 19 (siehe Athen/Verbindungen). Wer aus dem Ausland kommt und den Flugplatz wechselt, muß sein Gepäck erneut einchecken.

Da die Inselflughäfen klein sind, wird meist mit Propellermaschinen geflogen, die schnell besetzt und daher lange im voraus ausverkauft sind! Olympic Airways fliegt nach Skíathos in der Regel mit einer ATR 42, die bis zu 400 km/h schnell ist und für 50 Passagiere Platz bietet. Dagegen wird Skýros nur mit den kleinen achtzehnsitzigen Maschinen vom Typ Dornier angeflogen. Daher rechtzeitig um Tickets kümmern.

Information: unter Tel. 9363363; Hauptbüro am Leoforos Syngrou 96 (südlich der Akropolis), Tel. 9269111; wichtigstes Ticketbüro an der Seitenfront vom Sintagma-Platz, Filellinon Str. 15, Tel. 9267235.

Tip: Wenn möglich, schon zu Hause buchen. Das ist nicht teurer als vor Ort. Wer einen Flugschein besitzt, wird von den Ticketbüros mit Olympic-Bus (wenn vorhanden) kostenlos zum Flughafen gebracht.

Betreffend *Gepäck*: Auf griechischen Inlandflügen sind nur 15 kg Freigepäck zugelassen. Wer jedoch mit ausländischem Charter kommt und in Athen den Terminal wechselt, darf seine 20 kg trotzdem kostenlos mitnehmen.

▶ **Flug nach Skíathos**: Der *internationale Flugplatz* von Skíathos liegt ungefähr 2,5 km nordöstlich von Skíathos/Stadt entfernt. 1971 wurde er schon in Betrieb genommen, und mittlerweile drängt ein Ausbau, denn die Landebahn ist für die immer größer werdenden Flugzeuge eigentlich zu kurz. Leider gibt es keinen kostenlosen Olympic Airways Bus-Transfer mehr ins Stadtzentrum, sicherlich ein Verdienst der örtlichen Taxifahrer. Allerdings kostet eine Fahrt mit dem Taxi zum Hafen nur ca. 6,50 DM zuzüglich 1,50 DM Gepäckzuschlag.

- *Information*: Flughafen-Tel. 22376/22049.
- *Flugfrequenz*: von **Athen** nach **Skíathos** und umgekehrt im Sommer dreimal täglich, im Winter nicht jeden Tag, aber insgesamt achtmal pro Woche; Dauer: ca. 40 Min., Preis: 98 DM inkl. Flughafensteuer.

Flug nach Skýros: Der *Militärflughafen* im Nordwesten der Insel ist einer der größten in Griechenland und wird für die zivile Luftfahrt mitbenutzt. Bei den Verhandlungen um den Flughafenbau hat man den Militärs das Landerecht für mindestens eine Maschine täglich abgetrotzt. Der Airport liegt ca. 12,5 km von Skýros/Stadt entfernt an der Straße von Mólos nach Atsitsa. Auf dem Flughafen und rund um das Gelände besteht striktes Fotografierverbot. Bei Zuwiderhandlungen werden Kamera und Film rücksichtslos beschlagnahmt, das griechische Militär ist für seine Strenge bekannt. Transfer erfolgt kostenlos mit Bussen der Olympic Airways.

- *Information*: Flughafen-Tel. 91625.
- *Flugfrequenz*: von **Athen** nach **Skýros** und umgekehrt im Sommer einmal täglich, im Winter zweimal pro Woche; Dauer: ca. 45 Min., Preis: 89 DM inkl. Flughafensteuer.

Unterwegs auf den Nördlichen Sporaden

Im Sporaden-Transport sind Fähren und Flying Dolphins das A und O – sie spielen die gleiche Rolle wie Züge und Fernbusse auf dem Festland, jedoch mit dem Unterschied der viel größeren Beweglichkeit für die Passagiere: an Deck in der Sonne liegen, im großen Aufenthaltsraum Video oder TV gucken, Inseln zählen, Kaffee trinken...

Durch die Ägäis schippern macht selbst in der Hochsaison noch Spaß. Eingesetzt werden auf den Nördlichen Sporaden unter anderem die geräumigen Großfähren *F/B Lémnos*, *F/B Macedon*, *F/B Papadiamántis II* und *F/B Skópelos*, die auch hohen Wellengang gut "wegstecken". Von jahrzehntealten Blechkolossen bis zu neuen Komfortschiffen ist so ziemlich alles vertreten. Wer zu Seekrankheit tendiert, sollte unbedingt entsprechende Mittel mitnehmen.

Nicht verschweigen wollen wir, daß die Mittelmeerfähren und speziell die griechischen Schiffe seit einigen Jahren ins Gerede gekommen sind. Laut verschiedener Untersuchungen sollen ihre Sicherheitsstandards ungenügend sein – schlampige Wartung, verrottete Anlagen und schlechte Ausbildung der Besatzung seien auf vielen älteren Schiffen die Regel. Ein internationales Abkommen verspricht Abhilfe bis zum Jahr 2005 – bis dahin darf man sich damit trösten, daß größere Schiffsunglücke mit Personenschäden in der Ägäis seit vielen Jahren nicht mehr gemeldet wurden.

Im Sporaden-Verkehr nehmen die Tragflügelboote der Gesellschaft *Ceres* ebenfalls eine sehr wichtige Stellung ein. Die gelb-blauen Ungetüme werden "Flying Dolphins" genannt. Zwischen Vólos, Agíos Konstantínos und den Inseln sind Dutzende dieser Tragflügelboote im Einsatz. Damit schrumpft die Fahrzeit zwischen Festland und Inseln um mehr als die Hälfte im Vergleich zu den Fähren. Allerdings erfolgt nur Personentransport, keine Autos.

Auf den Inseln selbst fährt man viel Bus, manchmal Taxi und leiht sich gelegentlich ein Zweirad bzw. einen Kleinwagen oder Jeep – optimale Möglichkeit, auf eigene Faust auf Entdeckungsreise zu gehen.

Per Schiff

Die Fährverbindungen sind übersichtlich, ändern zwar gelegentlich ihre Abfahrtszeiten, befahren aber stets dieselbe Route: Vólos (oder Agíos Konstantínos) – Skíathos/Stadt – Loutráki/Glóssa – Skópelos/Stadt – Patitíri und zurück. Skýros wird nur noch von Kými auf Euböa angefahren.

Vólos ist Dreh- und Angelpunkt des Fährverkehrs zu den Nördlichen Sporaden der sogenannten Skópelos-Gruppe (Skíathos, Skópelos und Alónnissos). Die beiden Gesellschaften heißen *Nomicos* und *Goutos Lines*. In der Hochsaison gibt es täglich bis zu vier Verbindungen per Großfähre zu allen Inseln mit Ausnahme von Skýros. Der Fährverkehr von Vólos über Skíathos, Skópelos und Alónnissos nach Skýros wurde Ende der Saison 1996 eingestellt. 1997 gab es keine Direktverbindungen nach Linariá. Wer von den anderen Sporadeneilanden direkt nach Skýros (oder umgekehrt) will, muß auf die *Flying Dolphins* ausweichen. Möglicherweise wird diese Fährverbindung in den nächsten Jahren aber wieder aufgenommen. Fragen Sie bei den Ticketverkäufern.
Der Fährverkehr nach Skýros läuft heute ausschließlich über die Hafenstadt *Kými* an der mittleren Ostküste von Euböa. Autobesitzer müssen also von den Inseln der Skópelos-Reihe zunächst per Fähre zurück nach Vólos oder Agíos Konstantínos, dann mit dem Auto nach Kými fahren (Route siehe im Kapitel "Anreise", S. 31) und sich dort neu einschiffen. Dafür muß man etwa einen Tag einkalkulieren.

> Von **Piräus**, dem größten Hafen Griechenlands, gibt es keine Schiffsverbindungen auf die Nördlichen Sporaden, dagegen einmal wöchentlich von **Thessaloníki** nach Skíathos.

- **Abfahrten ab Vólos:** im Winter einmal täglich, in der Nebensaison zwei- bis dreimal täglich und im Hochsommer bis zu viermal täglich direkt nach Skíathos und weiter über Loutráki/Glóssa und Skópelos/Stadt nach Patitíri auf Alónnissos. Dort wenden die Fähren und fahren dieselbe Route zurück nach Vólos oder Agíos Konstantínos. Abfahrten zu unterschiedlichen Tag- und Nachtzeiten.
- **Abfahrten ab Agíos Konstantínos:** ähnlich wie von Vólos, doch geringere Frequenz. Im Winter zweimal wöchentlich, in der Nebensaison viermal wöchentlich und im Hochsommer bis zu sechsmal wöchentlich direkt nach Skíathos und weiter über Loutráki/Glóssa und Skópelos/Stadt nach Patitíri. Dort wenden die Fähren und fahren dieselbe Route zurück nach Agíos Konstantínos oder Vólos. Abfahrten ebenfalls zu unterschiedlichen Tag- und Nachtzeiten.

Vitamine vom Festland – die Fähre wird entladen

▶ **Abfahrten ab Kými**: ausschließlich Pendelverkehr nach Linariá, dem Hafen von Skýros. Im Winter und in der Nebensaison einmal täglich (von etwa Mitte September bis Mitte Juni) und im Hochsommer zweimal täglich (von etwa Mitte Juni bis Mitte September) direkt in zwei Stunden nach Linariá. Ganzjährig startet die Fähre von Skýros immer am frühen Vormittag und kehrt erst am Nachmittag von Kými zurück. An wichtigen Feiertagen (z. B. Ostern, Pfingsten und Panagía) und zum Karneval im Februar gibt es Sonderfahrten.

Preise der Fähren und Telefonnummern der Büros finden Sie in den jeweiligen Inselkapiteln.

• *Fahrtzeiten*: Die Route Vólos-Skíathos dauert etwa 3,5 Std., Vólos-Loutráki/Glóssa knapp 4,5 Std., Vólos-Skópelos/Stadt etwa 5,5 Std. und Vólos bis Patitíri (Alónnissos) 6,5 Std. Bei Seegang kann man unter Umständen auch länger unterwegs sein.

• *Platzangebot/Ausstattung*: Mit der normalen Fahrkarte kann man an Bord der Großfähren sowohl **Deckplätze** (Sitzmöglichkeiten meist vorhanden) als auch **Pullmannsitze** benutzen – letztere sind natürlich vor allem bei schlechtem Wetter gefragt. Die teureren **Kabinen** (Touristenklasse, 1. und 2. Klasse) lohnen nur bei Nachtfahrten.

In der Regel sind die Fähren ausreichend komfortabel, auch als Deckpassagier hat man Zugang zu einem großen **Aufenthaltsraum** (Salon) mit Bar, wo warme Snacks angeboten werden. Auch Fernsehen bzw. Video ist häufig an Bord –vor allem bei Langstrecken interessant.

• *Fahrpläne/Fahrkarten*: Die Reisebüros in den Hafenorten haben die aktuellen Abfahrtszeiten und angefahrenen Ziele meist auf großen Tafeln vor der Tür vermerkt. Allerletzte Möglichkeit zum Ticketkauf: Vor Abfahrt der Fähren werden meist noch direkt am Anleger Tickets verkauft – und sogar an Bord kann man oft noch (allerdings teurer) Fahrscheine erwerben.

• *Hilfsmittel für die Routenplanung*: Die Griechische Zentrale für Fremdenverkehr versendet jeweils ab spätem Frühjahr zur groben Vorinformation kostenlos die Broschüre "**Innergriechische Fährverbindungen**" mit einer ungefähren Jahresübersicht und aktuellen Preisen.

In Griechenland erhalten Sie die jeweils aktuellen **Schiffsfahrpläne** auf Handzetteln in der Tourist Information am Sintagma-Platz in Athen (siehe dort). Auch die deutschsprachige **"Athener Zeitung"** druckt die aktuellen Fahrpläne ab, weitere umfassende Hilfe bieten die monatlich erscheinenden "**Greek Travel Pages**", die in erster Linie für Reisebüros herausgegeben werden. Sie enthalten aktuelle Fahrpläne und Preise für die Hauptrouten, dazu viele weitere Reiseinformationen. Erhältlich ist die umfangreiche Broschüre in Athen z. B. in der Buchhandlung Eleftheroudakis, Nikis Str. 4, allerdings zum Preis von ca. 31 DM.

Per Tragflügelboot (Flying Dolphin)

Seit einigen Jahren werden in der Ägäis verstärkt Tragflügelboote, die sogenannten Flying Dolphins eingesetzt. Insbesondere auf den Nördlichen Sporaden sind sie zu einer erheblichen Konkurrenz für die Fährgesellschaften geworden.

Dafür gibt es vor allem einen Grund: die Nordwinde verursachen in den Gewässern der Sporaden keinen so starken Seegang mit hohen Wellen wie z. B. auf den Kykladen. Damit sind die Nördlichen Sporaden also weitaus besser für die gelben Flitzer geeignet.

Ein Transfer per Flying Dolphins ist eine interessante Alternative für alle, die es eilig haben und keine Kosten scheuen. Allerdings erfolgt kein Fahrzeugtransport. Kostenpunkt dieser Linien: gut doppelt so teuer wie Deck-überfahrt per Fähre – dafür fast Flugzeug-Feeling und extrem schnelle Überfahrten. Von Vólos nach Skíathos dauert gerade mal eine Stunde und 15 Minuten. Wenn die von Vólos gleichzeitig abgedampfte Fähre erst in Skíathos anlegt, wendet der Dolphin schon im Hafen von Patitíri zur Rückfahrt von Alónnissos.

Nachdem seit 1997 keine Fähren mehr von den Inseln der Skópelos-Gruppe nach Skýros fahren, besteht nur noch per Dolphin eine direkte Verbindung. Die Route führt von Vólos über Skíathos, Loutráki/Glóssa, Skópelos/Stadt und Alónnissos nach Linariá auf Skýros und zurück. Allerdings wird diese Verbindung auch nur zwischen Mitte Juni und Mitte September bedient.

Die gelb-blauen Flying Dolphins werden in Norwegen gebaut. Sie sind knapp 35 m lang, fassen maximal 132 Passagiere und erreichen mit zwei ziemlich lauten Dieselmotoren Spitzengeschwindigkeiten von 36 Knoten (ca. 67 km/h).

- **Abfahrten ab Vólos**: Die Inseln werden unterschiedlich oft angefahren, z. B. Skíathos häufiger als Alónnissos. Faustregel: im Winter zweimal täglich, in der Nebensaison viermal täglich und im Hochsommer fünfmal täglich direkt nach Skíathos und weiter über Loutráki/Glóssa und Skópelos/Stadt nach Patitíri auf Alónnissos. Dort wenden die meisten der Dolphins und fahren dieselbe Route zurück nach Vólos oder Agíos Konstantínos. Etwa fünf- bis siebenmal wöchentlich je nach Saison fahren auch Dolphins von Alónnissos weiter nach Skýros. Abfahrten in Vólos nur zwischen 6 und 20 Uhr.
- **Abfahrten ab Agíos Konstantínos**: ähnlich wie von Vólos, doch geringere Frequenz. Im Winter einmal täglich, in der Nebensaison ein- bis zweimal täglich und im Hochsommer dreimal täglich direkt nach Skíathos und wei-

Alónnissos – Fähre und Flying Dolphins im Hafen Patitíri

ter über Loutráki/Glóssa und Skópelos/Stadt nach Patitíri auf Alónnissos. Dort wenden die Tragflügelboote und fahren dieselbe Route zurück nach Agíos Konstantínos oder Vólos. Abfahrten in Agíos Konstantínos nur zwischen 9 und 20.30 Uhr.

- **Abfahrten ab Kými**: durch den guten und schnellen Pendelverkehr mit der Fähre nach Linariá nur spärliche Dolphin-Angebote. Von Kými nach Skýros nur von Anfang April bis Mitte September eine Verbindung wöchentlich.

Preise der Flying Dolphins und Telefonnummern der Büros finden Sie in den jeweiligen Inselkapiteln.

Ausflugsboote

Auf allen Inseln gibt es in der Saison tägliche Fahrten zu abseits liegenden Badestränden und auf Nachbarinseln. Eingesetzt werden Kaíkis (umgebaute Fischerboote) und größere Ausflugsschiffe – je nach Nachfrage. Allerdings sind Kaíkis durch die üppigen Fähr- und Dolphinverbindungen kein alltägliches Mittel des Sporadentransfers. Daher nur im Notfall zu empfehlen.

Per Flugzeug

Per innergriechischen Flug mit Olympic Airways von Athen nach Skíathos oder Skýros kommt man bequem in gut 45 Minuten auf die Nördlichen Sporaden. Allerdings gibt es keine Querverbindung Skíathos-Skýros. Wer diese Strecke unbedingt in der Luft überwinden will, muß zwangsläufig über Athen fliegen, dort umsteigen und neu einchecken.

Details siehe im Kapitel "Von Athen per Flug auf die Nördlichen Sporaden".

Generell – die Ägäis ist ein stürmisches, unruhiges Meer!

Wenn Sie eine bestimmte Reiseroute verfolgen, seien Sie dennoch flexibel: Auf den Nördlichen Sporaden kommt es zwar nur selten vor, daß *Abfahrten* wegen rauher See kurzfristig storniert werden müssen, aber rechnen Sie immer mit dieser Möglichkeit! Vor allem im Hochsommer können die tagelang aus Richtung Nord wehenden Meltémi-Winde jegliche Schiffahrt in der Ägäis lahmlegen. Kleinere Ausflugsschiffe können dann oft nicht auslaufen. Dasselbe gilt für *Landungen* in den Hafenbuchten, insbesondere Skópelos/Stadt liegt nicht ungefährlich. Erscheint das Landemanöver dem Kapitän zu gefährlich, fährt er weiter! Diese ägäische Unberechenbarkeit kann ärgerlich werden. Außerdem: Bei stürmischer See haben die Fähren oft stundenlang *Verspätung*. Trotzdem legen sie, endlich angekommen, oft nur für wenige Augenblicke an – wer dann nicht am Kai bereitsteht, verpaßt seinen Dampfer!

Eine gute Portion Schicksalsergebenheit und Improvisationsbereitschaft muß bei einer Ägäis-Reise immer dabei sein! Lassen Sie sich durch geplatzte Abfahrten nicht die Laune verderben.

Ein letzter Tip – auch wenn tagsüber die Sonne vom wolkenlosen Himmel brennt, sollte man gegen Abend einen *Pullover* griffbereit halten, es kann an Deck teilweise empfindlich kühl werden.

Verkehr auf den Inseln

- **Inselbusse**: deutlich unterschiedliches Angebot. Sehr gute Note für Skíathos, mittelprächtig für Skópelos, mangelhaft für Alónnissos und Skýros.

  Auf *Skíathos* befahren die Inselbusse täglich im 30-Minuten-Takt die gesamte asphaltierte Strecke entlang der Südküste. Lediglich der wenig erschlossene Norden und der Flughafen sind nicht in das Netz eingebunden. Auch auf *Skópelos* wird die asphaltierte Inselhauptstraße zwischen Skópelos/Stadt und dem nördlichen Hafen Loutráki regelmäßig und täglich befahren. Allerdings nicht so häufige Frequenz wie auf Skíathos, je nach Saison etwa sechs- bis zehnmal täglich. *Alónnissos* verfügt nur über eine magere Verbindung von Patitíri einige Kilometer hinauf in die alte Chóra. Die etwa zehnminütige Wegstrecke wird nur sechsmal täglich befahren. Im Hochsommer gibt es zwei- bis dreimal täglich auch eine Tour nach Stení Vála.

  Der Busverkehr auf *Skýros* ist (gemessen an der Inselgröße) ebenfalls unterentwickelt. Es gibt ganzjährig nur einen einzigen Bus. Während der Schulferien im Sommer wird aber der Schulbus dann auch zum Touristenbus umdeklariert. Die Abfahrtszeiten nach Linariá sind auf die Fährabfahrten ausgerichtet. Außerdem existiert eine Verbindung täglich nach Mólos und einmal wöchentlich nach Atsitsa. Der gesamte Inselsüden wird nicht bedient.

▸ **Taxi**: sehr gute Ausstattung. Alle Inseln der Nördlichen Sporaden verfügen über einen angemessenen Taxiservice. Standplätze liegen immer in Hafennähe, außerdem in wichtigen Orten oder an touristisch bedeutenden Stellen. Während der Nebensaison gibt es kaum Engpässe, im Hochsommer muß man immer mit Wartezeiten rechnen. Die Preise liegen natürlich deutlich höher als für die Busse, etwa mit dem Vierfachen muß man schon kalkulieren. Dazu kommen noch Sondergebühren für große Gepäckstücke wie Koffer oder Rucksäcke. Am besten handeln Sie den Preis schon vor Fahrtantritt aus, doch Rabatte wird es kaum geben. Die Preise sind üblicherweise unter den Fahrern abgesprochen.
Überzogene Forderungen sind aber eher die Ausnahme – in der Regel arbeiten die Taxifahrer korrekt, nicht zuletzt, weil sie Angst um ihre Lizenz haben. Falls Sie nach Taxameter fahren, achten Sie darauf, daß die Uhr auf dem richtigen Tarif steht – der preiswertere *Tarif 1* gilt im Ortsgebiet, in dem das Taxi eingetragen ist, der teurere *Tarif 2* nur außerhalb der Ortsgrenze und nachts ab 24 Uhr.

In Griechenland halten oft bereits besetzte Taxis an, um Sie mitzunehmen, falls Sie in dieselbe Richtung wollen. In diesem Fall (und wenn der Taxameter läuft), den Zählerstand beim Besteigen des Taxis merken – ab dieser Zahl wird später abgerechnet. Wenn zwei voneinander unabhängige Parteien dieselbe Strecke in einem Taxi fahren, müssen sie in der Regel beide den auf dem Taxameter angezeigten bzw. vorher vereinbarten Preis zahlen. Das heißt natürlich nicht, daß bei einer Gruppe, die gemeinsam ein Taxi besteigt, jeder den angezeigten Fahrpreis zahlen muß, wie es Taxifahrer ab und zu unerfahrenen Touristen glaubhaft zu machen versuchen.

▸ **Zweiradvermietung**: auf jeder Insel der Nördlichen Sporaden möglich. Auf Skíathos, Skópelos und Alónnissos gibt es ein breites Angebot. Von 50 ccm bis zu 500 ccm, brandneu oder uralt ist alles zu haben. Sinn macht aber allenfalls eine 50- oder 80-ccm-Maschine oder, falls man hauptsächlich über schweres Gelände und Schotterpisten fahren will, auch eine 125er-Enduro. Skýros ist auf diesem Gebiet etwas unterentwickelt. Dort werden nur 50-ccm-Mofas in betagtem Alter vermietet. Leihbüros liegen alle in den Hauptorten, auf Skíathos und Skópelos auch einige wenige außerhalb.

Generell – bevor man ein Fahrzeug leiht, immer eine kurze *Probefahrt* machen: Bremsen, Gangschaltung, Licht (wichtig, da Überlandstraßen nachts völlig unbeleuchtet und stockdunkel sind), Reifenprofil, Öl usw. Auf Mängel hinweisen, oft kann der Vermieter nachbessern, oder man bekommt ein anderes Fahrzeug.
Man kann es nicht stark genug betonen – unter allen Umständen vorsichtig und langsam fahren!! Die Inselpisten sind vor allem für leichtere Fahrzeuge wie Mofas und Mopeds tückisch – unvermutete Kurven, Bodenwellen, Spurrillen und sogar tiefe Schlaglöcher sind selbst auf den neuen Straßen die Regel. Wenn man vor einer Kurve nicht rechtzeitig abbremst, kann das kritisch werden. Krankentransporte sind dann in den abgelegenen Regionen

oft nicht schnell genug verfügbar – es gibt kein Notarzt- bzw. Ambulanzwagensystem! Im Hochsommer außerdem nicht stundenlang mit kurzen Hosen und T-Shirts fahren – erhebliche Sonnenbrandgefahr!

Bereits für die Saison 1997 wurden in Griechenland entsprechende Gesetze über Mietverträge von Zweirädern verschärft. Noch vor wenigen Jahren hat sich niemand um Führerscheine oder ihre Klassen gekümmert. Wer bezahlen konnte, bekam eine Maschine. Diese Zeiten sind nun vorbei. Seit 1997 haften die griechischen Verleiher anteilig für Schäden, die von dem Mieter eines Zweirades verursacht wurden, wenn er eine Maschine bekam, für die er keine Fahrerlaubnis besitzt.
Entsprechend rigoros werden nun die Führerscheine der Mieter verlangt. **Also unbedingt daran denken und Führerschein mitnehmen!** Die neuen rosafarbenen EU-Modelle machen dabei keine Schwierigkeiten, weil die Klasse mit ccm-Angabe darin eingetragen ist. Bei den alten deutschen (grauen) Führerscheinen gibt es immer wieder Probleme, weil die Verleiher nicht wissen können, welche Mofa-Klassen in dem Autoführerschein (Klasse 3) enthalten sind. Auch wenn Sie in Deutschland eine 80-ccm-Maschine fahren dürften, bekommen Sie in Griechenland im Zweifelsfall nur ein 50-ccm-Mofa.

Weiterhin wichtig – immer fragen, welches Benzin getankt werden muß – manche Fahrzeuge fahren mit "Normal", die meisten aber mit "Super", wieder andere nur mit speziellem Gemisch für Mofas. Und immer auf einen *gefüllten Tank* achten bzw. kalkulieren, wie lange der Vorrat noch reicht (beim Vermieter den Verbrauch erfragen). Skópelos und Skýros verfügen über ein räumlich sinnvoll über die Inseln verteiltes Tankstellennetz. Auf Skíathos und Alónnissos gibt es nur mehrere Tankstellen in Hafennähe: Wenn dann im Inselnorden der Sprit ausgeht ...
Für den Fall einer Panne: unbedingt immer die Telefonnummer des Vermieters mitnehmen (steht oft am Zweirad bzw. im Mietkontrakt). Man wird dann zusammen mit dem Fahrzeug zurückgeholt und erhält umgehend funktionstüchtigen Ersatz. Andernfalls kann der Rücktransport teuer werden. Vor der Anmietung fragen, was im Fall einer Panne passiert!
Bezüglich *Klau*: Viele Fahrzeuge besitzen außer Zündschloß keine separate Absperrvorrichtung – Diebstahl kommt zwar praktisch nicht vor. Wer aber auf Nummer Sicher gehen will, sollte ein stabiles Ringschloß bzw. eine Kette von zu Hause mitbringen. Helme gibt es nicht überall zu leihen. Wer darauf Wert legt, muß ihn selber mitbringen. Das Tragen ist auch in Griechenland offiziell Pflicht, bloß kümmert sich niemand darum.

• *Zweirad-Typen*: Wenn man noch keinerlei Erfahrung mit Zweirädern hat, sollte man dieses Defizit nicht unbedingt auf den Nördlichen Sporaden ausgleichen wollen! Wenn man manche Urlauber sieht, die völlig unbedarft mit schweren Geländemaschinen bzw. Motorrollern hantieren...
Voll-Automatic-Mofas sind in jedem Fall am sichersten, man muß nicht schalten und kann sich voll auf die Fahrbahn kon-

zentrieren. Nachteil ist gelegentlich die schwache Berggängigkeit auf Steilstrecken (Schieben!), in 90 % der Fälle wird man jedoch langsam, aber sicher über alle Berge kommen. Gibt es in der Regel als Einsitzer, selten für zwei Personen. Auch mit der Bedienung der weit verbreiteten **Halbautomatic-Räder** (Zweisitzer) kommt man meist schnell klar.

Eine **Vespa** (Motorroller) mit Sitzbank für zwei Personen besser nur mieten, wenn man schon etwas Erfahrung damit hat. Die kurvigen, z.T. gefährlich glattgewetzten Asphaltpisten sind dafür wenig geeignet (Roller brechen leicht aus), Erdpisten noch weniger (extrem holpriges Fahrverhalten wegen des geringen Raddurchmessers).

Auch **Mopeds** und **Motorräder** ab 50 ccm sollte man nur fahren, wenn man damit bereits vertraut ist – sind relativ schnell, was auf den Kurvenstrecken zu Leichtsinn verführen kann.

Geländemaschinen mit schwerem Stollenprofil sind teuer und nur für wirkliche Kenner geeignet. Sind zwar super zu fahren – gerade auf den bergigen Pisten zu Stränden runter und wieder rauf – aber damit kann auch das meiste passieren!

• *Mietverträge* **(Rental contracts)**: sind meist der reinste Witz und oft so vage abgefaßt, daß der Mieter für ziemlich viel haftbar gemacht werden kann. In Deutsch abgefaßte Verträge gibt es nur selten, die Vermieter auf den Nördlichen Sporaden haben englische Vordrucke. Tips: Der Chef von *Heliotropio* auf *Skíathos* spricht sehr gut Deutsch, und auf *Skýros* gibt es bei *Martina Trachanas* auch hervorragenden deutschen Service.

Fast immer muß man unterschreiben, daß das Fahrzeug bei der Übergabe vollständig in Ordnung war und man es im selben Zustand zurückbringen muß. Wenn Schäden am Moped auftreten, für die der Mieter nicht verantwortlich ist, wird das Fahrzeug in der Regel umgehend repariert, oder man erhält Ersatz. Allerdings – für **von ihm selber verursachte Schäden** am Fahrzeug haftet der Fahrer im allgemeinen voll (Kosten für Ersatzteile und/oder Reparatur) – was von ihm letztendlich verursacht wurde, ist dann allerdings Definitionssache. **Reifenschäden** gehen meist zu Lasten des Mieters. Manchmal wird auch verlangt, daß man nur auf Asphaltstraßen fahren soll. Wenn man dann auf einer Erdpiste eine Panne hat, wird man zur Kasse gebeten. Prüfen Sie daher insbesondere das

Begegnung unterwegs

Profil der Reifen sehr genau, und vermerken Sie entsprechendes in den Verträgen.

• *Kaution*: Alle Verleiher verlangen den **Paß** oder den **Führerschein** zur Sicherheit.

• *Versicherung*: **Haftpflicht** für Unfallgegner ist im Mietpreis inbegriffen (die Zeiten, daß Fahrzeuge nicht versichert waren, um Geld zu sparen, sind glücklicherweise vorbei). Für wenig Geld kann man **Vollkasko** abschließen – allerdings haben wir bisher noch keine Erfahrungswerte, ob das wirklich etwas bringt und seriös gehandhabt wird.

• *Preise*: variieren je nach Insel, Saison und Art des Zweirades erheblich. Richtpreise: **Mofas** und **Halbautomatikräder** kosten je nach Saison pro Tag ca. 15-30 DM, **Roller** 20-40 DM, **Motorrad** 250 ccm 45-60 DM (inkl. 16 % Mehrwertsteuer). Wenn man gleich für mehrere Tage mietet, verringert sich der Tagespreis um einiges. Handeln ist vor allem in der wenig ausgelasteten Nebensaison möglich.

• *Mietdauer*: beträgt bei tageweiser Anmietung **24 Stunden** – also muß man ein Fahrzeug, das man morgens mietet, erst am nächsten Morgen abgeben – und nicht bereits am Abend desselben Tages, wie von den Vermietern oft gefordert.

▸ **Mietwagen**: gibt es inzwischen auf allen Inseln der Nördlichen Sporaden. Im Angebot sind entweder wendige *Kleinwagen* à la Fiat, Seat, Peugeot usw., offene *"Buggys"* mit klappriger Glasfiber-Karosserie und eher PS-schwachen Motoren oder motorstarke, hartgefederte *Jeeps*, letztere am teuersten. Preislich je nach Saison und Größe etwa 70-160 DM pro Tag, in der Regel kein Kilometergeld. *Vollkasko* ist anzuraten und wird üblicherweise gleich mit abgeschlossen. Die griechischen Versicherungen zahlen aber meist nicht viel (Reifen und Unterseite des Fahrzeugs sind jedoch in keinem Fall mitversichert). Auch hier gilt selbstverständlich, das Fahrzeug vor Anmietung genau zu überprüfen: insbesondere Öl, Kühlwasser, Reifenprofil, Reservereifen inkl. Werkzeug, Beleuchtung. In Verträgen muß sich der Mieter gelegentlich verpflichten, während der Mietdauer Öl, Kühlwasser und Reifendruck zu kontrollieren – falls er das nicht tut, kann er für entsprechende Schäden verantwortlich gemacht werden.
Verleihbüros gibt es in Skíathos/Stadt, Skópelos/Stadt und Patitíri (Alónnissos) jeweils in Hafennähe, auf Skýros nur in Skýros/Stadt.

▸ **Eigenes Fahrzeug**: Die Nördlichen Sporaden sind nicht unbedingt das dieeale Terrain für den eigenen Pkw. Die Inseln besitzen zwar jeweils eine asphaltierte Hauptstraße, aber die wenigen Kilometer lohnen eigentlich den Autotransport kaum. Ein eigenes Motorrad mag da interessanter sein...
Unterm Strich: Ein Fahrzeug mitzunehmen lohnt nur, wenn man die Sporadenreise mit ausgedehnten Touren auf dem Festland verbindet oder sich längerfristig auf den Inseln aufhalten will. Die Asphaltstraßen sind allgemein problemlos zu befahren, die meisten Erdpisten auch, wenn man sich nicht zu weit in unbekannte Gefilde vorwagt.
Weiterer Nachteil – Werkstätten sind Mangelware, Ersatzteile müssen in der Regel aus Athen besorgt werden.

▸ **Fahrrad**: Die Nördlichen Sporaden sind bergig, aber extreme Steigungen finden sich nur selten. Geübte Mountain-Biker können also durchaus ihre Freude an einem Fahrradurlaub auf den Nördlichen Sporaden haben. Ansonsten sind auch die Sporaden, nicht zuletzt wegen des kleinen Netzes an asphaltierten Straßen, für Hobby-Radler eher ungeeignet.
Generell: Häufig wird man auf Erdpisten fahren müssen, ein robustes Fahrrad mit nicht zu schmalen Reifen ist deshalb sinnvoll. Versteht sich von selbst, daß es kaum Fahrradwerkstätten auf den Nördlichen Sporaden gibt, also ausreichend Ersatzteile mitbringen. Wer auf die Mitnahme des eigenen Drahtesels verzichtet, kann auf Skíathos, Skópelos und Skýros Mountainbikes mieten (auf *Skýros* sogar deutscher Service von Heiner aus Niedersachsen). Tips zur Anreise siehe S. 34.

▸ **Kaíkis**: Da die Küsten der Nördlichen Sporaden an vielen Stellen über Land unzugänglich sind, erfreut sich der Transport mit umgebauten Kaíkis (Fischerkähnen) zu entfernten Buchten wachsender Beliebtheit. Touristen per Badeboot zum nächsten Strand zu schippern ist eine gute Möglichkeit

Idyllisches Fischerdorf – Atsitsa

für Fischer, sich ein solides Zubrot zu verdienen. Insbesondere auf Skíathos und Alónnissos gibt es solche Angebote im Hochsommer reichlich. In zunehmenden Maße werden aber auch klassische Kaíki-Buchten zunehmend an das Straßennetz angeschlossen (z. B. Alónnissos).

Wandern

Die Nördlichen Sporaden sind kein pflegeleichtes Wanderterrain mit gut ausgebauten Spazierwegen – die Inseln sind bergig, dicht bewaldet und damit wenig übersichtlich. Wer auf den Sporaden wandert, sollte reichlich Kondition, Ausdauer und Orientierungssinn mitbringen – belohnt wird man durch herrliche Ausblicke und die unvergleichliche Stimmung.

Wer wandert, lernt die Nördlichen Sporaden aus der Perspektive der Inselbewohner kennen. Die Inseln sind traditionell agrarisch geprägt, an vielen Stellen wurden in mühsamer Arbeit Terrassenhänge angelegt, zahlreiche Maultierpfade und Treppenwege durchkreuzen das oft dicht bewaldete Gelände. Spärliche Markierungen finden sich auf Skópelos und Alónnissos entlang einiger Wanderpfade, auf Skíathos und Skýros grundsätzlich nicht. Die Inselbewohner kennen sich aus und benötigen solche Hilfsmittel nicht. Im Zuge des ständig wachsenden Tourismus werden aber immer mehr markante Wege mit farbigen Pfeilen, Punkten und losen Steinpyramiden markiert. Weggeworfene Abfälle und von Stiefelsohlen polierte Steine können weitere Hinweise auf häufig begangene Wege geben. Oft verlieren sich auch Pfade plötzlich in der Landschaft oder im Wald bzw. enden an einem einsamen Gehöft, und man muß querfeldein weiterlaufen. Da die Inseln nicht übermäßig groß sind, wird man trotzdem in der Regel irgendwo ankommen – zeitlich sollte man jedoch großzügig planen und Überraschungen einkalkulieren.

Gefährliches Wandergelände, vor dem man ausdrücklich warnen muß, gibt es nur in der Südhälfte von Skýros. Achten Sie dort auf die tiefen Schluchten. Es gab schon zahlreiche Unfälle, vor wenigen Jahren sogar ein noch immer ungeklärter Todesfall. Wandertips für Skýros siehe im Inselkapitel.

Wie oft und wie lange man wandern will, ist von der individuellen Kondition abhängig. Man sollte mit kurzen Strecken beginnen und erst allmählich steigern. Morgens unbedingt mit dem Morgengrauen aufstehen und mit Sonnenaufgang loslaufen. Wenn die Mittagshitze fühlbar wird, und zwei Drittel der Wegstrecke sind geschafft, gibt das nicht nur psychologische Sicherheit.
Generell gilt, daß man möglichst nicht allein wandern sollte – zumindest sollte immer eine Kontaktperson wissen, wo man unterwegs ist. Die bergigen Landstriche sind nur dünn besiedelt und abseits der Straßen einsam, wild und unberührt. Auf einigen Wanderrouten kann es passieren, daß man stundenlang keinen Menschen trifft – was also tun, wenn man sich den Knöchel verknackst, den Fuß bricht usw.?

- **Jahreszeit**: Mit Abstand beste Wanderzeit ist das *Frühjahr* (Mai und Juni), wenn sich die Inseln in Blütenteppiche verwandeln. Eher abzuraten ist dagegen von den extrem heißen Sommermonaten Juli und August. Gut möglich sind Wanderungen dann wieder im *September* und eventuell in der ersten *Oktoberhälfte* – Trauben und Obst sind reif, die Sonne ist nicht mehr so drückend. Allerdings sollte man auf den deutlich früheren Sonnenuntergang im Herbst achten!
  Vor und nach den genannten Zeiträumen ist das Wetter in der Regel zu unsicher – häufige Regenfälle, starker Wind und oft ziemlich kalt.
- **Routen**: Auf allen Inseln der Nördlichen Sporaden ist die Besteigung der höheren Berge oder eines anderen markanten Hügels mit Superblick bis zu den Nachbarinseln sehr lohnenswert (Vorsicht auf Skýros!).
  Ansonsten kann man entweder *an der Küste entlang zu den nächsten Badebuchten* laufen oder *vom Hafen ins Landesinnere, zu den abgelegenen Bergdörfern* oder *zu Klöstern und Kirchen im Hinterland*. Speziell letztere Variante ist ein guter Einstieg für Sporaden-Wanderungen, weil es meist keine allzu langen Wegstrecken sind. Oft gibt es einen hübschen *Treppenweg*, der die Fahrstraße oder -piste erheblich abkürzt.

Tip: Beginnen Sie mit den von uns beschriebenen Wanderrouten, und vergleichen Sie unseren Weg mit den Einzeichnungen auf den jeweiligen Inselkarten. So erhalten Sie schon einmal ein gutes Feeling für die Entfernungen, Wegverhältnisse, Höheneinzeichnungen und Wanderzeiten.

Wer längere Wanderungen unternimmt, muß wegen der zahlreichen Abzweigungen oft nach Gefühl und Himmelsrichtung wandern und sich an die Wegweisungen der Einheimischen halten, die leider oft widersprüchlich und ungenau sind. Auch bei Zeitangaben sollte man skeptisch sein.

• *Wanderkarten*: Nur für **Alónnissos** gibt es eine hervorragende Wanderkarte, für **Skýros** relativ brauchbares und für **Skíathos** sowie **Skópelos** nur katastrophales Kartenmaterial. Immerhin existiert aber für Skópelos ein kleiner Wanderführer (nur auf der Insel zu erwerben). *Details siehe unter "Karten" in den jeweiligen Einführungskapiteln zu den Inseln.*

Zu allen von uns durchgeführten Wanderungen haben wir **Wegskizzen** angefertigt – über weitere Hinweise von seiten interessierter Leser würden wir uns freuen!

• *Ausrüstung*: Der Boden der Nördlichen Sporaden ist sehr unterschiedlich. Mal steinig und voller Dornen wie auf den Kykladen, an einigen Stellen sandig wie am Strand, zumeist aber weicher Nadelwaldboden wie im deutschen Mittelgebirge. Dennoch: Knöchelhohe **Wanderstiefel** mit ausgeprägter Profilsohle sind eigentlich unabdingbar. Auch ein **Stock** kann gute Dienste leisten, da er die Wirbelsäule spürbar entlastet. Als **Rucksack** nur ein nach neuen Erkenntnissen gestaltetes Modell ohne Traggestell verwenden, das dicht am Körper aufliegt und nicht hin- und herschlenkert wie viele "Trampergestelle". Wer ohne Zelt und Schlafsack loszieht, kommt mit einem kleinen **Tagesrucksack** aus. Ansonsten lange Hosen, weil es immer mal wieder durch Gestrüpp geht, außerdem eventuell Kletterhandschuhe zur Sicherung.

• *Verpflegung*: zum Essen nur das Nötigste, aber unbedingt auf **reichlich Wasser** achten. Die Nördlichen Sporaden verfügen über viele **Quellen**. Auf Touren, die an Wasserstellen vorbeiführen, ist dies bei uns im Text vermerkt. Hier empfiehlt sich eine Plastikflasche, die man an jeder Quelle auffüllen sollte. Ansonsten immer reichlich Wasser mitnehmen – das wiegt zwar, wird aber von Stunde zu Stunde leichter. Auch eine Feldflasche mit Wein macht das Wandern oft leichter. Ansonsten besitzen die meisten Häuser **Zisternen**, aus denen man sicher ein paar Schluck trinken darf, wenn man die Besitzer fragt. Auch einsame Kapellen und verlassene Klöster besitzen oft Zisternen, an denen ein Faden mit Becher hängt. Allerdings – immer nur von abgedeckten oder eingezäunten Zisternen trinken, sie könnten sonst durch Ziegen und Schafe verunreinigt sein.

• *Wanderreisen*: werden in Deutschland, der Schweiz und Österreich inzwischen häufig angeboten, für die Nördlichen Sporaden z. B. von

Gerhard Körmer – Wandern in Griechenland, Ysenburgstr. 2, D-80634 München, Tel. 086/162552. Angeboten werden wahlweise jeweils zwei Wochen im Frühjahr und Herbst in der Kombination "Skíathos, Skópelos und Alónnissos" oder "Skýros und Euböa".

Oft wird man unterwegs nach dem Weg fragen müssen: **pou íne monopáthi pros** (wo ist der Fußweg nach), **pósa chiliómetra íne pros** (wieviel Kilometer sind es nach ...), **thélo stin** (ich möchte nach ...).

Wichtig – die Einheimischen weisen einem natürlich immer den einfachsten Weg, nämlich die nächste Straße! Wer einen Fußweg sucht (den es so gut wie immer gibt), muß betont nach dem **monopáthi** fragen!

Wissenswertes von A bis Z

Alkohol 56
Ärztliche Versorgung und Apotheken 56
Baden 58
Diebstahl 58
Diplomatische Vertretungen 58
Einkaufen 59
Ermäßigungen 59
Essen und Trinken 60
Familie 67
Finanzen 68
Fotografieren/Filmen 70
Gesten und Gruß 70
Informationen 70
Kartenmaterial 71
Kleidung 71
Klöster und Kirchen 72
Komboloí 72
Moral 72
Öffnungszeiten 74
Papiere 74
Post (tachidromíon) 74
Radio und Fernsehen 75
Reisezeit 75
Religion 77
Sport 77
Sprache 79
Strom 79
Telefon 79
Toiletten 80
Übernachten 81
Uhrzeit 86
Umwelt 86
Wasser 87
Zeitungen/Zeitschriften 87
Zoll 87

Alkohol

Was viele nicht wissen: Ein Vollrausch à la Oktoberfest ist in Griechenland etwas Unwürdiges. Ein leichter Schwips ist erlaubt, aber lallend am Kneipentisch zu hängen und grölend durch die Gassen zu ziehen ist abstoßend. Demnach haben die Griechen auch kein Verständnis dafür, wenn sich Touristen bis zur Besinnungslosigkeit vollaufen lassen. Die Verlockung, dem Alkohol zuzusprechen, ist für manche offenbar groß, zumal Hochprozentiges deutlich billiger ist als in Deutschland. Doch Vorsicht: Die griechische Gastfreundschaft hat auch ihre Grenzen. Wer stark alkoholisiert ausfällig oder gar zudringlich wird, sollte sich nachher nicht wundern, wenn er recht unsanft vom Wirt auf die Straße befördert wird.

Im Oktober 1997 kündigte die griechische Regierung an, künftig strenger gegen alkoholisierte Autofahrer vorgehen zu wollen. Bei einem Blutalkoholgehalt zwischen 0,5 und 0,8 Promille soll eine Geldstrafe von ca. 140 DM erhoben werden. Wer mit mehr als 0,8 Promille im Blut einen Unfall verursacht, verliert nicht nur seinen Führerschein, sondern vorübergehend auch sein Auto. Blutalkoholwerte von unter 0,5 Promille bleiben straffrei.

Ärztliche Versorgung und Apotheken

Die ärztliche Versorgung auf den Nördlichen Sporaden ist in den letzten Jahren deutlich verbessert worden. Auf jeder der vier bewohnten Inseln existiert ein kleines Krankenhaus, in dem englischsprachige, zum Teil auch deutschsprachige, Ärzte vorhanden sind. Allerdings werden dort nur kleinere Blessuren kuriert. Für schwerwiegende Erkrankungen und Knochenbrüche (bei Touristen mit Leihmofa nicht selten) erfolgt der Transport in größere und besser ausgestattete Krankenhäuser in Vólos, Chalkis und Athen, zur Not auch mit dem Hubschrauber. Jede Insel verfügt für solche Notfälle über einen Hubschrauberlandeplatz.

Ebenfalls auf jeder Sporadeninsel gibt es ganzjährig mindestens einen *Zahnarzt* und einen *Allgemeinarzt*, meistens sogar zwei. *Fachärzte*, wie z. B. ein Kinderarzt, praktizieren jedoch ausschließlich in der touristischen Hochburg Skíathos und auch dort nur im Sommer. Ein Notarzt- und Ambulanzwagensystem existiert bisher ebenfalls nur in Ansätzen auf Skíathos. Außerdem verfügt jede Insel über mindestens eine Apotheke.

Telefonnummern der medizinischen Einrichtungen

	Krankenhaus	Privatärzte	Zahnärzte	Apotheken
Skíathos	22040, 22222	21500, 22291, 22953	21401, 22383, 22917, 23130, 23357	21230, 21989, 22988, 23253
Skópelos	22220, 22592, 22739	33504	–	22252, 22666, 23686, 33383
Alónnissos	65208	65470, 093/580184	–	65540
Skýros	91207, 91707	92500, 92660, 92852	–	91111, 91617

• Behandlungskosten/Versicherung: Aufenthalt und Behandlung in einem staatlichen Krankenhaus (*Nosokomío*) kosten für Ausländer nur eine geringe Gebühr von umgerechnet etwa 14 DM pro Tag. Es besteht auch die Möglichkeit, sich auf Krankenschein behandeln zu lassen. Die Prozedur ist allerdings ziemlich kompliziert und aufwendig: Besorgen Sie sich vor Abreise bei Ihrer Krankenkasse das Formblatt **E 111**. Damit erhält man bei der griechischen Krankenkasse IKA (Niederlassung auf Skópelos) ein sog. Krankenanspruchsheft (das sog. *Vivliário*) und wird kostenlos behandelt – jedoch nur von Ärzten bzw. Kliniken, die die Kostenübernahme durch die IKA akzeptieren, und das ist bei weitem die Minderheit. Alle anderen Ärzte müssen zunächst bar bezahlt werden. Gegen eine ordnungsgemäße Quittung (*Apódixi*) des behandelnden Arztes, die Diagnose, Art und Kosten der Behandlung beinhalten sollte, erhalten Sie Ihre Ausgaben zu Hause zurückerstattet (ganz oder anteilig, je nach Krankenkasse verschieden). Glücklicherweise sind griechische Arztkosten nicht übermäßig hoch, ca. 34-60 DM für einen Hausbesuch. Auch Apotheken- und Medizinkosten werden anteilig zurückerstattet.

Sinnvoll ist außerdem der Abschluß einer zusätzlichen **Auslandskrankenversicherung**, die die meisten privaten Krankenkassen preiswert anbieten (unter 1 DM pro Tag). Darin ist auch ein aus medizinischen Gründen nötig gewordener Rückflug eingeschlossen, den die Versicherer sonst nicht zahlen.

• Apotheken: gibt es in jedem Hauptort auf jeder Sporadeninsel. Sie haben normale Ladenöffnungszeiten. Die Medikamente werden zum großen Teil aus dem Ausland eingeführt und sind preiswert, vieles läuft rezeptfrei und hat englisch- oder sogar deutschsprachige Packungsbeilage. Tip: Schildern Sie den überwiegend englischsprachigen Apothekern ruhig Ihre Probleme, in der Regel können sie Ihnen bei kleineren Beschwerden ebensogut wieterhelfen wie ein Arzt.

Baden

Die Nördlichen Sporaden ragen mit goldgelbem oder blendend weißem Sand an vielen sehr guten Badestränden aus den griechischen Inseln heraus. Wer aber abgelegene und kaum besuchte Felsküsten bevorzugt, sollte vorsichtig sein. Zwar verfügen felsige Buchten meist über sehr klares Wasser, und man sieht sehr gut, wo sich die Klippen befinden. Doch manchmal genügt eine kleine Welle oder schon allein die Strömung, um sich zu verletzen. Entlang der Brandungszone sind Felsen oft messerscharf, und keine der Inseln verfügt über eine angemessene chirurgische Notfallstation. Außerdem mögen Seeigel insbesondere felsige Küstenabschnitte sehr gerne. Vor allem auf Alónnissos und Skýros sind daher Badeschuhe unbedingt zu empfehlen.

▶ **Camping**, siehe unter Stichwort "Übernachten", S. 84.

Diebstahl

Erfreulicherweise bisher weitgehend ein Fremdwort. Der liegengelassene Geldbeutel im Kafeníon findet sich schnell wieder, und das Gepäck kann getrost in einer Taverne abgestellt werden. Ehrlichkeit ist eine Tugend, die im griechischen Ehrenkodex ganz weit oben steht. Das heißt natürlich nicht, daß auf den Nördlichen Sporaden nicht geklaut wird. Jedoch sind es selten Griechen, sondern eher abgebrannte Urlauber, die sich auf Kosten anderer bereichern. Seien Sie insbesondere auf Skíathos vorsichtig.

Diplomatische Vertretungen

Auf den Nördlichen Sporaden gibt es keine ausländischen Vertretungen. Alle Botschaften haben ihren Sitz in Athen, doch es existieren deutsche Generalkonsulate in Vólos und Thessaloníki. In Notfällen, z. B. bei Verlust sämtlicher Reisefinanzen oder der Personalpapiere, kann man sich dorthin wenden.
Mit Überbrückungshilfe sieht es aber meist schlecht aus. Zuerst wird man aufgefordert, sich das nötige Geld für die sofortige Heimreise von zu Hause schicken zu lassen. Verständlich, wenn man bedenkt, daß jährlich Hunderte, wenn nicht Tausende von Urlaubern bei der Botschaft anklopfen und um Geld bitten, das sie dann oft nur nach zähen Mahnungen zurückzahlen. Erst wenn zu Hause niemand zu erreichen ist, erhält man ein Flug-, Fähr- oder Zugticket für die sofortige Heimreise, das aber natürlich zurückgezahlt werden muß. Tip: Die Tourist-Info in Athen hat abgezogene Zettel mit den aktuellen Adressen der Botschaften.

• *Deutschland*: **Botschaft der Bundesrepublik Deutschland**, Karaoli & Dimitriou Str. 3, 10675 Kolonaki-Athens. Tel. 01/7285111, Fax 01/7251205. Mo-Fr 9-12 Uhr. **Sporadennächstes deutsches Generalkonsulat** liegt in *Vólos*: Demetriados Avenue 251, P.O. Box 1030, 38110 Vólos. Tel. 0421/25379/28441. Fax 0421/62766. Außerdem ebenfalls ein Generalkonsulat in *Thessaloníki*: Karolou Diehl Str. 4a, P.O. Box 10515, 54110 Thessaloníki. Tel. 031/236315/236349/236359.

• *Österreich*: **Österreichische Botschaft**, Leoforos Alexandras Avenue 26, 10683 Athens. Tel. 01/8211036/8216800, Fax 8219823. Mo-Fr 10-12 Uhr.

Korbstühle, Weidenkörbe & Co. – am Straßenrand in Patitíri

• *Schweiz*: **Schweizer Botschaft**, Gennadiou/Iassiou Str. 2 (Nähe Sintagma-Platz), 11521 Athens. Tel. 01/7230364/7230365/7230366, Fax 7249209. Mo-Fr 10-12 Uhr.

Schweizerisches Generalkonsulat in *Thessaloníki*: Nikis Str. 55, 54622 Thessaloníki. Tel. 031/234442, Fax 031/224968. Handy 094/396000.

Einkaufen

Skíathos und Skópelos bieten einiges für verwöhnte Yuppie-Urlauber, die anderen Inseln können nicht gerade als Einkaufsparadiese bezeichnet werden. Trotzdem gibt es – insbesondere auf Skýros – eine ganze Menge hübscher und teilweise authentischer Stücke, die sich gut als Mitbringsel oder zur Erinnerung eignen.

Traditionell spielen *Kioske* in Griechenland eine wichtige Rolle. Hier bekommt man allen Kleinkram, von Zigaretten über Batterien bis zu Rasierklingen und Telefonkarten, oft bis zur mitternächtlichen Stunde.

Ermäßigungen

Erfreulich – an Sonn- und Feiertagen gibt es in den staatlichen Museen und archäologischen Stätten Griechenlands freien Eintritt. Auf den Nördlichen Sporaden betrifft dies jedoch nur das *Archäologische Museum* in Skýros. Alle anderen Museen der Inseln sind private Sammlungen. Auf Skíathos gibt es im *Papadiamántis-Museum* Studenten- und Kinderermäßigung. Ansonsten existieren nur zwei weitere Museen: das *Mönchsrobben-Museum* auf Alónnissos und das *Faltaits-Museum* auf Skýros. Beide Einrichtungen verlangen ohnehin keinen Eintritt.

Studenten und Schüler mit internationalem Ausweis erhalten in allen griechischen Museeen meist freien Eintritt (Akropolis allerdings nicht!), in nichtstaatlichen Einrichtungen oft 50 % Ermäßigung – an den Kassen ist das oft nicht vermerkt, immer nachfragen! Auch Kinder unter sechs Jahren und Journalisten mit Presseausweis oder Empfehlungsschreiben der Griechischen Fremdenverkehrszentrale werden meist gratis eingelassen. Detaillierte Hinweise in den einzelnen Inselkapiteln.

Den internationalen **Schüler/Studentenausweis ISIC** erhält man gegen 15 DM (Stand 1997) bei den Studienbüros oder ASTAs der Universitäten sowie in allen Reisebüros, die sich auf Schüler- und Studentenfahrten spezialisiert haben. Nötig sind Paßfoto, Immatrikulationsbescheinigung oder Schülerausweis und die Kopie des Passes/Personalausweises.

Essen und Trinken

Die Küche der griechischen Inseln ist traditionell einfach. Entgegen der ansonsten nur kargen Agrarstruktur bieten die grünen und wasserreichen Sporadeninseln aber ein deutlich besseres Angebot. Fast überall gibt es mehrere Gemüsesorten und manchmal sogar Salat. Fisch und Fleisch bekommt man natürlich in jeder Taverne. Weit verbreitet sind auch Nudelgerichte und – durch die vielen italienischen Sommergäste – auch Pizzen. Leider wurde insbesondere in den Tourismushochburgen die einheimische Küche vom internationalen Nullachtfünfzehn-Fraß überlagert. Trotzdem hat jede Insel eine eigene interessante kulinarische Tradition, die man hier und dort noch kennenlernen kann.

Durch den Tourismus hat sich auch auf den Nördlichen Sporaden viel verändert. Die internationale und allgemeine griechische Küche mit ihrer typischen "Souvláki-Moussaká-Tsatsíki"-Melange überdeckt oft die speziellen Eigenarten der Inseln. In der Küche umsehen und sein eigenes Stück Fleisch oder Fisch aussuchen, das man später auf seinem Teller sehen möchte, gibt es im Grunde nicht mehr. Die Speisekarten werden vielmehr gleich viersprachig ausgelegt. Sinnvoll ist aber immer, nach den gerade frischen Speisen oder Spezialitäten zu fragen. Ohnehin sollte man die Speisekarte nicht allzu genau nehmen. Sie gibt es in der Regel nur deshalb, weil Preislisten von den griechischen Finanzämtern vorgeschrieben sind. Die Karte erteilt daher nur Auskunft über den Preis einer Speise. Ob das Gewünschte gerade vorhanden ist, ist eine ganz andere Frage.

Es gibt eine ganze Reihe von Inselspezialitäten, die insbesondere von Skópelos und Alónnissos für sich in Anspruch genommen werden. Hervorgehoben wird nämlich vor allem die sogenannte **Tyropita**, üblicherweise "Cheese-Pie" genannt. Dabei handelt es sich um einen fein ausgerollten Ölteig, in den eine hauchdünne Lage Schafskäse eingewickelt wird. Das ganze wird dann in Schneckenform gewickelt und in der Pfanne frittiert. Diese Spezialität hat uns am besten in der *"Café-Bar Michalis"* in Skópelos/Stadt geschmeckt (siehe dort).

Die Insel Skópelos ist insbesondere für seine guten Pflaumen bekannt. In der *"Tavérna Romantica"* oberhalb des Konstantínos-Strandes erhalten Sie leckere Kreationen, z. B. Tintenfisch in Pflaumen oder Thunfisch mit Pflaumen im Ofen gebacken. Inseltypisch sind auch die *avgato*, in Zuckersirup eingelegte gelbe Pflaumen, getrocknet und anschließend gebacken.

Vielfältig ist auch oft das Angebot an Vorspeisen und interessanten Gerichten aus dem Backofen. Auf den Nördlichen Sporaden zu essen heißt aber auch, die Stimmung auszukosten - ein paar wacklige Tische an der Uferpromenade, Meeresrauschen, ein kräftiges Souvláki vom Grill, eine Karaffe mit offenem Inselwein. Nach einem brütend heißen Tag gibt es kaum etwas Schöneres, als abends unter Tamarisken in der lauen Meeresluft zu sitzen.

In Glóssa

Überhaupt ist das Essen in Griechenland zumeist auch preislich ein Vergnügen; es kostet etwa ein Drittel weniger als hierzulande. Zwei Personen bezahlen für eine vollständige Mahlzeit mit Getränken etwa 30 bis 40 DM in einer typischen Taverne. Wer jedoch z. B. mitten im Zentrum von Skíathos/Stadt in ein Nobelrestaurant geht oder auf einen phantastischen Meeresblick vom Balkon Wert legt, zahlt möglicherweise gleich das Doppelte. Insbesondere mit Blick auf Skíathos kann man nicht genug vor Touristennepp warnen. Faustregel: Auf keiner der Inseln sind die teuersten Tavernen auch gleichzeitig die besten.

Landestypische Besonderheiten

Alle Speisen in griechischen Tavernen werden traditionell morgens auf großen Blechen und in riesigen Töpfen zubereitet und den ganzen Tag *lauwarm* angeboten. Die Griechen mögen das im allgemeinen – Mitteleuropäer nicht unbedingt. Scheuen Sie sich jedoch nicht, den Kellner mit der Bitte zurückzuschicken, das Gebrachte ausreichend (allerdings in der Regel per Mikrowelle) zu erhitzen. In den Touristenhochburgen wird aber auch abends frisch gekocht und (ohne Anfrage) heiß serviert. Mancher Magen reagiert auch unwirsch auf die Großzügigkeit, mit der die Einheimischen ihren Speisen Olivenöl und Knoblauch beifügen. In der Regel gewöhnt man sich jedoch schnell daran, zudem sind beide Produkte sehr gesund. Auf den Nördlichen Sporaden gibt es übrigens hervorragendes und schmackhaftes Olivenöl aus eigener Ernte!

- *Olivenöl*: Griechenland hat Olivenbäume im Überfluß. Deswegen: Alles was gekocht wird, wird in Olivenöl zubereitet, und zwar reichlich – was übrigens durchaus gesünder ist als Bratfett usw.. Für uns Mitteleuropäer ist das ungewohnt und deshalb nicht jedermanns Sache – vielleicht schon zu Hause zur Gewöhnung Olivenöl zum Kochen verwenden.
- *Die Lokale*: **Estiatórion** (Restaurant) und **Tabérna** (Taverne) unterscheiden sich heute nur noch unwesentlich – früher war das Estiatórion das "bessere" Lokal mit der größeren Auswahl. Daneben gibt es noch die **Psárotabérna** (Fischrestaurant) und die **Psistária** (Grillstube) bzw. das **Pséstopólion** (Gegrilltes zum Mitnehmen).

Das **Kafeníon** ist das Stammlokal aller männlichen Griechen - das Kaffeehaus. Es besteht meist nur aus wenigen Tischen in einem kargen Innenraum und ein paar Tischen auf der Straße. Griechische Frauen verkehren hier höchstens als Bedienung, Touristinnen werden akzeptiert. Man bekommt Getränke, oft auch Frühstück und gelegentlich einfache Gerichte wie Omelett.

Im **Zacharoplastíon** (Konditorei) gibt es Kuchen, Blätterteiggebäck, manchmal Eis und die leckeren Loukoumades (s. u.).

Die **Oúzeri** bietet neben Oúzo und Rakí vor allem die beliebten *mezédes* an – kleine Vorspeisen und Appetithappen wie Oliven, Muscheln, Kalamares u.v.a. Diese Lokale trifft man auch unter den zungenbrecherischen Namen **Mézedopólion** oder – noch besser – **Oúzomezedopólion**.

- *Speisekarten*: Sind im allgemeinen griechisch und englisch, oft auch deutsch oder italienisch gedruckt – zu haben sind nur die Gerichte, bei denen ein Preis eingetragen ist. Maßgeblich ist der Preis in der zweiten Spalte. Für **Brot und Gedeck** wird meist zusätzlich ein geringer Betrag verlangt, der in der Karte ausgewiesen ist. Leider sind die Speisekarten oft veraltet und die Speisen mit der Hand eingetragen – natürlich nur auf Griechisch und meist recht unleserlich dazu. Oft sind sie auch nur bloße Schau und haben nichts mit der Realität zu tun. Am besten, man fragt einfach, was zu haben ist oder schaut mal zum Tresen, was in den Töpfen zu sehen ist – dort oder in Extra-Vitrinen ist oft das Tagesangebot ausgestellt.
- *Bestellen*: Zu den üblichen Essenszeiten am Abend kommt der Kellner meist sehr schnell, bringt die Karte und nimmt die Bestellung auf. Zu anderen Tageszeiten ist auch ein anderes System üblich: wer dann nicht ignoriert werden will, muß sich selbst bemerkbar machen (z. B. durch ein leises "Psss").
- *Zahlen*: **To logarismó parakaló** (= die Rechnung bitte!"), dabei sollte man eine gemeinsame Rechnung für den ganzen Tisch verlangen und später untereinander abrechnen. Erstens ist das für die oft sehr gestreßten Kellner wesentlich einfacher, zweitens entspricht es den griechischen Gewohnheiten.
- *Trinkgeld*: Griechische Kellner sind im allgemeinen noch nicht auf Trinkgeld fixiert. Das Wechselgeld wird bis auf die letzte Drachme zurückgezahlt, kein mißmutiger Blick streift den ausländischen Knauser. Wenn man zufrieden war, sollte man ruhig die Rechnung in Taverne oder Kafeníon aufrunden – jedoch nicht übermäßig, da ein solches Verhalten nicht üblich ist und die Preise schnell in die Höhe treibt.

▸ **Frühstück**: Die griechischen Inselbewohner frühstücken wie in allen mediterranen Ländern sehr wenig. Für Touristen ist es aber inzwischen in allen Kafenía und Tavernen angeschrieben – "Breakfast", "Bread, Butter, Marmelade" oder so ähnlich. Wenn man es wünscht, gibt's auch ein Ei *(avgó)* oder Omelett. Und man kann auch noch Yoghurt *(yaúrti)*, Milch *(gála)*, Kakao *(gála schokoláta)* und frisch gepreßten Orangensaft bestellen. Sogar Yoghurt mit Früchten, Nüssen usw. wird inzwischen häufig angeboten, ab und an sogar Müsli (zu den verschiedenen Kaffeevariationen s. u.).

Brot: das A und O einer Mahlzeit. Ohne Brot ist kein Essen komplett, es wird immer gereicht, selbst wenn ausreichend stärkehaltige Beilagen wie Nudeln oder Kartoffeln vorhanden sind. In vielen Dörfern backen die Familien noch selber, allerdings wird das leckere dunkle *choriátiko* (Bauernbrot) in Restaurants nicht serviert, es gibt ausschließlich das weiße nährstoffarme Brot namens *aspró psomí*. Schmeckt frisch sehr lecker, wird aber schnell hart. *Paximádi* ist zwiebackähnliches Brot, das auch abgepackt verkauft wird. Wird schnell hart und kann mit Wasser aufgeweicht auch noch nach einem Jahr Lagerung gegessen werden (Hirtennahrung).

▶ **Vorspeisen** *(orektiká)*: Vor der abendlichen Hauptmahlzeit gehen die Griechen gerne in ein Café oder eine Oúzeri. Vor allem zum Oúzo werden dort die sog. *mezédes* (Appetithappen) serviert, leckere Kleinigkeiten, je nachdem, was am Markt gerade zu haben war – Pistazien, Mandelkerne, Käsewürfel, Tomaten- und Gurkenscheibchen, Scampi (Shrimps), Kalamares, Schnecken, Sprotten (marídes), Oliven, kleine Stückchen Melone, Muscheln u.a.m. Diese Vorspeisenteller werden auch als *pikília* bezeichnet. Manche Restaurants haben sich darauf spezialisiert. Eine Spezialität der Sporaden ist *Katíki*, eine Vorspeise aus zerbröseltem Schafskäse.

Arsinósalata: Seeigelsalat.

Dolmadákia: gerollte Weinblätter, mit Reis und Gewürzen gefüllt.

Salingkária: Schnecken. Man ißt sie, indem man die Zinken einer Gabel verbiegt und damit das Fleisch aus der Schale pult.

Skordaljá: Knoblauchpüree bzw. -soße.

Taramosaláta: rötlich-orangefarbener Fischrogensalat.

Tsatsíki: Knoblauchjoghurt mit Zwiebeln und Gurken.

▶ **Fleischgerichte:** Trotz eigener Tierhaltung wird das meiste Fleisch über Athen importiert. Auf den Nördlichen Sporaden gibt es für die Masse der Touristen kaum ausreichend Rinder- und Schweinezuchten, dafür Schafe und Ziegen mehr als genug. *Arní* (Hammelfleisch) bzw. *arnáki* (Lammfleisch) sollte man mal versuchen. Sehr lecker sind die diversen Gerichte im *Tontopf* (Kasserolle), die sich wachsender Beliebtheit erfreuen.

Spezialität der Inseln sind ansonsten vor allem die Wurstwaren *(loukániko)*, die oft in dicken Ringen vor den Metzgereien hängen. Und im Oktober (Jagdzeit) verarbeitet man sogar die Inselkaninchen zu Wurst.

Souvláki: Das Nationalgericht ist jedem Griechenlandreisenden zur Genüge bekannt: aromatische Fleischspieße aus Hammel- oder Schweinefleisch, über Holzkohlen gegrillt und mit Oregano gewürzt, mit etwas Zitrone verfeinert man den Geschmack. Meist preiswert und überall zu haben. Gutes Gericht, um die Qualität einer Taverne zu testen!

Kefthédes: "meat balls", sprich Frikadellen oder Fleischbällchen, in Griechenland auch *biftéki* genannt. Gibt es auf den Sporaden in zahlreichen Abwandlungen – dabei werden sie wegen Mangel an Fleisch traditionell vegetarisch zubereitet!

Gýros: Schweinefleisch an großen Spießen, wird durch Drehen vor Heizspiralen gegart, anschließend in Stückchen abgeschabt. Serviert als Tellergericht oder als Snack mit Zwiebeln, Pommes Frites und Kräutern in zusammengerollten Fladen, die sogenannte *Pítta*. Gibt´s in Athen sehr häufig und mittlerweile auch auf allen Sporadeninseln, oft gleich ein halbes Dutzend Pítta-Läden in den jeweiligen Touristenzentren.

Stifádo: zart-fasriges Rindfleisch mit leckerem Zwiebelgemüse und Zimt gewürzt. Gibt's auch mit Lammfleisch, in der Jagdsaison mit Kaninchen. Oft im Tontopf serviert.

Kleftikó: das sog. Partisanengericht – Rind- oder Hammelfleisch mit Kartoffeln, Gemüse usw. in einer Kasserolle serviert und mit Alufolie abgedeckt. Hat seinen Namen von den "Kleften" (Spitzbuben) – die Partisanen der Befreiungskriege gegen die Türken hausten versteckt in den Bergen und wurden nachts heimlich von ihren Familien versorgt. Damit die Speisen nicht kalt wurden und ihre delikaten Düfte nicht die Besatzer erreichten, brachte man sie ihnen in sorgfältig verschlossenen und umwickelten Töpfen hinauf.

Moussaká: Auflauf aus Auberginen, Hackfleisch und Kartoffeln. Wird auf großen Blechen zubereitet und den ganzen Tag über warm gehalten. Kann je nach Kunst des Kochs sehr lecker sein.

Pastítsio: Nudelauflauf mit Hackfleisch und Tomaten, mit Käse überbacken.

Güwétzi: kleine spindelförmige Nudeln mit Kalb- oder Lammfleisch, im Tontopf gegart.

Soutzoukákia: knusprig gebratene Hackfleischröllchen mit leckerer Tomaten-Paprikasoße und/oder Beilagen.

Makarónia kimá: Spaghetti mit Hackfleischsoße, Standardgericht.

Kokkinistó: geschmortes Rindfleisch aus dem Backofen, oft im Tontopf serviert.

Spetsofaí: Wursteintopf mit Zwiebeln, Tomaten, Paprika. Sehr schmackhaft, leider nur selten zu haben.

Kokorétsi: Innereien in Darm gewickelt und am Spieß gegrillt, nur selten zu haben.

Dolmás: auch Dolmádes genannt. Reis oder Hackfleisch im Krautwickel, nur gelegentlich im Angebot.

Fisch und Meeresfrüchte: wesentlich teurer als Fleisch, die ägäischen Fischgründe sind überfischt. Die Flotten der Sporaden-Fischer sind zudem nicht allzu groß, fahren selten weit hinaus und fangen deshalb nur kleine Speisefische. Für den riesigen Bedarf der Touristenlokale kommt der Fisch und Hummer oft über Athen aus aller Welt – Tiefkühlfracht aus Argentinien und Kanada ist keine Seltenheit.

Wichtig – Fisch heißt *psári* und wird nach Gewicht verkauft (in der Speisekarte ist meist der Kilopreis angegeben). 200 bis (maximal) 300 g genügen zum Sattwerden. Aufpassen, daß einem nicht zu viel aufgenötigt wird. Den Fisch sollte man sich vor der Zubereitung zeigen lassen, falls zu groß, einen kleineren wählen!

Barbúnia: Rotbarben oder "red mullet", verbreiteter und sehr geschätzter Speisefisch, den man in allen Fischtavernen erhält.

Chtapódi (oder Oktapódi): der Oktopus, Spezialität auf *Skýros*, aber auch ansonsten fast überall zu haben. Muß nach dem Fang viele dutzendmal mit Kraft auf einen Stein geschleudert werden, damit das Fleisch weich und genießbar wird. Danach wird er auf langen Leinen mindestens einen Tag zum Trocknen aufgehängt, später gegrillt und mit Zitrone serviert.

Marídes: winzige Fischchen (Sprotten bzw. Sardellen), höchstens kleinfingergroß, werden meist als *mezédes* (Vorspeisen) gereicht, sehr billig.

Kalamarákia: Tintenfisch, die Arme werden in Öl gesotten, paniert und in Scheibchen geschnitten. Gelegentlich bekommt man den Tintenfisch auch noch unzerteilt.

Xifías: Schwertfisch. Steht oft auf den Speisekarten, ist aber eher selten zu haben, weil der typische Hochseefisch nur mit großen Schiffen gefangen werden kann. Sehr lecker, die meterlangen Prachtexemplare werden säuberlich in dicke Scheiben gesäbelt.

• *Sonstige Fische/Meerestiere*: **astakós** (Hummer), **bakaláos** (Kabeljau); **fángria** (Zahnbrasse), **gardía** (Langusten), **garídes** (Garnelen), **galéos** (Neunauge), **sárgos** (Meerbrasse), **tónnos** (Thunfisch).

Vegetarisches, Beilagen, Gemüse und Salate: Auf den Nördlichen Sporaden gibt es durch den Wasserreichtum traditionell eine große Anzahl von vegetarischen Gerichten bzw. Beilagen, da viel Gemüse selbst angebaut werden kann. Fast überall bekommt man die sog. falschen Kefthédes (s. u.), aber auch die kleinen gelben Fava-Bohnen, gefüllte Zucchini, Kapernblätter und -blüten, Kichererbsen, Weißkrautsalat u. a. m.

Es entspricht durchaus den landesüblichen Sitten, daß verschiedene Beilagen auf Gemeinschaftstellern serviert werden. Dementsprechend verletzt auch niemand die Tischetikette, wenn er beim Nachbarn vom Teller nascht. Sogar Brot gemeinsam in einen Tsatzíki-Schüssel zu tunken ist üblich.

Choriátiki: Der griechische Bauernsalat wird in jeder Taverne als Standardgericht serviert. Besteht aus Tomaten, Gurken, grünen Salatblättern, Oliven und vor allem *Féta*,

Oktopus-Fischer mit Fang

dem aromatischen, bröckligen Schafskäse. Kann man als Vorspeise, aber auch als Beilage zum Hauptgericht essen. Mit etwas Brot kann er sogar allein als Mittagessen ausreichen. Essig ist in Griechenland ziemlich unbekannt.

Pséftikefthédes: die "falschen Fleischklößchen" bestehen aus Tomaten, Fava-Bohnenpürree, Zwiebeln und Kräutern.

Tomátes jemistés: mit Reis gefüllte Tomaten, lecker. Gibt's praktisch überall, sind aber nicht so einfach zuzubereiten, wie sie aussehen.

Piperjés jemistés: gefüllte Paprika, weniger häufig.

Briam: eine Art Eintopf aus Gemüse und Kartoffeln.

Revíthia: gebackene Kichererbsen, z. B. als Suppeneinlage.

Achinós saláta: Seeigelsalat, eine selten angebotene Delikatesse. Dazu werden die weiblichen Seeigel (die männlichen sind ungenießbar) mit dicken Lederhandschuhen angefaßt und mit Hilfe einer Spezialschere zerteilt. Das Fleisch ähnelt Muscheln und wird roh gegessen.

- *Beilagen/Gemüse*: **patátes** (Kartoffeln oder Pommes Frites), **piláfi** (Reis), **melitzánes** (Auberginen), **fassolákia** (Bohnen), **angóuri** (Gurke), **tomáta** (Tomaten).
- *Salate*: **láchano saláta** (Krautsalat), **tomáta saláta** (Tomatensalat), **angourotomáta saláta** (Gurken/Tomatensalat).

▸ **Nachspeisen/Süßes** *(Gliká)*: In Griechenland und auch auf den Sporaden gibt es eine reiche Auswahl an traditionellen Backwaren – meist Blätterteig, sehr süß, oft anläßlich des Osterfests oder anderer Feiertage gebakken, gelegentlich türkischen Ursprungs. Eine süße Spezialität der Sporadeninseln sind die *Pasteli*, Sesamkörner in Honigkaramel. Wenn möglich, noch warm essen. Sehr lecker, süß und sättigend. Pasteli gibt es als abgepackte Schnitten oder frisch beim Bäcker bzw. bei diversen fliegenden Händlern. Probieren Sie einmal die (nicht ganz billige) Süßigkeit *Chamália*. Sie wird üblicherweise in Konditoreien in farblosen Plastikschachteln verkauft. Chamália sind abgezogene, geriebene Mandeln mit untergemischtem Rosenwasser und Puderzucker in Sternchen geformt.

Amygdálota: Mandelgebäck von Mykonos in Pralinenform.

Baklàva: Blätterteig-Roulade mit Honig und Nüssen gefüllt.

Chalwadópittes: handgroße Oblaten mit türkischem Honig.

Halvá: knusprig-süßes Gebäck aus Honig und Sesamsamen.

Loukóumies: extrem süße Fruchtgeleestücke, eine Spezialität der Kykladeninsel Siros.

Loukoumádes: in heißem Öl gebrühte Teigkugeln, mit Honig übergossen.

Yaúrti: frischer Schafsjoghurt mit Honig *(méli)*, für Liebhaber eine Delikatesse.

Käse *(Tirí)*: Dank der ausgeprägten Schaf- und Ziegenhaltung zählen auch die verschiedensten Käsesorten zu den Spezialitäten der Nördlichen Sporaden. Fast jede Insel ist stolz auf die eigene Produktion. Allerdings: Käse als Nachtisch – wie zum Beispiel in Frankreich – ist in Griechenland unüblich.

Gewürze: Die traditionellen Gewürzkräuter Griechenlands – u. a. *Basilikum, Bohnenkraut, Fenchel, Kamille, Lorbeer, Oregano, Rosmarin, Salbei, Thymian* – wachsen auch auf den Nördlichen Sporaden, vor allem weit abseits der größeren Siedlungen, in rauhen Mengen weitab von Industrieluft und Verkehrsstau. Sie enthalten große Mengen ätherischer Öle und besitzen kaum giftige Rückstände.

Getränke

Flaschengetränke bekommt man in den Tavernen üblicherweise lediglich geöffnet auf den Tisch gestellt. Das Einschenken ist gemäß der Landessitte Privatsache und nicht etwa auf Unhöflichkeit des Wirtes zurückzuführen.

Wasser *(Neró)*: traditionell das wichtigste Getränk. Noch oft bekommt man es auf den wenig touristisch überlaufenen Inseln zum Essen und danach zum Kaffee ungefragt gereicht – doch diese Sitte wird allmählich immer seltener. Wenn Sie tatsächlich irgendwo unbestellt Wasser serviert bekommen, sollten Sie möglichst davon Gebrauch machen. Wer in Tavernen Wasser ordert, erhält üblicherweise eine große 1,5-Liter-Flasche, von der man höchstens die Hälfte schafft. Den Rest nimmt man dann einfach mit. Das ist so Landessitte, schließlich gibt es kein Pfand auf Plastik.

Kaffee *(Kafé)*: Wenn man den typischen griechischen Kaffe, ein starkes, schwarzes Mokkagebräu in winzigen Tassen, trinken will, muß man ausdrücklich *"kafé ellinikó"* oder "greek coffee" verlangen. Die Griechen haben sich an die Ausländer schon so weit gewöhnt, daß sie ihnen im Zweifelsfall immer Nescafé mitteleuropäischer Art servieren, wenn "Kaffee" gewünscht wird. Und bitte: bloß nicht "türkischen Kaffee" bestellen!

- *Kafé ellinikó*: **elafrí kafé** = leicht; **métrio** = mittelstark, mit Zucker; **varí glikó** = sehr süß; **skéto** = ohne Zucker; **varí glikó me polí kafé** = sehr süß und sehr stark.
- *Nescafé*: **sestó** = heiß; **frappé** = kalt; **skéto** = schwarz; **me sáchari** = mit Zukker; **me galá** = mit Milch.

Bier *(Bíra)*: Davon gibt es jede Menge, denn auch die Griechen trinken inzwischen viel und gerne das eigentlich fremde Hopfengetränk. Meist wird es eiskalt serviert – wunderbar erfrischend an heißen Tagen. Griechisches Bier gibt es leider nicht, seitdem die einheimische Brauerei *Fix* vom Markt verschwunden ist. Am gebräuchlichsten sind die Biere von Amstel, Heineken und Löwenbräu, die in Lizenz im Land gebraut werden.

In Griechenland wurde das Bier während der ersten Hälfte des 19. Jh. eingeführt – damals war Otto I., Sohn des bayerischen Königs, König von Griechenland. Und er brachte natürlich sein Bier mit und die Braumeister gleich dazu. Nach dem Braumeister Fuchs hieß die erste griechische Biermarke Fix.

▶ **Wein** *(Krassí)*: Auf den Sporadeninseln wird traditionell Wein angebaut – jedoch heutzutage nur noch in recht bescheidenem Maßstab. Früher reichte er meist nur zum Eigenverbrauch und war nach den langen Winterabenden zum Beginn der Touristensaison fast weggetrunken. Inzwischen haben die Inseleinwohner erkannt, daß die Fremden gerne den jeweils inseleigenen Tropfen verlangen und sich diesem Bedürfnis angepaßt. Und auch in den Tavernen zapfen die Wirte häufig ihre großen Fässer an.
Generell: Offene Weine sind immer preiswerter, weil vom lokalen Weinberg und ohne Abfüllkosten. Leider werden Flaschenweine von einigen Wirten als Chance zur schnellen Drachme angesehen – die Preise wirken nicht selten überhöht. Verlangen Sie Wein *ap to varéli* (vom Faß) bzw. *krassí chimá* (Hauswein); *kokkíno krassí* = Rotwein, *aspró krassí* = Weißwein.
Auf Skíathos waren früher ein guter Rotwein und die Sorte *Anthosmias*, ein Muskatwein, sehr beliebt. Man nannte ihn *alipiako*, den "Sorgenbefreier". Mittlerweile sind die Weinfelder fast vollständig verschwunden. Importwein vom nordgriechischen Festland ist günstiger als der eigene Anbau.

Retsína: Der wohl bekannteste griechische Wein stammt vom Festland – seinen Harzgeschmack hatte er ursprünglich von den hölzernen Weinfässern, die mit dem Harz der Aleppokiefer abgedichtet waren. Inzwischen ist dieser beim ersten Mal eigenartig schmeckende Wein das Aushängeschild griechischer Weinkultur – den heutigen Metallfässern werden immer noch Harz oder künstliche Aromastoffe beigegeben, um den typischen Geschmack zu erhalten.

▶ **Weitere Alkoholika**: wie überall in Griechenland natürlich *Oúzo*, der bekannte Anisschnaps – verfärbt sich beim Verdünnen mit Wasser milchig, kann aber auch unverdünnt getrunken werden. Bekannt ist auch der Anisschnaps *Rakí* oder *Tsikoudiá*, gebrannt aus den Rückständen der gepreßten Weintrauben.

Tsípouro, auf den Nördlichen Sporaden sehr beliebt. Deutlich hochprozentiger als Oúzo, aber auch mit Anisgeschmack. Wird von den Tavernenbesitzern oft selbst gebrannt. Gibt es klar oder leicht bräunlich.

▶ **Alkoholfreies**: neben den bekannten internationalen Limonaden-Multis leider wenig Authentisches. Üblicherweise gibt es Cola, Sprite und Fanta in großen Plastikflaschen. Ansonsten bekommt man überall frisch gepreßten Orangensaft.

Portokaláda = Orangenlimonade; **limonáda** = Zitronenlimonade; **chymós portokalióu** = Orangensaft.

Familie

Die Zelle des griechischen Lebens. Verbundenheit zur Familie wird in Griechenland noch sehr groß geschrieben. Jeder Grieche, der im Ausland sein Geld verdient, würde ohne lange zu zögern bei einer schweren Erkrankung

eines Angehörigen in seine Heimat zurückkehren. Die Sicherheit des sozialen Netzes bietet die Familie, nicht der Staat. Nicht selten leben drei Generationen zusammen unter einem Dach, wobei die weitgehend uneingeschränkte Macht beim Vater liegt. Selbst erwachsene und verheiratete Söhne unterliegen dieser Hierarchie. Nach dem Tod des Vaters geht die Autorität an den ältesten Sohn über.
Auch heute noch ist es insbesondere in ländlichen Gebieten üblich, daß nicht die Tochter, sondern der Vater den Ehemann aussucht. Und dies geschieht nicht immer nach den Gesetzen der Liebe, vielmehr spielen handfeste materielle Gründe dabei eine nicht unbedeutende Rolle. Der Vater will seine Tochter gut versorgt sehen und stimmt einer Heirat nur dann zu, wenn er meint, daß der Bräutigam dazu auch in der Lage ist. Zwar wurde 1983 offiziell die Pflicht zur Mitgift abgeschafft, aber es kommt durchaus noch vor, daß die Frau mit einem Stück Land, einem Haus oder Geld in bessere Kreise einheiratet. In traditionsreichen Familien ist es üblich, daß der älteste Sohn erst dann heiraten darf, wenn alle Schwestern einen Ehemann gefunden haben. Sollte der Vater vorher sterben, muß der Sohn für ihren Unterhalt sorgen.
In den letzten Jahren ist jedoch an die Stelle der Großfamilie mehr und mehr die Kernfamilie getreten. Die Industrialisierung und die Möglichkeit, in Touristenorten Geld zu verdienen, sorgten für eine gewisse Landflucht, der natürlich nicht alle Familienangehörigen folgen können. In den abgelegenen Dörfern sind aber heute noch die großen Familien anzutreffen.

Finanzen

Die Drachme gehört nicht zu den harten Währungen. Doch 1995 fiel die Inflationsrate erstmals seit zwanzig Jahren unter die Zehn-Prozent-Marke – d. h. die Preissteigerungen, die bisher durch den ständig fallenden Kurs der Drachme ausgeglichen wurden, machen nun auch vor den Urlaubern nicht mehr halt.
Griechenland ist längst kein "Billigreiseland" mehr, vor allem die großen Touristenorte sind im Sommer auf bestem Weg, sich ans mitteleuropäische Kostenniveau anzupassen. Doch in der Nebensaison und auf den touristisch weniger erschlossenen Inseln lebt man immer noch günstiger als bei uns: Dann bekommt man nach wie vor ein Doppelzimmer für 30-40 DM und ein Abendessen für 15-20 DM pro Kopf.

Die griechische Währungseinheit ist die **Drachme (Drs.)**. Es gibt Banknoten im Wert von 50, 100, 500, 1000, 5000 und 10.000 Drs. sowie Münzen im Wert von 1, 2, 5, 10, 20, 50 und 100 Drs. Eine Drachme ist übrigens 100 Lepta wert (heute bedeutungslos).

▸ **Geldwechsel**: Wechseln sollte man so viel wie möglich *in Griechenland* – dort ist die "harte Währung" DM begehrt und der Kurs erheblich besser als zu Hause (bis zu 30 %!), dasselbe gilt für Österreichische Schillinge und Schweizer Franken. Auch eventuelle Restbeträge von Drachmen tauscht man am Urlaubsende besser in Griechenland zurück – hier ist die Spanne zwar nicht so deutlich, aber immerhin vorhanden.

Geldwechsel *(Change)* ist grundsätzlich in allen *Banken* und *Postämtern* möglich. Der Wechselkurs ist bei den verschiedenen Instituten in der Regel fast identisch, schwankt aber von Tag zu Tag. Als Gebühr fallen üblicherweise 1 % des eingelösten Betrags an. In den zahlreich vorhandenen Wechselstuben, Reisebüros usw. wird eine höhere Kommission (meist 2 %, seltener auch 3 %) verlangt bzw. ein schlechterer Wechselkurs zugrundegelegt.

Auf den Nördlichen Sporaden gibt es in allen Inselhauptorten meist mehrere Banken. Die Institute wechseln Bargeld, Traveller-Schecks, Euro-Schecks und akzeptieren zumeist auch Kreditkarte. Auch bei den griechischen Postämtern kann man Geld tauschen. Allerdings gibt es seit zwei Jahren eine Einschränkung: *Postämter* wechseln nur Bargeld und Traveller-Schecks, Euro-Schecks und Kreditkarten werden nicht akzeptiert. Bei privaten Geldwechselstuben (oft auch Ticketverkäufer, Reisebüros, teilweise auch Tavernen und Supermärkte) sind natürlich alle Zahlungsformen möglich.

▸ **Zahlungsmittel**: Der Kursunterschied von Devisen und Sorten ist nur geringfügig unterschiedlich. Wichtig: Bei Scheckeinlösung immer Paß mitnehmen. Vom Postsparbuch kann man in Griechenland derzeit leider noch nicht abheben.

Bargeld: Vorteil – kein Paß nötig, keine Scheckkarte, keine Formalitäten mit Ausfüllen usw., zudem müssen zu Hause keine Schecks eingekauft werden (Zeit- und Geldersparnis). Nachteil – keinerlei Ersatz bei Verlust oder Diebstahl.

Kurs etwa derselbe wie bei Schecks, beim Wechseln werden Gebühren verlangt (bei Bank und Post meist 1-2 %, jedoch wenigstens eine bestimmte Minimalsumme, meist 3-4 DM, bei anderen Einrichtungen 2-3 % bzw. mindestens 5-6 DM).

Reiseschecks: werden hauptsächlich von *American Express*, *Thomas Cook* und *Visa* angeboten. Man muß sie vor der Reise bei einer Bank einkaufen, dabei kassiert das Institut eine Kommission von 1 % des Werts. Bei der Einlösung in Griechenland werden Gebühren fällig, die denen beim Bargeld-Wechsel entsprechen. Bei Verlust oder Diebstahl voller Ersatz bei den Büros der Scheck-Gesellschaft, im Notfall auch per Kurier, jedoch muß die Kaufquittung vorgewiesen werden (getrennt von Schecks aufbewahren).

Euroschecks: Scheck muß in Drs. ausgeschrieben werden. Höchstbetrag pro Scheck z. Zt. (Stand 1997) nur 45.000 Drs. (knapp 300 DM). Der Betrag wird wegen der starken Inflation häufig nach oben korrigiert, vorher erkundigen. Bei der Einlösung ist offiziell keine Gebühr fällig, woran sich die griechischen Banken im allgemeinen auch halten (falls doch Gebühren kassiert werden, kann man diese meist gegen Vorlage der Quittung später von der eigenen Bank zurückfordern). In anderen Einrichtungen als Banken wird pro Euroscheck 2 % Kommission verlangt.

Größter Vorteil: Euroschecks trudeln erst Wochen nach der Einlösung im Ausland bei der heimischen Bank ein und werden erst dann vom Konto abgebucht – zum jeweils gültigen Tageskurs, was bei der inflationären Entwicklung der Drachme ein paar Mark an Ersparnis bringen kann. Bei der Bearbeitung werden jedoch sog. *Fremdgebühren* erhoben – 1,75 % des Betrags (bei auf 45.000 Drs. ausgestelltem Scheck also etwas mehr als 5 DM), aber mindestens 2,50 DM.

Bezüglich Diebstahl – bei Verlust nur des Schecks oder nur der Karte haftet der Scheckinhaber in der Regel nicht für einen etwaigen Schaden durch Abheben von Fremdpersonen. Bei Verlust von beidem leistet die heimische Bank bzw. Sparkasse nur bis zu einer bestimmten Höhe Ersatz. Eine Anzeige bei der griechischen Polizei ist Voraussetzung. Unter der Frankfurter Tel.-Nummer 069/740987 kann man zu jeder Tages- und Nachtzeit seine Scheckkarte sperren lassen. Euroschecks werden nur zu Hause ersetzt.

Wechselkurs in Griechenland (Sommer 1997):
1 DM = ca. 156 Drs.
(Dieser Wechselkurs liegt allen Preisangaben in unserem Buch zugrunde.)

Fotografieren/Filmen

Alle Arten von Fotomaterial, Filmen usw. sollte man bereits vor der Reise zu Hause kaufen. Erstens ist Fotomaterial in Griechenland wegen der Einfuhrzölle deutlich teurer als bei uns, zweitens werden die Filme in den Souvenirläden oft unsachgemäß gelagert, oder das Verfallsdatum ist bereits überschritten. Viele Fotoläden auf den Nördlichen Sporaden bieten mittlerweile *Entwicklung im Stundenservice* an. Durchaus überlegenswert, gleich abends in der Taverne die Bilder vom Tage zu betrachten. Allerdings ist die Qualität meistens schlechter als bei Entwicklungen in Deutschland. Ohnehin werden nur Kleinbildfilme in Farbe entwickelt und Bilder abgezogen, keine Dias!

Gesten und Gruß

Die Griechen benutzen nonverbale Gesten wesentlich häufiger als Deutsche. Es gibt eine Vielzahl von Hand- und Kopfbewegungen, die dem Gegenüber eine Menge Informationen vermitteln können. Achten Sie einmal bei Ihrem Gesprächspartner darauf. Einige Beispiele:

Kopf schütteln:	Ich habe nichts verstanden.
Kopf wegweisen:	Wiederhole bitte, was du gesagt hast.
Kopf neigen:	Ich habe verstanden.

Wenn der Grieche "*naí*" (gesprochen "*nä*") sagt, meint er übrigens "*ja*". "*Nein*" heißt dagegen "*óchi*".
Man begrüßt sich mit "*kaliméra*" (Guten Morgen), "*kalispéra*" (Guten Tag und Guten Abend) oder "*jássas*" (Hallo); "*jássu*" sofern man sich näher kennt. Die gebräuchlichsten Verabschiedungsfloskeln sind "*sto kaló*" (alles Gute), "*chérete*" (Lebwohl) und am Abend "*kaliníchta*" (Gute Nacht).

Informationen

Die *Griechische Zentrale für Fremdenverkehr* (G.Z.F.), in Griechenland unter dem Namen "Ellenikós Organismós Tourísmou" (E.O.T.) zu finden, hat in der Bundesrepublik Deutschland vier, in Österreich und der Schweiz jeweils ein Büro eingerichtet. Man erhält dort u. a. eine farbige *Sporadenbroschüre*, ein *Spezialheft* mit Übernachtungsadressen von *Skíathos*, eine brauchbare *Griechenland-Karte*, eine jährlich aktualisierte Zusammenstellung der *innergriechischen Schiffsverbindungen* und eine Auflistung sämtlicher *Reiseveranstalter*. Da viele Veranstalter ihre Prospekte über die G.Z.F. verteilen lassen, ist auch einiges an speziellem Material zu haben (z. B. Ferienhäuser, Wanderferien, Segeln u.a.). Das Personal ist in der Regel freundlich und versucht, auch bei ausgefallenen Wünschen zu helfen. Die Prospekte werden auf Anfrage zugeschickt. Schicken Sie eine Postkarte oder ein Fax, da die Telefonleitungen meist belegt sind.

• *Deutschland*: Neue Mainzer Str. 22, **D-60311 Frankfurt**, Tel. 069/236561-63, Fax 236576.
Wittenbergplatz 3a, **D-10789 Berlin**, Tel. 030/2176262/-63, Fax 2177965.
Abteistr. 33, **D-20149 Hamburg**, Tel. 040/454498.
Pacellistr. 5, **D-80333 München**, Tel. 089/222035-36, Fax 297058.

• *Österreich*: Opernring 8, **A-1010 Wien**, Tel. 0222/5125317, Fax 5139189.

• *Schweiz*: Löwenstr. 25, **CH-8001 Zürich**, Tel. 01/2210105, 2120516.

• *Griechenland*: Amerikis Str. 2, P.O.Box 1017, **GR-10564 Athen**, Tel. 01/3223111-9, Fax 3224148.
Mündliche Auskünfte und reichhaltiges hektographiertes Material zum Mitnehmen gibt es in Athen in der **Nationalbank** am Sintagma-Platz, Odos Karageorgis Servias 2, Tel. 01/3222545 (siehe Kapitel Athen).

Kartenmaterial

Grundsätzlich ein Problem in Griechenland. Eine hundertprozentig exakte Karte gibt es aber von Alónnissos und recht gutes Material über Skýros. Dagegen stehen zuverlässige Karten über Skíathos und Skópelos noch aus. In den Buchhandlungen Deutschlands, Österreichs und der Schweiz ist außer den großen Griechenland-Übersichtskarten nur die Karte "Pelion, Skíathos, Skópelos" (= Griechenland Blatt 3) von dem Wiener Verlag *Freytag & Berndt* im Maßstab 1:100.000 für 10,80 DM zu erhalten. Die Karte ist zuverlässig, doch der große Maßstab macht sie z. B. für Wanderungen unbrauchbar.
(Weitere Informationen zu Karten finden Sie in den jeweiligen Inselkapiteln)

Kleidung

Was die Kleidung betrifft, sind die Griechen m allgemeinen anspruchslos. Im Gegensatz zum Modekult der Italiener legt der Grieche Wert auf Zweckmäßigkeit. Nur sonntags werden der Anzug und das feine Kleid zum Kirchgang aus dem Schrank geholt. Bei der Auswahl der Reisekleidung könnte diese Zweckmäßigkeit als Vorbild dienen. Im Sommer genügt meist eine kleine Garderobe – eine lange und kurze Hose, einige Sommerkleider und -röcke, ein paar kurzärmelige Hemden oder T-Shirts und ein warmer Pullover. Dieser ist nicht nur wichtig für die Fährfahrt, sondern auch die Abende können in Griechenland unangenehm kühl werden. Ebenfalls empfehlenswert sind Sonnenbrille, Sonnenschutzmittel und eine Kopfbedeckung. Wer gerne wandert, sollte sich zudem feste Schuhe einpacken und lange Hosen tragen, denn die Macchiasträucher sind stachelig, die Wege steinig.
Für die meisten Griechen völlig unverständlich ist die Sehnsucht der Fremden nach gebräunter Haut und deren Zur-Schau-Stellung. In der Öffentlichkeit, in Kirchen, überhaupt zu festlichen Anlässen tragen Männer lange Hosen; Frauen gehen in Kleidern oder Röcken.

Klöster und Kirchen

Ein Klosterbesuch auf den Sporaden ist immer etwas Besonderes. Die Stimmung in den oft einsam liegenden Klöstern ist Welten entfernt vom Touristenrummel an der Küste. Auf jeder der Inseln gibt es mehrere Klöster oder Kirchen zu besichtigen. Die Nonnen und Mönche empfangen in der Regel gerne Gäste. Eine kleine Spende sollte man immer zurücklassen.
Ganz wichtig beim Besuch: Sie müssen sittsame Kleidung tragen und wenig Haut zeigen. *Keine nackten Beine und Schultern, stattdessen lange Hosen für die Männer bzw. mindestens knielange Röcke für Frauen.* Das gilt im Grunde auch für alle Kirchen, doch zeigt man sich hier nicht ganz so streng. Einige bedeutende Klöster verleihen wegen des großen touristischen Andranges lange Röcke und Hosen, besser aber gleich selbst mitbringen.
Von Nonnen und Mönchen mittlerweile verlassene Anlagen sind oft geschlossen oder bieten nur Zutritt in den Innenhof, nicht aber in die eigentliche Klosterkirche. Die Dorfkirchen sind meistens am frühen Morgen geöffnet oder abends gegen 19 Uhr. Am besten versucht man, direkt nach den Gottesdiensten die Kirchen zu besichtigen.
Die Kirchen und Kapellen sind fast immer mit der Apsis und der Altarwand gegen Osten, in die Richtung der aufgehenden Sonne, gerichtet. Klosterkirchen zeigen dagegen mit ihren Heiligtümern auf den Berg Athos.

Komboloí

Des Griechen liebstes Spielzeug ist das Komboloí, ein Kettchen aus Holz-, Kunststoff-, Bernstein-, Glas- oder Silberkugeln, dessen Ähnlichkeit mit einem Rosenkranz nicht zu übersehen ist. Das Komboloí hat heute jedoch keine religiöse Bedeutung mehr.
Die Griechen haben es aus der türkischen Gebetskette entwickelt, die aus 99 Perlen für die 99 Namen Allahs besteht. Mittlerweile hat sich die Zahl der Kugeln auf 13, 15 oder 17 reduziert – mit ihnen läßt es sich leichter spielen. Der Name Komboloí leitet sich von *Kámbos* (Knoten) ab. Ein Knoten – zum Beispiel im Taschentuch – gilt bei den Griechen als Glückssymbol.

Moral

Sich scheiden lassen, weil man sich neu verliebt hat, ist selbst im religiösen Griechenland keine "Todsünde" mehr. Dagegen wird in ländlichen Regionen oft streng darauf geachtet, daß die Mädchen als Jungfrau in die Ehe gehen. Auch gilt es hier noch als unschicklich, Zärtlichkeiten in der Öffentlichkeit auszutauschen. Doch unbeirrt davon fallen die Touristen an manchen Stränden oder ganzen Küstenabschnitten ein wie eine Invasion, geben sich ungezwungen-locker, freizügig und laut. Es gelten die eigenen Rituale und Regeln. Nicht selten werden alle Hüllen fallengelassen, damit der Körper seine beneidenswerte Bräune auch nahtlos erhält. Unsere Meinung: Ein Gast sollte nicht vergessen, daß er Gast ist und die moralischen Normen

Skýros/Stadt – Kirche Panagía Melikaron

seines Gastgebers respektieren. Auf Skíathos und Skópelos wurde jeweils ein Strandabschnitt für FKK-Fans reserviert.

Öffnungszeiten

Sind mit langer Siesta-Pause den mediterranen Klimaverhältnissen angepaßt. Dafür haben die Geschäfte abends lange offen, wenn die Hitze nachgelassen hat. Dann macht das Einkaufen auch viel mehr Spaß als in der mittäglichen Gluthitze. In den touristischen Hochburgen werden die Öffnungszeiten allgemein sehr flexibel gehandhabt. 24 Stunden am Tag sind für Touristenläden im Juli und August keine Seltenheit. Wenn dagegen keine Besucher mehr auf der Promenade oder in den Gassen unterwegs sind, wird eben geschlossen. Nur staatliche Einrichtungen haben feste Zeiten, die auch eingehalten werden. Ansonsten als Faustregel: vormittags ab 8 oder 9 Uhr bis ca. 13/14 Uhr, nachmittags etwa 17-21 Uhr. Souvenir- und Lebensmittelläden haben selbst in der Nebensaison abends oft bis 23 oder 24 Uhr geöffnet.

Papiere

Für Deutsche, Österreicher und Schweizer genügt bei der Einreise nach Griechenland der Personalausweis. Kinder unter 16 Jahren müssen im Paß der Eltern eingetragen sein oder einen eigenen Kinderausweis haben, ab zehn Jahren mit Paßbild. Wenn man mit dem Reisepaß einreist, darf dieser keinen Stempel der international nicht anerkannten türkischen Republik Nord-Zypern enthalten. Wer über die BR Jugoslawien (also Serbien) und Makedonien kommt, muß unbedingt den Reisepaß mitnehmen und sich vorher eingehend nach etwaigen Visabestimmungen erkundigen.
Da Griechenland bisher nicht alle EU-Vereinbarungen unterschrieben hat, werden die Ausweise bei der Ein- und Ausreise nach wie vor kontrolliert, ebenso bei der Rückreise nach Deutschland. Sinnvoll ist es, Personalausweis *und* Reisepaß mitzunehmen. Erstens hat man Ersatz, wenn ein Ausweis abhanden kommt. Zweitens liegt ein Papier oft bei der Hotel- oder Campingplatz-Rezeption – problematisch, wenn man z. B. Schecks einlösen oder ein Fahrzeug mieten will (allerdings ist es griechischen Hoteliers offiziell nicht erlaubt, einen Ausweis länger als 24 Std. einzubehalten). Es empfiehlt sich auch, *Kopien der Dokumente* mitzunehmen (getrennt von den Originalen aufbewahren). Im Fall eines Verlustes kommt man so beim zuständigen Konsulat schneller zu Ersatzpapieren, die zur einmaligen Ausreise berechtigen.
Kraftfahrer benötigen als Nachweis für eine bestehende Haftpflichtversicherung die *grüne Versicherungskarte* (kostenlos bei der eigenen Kfz-Versicherung). Wer sie vergessen hat, kann sie für teure 70 DM noch an der Grenze erwerben. Ein internationaler Führerschein ist nicht nötig.

Post (tachidromíon)

Postämter gibt es auf den Nördlichen Sporaden fast in jeder größeren Ansiedlung. Hier kann auch Geld gewechselt werden (jedoch keine Euro-schecks!). Karten und Briefe werden von den Nördlichen Sporaden mit den Fährverbindungen in etwa fünf bis acht Tagen über Athen nach Mitteleuropa befördert. Der Vermerk "Per Luftpost" bringt nichts, da die gesamte Post ab Athen generell per Flugzeug befördert wird.

Briefmarken: gibt es außer bei der Post in den meisten Läden und Kiosken, die Postkarten verkaufen. Tarife kann man dort erfragen.

"Poste Restante": Jedes Postamt nimmt postlagernde Sendungen entgegen. Diese können mit Ausweis und gegen eine kleine Gebühr abgeholt werden. Ein Brief wird im Normalfall bis zu zwei Monaten aufbewahrt. Als Absender in einem solchen Fall immer den Empfängernamen (Nachnamen unterstreichen!), das Zielpostamt und den Vermerk "Poste restante" auf den Umschlag schreiben. Tip – falls der Beamte unter dem Familiennamen nicht fündig wird, auch unter dem Vornamen nachschauen lassen. Das Einordnen teutonischer Namen fällt griechischen Postbeamten verständlicherweise schwer.

Telegrafische Postanweisung: wenn die Mittel ausgehen, der schnellste Draht zur Heimat. Zu Hause eine Vertrauensperson anrufen und bitten, die gewünschte Summe per telegrafischer Postanweisung unter Angabe des Empfängernamens ans Hauptpostamt der jeweiligen Insel zu schicken. Normalerweise kommt die Anweisung innerhalb von 48 Stunden an, und man erhält die Summe in Drachmen ausgezahlt. Gebühr (vom Absender zu zahlen) richtet sich nach der Überweisungssumme.

Radio und Fernsehen

Der *staatliche Hörfunk* sendet täglich ab 7.30 Uhr Nachrichten mit Wetterberichten in englischer, italienischer, französischer und deutscher Sprache. Am Sonntag beginnen die Nachrichten bereits um 7.15 Uhr. Bei den Meldungen handelt es sich um Übersetzungen der griechischen Nachrichten. Wer auf aktuelle Berichte aus der Heimat hofft, wartet vergebens. Gesendet wird auf MW: 728 kHz (ERT 1) und 1385 kHz (ERT 2).

Informativer, was News aus der Heimat angeht, sind dagegen die Sendungen der *Deutschen Welle*: stündlich Nachrichten, Wetterberichte, Reisenotrufe oder Bundesliga live.

Monatliches Programmheft anfordern bei: Deutsche Welle, Hörerpost, 50588 Köln.

Viele teure Hotels auf den Nördlichen Sporaden bieten ein eigenes Fernsehgerät auf den Zimmern oder zumindest einen Fernsehraum für alle Gäste. Da ganz offenbar Nachfrage besteht, hat man große Satellitenschüsseln installiert, die sogar deutschsprachige Programme empfangen können.

Reisezeit

Die Nördlichen Sporaden sind wie alle griechischen Inseln keine Winterziele. Die Geschichten, die Überwinterer erzählen, lassen einen schaudern – ständiger Regen, Kälte und Stürme, der Schiffsverkehr weitgehend lahmgelegt, Einsamkeit Wo im Sommer Touristenmassen durcheinanderquirlen, herrscht Totenstille. Wer von den Einheimischen die Möglichkeit hat, flüchtet nach Athen. Alles wartet auf den Frühling der kommt aber auf den Nördlichen Sporaden zögernd.

Dennoch erlebt Skýros schon im *Februar* den ersten Touristenansturm. Ursache ist das originäre Faschingstreiben auf der Insel, das es in dieser Form nirgendwo sonst in Griechenland und auf der Welt gibt. Allerdings

sind die Temperaturen wenig erfreulich, zwar wärmer als in Deutschland aber keinesfalls Kanaren-Niveau erwarten. Selbst im *April* ist es auf den Sporaden noch kühl, das Meer sogar kalt (kaum über 16 Grad). Auch die meisten Pensionen und Tavernen sind noch geschlossen. Aber es beginnt bereits die üppige Blüte der Bäume, Blumen und Sträucher, die sich im Mai und Juni fortsetzt. Ein erster, spärlicher Touristenboom setzt auf allen Inseln dann zu *Ostern* ein. Warme Sachen nicht vergessen! Im *Mai* beginnt die Touristensaison. Aber auch was Natur und Landschaft angeht, ist dieser Monat die konkurrenzlos beste Reisezeit. Wer die Inseln im Herbst verlassen hat, erkennt sie jetzt kaum wieder – überall frisches Grün, zahllose Blumen von knallrotem Mohn über leuchtend gelben Ginster bis zu zartlila Glockenblumen. Ideal zum Wandern und Besichtigen, auch ins Wasser kann man sich allmählich wagen (18-19 Grad). Die meisten Beherbergungsbetriebe öffnen (allerdings z.T. erst in der zweiten Hälfte des Monats), auch die Campingplätze und viele Tavernen. Die Preise sind noch spürbar niedriger als im Sommer. Wenn man allerdings Pech hat, regnet es ab und an noch kräftig.
Ab *Juni* kommt allmählich der Sommer. Es wird heiß, die Temperaturen sind aber noch nicht unangenehm, und die Blüte dauert an. Das Meer erreicht allmählich angenehme Temperaturen, die Übernachtungspreise sind noch auf demselben Level wie im Mai. Im *Juli* und *August* bricht der volle Trubel aus – die *tourístes* kommen! Immer wieder spucken die Großfähren von Vólos ihre Ladungen aus. Badeurlaub ist angesagt, man aalt sich am Strand, brütend heiß hängt die Sonne am tiefblauen Himmel, kein Tropfen fällt. Die Landschaft dörrt allmählich aus, die Luft flimmert vor Hitze. Die Inselbewohner machen jetzt ihr Geschäft – die Preise haben ihren höchsten Stand. Auch viele Griechen machen ihren Jahresurlaub in dieser Zeit.

Grandiose *Sternschnuppen* kann man vom 10.-14. August, die sogenannten *Perseiden*. Auch von Deutschland aus sind sie zu sehen, aber durch die geringe Luftverschmutzung natürlich in Griechenland besser. Bei klarem Himmel huschen die vergänglichen weißen Leuchtstreifen mehrmals in der Minute über das Firmament!

Im *September* kehrt die Masse der Urlauber wieder heim, und es wird ruhiger auf den Inseln. Die Temperaturen sind nicht mehr so drückend, das Meer aber noch genauso badewarm wie im August – insofern bester Monat, um Baden, Wandern und Besichtigungen zu verbinden. Man findet auch wieder leichter Zimmer – Nachteil jedoch, die Inselbewohner sind allmählich erschöpft von der harten Touristensaison, was sich bemerkbar machen kann. Zu sehen gibt es immer was – auf den Inseln beginnt die Ernte vieler Früchte, vor allem Trauben, Mandeln, Pflaumen und Pistazien. Ab *Oktober* wird es deutlich kühler, abends braucht man schon einen dicken Pullover, um nicht zu frieren, und auch tagsüber, speziell bei Mopedtouren usw., muß man sich gut verpacken. Viele Pensionen, Hotels und Campingplätze schließen – Saisonende, Herbststimmung auch in Griechenland.

Religion

Alónnissos – das Innere der Privatkirche Agíos Stéfanos

Mit 97 % gehört landesweit der größte Teil der Bevölkerung dem griechisch-orthodoxen Glauben an. Daneben leben in Griechenland noch etwa 100.000 Moslems, 52.000 Katholiken, 5.000 Protestanten, 5.000 Juden und 6.000 Armenier. Die großen ehemaligen türkischen und jüdischen Gemeinden wie in *Ródos*-Stadt schmolzen in den letzten Jahrzehnten zusammen.

Im Jahre 1054 kam es zum Bruch zwischen orthodoxer Kirche und dem vom römischen Papst vertretenen Katholizismus. Der Besuch einer Gesandtschaft des katholischen Oberhauptes beim Patriarchen Michael Kerullários endete in einem Desaster: Leo IX. belegte Michael mit einem Bannfluch, den dieser mit der Exkommunikation des Papstes beantwortete. Seitdem gehen die Kirchen getrennte Wege.

Liturgie und Architektur der griechisch-orthodoxen Kirche unterscheiden sich deutlich von katholischen und erst recht von evangelischen Gottesdiensten und -häusern. Die Predigt spielt eine untergeordnete Rolle; dominiert wird der Gottesdienst, bei dem Besucher willkommen sind, von Wechselgesängen, die altertümlich sind und für uns fremdartig klingen. Je mysteriöser die Liturgie, desto sicherer ist, daß sie "nicht von dieser Welt" ist. Die Kuppel der Kirche stellt das Firmament dar, das Gebäude selbst wird Teil des Himmels, als dessen Eingang empfunden, Sichtbares und Unsichtbares, Glaube und Architektur verschmelzen zu einer Einheit.

Sport

Die Nördlichen Sporaden sind kein Sportparadies, punktuell werden allerdings brauchbare Sporteinrichtungen angeboten. Üblicherweise gibt es nur Tauchschulen und Surfbrettverleih oder ähnliches. Einige teure Hotels bieten darüber hinaus auch Tennisplätze. Das meiste bleibt aber der Eigeninitiative überlassen.

▶ **Tauchen:** Schnorcheln ist überall erlaubt, das Tauchen mit Sauerstoffflaschen und Tauchanzügen dagegen erst seit wenigen Jahren und nur in bestimmen

Regionen – schon zu viele Sporttaucher haben antike "Souvenirs" am Meeresboden gefunden und mitgehen lassen. Tauchschulen gibt es auf jeder Insel, auf Skíathos gleich mehrere. Fragen Sie in den Reisebüros nach entsprechenden Angeboten.

- **Surfen**: Die Nördlichen Sporaden gehören zu den windstärksten Zonen im Mittelmeer – vor allem in den Sommermonaten, wenn die *Meltémi*-Winde aktiv sind. An allen größeren und belebten Stränden gibt es mittlerweile Surfbrettverleih. Insbesondere Skýros ist durch die starken Winde ein beliebtes Ziel für Surfer, jahrelang kamen die beiden *Fun and Funktion*-Gründer ("F 2") jede Saison auf die Insel. Nicht umsonst heißt ein (empfehlenswertes) Café in Linariá *"Wind Surfers Club"*.

- **Bootssport**: Motorboote, Wassermotorrad, Tretboote und Kanus werden auf Skíathos und Skópelos reichlich, auf Alónnissos und Skýros dagegen kaum oder gar nicht angeboten.

- **Wasserski**: wird nur auf Skíathos und Skópelos angeboten. Hier auch an allen touristisch erschlossenen Stränden *Parachuting*, *Crazy-Banana*, *Ring*, *Luftkissenstuhl* und *Pedalboot*.

- **Segeln**: Die Nördlichen Sporaden gelten als phantastisches Segelrevier! Speziell im Frühjahr und im Frühherbst kreuzen viele Yachten – im Hochsommer können dagegen die *Meltémi*-Winde das Segeln oft für Tage unmöglich machen.

• *Einreise über Land*: mit der eigenen Yacht per Auto und Bootsanhänger problemlos möglich. Lediglich gültige Schiffspapiere, Versicherungsnachweis und der amtliche Sportbootführerschein sind erforderlich. An der Grenze trägt der Zöllner in der Regel den Wagen und die Yacht in den Paß ein. Bei der Ausreise muß man beides natürlich wieder dabei haben.
Erlaubte Höchstmaße: Länge bis 15 m, Breite bis 2,5 m, Höhe bis 4 m.

• *Einreise über See*: Dabei muß nach Erreichen griechischer Gewässer zunächst einen **Port of Entry** angelaufen werden – z. B. Vólos, Thessaloníki, Kavála (Makedonien), Alexandroupolis (Thrakien), Myrina (Límnos) und Mytilini (Lesbos), oder falls man von Westen kommt, Kórfu (vor der griechischen Westküste) und Pátras (Peloponnes). Beim Einlaufen muß die griechische Flagge und die gelbe Flagge Q des internationalen Signalalphabets gezeigt werden.
Die Hafenbehörde will die Schiffspapiere, den Sportbootführerschein, sämtliche Pässe und eine Liste der Crew-Mitglieder sehen und stellt das **Transit-Log** aus (etwa 20 DM), das für ein Jahr gültig ist. Wechsel der Crew-Mitglieder sind darin einzutragen. Die Ausreise erfolgt ebenfalls über einen *Port of Entry*.

• *Informationen*: Broschüre "Segeln in der griechischen See" gibt's bei der **Griechischen Zentrale für Fremdenverkehr**. Darin enthalten: Liste der Häfen mit Versorgungseinrichtungen und Liegeplätzen für Jachten, Hinweise zu Charterfirmen u.a.
Aktuelle Infos ansonsten beim **Deutschen Segler-Verband**, Kreuzer-Abteilung/Informationsstelle Mittelmeer, D-80689 München 21, Dichtlstr. 2, Tel. 089/586282.

• *Literatur*: Rod Heikell: "Griechische Küsten", Verlag Edition Maritim, Hamburg 1995, 518 Seiten, 98 DM. Die gesamten griechischen Küsten und sämtliche Inseln in einem Band. Natürlich auch mit Navigationstips, Hafenplänen, ausführlichen Angaben über Ansteuerung, Liegeplätze und Versorgung für die Nördlichen Sporaden. Inselbeschreibungen und touristische Hinweise halten sich in Grenzen und sind teilweise veraltet.
Gerd Radspieler: "Häfen und Ankerplätze. Griechenland Band 4", Delius Klasing Verlag, Bielefeld, 2. Auflage 1993, 44 DM. Auch dieser nautische Reiseführer bietet Orientierungspläne, Kartenmaterial und Hafenbeschreibungen (Ansteuerung, Ankerplätze und Versorgungseinrichtungen) für die Nördlichen Sporaden, die makedo-

nische und thrakische Küste, sowie Chalkidiki und die Inseln Thassos, Lesbos, Límnos und Samothraki. Ebenfalls auch spärliche Hinweise touristischer Art.

Wandern: siehe Kapitel "Unterwegs auf den Nördlichen Sporaden".

Sprache

Neugriechisch ist nicht die einfachste Sprache, besitzt außerdem andere Buchstaben als das Deutsche. Nur wenige Urlauber können mehr als ein paar Brocken sprechen. Auch Humanisten haben mit ihrem Altgriechisch kaum eine Chance, können aber immerhin die Schrift lesen. Auf den Nördlichen Sporaden kann mittlerweile jeder Inselbewohner, der irgendwie mit Touristen zu tun hat, zumindest ein paar Brocken Englisch. In abgelegenen Regionen darf man das allerdings keinesfalls erwarten. Dort muß man sich zur Not mit "Händen und Füßen" verständlich machen.
Man sollte gelegentlich versuchen, etwas Griechisch zu sprechen, meist wird das dankbar honoriert. Am Ende des Buchs sind die wichtigsten Gebrauchswörter sowie das griechische Alphabet und die Aussprache der Buchstaben aufgelistet. Sehr wichtig ist die richtige Betonung der Worte: beispielsweise heißt "danke" *efcharistó* und nicht etwa efcharísto, wie man von Ausländern oft hört.

Strom

In ganz Griechenland gibt es theoretisch 220 Volt (50 Hertz) Wechselstrom. Doch das Stromnetz ist sehr anfällig, entsprechende Ausfälle und Absenkungen der Spannung sind durchaus häufig. Die Einheimischen haben gelernt damit zu leben. Griechische PCs verfügen z. B. allesamt über eine Notspeicherfunktion, wenn der Strom plötzlich wegbleibt. Auf den Fähren gibt es oft nur 110 Volt Gleichstrom. In die griechischen Steckdosen paßten bisher meist nur die flachen Euro- bzw. Schukostecker, seit einigen Jahren werden die Zimmer jedoch überwiegend mit dem aus Mitteleuropa bekannten System ausgestattet. Wer auf Föhn, Reisebügeleisen oder Tauchsieder nicht verzichten will, benötigt nur noch selten einen Adapter. Es ist auch nicht nötig, diesen Zusatzstecker von zu Hause mitzunehmen. Häufig kann man ihn beim Vermieter ausleihen, ansonsten für wenig Geld im Geschäft kaufen.

Telefon

Noch vor wenigen Jahren war Telefonieren fast überall in Griechenland ein echtes Problem. Mittlerweile hat sich die Situation deutlich entspannt. Die Netze sind stabiler geworden, nur noch selten bricht die Leitung während des Gespräches zusammen, und fast immer genügt ein Wählversuch. Auch die Anzahl der öffentlichen Kartentelefone wurde in den letzten Jahren vorbildlich erhöht. Da jedoch auch Griechen gerne lange telefonieren, kommt es immer wieder zu Wartezeiten vor den Telefonzellen.
Zu den üblichen Öffnungszeiten können Sie auch von den *O.T.E.-Telefonzentralen* anrufen. Das ist zwar nicht billiger, funktioniert aber ohne Karte, d. h.

das Gespräch reißt nicht ab, wenn die Einheiten verbraucht sind. Nach Beendigung des Gesprächs zahlt man laut Zählerstand. O.T.E.-Zentralen gibt es in allen Hauptorten der Inseln. Ansonsten zahlreiche Kartentelefone in den Städten, Dörfern und sogar an den Stränden sowie an vielbefahrenen Straßen.
Magnetische Telefonkarten für 1500 Drs. (100 Einheiten) erhält man in vielen Läden und Kiosken, bei der Post und in O.T.E.-Büros, die großen Karten für 7000 Drs. (500 Einheiten) und 13.000 Drs. (1000 Einheiten) sind dagegen seltener zu finden.

Auf den griechischen **Telefonkarten** sind üblicherweise wunderschöne Fotografien von Inseln, Gebirgen, Seen und anderen Landschaften abgebildet und keine private Werbung wie in Deutschland. Natürlich gibt es auch in Griechenland mittlerweile einen entsprechenden Sammlerkult.

Auch von manchen *Kiosken* kann man ins Ausland anrufen (rotes, manchmal graues Telefon), allerdings kommt das etwas teurer, und meist ist es dort empfindlich laut. Ansonsten gibt es noch die Möglichkeit, von *Hotels, Tavernen* usw. anzurufen – jedoch zahlt man dort fast das Doppelte pro Einheit!
Beim Wählen zuerst die Auslandsvorwahl (Deutschland **0049**, Österreich **0043**, Schweiz **0041**), dann die Ortsvorwahl ohne die Null und schließlich die Nummer des gewünschten Teilnehmers wählen. Wichtig – langsam wählen! Falls sich ein Besetztzeichen einschaltet, auflegen und noch einmal versuchen. Vor allem abends sind die Leitungen oft überlastet, dann am besten etwas warten und nochmals versuchen.
Wer *innerhalb Griechenlands* bzw. der Nördlichen Sporaden telefonieren will, z. B. um auf einer anderen Insel ein Zimmer zu reservieren usw., muß natürlich die Null der Vorwahl mitwählen. Jede Insel hat ihre eigene Vorwahl, kleinere Inseln sind oft unter einer Nummer zusammengefaßt. Wer sich *in Griechenland anrufen* lassen will: Die Vorwahl Griechenlands von Deutschland ist **0030**, von der Orts- bzw. Inselvorwahl dann die Null weglassen. Beispiel: Anruf *Deutschland* nach *Skíathos* – 0030-427 + Nummer des Teilnehmers.

In den jeweiligen Inseltexten finden Sie alle beschriebenen Hotels mit Telefonnummer. Die Vorwahl lautet für Skíathos 0427, für Skópelos und Alónnissos 0424 sowie für Skýros 0222.

Preise: nach Deutschland, Schweiz und Österreich etwa 2,80 DM pro Minute, Nacht-/Feiertag- oder Billigtarif gibt es nicht. Nutzen Sie die griechische Siesta-Zeit (14-17 Uhr) für Telefonate ins Ausland. Dann sind Netze am wenigsten belastet.

Toiletten

Für alle Toiletten in Griechenland gilt: Papier darf nicht mit hinuntergespült werden, dafür steht immer ein Eimer in der Ecke (ansonsten wären dauernd die engen Abflußrohre verstopft). Als öffentliche Toiletten bzw. in

Tavernen, Cafés usw. sind zum Teil noch die traditionellen Stehklos in Gebrauch. Bei richtiger Benutzung sind sie eigentlich sogar hygienischer als unsere Sitztoiletten. Leider spottet ihr Zustand oft jeglicher Beschreibung: Nicht selten sind sie verstopft, verdreckt oder einfach verschlossen. Auch die Spülung funktioniert nicht immer (oder zu heftig), Papier muß oft selber mitgebracht werden. Beschilderung: Herren = *ándron*, Frauen = *ginaíkon*.

Übernachten

Vorweg: in keiner touristischen Region Europas kommt man leichter an ein Dach über dem Kopf als auf den griechischen Inseln. Überall kommen die Anbieter von Rooms zum Hafen, wenn eine Fähre oder ein Tragflügelboot anlegt. Zum Teil läuft diese Prozedur ziemlich penetrant ab und gleicht für den Besucher einem Spießrutenlaufen.

So manch hartnäckiger "Rooms"-Anbieter entpuppt sich als netter gemütlicher Grieche, sobald man den Hexenkessel Hafen verlassen hat. Und schließlich hat die penetrante Anbiederungsprozedur auch ihre unbestreitbaren Vorteile: kaum aus der Fähre, kurz verhandelt, Koffer oder Rucksack in den Bus verladen, sich selber dazu plazieren – fertig. Grund für das ganze Spektakel: Es gibt mittlerweile eine fast unübersehbare Flut von Unterkünften – und jährlich kommen neue dazu. Wer als Vermieter seine Zimmer regelmäßig auslasten will, muß kämpfen. Die Konkurrenz schläft nicht, und die Saison ist kurz: Im Mai läuft noch nicht viel, Ende September ist schon wieder Schluß – dann muß der Umsatz gemacht sein. Sogar auf den kleinen Inseln wächst das Zimmerangebot inzwischen rapide. Überall wird gebaut, aufgestockt, investiert. Die enorm gestiegenen Touristenzahlen des letzten Jahrzehnts haben ihre Spuren hinterlassen. Wer kann, investiert in ein Haus mit "Rooms" – bei der hohen Inflationsrate in Griechenland bringt es nichts, Geld auf die Bank zu bringen: Man baut, und der Staat unterstützt dies. Kein Wunder, verdient er doch an jeder Übernachtung 8 % Beherbergungssteuer.

Unterkünfte auf den Nördlichen Sporaden

In den Inseltexten dieses Handbuchs finden Sie eingehende Beschreibungen zahlreicher Hotels, Pensionen, Privatzimmer und Campingplätze. Die Übernachtungspreise sind stark saisonabhängig, außerdem spielt eine große Rolle, wo sich ein Quartier befindet: Es gibt teure und preiswerte Unterkünfte.
Auf den touristisch erschlossenen Inseln wie Skíathos und Skópelos kostet ein Doppelzimmer mit Bad in der Hochsaison etwa umgerechnet 60-75 DM. Faustregel: Die Standardwerte für "Rooms" liegen in der Nebensaison zwischen 5000-7000Drs., im Hochsommer zahlt man 8000-12.000 Drs. Alónnissos ist durch seine Lage etwas günstiger, Skýros reicht trotz geringerer touristischer Infrastruktur leider fast an das Preisniveau von Skíathos heran.

Unsere Preisangaben im praktischen Reiseteil beziehen sich immer auf ein Doppelzimmer (DZ), Angaben wie "50-90 DM" meinen den Neben- (NS) und Hochsaisonpreis (HS).

Generell gilt: Es gibt Unterkünfte mit großem Komfort für sehr viel Geld, aber auch einfache günstige Zimmer, in der Regel Familienpensionen. Solche sind im allgemeinen stereotyp weiß gekalkt, rein funktional und ohne persönliche Note eingerichtet. Fast alle angebotenen Zimmer – auch in Privatquartieren – besitzen jedoch mittlerweile eigene Bäder (Du/WC). Die Standardeinrichtung besteht aus Nachttisch, Stuhl, Bett und Schrank – das ist oft alles, auch in "besseren" Häusern. Gebräuchlichste Materialien sind helles Kiefernholz und Fliesenböden. "Room-Service" und tägliche Reinigung, Handtuchwechsel usw. fehlen häufig – bei Bedarf im Vorfeld bei Preisvereinbarung absprechen. Natürlich gibt es diverse Ausnahmen – wir haben uns immer gefreut, wenn wir bei unseren Recherchen auf ein solches Haus gestoßen sind und haben es gebührend erwähnt. Oft macht auch der angenehme Umgangston Mängel wieder wett – die natürliche Freundlichkeit der Inselbewohner gegenüber Fremden ist noch nicht überall reinem Geschäftsgebaren gewichen.
Auf den Nördlichen Sporaden finden sich auch zahlreiche Ober- und Mittelklassehotels mit sehr guter Ausstattung und perfektem Service. Natürlich liegen hier die Preise deutlich höher, aber leider nicht immer proportional zur Qualität. Insbesondere auf Skíathos gibt es eine ganze Reihe von sündhaft teuren Hotels. Hier befinden sich auch zwei Häuser der in Griechenland sehr seltenen Luxuskategorie mit Preisen von gut 500 DM pro Nacht. Bei der Recherche haben wir versucht, einen Querschnitt durch das Angebot von günstigen und teuren Übernachtungsadressen abzubilden. Leider war dies (insbesondere auf Skíathos und Skópelos) nicht immer möglich.

Dort hat sich ein gewisser Standard durchgesetzt, der die These vom längst nicht mehr billigen Reiseland Griechenland nur bestärkt.

Achtung: Die meisten Unterkünfte – Hotels, Privatzimmer wie Campingplätze – öffnen im Lauf des Monats Mai und schließen Ende September bis Mitte Oktober. In der kalten Jahreszeit existiert nur ein sehr beschränktes Angebot, denn Zimmer mit Heizung sind selten.

Preiswert Reisen: Griechische Zimmerpreise sind extrem saisonabhängig. Wer Streß bei der Suche vermeiden und gleichzeitig erheblich Geld sparen will, sollte unbedingt in der *Nebensaison* fahren, am besten Mai/Anfang Juni oder Ende September/Oktober. Die Preise fallen in dieser Zeit teilweise in den Keller, und die Hoteliers freuen sich über jeden Gast. Handeln ist fast immer möglich. Viele Unterkünfte werden dann um die 30-40 DM offeriert, auch bessere Häuser. Privatzimmer bekommt man häufig noch günstiger – schon eine zögerliche Haltung und mehrmaliges Nachfragen nach dem Preis bewirkt oft einen Nachlaß.

▸ **Hotels**: Hotels werden von der griechischen Fremdenverkehrsbehörde je nach Ausstattung, Lage und Service in sechs Kategorien unterteilt: *L (de luxe)*, *A*, *B*, *C*, *D* und *E* – allerdings wurden diese Einteilungen oft bereits vor Jahren getroffen und sind heute nicht mehr immer nachzuvollziehen. Für die augenscheinlichen Abweichungen gibt es auch einen weiteren Grund: Griechische Zimmervermieter zahlen die Steuern nach der Kategorie ihrer Häuser. So kommt es oft vor, daß hervorragende Zimmer eigentlich problemlos der A-Kategorie angehören könnten, der Besitzer aus Steuergründen jedoch die Eingruppierung in die tiefere C-Kategorie bevorzugt hat. Fazit: Fragen Sie nicht nach der Kategorie oder der Anzahl der Sterne, sondern werfen Sie lieber einen Blick in die Zimmer.
Auch die Übernachtungspreise sind staatlich festgelegt und müssen im Zimmer deutlich sichtbar angeschlagen sein. In der Nebensaison werden die offiziellen Minimum-Preise allerdings oft noch unterboten, da sie unrealistisch hoch sind. Frühstück wird nicht in allen Häusern angeboten, kostet extra und ist meist karg. Frühstückszwang gibt es nur in einigen Hotels der oberen Kategorien.

L (de luxe): Luxusherbergen gibt es auf den Nördlichen Sporaden nur zwei. Beide liegen auf Skíathos.

A-Kat.: für gehobene Ansprüche, auch preislich, Halb- oder Vollpension möglich.

B-Kat.: durchwegs passable Häuser mit genügend Komfort und Service. Oft alteingeführte Hotels, die neuen Häuser der B-Kat. sind oft recht modern, mit guten sanitären Anlagen und gepflegter Atmosphäre.

C-Kat.: die normalen Durchschnittshotels, hier gibt's jedoch ziemliche Qualitätsunterschiede – von sehr gut bis ungepflegt und vernachlässigt. In der Regel Zimmer mit eigenem Bad, oft aber nur abgetrennte Duschkabinen im Zimmer.

D-Kat.: durchwegs einfache "Billig-Hotels", Ausstattung karg bis kaum vorhanden. Kein eigenes Bad, dafür manchmal mehr persönliches Ambiente als in den besseren Kategorien.

E-Kat.: Billig-Absteigen – hauptsächlich bei Rucksacktouristen beliebt. Ein Dach überm Kopf, Dusche am Gang, hier kommt viel auf den Besitzer an – wie er sein Haus in Schuß hält, wie sein Verhältnis zur Sauberkeit ist usw. In der Regel aber durchaus akzeptabel.

- **Pensionen**: sind wiederum aufgeteilt in A-, B- und C-Kat. In Pensionen der A-Kat. haben die Zimmer eigenes Bad und sind ordentlich, oft sogar stilvoll eingerichtet, meist herrscht eine freundliche Atmosphäre, da es sich fast durchweg um Familienbetriebe handelt. Die Preise sind sehr unterschiedlich. Pensionen der B- und C-Kat. gleichen den Hotels der D- bzw. E-Kat. Allerdings gilt auch hier: Die Eingruppierungen sind veraltet oder hängen von der Steuerwilligkeit des Besitzers ab.

- **Privatzimmer**: Für Inselhüpfer, die auf´s Geld schauen, preiswerte Alternative zu den Hotels. "Rooms"-Vermieter stellen in den Fährhäfen das Gros der Anbieter. In manchen Orten vermietet mittlerweile fast jedes zweite Haus Zimmer. Vom schüchternen Mädchen im Volksschulalter bis zum zahnlosen Opa ist jedes Familienmitglied eingespannt – alle einlaufenden Fähren werden abgepaßt, egal ob nachts oder tags. Jeder möchte auf diese relativ einfache Weise etwas dazuverdienen.
Gleich im Hafen handelseinig zu werden ist sinnvoll, wenn man in abgelegene Häuser oder an hafenferne Buchten will. Dann ist individueller Transport garantiert. Ansonsten besser selber suchen. Handeln ist in der Nebensaison gut möglich, in der Hauptsaison jedoch nur bedingt.
Zu erkennen sind Privatquartiere an Schildern wie *rooms to rent, rooms to let* oder einfach *rooms* bzw. *domátia* (griech. = Zimmer) – viele nennen sich auch einfach stolz "Hotel" oder "Pension". Zu vermieten heißt *"enoikiázontai"*.

Die Preise für Privatzimmer liegen je nach Saison zwischen 35 und 80 DM, Qualität ist natürlich unterschiedlich, in der Regel aber zufriedenstellend, wenn man keine großen Ansprüche stellt. Die Einrichtung ist aufs Notwendigste beschränkt, eigene Du/WC für jedes Zimmer aber zwischenzeitlich fast überall obligatorisch. In der Vorsaison muß man leider gelegentlich mit klammer Bettwäsche und feuchten Zimmern rechnen – Nachwehen des letzten Winters.

- **Ferienwohnungen/Apartments**: heißen auf griechisch *diamerísmata* und gibt es inzwischen auf den Inseln überall in großer Anzahl – Wohn- und Schlafzimmer mit Küche (Herd, Kühlschrank) und Du/WC, meist neu erbaut und im Komfort durchaus ausreichend. Ein Vorteil dabei: Man kann den relativ hohen Frühstückspreisen in Cafés entgehen. Preise ab etwa 60 DM aufwärts, in der Nebensaison sinken die Preise stark, und man kann problemlos handeln. Dann stehen auch viele Häuser leer, und man muß nicht zu Hause schon vorbuchen. Praktisch alle Reiseveranstalter und viele Privatvermittler bieten Ferienwohnungen an, zu Hause mal in die großen Wochenzeitungen schauen. Auf den Inseln selber kann man über viele Reisebüros buchen.

- **Jugendherbergen**: gibt es auf den Nördlichen Sporaden nicht.

- **Camping**: höchst unterschiedliche Situation – auf *Skíathos* allein zwischenzeitlich vier Plätze, auf *Alónnissos* zwei, auf *Skýros* einen und auf *Skópelos* noch keinen. Insgesamt gibt es auf den Nördlichen Sporaden zur Zeit also nur sieben Plätze, geöffnet sind sie alle etwa von Ende Mai bis Ende September, keiner ganzjährig. Genaue Tips zu Ausstattung, Lage usw. in den jeweiligen Inselkapiteln. In den nächsten Jahren wird vielleicht hier und dort ein neuer Platz dazukommen, viel ist aber nicht zu erwarten.

Fast alle Plätze liegen nah am Meer, sind meist recht bescheiden eingerichtet und nicht allzu groß (Ausnahme: der fast luxuriöse Campingplatz "Koukounariés" auf Skíathos). Auch ohne Zelt kann man überall unterkommen, für Besucher nur mit Schlafsack sind fast überall Plätze unter Stoffbahnen bzw. Schilfdächern eingerichtet – in diesen "sleeping bag areas" lernt man übrigens schnell und zwanglos andere Traveller kennen. Auf Fahrzeuge, Wohnmobile usw. ist man versorgungsmäßig nur wenig eingerichtet, die Anzahl von Stromanschlüssen ist begrenzt (Ausnahme: "Koukounariés"). Die meisten Campingplätze schicken einen Kleinbus zum Hafen, der einen kostenlos zum Platz bringt – zurück zum Hafen muß man geringfügig zahlen. Tip: kleines *Vorhängeschloß*, mit dem man das Zelt absperren kann.

▶ **Wild Zelten**: ist in ganz Griechenland verboten. Die Nördlichen Sporaden sind ohnehin kein Traditionsziel für Rucksacktouristen. Wo dennoch in Massenansammlungen an den Stränden "gepennt" wurde, gibt es mittlerweile einschlägige Verbote, die auch kontrolliert werden. Ein überquellender Rucksacktourismus paßt einfach nicht mehr ins Gesamtbild der Nördlichen Sporaden. Schließlich müssen die Inselbewohner ihre zahlreichen Unterkünfte an den Mann bringen, sie leben ja zum Großteil von der Vermietung. In den letzten Jahren haben deshalb vor allem auf den vielbesuchten Eilanden konsequente Polizeikontrollen die allnächtlichen Schlaflager weitgehend verhindert. Die "Strandschläferszene" hat sich folgerichtig in kleine abgelegen Buchten verlagert und wird dort weitgehend toleriert.

Tips und Tricks für Hotel-/Pensionsgäste

* Generell sinnvoll, zwei Ausweise auf die Reise mitzunehmen – einen für die Hotelrezeption, den anderen, wenn man z. B. tagsüber ein Fahrzeug mieten will, Schecks einlösen will usw.
* Bei Aufenthalt ab zwei oder drei Tagen gibt es oft Rabatt.
* Wenn ein Bett zusätzlich ins Zimmer gestellt wird, kann ein Zuschlag von 20 % erhoben werden.
* Einzelzimmer sind äußerst rar, Singles müssen meist ein Doppelzimmer zu nur leicht ermäßigtem Preis nehmen (offiziell: 80 % vom Normalpreis).
* Nicht im voraus für mehrere Tage bezahlen, dann hat man keine Möglichkeit mehr, das Zimmer zu wechseln, ohne erneut zu bezahlen.
* Vorsicht, wenn in einem vollbesetzten Haus nur noch ein Zimmer frei ist. Dieses ist dann oft wirklich "das letzte". Immer vorher ansehen, bevor man akzeptiert.
* Ein leider gern angewandter Trick – Vermieter stellt zwei Betten in ein winziges Einzelzimmer, vermietet es an zwei Personen und verlangt natürlich auch den Preis für ein Doppel. In dem Fall hängt meist der Preis für das Einzelzimmer an der Tür – versuchen, Rabatt zu bekommen.
* Wenn möglich kein Zimmer zur Straßenseite nehmen. Mit frisierten Motorrädern durch die nächtlichen Straßen zu donnern, gilt in Griechenland als völlig normal.
* Frühstückszwang gibt es laut offizieller Regelung nur in wenigen Häusern der oberen Preisklasse.

- Falls deutlich überhöhte Preise verlangt werden und bei wirklichen Schwierigkeiten mit dem Vermieter zur nächsten Touristen-Polizei bzw. Polizeistation gehen.

Uhrzeit

In ganz Griechenland gilt die *osteuropäische Zeit (OEZ)*. Sie ist der mitteleuropäischen Zeit um eine Stunde voraus. Von April bis Oktober ist wie bei uns zusätzlich die Sommerzeit gültig. Bei der Einreise nach Griechenland also die Uhr eine Stunde vorstellen, bei der Ausreise eine Stunde zurückdrehen.

Umwelt

Wie überall auch auf den Nördlichen Sporaden ein heikles Thema. Stichwort Elektrizität: Energiegewinnung mittels *Dieselkraftwerken* ist nach wie vor üblich. Fast jede Insel hat ihr eigenes Kraftwerk, und riesige Mengen an Kraftstoff werden verbrannt, um den nötigen Strom zu liefern. Teilweise gibt es auch Unterwasserkabel vom Festland zu den Inseln, die das Problem aber nur verlagern.
Ansonsten spielt, wie auch in Mitteleuropa, das schwierige Problem der *Müllbeseitigung* eine beherrschende Rolle. In Griechenland und speziell auf den Nördlichen Sporaden gibt es allerdings noch keinen Müllexport. Stattdessen wirft man den täglichen Müll auf Inseldeponien, wo er entweder verbrannt (Dioxinentwicklung) oder durch die winterlichen Regenfälle in die nächste Schlucht und weiter ins Meer geschwemmt wird. Von dort geht es dann mit Hilfe der heftigen *Meltémi*-Winde schnurstracks an die Nordstrände der Inseln zurück, wo er (im sehr seltenen Glücksfall) vielleicht wieder eingesammelt und auf die Deponie gebracht wird...
Auch die konsequente *Müllvermeidung* hat man bisher kaum angedacht: Wasser wird in Plastikflaschen verkauft, Limonade in wahnwitzigen Mengen von Aludosen – und im Supermarkt wird auch der kleinste Artikel per Plastiktüte weitergereicht. Persönlicher Beitrag: Bringen Sie eine Tragetasche mit (auch wenn man an der Kasse verdutzt angeschaut wird) und trinken Sie, wenn immer möglich, aus Glas-/Mehrweg-/Pfandflaschen.
Dritte und empfindlichste Umweltschädigung: der *Tourismus*. Touristen reisen in Fliegern an, deren Kraftstoffverbrennung die hausgemachten Umweltprobleme der Nördlichen Sporaden bei weitem in den Schatten stellt. Touristen zerstören die natürliche Fauna der Strände und strandnahen Zonen. Touristen sorgen für erhebliche Zunahme des Motorverkehrs auf den Inseln und im umliegenden Meer.
Es ist schon so, bei diesem Thema muß sich jeder Reisende ganz persönlich an die Nase fassen, denn konsequentes Umweltbewußtsein heißt auch im Urlaub auf den Nördlichen Sporaden: die umweltfreundlichste Art der Anreise wählen, unnötige Fahrten mit Verbrennungsmotoren vermeiden – und so wenig Wasser wie möglich verbrauchen.

Wasser

Die Nördlichen Sporaden gehören zu den wasserreichsten Inseln Griechenlands. Nur Alónnissos und die fast unbewohnte Südhälfte von Skýros machen da eine kleine Ausnahme. Dort gibt es nicht so viele *Quellen*, doch zu ernsthaften Wasserversorgungsproblemen kommt es auch auf Alónnissos nur sehr selten. Tankschiffe, wie sie von Piräus zu den Kykladen fahren, haben die Sporaden nicht nötig. Durch die recht dichte Bewaldung wird auch das Wasser, das im Winter sturzbachartig rauscht, von der Erde gut absorbiert. Zudem besitzen viele Häuser eine *Zisterne*, die das kostbare Naß vom Himmel auffängt und speichert. Dennoch sollte man seinen Wasserverbrauch so weit wie möglich in Maßen halten. Möglichkeiten gibt es genug: beim Einseifen unter der Dusche Wasser abstellen, Zähneputzen mit Becher (nicht mit laufendem Wasser).
Das *Leitungswasser* ist in der Regel von guter Qualität, wird von der Quelle direkt ins System eingespeist. Im Grunde könnte es bedenkenlos getrunken werden, doch Vorsicht: Mitteleuropäische Mägen sind dies nicht gewohnt und reagieren entsprechend empfindlicher. Es gibt überall Wasser, abgepackt in großen bläulichen Plastikflaschen, zu kaufen, die leider nach Gebrauch oft achtlos weggeworfen werden und die Strände verschandeln.

Zeitungen/Zeitschriften

In allen Städten und in vielen touristisch erschlossenen Gebieten der Nördlichen Sporaden gibt es die wichtigsten deutschsprachigen Presseerzeugnisse zu kaufen (*Frankfurter Allgemeine Zeitung, Die Welt, Süddeutsche Zeitung, BILD usw.*). Allerdings nur während der Saison von Mai bis Oktober, danach wird das Abonnement bis zur nächsten Saison gekündigt. Reisen Sie außerhalb der üblichen Saison auf die Sporaden, bitten Sie den griechischen Zeitungshändler auch eine deutsche Zeitung Ihrer Wahl für die Dauer Ihres Aufenthalts aus Athen zu ordern. Das bedeutet dann allerdings eine Abnahmeverpflichtung Ihrerseits.

Zoll

Seit 1993 dürfen innerhalb der EU Waren zum eigenen Verbrauch unbegrenzt ein- und ausgeführt werden. Es wurde allerdings ein Katalog über Richtmengen von Waren erstellt. Überschreitet man diese, muß man im Fall einer Stichprobenkontrolle glaubhaft machen, daß diese Mengen nicht gewerblich genutzt werden, sondern nur für den persönlichen Gebrauch bestimmt sind. Weitere Hinweise in der Broschüre "Urlaub", erhältlich bei vielen öffentlichen Stellen, in Reisebüros und beim Zollamt.

Richtmengenkatalog (Warenmenge pro Person ab 17 Jahre):
800 Zigaretten, 400 Zigarillos, 200 Zigarren, 1 kg Rauchtabak, 10 l Spirituosen, 20 l Zwischenerzeugnisse, 90 l Wein (davon höchstens 60 l Schaumwein) und 110 l Bier.

Für **Schweizer** und den Einkauf in **Duty-free-Shops** gelten weiterhin niedrigere Quoten: 200 Zigaretten oder 100 Zigarillos oder 50 Zigarren oder 250 g Tabak; 1 l Spirituosen oder 1 l Zwischenerzeugnisse oder 2 l Wein oder 2 l Bier sowie Geschenke bis 200 sFr. Für **Transitreisende**, die über die Schweiz nach Deutschland einreisen, gilt folgendes: Solange obige Richtmengen nicht überschritten werden, gibt es keine Probleme. Bei größeren Mengen muß man den Zollbeamten jedoch ungefragt (!) davon in Kenntnis setzen. Dieser entscheidet, ob eine Transitkaution zu stellen ist, die dann bei der Ausreise zurückerstattet wird.

Weitere Hinweise: *Auto*, *Segelyacht*, *Surfbrett*, *Laptop* und andere hochpreisige Artikel werden an der Grenze in den Paß eingetragen und müssen wieder ausgeführt werden. Andernfalls wird eine ziemlich hohe Einfuhrsteuer fällig. Wer sein Auto wegen Totalschaden in Griechenland zurücklassen mußte oder die eigene Yacht versenkt hat, benötigt dafür eine Bestätigung von der Polizei!

In *griechischer Währung* dürfen bis zu 100.000 Drs. ein-, aber nur höchstens 20.000 Drs. ausgeführt werden (um Devisen im Land zu behalten).

Die Ausfuhr von *Antiquitäten* ist streng verboten, ausgenommen sind staatlich autorisierte Kopien, die in verschiedenen Shops und Museen erworben werden können (mit "Falschheits-Zertifikat").

Buchtips

Brockhaus: Griechenland - Athen. Reihe Brockhaus Länder und Städte. *F.A. Brockhaus Verlag, Leipzig/Mannheim 1997, 528 Seiten, 185 DM.* In einer reizvollen Mischung aus attraktiven Bildern und kenntnisreichen Texten in lockerem Plauderton präsentiert sich dieser sehr gelungene Band. Ein länderkundliches Kapitel stellt Griechenland in seiner Gesamtheit vor. Auch die Menschen, ihre Mentalität, Gewohnheiten und Kultur werden genau unter die Lupe genommen. Athen kommt dabei besonderes Gewicht zu, aber auch weniger bekannte Sehenswürdigkeiten fanden Eingang in dieses Buch. Das Ganze wird durch Karten und ein Register perfekt abgerundet.

Die Götter des Olymps. Griechenland und Rom. *Time Life Verlag, Amsterdam 1997, 144 Seiten, 44 DM.* Mit diesem Band begibt sich der Leser auf eine spannende Reise durch die Mythenwelt der alten Griechen. Die wichtigsten griechischen Götter und ihre kultische sowie religiöse Bedeutung werden leicht verständlich vorgestellt. Außerdem vermittelt das Buch aufschlußreiche Einsichten in die Freund- und Feindschaften sowie komplizierten Liebes- und Eheverhältnisse der Gottheiten. Großartige Fotos ergänzen den instruktiven Text.

Reinhard Koblitz: Menschen am Rande Europas - Kalimera! Kiitos! *Frieling Verlag, Süderlügum 1997, 239 Seiten, 19,80 DM.* Reinhard Koblitz wagt mit seinen poetischen Betrachtungen ein kaum vorstellbares Projekt. Er versucht, die Völker Griechenlands und Finnlands miteinander zu "vergleichen". Mentalität, Klima und Geographie können kontrastreicher kaum sein, und dennoch glaubt er Parallelen zu sehen.

Siegfried Lauffer (Hg.): Griechenland. Lexikon der Historischen Stätten. *Verlag C. H. Beck, München, 775 Seiten, 98 DM.* Das Lexikon beschreibt in alphabetischer Reihenfolge und epochenübergreifend sämtliche Stätten Griechenlands (innerhalb seiner heutigen Staatsgrenzen), die in Vor- und Frühgeschichte, in der Antike, im Mittelalter und bis in die neueste Zeit geschichtliche Bedeutung erlangt haben. Karten und Literaturhinweise vervollständigen dieses Buch zu einem unentbehrlichen Nachschlagewerk für Historiker, Archäologen und den weiten Kreis aller an Griechenland Interessierten.

Verwinkelte Häuser in den Gassen von Skýros/Stadt

Karl Maly: Griechenland. Mythen, Götter und Mönche. *Knecht Verlag, Frankfurt a. M. 1997, 244 Seiten, 34 DM.* Den Reichtum der griechischen Mythologie, die faszinierende Welt der Götter und Helden bringt dieser kulturell-religiöse Reiseführer zur Sprache und ins Bild. Die Tempelbauten, antike Plastiken und Kultstätten werden dem Leser in ihrer reichhaltigen Bedeutung neu erschlossen. Ein zweiter Interpretationsstrang beschäftigt sich mit der Kunst- und Philosophiegeschichte, insbesondere der byzantinischen Welt.

Geórgios A. Mégas (Hg.): Griechische Volksmärchen. *Rowohlt Verlag, Hamburg 1997, 383 Seiten, 14,90 DM.* Unter den alten Volksmärchen der europäischen Länder gelten die griechischen als besonders interessant. Originelle und einfallsreiche Motive werden in faszinierend schönen, aber auch grausam schrecklichen Szenen dargestellt. Der Herausgeber hat insgesamt 74 Märchen in diesem neu aufgelegten Buch versammelt.

Axel Mosler/Klaus Liebe/Monika Siegfried-Hagenow: Griechenland. *C. J. Bucher Verlag, München 1997, 192 Seiten, 98 DM.* In außergewöhnlichen Panoramaaufnahmen zeigt Axel Mosler die besondere Schönheit Griechenlands. Klaus Liebe zeichnet dazu in seinen Essays ein kenntnisreiches Porträt der Nation am südöstlichen Rand Europas. Im Glossar gibt Monika Siegfried-Hagenow grundlegende Informationen zu Geographie und Kultur. Themenbeiträge, etwa über die griechische Götterwelt oder die vielfältigen musikalischen Traditionen, vervollständigen das Landesporträt.

August H. Petiscus: Olymp. Mythologie der Griechen und Römer. *Reprint Verlag, Leipzig 1997, 454 Seiten, 39,80 DM.* Der Olymp, höchster Berg Griechenlands, galt in der Antike als Sitz der Götter. Petiscus behandelt in seinem historischen Werk die griechische und römische Mythologie im Zusammenhang. Im vorigen Jahrhundert erschien dieses Buch mit seinem instruktiven Text und zahlreichen künstlerischen Abbildungen in nahezu zwanzig Auflagen. Nun wurde es nachgedruckt.

Heinz A. Richter: Griechenland im Zweiten Weltkrieg. *Syndikat Buchgesellschaft, Bodenheim 1997, 515 Seiten, 68 DM.* Der italienisch-griechische Krieg von Oktober 1940 bis April 1941 und der deutsche Griechenlandfeldzug von April bis Mai 1941 gehörten bisher zu den noch weitgehend unerforschten Kapiteln des Zweiten Weltkrieges. Der Mannheimer Universitätsprofessor hat in dieser Studie die politische und militärische Entwicklung ausführlich rekonstruiert. Richters Buch sollte zur Standardlektüre eines jeden historisch interessierten Griechenlandreisenden gehören.

Herbert J. Rose: Griechische Mythologie. *Verlag C. H. Beck, 9.Aufl. München 1997, 441 Seiten, 38 DM.* Die griechische Mythologie handbuchartig niederzuschreiben ist ein kühnes Unterfangen. Rose hat Sagen und Geschichten leicht lesbar und sehr informativ zusammengefaßt. Das neu aufgelegte Buch kann auch als übersichtliches Nachschlagewerk mit einem hervorragenden Namensverzeichnis dienen. So findet der Leser problemlos alle notwendigen Hinweise zu Göttern und Helden oder kann sich einem systematischen Studium der Mythologie widmen.

Henri Stierlin: Greece. From Mycenae to the Párthenon. *Taschen Verlag, Köln 1997, 235 Seiten, 35,95 DM.* Dieser reich bebilderte Band gibt in englischer Sprache eine hervorragende Einführung in die griechische Architektur der antiken Welt. Dabei liegen die Schwerpunkte auf der mykenischen und klassischen Periode, wobei Stierlin auch auf alle Siedlungen an der kleinasiatischen Küste eingeht. Ein weiteres Kapitel befaßt sich mit dem Ursprung der Tempelbauten und der Akrópolis von Athen, aber auch Theater, Orakel und Grabanlagen werden berücksichtigt.

Stop-over Athen

Die griechische Hauptstadt hat unter den europäischen Metropolen nicht den besten Ruf. Hochgradige Luftverschmutzung, endlose Autoschlangen, Lärm und planlose Bebauung lassen nur noch wenig vom Geist der Antike verspüren.

Aber davon sollte man sich nicht abschrecken lassen – Athen ist eine Stadt, wie sie griechischer nicht sein kann. Die brodelnde Mischung aus orientalisch anmutendem Basarleben und eleganter Großstadtatmosphäre, gewürzt mit den zahllosen Ruinen seiner großartigen Geschichte und der Geschäftigkeit des Welthafens Piräus, bringt einen aufregenden Kontrapunkt zu den stillen Landschaften der Inseln. Zwei, drei Tage Athen sind ein Erlebnis, das genauso zu Griechenland gehört wie das abgelegene Bergdorf im Inneren eines kleinen Ägäiseilandes. Jeder Grieche kennt die Hauptstadt. Wer Griechenland kennen will, sollte sie ebenfalls gesehen haben.

Information

• *Information*: Hauptstelle der Information in der **Nationalbank**, Karageorgi Servias Str. 2, direkt am Sintagma-Platz. Ziemlich unpersönliche Angelegenheit: An einem zur Straße hin verglasten Schalter gibt es auf Anfrage abgezogene Handzettel mit reichhaltigem Info-Material (u. a. aktuelle Öffnungszeiten/Preise von Museen, Bus-/Schiffsverbindungen, Adressen von Botschaften), außerdem ausgezeichnete Gratis-Stadtpläne – letztere unbedingt notwendig in Athen. Mo-Fr 9-18.30 Uhr, Sa 9-14 Uhr, So geschl. (saisonale Änderungen möglich). Tel. 3222545.

Weitere Informationsstelle im **East Terminal** des Flughafens, auch hier Stadtpläne und Fahrpläne. Mo-Fr 9-19 Uhr, Sa 10-17 Uhr. Tel. 9612722.

Touristenpolizei, kleines Büro neben dem Lárissa-Bhf. Telefonischer 24-Stunden-Service unter Tel. 171, es wird Englisch gesprochen, in der Regel hilfsbereit.

Hilfreich ist auch die **Athener Zeitung**, die einzige deutschsprachige Zeitung Griechenlands – aktuelle Fährverbindungen, Öffnungszeiten von Museen, Kino-/Theaterprogramm.

Anfahrt/Abreise

• *Per Flug*: Alle nichtgriechischen Flugzeuge starten und landen am **East Terminal** bzw. am benachbarten neuen **New Charter's Terminal**. Ausschließlich den Maschinen von Olympic Airways (In- und Auslandsflüge) ist der **West Terminal** vorbehalten. Es handelt sich dabei um die beiden entgegengesetzten Enden des großen Athener Flughafens *Ellinikon*, etwa 10 km südöstlich vom Zentrum.

Wenn Sie in Athen mit einer ausländischen Linie landen und mit Olympic Airways nach Skíathos oder Skýros weiterfliegen wollen, müssen Sie den Terminal wechseln! Das geht mit dem stündlich verkehrenden Bus oder per Taxi. Auch wenn Sie dabei das Ticket für einen Anschlußflug bereits in der Tasche haben, müssen Sie Ihr Gepäck mitnehmen und noch einmal aufgeben. Dauer der ganzen Prozedur von Aus- und Einchecken inkl. Transfer mindestens eine Stunde.

Zwischen New Charter's Terminal, East und West Terminal verkehrt etwa alle 20 Min. **Bus 091**, etwa stündlich **Bus 19**.

Vom West, East und New Charter's Terminal ins Zentrum (Sintagmaplatz oder Omonia) kommt man etwa alle 20 Min. mit **Bus 091** (East Terminal: Haltestelle direkt vor dem Ausgang; West Terminal: wenn man beim "Arrival" herauskommt, ist die Haltestelle 50 m links – vor dem Eingang zum Abflug).

Falls Sie vom Zentrum zum Airport wollen: **Bus 091** fährt etwa alle 20 Min., Haltestelle an der Unterkante des Sintagma-Platzes (bei der Post), außerdem wenige Schritte vom Omonia-Platz an der Stadiou Str. (blau-weißes Tickethäuschen).
Preis der Busse jeweils ca. 1 DM.
Derzeit wird 21 km östlich von Athen ein neuer Großflughafen namens Spata gebaut. Mit Inbetriebnahme ist erst in den nächsten Jahren zu rechnen.

Mit dem Taxi vom Flughafen in die Stadt: an sich relativ preiswert, aber aufpassen, daß man nicht überhöht zur Kasse gebeten wird! Die Tarife sind an den Ausgängen des East Terminal angeschlagen, im Zweifelsfall noch mal bei der Tourist-Info nachfragen, bevor man sich einen Fahrer schnappt! **Preise** inkl. Flughafen- und Gepäckzuschlag (Stand ´97): vom East und West Terminal zum Sintagma jeweils etwa 17 DM. Falls man nach Taxameter fährt: aufpassen, daß tagsüber **Tarif 1** eingestellt ist, nicht der teurere Tarif 2!

• *Per Bahn*: Der erstaunlich kleine Hauptbahnhof von Athen heißt **Stathmos Larissis** (Lárissa-Bhf.) und liegt etwas außerhalb vom Zentrum. Der orangefarbene **O-Bus 1** hält rechts vor dem Bhf. (wenn man herauskommt) und bringt Sie zum Omonia- oder Sintagma-Platz. Vom Zentrum zum Bahnhof: O-Bus 1 ab Sintagma/El. Venizelou Str.
Sie können vom Bhf. aber auch ca. 10 Min. geradeaus zur derzeit nächsten Metro-Station am **Victoria-Platz** gehen und von dort ins Zentrum oder zu den Kykladen-, Dodekanes- und Kreta-Fähren nach **Piräus** fahren (siehe Verbindungen in Athen). Achtung: Durch die Bauarbeiten am Metroanschluß des Bahnhofs kann sich hier in nächster Zeit einiges verändern.
Schräg gegenüber vom Lárissa-Bhf. (Fußgängerbrücke über die Gleise benutzen) liegt der **Peloponnes-Bhf.**, mehrmals tägl. gehen Züge auf den Peloponnes. Vom Zentrum zum Bahnhof: **blauer Bus 057** ab El. Venizelou Str.

• *Per Bus*: Athen ist Zentrum des gut ausgebauten griechischen Busnetzes. Täglich kommt man mehrmals in alle größeren Städte und Häfen des Landes. Zwei große Busstationen außerhalb vom Zentrum bedienen Ziele in ganz Griechenland.
Busse zu Zielen in Attika starten an der Mavromateon-Str., am Eingang zum Areos-Park (Nähe Nationalmuseum).

• *Per Schiff*: Fast alle Schiffe nach und von Kreta, dem Dodekanes und auf die Kykladen starten und landen im Riesenhafen **Piräus** – Fähren am Uferkai **Akti Possidonos** (Metrostation). Wer per Fähre in Piräus ankommt – alle 10 Min. fährt die äußerst effiziente **Metro** ins Zentrum, Station vis à vis der Fährkais.

• *Mit dem eigenen Fahrzeug*: im Zentrum praktisch keine Parkplätze und nur wenige Parkhäuser. Empfehlenswert, bereits in einem Außenbezirk möglichst nah an eine **Metrostation** heranzufahren (setzt allerdings Ortskenntnis bzw. Stadtplan voraus), dort parken und per Metro in die Stadt. Wer über Nacht bleiben will, zur Sicherheit für das Fahrzeug entweder in einem **Hotel mit Garage** (B-Kat. aufwärts) einmieten oder auf einem der Campingplätze Athens absteigen, von dort häufige Busverbindungen in die Stadt.
Wer gleich auf die Sporaden weiterwill, nimmt die Autobahn Richtung Chalki und Vólos.

• *Metro*: Es gibt bislang nur eine einzige Metro-Linie, die vom weit außerhalb liegenden Vorort **Kifissia** quer durchs Zentrum zum Hafen **Piräus** fährt. Wichtige Haltestellen in der City sind **Victoria-Platz** (Nähe Bahnhof und Archäol. Museum), **Omonia** (Nähe Markt), **Monastiraki** (Nähe Pláka) und **Thission** (Nähe Agorá). Die Endstation in **Piräus** liegt direkt beim Terminal der Fähren.
Die Strecke ist in Zonen unterteilt: Piräus bis Monastiraki, Omonia bis Ano Patissia, Perissos bis Endstation Kifissia. Ticket für ein oder zwei Zonen kostet 75 Drs., für drei Zonen 100 Drs. Tickets kann man am Schalter oder an Automaten erwerben (Kleingeld nötig), immer bis Ende der Fahrt aufbewahren und erst nach der Sperre wegwerfen. "Schwarzfahren" kostet etwa 10 DM Strafe.
Ende der Neunziger sollen zwei weitere Metro-Linien in Betrieb genommen werden, dann wird endlich auch der wichtige Sintagma-Platz ans Netz angeschlossen

Athen in einer Smogpause

sein. Derzeit gleicht das Zentrum Athens einer Riesenbaustelle. Archäologische Funde und finanzielle Probleme verzögern die Fertigstellung.

• _Busse_: Es gibt zahllose **Stadtbusse** (orangefarbene Oberleitungsbusse, grüne und blaue Dieselbusse), für die jedoch keinerlei schriftliche Fahrpläne existieren und deren Streckenführung weder am Bus noch an den Haltestellen kenntlich ist. Durchfragen ist angesagt. Tickets sind an den wichtigen Haltestellen in Kiosken erhältlich.

Adressen

• _Botschaften_: siehe Kapitel "Reisepraktisches" auf S. 56. Bei Änderungen - die Informationsstelle am Sintagma-Platz händigt die aktuellen Botschaftsadressen aus!

• _Geldwechsel_: Sowohl im **East Terminal** als auch im **West Terminal** vom Flughafen *Ellinikon* sind mehrere Bankschalter, an denen man zu den üblichen Kursen tauschen kann (geöffnet jeweils bei Ankunft von Maschinen aus dem Ausland), am East Terminal gibt es auch einen Geldautomat.

Ansonsten: **Nationalbank** am Sintagma-Platz (Mo-Do 8-14, 15.30-18.30, Fr 8-13.30, 15-18.30, Sa 9-15, So 9-13 Uhr, Geldautomat vorhanden) und alle **Postämter** (keine Euroschecks).

• _Gepäckaufbewahrung_: **East Terminal**, in einem Gebäude vor der Abfertigungshalle (wenn man raustritt, 200 m rechts), pro Stück 5 DM, Surfbretter/Fahrräder usw. 6 DM, 24 Stunden offen, ab Mitternacht neu zahlen.

Pazific Travel, Nikis Str. 26, Nähe Sintagma, pro Stück ca. 2 DM. Mo-Sa 7-20, So 9-14 Uhr, Tel. 3241007.

Tip: Wenn man in einem Hotel oder Hostel übernachtet, kann man sein Gepäck dort am nächsten Tag kostenlos deponieren.

• _Reisebüros_: ein ganzer Schwung gleich beim Sintagma-Platz, in der **Nikis** und **Filellínon Str.** – speziell für internationale Reisen gibt es zahllose preisgünstige Angebote. Athen ist europäisches Zentrum für Billigflüge in alle Welt.

• _Telefon_: Es gibt mehrere **O.T.E.-Zentralen**, Hauptstelle in der Stadiou Str. 15, zwischen Omonia und Sintagma (tägl. 24 Stunden offen); außerdem Patission Str. 85 (Nähe Victoria-Platz), Omonia-Platz und Athinas Str. 50 (alle Mo-Fr 7-22 Uhr).

Telefonvorwahl für Athen: 01.

Übernachten

Hotels wie Sand am Meer. Athen ist jedoch vielbesucht, deshalb werden Sie nicht überall sofort Platz finden. Außerdem: Ruhe ist in dieser hektischen Millionenstadt ein Fremdwort, und die Preise liegen um einiges höher als auf den Inseln.

• *Mittelklasse*: Im Umkreis des reizvollen Pláka-Viertels findet man eine ganze Reihe von Häusern, die durchschnittlichen bis passablen Komfort bieten, nächste U-Bahnstation ist Monastiraki. Weiterer Schwerpunkt ist der Omonia-Platz und Umgebung, ebenfalls mit Metrostation.

Hotel Pláka (5), B-Kat., Kapnikareas Str. 7/ Ecke Mitropoleos, zwei Ecken von der Kathedrale, alteingeführtes und beliebtes Haus mit sechs Stockwerken, ordentliche Einrichtung. 60 Zimmer mit schallisolierten Fenstern und TV, von der Rückseite Blick auf die Akrópolis (dort auch ruhiger!), Dachgartenbar. DZ mit Frühstück je nach Saison ca. 80-130 DM. Tel. 3222096, Fax 3222412.

Hotel Attalos, C-Kat., zentrale Lage an der Athinas Street 29, nur 2 Min. von der Metrostation Monastiraki. Wegen seiner Größe (80 Zimmer) findet man hier fast immer ein Bett. Die Zimmer sind einfach, aber sauber, immer warmes Wasser, nach hinten relativ ruhig, allerdings häßlicher Ausblick. Vom Dachgarten mit Getränkebar Blick auf die Akrópolis. DZ je Saison ca. 50-90 DM mit Bad (ohne ca. 45-60 DM), EZ mit Bad 45-60 DM (ohne 35-50 DM). Kleines Frühstücksbuffet. Tel. 3212801-3.

Hotel Aphrodite (8), C-Kat., Apollonos Str. 21, großes, schlichtes, dabei aber sehr sauberes Mittelklassehaus, 84 einfach eingerichtete Zimmer, hinten raus sehr ruhig, Blick auf Schulhof und kleine Kirche, morgens Vogelgezwitscher. Gutes Preis-Leistungsverhältnis, DZ je Saison ca. 60-80 DM, Tel. 3234357, Fax 3225244.

Hotel Hermes (9), C-Kat., Apollonos Str. 19, gleich neben dem Aphrodite und mit diesem vergleichbar, geringfügig teurer. Tel. 3235514, Fax 3232073.

Hotel Athos (7), D-Kat., Patroou Str. 3, um die Ecke vom Aphrodite. Neues, äußerst komfortables Haus (Kategorie völlig unzutreffend) mit 18 Zimmern, alles ist mit weichem Teppichboden ausgelegt, geschmackvolle Einrichtung, zur Südseite Blick auf die Akrópolis, Dachgarten, in den oberen Stockwerken Air-Condition. DZ je nach Saison ca. 100-220 DM. Tel. 3221977, Fax 3210548.

Hotel Acropolis House (10), C-Kat., Kodrou Str. 6-8, klassizistisches Haus am Rand der Pláka, relativ ruhige Lage (allerdings ziehen Nachtschwärmer durch die Gassen). Es gibt schöne historische Zimmer, aber auch einige sehr durchschnittliche im Anbau, unten kleine Frühstücksecke. Sehr beliebte Unterkunft, Reservierung sinnvoll. DZ mit Bad ca. 65-110 DM, Tel. 3222344, Fax 3244143.

Hotel Adonis (11), C-Kat., das moderne Pendant gegenüber vom Acropolis House, preislich etwas günstiger, laut Leserzuschrift saubere Zimmer, von der Dach- bzw. Frühstücksterrasse schöner Blick auf die Akrópolis. Tel. 3249737.

Hotel Ilion, B-Kat., Agiou Konstantinou Str. 7, sechsstöckiges Haus (104 Zimmer), nicht weit vom Omonia-Platz in einer Ausfallstraße und daher sehr laut. Dennoch brauchbar, wenn man spät abends ankommt und am nächsten Morgen schon sehr früh mit der U-Bahn nach Piräus fahren will. Saubere, nicht sehr große Zimmer, französische Betten, Bäder weiß gekachelt und mit warmen Wasser, Aufenthaltsraum im ersten Stock. DZ je nach Saison ca. 60-82 DM. Tel. 5237411, 5237415.

Hotel Athinea, C-Kat, Vilara Str. 9, etwa drei Minuten vom Omonia-Platz, trotzdem relativ ruhige Lage, saubere Zimmer, teils mit Balkon, für ca. 6 DM reichliches Frühstück möglich, DZ ca. 50-90 DM. Tel. 5243884.

• *Preiswert*: im folgenden die Adressen, die hauptsächlich von Rucksacktouristen genutzt werden und oft hostelähnliche Atmosphäre haben, mittlerweile aber weitgehend als "Hotels" klassifiziert sind. Internationales Publikum, meist nur Etagendusche, oft gibt es Mehrbettzimmer.

Hotel Rio, D-Kat., Odisseos Str. 13, sieben Minuten vom Bahnhof, sympathisches Haus, das kürzlich vollständig renoviert wurde. Mit Straßencafé vor dem Haus, freundlich geführt. DZ mit Bad ca. 50-70 DM, mit Etagendusche günstiger, auch Mehrbettzimmer, im Sommer "Roof" möglich. Tel. 5227075.

Hotel Santa Mavra, D-Kat., Mezonos Str. 74, ruhige Lage in einer Seitengasse in

Bahnhofsnähe, saubere Zimmer, DZ ca. 40-60 DM. Tel. 5223138.

Hotel San Remo, E-Kat., Nissirou Str. 8, gleich in der Nachbarschaft vom Santa Mavra, für Rucksackler empfohlen, DZ und Mehrbettzimmer zu günstigen Preisen, Tel. 5233245.

Hotel Tempi (2), D-Kat., Eolou Str. 29, zwei Minuten von der Pláka. Alteingeführte Herberge für Rucksacktouristen, erstaunlich ruhige, dabei ganz zentrale Lage in einer Fußgängerzone, parallel zur Athinas Str. Im schmalen, turmförmigen Haus schlichte kleine Zimmer, teils mit eigenem Bad, teils Etagendusche, einige mit Balkon zur Straße, z. T. Blick auf die Akrópolis. Waschmaschinenbenutzung. DZ ca. 40-60 DM, auch Einzel- und Dreibettzimmer. Tel. 3213175, Fax 3254179.

Hotel Student Inn (14), E-Kat., Kidathineon Str. 16, mitten im Herzen der Pláka, dementsprechend beliebt, oft voll. Freundlich geführt, Zimmer mit Holzböden, nur Etagendusche, im Innenhof Frühstücksbar. DZ ca. 40-60 DM, auch Einzel-, Drei- und Vierbettzimmer. Tel. 3244808.

Thisseos Inn, Thisseos Str. 10, am Rand der Pláka, Seitengasse der Perikleous Str. Nachts relativ ruhig, dafür bereits frühmorgens erheblicher Verkehr und Geschäftslärm. Gemeinschaftsküche, TV-Raum, DZ ca. 40 DM, Bett im Schlafsaal ca. 20 DM, nur Etagendusche. Tel. 3245960.

Festos Guest House (13), Filellinon Str. 18, Nähe Pláka und Sintagma, laute Straße und nicht sehr gepflegt, trotzdem sehr beliebt, kommunikative Bar, an der man auch etwas zu essen bekommt, abends Video. DZ ca. 45 DM, Bett im Schlafsaal ca. 20 DM, auch Drei- und Vierbettzimmer, keine Einzel. Tel. 3232455.

George´s Guest House (12), Nikis Str. 46, über 150 Jahre altes Haus, zum Innenhof ruhige Zimmer, nur Etagendusche, preiswerte Mehrbettzimmer und DZ, keine Einzel. Tel. 3226474.

Pension Elli, B-Kat., Heyden Str. 29, vom Victoria-Platz (Metro-Station) wenige Meter in Richtung Bahnhof. Ein liebes älteres Ehepaar vermietet in einem urigen Altbau hohe, altmodische Zimmer mit Du/WC. Renovierungsbedürftig, aber sauber. DZ je Saison ca. 30-50 DM, auch Mehrbettzimmer, Tel. 8815876.

• *Hostels*: **Athens International Youth Hostel**, Victoros Hugo Str. 16, Nähe Omonia-Platz. Ein ehemaliges Hotcl der C-Kat. wurde in eine moderne JH umgewandelt, Übernachtung in Zwei- und Vierbettzimmern mit Bad (!) ca. 15 DM, JH-Ausweis kostet ca. 16 DM (oder Tagespaß für ca. 4 DM). Sehr zu empfehlen, kommunikativer und freundlicher Platz, keine nächtliche Schließzeit. Tel. 5234170, Fax 5234015.

Athens Inn Youth Hostel, Victoros Hugo Str. 13, einfache Herberge gegenüber vom International Hostel, im Schlafsaal ca. 12 DM, DZ ca. 15 DM/Pers. Tel. 5246906.

Weiteres Hostel in derselben Straße ist **Argo**, Victoros Hugo Str. 25, Tel. 5225939, Fax 8641693.

XEN, Amerikis Str. 11, Nähe Sintagma, nur weibliche Wesen können hier unterkommen, gute Zimmer, Einzel mit Bad ca. 30 DM, DZ 45 DM, mit Etagendusche etwas günstiger. Tel. 3624291.

• *Camping*: **Camping Athens**, 7 km westlich vom Zentrum, an der Straße nach Dafni, ganzjährig geöffnet, Bus 860 oder 880 ab El. Venizelou Str. (vor Akademie der Künste). Tel. 5814114.

3 km weiter an derselben Straße liegt **Camping Dafni**, ganz in der Nähe des berühmten Klosters, dieselben Busse, Tel. 5811562. Beide Plätze sehr laut.

Essen/Trinken

Mit das Schönste in Athen sind die Tavernen in der Pláka. Sie vermitteln viel Stimmung – doch sollte man sich von den Lokalen fernhalten, die sich völlig den vermeintlichen touristischen Ansprüchen angepaßt haben und oft überhöhte Preise verlangen.

• *In der Pláka*: **Xinos (15)**, Angelou Geronta Str. 4, Seitengäßchen der Kidathineon Str. Gilt als eine der besten traditionellen Tavernen der Pláka, meist bis auf den letzten Platz belegt, frühzeitig kommen. Gefüllte Weinblätter und Lammfrikassée versuchen. Nur abends ab 20 Uhr, Sa/So und im Juli geschl., Reservierung angebracht oder früh kommen, Tel. 3221065.

Tsegoura (17), Tripodon Str. 3, etwas abseits des Hauptwegs durch die Pláka. Eine der ganz wenigen ursprünglichen Tavernen, schöner Innenraum in Art eines Wintergartens, ein Feigenbaum wächst durchs Dach.

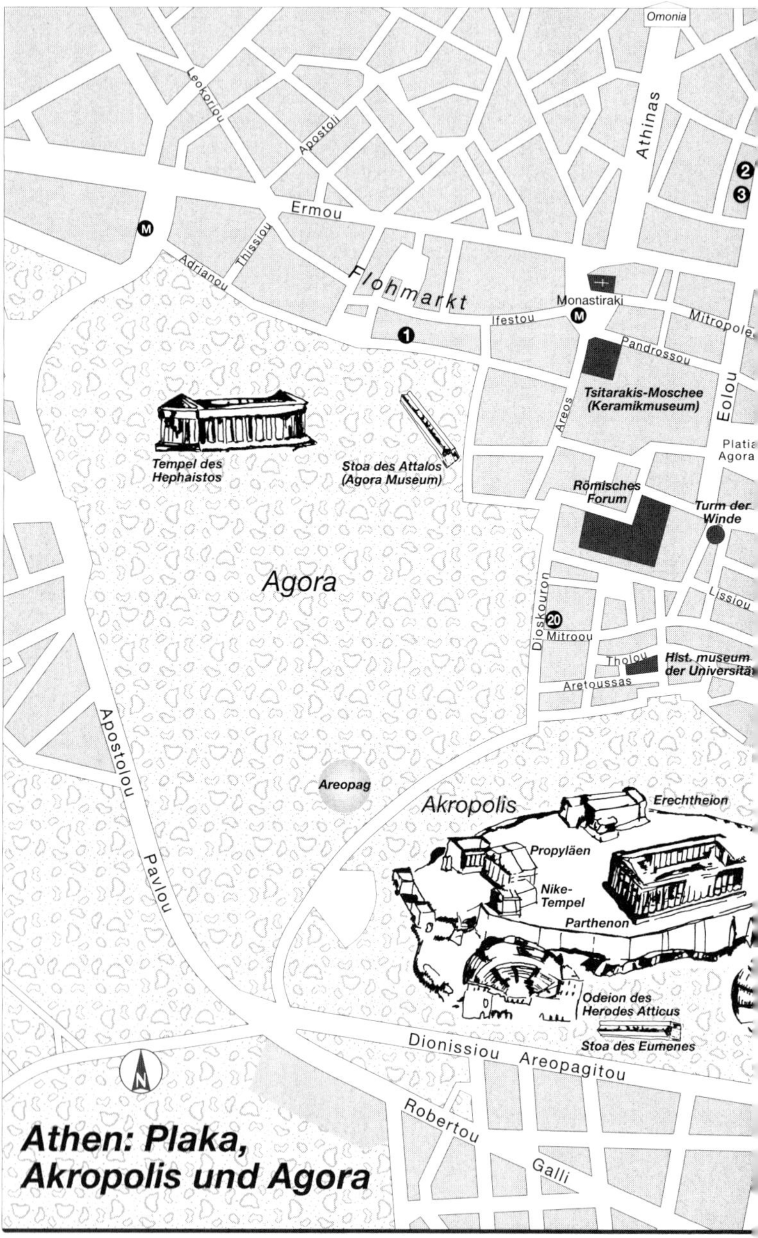
Omonia
Leokoriou
Apostoli
Athinas
Ermou
Thissiou
Adrianou
Flohmarkt
Monastiraki
Ifestou
Mitropoleos
Pandrossou
Tsitarakis-Moschee (Keramikmuseum)
Areos
Eolou
Platia Agora
Tempel des Hephaistos
Stoa des Attalos (Agora Museum)
Römisches Forum
Turm der Winde
Agora
Lissiou
Dioskouron
Mitroou
Tholou
Hist. museum der Universität
Aretoussas
Apostolou
Pavlou
Areopag
Akropolis
Erechtheion
Propyläen
Nike-Tempel
Parthenon
Odeion des Herodes Atticus
Stoa des Eumenes
Dionissiou
Areopagitou
Robertou
Galli
Athen: Plaka, Akropolis und Agora

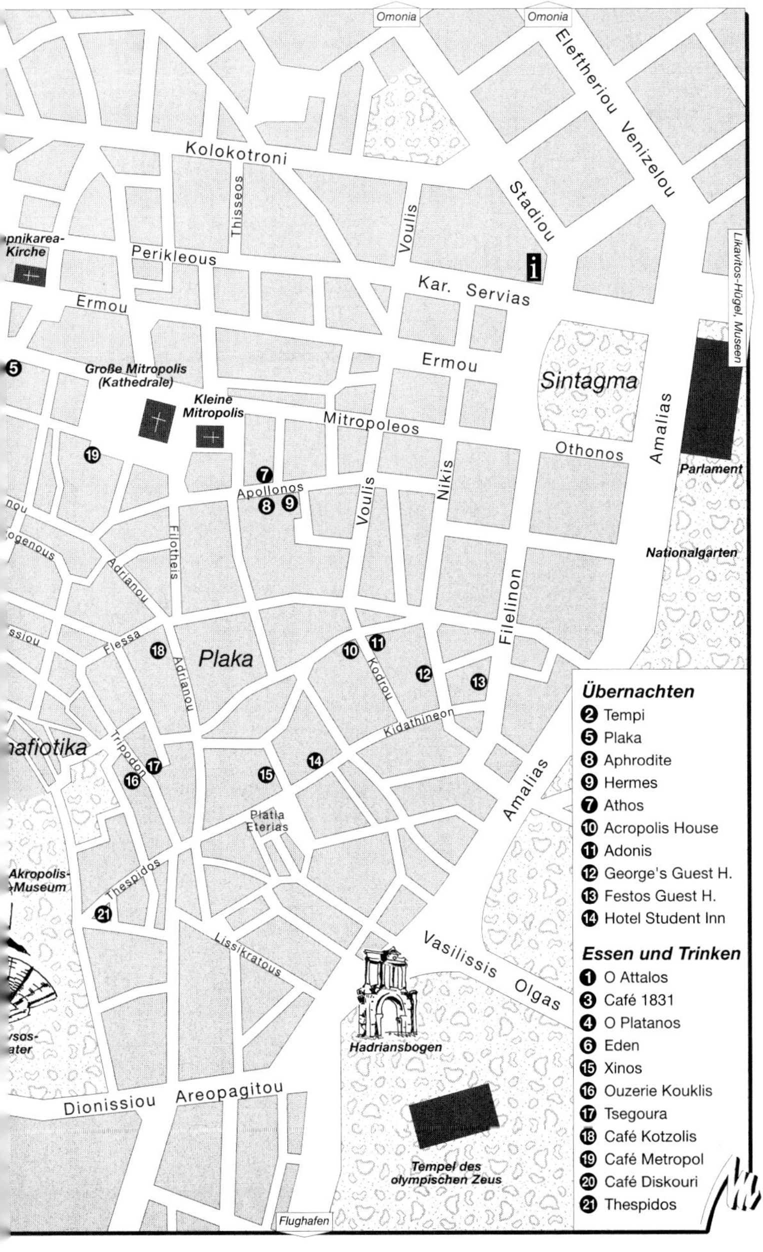

Omonia
Omonia
Eleftheriou Venizelou
Kolokotroni
Thisseos
Voulis
Stadiou
Perikleous
Kar. Servias
Likavitos-Hügel, Museen
Ermou
Ermou
Große Mitropolis (Kathedrale)
Kleine Mitropolis
Sintagma
Mitropoleos
Othonos
Amalias
Parlament
Nikis
Apollonos
Voulis
Filothеis
Adrianou
Nationalgarten
Filelinon
Flessa
Plaka
Adrianou
Kodrou
Kidathineon
Tripodon
Amalias
Platia Eterias
Thespidos
Akropolis-Museum
Lissikratous
Vasilissis Olgas
Hadriansbogen
Dionissiou Areopagitou
Tempel des olympischen Zeus
Flughafen
Übernachten
2 Tempi
5 Plaka
8 Aphrodite
9 Hermes
7 Athos
10 Acropolis House
11 Adonis
12 George's Guest H.
13 Festos Guest H.
14 Hotel Student Inn
Essen und Trinken
1 O Attalos
3 Café 1831
4 O Platanos
6 Eden
15 Xinos
16 Ouzerie Kouklis
17 Tsegoura
18 Café Kotzolis
19 Café Metropol
20 Café Diskouri
21 Thespidos

Flinker Service, Spezialität ist das *stifádo*, dazu Retsina vom Faß. Im Sommer einen Monat geschl.

Ouzerie Kouklis (16), Tripodon Str. 14, schräg gegenüber vom Tsegoura, gemütliche Terrasse im traditionellen Dorfstil, anstelle einer Speisekarte bringt der Wirt ein Tablett voller Gerichte vorbei, aus dem man auswählen kann, z. B. flambierte Grillwürste und *kefthédes* (Fleischbällchen). Dazu gibt's guten Faßwein.

O Platanos (4), Diogenous Str. 4, seit 1932, einfache traditionelle Taverne an einem schönen, versteckten Platz, man speist draußen unter einem Blätterdach, auch die namengebende Platane steht noch. Herzhafte Fleischküche, diverse Variationen von *moschári* (Kalb) und *arní* (Lamm), preiswert.

Eden (6), Lissiou Str. 12/Ecke Minissikleous Str. Das einzige vegetarische Restaurant Athens, nostalgisch eingerichtete Räume mit Ventilatoren, auch auf der Straße kann man gemütlich sitzen (allerdings nur wenige Plätze), sehr sauber. Geboten ist feinste Kost, äußerst schmackhaft und in raffinierten Zusammenstellungen, wie auch Leser bestätigen: "Man muß nicht Vegetarier sein, um das Eden in höchsten Tönen zu loben. Wir empfanden dieses ausgezeichnete Lokal wie eine Oase in der Wüste. Als Dessert unbedingt zu empfehlen: frischer Joghurt mit Honig und Walnüssen".

Thespis (21), Thespidos Str. 18, hübsche Taverne unter Weinranken am Ende eines kleinen Treppengäßchens, touristisch entdeckt, trotzdem gemütlich, gute Auswahl an Fleisch- und Fischgerichten, zu den Spezialitäten gehört Lammleber, nicht besonders billig.

O Attalos (1), Adrianou Str. 9, nette Straßentaverne am Rand des Flohmarkts, direkt neben der Metrolinie, unterhalb der Agorá. Wer die reichhaltigen griechischen *mezédes* mag, ist hier richtig, abends oft Bouzouki- und Gitarrenmusik live.

• *Außerhalb der Pláka*: **Sokrates Prison**, Mitseon Str. 20, südlich der Akrópolis. Nicht in der Pláka, aber den kleinen Weg von dort durchaus wert (ca. 10 Min.). Täglich ist Wirt Sokrates für 16 Std. an die Küche gebunden, sie ist sein Gefängnis. Aber was er hier zaubert, ist äußerst interessant und wohlschmeckend. Einige Gerichte findet man nirgendwo anders in ganz Griechenland! Und ein paar freundliche Worte wechselt Sokrates mit jedem seiner Gäste. So geschl.

Ama Lachei, Kallidromiou Str. 69, im Viertel Exarchia, unterhalb vom Strefi-Hügel. Im großen Hof mit betäubendem Jasminduft trifft sich die Athener Jugend zum fröhlichen und garantiert "touristenfreien" Essen, tolle Stimmung.

Neon, ausgezeichnetes Schnellrestaurant direkt am Omonia-Platz, in modern-klimatisierten Räumen gibt es u. a. gute Fleischgerichte, leckere Salate und frisch gepreßte Säfte. Hochmoderne Toiletten. Geöffnet ist täglich bis 2 Uhr nachts.

To Monastiri, eine der urigen Tavernen mitten in der großen Markthalle an der Athinas Str., alle Gerichte unter 10 DM, Spezialität ist die Kuttelsuppe *patsá*. Geöffnet ist rund um die Uhr.

Dionysos, an der Spitze des Likavitos-Hügels – Athen bei Kerzenschein von oben, allerdings etwas teurer. Mit der Standseilbahn kommt man hinauf.

Wer ganz preiswert essen will, kann sich in der Souvláki-"Fabrik" **Thanasis** in der Mitropoleos Str. unmittelbar beim Monastiraki ein paar Spieße holen, dazu deftigen Bauernsalat und Tzatziki.

Und wenn Sie etwas mehr Geld und Zeit investieren wollen, dann fahren sie nach Piräus raus zum kleinen Yachthafen **Mikrolimano**, um den sich die besten Fischlokale der Stadt gruppieren.

• *Cafés*: **Metropol (19)**, schönes Freiluftcafé am ruhigen Platz vor der Kathedrale, etwas teurer. Am selben Platz noch weitere Möglichkeiten.

Dioskouri (20), Dioskouron Str./Ecke Mitroou (vom Monastiraki bergauf), lauschiges Eckchen unterhalb der Akrópolis, unter einem dichten Blätterdach treffen sich Athener Studenten zum Plausch.

Konstantinos Kotzolis (18), Adrianou Str. 112, Galakto-Zacharoplastion (Milchkonditorei) an der Hauptgasse der Pláka, seit 1906 in Familienbesitz, kürzlich umfassend restauriert. Hier kann man das leckere griechische Gebäck kosten, auch einige Tische auf der Straße.

Café 1831 (3), Eolou Str. 52, geschmackvoll restauriertes Café in Fußgängerzone, Blick auf die Akrópolis.

Interessante Atmosphäre in den Cafés im **Obst-/Gemüsemarkt** an der Athinas Str. (gegenüber der Markthalle).

Verkaufsstand in der Athener Innenstadt

Έχουμε τίς λύσεις
NISSAN

Nachtleben

Natürlich bleibt man meist in der Pláka hängen. Wer aber mal etwas anderes probieren will – im Viertel *Exarchia* am Hang des Strefi-Hügels findet man zahlreiche Cafés und Bars, die abends von der Athener Jugend dicht bevölkert sind, vor allem entlang der *Themistokleous Str.* und an der *Platía Exarchia.* Touristen trifft man hier so gut wie keine.

Palia Vouli, ein romantisches Gartenlokal mit flackernden Windlichtern neben dem National-Historischen Museum an der Stadiou Str. In einer benachbarten Passage bietet das **Toy Café** an Wochenenden oft Livemusik.

Cine Paris, vielbesuchtes Open-Air-Kino mitten in der Pláka, Kidathineon Str. 22/ Platía Eterias. Zwei Vorführungen pro Abend, unsynchronisierte Filme mit griechischen Untertiteln.

Jazz Club 1920, Ploutarchou Str. 10, unterhalb vom Likavitos-Hügel, für Jazzfans die Nr. 1, häufig Live-Musik. Tel. 7210533.

Licht- und Tonveranstaltungen über die Geschichte Athens im Sommer jeden Abend um 21 Uhr in englischer Sprache (in deutsch nur 2x wöch. um 22 Uhr) auf dem Pnyx-Hügel gegenüber der Akrópolis (ca. 8 DM, Stud. ermäß.). Tel. 3221459.

Dora Stratou, altgriechische Tänze im Theater am benachbarten Filopappos-Hügel, tägl. 22.15 Uhr (ca. 10-15 DM).

Sehenswertes

Das meiste spielt sich zwischen Omonia-Platz, Monastiraki (unterhalb der Akrópolis) und Sintagma-Platz ab. Zwischen beiden letzteren erstreckt sich die Pláka, das bekannte Altstadtviertel. Die Strekken kann man zu Fuß bewältigen, sollte sie jedoch nicht unterschätzen. Zwischen Omonia und Sintagma pendeln zahlreiche Busse, zwischen Monastiraki und Omonia kann man die U-Bahn benutzen – zum Ende des Jahrtausends soll auch der Sintagma endlich ans Netz angeschlossen sein.

Sintagma-Platz: der verkehrsgeplagte Nobelplatz Athens – das Parlament (ehemaliger Königspalast), die Luxusherberge "Grande Bretagne", Banken, Reisebüros, Grünflächen, Springbrunnen... Wegen Metrobau jedoch derzeit eine Riesenbaustelle, was diverse Schlepper ausnutzen, um unbedarfte Touristen in zweifelhafte Kneipen der Seitengassen zu nötigen. Nachts besser meiden. Nicht versäumen sollte man dagegen tagsüber das Wachzeremoniell der *Evzonen*: alle zwanzig Minuten vor dem Parlament an der oberen Platzseite am Grabmal des unbekannten Soldaten. Der *Nationalgarten* liegt gleich rechts daneben. Ein einzigartiger Biotop und eine Oase der Ruhe im tosenden Verkehrslärm.

Omonia-Platz: Der runde Platz ist das konzentrierte Verkehrs- und Kaufzentrum der Stadt, entsprechender Trubel herrscht hier – fliegende Händler, Losverkäufer, Stände aller Art, im Souterrain große Metrostation. Straßencafés gibt es nicht, dafür Fast-food und kleine Tavernen, einen Besuch wert ist das komfortable Schnellrestaurant "Neon". Nachts ist der Platz weniger erfreulich – Rumhänger, Junkies usw. Auch hier Metrobaustelle.

Athinas Straße: verläuft schnurgerade zwischen Omonia und Monastiraki, herrlicher Blick auf die Akrópolis. Fast auf ganzer Länge reihen sich Verkaufsstände und Straßenhändler dicht an dicht, viele sind Einwanderer aus

Sonntags auf dem Athener Flohmarkt

osteuropäischen Ländern. Höhepunkt des Getümmels ist der riesige Gemüse-, Obst-, Fleisch- und Fischmarkt etwa an der Hälfte der Strecke – jeden Vormittag offen, auf keinen Fall versäumen! Vor allem die Hallen der Fleisch- und Fischhändler sind überwältigend für Ohren und Augen, versteckt mitten drin dampfende Markttavernen, draußen überquellende Obststände, Gewürzhändler, Weinprobierstuben, Handwerker in kleinen Verschlägen...
Ruhigere Alternative zur lauten Athinas Straße: die parallel verlaufende Fußgängerzone Eolou Str. mit zahlreichen Boutiquen und einigen Straßencafés.

Monastiraki: zentraler Platz am unteren Ende der Athinas Str., derzeit wegen U-Bahnbau ebenfalls Großbaustelle. Rechts neben der Metrostation Eingang zum berühmten Flohmarkt, in die andere Richtung kommt man in die Pláka mit unzähligen Souvenirshops (Keramik, "echte Ikonen", Flokatis, Pullover aus Schafwolle) und Tavernen. Blickfang am Platz ist die frisch restaurierte *Tsitarakis-Moschee* aus dem 18. Jh., im Inneren hübsche Keramikausstellung griechischer Volkskünstler, eine Abteilung des Volkskunstmuseums in der Pláka (siehe dort). Herrlicher Blick auf die Akrópolis und die Möglichkeit, von hier aus hinaufzusteigen.
Öffnungszeiten: **Moschee** – Di-So 10-14 Uhr, Mo geschl., ca. 3 DM, So frei.

Flohmarkt: entstanden nach dem großen Bevölkerungsaustausch von 1923, als riesige Scharen von kleinasiatischen Griechen nach Athen strömten und sich hier billig mit Gebrauchtwaren und Einrichtungsgegenständen eindeckten. Täglich geöffnet (sonntags erweitert), zahllose Kram- und Krempelstände, Möbel, Autozubehör, Bouzoukis, uralte Schallplatten, Kupfer- und Messingsachen, Silberikonen, Antiquitäten. Auch alteingesessene

Athener werden hier noch fündig. Dazu Kleidung (second-hand und neu), außerdem Rucksäcke, Schlafsäcke usw. Nicht mehr sonderlich billig, zu handeln ist aber schwer, weil es alles Profis sind. Besonders amüsant ist es, dem verbotenen "Hütchenspiel" zuzusehen (aber keinesfalls mitmachen, man verliert immer!).

Likavitos-Hügel: etwas außerhalb vom Zentrum. Markant und steil, im Stadtbild leicht an der blendend weißen Gipfelkirche des *Agíos Geórgios* zu erkennen. Von oben überwältigender Blick auf das Häusermeer, an klaren Tagen bis Piräus und Golf von Ägina.
Eine Standseilbahn fährt tägl. von 8.45 Uhr bis kurz nach Mitternacht auf den Gipfel. Talstation am Ende einiger schweißtreibender Treppen an der Ploutarchou Str., vom Sintagma-Platz auf der breiten Vassilissis Sofias leicht zu erreichen (Botschaftsviertel!). Hinunter kann man bequem zu Fuß gehen, ca. 20 Minuten.

Kolonaki-Platz: hübscher Platz im Wohnviertel zwischen Nationalgarten und Likavitos, im Umkreis zahlreiche Boutiquen internationaler Modedesigner. In den schattigen Straßencafés trifft man kaum Touristen, dafür umso mehr junge Athener – vor allem an Wochenenden ist jeder Stuhl besetzt.

Pláka

Die Altstadt von Athen, direkt unterhalb der Akrópolis – erbaut auf den Trümmern des antiken Athen, später von Türken genutzt. Viele enge Gäßchen mit Treppen und Weinranken ziehen sich den Hang hinauf, heute vollständig Fußgängerbereich und fest in der Hand des Kommerz – zahllose Tavernen, Restaurants und Cafés, dazu Boutiquen und Souvenirshops, abends dominieren kitschige Bouzoúki-Restaurants. Macht trotzdem Spaß, hier durchzuschlendern, ein gutgelaunter Rummelplatz mit viel "griechischer" Atmosphäre!

Das war nicht immer so – in den siebziger Jahren galt die Pláka als das verrufenste Halbweltviertel der Stadt, Reeperbahn und Red Light District in einem. Freizügige Nightclubs und Spielhöllen schossen aus dem Boden, seriöse Urlauber begannen die Pláka zu meiden. Es ist das Verdienst der damaligen Kulturministerin Melina Mercouri, diese Entwicklung rechtzeitig gestoppt zu haben. Heute sind alle zweifelhaften Etablissements restlos beseitigt, und die Athener Stadtverwaltung engagiert sich stark dafür, das ursprüngliche Ambiente zu retten bzw. wiederherzustellen.

Griechisches Volkskunstmuseum: direkt an der Hauptstraße der Pláka, Kidathineon Str. 17. Große Sammlung aus den wichtigsten Bereichen der griechischen Volkskunst.

Öffnungszeiten: Di-So 10-14 Uhr, Mo geschl., ca. 4 DM, Studentenermäßigung.

Große Mitropolis: Die mächtige Kathedrale von Athen steht auf einem ruhigen Platz an der Mitropoleos Straße, auf halbem Weg zwischen Monastiraki und Sintagma. Der Marmorbelag vor dem Eingang ist von zahllosen Füßen spiegelglatt gewetzt. Das Innere zeigt sich pompös mit viel Goldbelag, Fresken, Ikonen und fast orientalisch anmutender Prachtentfaltung.

Blickfang sind u. a. zwei reich verzierte Sarkophage einer Märtyrerin und eines Patriarchen von Konstantinopel.
Einige Cafés laden zur Rast ein, in den umliegenden Gassen (hauptsächlich Filotheis und Apollonos Str.) haben sich die Kirchenausstatter niedergelassen – Tür an Tür findet man hier Gold- und Silberkreuze, Weihrauchgefäße und Ikonen.

Kleine Mitropolis: harmonischer Kreuzkuppelbau neben der Kathedrale, gerade mal 11 m lang und 7,5 m breit. Beachtenswert die byzantinischen Reliefs an den Außenwänden aus Marmor. Schon in der Antike stand hier ein Tempel, der den gebärenden Frauen geweiht war. Das Christentum übernahm mit dem Platz auch den Kult, und noch heute ist das Kirchlein dem Heiligen geweiht, der für Geburten und Geburtswehen zuständig ist.

Ermou Straße: Diese lebhafte Geschäftszeile mit zahlreichen teuren Boutiquen bildet die nördliche Begrenzung der Pláka. Mitten auf der Straße steht die braun-schwarze *Kapnikarea-Kirche* aus dem 11. Jh.

Anafiotika: kleines, ruhiges Viertel in den obersten Plákagassen, kurz unter dem Steilhang zur Akrópolis. Mit seinen schmalen Gäßchen, niedrigen Häuschen und farbenfrohen Türen wirkt es wie ein griechisches Inseldorf. Erbaut wurde es im letzten Jahrhundert durch Handwerker von der Kykladeninsel Anafi, die für den Bau des Königsschlosses nach Athen auswanderten.

Antikes Athen

Der ausgedehnte Ausgrabungsbezirk der antiken Stadt liegt benachbart zur Pláka unterhalb der Akrópolis. Ruinen aus griechischer und römischer Zeit sind erhalten, jedoch nur wenige Bauten in wirklich gutem Zustand.

Bereits seit der ersten Hälfte des 19. Jh. hat man das Zentrum des antiken Athen ausgegraben. Während jedoch die *Akrópolis* schon damals von türkischen und venezianischen Befestigungsbauten befreit wurde, hat man die *Agorá* erst in unserem Jahrhundert entdeckt – ein ganzes Stadtviertel mit gut 300 Häusern mußte ihretwegen abgerissen werden.

Agorá: Gleich hinter dem Flohmarkt liegt der Nordeingang zum weitläufigen Gelände. Heute macht es einen leeren und etwas wüsten Eindruck, doch vor zweitausend Jahren war es der Mittelpunkt des athenischen Lebens – hier traf man sich, diskutierte, politisierte, schwang Reden, beschloß Gesetze, verkündete Krieg und Frieden. Vor allem aber fand hier der große Markt des Stadtstaates statt.
Wenn man vom Nordeingang kommt, thront rechter Hand auf einer niedrigen Anhöhe der *Tempel des Hephaistos*. Er gilt als besterhaltener Tempelbau Griechenlands und entstand etwa zur selben Zeit wie der Párthenon auf der *Akrópolis* (etwa 450–440 v. Chr.). Geweiht war er dem Gott der Schmiede und der Töpfer – gleich in der Nähe lag der *Keramikos*, das antike Wohnviertel der Töpfer.
Die langgestreckte Säulenhalle links ist die *Stoa des Attalos*. Das prächtige Gebäude war bis Mitte des 20. Jh. nur als Ruine erhalten und wurde von

Immer im Mittelpunkt des Interesses – der mächtige Párthenon-Tempel

amerikanischen Archäologen in mühseliger Kleinarbeit vollständig rekonstruiert. Heute beherbergt es das reich bestückte *Agorá-Museum* mit vielen Fundstücken der alten Agorá.

Öffnungszeiten/Preise: Di-So 8.30-15 Uhr, Mo geschl., ca. 8 DM (Studentenermäßigung), sonntags frei.

Vom Agorá-Gelände kann man gleich hinaufsteigen zur *Akrópolis*. Dabei kommt man am felsigen *Areopag-Hügel* vorbei, wo einst der Athener Blutgerichtshof tagte und angeblich der Apostel Paulus gepredigt hat. Von zahllosen Besucherfüßen glattgewetzte Steinstufen führen hier zu einem kleinen Aussichtspunkt, von dem Sie einen herrlichen Blick auf Agorá, Akrópolis und Athen genießen können.

Akrópolis

Der heilige Tempelbezirk des antiken Athen thront auf einem markanten Tafelberg aus Kalkstein über dem heutigen Zentrum. Er ist die wohl bedeutendste Attraktion Griechenlands, gleichzeitig ein Umweltopfer ersten Ranges.

Griechenland leistet sich an seinem Nationaldenkmal die gigantischste Restaurierung seiner Geschichte. Der Smog aus Industrie- und Autoabgasen der 4-Millionen-Metropole, marmorsprengende Eisenteile von früheren, unsachgemäßen Restaurierungen und die Füße der zahllosen Besucher haben schlimmste Schäden verursacht. Man geht äußerst umsichtig und sorgfältig zu Werk – als Baustoffe werden nichtrostender Titan und Portland-Zement verwendet, fehlende oder zerstörte Marmorblöcke werden durch Originalmarmor aus dem Pentelischen Gebirge ersetzt.

Neben modernsten Restaurierungsmethoden arbeiten gleichzeitig auch die besten Steinmetzen Griechenlands auf der Akrópolis. Mit Methoden und Werkzeugen der Antike werden in monatelanger Arbeit Marmorteile gemeißelt und neu eingepaßt – der blendend weiße Marmor hebt sich deutlich sichtbar von den alten Stücken ab. Man geht davon aus, daß die Arbeiten bis zum Ende unseres Jahrhunderts dauern werden.

• Öffnungszeiten/Preise: Mo-Fr 8-18.30 Uhr, Sa/So 8-14.30 Uhr (Achtung – häufige Änderungen!). Eintritt ca. 14 DM (Studenten die Hälfte), sonntags frei. Akrópolis-Museum hat dieselben Öffnungszeiten, Mo aber nur 11-18.30 Uhr. Tip: so früh wie möglich kommen, ab 11 Uhr vormittags wird es oft extrem voll, vor allem sonntags!

Rundgang

Das große Plateau ist mit Trümmern aus allen Epochen übersät. Tagtäglich stapfen Heerscharen von Touristen aus aller Welt durch den schwer mitgenommenen Tempelbezirk, Fremdenführer verkünden die letzten Neuigkeiten zur Antike in allen Sprachen.

Propyläen: die monumentale Eingangshalle – aufwendig gestaltet mit zwei mächtigen Säulenflügeln. Die Marmorstufen der großen Doppeltreppe sind heute mit Holz verkleidet, um die gröbsten Erschütterungen der Besuchermassen aufzufangen.

Nike-Tempel: wunderschöner kleiner Tempel mit ionischen Säulen, auf einem Vorsprung rechts neben den Propyläen. Er war der *Athéna Nike* geweiht, der Personifizierung des Sieges (*Nike* = altgr. "Sieg"). Prächtiger Fries, der aber nur noch in Teilen original erhalten ist.

Erechtheion: neben dem Párthenon der bekannteste Tempel der Akrópolis – geweiht war er der *Athéne* und dem *Poseidon*, die hier einen Wettkampf um die Stadtherrschaft austrugen. *Athéne* siegte und die Stadt erhielt ihren Namen. Sechs Mädchenstatuen (die sog. *Koren* oder *Karyatiden*) tragen das Vordach. Im 19.Jh. ersetzte ein gewisser Lord Elgin eine der Statuen durch eine Kopie und transportierte das Original nebst zahlreichen anderen Stükken der Akrópolis in einer Nacht- und Nebel-Aktion nach England. Heute lagert der ganze Schatz, die sog. *Elgin marbles*, im Britischen Museum (Rückgabe wird derzeit erwogen). Seit 1979 sind auch die übrigen Figuren wegen der Luftverschmutzung durch Nachbildungen ersetzt. Jedoch haben auch schon diese Kopien die Konturen ihrer Oberflächen verloren und bröckeln allmählich ab. Die Original-Figuren stehen jetzt im Akrópolis-Museum. Man kann den Tempel umrunden, im nördlichen Vorbau soll Poseidon seinen Dreizack in den Boden gestoßen haben.

Párthenon: der Tempel der Stadtgöttin *Athéne*, größter und beeindruckendster Bau der Akrópolis, über Athen weithin sichtbar. Sein Schicksal erfüllte sich am 26.September 1687. Damals belagerten venezianische Truppen die türkisch besetzte Stadt und nahmen mit ihren schweren Geschützen vom benachbarten Filopapos-Hügel auch den Párthenon unter Feuer. Unklugerweise hatten die Türken den exponierten Tempel als Pulvermagazin verwendet ...Das Ausmaß der Explosion ist noch heute sichtbar – der Párthenon wurde in der Mitte förmlich auseinandergerissen. Wegen umfangreicher

Restaurierungsarbeiten wird er mindestens bis zum Jahr 2000 hinter Gerüsten verschwinden und nicht zugänglich sein.

Akrópolis-Museum: am östlichen Ende des Plateaus, sehr beachtenswerte Sammlung der schönsten Stücke der Tempel. Hinter Panzerglas die berühmten Koren vom Erechtheion, Teile des Párthenon-Fries, wunderbare Statuen und viele Details (Eintrittspreis im Besuch der Akrópolis inkl., Fotografieren mit Blitz verboten).

Weitere antike Sehenswürdigkeiten (Auswahl)

Odeion des Herodes Atticus: großes Theater am Südhang der Akrópolis, stammt aus römischer Zeit und ist berühmt für seine hervorragende Akustik. Alljährlich finden Festspiele statt (nur dann öffentlich zugänglich).

Dionysos-Theater: Das bedeutendste griechische Theater steht östlich vom Odeion, hier nahm die klassische Tragödie ihren Ausgang. Westlich oberhalb liegt das *Asklepion*, ein um eine Quelle errichtetes Heiligtum. Die lange *Stoa des Eumenes* führt hinüber zum Odeion und war als Flanierzeile für die Theaterbesucher gedacht.

Öffnungszeiten: tägl. 8.30-14.30 Uhr, ca. 4 DM, Studentenermäßigung.

Keramikos: Der Friedhof des antiken Athen liegt an der Ermou Str., nördlich der Agorá, angeschlossen ist ein Museum mit Funden aus dem Gräberfeld.

Öffnungszeiten: Di-So 8.30-15 Uhr, ca. 4 DM.

Tempel des Olympischen Zeus: östlich der Akrópolis ragen die Säulen des größten griechischen Tempelbaus mitten aus dem Verkehrsgewühl der Singrou Avenue.

Öffnungszeiten: Di-So 8.30-15 Uhr, ca. 4 DM.

Römische Agorá und Turm der Winde *(Aerides)*: reizvolle Lage mitten zwischen den Tavernen der Pláka – das Trümmerfeld ist zwar wenig anschaulich, der achtseitige Turm dafür umso mehr. Erbaut von einem syrischen Astronomen, fungierte er als Sonnenuhr, Kompaß und Windrichtungsmesser. Auf jeder Seite ist der für diese Himmelsrichtung typische Wind verbildlicht.

Öffnungszeiten: Di-So 8.30-15 Uhr, ca. 4 DM.

Museen

Archäologisches Nationalmuseum (Patission Str. 44/Ecke Tositsastr., nordöstlich vom Omonia-Platz, vom Sintagma-Platz zu erreichen mit Oberleitungsbus 2, 4, 5, 9 oder 11, Haltestelle vor Nationalgarten. Tel. 8217717): weltweit die größte Sammlung der griechischen Antike. Um diese einzigartige Sammlung wirklich in sich aufnehmen zu können, würde man Wochen brauchen, ein mehrstündiger Rundgang kann nur Eindrücke vermitteln. Herausgepickt im folgenden nur einige herausragende Stücke aus verschiedenen Kulturepochen der Antike. Wer sich besonders mit den *kykladischen Funden* beschäftigen will – diese sind im schmalen Saal 6 untergebracht (siehe Plan), die weltberühmten Wandmalereien von *Santorini* im Saal 48.

Öffnungszeiten/Preise: Mo 12.30-19 Uhr, Di-Fr 8.30-19 Uhr, Sa/So 8.30-15 Uhr (Achtung – häufige Änderungen!). Eintritt ca. 13 DM (Studenten frei), sonntags frei. Fotografieren mit Blitz verboten.

- *Mykenische Sammlung* (Saal 4, vom Eingang geradeaus): In diesem zentralen Saal sind die sensationellen Grabfunde ausgestellt, die Schliemann in Mykéne gemacht hat – hauchdünner Goldschmuck, Goldmasken, Becher, Dolche mit kostbaren Einlegearbeiten u. dgl. m. Bekanntestes Stück ist die sog. "**Goldmaske des Agamemnon**", die aber nach dem heutigen Stand der Forschung nicht Agamemnon, sondern einen wesentlich früheren mykenischen Fürsten darstellt.
- *Archaische Epoche* (Saal 7-14): Im Saal 8 steht der **Kouros von Sounion**, eins der schönsten Beispiele dieser charakteristischen griechischen Jünglingsgestalten, ausgegraben beim Poseidon-Tempel von Sounion.

Im Saal 13 der **Kouros Kroisos**, eine weitere herrliche Statue, um 520 v. Chr. aus parischem Marmor geformt. Einzigartig die Harmonie der Formen – von vorn ein Bild der Kraft, von hinten vollendete Grazie der Bewegung.

Die Kouroi sind nackt und haben den linken Fuß wie zum Gehen nach vorne gestreckt.

- *Klassik* (Saal 15-20): Der **Poseidon vom Kap Artemision** im Saal 15 schleudert in weit ausholender Bewegung seinen (nicht mehr vorhandenen) Dreizack. Ein Arm der detailgetreuen Bronzestatue wurde in der ersten Hälfte unseres Jahrhunderts von Fischern vor Kap Artemision an der Nordspitze Euböas gefunden, einige Jahre später konnte der übrige Körper aus dem Meer geborgen werden. Wahrscheinlich transportierte ihn ein Schiff, das hier unterging.
- *Hellenismus* (Saal 21-33): Prunkstück ist im Saal 21 der "**Jockey**" **vom Kap Artemision**, die großartige Bronzeskulptur eines Knaben auf einem Pferd. Die gewaltigen Bewegungen des fliehenden Pferdes sind

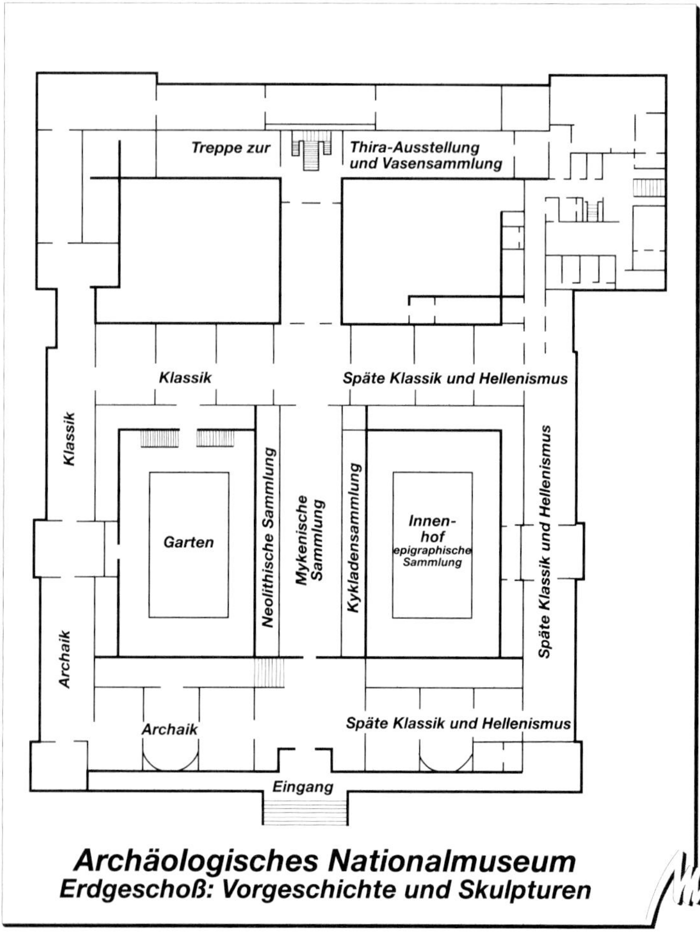

minutiös herausgearbeitet, der Junge sitzt tief gebeugt in derselben Flucht.

Besonders beachtenswert auch die originelle Figurengruppe **Aphrodite, Pan und Eros** im Saal 30 – Aphrodite haut dem lüsternen Pan mit dem Sandalen eins über, während Eros ihn am Horn zerrt.

- *Minoisch-kykladische Kultur* (Obergeschoß, Saal 48): Hier sind die erst Anfang der siebziger Jahre entdeckten, z. T. wunderschönen **Wandmalereien** der Insel **Thira** (Santorini) untergebracht. Ein Vulkanausbruch hatte um 1500 v. Chr. die Stadt Akrotiri zugeschüttet – die Fresken blieben so über beinahe vier Jahrtausende unter einer meterdicken Erd- und Ascheschicht verborgen. Ihre Entdeckung bedeutete eine archäologische Sensation. Interessant auch der Gipsabdruck eines Bettgestells aus Akrotiri (siehe Insel Santorini).

Kykladen-Museum. (Museum of Cycladic & Ancient Greek Art. Neofitou Douka Str. 4, Nähe Sintagma-Platz. Tel. 7228321-3) Modernes Privatmu-

seum. Die hervorragend plazierte und ausführlich dokumentierte Sammlung des verstorbenen Reeders Nicholas Goulandris beherbergt 230 Exponate kykladischer Kultur vom 3. Jt. v. Chr. bis in römische Zeit, zusätzlich neolithische, klassische und hellenistische Stücke aus ganz Griechenland. Im Mittelpunkt steht die eindrucksvolle Sammlung von *Kykladen-Idolen* im ersten Stock, darunter ein 1,40 m hohes Marmoridol aus Amorgós (das größte, das je gefunden wurde), ein sitzendes weibliches Idol, das gerade einen Trinkspruch ausbringt, dazu Idole von Musikanten (Flöte, Harfe) aus Kéros, Jägern und Kriegern, außerdem sogar mehrfigurige Kompositionen. Wunderschön ist auch die einzigartige *Taubenschale*, in der auf zwei Leisten 16 winzige Tauben sitzen.
Tip für Liebhaber dieser erstaunlich zeitgemäß wirkenden Kunst: Im angeschlossenen *Museums-Shop* kann man originalgetreue Kopien der Idole erwerben. Zur Stärkung gibt es ein *Buffet* im Kellergeschoß.

Öffnungszeiten/Preise: Mo, Mi, Do, Fr 10-16 Uhr, Sa 10-15 Uhr, So u. Di geschl., Eintritt ca. 3 DM (Studenten die Hälfte).

▸ **Weitere Museen** (Auswahl):

Byzantinisches Museum, Vasilissis Sofias 22, nachgebaute byzantinische Kirchen aus verschiedenen Epochen, dazu eine umfangreiche Kollektion kirchlicher Stücke, Ikonen usw.

Öffnungszeiten: Di-So 8.30-15 Uhr, ca. 4 DM, wegen Restaurierung sind bis 1998 nur Teile der Sammlung zugänglich.

Benaki-Museum, Vasilissis Sofias/Ecke Koumbara Str., weitgefächerte Ausstellung von der Antike bis zum 19.Jh. (wegen Restaurierung voraussichtlich bis 1998 geschlossen);

Historisches Museum der Universität, Tholou Str. 5, direkt unterhalb der Akrópolis. 1837-41 war hier die erste Universität des griechischen Staates untergebracht, heute eine Sammlung historischer Medizininstrumente.

Öffnungszeiten: Mo, Mi 14.30-19 Uhr, Di, Do und Fr 9.30-14.30 Uhr, Sa/So geschl., Eintritt frei.

Griechisches Volkskunstmuseum (siehe Pláka und Monastiraki).

Eine Liste sämtlicher Athener Museen ist bei der Informationsstelle erhältlich.

Órmos Troúlos und die Mäuseinsel

Skíathos

Hochburg des Fremdenverkehrs auf den Nördlichen Sporaden – begünstigt durch über sechzig phantastische Strände mit glasklarem Wasser – Nightlife und Disco-Fieber – Ruhe und Einsamkeit im Hinterland – überall dichte grüne Wälder aus Pinien und Aleppo-Kiefern.

Der größte Stolz der Insulaner ist der feinste weiße bis goldgelbe Sand und das kristallklare Wasser. Angeblich soll die Insel 66 (!) solcher Traumstrände besitzen. Auf Skíathos findet der vielgereiste Badeurlauber sein wahres Paradies. Daher ist die Insel auch mit Abstand die touristisch fortgeschrittenste der Nördlichen Sporaden. Hier findet man ein reiches Angebot an Nachtleben und anderer Unterhaltung, lebhafte Hafenorte liegen überall entlang der Südküste. Im Hochsommer sind diese Orte gnadenlos überfüllt. Aber auf den Wanderungen im Binnenland kann man auch hier noch die Einsamkeit genießen oder Dutzende kleine Kirchen und Kapellen besuchen.

Schon beim Einlaufen des Schiffes in den Hafen bietet sich ein phantastisches Bild von Skíathos/Stadt: Ein weißes Häusermeer mit zinnoberroten Ziegeldächern zieht sich an zwei Hügeln hoch. Davor eine schöne Hafenpromenade und eine breite Hauptstraße, auf der sich abends das touristi-

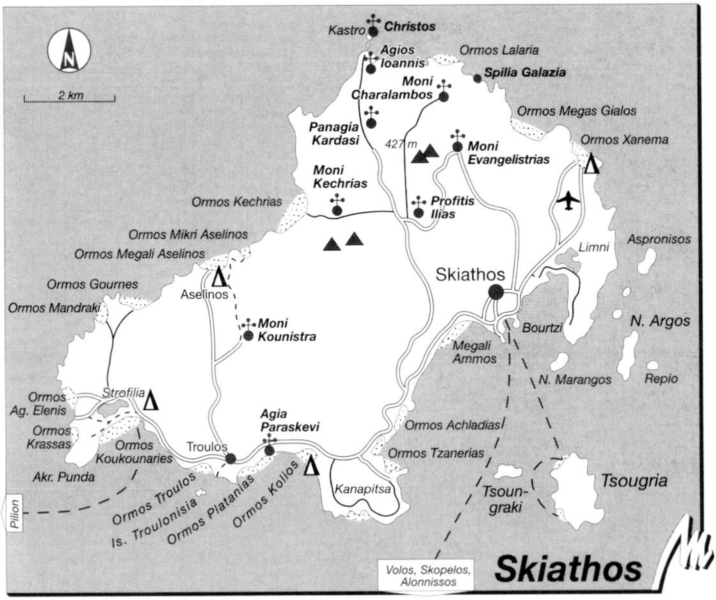

sche Leben abspielt. Zwischen den beiden Hafenbereichen liegt die pittoreske Halbinsel *Bourtzí*, Kristallisationspunkt der Ruhe in der hektischen Stadt. Skíathos/Stadt selbst wirkt geschäftig, oft chaotisch, wie Athen im Kleinformat auf den Nördlichen Sporaden. Höhepunkt der Saison sind die Monate Juli und August, davor und danach geht es etwas ruhiger zu.

Die Insel Skíathos ist mit einer für den Tourismus notwendigen Ressource reich ausgestattet: mit bildhübschen Buchten. Viele Stammgäste nennen das Eiland wegen seiner weißen Sandstrände die *"griechische Karibik"*. Außerdem gibt es noch einen skiathischen Supertrumpf: Die Strände führen fast übergangslos um die gesamte Insel – angesichts des teilweise heftigen Windes auf den Sporaden ein Riesenvorteil. Weht der Meltémi von Norden, geht man an die Südbuchten. Bläst Schirokko aus südlichen Richtungen, haben die Nordstrände Konjunktur. Für jeden Geschmack ist etwas dabei: vom berühmten Sardinendosenambiente bis zur einsamen Bucht wie aus dem Werbeprospekt. Jeder Strand hat etwas Besonderes, und alle Urlauber sind auf der Suche nach ihrem Lieblingsbadeplatz.

Wer allerdings das "alte", das typische Griechenland sucht, ist hier falsch. Allenfalls im Winter ist es noch teilweise wie früher, aber dafür kalt und regnerisch. Das Inselleben vom Frühjahr bis zum Spätherbst ist vollständig auf die Bedürfnisse des modernen Massentourismus ausgerichtet. Eine lässige, entspannte Atmosphäre ist auf der ganzen Insel zu spüren. Insbesondere für sein reges Nachtleben in Bars, Diskotheken und Restaurants ist

Skíathos/Stadt weithin bekannt und hat seine leichtlebige Fangemeinde gefunden. Man spricht Englisch, Deutsch oder Italienisch, und zwar überall. Auf der Paralía, insbesondere aber in der Papadiamántis- und Polytechníou-Straße konzentriert sich fast alles. Wenngleich auch jedes Jahr ein anderes Establishment *in* ist, der "Kenner" hat den sicheren Blick und weiß sofort, wo etwas los ist.

Skíathos hat aber nicht nur Nachtleben und Strände zu bieten. Weite grüne Olivenhaine, Zypressen, Pappeln, Palmen, Nuß- und Obstbäume, diverse Irisarten, Anemonen, wilde Orchideen und natürlich Kakteen wachsen entlang der Straßen und Wege. Dazwischen vielleicht eine Wiese mit Glockenblumen, rotem Klatschmohn, gelben Margariten und Sonnenblumen, sogar rosafarbiges und violettes Heidekraut gedeiht prächtig. Gärten voller Rosen in allen Farben, weißer und roter Oleander, üppig wuchernde Bougainvillea säumen die Landschaft. Skíathos ist eine wasserreiche Insel, die meisten Quellen sprudeln sogar im Hochsommer. In der Umgebung einer solchen Quelle wurde oft ein Kloster oder eine Kirche angelegt und im Zentrum eine Platane angepflanzt.

Der höchste Berg, der *Karafiltsanáka*, besteht aus hellen Kalkgesteinen, wie fast die gesamte Insel. Nach allen Seiten führen dicht bewaldete und quellenreiche Schluchten hinab in die Täler. Skíathos verfügt leider über keine nennenswerten archäologischen Funde, allerdings wurden auch noch keine systematischen Grabungen durchgeführt. Außer dem *Kástro*, der alten verlassenen Chóra im Norden, haben nur noch die Klöster historische Bedeutung. Zwei von ihnen werden bewirtschaftet, in einem lebt ein einsamer alter Mönch.
Natürlich wurden während des großen Touristenboomes in den Siebzigern und zu Anfang der achtziger Jahre große, oft häßliche Hotelkästen errichtet. Man sollte sie schlichtweg übersehen, ändern kann man ohnehin nichts daran. Erfreulich ist aber auf jeden Fall, daß neuere Häuser sich zunehmend am üblichen alten Inselstil orientieren.

Im Laufe der Jahre haben die Touristen den Geschäftsleuten gute Umsätze gebracht und (in einigen Fällen) auch großen Wohlstand ermöglicht. Noch immer wird fleißig gebaut, obwohl man schon erste Sättigungstendenzen wahrnimmt. Die Saison 1996 soll eine Katastrophe für die Hotelwirte gewesen sein. Der Tourismus hat aber nicht nur negative Folgen. Skíathos verfügt als eine von wenigen Inseln über eine recht gut funktionierende Wasserversorgung, Kanalisation und sogar eine Kläranlage. Die Insel bietet eine gute Mischung zwischen anspruchsvollem modernem Tourismus und üppig grüner Natur – und die Bewohner haben trotz der Touristen ihre heitere Freundlichkeit bewahren können.

Skíathos auf einen Blick

Größe: ca. 60 qkm. Von der Südwestspitze (Ákro Poúnda) bis zum Gegenüber im Nordosten (Órmos Megas Gialós) Luftlinie ca. 14 km. Größte Breite etwa 10 km. Die Länge der Küsten beträgt über 48 km. Insbesondere vor der Südostküste zahlreiche vorgelagerte Inseln.

Geographische Lage: Hafen Skíathos/ Stadt: 39°09,8' nördliche Breite, 23°29,5' östliche Länge; Órmos Platánias (Agía Paraskeví): 39°08,5' nördliche Breite, 23°26,3' östliche Länge; Órmos Koukounariés: 39°08,8' nördliche Breite, 23°24' östliche Länge.

Geologie: Die westliche Halbinsel besteht aus kristallinen Schiefern, am auffälligsten ist wohl der graue Glimmerschiefer. Nach Osten hin zieht sich eine scharfe Verwerfung von Schiefergesteinen mit eingelagertem, hellgrauem Marmor und Glimmermarmor. Der Rest von Skíathos besteht aus grauem Kalkstein, oft Dolomit, nur im Südosten ist noch etwas Tonschiefer eingelagert.

Bevölkerung: ca. 5100 Einwohner, davon ca. 4900 in Skíathos/Stadt. Der Rest verteilt sich auf kleinere Ansiedlungen, vorwiegend entlang der Süd- und Südostküste. Die Angaben sind ohnehin nur relativ, da insbesondere auf Skíathos viele Einheimische im Winter die Insel verlassen und nach Athen bzw. aufs Festland gehen.

Wichtige Orte: Skíathos/Stadt – die einzige Stadt der Insel und der wichtigste Hafen, an der Südostküste gelegen; ansonsten nur das kleine Dorf Troúlos.

Unterkunft: Auf der ganzen Insel existieren weit über Hundert Hotels und Pensionen. Die Anzahl der Privatzimmeranbieter ist ebenfalls kaum noch zu überblicken, vor allem in Skíathos/Stadt. Weniger erfreulich ist die Preisentwicklung. Auf Skíathos hat sich in den letzten Jahren ein ziemlich hohes Preisniveau durchgesetzt. Dies gilt weniger für die Tavernen als vor allem für die Unterkünfte. In der Stadt ist unter 40 DM kaum noch ein Privatzimmer zu finden. Hotels gibts in Skíathos/Stadt und entlang der Südküste in allen Größen- und Preisklassen. Einige Manager haben sich zur "Hotel Owners Association of Skíathos" zusammengeschlossen (Tel. 22817/21019, Fax 22526).

Baden: Skíathos ist eine absolute Trauminsel für Bade- und Sandstrandfans. Es soll auf der Insel angeblich 66 Sandstrände geben, allesamt mit herrlich klarem Wasser. Die meisten Buchten liegen an der weniger windigen Südseite. Hier sind vor allem die Strände Órmos Achladiás, Órmos Platánias, Órmos Troúlos, die Koukounariés-Bucht und der FKK-Strand Órmos Krássas sehr beliebt. An der Nord- und Ostküste gibt es weitere Buchten, zum Teil Kieselsteinstrand.

Wandern: gehört nicht unbedingt zu den Vorzügen der Insel, ist aber dennoch möglich. Allerdings führen die meisten Wege über Schotterpisten und vielbefahrene Asphaltstraßen. Kleine Eselspfade abseits der großen Routen gibt es kaum, man hat die meisten von ihnen in den letzten Jahren jeeptauglich planiert. Doch die Insel ist nicht sehr groß, querfeldeinwandern ist durchaus möglich. Versuchen Sie keinesfalls, die in den Inselkarten angegebenen Wanderwege (gestrichelte rote Linien) zu finden, das wäre ein hoffnungsloses Unterfangen. Auch die eingezeichneten Klöster, Kirchen und Kapellen bieten aufgrund der Ungenauigkeit des Kartenmaterials allenfalls grobe Anhaltspunkte. Nur die gelb eingezeichneten Pfade existieren größtenteils wirklich.

Straßen: entlang der Südküste von Skíathos/Stadt bis zur Koukounariés-Bucht durchgängig asphaltiert, aber nur bis zum "Skíathos Palace Hotel" in gutem Zustand, danach reichlich Schlaglöcher. Außerdem ist natürlich die Zufahrt zum Flughafen geteert und die Straße weiter bis zum Órmos Xánema. Leider auch hier mittlerweile schlechter Straßenzustand. Achten Sie auf die Ampelanlage am Flughafen. Kurz vor Start oder Landung einer Maschine ist die Durchfahrt gesperrt. Vor einigen Jahren wurde auch die Verbindung zum Kloster Evangelistrías asphaltiert, doch die Straße zeigt schon zahlreiche Schlaglöcher. Auf der anderen Seite des Órmos Skiathou gibt es ebenfalls einen betonierten Weg, aber mittlerweile in katastrophalem Zustand (kurz vor dem *"Poúnta Hotel"*). Die Kanapítsa-Halbinsel verfügt nur über wenige Meter asphaltierte Straße, nämlich etwa bis zum *"Plaza Hotel"*. Auf mehr oder minder gutem Asphalt fährt man auch von Troúlos bis zum Kloster Panagía Kounistrá, der Rest bis Asélinos ist allerdings noch immer Staubpiste. Vom Koukounariés-Strand schlängeln sich zwei kurze betonierte Straßen hinauf bis oberhalb des Banana-Beaches und zum Beach von

Agía Elenis. Der Straßenzustand in Skíathos/Stadt ist allenfalls mittelprächtig, große Schlaglöcher sind keine Seltenheit. Insbesondere die Papadiamántis-Straße könnte eine neue Betonauflage sehr gut vertragen.

Entfernungen (in Straßenkilometern):

Skíathos/Stadt - Moní Evangelistrías: ca 4 km

Skíathos/Stadt - Órmos Xánema: ca 3,5 km

Skíathos/Stadt - Órmos Achladiás: ca 4 km

Skíathos/Stadt - Órmos Koliós: ca 7 km

Skíathos/Stadt - Troúlos: ca 9 km

Troúlos-Órmos Koukounariés: ca 12,5 km

Órmos Koukounariés - Órmos Mandráki: ca 2 km

Troúlos - Asélinos: ca 4,5 km

Auto- und Zweiradverleih: gut ein halbes Dutzend Anbieter in Skíathos/Stadt, außerdem ein Geschäft in Troúlos sowie privater Verleih bei zahlreichen Hotels der gehobenen Kategorie. Die Anbieter in Skíathos/Stadt haben ihre Läden überwiegend an der östlichen Uferpromenade, d. h. am neuen Hafen. Vergleichen Sie die Preise sehr genau, denn sie differieren erheblich. Beachten Sie auch, daß manche Aushänge Preise ohne Steuer und Versicherung angeben. Daher immer nach Komplettangeboten fragen.

Tankstellen: nur drei auf der gesamten Insel. Sie liegen allesamt an der Stadtumgehungsstraße von Skíathos. Zwei davon etwa in der Mitte, d. h. unweit der Einmündung Evangelistrías-Straße. Die dritte Tankstelle liegt direkt am Ortsausgang zum Inselhighway. Angeboten werden Super (bleifrei), Normal und Diesel.

Berge: Die höchste Erhebung, der Berg *Karafiltsanáka* liegt im Nordwesten und bringt es gerade mal auf 427 m. Etwa in der Mitte von Skíathos liegt ein weiter Berg mit ungefähr 325 m Höhe. Alle übrigen Hügel übersteigen keine 150 Höhenmeter. Kurz vor der Westküste liegt mit 103 m eine weitere Erhebung. Die Besteigung des *Karafiltsanáka* und der restlichen Hügel ist problemlos möglich. Es führen einige Staub- und Schotterpisten hinauf.

Karten: In den Buchhandlungen Deutschlands, Österreichs und der Schweiz ist außer den großen Übersichtskarten nur die Karte "Pelion, Skíathos, Skópelos" (= Griechenland Blatt 3) von dem Wiener Verlag *Freytag & Berndt* im Maßstab 1:100.000 für 10,80 DM zu erhalten.

Auf der Insel gibt es eine Vielzahl weiterer Karten zu kaufen. Sie sind in den Shops von Skíathos/Stadt und in allen touristisch bedeutenden Stellen zu erwerben. Leider ist ihre Qualität das Geld nicht wert, doch es gibt nun einmal keine Alternative. Bedenken Sie aber beim Umgang mit den Karten stets, daß die Angaben nur als ungefähre Richtwerte zu verstehen sind. Nicht alle eingezeichneten Wege existieren wirklich, und umgekehrt gibt es Pfade, die den Kartographen schlichtweg entgangen sind. Handhaben Sie das Kartenmaterial also flexibel, und erwarten Sie keine mitteleuropäische Präzisionsarbeit.

Relativ brauchbar sind die beiden Karten mit dem blauen und roten Cover von Panajotis Lianaridi aus Vólos. "Skíathos map. Neue Ausgabe" versprechen die Titel der völlig identischen Karten, aber auf eine Jahresangabe wurde wohlwissend verzichtet. Eingezeichnet sind die Asphaltstraßen in rot, die übrigen Wege in gelb, der Flughafen, die Klöster und ein paar Kirchen (nicht vollständig) sowie fast alle Strandabschnitte. Versuchen Sie keinesfalls die angegebenen Wanderwege (gestrichelte rote Linien) zu finden, das wäre ein hoffnungsloses Unterfangen. Fehlerhaft ist insbesondere die eingezeichnete Verbindung zum Kloster Evangelistrías, denn die Straße müßte nach ihrer Asphaltierung rot erscheinen. Auf der Rückseite der Kartenblätter ein relativ guter Stadtplan der Chóra sowie diverse touristische Informationen in unfreiwillig amüsantem Deutsch. Keine Angabe des Maßstabes, liegt aber nach unseren Berechnungen bei etwa 1:25.000. Preis für die blaue oder rote Karte liegt (je nach Verkaufsstelle) bei etwa 3-4 DM.

Der Verlag *Adam Editions* vertreibt eine Karte "Skíathos-Skópelos-Alónnissos". Auf dem weißen Cover ist ein Foto vom

neuen Hafen in Skíathos/Stadt zu sehen. Diese Karte macht zwar einen moderneren Eindruck, doch die Einzeichnungen sind noch spärlicher und auch kein Jota genauer. Eher im Gegenteil, das Wegenetz ist völlig fehlerhaft wiedergegeben, wahrscheinlich sind kaum mehr als die Umrisse der Inseln korrekt. Für Skíathos erscheint die Karte im Maßstab 1:25.000, auf der Rückseite Skópelos und Alónnissos im Maßstab 1:65.000. Auch hier zahlreiche Fehler und Ungenauigkeiten. Preis ca. 3,50 DM, besser nicht kaufen.
Außerdem gibts noch eine äußerst ungenaue Karte in Farbe vom griechischen *Scorpios*-Verlag. Diese Karte (weißer Rahmen, bunter Aufdruck, Auflage von 1996) ist hoffnungslos veraltet und in ihren Einzeichnungen erreicht sie ein Höchstmaß an Unzuverlässigkeit. Als Maßstab wird 1:25.000 angegeben. Auch diese Karte lohnt ihr Geld (Preis ca. 3,50 DM) keinesfalls.

Telefonvorwahl: 0427.

Inselpolizei: Tel. 21111.

Touristenpolizei: Tel. 22005/22392/23172.

Flughafen: Tel. 22376/22049.

Hafenamt (Skíathos/Stadt): Tel. 22017.

Postleitzahl: GR – 37002.

Geschichte

Auf Skíathos hat sich wenig Geschichtsträchtiges ereignet. In der griechischen Antike wird die Insel erstmals von dem Historiker Herodot erwähnt und zwar im Zusammenhang mit der Seeschlacht von Artemission im Jahre 480 v. Chr. Griechische Verbände standen am Kap Artemission, an der Nordspitze der Insel Euböa, während die Bewohner von Skíathos sie mit Hilfe von Rauchzeichen über persische Kriegsschiffe zur See und Truppenbewegungen auf dem Pílion unterrichteten. Die Operation verlief für die Hellenen erfolgreich, denn die feindlichen Schiffe, die wegen der Deckung um Skíathos herum auf Nordeuböa zufuhren, wurden schon früh entdeckt. In der Seeschlacht von Artemission erlitt die persische Streitmacht große Verluste. Dennoch errichtete der Perserkönig Xerxes auf dem vorgelagerten Leftéris-Riff später einen der ersten Leuchttürme der Welt.
Danach gehörte Skíathos dem Attischen Seebund an, hatte eine demokratische Verfassung und begrenzte Autonomie. Zur Zeit der Auseinandersetzungen der beiden griechischen Großmächte Sparta und Athen gelangte Skíathos unter athenischen Einfluß. Doch die Insel war damals sehr arm, ihre Steuerabgaben im Vergleich gering. Skópelos zum Beispiel zahlte siebzehnmal mehr Tribute an Athen. Philipp von Makedonien eroberte Skíathos im Jahre 338 v. Chr., und seine Nachfolger konnten es bis ca. 200 v. Chr. beherrschen, bevor sie von den Römern verdrängt wurden. Marcus Antonius schenkte 42 v. Chr., zur Zeit des zweiten Triumvirats, die Insel den Athenern. Der römische Adoptivkaiser Hadrian (Kaiser von 117-138 n. Chr.) erklärte Skíathos im Jahre 128 für unabhängig. Danach folgte die lange byzantinische Ära (330-1538). Skíathos wurde Sitz eines Bischofs (530), und in der Nähe der Siedlung Troúlos errichtete man das Kloster Agía Sophia.
Vom 7.-10. Jh. trieben die Sarazenen ihr Unwesen in der Ägäis. Sie waren allseits gefürchtete Piraten, und Skíathos litt besonders unter ihnen. 1204 ging das byzantinische Kaiserreich unter, und die Venezianer übernahmen

die Macht auf den Sporaden. Man errichtete das Hafenkastell Bourtzí, bis 1276 Skíathos erneut an Byzanz fiel. Allerdings war Konstantinopel nicht mehr zu einem wirkungsvollen Schutz der Inseln imstande. Um die Bevölkerung vor Piratenüberfällen zu schützen, verlegte man kurzerhand ihre Stadt. Vom Spätmittelalter (ca. 1300) bis zum Eintritt in den griechischen Nationalstaat (1830) war das hochgelegene Kástro der Hauptort von Skíathos. Wie auch die übrigen Nordsporaden-Inseln fiel Skíathos nach dem Vierten Kreuzzug 1453 erneut an die Venezianer, als das byzantinische Kaiserreich aufgeteilt wurde.
Im Jahre 1538 endete die venezianische Herrschaft, als osmanische Truppen das Eiland eroberten, das mit einer kurzen Ausnahme bis zu den griechischen Freiheitskämpfen türkisch blieb. 1660 eroberten die Venezianer das Kástro und begründeten eine kurzzeitige dritte Herrschaftsperiode, die wenige Jahre später endete. Skiathische Matrosen kämpften auf seiten der Russen in der Seeschlacht von Cesme gegen die Osmanen, und schon 1805 begannen vereinzelte Aufstände. Nach der erfolgreichen Revolution gegen die Türkenherrschaft wanderten Tausende Griechen aus Kleinasien nach Skíathos ein und sorgten für einen kräftigen Bevölkerungsanstieg. Seinerzeit wurde auch der Grundstein für Skíathos/Stadt über den Trümmern der antiken Siedlung gelegt (ca. 1829-30).
Während des Zweiten Weltkrieges besetzten italienische Truppen die Insel. Gelegentlich erzählen die Älteren noch von der Zeit, in der Flüchtlinge und Partisanen mit Kaíkis vor der Besatzungsmacht in Sicherheit gebracht wurden.

Wirtschaft

Bis in die späten siebziger Jahre hinein dominierte die traditionelle Inselwirtschaft. Im Falle von Skíathos bedeutete dies vor allem Fischfang und Oliven. Über 600.000 Ölbäume stehen wohl noch heute auf der Insel. Die zahlreichen Täler verfügen über fruchtbares Hügelland. Olivenbäume, Weinreben, Getreidefelder und üppig bewässerte Gärten bedecken diese Gebiete, denn Wasser gibt es auf der Insel genug. Fast alle Quellen sprudeln auch im Hochsommer. Sogar Brombeerhecken wachsen auf Skíathos. Heute leben viele Bewohner aber fast ausschließlich vom Massentourismus.

Essen und Trinken

Eine Süßigkeiten-Spezialität der Sporadeninseln sind die *Pasteli*, Sesamkörner in Honigkaramel. Wenn möglich, sollte man sie noch warm essen. Sehr lecker, süß und sättigend. Pasteli gibt es als abgepackte Schnitten oder frisch beim Bäcker bzw. bei diversen fliegenden Händlern. Genuine Inselspezialitäten sind ansonsten kaum bekannt, Internationalität ist angesagt.
Skíathos verfügte einst auch über einen bescheidenen Weinanbau. Früher waren ein guter Rotwein und die Sorte *Anthosmias*, ein Muskatwein, sehr beliebt. Man nannte ihn *alipiako*, den "Sorgenbefreier". Mittlerweile sind die Weinfelder fast vollständig verschwunden. Importwein vom Festland ist günstiger (und ebenfalls wohlschmeckend) als der eigene Anbau. Auf den terrassierten Feldern hat man weitgehend Olivenbäume angepflanzt.

Inselfeste

Ostern: wird wie überall in Griechenland ganz groß gefeiert. Besonderer Brauch auf Skíathos ist in der Osternacht das Aneinanderstoßen von am Gründonnerstag rot gefärbten Eiern. Danach gibt es eine Ostersuppe, bestehend aus den gekochten Innereien der geschlachteten Lämmer.

23. April: Agíos Geórgios an der kleinen Kirche auf der gegenüberliegenden Seite der Bucht von Skíathos. Nach dem Gottesdienst findet traditionell ein Pferderennen statt. Es geht einmal um den See bis zur Kirche.

26. Juli: Agía Paraskeví an der Kirche hinter der Bucht von Platánias. Nach dem Gottesdienst findet eine Feier mit Essen, Musik und Tanz statt. Eines der wichtigsten und größten Inselfeste.

Am Abend des **14. Augusts** beginnt im Kloster Evangelistrías das große Volksfest Maria Entschlafung, das auch am folgenden Tag fortgesetzt wird. Dem Gottesdienst schließt sich eine Prozession an, danach steigt die Kirchweihfeier mit Essen, Musik und Tanz.

14. September: Katsonia. An diesem Tag wird der Versenkung des griechischen U-Bootes *Katsonis* durch deutsche Kriegsschiffe während des Zweiten Weltkrieges vor der Küste von Mandráki (im Westen der Insel) gedacht. Jedes Jahr am 14.9. kommt eine Delegation der griechischen Marine auf die Insel. Nach dem Gottesdienst in der Kirche Trís Ierarches wird am alten Hafen ein Appell durchgeführt. Dabei werden die Namen der *Katsonis*-Besatzung aufgerufen. Anschließend gehen die Seeleute an Bord und werfen am historischen Ort einen Kranz ins Wasser.

21. November: Panagía Kounistrá, die Inselheilige und demgemäß Hauptfeiertag auf Skíathos. Traditionell pilgern die Bewohner der Insel zu Fuß an das Kloster im Westteil. Heute allerdings bedient man sich zunehmend technischer Fortbewegungsmittel. In der Klosterkirche findet ein Gottesdienst statt, danach ein Festessen, Musik und Tanz für alle.

Verbindungen nach Skíathos

Skíathos ist sehr gut zu erreichen, nicht nur von verschiedenen Orten auf dem Festland aus, sondern ebenso von den Nachbarinseln Skópelos, Alónnissos und Euböa. Die meisten Gäste reisen aber über den internationalen Flughafen auf die Insel. Bequem von Deutschland aus in gut zweieinhalb Stunden erreichbar.

▸ **Flugzeug**: Auf Skíathos befindet sich der einzige internationale Verkehrsflughafen der Nördlichen Sporaden. Gebaut wurde er bereits 1971. Premierengast war damals Onassis jun., der mit einem Hubschrauber landete. Der Flughafen liegt ungefähr 2,5 km nordöstlich der Stadt.

Über seinen Ausbau wird seit Jahren gestritten und lange wird man das Projekt nicht mehr aufschieben können. Die Ursache sind immer größer werdende Flugzeuge, die auch längere Rollbahnen benötigen. Es ist ein offenes Geheimnis, daß insbesondere deutsche Reiseveranstalter die Verantwortlichen auf Skíathos massiv unter Druck setzen. Man droht, die Insel aus den Katalogen zu streichen, weil Charterflugzeuge nicht mehr sicher landen können. Der Ausbau wird also in den nächsten Jahren garantiert erfolgen.

Viele, aber nicht alle Griechenland-Reiseveranstalter haben Skíathos im Angebot (z. B. *Jahn, Kreutzer, TUI, Attika*). Deshalb wird die Insel auch von den großen deutschen Flughäfen direkt per Charter angeflogen, derzeit von

Frankfurt a. M., Berlin, München, Stuttgart und Düsseldorf *(Details siehe im Kapitel "Anreise").*

Mit der griechischen Fluggesellschaft *Olympic Airways* besteht ganzjährig dreimal wöchentlich eine Nonstop-Verbindung, im Hochsommer von Ende Juni bis Ende September auch bis zu dreimal täglich von und nach Athen. Andere innergriechische Flughäfen werden nicht angeflogen. Die 50sitzigen Maschinen vom Typ ATR 42 starten in Athen um 5.55 Uhr, 15.40 Uhr und 17.50 Uhr. Planmäßige Rückflüge von Skíathos um 7.00 Uhr, 16.45 Uhr und 18.50 Uhr (Stand 1997). Buchen Sie rechtzeitig, wenn möglich bereits von Deutschland aus (was auch nicht teurer ist). In der Hauptsaison ist vor Ort meistens kein Platz mehr zu bekommen *(Details siehe auch im Kapitel "Anreise").*

Flugpreise pro Person: Athen – Skíathos: 98 DM. (Stand 1997).

▸ **Fähren:** Vólos ist vom Festland aus der beste Ausgangspunkt, um nach Skíathos zu gelangen. Die Stadt liegt nur 18 km von der Hauptautobahn *Thessaloníki-Athen* entfernt (Abzweigung bei Mikrothive oder Risomilos). Zudem ist Vólos Endbahnhof der Zuglinie *Kalambaka-Vólos*. Wer mit dem Zug von Athen oder Thessaloníki nach Vólos reisen will, muß in Lárissa umsteigen.

Die Fähren vom Hafen Vólos fahren im Winter einmal, in der Nebensaison zweimal und im Hochsommer bis zu viermal täglich nach Skíathos. Angelaufen wird der Hafen direkt in Skíathos/Stadt, die beiden Gesellschaften heißen *Nomicos* und *Goutos Lines*. Die Überfahrt dauert etwa 3,5 Stunden für 42 Seemeilen. Ansonsten bestehen auch Verbindungen mit Agíos Konstantínos und den anderen Inseln der Nördlichen Sporaden, seit 1997 aber nicht mehr mit Skýros. Vielleicht wird diese Route in den nächsten Jahren wieder befahren. Fragen Sie in den Büros (oder fahren Sie mit den *Flying Dolphins*).

• *Fahrpreise*: pro Person: Vólos-Skíathos ca. 15,50 DM, Agíos Konstantínos-Skíathos ca. 18,50 DM, Skópelos-Skíathos ca. 9 DM (von Loutráki/Glóssa ca. 5 DM), Alónnissos-Skíathos ca. 10,50 DM. Autos kosten unterschiedlich, je nach Länge über oder unter 4,25 m. Unsere Angaben gelten für normale Mittelklassewagen über 4,25 m: Vólos-Skíathos ca. 98 DM, Agíos Konstantínos-Skíathos ca. 96 DM, Skópelos-Skíathos ca. 32 DM (von Loutráki/Glóssa ca. 28 DM), Alónnissos-Skíathos-ca. 46 DM (Stand 1997).

▸ **Tragflügelboote:** sehr gute Verbindungen mit den gelben *Flying Dolphin*-Tragflügelbooten der Gesellschaft *Ceres* von Vólos, Agíos Konstantínos, Skópelos (oft Loutraki/Glóssa und Skópelos/Stadt) und Alónnissos. Man sitzt in relativ bequemen Flugzeugsesseln, und es gibt sogar eine Aussichtsplattform. Das Übersetzen ist bedeutend schneller, aber auch teurer. Autotransport ist nicht möglich. Es gelten unterschiedliche Fahrpläne, je nach Jahreszeit: Vor- und Nachsaison (1.4.-10.7 und 9.9-31.10), Hochsommer (11.7.-8.9.) und Winter (1.11.-31.3).

Vólos-Skíathos	in der Vor- und Nachsaison 4-5 x täglich, im Hochsommer 5 bis 6 x täglich und im Winter 2 x täglich. (Stand 1997).
Skópelos/Stadt-Skíathos	in der Vor- und Nachsaison 6-9 x täglich, im Hochsommer 10 bis 12 x täglich und im Winter 2 bis 3 x täglich. (Stand 1997).

Ein Flying Dolphin läuft in den Hafen von Skíathos/Stadt ein

Loutráki/Glóssa (Skópelos)-Skíathos	in der Vor- und Nachsaison 4-5 x täglich, im Hochsommer bis zu 6 bis 7 x täglich und im Winter 3 x täglich. (Stand 1997).
Alónnissos-Skíathos	in der Vor- und Nachsaison 4-7 x täglich, im Hochsommer bis zu 11 x täglich und im Winter 3 x täglich. (Stand 1997).
Agíos Konstantínos-Skíathos	in der Vor- und Nachsaison 1-3 x täglich, im Hochsommer 3 bis 5 x täglich und im Winter 1 x täglich. (Stand 1997).

Von Skýros bestehen nur in den Sommermonaten Juni bis September Verbindungen. Die Tragflügelboote befahren die Route *Skýros-Alónnissos- Skópelos/Stadt-Loutráki/Glossa-Skíathos* ab Anfang Juni bis Mitte Juli fünfmal, ab Mitte Juli bis Mitte September siebenmal wöchentlich (jedoch nicht täglich). Dasselbe gilt für die umgekehrte Strecke. Von Mitte September über den ganzen Winter hinweg bis Anfang Juni soll es eine Verbindung wöchentlich geben, die 1997 allerdings noch nicht existierte.

Außerdem wird Skíathos per *Flying Dolphin* verbunden mit (Stand 1997):

Agíos Ioánnis (Pílion)	1-2 x täglich im Hochsommer
Chorefto (Pílion)	6 x wöchentlich im Hochsommer
Kými (Euböa)	1 x wöchentlich im Hochsommer
Marmares (Chalkidiki/Sithonia)	1 x täglich im Hochsommer
Moudania (Chalkidiki/Kassandra)	2 x wöchentlich im Hochsommer
Orei (Euböa)	1 x wöchentlich und ganzjährig
Pefki (Euböa)	1 x täglich im Hochsommer
Pefkohori (Chalkidiki/Kassandra)	1 x täglich im Hochsommer
Platánias (Pílion)	1 x täglich im Hochsommer

Porto Carras (Chalkidiki/Sithonia)	2 x wöchentlich im Hochsommer
Stylis (Thessalien)	1 x wöchentlich im Hochsommer
Thessaloníki	1-2 x täglich im Hochsommer
Trikeri (Pílion)	1 x täglich in der Nebensaison und im Winter, 2 x täglich im Hochsommer
Insel Trikeri (vor dem Pílion)	3 x wöchentlich in der Nebensaison und im Winter, 1 x täglich im Hochsommer

• *Fahrpreise der Hauptrouten pro Person*: Vólos-Skíathos(1 Std. 15 Min.) ca. 30 DM, Loutráki/Glóssa-Skíathos (15 Min.) ca. 12 DM, Skópelos/Stadt-Skíathos (35 Min.) ca. 15 DM, Alónnissos-Skíathos (1 Std. 10 Min.) ca. 19 DM, Agíos Konstantínos-Skíathos (1 Std. 15 Min.) ca. 39 DM, Skýros-Skíathos (2 Std. 30) ca. 42 DM. Kinderermäßigung bis 10 Jahre 50 %. (Stand 1997).

Verbindungen auf Skíathos

▶ **Bus**: Für griechische Verhältnisse verfügt Skíathos über einen hervorragenden Busservice. Kein Wunder, die Insel ist nicht sehr groß und die wichtigen Straßen gut ausgebaut und asphaltiert. Ein gravierender Mangel ist dennoch festzuhalten: Es gibt keine Busverbindung zu dem etwa 2 km von der Stadt entfernten Flughafen. Wer hier ohne Pauschalarrangement landet, ist auf sich selbst, d. h. seine Füße oder ein Taxi angewiesen.
Die Inselbusse befahren täglich die Straße zwischen Skíathos/Stadt und dem Strand von Koukounariés. Abfahrtsort in Skíathos/Stadt ist an der östlichen Hafenpromenade, d. h. im neuen Hafen gegenüber dem *"Hotel Akti"*. Dort steht ein kleines Wartehäuschen, an dem die Abfahrtszeiten angeschlagen sind. 1997 fuhr der Bus im 30-Minuten-Takt von 8.30 Uhr bis 23 Uhr. Die Haltestellen entlang der Straße sind durchnumeriert und folgen etwa in den Abständen von ca. 0,5 bis 1 km, auf jeden Fall aber vor den Stränden und den großen Hotels.
Wendepunkt der Buslinie ist das Westliche Ende des Koukounariés-Strandes, wo die Straße zum Banana-Beach abzweigt. Auch hier eine Tafel mit den Abfahrtszeiten, die relativ gut eingehalten werden. Die Strecke Koukounariés-Skíathos/Stadt wird ebenfalls im 30-Minuten-Takt bedient und zwar von 9.00 bis 23.30 Uhr. Die Busse sind oft restlos überfüllt und halten an wenig frequentierten Haltestellen nur auf Handzeichen.

Fahrpreise pro Person: von Skíathos/Stadt bis zur Kanapítsa-Halbinsel etwa 1,90 DM, von Skíathos/Stadt bis zur Endstation am Koukounariés-Strand ca. 2,80 DM.

▶ **Taxi**: wie überall in Griechenland deutlich teurer als die öffentlichen Verkehrsmittel, aber längst kein deutsches Preisniveau. Im Hochsommer kommt es gelegentlich zu Engpässen, während der Nebensaison stehen immer genügend Autos am Taxistandplatz bereit. Der liegt in Skíathos/Stadt direkt vor dem Busbahnhof an der östlichen Paralía, d. h. am neuen Hafen. Standplätze außerdem am Órmos Koukounariés und den anderen Stränden sowie den großen Hotels an der Südküste.

• *Fahrpreise*: Skíathos/Stadt-Flughafen ca. 6,50 DM (Gepäckzuschlag ca. 1,50 DM); Skíathos/Stadt-Kanapítsa ca. 14 DM; Skíathos/Stadt-Troúlos ca. 20 DM; Skíathos/Stadt-Koukounariés ca. 25 DM.

• *Information*: unter Tel. 21460/22589/22355/22758.

Die Stadt auf zwei Hügeln – Skíathos

Skíathos/Stadt (Chóra)

Ein Augenschmaus: Kleine weiße Häuser mit roten Dächern ziehen sich eng aneinandergereiht zwei kleine Hügel hinauf. Kein großes vielstöckiges Hotel und keine riesige Hafenanlage sind der Optik abträglich. Nachts erscheint der Ort toll beleuchtet, insbesondere die Kirchen. Im Sommer werden die Nächte zum Tag gemacht, und Griechenlandkenner fühlen sich hier an Mykonos erinnert. Jet-Set, Highlife und Disco-Fieber halten seit Jahren die Stadt in Atem. Doch in der Nebensaison geht es deutlich gemächlicher zu. Echte Ruhe kehrt erst wieder im Winter ein.

Aber der erste Eindruck täuscht ein wenig. Nachdem die Fähre angelegt hat, zeigt Skíathos/Stadt (auch *Chóra* genannt) ihr wahres Gesicht. Aus der Entfernung idyllisch und ruhig wirkend, ändert sich das Bild schlagartig, wenn die Touristen das Schiff verlassen haben. Geschäftstüchtige Inselbewohner begeben sich laut rufend auf die Suche nach Kunden für ihre Übernachtungsquartiere. Etwas abseits stehen die privaten Kleinbusse der großen Hotels bereit, um die Gäste kostenlos zu transportieren. Während sich die Neuankömmlinge schwertun, das richtige Angebot auszuwählen, stürmen bereits jene Menschen die Fähre, für die der Urlaub schon zu Ende geht. Dieses Schauspiel wiederholt sich in der Hauptsaison bis zu siebenmal täglich.

Der Spuk ist andererseits auch schnell wieder vorbei. Keine zehn Minuten nachdem das Schiff den Hafen verlassen hat, kehrt vorerst Ruhe ein. Doch wenn die Sonne tiefrot untergegangen ist, geht die Show erst richtig los.

Zwischen dem alten und neuen Hafen und in der Papadiamántis-Straße gibt man sich lässig, locker, frivol, beschwingt und ausgelassen. Sehen und gesehen werden heißt die Devise. Kontakte sind gefragt, laute Discomusik wird gesucht, und das Bier in schnellen Abständen bestellt. Langeweile kennt man nicht, und die Nacht endet erst, wenn die Straßenbeleuchtung ausgeschaltet wird. Die meisten Bars liegen in der Polytechníou, einer Parallelgasse zur Papadiamántis-Straße, und haben bis in den frühen Morgen hinein geöffnet. Mitte August ist der Höhepunkt der Saison und auch der Preise erreicht.

Die neue Stadt wurde seit dem Ende der türkischen Besatzung 1829 einfach über die spärlichen Reste der antiken Siedlungsstelle gebaut. Skíathos hat seinen Namen seit über 2000 Jahren erhalten können. Heute lebt fast die gesamte Inselbevölkerung in Skíathos/Stadt, außerhalb gibt es nur wenige Siedlungen, die im Winter so gut wie verlassen sind. Zwischen den beiden Hafenbecken liegt die Halbinsel *Bourtzí*, früher ein Zentrum des Nachtlebens, seit ein paar Jahren jedoch "verkehrsberuhigte" Zone. Man hat den kleinen Landzipfel unter Naturschutz gestellt und die ehemalige Nobel-Disco in ein kommunales Kafeníon umgewandelt. Hier finden im Hochsommer zahlreiche kulturelle Veranstaltungen statt.

Nicht nur abends, sondern auch am Nachmittag wimmelt es von Touristen. In der Hauptgasse ist kaum ein Haus mehr bewohnt, sondern für die Bedürfnisse der Urlauber zweckentfremdet. Souvenirläden mit Holzschnitzereien oder Webereien reihen sich zwischen Bars, Terrassencafés, Tavernen, Kafenía, Souvláki-Buden und herkömmlichen mitteleuropäischen Restaurants. Dazwischen mal ein Lebensmittelladen, Postkartenläden, eine Metzgerei oder eine Bank. Der belebte *Odós Papadiamántis* trennt die beiden sanften Hügel, an denen die Stadt sich hinaufzieht. Rechts oben wird jede Nacht die hübsche Kirche *Agíos Nikólaos* mit ihrem in weitem Umkreis sichtbaren Glockenturm beleuchtet.

Auf dem westlichen Hügel, der die älteren Teile der Stadt umfaßt, liegt die sehenswerte Kirche *Trís Ieararches*. Man betritt sie über eine wunderschöne Platía, die sich hinter dem Gotteshaus fortsetzt. Entlang des weiter aufsteigenden Treppenpfades bietet sich ein herrlicher Blick hinunter auf den alten Hafen und die Halbinsel Bourtzí (schönes Fotomotiv!). Oben auf dem westlichen Stadthügel befindet sich die Kirche *Panagía ti Limniá*, auch sie wird nachts eindrucksvoll beleuchtet. Von der Panagía-Kirche in südöstlicher Richtung führen eng verschlungene Gassen hinunter auf eine Felsnase, die *Pláikes* genannt wird. Das letzte Wegstück ist ziemlich eng, teilweise geht es nur über Treppenstufen weiter. Unten von der Felsnase ebenfalls ein lohnender Ausblick auf den alten Hafen und die Bourtzí-Halbinsel. Bei klarer Sicht auch auf die vorgelagerten Inseln und die stadtnahen Strandabschnitte am Megáli Ámmos.

Der *alte Hafen* westlich der Bourtzí-Halbinsel ist heute vor allem den Ausflugsbooten und Fischerkaikis vorbehalten. In der Mitte des Kais erhebt sich ein Denkmal für die Gefallenen des Krieges, drumherum sitzen jeden Tag die Fischer und flicken ihre Netze. Malerisch zieht sich die Stadt am

Westende den grünen Hügel hinauf, gegenüber thront die Halbinsel Bourtzí vor der Küstenlinie. Wie an einer Perlenkette aufgereiht, liegen Dutzende Touristencafés hinter der Promenade, die rund um die Bucht bis zum Fischmarkt führt. Einige Bänke unter Bäumen bieten schattige Plätzchen für eine Ruhepause. An der *Nea Paralía*, so nennt man die Uferstraße östlich der Schiffsanlegestelle, ankern die Touristenyachten und Segelschiffe.

Am Ende der östlichen Hafenpromenade folgt eine kleines Strandstück. Der Badespaß wird aber nicht nur durch seine Lage inmitten der Einflugschneise des Inselflughafens getrübt, sondern auch durch sein nicht besonders sauberes Wasser. Das gleiche gilt auch für den See nordöstlich der Stadt und direkt am Zaun des Airports. Noch ein paar Meter weiter befindet sich die Werft der Insel. Früher wurden hier richtige Ozeandampfer gebaut, heute hämmern nur noch ein paar Männer an Ausflugskaikis und kleinen Lastkähnen herum. Trotzdem mal vorbeischauen, denn nur wenige Meter weiter trifft man auf die sehenswerte Kirche *Agíos Geórgios* an der Ostseite des Órmos Skiathou.

Verbindungen

- *Bus*: Für griechische Verhältnisse verfügt Skíathos über einen hervorragenden Busservice, doch leider gibt es keine Busverbindung zu dem etwa 2 km von der Stadt entfernten Flughafen. Die Inselbusse befahren täglich die Straße zwischen Skíathos/Stadt und dem Strand von Koukounariés. Abfahrtsort in Skíathos/Stadt ist an der östlichen Hafenpromenade, d. h. im neuen Hafen gegenüber dem *"Hotel Akti"*. Dort steht ein kleines Wartehäuschen, an dem die Abfahrtszeiten angeschlagen sind. 1997 fuhr der Bus im 30-Minuten-Takt von 8.30-23 Uhr. Die Busse sind zum Teil total überfüllt, besonders wenn gerade Fähren angelegt haben und abends, wenn der letzte Bus fährt.
- *Taxi*: Im Hochsommer kommt es gelegentlich zu Engpässen, während der Nebensaison stehen immer genügend Autos am Taxistandplatz bereit. Der liegt in Skíathos/Stadt direkt vor dem Busbahnhof an der östlichen Paralía, d. h. am neuen Hafen. Tel. 22589/22355/22758. Mit Grundgebühr und Kilometerpauschale wird de facto nicht gerechnet. Die Fahrer machen ihren eigenen Preis.
- *Kaíkis*: Im westlichen Teil des Hafens, dem alten Fischerhafen, stehen etliche größere und kleine Boote bereit, die die Urlauber zu den zahlreichen Badestränden entlang der Südküste oder im Norden der Insel transportieren. Welches Schiff zu welcher Bucht fährt, ist in der Regel an großen Tafeln vor den Booten angeschrieben. Zumeist handelt es sich jedoch um Inselrundfahrten, wobei mindestens ein längerer Badeaufenthalt eingeschlossen ist. Fast alle Boote fahren am Vormittag vom alten Hafen zunächst zum Lalaría, danach über Mittag zu einer Taverne an der Nordküste und über den Strand von Koukounariés wieder zurück nach Skíathos/ Stadt. Abfahrt in der Regel zwischen 9 und 10 Uhr, Rückkehr gegen 17 Uhr. Buchungen sind über die Touristikbüros am Hafen, aber zumeist auch über das Hotel möglich. Für einen Inseltrip muß man mit etwa 22-25 DM (ohne Verpflegung) rechnen.

Adressen

- *Apotheke*: mehrere in der Stadt, zumeist an oder in der Papadiamántis-Straße. Zum Beispiel gegenüber der *National Bank of Greece* in der Seitengasse. Öffnungszeiten hier: 8-13 Uhr und 15-20 Uhr, Tel. 21230/ 21989. Eine weitere Apotheke befindet sich neben dem Postamt, Tel. 22988/ 23253.
- *Arzt*: **Inselkrankenhaus** mit 24-Stunden-Notdienst. Allerdings nur gehobenes Erste-Hilfe-Niveau, keine Operationsmöglichkeiten. Für schwere Fälle steht ein Rettungshubschrauber bereit, der bei Bedarf nach Athen fliegt. Alle Ärzte sprechen Englisch. Tel. 22040/22222.

Englischsprachiger Privatarzt: Tel. 22953.
Der **Zahnarzt** Nikos Michalopoulos hat seine Praxis in der Papadiamántis-Straße kurz hinter der *National Bank of Greece* auf der linken Seite im ersten Stock. Sprechzeiten werktags von 9-13 und von 15.30-20 Uhr, Tel. 22384. Es gibt außerdem noch zwei weitere Zahnärzte: Chr. Boura (Tel. 22291/ 22917) und Elft. Paschali-Dimou (Tel. 23130).
Der **Kinderarzt** von Skíathos heißt Dimitris Prevezanos und ist unter Tel. 21500 erreichbar.

• *Ausflüge*: Alle Möglichkeiten in der näheren und weiteren Umgebung sind im Angebot. Marktführer ist das Reisebüro *"Alkyon Travel"* an der Paralía, außerdem auch *"Creator"*. Nicht nur jeder erdenkliche Winkel auf Skíathos, sondern auch die Nachbarinseln **Skópelos** und **Alónnissos** werden angefahren (Preis ca. 30 DM pro Person, mit Führung 60 DM). Im Hochsommer gibt es außerdem sogenannte *Piratenkreuzfahrten* auf den **Pílion** (Preis ca. 75 DM), Expeditionen nach **Athen** und **Thessaloníki** (Preis jeweils ca. 112 DM) sowie Tagestouren zum Orakel nach **Délphi** und zu den **Metéora**-Klöstern (Preis ebenfalls jeweils ca. 112 DM). Der **Bootstrip rund um Skíathos** kostet etwa 22 DM pro Person (mit Führung ca. 29 DM).
Was wäre Griechenland aber ohne sein traditionelles Lasttier? Auf Skíathos transportieren die Esel aber fast nur noch Touristen, ein Tagesausflug **Eselreiten** kostet ca. 36 DM. Natürlich darf auch eine **Jeep-Safari** durch die Hügel im Inselnorden nicht im Angebot fehlen. Für dieses Vergnügen sind ca. 72 DM zu zahlen (rechnet man Sprit fürs Auto und die Führung mit, durchaus ein guter Preis).

Ioánnis macht mit seinem Boot "Dimitris" Trips um die Insel, insbesondere an die nicht mit dem Mofa oder Auto erreichbaren Stellen. Die "Dimitris" startet um 10.30 Uhr, Rückkehr gegen 17 Uhr. Fahrpreis ca. 16 DM pro Person. Tel. 22059.

Dimitris Kiriazis macht mit seinem großen Boot, der **Stella**, Ausflüge von Skíathos und Skópelos nach **Alónnissos**. Dort erfolgt ein Landgang in Patitíri, doch die meisten Gäste nutzen zu Recht den Aufenthalt für einen Besuch der alten Chóra. Danach geht es weiter, entlang der blauen Grotten, an eine der hübschen Badebuchten der Südostküste von Alónnissos, vorzugsweise nach *Agíos Dimítrios* oder *Leptós Gialós*. Bei dieser Tour werden die Gäste mit einem kleinen Mittagessen und Snacks versorgt. Tickets bei verschiedenen Reisebüros in Skíathos/Stadt, Skópelos/Stadt und Patitíri, außerdem direkt auf dem Boot. Preis pro Person liegt hier bei ca. 23 DM inkl. Verpflegung. Empfehlenswert, falls Sie nicht ohnehin auch noch Alónnissos einen Besuch abstatten wollen.

• *Bäcker*: mehrere in der Stadt, insbesondere in der Nähe der Papadiamántis-Straße.

• Bank/Geldwechsel: In der Papadiamántis-Straße befinden sich zwei Banken, weitere an der Hafenpromenade. Außerdem einige private Geldwechselstuben überall in den touristisch frequentieren Gassen der Stadt. Zudem kann man auch in den meisten Reisebüros wechseln. bald am Beginn der Papadiamántis-Straße auf der linken Seite. Wechselt Bargeld, Traveller-Schecks, Euro-Schecks und Kreditkarten. Geöffnet Mo-Do von 8-14 Uhr und Fr von 8-13.30. Im Sommer zusätzlich Mo-Fr von 19-21 Uhr und Sa von 9-12 Uhr.

Commercial Bank, in den Gassen zwischen Papadiamántis-Straße und dem alten Hafen. Bietet die gleichen Leistungen wie die *"National Bank"*.

Alpha Credit Bank, an der östlichen Paralía gegenüber dem Segel- und Yachthafen. Bietet die gleichen Leistungen wie die *"National Bank"*.

• Boutiquen: Skíathos ist ein Einkaufsparadies für Modebewußte. Die Boutiquen brauchen den Vergleich mit großen Touristeninseln wie Kreta, Rhódos und Kórfu nicht zu scheuen. Angebot und Preise sind ebenfalls sehr ähnlich, d. h. auf hohem Niveau. Die meisten Läden liegen an der Papadiamántis-Straße, in den schmalen Gassen der Stadt und natürlich entlang der

Hafenpromenaden rechts und links des Anlegers. Handeln Sie!

• *Bücher/Zeitschriften*: ein Buchladen mit deutschen und englischen Titeln an der Evangelistrías-Straße, ein weiterer in den Gassen links der Papadiamántis-Straße Richtung alter Hafen.

• *Einkaufen*: zahlreiche **Supermärkte** insbesondere im Mittelteil der Papadiamántis-Straße. Das Angebot ist sehr reichhaltig, die Preise wie üblich. Gutes **Obstangebot** am Westende der alten Paralía. Hier liegt auch der **Fischmarkt** von Skíathos/Stadt.

• *Foto/Film*: insgesamt drei Fotoläden rechts und links in der Papadiamántis-Straße. Bieten alle den gleichen Service: Entwicklung von Negativfilmen im Stundenservice (keine Dias). Ansonsten Filmverkauf, Videobänder und Batterien. Keine Reparaturen. Der erste Laden rechts (von Hafen aus) verkauft auch Platten und CDs.

• *Friseur*: mehrere vor allem in diversen Seitengassen links von der Papadiamántis-Straße. Zum Beispiel vor dem *"Hotel Bourtzí"* und direkt neben dem *"Pothos-Hotel"*. Geöffnet 9.30-13 und 17-20 Uhr.

• *Gepäckaufbewahrung*: gibt es weder in der Stadt noch am Flughafen in organisierter Form. Fragen Sie bei Bedarf in den Reisebüros.

• *Information*: nur in den Hochsommermonaten wird am Anleger ein kleines Infobüro betrieben. Ansonsten wenden Sie sich bitte an die Kommunalverwaltung: Tel. 22022/22233. Informationen erteilen auch die Touristenbüros.

• *Kino*: **Cinema Paradiso**, Open-Air-Kino an der Stadtumgehungsstraße. Filme in englischer Sprache mit griechischen Untertiteln. Tel. 23886/21463.

• *Post*: etwa in der Mitte der Papadiamántis-Straße auf der rechten Seite. Auch Geldwechsel möglich, doch nur Bargeld oder Traveller-Schecks, keine Euro-Schecks oder Kreditkarten. Öffnungszeiten: Mo - Fr 7.30-14 Uhr.

• *Rechtsanwalt*: sollte man im Urlaub eigentlich nicht brauchen, dennoch vorhanden. Herr Th. Geórgios Paparrisos ist Mitglied der Rechtsanwaltskammer Frankfurt a. M. und spricht hervorragend Deutsch. Tel. 23935 (Büro in Vólos: Tel. 0421/ 35988).

• *Reisebüro*: Die meisten Büros liegen an der östlichen Paralía und natürlich in der Papadiamántis-Straße. Angeboten werden üblicherweise alle touristisch lohnenswerten Leistungen wie Ticketverkauf, Ausflüge, Hotel- und Zimmervermittlung, Auto- und Zweiradvermittlung, Geldwechsel usw. Marktführer ist das Reisebüro **Alkyon Travel** unmittelbar am Beginn der Papadiamántis-Straße auf der rechten Seite (Tel. 21319/22276, Fax 22750).

• *Schiffstickets*: in verschiedenen Reisebüros an der Paralía, Hauptvertretung auf Skíathos ist **Alkyon Travel** (Tel. 21319/ 22276, Fax 22750). Weiter östlich an der Hafenpromenade die Agentur **Papadiamántis**. Auch hier gibt es Tickets für die Fähren von beiden Gesellschaften, *Nomicos* und *Goutos*. Direkt neben der *Papadiamántis*-Agentur liegt **Skíathos Holidays**, die Hauptvertretung für die *Flying Dolphins*. Tel. 22018/22033/22772, Fax 22771.

• *Sport*: **Skíathos Tennis and Leisure Club**, ganz in Nähe der Stadt an der Straße zum Flughafen gelegen. Ungefähr 50 m nach der Kreuzung der Ringstraße rechts ab. Es stehen sechs Tennis-Courts zur Verfügung. Die Stunde kostet ca. 19 DM pro Court, Schläger- und Ballverleih für ca. 3 DM pro Stunde ebenfalls möglich. Außerdem verfügt die ganzjährig geöffnete Anlage auch über einen Swimming-Pool, eine Liege kostet ca. 3 DM. Tennis- und Schwimmlehrer vorhanden. Tel. 24054.

Segelbootvermietung, angeboten werden verschiedene neuere und ältere Segelboote ohne Skipper. Größen zwischen 31 und 49 Fuß. Preise hängen vom Bootstyp und Alter ab, liegen so ungefähr bei 50-70 DM pro Tag und Person. Tel. 22692, Fax 23953.

• *Tankstellen*: Auf Skíathos gibt es insgesamt drei Tankstellen. Sie liegen allesamt an der Stadtumgehungsstraße, zwei davon etwa in der Mitte (Abzweig zur Evangelistrías-Straße) und die dritte am Beginn der Inselstraße entlang der Südküste. Es werden Super (bleifrei), Normal und Diesel angeboten. Alle Zapfstellen sind ganztägig bis gegen 22 Uhr geöffnet.

• *Taxi*: Mehrere Taxiunternehmer auf der Insel. Der Standplatz in Skíathos/Stadt liegt an der östlichen Paralía, direkt vor dem Busbahnhof. Tel. 21460/22589/22355/ 22758.

• *Telefonieren*: Die Zentrale der O.T.E. liegt etwa in der Mitte der Papadiamántis-Straße auf der rechten Seite, unweit vom Postamt. Öffnungszeiten: Mo-Fr 7.30-15 Uhr. Außerdem zahlreiche Kartentelefone überall in der Stadt und am Hafen.

• *Touristenpolizei*: im oberen Teil der Papadiamántis-Straße. Im selben Haus ist auch die Inselpolizei untergebracht. Tel. 22005/ 22392/23172.

- *Veranstaltungen*: Die Stadtverwaltung von Skíathos organisiert seit 1993 von Mitte Juni bis Ende August diverse kulturelle Veranstaltungen im Theater und im Kafeníon auf der Bourtzí-Halbinsel. Insbesondere Auftritte von Musikgruppen (klassische oder traditionelle griechische Musik, Bouzoúki, aber auch Saxophon, Gitarre usw.), traditionelle Tänze, Theateraufführungen und Kino.
- *Wäscherei*: rechts am Beginn der Papadiamántis-Straße im Gassengewirr. Uralt-Waschmaschinen und Self-Service. Geöffnet von 9-13 Uhr und von 18-21 Uhr. Eine Ladung kostet etwa 6,50 DM inkl. Pulver.
- *Zeitungen*: Internationale Presse gibt es in verschiedenen Läden entlang der Paralía, z. B. beim Reisebüro *"Alkyon Travel"*.
- *Zimmervermittlung*: grundsätzlich in allen Reisebüros und bei vielen Auto- und Zweiradverleihern mehr oder minder gutes Angebot. Fragen Sie sich durch. Eine öffentliche Zimmervermittlung gibt es nicht. Empfehlenswert insbesondere: **Heliotropio**, eigentlich eine Auto- und Mofaagentur. Der hervorragend Deutsch sprechende Dimitris Vassalios vermittelt aber auch Zimmer, Studios, Apartments, Hotels und sogar Villen. Tel. 22430/21736/ 21951, Fax 21952.

Einkaufen

Archipelagos, fast ein Museum aber alle Gegenstände sind zu erwerben. Das Sammlerehepaar Andrea und Marcos Botsaris hat sein Hobby zum Beruf gemacht. In dem alten Stadthaus gibt es viel zu sehen: Ikonen, Vasen, Silber- und Goldschmuck, Lampen, Bilder, Geschirr, Glas, Teppiche, Plastiken, Stickereien, Trachten, Möbelstücke, Spiegel usw. Gute Beratung, auch wenn man nur ein bißchen stöbern will. Das Archipelagos war 1968 das erste Geschäft in Griechenland, das alte Volkskunst in ihrer traditionellen Umgebung ausgestellt hat.

Gallery Seraina, Souvenirs aller erdenklichen Art: klassischer Schmuck, Modeschmuck, Kopien sakraler Gegenstände, Ikonen, Geschirr, Vasen, Porzellan, Nachbildungen antiker Fundstücke, Teppiche, Bilder und allerlei Kleinkram, Andenken der gehobenen Kategorie. Eine der Angestellten, Frau Angela, spricht vorzüglich Deutsch.

Auto- und Zweiradverleih

Mindestens ein halbes Dutzend Agenturen an der Hafenpromenade und in der Papadiamántis-Straße. Angeboten werden vor allem Jeeps, zum Teil mit Allradantrieb. Wegen der schlechten Pisten im Norden der Insel haben die Fahrzeuge sehr hohe Bodenfreiheit. Der Spaß ist allerdings nicht gerade billig. Da Skíathos aber nicht sehr groß ist, empfiehlt sich eher ein Mofa, eine Vespa oder eine Enduro. Auch der hinterste Winkel der Insel ist von Skíathos/Stadt mit einer 50 ccm-Maschine in einer Stunde erreichbar. Der Zustand des Fahrmaterials ist erfreulich gut, bestehen Sie dennoch unbedingt auf eine kurze Probefahrt (Bremsen und Lichter testen). An der Stadtumgehungsstraße befinden sich drei Tankstellen.

Die Preise variieren von Anbieter zu Anbieter zum Teil erheblich. Insofern handelt es sich bei der folgenden Tabelle nur um ungefähre Richtwerte (festgestellte Mindest- und Höchstpreise) für die Saison 1997. Da Steuern und Versicherungsbeiträge für Mofas und Autos seit einigen Jahren auch in Griechenland massiv ansteigen, ist mit starken Preissteigerungen für Mietfahrzeuge zu rechnen.

Typ	Leihdauer	Nebensaison	Hauptsaison
50 ccm-Vespa	1 Tag	16-25 DM	19-23 DM
	3 Tage	13-28 DM	16-25 DM
	1 Woche	11,50-21 DM	14-29 DM
125 ccm Enduro	1 Tag	26-29 DM	40-50 DM
	3 Tage	23-27 DM	32-55 DM
	1 Woche	19-26 DM	26-58 DM
SEAT / FIAT Kleinwagen	1 Tag	67-77 DM	97-102 DM
	3 Tage	61-70 DM	89-92 DM
	1 Woche	54-58 DM	74-85 DM
Suzuki Jeep	1 Tag	96-102 DM	135-180 DM
	3 Tage	85-89 DM	116-173 DM
	1 Woche	77-83 DM	102-166 DM

Heliotropio/Hertz, Marktführer auf Skíathos und günstiger Anbieter. Der freundliche und hervorragend Deutsch sprechende Dimitris Vassalios vermietet Autos und Motorräder, allesamt tadellos in Schuß. Jedes Jahr gibt es einige nagelneue Motorräder, die Autos sind in der Regel nur ein bis zwei Jahre im Einsatz. Straßenservice bei technischen Problemen funktioniert zuverlässig, zudem keinerlei Sprachprobleme. Bei Vorbestellung wird das Fahrzeug bis zum Hotel gebracht. Die Heliotropio-Agentur liegt unweit der Papadiamántis-Straße direkt an der Paralía vor der *"Alpha Credit Bank"*, etwas nach hinten versetzt. Alle Preise inkl. Vollkaskoversicherung für Auto und Mofa. Rabatte ab drei Ausleihtagen. Tel. 22430/21736/21951, Fax 21952.

European Car Rental, ebenfalls rechts des Anlegers im neuen Hafen, direkt neben *"Heliotropio"*. Die Agentur verfügt über ca. 60 Autos verschiedener Klassen und ungefähr 100 Mofas und Motorräder (50 ccm, 80 ccm, 100 ccm, 125 ccm Enduro und 200 ccm). Gehört zu den teureren Anbietern. Bei Autos Vollkaskoversicherung, bei Mofas nur die sogenannte Drittversicherung, d. h. Teilkasko. Rabatte ab drei Ausleihtagen. Tel. 21124.

Avis, ein internationaler Anbieter. Büro liegt ebenfalls an der Paralía des neuen Hafens, neben der Taverne *"Zorbas"*. Überwiegend Autos von guter Qualität, auch zahlreiche Mofas. Öffnet erst spät in der Saison. Bei Autos Vollkaskoversicherung, bei Mofas nur die sogenannte Drittversicherung, d. h. Teilkasko. Rabatte ab drei Ausleihtagen.

Euro Dollar, ebenfalls ein in ganz Griechenland tätiger Anbieter, auf Skíathos durch *"Halibelakis Travel"* vertreten. Autos und Mofas stehen direkt an der Hafenpromenade kurz vor dem *"Hotel Meltémi"*, hier liegt auch das Büro. Vorsicht: Die angegebenen Preise scheinen nur auf den ersten Blick sehr günstig. Ist man sich erst einmal handelseinig geworden, kommen noch 13 % Steuer hinzu sowie 7,70 DM Vollkaskoversicherung für ein Mofa pro Tag bzw. 14,70 Vollkaskoversicherung für ein Auto pro Tag. Dann sehen die Preise schon gar nicht mehr so günstig aus. Tel. 23025/ 23850/37002.

Creator/Europcar InterRent, weltweiter Anbieter. Das Büro auf Skíathos liegt an der östlichen Paralía am neuen Hafen neben dem *"Akti-Hotel"*, außerdem eine Filiale in der Papadiamántis-Straße. Im Angebot zahlreiche Autos und Zweiräder aller Klassen. Angegebene Preise verstehen sich inkl. Steuer, Vollkasko-, Unfall- und Diebstahlversicherung. In der Nebensaison oft Angebote wie drei Tage für den Preis von zwei. Tel. 22385/21384, Fax 21136, Tel. des Büros am Flughafen 24170.

Übernachten in und um Skíathos/Stadt

Allein in Skíathos/Stadt stehen mehrere Tausend Privat- und Hotelzimmer zur Verfügung. Bereits am Hafen oder am Flughafen werden die Neuankömmlinge angesprochen, zumeist in perfektem Englisch, mitunter auch in Deutsch. Ein Zweibettzimmer ist im Hochsommer nicht mehr unter 50 DM zu bekommen, in der Nebensaison sinken die Preise aber auch nicht unter 35 DM. Traditionell das höchste Niveau ist an der neuen Paralía, d. h. rechts vom Anleger, zu bezahlen. Einige Luxushotels liegen auch inmitten der Stadt. Faustregel (mit zahlreichen Ausnahmen): Je weiter vom Hafen entfernt, desto günstiger werden die Quartiere. Außerdem liegen an der Stadtumgehungsstraße oder am Stadtring noch weitere preisgünstigere Unterkünfte, die aber ein Mofa nötig machen.

Quer durch die ganze Stadt verteilt liegen auch Hunderte von Privatzimmern. Fragen Sie die Einheimischen, seien Sie aber vorgewarnt: Privatzimmer sind insbesondere in der Stadt oft in schlechtem Zustand (sanitäre Anlagen, Matratzen usw.). Prüfen Sie genau, die Preise liegen kaum unter denen günstiger Hotels oder Pensionen.

Leider liegt in der Stadt oder in der unmittelbaren Umgebung kein einziger Campingplatz. Der nächste Platz befindet sich direkt neben dem Flughafen am Xánema-Strand *(siehe unter "Órmos Xánema")*. Weitere und weitaus bessere Plätze am Órmos Asélinos und am Vorzeigestrand von Koukounariés. Wildes Campen in Stadtnähe wird nicht geduldet, allenfalls in abgelegenen Buchten oder (mit Erlaubnis) auf Privatgrund.

Übernachten an der neuen Paralía

Zahlreiche Hotels liegen hier hinter der Promenade am Segel- und Yachthafen. Alle Häuser bieten den phantastischen Meeresblick. Allgemein hohes Preisniveau.

Hotel Meltémi (54), B-Kat., an der Paralía. Die strenge Wirtin Giuliana Rigas vermietet 18 DZ auf drei Etagen. Dunkle, rustikale Einrichtung, sehr sauber, aber klein, auch die Bäder. Von den Balkonen toller Blick auf die Bucht von Skíathos. Hoteleigene Frühstücksbar angeschlossen. Pauschaltouristenkontingent, daher nicht immer freie Zimmer. April bis Oktober geöffnet. Preise je nach Saison ca. 80-142 DM, Frühstück pro Person ca. 10 DM. Tel. 22493.

Hotel Akti (55), C-Kat., ebenfalls an der Paralía. Angeliki und Ioánnis vermieten 14 DZ mit Bad und ein Apartment. Helle Einrichtung, nicht übermäßig geräumig, aber sehr sauber. Gleiches gilt auch für die Bäder. Superblick auf den Órmos Skiathou von den Balkonen. Preise je nach Saison ca. 65-130 DM. Tel. 22024.

Hotel San Remo (58), C-Kat., an der östlichen Hafenfront, etwas nach hinten versetzt. Die rustikale Eingangshalle wirkt etwas erdrückend, aber das Haus wird von einem freundlichen Ehepaar geführt. Sie vermieten 31 Zimmer mit zwei, drei und vier Betten auf fünf Stockwerken. Alle Zimmer mit eigenem Bad, Kühlschrank, heller Einrichtung, sauber aber nicht mehr ganz neu. Fast alle Balkone bieten den herrlichen Buchtblick. Preise je nach Saison ca. 64-128 DM fürs DZ, entsprechend mehr bei drei oder vier Personen. Tel. 21262/22078/23283, Fax 21918.

Hotel Christina (56), C-Kat., ziemlich weit im Osten an der Paralía. Christina vermietet 20

DZ mit Bad und phantastischem Meeresblickbalkon. Zimmer relativ geräumig und sauber, helle Kiefernholzeinrichtung und mit einer kleinen Teeküche. Die fünf 4-Bett-Apartments verfügen über die gleiche Ausstattung, jedoch eine vollständige Küche. Preise je nach Saison ca. 54-110 DM fürs DZ und ca. 102-174 DM fürs 4-Personen-Apartment. Tel. 22747/21466, Fax 21466.

Hotel Koukounariés (52), C-Kat., an der Parallelgasse zur Hafenpromenade. Zu erkennen an den hellblau gestrichenen Fenstern. Zimmer auf drei Etagen mit sehr unterschiedlicher Qualität, aber man war zum Zeitpunkt der Recherche fleißig beim Renovieren. Alle Zimmer mit Dusche und WC, von den Balkonen nicht immer Blick zum Meer. April bis Oktober geöffnet. Preise je nach Saison ca. 55 bis 90 DM fürs DZ. Tel. 42048.

Hotel Meteora (51), B-Kat., von der Parallelstraße zur Paralía hinauf an der Gasse zur Kirche Agíos Nikólaos gelegen. Vermietet werden zwölf nicht sehr große DZ mit dunkler Einrichtung. Alle Zimmer mit sauberem Bad und Ostbalkonen. Drei Etagenküchen vorhanden. Preise je nach Saison ca. 50-77 DM. Tel. 22182.

Hotel Agnantema (50), D-Kat., in einem Seitenweg der höhergelegenen Parallelgasse zur Hafenpromenade. Sehr ruhige Lage. Frau Angela vermietet 16 DZ mit Privatbad und Telefon. Nicht mehr ganz neu, aber sauber. Superblick hinunter auf die Bucht. Falls niemand im Haus sein sollte, fragen Sie in der *"Taverne Apollon"*. Preise je nach Saison ca. 45-75 DM fürs DZ. Tel. 22356 (Haus) oder 21289 (Taverne).

Hotel Xanemos, C-Kat., großes Haus mit 4 Stockwerken an der östlichen Ausfallstraße gleich links. Hübsche Zimmer mit Meeresblickbalkonen, aber leider "geschlossene Gesellschaft". Während der gesamten Saison 1997 an eine englische Reisegesellschaft vermietet, und der Wirt wollte den Vertrag verlängern. Fragen Sie vor Ort nach. Tel. 21113/22279.

Hotel Mórpho, B-Kat., versteckt in den Gassen östlich der Papadiamántis-Straße. 1997 vollständig von einem englischen Reiseveranstalter ausgebucht. Fragen Sie an der Rezeption, ob wieder Zimmer frei zu vermieten sind. Tel. 21737/21738, Fax 23222.

Übernachten im Stadtzentrum rund um die Papadiamántis-Straße

Besonderes Kennzeichen aller Häuser in der Stadt: kein Meeresblick, dafür gibt es aber einige gute Unterkünfte zu günstigen Preisen.

Hotel Pothos (21), C-Kat., links der Papadiamántis an der Einmündung der Evangelistrías-Straße. Hübsch verschachtelte Anlage, im Zentrum aber relativ ruhig. 22 DZ mit Kühlschrank, Klimaanlage, Telefon und Schreibtisch. Bäder sauber und okay, Zimmer leider nicht allzu geräumig. Gehört dennoch zu den Nobeladressen in der Stadt. Preise je nach Saison ca. 96-160 DM inkl. Frühstück. Tel. 22694/21304, Fax 23242.

Hotel Bourtzí (66), C-Kat., etwas steril, aber ebenfalls eine der nobelsten Adressen in der Stadt. Zu vermieten sind 23 DZ, alle mit Bad, Kühlschrank, Klimaanlage, Telefon und Balkon. Stilvolle Einrichtung mit dunklen Möbeln. Geräumige Zimmer und Bäder, alles sehr sauber. Frühstücksraum mit TV. Ruhiger Steingarten hinterm Haus. Preise je nach Saison ca. 64-128 DM fürs DZ. Tel. 21304/22694, Fax 23242.

Thymi's Home (30), B-Kat., gemütliche Hotel- und Apartementanlage in einer Seitengasse (Odós Miaouli) rechts der Papadiamántis-Straße. Rustikale Zimmer mit reichlich Komfort: Kühlschrank, Kochecke, Radio usw. Insgesamt 34 Betten in 2-, 3- und 4-Personen-Zimmern oder Apartments. Bar im Haus, serviert wird auch im kleinen Garten. Frühstück in Keller-Bar. Preise je nach Saison ca. 56-102 DM, 30 % Aufschlag für drei Personen, 40 % für vier Personen. April bis Oktober geöffnet. Tel. 22817/21019/21029, Fax 23072.

Hotel Marlton (36), C-Kat., über der Taverne *"Stavrós"* im gleichen Haus. Vermietet werden 9 DZ, alle mit guter Einrichtung und Telefon. Neu gekachelte Bäder, ebenfalls sehr sauber. Teilweise Blick von den kleinen Balkonen auf die Straße, teilweise auch in den Hinterhof, wo sich die Taverne befindet. Gleich am Beginn der Evangelistrías-Straße auf der rechten Seite. Preise je nach Saison ca. 50-90 DM, Frühstück in der Taverne für Hausgäste ca. 6,50 pro Person. Tel 22552/22878.

Hotel Kástro (37), E-Kat., in einer Seitengasse der Evangelistrías-Straße. Die freundliche Wirtin vermietet elf Zimmer mit zwei oder drei Betten. Geräumig und mit dunkler, rustikaler Einrichtung. Alle Zimmer mit Bad und Rundumbalkon. Ganz oben Zugang zur Sonnenterrasse auf dem Dach. Von dort toller Blick auf die Stadt. Insgesamt relativ ruhige Lage. Preise je nach Saison ca. 50-83 DM. Tel. 22623.

Hotel Kostis (33), E-Kat., Frau Konstantina Aivaliotou vermietet 16 Zimmer mit zwei oder drei Betten. Alle mit Bad, Kühlschrank, Telefon und Balkon. Einrichtung in dunklem Holz, Bäder weiß gekachelt und sauber. In der Eingangshalle wird Frühstück serviert, hier auch TV-Raum. Preise je nach Saison ca. 45-102 DM inkl. Frühstück. Tel. 22909/21419/23982, Fax 22909.

Hotel Australia (32), E-Kat., Panajota, die griechische Besitzerin, lebte viele Jahre in Australien (daher der Name). Sie vermietet 17 DZ, alle mit Bad, einige auch mit Küche. Im ersten Stock Rundumbalkon, Zimmer im Erdgeschoß teilweise mit Gartenblick. Schon etwas älteres Mobiliar, auch die Bäder nicht mehr ganz neu. Kleiner Aufenthaltsraum gleich am Eingang. Preise je nach Saison ca. 38-62 DM. Tel. 22488.

Pension Danaos (17), E-Kat., links der Papadiamántis-Straße. Das freundliche Besitzerehepaar vermietet 18 DZ, teilweise auch mit drei Betten. Alle Zimmer mit dunklen Möbeln hübsch eingerichtet. Privatbäder sauber. Außerdem werden drei Apartments in gleicher Ausstattung, aber mit Küche vermietet. Sehr großer und schöner Dachgarten, Kontaktbörse der Sommergäste. Superblick über die Stadt. Preise je nach Saison ca. 32-77 DM fürs DZ, 50-128 DM fürs Apartment. Tel. 22834. Handy 093-394177.

Rooms Ourania Damianidou, C-Kat., vor der *"Taverne Ilías"* auf der linken Seite. Ourania spricht nur mäßig Englisch und vermietet 5 DZ mit und 4 DZ ohne Bad. Einrichtung schlicht und alt, aber okay. Alle Zimmer mit kleinem Balkon. Bäder sauber. Ruhige Lage. Service könnte besser sein. Preise: je nach Saison ca. 35-63 für DZ ohne und 40-77 DM fürs DZ mit Bad. Tel. 22435.

Übernachten an der alten Paralía und im Westen der Stadt

Auch hier gibt es teure Nobelquartiere, aber auch günstige Zimmer. In der Nebensaison sinken die Preise deutlicher als am neuen Hafen.

Hotel Máto (2), B-Kat., in einer stilleren Gasse im hochgelegenen Teil der Stadt Richtung Kirche Panagía. Neues Hotel mit 12 modernen, aber rustikal eingerichteten DZ, vom Balkon Blick über die roten Giebeldächer der Stadt. Sehr geräumige und saubere Zimmer, alle mit Bad, Kühlschrank und Telefon. Auch Räume mit drei Betten vorhanden. Preise je nach Saison ca. 70-116 DM fürs DZ, 83-135 DM fürs 3-Bett-Zimmer. Tel. 22186/22187.

Hotel Orsa (65), B-Kat., hinter dem alten Hafen in sehr ruhiger Lage direkt am Wasser. Vermietet werden 23 Zimmer, teilweise mit drei Betten. Alle geräumig, sehr sauber und dunkel möbliert. Bad, Kühlschrank, Telefon ebenfalls in jedem Zimmer, aber nicht alle haben Balkon. Toller Blick auf den alten Hafen. Preise je nach Saison ca. 63-116 DM. Tel. 22430/21736/21951, Fax 21952 (wird von der Agentur *"Heliotropio"* betreut und vermittelt). Herr Dimitris Vassalios spricht hervorragend Deutsch.

Pension Amfiliki, A-Kat., gehört zur gleichnamigen Taverne. Christós Kalogianis, der gesprächige Chef, vermietet elf Zimmer auf vier Etagen und für 2-4 Personen. Alle Zimmer geräumig, sauber und mit Bad. Von den Balkonen Superblick auf den Megáli Ámmos und die Kanapítsa-Halbinsel. März bis November geöffnet. Preise je nach Saison ca. 44-89 DM inkl. Meeresrauschen. Tel. 22839.

Übernachten östlich der neuen Paralía und außerhalb

Bedenken Sie: Östlich des neuen Hafens beginnt die Einflugschneise für den Flughafen. Dann besser gleich auf die andere Seite der Bucht oder ein ruhiges Zimmer außerhalb. Allerdings braucht man dort ein Auto oder Mofa.

Hotel Alkyon (60), B-Kat., an der östlichen Uferstraße gelegen in der Nähe des Strandabschnittes *Amoudia*. Allerdings ganz in der Nähe der Einflugschneise des Inselflughafens. Zimmer mit Steinboden und hellen Kiefernholzmöbeln, gemütlich und gut ausgestattet. Oben ein herrlicher Dachgarten. Frühstücksraum und TV-Lounge unten in der Eingangshalle. Von April bis Oktober geöffnet. Preise je nach Saison ca. 63-128 DZ fürs DZ und ca. 79-156 fürs 3-Bett-Zimmer. Tel. 22981/22982/22983, Fax 21643.

Hotel Stellina, B-Kat., an der Straße zum Flughafen gegenüber dem Fußballstadion, d. h. ca. 500 m außerhalb der Stadt. Dreistöckige Anlage voll in der Einflugschneise des Inselflughafens. Alle Zimmer mit Bad, Balkon, Telefon und Radio. Hoteleigener Swimming-Pool hinter dem Haus, außerdem Café-Restaurant angeschlossen. Preise je nach Saison ca. 40-65 DM fürs DZ, besser ausgestattete Zimmer bis 96 DM inclusive Frühstück. Tel. 21900 + 21901 + 21902. Fax 21991.

Hotel Poúnta, B-Kat., Riesenanlage gut 2 km außerhalb der Stadt auf der anderen Seite der Bucht, gegenüber dem Hafen. Liegt idyllisch mitten im Wald. Großzügige Eingangshalle und hübsche, sehr große Zimmer mit Marmorboden. Alles sauber und mit Grünpflanzen aufgelockert. Zimmer verfügen alle über Bad und Telefon. Swimming-Pool hinter dem Hotel. War in der Saison 1997 vollständig von einem englischen Reiseveranstalter ausgebucht. Fragen Sie an der Rezeption, ob dennoch Zimmer an Privatleute vermietet werden. Tel. 21800/218001/21803, Fax 21802.

Hotel Emy, B-Kat., ebenfalls auf der anderen Seite des Órmos Skiathou gelegen, gleiche Zufahrt wie zum Poúnta. Zur Verfügung stehen insgesamt 30 modern eingerichtete Zimmer, alle mit Bad, Balkon, Kühlschrank, Safe und Schreibtisch. Bäder sehr geräumig und sauber. Swimming-Pool und Poolbar vorhanden. Toller Blick auf die Stadt und den See, aber auch auf den Flughafen. Preise je nach Saison ca. 45-90 DM, fürs Gebotene günstig. Tel. 24118/23142, Fax 23142.

Essen und Trinken

In den engen Gassen der Stadt locken zahlreiche Tavernen und Lokale mit ihren Angeboten. Die Palette reicht von einfachen Souvláki-Buden bis hin zu noblen Restaurants italienischer Provenienz. Auch französische Bistros haben neuerdings Einzug gehalten. Bei der Küche wird die Internationalität der Insel am größten geschrieben. Originär griechische Tavernen muß man mit der Lupe suchen, aber es gibt sie noch!

Skíathos/Stadt dürfte für jeden Geschmack etwas parat haben. In der Hauptsaison sind die meisten Lokale jedoch völlig überlaufen. Insbesondere entlang der alten Hafenanlage reiht sich ein Café an das andere. Man sitzt gemütlich unter schattigen Markisen. Am neuen Hafen und in der Stadt gibt es zahlreiche Tavernen und Cafés. Auch hier haben wir einige Rosinen, aber auch viel Mittelmäßiges gefunden.

Nahezu an jeder Ecke und in jedem Gäßchen rund um die Papadiamántis-Straße findet man einen kleinen Laden, der Hamburger, Gýros, Souvláki, Pizza oder Omeletts anbietet. Vor allem abends drängen sich die Touristen vor den Ständen - das Tanzen in den Café-Bars und Discos macht hungrig. Über Magenprobleme durch Fast Food haben wir während der Recherche auf Skíathos keine Klagen gehört, doch schauen Sie auf jeden Fall genau hin, was man Ihnen anbietet.

Generell gilt für Skíathos: Die Preise für Essen und Getränke sind im Vergleich zu anderen Regionen Griechenlands nicht billig.

Tavernen und Restaurants in der Stadt

Die besten Tavernen von Skíathos/Stadt liegen nicht direkt am Hafen, sondern mehr oder minder versteckt in der Stadt. Werfen Sie einen Blick auf unseren Stadtplan.

Ausflug mit dem Esel

Tavérna Aspro-Lithos (39), der "weiße Stein", unser Tip für die gehobene Inselküche. Gut 40 Tische in einem hübsch dekorierten Innenhof, Aquarelle mit Skíathos-Motiven an den Wänden. Herr Apostolis bietet internationale Küche mit Spezialitäten aus ganz Griechenland. Alle Zutaten immer frisch, dazu sehr guten Hauswein. Leckere Vorspeisenplatte, vorzügliche Grillgerichte, auch Fisch. Angenehme Atmosphäre, griechische Hintergrundmusik. Normale bis leicht gehobene Preise, das Gebotene allemal wert. Ganzjährig geöffnet. In einer Seitengasse an der oberen Papadiamántis-Straße.

Tavérna Amfiliki (1), empfehlenswerte Taverne im Westen der Stadt gegenüber vom Krankenhaus. Herr Christós Kalogianis bietet in seinem alten Familienbetrieb stets frischen Fisch, vorzüglich zubereitet und weitgehend mit Produkten von der Insel (Tip: Fischsorten Salachi und Koutsoumoura). Dazu gute Weine und griechische Musik. Drei Tische auf dem Balkon mit Meeresblick. Außergewöhnliche Weinkarte mit den Original-Etiketten. Probieren Sie die süße Nachspeise aus Feigen und den Kräuterlikör mit Nelkengeschmack. Erfreuliche Preise.

Tavérna Mesogia (24), echt griechisch gebliebene Taverne in den Gassen der Altstadt, irgendwo zwischen der Polytechníou-Straße und der Trís Ierarches-Kirche. Die Tische stehen direkt draußen auf der Gasse vor dem alten Bruchsteinhaus. Stolz erzählt der stets gestreßte Wirt Pantelis von seiner über 75 Jahre alten Familien-Taverne, der ältesten der Stadt. Spezialität ist Fisch, empfehlenswert die Kalamari, aber auch leckere Lammgerichte. Am späten Abend vor allem griechische Gäste, angenehme Atmosphäre. Griechische Musik, Preise im Skíathos-Rahmen.

Tavérna-Oúzeri Varthalamis (25), Fischtaverne in einer Seitengasse der Papadiamántis-Straße. Einige Tische draußen in einer engen Gasse mit blühendem Oleander in Töpfen. Große Karte, doch in der Nebensaison gibts nur einen Bruchteil davon. Daher am besten gleich den Ober fragen. Empfehlenswert: Löwenzahnsalat, Taramokefthedes und im Grunde alle Fischsorten. Danach gibts oft einen Kräuterlikör mit Nelkengeschmack. Viele griechische Gäste. Nicht gerade günstige Preise.

Tavérna Ilías (40), im oberen Teil der Stadt in einer Seitengasse der Evangelistrías-Straße gelegen. Ab hier beschildert. Noch echt griechisch geblieben, Holzkohlengrill draußen auf der Straße. Empfehlenswerte Grillgerichte. Gute Vorspeisenteller. Beliebt auch bei den Einheimischen und vergleichbar preiswert.

Tavérna Garden Stavrós (35), hübsch aufgemacht im ruhigen Hinterhof des "Hotel Marlton", unweit der Post in der Evangelistrías-Straße. Gut 30 Tische und eine Bar (teilweise überdacht), in der Ecke steht ein altes Fischerboot. Reichhaltiges Angebot, freundliche Bedienung. Zu empfehlen sind die ausgefallenen Vorspeisen. Normale Preise.

Restaurant Gerania (34), in einem Hof direkt an der Papadiamántis-Straße. Man sitzt angenehm mit dezenter Beleuchtung unter weinüberranktem Dach. Familienbetrieb, die Mutter kocht noch selbst. Internationale Küche, aber auch griechische Spezialitäten. Durch die Lage oftmals restlos überfüllt. Ortsübliches Preisniveau.

Restaurant Dionissos (44), hinter *"The Lemon Tree"* in einer Seitengasse der Papadiamántis-Straße. Hübsch in einem Hof gelegen, Tische teilweise überdacht. Moderne Einrichtung. Große Preistafel steht draußen am Tor und zeigt die enorme Auswahl der Gerichte.

Tavérna Cuba (41), an einer kleinen Platía zwischen Evangelistrías-Straße und Hafen. Blaue Tische und Stühle unter blau-weißem Stoffdach. Holzkohlengrill direkt vor der Taverne, in der Mitte zwei Brunnen. Breite Auswahl, Gäste waren zufrieden.

Tavérna Trigono (28), im oberen Teil der Papadiamántis-Straße, schräg gegenüber dem Polizeipräsidium auf einer kleinen Platía. Vorwiegend Fleischgerichte im Angebot. Abends gut besucht. Normales Preisniveau.

Restaurant Bonaparte (14), in einem überdachten dunklen Innenhof. Sitzbänke teilweise betoniert und mit Marmorplatten belegt. Dezent beleuchtet und zahlreiche Grünpflanzen. Wechselnde Tageskarte, auch mit Fischgerichten. Preise im Rahmen.

Essen und Trinken: Tavernen und Restaurants am alten Hafen

Hier liegen die alteingesessenen Tavernen, aber viele mit neuem Namen und internationaler Küche. Einige bieten den phantastischen Blick hinunter auf den alten Hafen und die Bourtzí-Halbinsel.

Tavérna Stamatis (9), oberhalb des alten Fischerhafens, an der Platía vor der Kirche Trís Ierarches. Mit Platz für gut 250 Personen sicherlich die größte Taverne der Stadt. Es gibt griechische und internationale Küche, die Riesenkarte entspricht den sonstigen Dimensionen. Fast alles steht in den Auslagen, insbesondere die Vorspeisen und der gute Fisch. Auch von den Einheimischen gut besucht und fast rund um die Uhr geöffnet, Frühstück, Mittag- und Abendessen. Preise durch die Massenabfertigung durchaus im unteren Rahmen, zudem stets frische Ware.

Primavera (11), eher bekannt unter dem Namen **Casablanca**. Italienisches Spezialitätenrestaurant. Sehr hübsch an dem Platz vor dem Eingang der Trís-Ierarches-Kirche. Kykladenblaue Tische und Stühle auf der Platía, in der Mitte ein Lorbeerbaum. Im ersten Stock des Hauses weitere Tische und Stühle, die Lieblingsplätze auf dem Balkon sind schon früh am Abend besetzt. Der Chef spricht gut Deutsch. Leckere Pizza und Spaghetti.

Tavérna Steki (10), direkt unterhalb von *"Stamatis"*, ebenfalls eine gute Fischtaverne. Zu unterscheiden an den hellblauen Tischen. Ebenfalls ganztägig geöffnet und eine reiche Auswahl an griechischen und internationalen Gerichten. Schöner Blick auf die Platía mit der Kirche.

Restaurant Le Bistrot (6), der frühere Besitzer kam aus Frankreich, und der Name wurde übernommen. Hübsch eingerichtet, mit Zeichnungen und Drucken dekoriert und alles in Blau gehalten. Einige Plätze draußen auf der Terrasse mit dem herrlichen Blick auf den alten Hafen. Gute Auswahl an griechischen und internationalen Gerichten. Stadtübliches Preisniveau.

Restaurant Kon-Tiki (5), direkt neben dem *"Bistrot"*. Italienisches und griechisches Spezialitätenrestaurant. Alle Plätze draußen auf der Hochterrasse, nett begrünt mit violett blühenden Bougainvillea. Zu empfehlen die Kakavia, eine Fischsuppe, aber auch gute Pizzen und Spaghetti. Nur abends geöffnet.

Tavérna Anemos (4), oberhalb von *"Kon-Tiki"*. Gut 25 Tische, ebenfalls auf einer Hochterrasse. Hervorragender Blick hinunter auf den alten Hafen. Spezialität des Hauses sind Fisch und Huhn, es gibt aber auch andere Fleischgerichte. Geöffnet ab 19 Uhr. Gehobenes Preisniveau.

Restaurant La Casa (3), wie der Name schon sagt vor allem italienische Spezialitäten. Auch hier die Tische draußen auf einem Hochplateau mit dem Blick auf die Bourtzí-Halbinsel. Gute Auswahl an Pizzen und Spaghettigerichten. Auch La Casa öffnet erst am Abend, ortsübliches Preisniveau.

Restaurant Jail House (7), am Westende der Promenade des alten Hafens, hinter dem Fischmarkt ein paar Stufen hinauf. Die australischen und schwedischen Besitzer bieten in ihrem modern gestalteten Ambiente internationale Küche: Steaks, Grillgerichte, Vegetarisches, Fisch, Salate und Sandwiches.

Oúzeri Ta Psaradika (8), an der Old-Port-Promenade, kurz vor dem Fischmarkt. Tagsüber eher ein Café mit Snacks und kleinen Gerichten. Schöner Buchtblick auf die Fischerboote und die Bourtzí-Halbinsel.

Tavernen und Restaurants am neuen Hafen

Auch an der neuen Paralía sind die Tavernen und Cafés wie an einer Perlenkette aufgereiht. Hier gibt es allerdings wenig authentisches Ambiente, zudem ist es staubig und ziemlich laut durch die Hafenstraße.

Restaurant Zorbas (47), direkt an der Promenade im neuen Hafen mit Blick auf die Segelschiffe und Yachten. Gut zu erkennen an den weißen Plastikstühlen. Eine große Tafel zeigt an, was es heute gerade gibt.

Tavérna Aigaio (48), dieselbe Lage am Segelhafen. Wenn Meltémi bläst, wird einfach eine Zeltfolie vor die Taverne gespannt. Griechische und italienische Spezialitäten. Gäste berichteten durchaus Positives über die Spaghetti.

Kalypso - Ristorante Italiano (53), direkt neben dem "Aigaio" und Treffpunkt der italienischen Sommergäste. Demgemäß Speisekarte auf Italienisch, und auch das Preisniveau erinnert an Rimini. Dennoch ansprechendes Essen. Das Restaurant mit vielen Grünpflanzen eingerichtet.

Oúzeri Christós (57), einer der wenigen, die den alten Stil noch bewahrt haben. Blaue Tische mit den typisch griechischen unbequemen Stühlen. Es gibt diverse Kleinigkeiten, alles was man zu Oúzo essen kann: Souvláki, Fisch, Salate usw. Viele einheimische Gäste.

Restaurant Limanakia (62), direkt neben dem "Hotel Alkyon" gelegen. Man sitzt in einem schattigen Innenhof. Nette Atmosphäre, passend dazu die blauen Tische und Stühle. Griechische Küche der gehobenen Kategorie, im Angebot auch deutsches Bier vom Faß. Normale Preise.

Restaurant Remezzo (64), am Scheitel der Bucht, d. h. in der Einflugschneise des Flughafens. Bunte Tische und Stühle am Wasser und auf dem Hochbalkon, unten eine Stehbar für Aperitifs. Zu erkennen an den blauen Fensterrahmen mit der roten Umrandung. Essen im Rahmen, kann mit dem außergewöhnlichen Ambiente nicht ganz mithalten.

Restaurant Scuna (63), ebenfalls an der kleinen Bucht unweit des Flughafens. Restaurant und Nachtclub zugleich. Man sitzt sehr schön direkt am Meer auf einer Terrasse, herrlicher Blick auf Bucht und Stadt. Internationale Küche, tagsüber und abends geöffnet. Übliche Preise.

Carnayo (61), Richtung Flughafen, man sitzt unter Bäumen am Meer. Spezialität: Langusten. Griechische Musik.

Café-Bars und Fast food

Mit Abstand die meisten Einrichtungen befinden sich am alten Hafen. Hier reihen sich Cafés wie an einer Perlenkette entlang der gesamten Promenade. Fast alle verfügen mittlerweile über die bequemen Korbsessel mit ihrer weichen Polsterung. Im Grunde sind diese Cafés alle gleich, ob sie nun **Mythos**, **Neos Kosmos**, **Achontiko** oder **Kabourelia** heißen. Ein griechisches Kafeníon mit den landestypischen, viel zu kleinen Holzstühlen sucht man hier vergebens. Fast food gibt es nur an der Papadiamántis-Straße zu kaufen.

Kafeníon Bourtzí (12), auf der kleinen Halbinsel mit Blick auf den hochgelegenen Teil der Stadt und den alten Hafen. Bei klarem Wetter sieht man sogar den Pílion. Seitdem die Halbinsel unter Naturschutz gestellt wurde, ist das Kafeníon in kommunalem Besitz. Man zahlt keine Steuern und keine Lizenzen, so daß alles ein paar Drachmen billiger als üblich angeboten wird. Zudem sitzt man sehr angenehm auf

Regiestühlen unter Sonnenschirmen, genießt griechische Musik, beobachtet die an- und abfahrenden Fähren und Dolphins. Die venezianischen Mauerreste gehören zu einer mittelalterlichen Festung. Kaffee wird auf traditionelle Art zubereitet.

No Name (26), Fast food von deutlich besserer Qualität als üblich und auch von den Einheimischen gut besucht. Ein paar Tische draußen und in der Gasse. Es gibt die üblichen Kleinigkeiten: Gýros, Souvláki und Huhn in allem Variationen. Preise normal. Lage: in einer kleinen Seitengasse, die ganz am Beginn der Papadiamántis-Straße links abzweigt. Pitta und Souvláki ca. 2,25 DM,

La Piazza (27), erstes Fast food-Restaurant, wenn man vom Hafen in die Papadiamántis-Straße einbiegt. Blaue Tische und Stühle auf der linken Seite. Immer gut besucht, vor allem bei der Jugend beliebt. Griechische Musik.

Dino's Restaurant (42), gehobenes Straßencafé an der Papadiamántis. Frühstück, Kleinigkeiten, Fast food und Cocktails. Gut zu erkennen an der gelben Bestuhlung.

Café-Bar Nikos (46), direkt an der Papadiamántis-Straße: Kaffee und Frühstück, Snacks und Süßigkeiten, Gýros und Pitta, laut und staubig.

George's Snackbar (45), Fast food-Laden der gehobenen Kategorie, direkt gegenüber von *"Nikos"*. Ebenfalls Tische und Stühle draußen auf der lauten und staubigen Straße.

Caféteria Serano (29), im oberen Teil der Papadiamántis-Straße, gegenüber der Polizeistation. Draußen auf der Platía stehen die mittlerweile üblichen Korbsessel unter einem Baum. Es gibt Kaffee, Cocktails und diverse Kleinigkeiten.

Café-Bar Meltémi, am neuen Hafen, direkt neben dem gleichnamigen Hotel. Modern eingerichtet mit bequemen gelben Korbstühlen. Blick auf den Segelhafen. Es gibt Frühstück und tagsüber Snacks.

The final step Café (49), ziemlich weit oben im Gassengewirr der Stadt, direkt neben der Kirche Agíos Nikólaos. Das Café bietet eine Hochterrasse mit herrlichem Ausblick über die Stadt und auf den Hafen. Preise wie an der Paralía.

Nachtleben

Wird auf Skíathos ganz groß geschrieben, obwohl die Zeit, in der Discos wie Pilze aus dem Boden schossen, auch hier längst vorbei ist. Heutzutage sind kleinere Musik-Bars in, und die Stadt bietet eine reiche Auswahl davon. Die meisten dieser Lokale liegen an der Polytechníou-Straße, die fast parallel zur Papadiamántis-Straße verläuft. Hier ist ab ca. 21 Uhr überall was los. Reine Discos gibt es nur noch wenige auf der Insel.

Skala Rock (13), von Achílles, einem ehemaligen Journalisten, geführt. Angenehme Atmosphäre, unter anderem durch die maßvolle Lautstärke der Hintergrundmusik, überwiegend Rock der 60er bis 80er-Jahre. Es gibt deutsches Bier, griechischen Wein und gute Cocktails. Geöffnet von 21 bis 4 Uhr. Tip für ohrenfreundliches Nachtleben (selten auf Skíathos). Adresse: obere Polytechníou-Straße.

Kazbar (19), benannt nach dem berühmten Film. Barbara und John aus Australien eröffneten die Kazbar 1995. Gespielt wird überwiegend ältere Musik von den 60ern bis in die späten 80er-Jahre. Das Ganze in einer Lautstärke, die durchaus noch eine Unterhaltung ohne Megaphon erlaubt. Zivile Preise. Von 20.30-3 Uhr geöffnet. An der Polytechníou-Straße.

Admiral Benbow Inn (18), zweifellos ein englisches Ambiente, Mick und Elaine, die Besitzer stammen aus Leeds. Die Bar wurde benannt nach einem Admiral, der vor gut 300 Jahren die englische Karibik-Flotte befehligte. Gespielt wird englischer und amerikanischer Blues und Rock aus den 50er bis 70er-Jahren. Auch von älterem Publikum immer gut besucht und angenehme Musiklautstärke. Ebenfalls an der Polytechníou-Straße und ab 21 Uhr geöffnet.

The Borzoi Club (16), Edeldisco/Tanzclub in einem 120 Jahre alten Haus, einer ehemaligen Ölmühle. Im Innenraum steht noch die alte Ölpresse und der Mühlstein am Eingang. Nach Angaben des Wirtes 1976 als erste Nachtbar der Insel eröffnet. Geschmackvoll eingerichtet, nicht mit Effekten überladen. Draußen ein hübscher Garten. Internationale, griechische und moderne Musik, je nach dem Geschmack der Gäste. Täglich 23-4 Uhr geöffnet.

Pub Albatros (23), geführt von einem Schotten, einem Waliser und einem Iren. Demnach die Stammgäste überwiegend von der Insel, aber auch viele Skandinavier. Ganz witzig sind die paarhundert Bierdeckel an der Decke. Spezialität des Bosses: Jonglieren und diverse Kunststücke mit Flaschen und Eiswürfel hinter der Theke. Musiklautstärke bis zum Bersten der Boxen, dennoch (oder gerade deshalb) sehr beliebt. Täglich 21-3 Uhr geöffnet.

Banana Bar (15), Tanzbar mit einer gemütlichen Sitzecke, preisgünstige Alternative zur Disco. Der englische Chef sitzt zumeist auf seinem Barhocker draußen vorm Eingang (und schont seine Ohren). Innen wird jede Nacht die Leistungsfähigkeit der Boxen mit der neusten Disco-Musik getestet. Viele englische und skandinavische Gäste. Ab 21 Uhr geöffnet.

Bizarre Bar (20), ebenfalls an der Polytechníou-Straße gelegen. Öffnet erst spät am Abend. Englischer Besitzer mit dem typischen Ambiente: Bier von der Insel, laute Musik.

The Lemon Tree (43), Restaurant, Café-Bar und Pub in einem. Englischer Besitzer, bei seinen Landsleuten sehr beliebt. Tagsüber angenehm, nachts laute Disco-Musik bis in den frühen Morgen. Es gibt einige gute Kleinigkeiten zu essen, jeden Tag etwas anderes. Markenzeichen des Hauses ist das Zitronen-Duftaroma, das wahrscheinlich dosenweise täglich versprüht wird. Typisch englisches Ambiente.

Daskalio Garden Bar (38), wie bei fast allen Nachtclubs auch hier ein britischer Besitzer mit dem typischen Stil. Es gibt diverse Snacks zu essen, ansonsten eher Pub-Atmosphäre. Alles in einem nett eingerichteten Innenhof, am Eingang Hinweise als Graffiti an die Wand gemalt. Musik überwiegend aus den 50er bis 70er-Jahren. In der Saison täglich von 21-4 Uhr geöffnet.

La Piscine Club (59), Mega-Disco etwas außerhalb an der Evangelistrías-Straße, kurz bevor sie auf den Stadtring trifft. Sehr auffällig rechts das blau und beige bemalte Haus mit den Säulen, sieht fast aus wie ein amtliches Gebäude, ist aber ein Club. Hübsche saubere Innenanlage mit einem Swimming-Pool und Palmen. Tagsüber relaxen in bequemen Liegestühlen an der Poolbar, ab 22 Uhr Disco mit zum Teil sehr bekannten DJs. Der deutschsprachige Mitbesitzer erzählte uns, daß erst ab etwa 3 Uhr richtig was los sei, wenn die Bars in der Stadt schließen.

Disco Scorpio (22), einzige reine Disco in der Stadt. Die Zeit ist hier wohl etwas stehengeblieben, heute nennt man sich eigentlich Club oder Bar. Dennoch beim (sehr) jungen Publikum beliebt. Riesige Tanzfläche mit tiefrotem Tuch überspannt, dazu rote Polstersessel. Beleuchtungseffekte eher mager, Preise und Lautstärke dagegen auf dem oberen Level. Adresse: gegenüber der Ecke Papadiamántis-Evangelistrías-Straße.

Sehenswertes

Sehr lohnenswert ist ein Spaziergang durch die zahlreichen engen Gassen von Skíathos/Stadt. Verlaufen hat sich wahrscheinlich noch niemand, aber man tut sich schwer mit der Orientierung in dem Labyrinth der schmalen, verwinkelten und sauber herausgeputzten Gäßchen. Besonders am Abend ist es nicht leicht, sich seinen Weg zu bahnen. Nahezu an jeder Ecke ein Bistro oder eine Taverne. In englischem Stil eingerichtete Pubs wechseln sich mit Diskotheken und Fast food-Lokalen ab. Empfehlenswert sind insbesondere das Papadiamántis-Haus und die orthodoxen Kirchen.

▸ **Papadiamántis Museum**: *Aléxandros Papadiamántis* gilt als berühmtester Sohn der Insel. Von dem Literaten, der von 1851 bis 1911 lebte, stammen über 200 Kurzgeschichten, die fast immer mit der Insel Skíathos zu tun haben. Zu seinen berühmtesten Arbeiten zählt die Geschichte *"Die Mörderin"* von 1903. Papadiamántis beschreibt hierin eine Frau, die ihr weibliches Leben als Sklavendasein empfindet und aus diesem Grund zur Serienmörderin von Mädchen wird. Papadiamántis' Geschichten aus dem Realismus des 19. Jh. werden oft verglichen mit den berühmten Werken von Henry James, Guy de Maupassant, Luigi Pirandello und Anton Pawlowitsch Tschechow.

Das Museum selbst besteht aus drei winzigen Räumen und ist zudem nur spärlich eingerichtet. Es ist das Wohn- und Sterbehaus des Dichters, der am 3. Januar 1911 dort seine Augen für immer geschlossen hat. Ein Kamin, Stühle, ein Sofa, mehrere Betten, Truhen und etwas Porzellan, mehr gibt es nicht zu sehen. Für Interessierte hat man eine kleine Mappe mit ein paar Informationen in griechischer und englischer Sprache ausgelegt. Dazu bescheidene Leseproben. Etliche Bücher des Künstlers kann man bei der Museumswärterin (oder in vielen Shops auf der Insel) erstehen, die meisten jedoch nur in englischer Sprache. In Deutsch wird nur *"Die Mörderin"* verkauft.

Öffnungszeiten: täglich von 8.30-13 Uhr und 17.30-20 Uhr. Tel. 23843. Eintritt ca. 3 DM.

Kirche Trís Ierarches: die Hauptkirche der Stadt, auch *Mitrópolis* genannt. Sehr reich ausgestattet mit alten wertvollen Ikonen. Von der Decke reicht ein Kronleuchter mit annähernd 4 m Durchmesser! Überall Rundbögen mit Heiligenbildern auf den Pfeilern und die Ikonen der Heiligen Dreifaltigkeit, oft in Silber. An den Wänden befinden sich Darstellungen vom Leidensweg Christi. Die reich verzierte graue Altarwand aus Stein stammt ebenso wie das Gebäude aus dem 19. Jh., doch viele ihrer Ikonen sind weitaus älter. Im hinteren Bereich der Kirche geht es hinauf zu zwei Emporen, links die Kanzel, rechts eine Art Kardinalssitz. Leider keine Fresken.

In der Mitrópolis wird auch die wertvollste Ikone der Insel aufbewahrt. Es ist die Ikone der Schutzpatronin, *Panagía Kounistrá*. Außerdem hat man die bedeutendsten Ikonen und Teile des handgeschnitzten Altars der *Christós*-Kirche vom *Kástro* zur sicheren Aufbewahrung hierher gebracht.

Kirche Trís Ierarches

- *Wegbeschreibung*: Von der westlichen Hafenfront an der alten Paralía führt eine breite Straße hinauf zur Platía Trís Ierarches, dem großen Kirchenplatz. Der Haupteingang zur Kirche liegt auf der anderen Seite. Hier befindet sich auch das *"Restaurant Primavera"* auf einer kleinen Platía. Von dieser Platía gelangt man durch enge Gassen zurück auf die Papadiamántis-Straße.

- *Besichtigung*: vormittags und abends ab ca. 18 Uhr zur Besichtigung geöffnet. Auf Skíathos ist man es zwar mittlerweile gewöhnt, daß Touristen mit Shorts auch in die Kirchen gehen, doch die Etikette verlangt eigentlich sittsame Kleidung. Die Kirchendiener zeigen sich tolerant, sollte jedoch ein Pope anwesend sein, wird man Ihnen mit kurzen Hosen den Zutritt verwehren. Frauen müssen knielange Röcke tragen

Kirche Agía Triáda

▸ **Kirche Panagía ti Limniá**: fast auf dem höchsten Punkt des Westteiles der Stadt gelegen. Vor der Kirche eine große Platía, Bolzplatz der Jungen, die in diesem Stadtviertel wohnen. Leider ist die Panagía-Kirche tagsüber stets verschlossen, nur am sehr frühen Morgen von ca. 6-8 Uhr geöffnet. Davor einige Bänke unter schattigen Bäumen neben einem Kiosk.
In der Vorhalle zur 1838 erbauten Kirche werden noch heute die Schädelknochen von Aléxandros Papadiamántis aufbewahrt. Außerdem hat man auch hierher zahlreiche alte Ikonen der Kirchen *Christós* und *Agíos Nikólaos* vom *Kástro* gebracht.

• Wegbeschreibung: Vom alten Hafen führt eine Straße hinauf zur Platía Trís Ierarches mit der gleichnamigen Kirche. Von hier aus westlich halten, an der *"Tavérna Stamatis"* und dem *"Restaurant Le Bistrot"* vorbei weiter die engen Gassen hinauf. Etwa 15 Min. nach der Hafenpromenade erreicht man die Kirche Panagía ti Limniá. Alternative: vom Inselkrankenhaus an der Kirche Agía Triáda vorbei die südliche Gasse nehmen. Am Ende dieser Gasse liegt die Panagía-Kirche (ca. 300 m).

▸ **Kirche Agía Triáda**: kleine hübsche Kirche nahe dem Inselkrankenhaus. Vorne eine hellbraune Altarwand mit zahlreichen Heiligendarstellungen, die Ikone der Agía Trias steht neben dem Pfeiler auf der linken Seite. Hier befinden sich auch Evangelismos- und Theotókou-Ikonen (Engel und Gottesmutter). Den Innenraum ziert ein kristallbehangener Kronleuchter, ansonsten nur wenig ausgeschmückt. Relativ neu erbaute Kirche.

• Wegbeschreibung: Von der Kirche Panagía ti Limniá weiter die Gasse westlich gehen (Odós Agios Triados). Nach etwa 300 m gelangt man dann an eine Platía mit Busstopp und der Kirche Agía Triáda. Alternative: bis zum Inselkrankenhaus mit dem Auto oder Mofa, dann wenige Meter südlich gelegen.

▸ **Kirche Agíos Nikólaos**: hochgelegen über dem Ostteil der Stadt. Vom Kirchenvorplatz herrlicher Aussichtspunkt auf die Bucht, die vorgelagerten Inseln, über die gesamte Stadt mit ihren roten Giebeldächern und aufs grüne Hinterland. Ideales Plätzchen für eine Ruhepause im hektischen Skíathos, zumal rund um die Kirche viele schattenspendende Bäume stehen. Nachts phantastischer Blick auf den beleuchteten Glockenturm hinter dem Gotteshaus.

Die Kirche selbst ist eher klein, vorne eine Altarwand aus dunklem Holz mit zahlreichen Ikonenbildern. Auf der linken Seite befindet sich die Namensikone des heiligen Nikolaus, an den Außenwänden Chorgestühl. Ein goldener Kronleuchter hängt an der Decke, ansonsten nur wenig ausgeschmückt und auch keine Fresken. Die Kirche ist den ganzen Tag zur Besichtigung geöffnet.

• *Wegbeschreibung*: von der östlichen Hafenfront, d. h. der neuen Paralía, die Parallelgasse hinauf bis zum *"Hotel Metéora"*. Dann links abbiegen und im Gassengewirr weiter hinauf laufen. Nach wenigen Minuten erreicht man dann den Kirchenvorplatz der Agíos Nikólaos.

▸ **Kirche Agíos Geórgios**: auf der anderen Seite des Órmos Skiathou, unweit des Límni. Die Agíos Geórgios-Kirche ist erst in jüngerer Zeit erbaut worden. Ihre Altarwand ist aus hellem Holz gearbeitet und mit fünf großen Ikonenbildern geschmückt. Ganz links die Silberikone des heiligen Georgs, des Drachentöters. Auch gleich links am Eingang befindet sich eine Georgsikone, stets mit frischen Blumen versehen. An den Wänden weitere Heiligendarstellungen und im hinteren Kirchenteil eine riesige Griechenland-Flagge. Inseltypische Holzdeckenkonstruktion, keine Fresken. Die Kirche ist zumeist unverschlossen.

• *Wegbeschreibung*: am "Hotel Alkyon" vorbei die Straße entlang des Scheitels der Hafenbucht. Bald passiert man die Schiffswerft, kurz danach folgt der See, Límni. Rechts führt eine unscheinbare Straße an die abgelegenen Hotels *"Emy"* und *"Poúnta"*. An diesem Weg liegt auch die Kirche Agíos Geórgios, ca. 200 m nach dem Abzweig auf der rechten Seite. Zugang nur durch einen idyllischen Garten mit Olivenbäumen und einen Hof vor der Kirche. An der Straße Drahtzaun mit Eingangstor, im Garten huschen Hühner und Küken durchs Gras.

▸ **Halbinsel Bourtzí**: ebenfalls einen Besuch wert, wenn man der Hektik der Stadt ein paar Minuten entkommen will. Die Halbinsel Bourtzí liegt zwischen dem alten und neuen Hafen. Vor vier Jahren hat man den kleinen Landzipfel unter Naturschutz gestellt und die ehemalige Disco in ein kommunales Kafeníon umgewandelt (siehe Essen und Trinken). Dort sitzt man angenehm unter schattigen Bäumen auf der großen Terrasse im Westen der Halbinsel. Phantastisch der Blick auf die alte Paralía und die roten Giebeldächer, die sich pittoresk den Hang hinaufziehen.

Das alte Gemäuer inmitten der Halbinsel wurde ursprünglich als Festung errichtet. Es stammt aus venezianischer Zeit, und man nannte es damals Kastell des heiligen Georg. Die Mauern der Zitadelle waren mit Zinnen und Schießscharten versehen. Zerstört wurde das Bauwerk später sinnigerweise von den Venezianern selbst, als sie 1660 den Versuch unternahmen, Skíathos von den Türken zurückzuerobern. Von der Kirche Agíos Geórgios war schon zu Beginn des letzten Jahrhunderts nichts mehr zu sehen, doch nach

Fischerboote im alten Hafen von Skíathos/Stadt

den Türkenkriegen zog die Grundschule der Stadt in das Bourtzí-Gebäude ein. Heute dient es als Kulturzentrum. Von Anfang Juli bis Ende August finden zahlreiche kulturelle Veranstaltungen statt, vor allem musikalische Darbietungen. Fragen Sie in dem Kafeníon nach dem aktuellen Programm.

Information: Die Halbinsel ist vom Hafen aus frei zugänglich. Ein gepflasterter Weg führt in 5 Minuten einmal um Bourtzí herum.

Baden im Stadtbereich

Auch wenn sie geradezu einlädt, das Baden am **Órmos Skiathou**, wie die große Hafenbucht genannt wird, ist nicht zu empfehlen. Die Wasserqualität ist kaum dafür geeignet, die vielen Fähren und kleinere Schiffe wühlen den Dreck vom Meeresboden immer wieder neu auf. Zudem liegt die Bucht mitten in der Einflugschneise des Inselflughafens. Ungestörtes Badevergnügen ist hier nicht möglich. Das gilt sinngemäß auch für den Scheitelbereich der Bucht, etwas außerhalb und östlich der Stadt. Auch hier donnern regelmäßig Flugzeuge in geringer Höhe übers Wasser auf die Landebahn zu. Sie beginnt nur wenige Meter hinter dem weitgehend schattenlosen Kiesstrand.

Auf der Skíathos gegenüberliegenden Seite des Órmos ist die Wasserqualität deutlich besser, doch die Küste zeigt sich felsig, steinig und zerlappt. Gute Sandstrände gibt es hier nicht, zudem sind sie nur zu Fuß oder motorisiert zu erreichen, keine Busverbindungen. Für eine kleine Abkühlung zwischendurch geeignet, einen Strandtag wird man hier aber kaum verbringen.

Ganz im Südwesten der Stadt, noch hinter der Kirche Panagía ti Limniá, führen verschiedene Gassen und Pfade hinunter auf eine Felsnase, die *Pláikes* genannt wird. Auch hier überwiegt scharfkantiges Felsgestein, das beim

Sonnenbaden wenig Freude macht. Am Südende der Pláikes befindet sich ein kleines Strandstück, doch nur mit grobem Kies, reichlich dreckig und zudem mit vielen Felsen im Wasser. Zum Baden nicht empfehlenswert.

Süden und Südwesten der Insel

Das Eldorado der Insel, die blendend weißen oder auch goldgelben Strände von Skíathos. Unzählige von ihnen ziehen sich die Südküste entlang und gehen fast ineinander über. Allesamt sind sie problemlos über den Inselhighway zu erreichen, der von Skíathos/Stadt bis zum Órmos Koukounariés führt. Dieser Vorzeigestrand von Skíathos ist wohl der absolute Traum aller Bade- und Sandstrandfans. Überall gibt es zahllose Unterkünfte und Tavernen, die Angebote sind kaum noch zu überblicken.

Über sechzig Strände und Buchten soll es rund um die Insel geben, und die meisten davon liegen an der Südseite. Im Grunde kann man sie gar nicht auseinanderhalten. Zu dicht folgt ein Traumstrand dem anderen, und zu eng ist mittlerweile die Bebauung der Südküste geworden. Skíathos' Vorzüge sind den Tourismusmanagern nicht verborgen geblieben, und so hat man den Abschnitt zwischen der Stadt und dem Órmos Koukounariés ähnlich gut erschlossen wie die Strecke von Heraklion bis Agíos Nikólaos auf Kreta. Kontakte gibt es daher genug. Fast an jedem Küstenabschnitt wird abends eine Strandparty gefeiert. Wo es die Örtlichkeiten zulassen, baut man den Grill auf, brät sein Fleisch oder den frisch gekauften Fisch und läßt die Flasche Wein kreisen. Spät in der Nacht ist dann Baden angesagt.

Während an den Nord- und Weststränden oft starker auflandiger Wind weht, der auch erhebliche Brandung produziert (Tip für Surfer und Wellenreiter), zeigt sich die Südküste stärker zerlappt und weniger windig. In der Folge ist das Wasser hier wärmer und sauberer, denn der geringe Seegang spült kaum Dreck und kaltes Wasser aus tieferen Schichten an die Strände. Die Vielzahl der ausgezeichneten Badeplätze verteilt die Besucher von Skíathos recht gut. Dennoch sind im Hochsommer praktisch alle Strände hoffnungslos überfüllt. Während der Nebensaison findet man dagegen auch vereinzelt ruhigere Stellen. Tip: Gehen Sie an die Buchten, die nicht gar so viele Unterkunftsmöglichkeiten bieten. Zimmer finden Sie grundsätzlich an allen Strandabschnitten im Inselsüden.

Viele Hotels werden von einem Pauschaltouristenkontingent gebucht, bieten aber auch freie belegbare Zimmer. Die Preise sind hier oftmals ziemlich überzogen, handeln Sie auf jeden Fall. Ansonsten bieten die Einrichtungen an der Südküste reichlich Animation und Abwechslung. Wer das nötige Kleingeld hat, kann alles einmal ausprobieren: Parachuting mit dem Fall-

Megáli Ámmos

schirm am Motorboot oder auf einer Crazy-Banana kräftig im Wasser durchgeschaukelt werden, gemütlich übers Wasser fahren mit einem Pedal- oder Tretboot, danach eine rasante Wasserskirunde, am nächsten Tag mit dem bunten Segel eines Surfbretts auffallen und zur Krönung mit einem 750 ccm-Wasserskibob die Blicke aller auf sich ziehen. Möglichkeiten gibt es viele, doch Snobismus hat seinen Preis in Tausenden von Drachmen.

Südküste zwischen Skíathos/Stadt und Kanapítsa

Beliebteste Badeplätze hier sind der Megáli Ámmos wegen seiner Nähe zur Stadt und die Bucht von Achladiás, der "Birnbaum"-Strand. Entlang der Straße gibt es unzählige Übernachtungsmöglichkeiten und Tavernen – ein einziges Badeparadies. Die gut ausgebaute und durchgängig asphaltierte Straße zieht sich von Skíathos/Stadt westlich an der Küste entlang.

Aber auch wer ohne Auto auf die Insel gekommen ist, braucht sich zumindest an der Südküste um die Verbindung zu den einzelnen Orten oder Buchten keine Sorgen zu machen. Alle dreißig Minuten pendelt der Bus zwischen Skíathos/Stadt und der Bucht von Koukounariés. Manche allerdings müssen eine Stunde warten. Dann nämlich, wenn sie keinen Platz mehr in dem völlig überfüllten Bus bekommen haben.

▸ **Órmos Megáli Ámmos:** ungefähr 10 m breiter und insgesamt 600 m langer feiner Sandstrand. Am Hauptabschnitt gut mit Übernachtungsmöglichkeiten

und Tavernen ausgestattet. Vor allem die Nähe zur Stadt macht den ersten Inselstrand in westlicher Richtung so beliebt. Der Megáli Ámmos liegt nur etwa 1 km außerhalb von Skíathos/Stadt an der Inselstraße. Kein Schatten durch Bäume, aber Liegestuhl- und Sonnenschirmverleih vorhanden.
Direkt am Beach Sand und Kieselsteine, gut für Kinder geeignetes, seichtes Wasser. Zudem sehr sauber, kein Meeresdreck. Schon in der Nebensaison wird der Strand gut besucht, im Hochsommer ist hier die Hölle los. Da stört auch nicht die Nähe zur Straße. Am Westende wird der Megáli Ámmos allmählich enger und ist nur noch mäßig sauber. Hier nur Kies, aber eine kleine Strandbar und ebenfalls Liegestuhlvermietung vorhanden.

Adressen/Einrichtungen

Entlang der Straße liegen einige **Supermärkte**, die außer Lebensmittel vor allem Touristenbedarf wie Sonnencreme, Badematten und Fotoartikel verkaufen. Vor dem *"Hotel Mira Mare"* befindet sich ein **Kartentelefon**, schräg gegenüber an der Straße ein **Zweiradverleih**. Der **Inselbus** hält am *"Hotel Angeliki"* (Stopp Nr. 5) und am *"Restaurant Poseidon"* (Stopp Nr. 6).

Watersports Megáli Ámmos, ein paar Meter östlich vom *"Mira Mare"*. Sonnenschirmverleih und Liegestühle ca. 13 DM pro Tag, Parachuting (20 Min.) ca. 42 DM (Doppelschirm für 2 Personen ca. 60 DM), Wasserski (20 Min.) ca. 26 DM, Crazy-Banana (20 Min.) ca. 13 DM, Pedal-Boot (1 Std.) ca. 19 DM. Geöffnet vom 1. Mai bis zum 20. Oktober.

Übernachten

Hotel Mira Mare, B-Kat., direkt zwischen Straße und Strand. Vermietet werden 25 sehr geräumige DZ mit dunkler Einrichtung. Alle Zimmer verfügen über saubere Bäder, Balkon bzw. Terrasse, Klimaanlage und Telefon. Hübsch gestaltete Frühstückshalle. Etwas hektische Atmosphäre an der Rezeption. Preise je nach Saison ca. 102-154 DM inkl. Frühstück. Tel. 21048/23761/23762, Fax 23760.

Anemoni Beach Hotel, C-Kat., geführt von einer Besitzerin aus Dänemark. 16 DZ, alle mit Telefon, Safe und Minibar. Dazu tipptopp Bäder und schöner Blick von den großen Balkonen hinunter in die Bucht. Stilvolle Einrichtung, z. B. Korbstühle statt Plastik. Blitzsaubere Außenanlage mit Gartenbar. Preise je nach Saison ca. 102-142 DM inkl. Frühstück. Tel. 22860/23211, Fax 23383.

Hotel Angeliki, E-Kat., mit einer sehr ansprechenden Außenanlage, üppig begrünte Vorgärten mit Ölbäumen und Hunderten Blumen. Alle 17 rustikal eingerichteten DZ verfügen über ein Bad, Kühlschrank und Telefon. Balkone mit Meeresblick sind jedoch sehr klein geraten. Preise je nach Saison ca. 45-77 DM. Tel. 21625/21626/22354.

Pension Poseidon, D-Kat., die gleichnamige Taverne vermietet 10 DZ im gleichen Haus. Alle Zimmer mit Bad und Meeresblickbalkon. Leider direkt an der Straße gelegen. Preise je nach Saison ca. 45-70 DM. Tel. 23019. Fragen Sie im Restaurant.

Essen/Trinken

Restaurant Mira Mare, gehört zum gleichnamigen Hotel. Typisches Strandrestaurant mit Bar. Mittags und abends geöffnet, griechische und internationale Gerichte. Hübsch der Blick aufs Meer aus dem Garten. Oberes Preisniveau.

Tavérna Bar Megáli Ámmos, außen und innen mit Fischernetzen und Lichterketten dekoriert, in einem liebevoll vergammelten älteren Haus. Liegt ein paar Meter weiter westlich am Strand. Rustikales Ambiente, gutes Essen der griechischen Küche.

Restaurant Poseidon, am Westende des Megáli Ámmos jenseits der Straße am Busstopp Nr. 6. Auf einer Hochterrasse oberhalb der Straße wird internationale Küche geboten. Ganztägig geöffnet: Frühstück, Mittag- und Abendessen. Fleischspezialitäten zu den inselüblichen Preisen.

Beach Bar Thessaloníki, typische Strandbar, direkt neben dem *"Mira Mare"*. Tische und Stühle auf grünem Rasen, Blick auf Strand und Meer. Durchgängig geöffnet, der englische Besitzer bietet auch Frühstück an.

▸ **Órmos Vassilias**: relativ ruhiger Beach, wenn auch nicht von allerbester Qualität. Die Bucht von Vassilias ist gut 300 m lang und verfügt über einige kleine Einbuchtungen, die geringfügig Schatten bieten. Ansonsten seichtes Wasser, gut für Kinder. Aber der Strand, der überwiegend aus Kies besteht, ist nicht so beliebt, in der Nebensaison fast menschenleer. Bei ungünstigem Seegang wird viel Schmutz aus dem Meer angeschwemmt, der nur im Hochsommer von Hotelangestellten entfernt wird. Direkt hinter der Apartmentanlage befindet sich die Bushaltestelle Nr. 9.

• *Übernachten*: **Vassilias Beach Apartments**, B-Kat., große Anlage bestehend aus mehreren Häusern auf einem riesigen Anwesen. Dem Besitzer Panagiotis Polyzos gehören die **Villa Daphni**, **Villa Cryssa** und die **Villa Sotiroula**. Insgesamt werden in den Häusern 30 Apartments und Studios für 2 bis 4 Personen vermietet. Die Anlage mit vielen bunten Blumen liegt am Hügel hinter dem Strand, daher Superblick aufs Meer und hinüber zur Stadt Skíathos. Alle Zimmer verfügen über ein Bad, Küche, Kühlschrank und Telefon sowie Balkon oder Terrasse. Dunkles Mobiliar, aber saubere Zimmer und Bäder. Preise je nach Saison ca. 57-128 DM fürs DZ und 102-204 DM fürs 4-Personen-Apartment. Geöffnet von Juni bis September. Bushaltestelle nicht weit entfernt. Tel. 22003/22235, Fax 22526.

• *Einrichtungen*: Unten am Strand befindet sich die **Tavérna Ta Nisia**, die dem Besitzer der Apartmentanlage gehört. Auch hotelfremde Gäste sind willkommen. An der Taverne werden auch **Sonnenschirme** und **Liegestühle** vermietet (ca. 10 DM pro Tag).

▸ **Órmos Achladiás**: pittoreske Sandstrandbucht, für den internationalen Tourismus voll erschlossen. Wer Lust, Laune und auch das nötige Kleingeld hat, dem steht eine Vielzahl sportlicher Betätigungsfelder offen: Windsurfen,

Órmos Achladiás

Wasserski, Segelboot oder Tretboot. Trotz der Menschenmassen ist das Wasser klar und sehr sauber, zudem seicht und daher für Kinder gut geeignet. Der gesamte Strand umfaßt gut 400 m sauberen und feinen, weißen Sand. In der Saison wird er vom Hotelpersonal jeden Tag gereinigt.
Diese Vorzüge sind natürlich gut bekannt und machen den Achladiás-Beach daher sehr beliebt. Schon in der Nebensaison bleibt kaum ein Liegestuhl frei, im Hochsommer fühlt man sich wie am Teutonengrill von Rimini, nur das Wasser ist hier sauberer. Inmitten des Strandes wurde ein kleiner Anlegekai für Ausflugsboote betoniert. Die Bucht ist selbstverständlich auch mit dem Bus erreichbar. Am *"Hotel Esperides"* befindet sich die Haltestelle Nr. 10, gut 4 km westlich von Skíathos/Stadt an der Küstenstraße. Entlang des Inselhighways liegen auch noch etliche Privatzimmer, Hinweistafeln beachten!
Westlich des Órmos Achladiás folgen einige Meter Felsenküste, bevor sich noch ein weiterer Strand ankündigt. Dahinter ist dann der phantastische Blick auf die Halbinsel Kanapítsa vollständig freigegeben.

Übernachten

Hotel Esperides, A-Kat., etwas ältere Luxusherberge mit allem erdenklichen Komfort. 1996 teilweise renoviert, aber von außen noch immer kein schöner Anblick. Vermietet werden 180 Zimmer und eine Suite. Zimmer selbstverständlich sehr gepflegt und alle mit Bad, Telefon, Radio und Meeresblickbalkon. Im Juli und August wird auch die Klimaanlage betrieben. Außerdem Hotelrestaurant, Bar, Swimmingpool, Friseursalon, Boutique, Souvenirladen, Juwelier, Tennisplatz, Fernsehzimmer und großer Kongreßraum. Nur wenige Meter bis zum Wasser, aber das alles hat natürlich seinen Preis. Ein DZ kostet je nach Saison zwischen 160 und 225 DM, zuzüglich Frühstück für 13 DM pro Person. Geöffnet von April bis Oktober. Großes Sportangebot. Tel. 22245/21581/22535, Fax 21580.

Hotel Bontzos, C-Kat., neues Familienhotel direkt an der Straße, daher nicht gerade ruhig. 24 dunkel möblierte Doppelzimmer, allerdings etwas klein geraten. Alle Räume verfügen über ein Bad und Telefon sowie einen Balkon zur Meeresseite. Zum Strand nur 50 m, dazwischen liegt ein hübsch begrünter Garten mit Weinreben und vielen Rosen. Hoteleigene Taverne angeschlossen. Preise je nach Saison ca. 56-102 DM pro DZ, für Frühstück muß man 13 DM extra berappen. Tel. 22875/22326, Fax 21285.

Hotel Belvedere, C-Kat., Bungalowanlage, etwas abseits vom Strand auf der gegenüberliegenden Straßenseite. Durch die Lage ziemlich laut und nur während der Hochsaison geöffnet. DZ mit Küche und Bad gibt es dann ab etwa 85 DM. Tel. 42475.

Achladiás Apartments, A-Kat., empfehlenswerte Anlage auf mehreren Ebenen. Geschmackvoll eingerichtete Zimmer mit hellen Kiefernholzmöbeln. Alle Zimmer mit Küche und Bad, geräumig und sehr sauber. Schöne Balkone mit Blick zum Meer. Zwischen dem Haus und dem Meer liegt ein phantastischer Garten, der tadellos in Schuß gehalten wird. Attraktion: gut ein Dutzend freilaufende Schildkröten. Gäste erhalten 10 % Rabatt in der *"Tavérna Paradise"*. Preise je nach Saison ca. 52-64 DM fürs DZ. Tel. 22486.

Essen/Trinken

Tavérna Paradise, am Strand links neben dem *"Hotel Esperides"* gelegen. Angenehmes Plätzchen unter schattigen Bäumen. Typische und gutbesuchte Strandtaverne mit Blick aufs Wasser und griechischer Musik. Ganztägig geöffnet, auch mittags vollständige Menüs oder diverse Kleinigkeiten. Sehr lecker der griechische Salat. Gäste waren sehr zufrieden. Preise okay.

Taverna Fáros, rechts neben dem *"Hotel Esperides"*, ebenfalls direkt am Strand und an den blauen Stühlen zu erkennen. Spezia-

Grüner Wald, blaues Meer und weißer Sand – Órmos Tzanerias

lität des Hauses sind Pizzen aus dem Holzofen und griechische Fleischgerichte. Aber auch Fisch ist im Angebot. Ganztägig geöffnet. Preise im ortsüblichen Rahmen.

Taverna Perigiali, am Westende des Achladiás-Beaches beim *"Hotel Bontzos"*. Strandtaverne in einem Innenhof, der von einer riesigen Pinie überragt wird. Freundlicher Besitzer, schneller Service, immer gut besucht. Griechische Speisen vom Holzkohlengrill, es gibt aber auch internationale Küche, sogar chinesische Gerichte! Ganztägig geöffnet.

Adressen/Einrichtungen

Die Einrichtungen am Strand werden weitgehend vom *"Hotel Esperides"* organisiert. Im Angebot natürlich Sonnenschirm- und Liegestuhlverleih (ca. 10 DM pro Tag). Außerdem gutes Sportangebot: Tretboot- (ca. 20 DM pro Std.), Surfbrett- (ca. 12 DM pro Std.) und Segelbootverleih (Preise variieren stark von Boot zu Boot). Wasserskifahren möglich für ca. 25 DM (20 Min.).

Der Besitzer der Taverne *"Perigiali"* vermittelt **Bootsausflüge** vom Achladiás-Strand mit dem Fischerkaiki "Agíos Nikólaos". Fragen Sie nach dem Wirt Apostolis. Tel. 22898.

▸ **Órmos Tzanerias:** mehrere schöne Badebuchten unmittelbar vor der Halbinsel Kanapítsa. Wer hierher kommen will, muß an der Haltestelle Nr. 12 aus dem Bus aussteigen. Die Hauptbucht ist ungefähr 250 m lang und bietet einen herrlichen Sandstrand mit nur wenig Kies. Alles sehr sauber, dazu klares, seichtes und damit kindergeeignetes Wasser. Teilweise spenden Bäume etwas Schatten.

Der größere Strandabschnitt ist der offizielle Strand des *"Nostos-Hotels"*, wunderschön westlich oben am Hang gelegen. Das Hotel betreibt hier seine Wassersporteinrichtungen, außerdem gibt es neuerdings eine kleine Taverne. Auffällig sind die vielen Motorboote in der Bucht – offenbar ein beliebter Platz für Yachtbesitzer.

• *Übernachten*: direkt am Strand keine Übernachtungsmöglichkeiten.

• *Essen*: kleine Taverne und Strandbar vorhanden. Es gibt die üblichen Kleinigkeiten und diverse Drinks. Ganztägig geöffnet.

• *Adressen*: **Kartentelefon** direkt an der Bushaltestelle für den Tsanerias-Strand (Nr. 12).

• *Einrichtungen*: **Porto Nostos**, der "Hafen" des Hotels Nostos *(siehe unter "Übernachten auf der Kanapítsa-Halbinsel")*. Direkt verbunden mit dem Hotel, die Einrichtungen können aber auch von hotelfremden Gästen genutzt werden. Sonnenschirmverleih und Liegestühle ca. 13 DM pro Tag, Surfbrett ca. 13 DM pro Stunde, Parachuting (10 Min.) ca. 38 DM, Wasserski (10 Min.) ca. 26 DM und Crazy-Banana (20 Min.) ca. 26 DM. Außerdem besteht die Möglichkeit bei Besitz eines entsprechenden Führerscheins, ein Motorboot für ca. 95 DM pro Tag zu mieten. Angeboten werden auch Tauchkurse nach der Methode *Scuba Diving* für ca. 56 DM pro Tag. Tel. 21599.

Halbinsel Kanapítsa

Eines der schönsten Fleckchen entlang des Inselhighways Richtung Westen. Eine grüne Halbinsel mit Bäumen, Sträuchern und Wiesen. Dutzende Privatvillen und ein paar sündhaft teure Hotels.

Entlang der asphaltierten Küstenstraße von Skíathos/Stadt nach Koukouniariés reiht sich Strand an Strand, und längst ist fast jeder Meter irgendwie touristisch erschlossen. Gut 5 km hinter der Stadt führt die Straße einmal nicht direkt am Ufer entlang. Hier beginnt die Kanapítsa-Halbinsel. Sie ragt etwa 1,5 km aus der Küstenlinie hervor, und im Grunde führt nur eine (anfangs geteerte) Schotterpiste einmal rund um das Gebiet. Im ersten und letzten Drittel liegen ein paar Hotels und Apartmentsiedlungen, günstige Privatzimmer gibt es keine.

Skíathos' Jet-Set-Charakter wird auf der Kanapítsa-Halbinsel eindrucksvoll demonstriert. Längst haben hier die Baulandpreise mitteleuropäisches Niveau erreicht, und die teuren Nobelvillen, zumeist in ausländischem Besitz, folgen in geringen Abständen. Architektonisch ist diese Ansiedlung ziemlich geschickt gemacht, die kleinen Häuser ziehen sich im dichten Wald sehr versteckt die Hänge hinauf. Nirgendwo ist die Häufigkeit der *"Privat. No entry"*-Schilder größer als entlang der knapp 4 km langen Piste rund um die Halbinsel. Dabei haben die Reichen (und Neureichen) durchaus einen guten Geschmack bewiesen. Kanapítsa ist eine der schönsten Stellen auf der gesamten Insel.

Der Hügel *Kalamáki*, der die gesamte Halbinsel umfaßt, steigt nur sanft an und bietet fast überall einen herrlichen Blick aufs blaue Meer der Ägäis, bei klarem Wetter bis hinüber zum Pílion. Tausende von Bäumen und Sträuchern wachsen an den Hängen und werden gelegentlich durch saftig grüne Wiesen unterbrochen. Ein wunderschönes Wanderterrain, leider gibt es aber keinen Weg quer über den Hügel. So würde auch die Wanderstrecke der gut befahrenen Staubpiste folgen, denn die Runde um Kanapítsa läßt sich (zu Recht) kaum ein Inselbesucher entgehen.

Einige Bewohner zeigen mit Stolz ihr Anwesen, wenn nicht gerade eine größere Touristenhorde auftaucht. Fragen Sie ruhig einmal, seien Sie aber auch auf ein deutliches "Nein" gefaßt. Auf der Kanapítsa-Halbinsel lebt der freundliche englische Maler *Richard Dunlop*. Seine Bilder mit abstrakten,

Traumhafte Kanapítsa-Halbinsel

geometrischen Figuren sind sehr farbenfroh gestaltet. Bekanntester Gast ist hierzulande aber sicherlich Hans-Dietrich Genscher. Seine Schwester soll in Kanapítsa ein Haus besitzen. Stolz erzählen die Einheimischen, daß der deutsche Ex-Außenminister hier oft seinen Urlaub verbringt.

Übernachten

Hotel Nostos, A-Kat., große Bungalowanlage mit knapp 300 Betten oben auf dem Hügel. Das gesamte Haus wurde in den letzten Jahren frisch renoviert. Schöne Wohnzimmer und herrlicher Blick auf die Bucht. Zum sauberen Sandstrand nur wenige Minuten. Geräumige Zimmer mit Teppichboden und rustikaler Einrichtung, vom allerfeinsten mit viel Holz gestaltet. Sämtliche Zimmer mit Bad, Balkon und Kühlschrank, einige auch mit Klimaanlage. Unten eine riesige Terrasse mit Meeresblick und Aufenthaltshalle mit bequemen Polstersesseln. Die Anlage verfügt über Tennisplätze und ein Schwimmbad. Mit dem hoteleigenen Boot werden Ausflüge zu entlegenen Badebuchten angeboten. Sehr guter Service. Für einen Zweibettbungalow muß man je nach Saison pro Tag mit 164-318 DM rechnen. Ein DZ im Hauptgebäude kostet 184-350 DM. Tel. 22520/22521/22523, Fax 22525.

Hotel Martin Beach, B-Kat., vierstöckige Anlage am Hügel westlich der Tsanerias-Bucht. Vermietet werden 45 DZ mit komfortabler Einrichtung: Bad, Kühlschrank, Radio und Telefon. Superblick aufs Meer von allen Balkonen. Unten im Haus Hotelbar, Frühstücks- und TV-Raum, davor eine Sonnenterrasse. Preise je nach Saison ca. 102-148 DM. Tel. 21759, Fax 49666.

Hotel Plaza, B-Kat., sehr ruhig in einem Tal hinter der Bucht und nicht direkt am Meer gelegen. Das 1991 erbaute vierstökkige Gebäude umfaßt 79 Zimmer der höheren Kategorie. Nüchterne Eingangshalle. Die Zimmer sind sehr geräumig, hell möbliert, vom feinsten und haben sogar Teppichboden. Außerdem noble Bäder mit Wanne, Kühlschrank und Telefon sowie Balkone mit Berg- oder Meeresblick. Allen Gästen stehen der Swimmingpool, Dachgarten und das TV-Zimmer zur Verfügung. Hoteleigenes Restaurant und Busservice in die Stadt vorhanden. Preise je nach Zimmer und Saison ca. 90-142 DM. Tel. 21971/21972/21974, Fax 22109.

Hotel Cape Kanapítsa, A-Kat., oberhalb der Westendes der Tsanerias-Bucht gelegen. Vermietet werden 14 DZ und zwei Suiten. Riesige Zimmer mit moderner Einrichtung, ganz witzig, weil alles in blau gehalten ist, sogar die Betten. Jedes Zimmer zudem mit Bad, Telefon, Klimaanlage und teilweise auch TV ausgestattet. Hübsche, geräumige Balkone mit Meeresblick. Im oberen Teil der Anlage Swimmingpool und kleine Taverne. Preise je nach Saison ca. 90-142 DM. Tel. 21752/21753/21754, Fax 22170.

Villa Christina, C-Kat., an der Südwestseite der Kanapítsa-Halbinsel, nur über die Staubpiste zu erreichen. In einem neu angelegten dreistöckigen Haus werden insgesamt 8 Apartments für 2-4 Personen vermietet. Sehr ruhige Lage mit Blick auf die grünen Hügel der Halbinsel. Swimmingpool im Garten. Preise je nach Saison ca. 83-110 DM. Tel. 21562.

Villa Toxotis, C-Kat., direkt neben "Villa Christina" an der Südwestseite der Kanapítsa-Halbinsel. Ebenfalls eine dreistöckige Anlage mit vier großen Apartments und vier Studios in herrlich ruhiger Lage. Garten mit Kinderspielplatz. Preise je nach Saison ca. 75-102 DM. Tel. 22111.

Essen/Trinken

Taverne Kanapítsa, einzige auf der Halbinsel. Große Auswahl und reichhaltige Speisen. Fast jeder, der auf Skíathos seinen Urlaub verbracht hat, kennt die Taverne, demnach auch immer reichlich voll. Als Spezialität des Hauses gelten die Moussaká (Hackfleisch und Kartoffeln) und sämtliche Fischgerichte, allerdings nicht gerade billig.

▸ **Órmos Vromólimnos:** an der Westseite der Kanapítsa-Halbinsel. Knapp 400 m feiner heller Sand und sehr sauber. Das Wasser ist in Ufernähe seicht, wird aber später schnell tief. Rechts und links ist die hübsche Bucht von hohen, dicht bewachsenen Felsen umgeben. Einige Bäume spenden spärlichen Schatten. Wunderschön zeigt sich im Westen das Panorama auf die grünen Hänge und auch hinüber auf die Nachbarinsel Skópelos.

Wenige Meter hinter dem Strand liegt der Vromólimnos-See, ein kleines, fast stehendes Gewässer. Außen viel Schilfgras und dicht mit Algen bewachsen. Der verschmutzte See hat eher Lagunencharakter und ist nicht zum Baden geeignet. Ein Paradies für Stechmücken, daher rechtzeitig vor Sonnenuntergang den Strand verlassen! Tagsüber hat man nichts zu befürchten, dennoch wird der Vromólimnos-Strand vergleichbar wenig besucht.

• *Essen*: **Tavérna-Bar Vromólimnos**, direkt am Westende des Strandes. Hübsch hergerichtet unter ziegelgedecktem Holzdach und Pinien, daneben eine Strandbar. Superblick aufs Meer und nach Skópelos von der Terrasse. Drinks, Kaffee, Kleinigkeiten und vollständige Menüs. Preise inselüblich. Der Wirt könnte freundlicher sein.

Snack-Bar Vromólimnos, fast gleicher Name, dennoch Konkurrenz. Die Snack-Bar liegt etwa hinter dem Mittelteil des Strandes. Leicht zu erkennen an den beiden Wagenrädern vor dem Haus. Ansonsten alles mit dunklem Holz rustikal gestaltet. Angeboten wird im Grunde das Gleiche für ähnliche Preise. Wirt ist zwar freundlich, spricht aber kaum Englisch.

• *Einrichtungen*: Inmitten des Strandes ein Volleyballfeld, das am Spätnachmittag vor allem von Griechen genutzt wird. Am Ostende der Bucht von Mitte Juni bis Mitte September Wassersportmöglichkeiten und -verleih.

Südküste zwischen Kanapítsa und dem Koukounariés

Die Fortsetzung der phantastischen Inselstrände. Auch auf den restlichen Kilometern bis zum Koukounariés reiht sich eine Sandbucht an die nächste. Der Inselbus hält fast jeden halben Kilometer. Überall steigen Leute ein und aus, auf Skíathos ist man mobil, jeder Strand muß mal ausprobiert werden.

In diesem Teil der Insel verdient der Platánias-Beach Höchstnoten und natürlich die absolute Traumbucht von Koukounariés – sie ist zweifellos eine der schönsten (und leider auch teuersten) Buchten Griechenlands. Ihre Postkartenauflage dürfte die Millionengrenze längst überschritten haben.

▶ **Órmos Koliós:** schöne Sandstrandbucht, ca. 6 km von Skíathos/Stadt entfernt. Der Koliós-Beach bietet gut 300 m feinen Sand, allerdings kaum Schatten. An beiden Seiten der Bucht steigen üppig grüne Hügel auf, die mit zahlreichen Häusern bebaut wurden. Beliebt ist sie ganz offenbar bei Segelboot- und Yachtbesitzern, fast immer liegen einige kleine Schiffe vor Anker. Das Wasser wirkt auf den ersten Blick recht sauber, dazwischen wachsen aber stellenweise viele Pflanzen. Das Bade- und Strandvergnügen wird zudem durch den Lärm der nahen Straße beeinträchtigt. Dennoch ist der Strand im Hochsommer gut besucht, während der Nebensaison ist es hier eher ruhig. Apartments und Campingplatz sind vorhanden.

• *Übernachten/Camping*: **Hotel Koliós**, C-Kat., direkt zwischen Straße und Bucht. Vermietet werden Apartments, jeweils zwei Räume mit Bad, Küche und Kühlschrank. Schöner Buchtblick von den Balkonen. Außerdem gibt es zwölf nicht sehr geräumige DZ. Preise je nach Saison ca. 64-96 DM fürs DZ und 128-160 DM fürs Apartment. Von Mai bis Oktober geöffnet. Tel. 49249.

Margi House, C-Kat., möblierte Apartments, relativ weit oben am Berg. Von der Hauptstraße kurz vor der Bushaltestelle Nr. 14 rechts ab und etwa einen halben Kilometer ins Hinterland. Tel. 49211.

Camping Koliós, liegt direkt zwischen Straße und Meer hinterm Strand. Wenig anziehend, ziemlich unaufgeräumtes, aber ebenes Gelände. Einige Bäume und mit Schilfmatten überspannte Holzkonstruktionen bieten Schatten. Boden recht hart, allerdings wenig Steine. Problem sind die sanitären Anlagen, insgesamt nur sechs Toiletten. Ohnehin bedürfen die Wasch- und Duschräume einer Renovierung. Preise: Person 7 DM, kleines Zelt 2 DM, großes Zelt 4 DM, Campingbus 7 DM. Geöffnet vom 10. Juni bis Ende September. Tel. 49249 (wie *"Hotel Koliós"*, gleiche Besitzerfamilie).

• *Essen*: **Tavérna Koliós**, kleine Taverne mit blauen Tischen und Stühlen direkt am Strand. Ganztägig geöffnet ab 11 Uhr. Der freundliche Wirt bietet zahlreiche Fischspezialitäten. Dezente griechische Musik im Hintergrund. Essen okay, Preise im Rahmen. Vorne am Wasser betreibt der Tavernenbesitzer im Hochsommer auch eine kleine Strandbar.

Órmos Platánias

Das Hinterland des Strandes sieht zwar wenig einladend aus (einige hundert Meter Schwemmland und zahlreiche Hotelbauten), doch der feine, gut 400 m lange Sandstrand entschädigt für so manche Bausünde. Im Gegensatz zum Koukounariés-Beach noch immer bedeutend ruhiger. Das Wasser ist sehr sauber, wird aber an einigen Stellen schnell tief, also nichts für Kinder. Selbst bei starkem Wind kaum Seegang. Leider kein natürlicher Schatten, aber man kann sich Sonnenschirme und Liegestühle ausleihen. Oder man legt sich in den herrlichen hellen Sand, der hier besonders feinkörnig ist.

Vom Strand bietet sich ein wunderschöner Blick auf die Westseite der Kanapítsa-Halbinsel und die Nachbarinsel Skópelos. Hinter der Bucht befinden sich mehrere neue Hotels des (sehr) gehobenen Niveaus, Privatzimmer liegen weiter außerhalb und jenseits der Straße. Außerdem findet man eine ganze Reihe von Tavernen und Snackbars am Inselhighway und am Strand. Hier gibt es sogar einen Kiosk, der mehrmals täglich mit Eis beliefert wird. Sportliche können Surfbretter leihen, Wasserski fahren oder Paragliding betreiben.

Übernachten

Skíathos Princess Hotel, Luxuskat., riesige flach terrassierte Anlage, etwas zurück vom Strand. Mehrere Häuser, dazwischen englischer Rasen und ein Swimmingpool. Alle 131 Zimmer sind mit Bad, einem Meeresblickbalkon, Klimaanlage, Kühlschrank, Telefon und Radio ausgestattet. Tische aus Marmor, alles vom Feinsten. Geräumige Bäder mit Wanne. Im Hotel außerdem eine Taverne und eine kleine Ladenzeile mit Supermarkt und deutscher Presse vorhanden. Keinerlei Sprachprobleme, an der Rezeption arbeitet Birgit aus Deutschland. Auf Skíathos gibt es zwei Hotels der Luxuskategorie, das *"Princess"* ist eines von ihnen und hat natürlich entsprechende Preise: DZ kostet je nach Saison ca. 225-360 DM, und für eine Suite muß man zwischen 340 und 595 DM zahlen, jeweils inkl. Halbpension. Tel. 49226/49369, Fax 49666.

Hotel Arco, B-Kat., neues Gebäude, sehr nüchterne, kühle Empfangshalle mit viel weißem Marmor. Draußen ein hübscher grüner Garten mit Pavillon, kurzer Fußweg zum Strand. Freundliche helle Zimmer, alle mit Bad und Telefon, die Hälfte auch mit Meeresblickbalkon. Kontingent für Pauschaltouristen, vor allem viel junges Publikum. Hotelbar- und Taverne angeschlossen. Preise je nach Saison ca. 80-130 DM fürs DZ inkl. Frühstück. Tel. 49387, Fax 49377.

Hotel Atrium, A-Kat., neues Hotel oberhalb von Straße und Bucht, mitten im Grünen. Vermietet werden 75 geräumige DZ mit Bad, Klimaanlage, Telefon und Radio. Bäder tipptopp sauber und mit Wanne. Von allen Balkonen Superblick hinunter auf die Bucht und die Kanapítsa-Halbinsel. Ganz oben ein Swimmingpool auf der Sonnenterrasse, Pool-Bar und Hotelrestaurant. Einmal pro Woche gibt es ein Barbecue. Außerdem Billard- und TV-Raum vorhanden. Keine Sprachprobleme, Heide aus Deutschland arbeitet an der Rezeption. Preise je nach Saison ca. 96-176 DM mit Frühstück oder 122-208 DM mit Halbpension. Tel. 49345/49376, Fax 49444.

Essen/Trinken

Jimmy's Tavérna, gegenüber vom *"Hotel Arco"* auf der anderen Straßenseite in einem kleinen Garten. Jimmy bietet internationale und griechische Küche, Spezialität sind die leckeren Pizzen. Immer gut besucht. Preise im ortsüblichen Rahmen.

Tavérna Kochili, günstige Taverne direkt neben dem *"Skíathos Princess Hotel"*. Man sitzt angenehm unter einem Sonnendach im Innenhof und läßt sich von griechischer Musik berieseln. Angeboten wird internationale und einheimische Küche, abgestimmt auf den Geschmack der Hotelgäste.

Tavérna Platánias, liegt etwas tiefer als die Straße gegenüber der Kirche Agía Paraskeví. Restaurant und Bar des gehobenen Niveaus unter Bäumen und Zeltdach. Gut zu erkennen an den beiden griechischen Amphoren, die den Eingang zieren. Viele Gäste kommen von den Hotels.

Tavérna Pergola, ist die Strandfiliale des "*Skíathos Princess Hotel*". Typische Strandtaverne mit blauen Tischen unter Schilfmattendach. Fast immer voll belegt von den Hotelgästen, die hier Rabatt bekommen. Internationale und griechische Gerichte sowie Snacks, Kaffee und Drinks.

Kirche Agía Paraskeví: liegt unscheinbar in einem bewaldeten Innenhof hinter dem Platánias-Strand und direkt neben dem "*Skíathos Princess Hotel*". Dabei ist die Agía Paraskeví eine der wichtigsten Kirchen der Insel. Ihre helle Altarwand ist mit zahlreichen Ikonen verziert. Links hinter dem Eingang steht die bedeutende Namensikone der heiligen Gottesmutter hinter Glas. Votivtäfelchen und Blumen der Gläubigen bezeugen regen Besuch. Ungewöhnlich erscheint die weiße Holzdecke der Kirche, wie üblich dagegen das Chorgestühl, die riesigen Kerzen und weitere Ikonenbildnisse an den Wänden. Eine Inschrift gibt die letzten Restaurierungsjahre mit 1824 und 1894 an.
Im Innenhof befindet sich direkt vor der Kirche ein offener überdachter Raum mit einem Kamin. Jedes Jahr am 26. Juli wird hier das orthodoxe Kirchenfest *Agía Paraskeví* gefeiert. Nach dem Gottesdienst wird gegessen, gesungen und getanzt.

Troúlos

Langgezogenes Straßendorf mit zahlreichen touristischen Einrichtungen. Abzweig in den Nordwesten der Insel und zum sehenswerten Kloster Panagía Kounistrá. Ansonsten wenig Spektakuläres.

Gut 8 km von Skíathos/Stadt entfernt liegt das Straßendorf Troúlos. Wer mit dem Bus kommt, muß an der Haltestelle Nr. 18 aussteigen. Troúlos ist wenig attraktiv, die Bauten rechts und links der Straße sind einfache Betonklötze. Auffallend ist die nur spärliche Begrünung, auch die Pinienwälder rund um den Ort sind nicht so dicht wie auf weiten Teilen der Insel. Der internationale Tourismus bestimmt das Leben in Troúlos. Entlang der Straße liegen zahlreiche Supermärkte, Souvenirgeschäfte, Tavernen und sogar ein Mofaverleih.

Wer mit dem eigenen Fahrzeug unterwegs ist, sollte die Abzweigung am Ortsbeginn beachten. Von hier aus führt eine gute Asphaltstraße nördlich bis zum Kloster der Inselheiligen *Panagía Kounistrá*. Kurz zuvor zweigt ein Schotterweg zu der hübschen Nordbucht *Asélinos* ab, ebenfalls problemlos zu befahren. Ganz in der Nähe der Siedlung liegen die Ruinen der *Klosterkirche Agía Sophia* aus frühbyzantinischer Zeit, wahrscheinlich aus der Mitte des 6. Jh.

Von der Hauptstraße führt auf der anderen Seite ein Schotterweg hinunter zum Meer. Sehr feiner weißer Sandstrand von knapp 250 m Länge und ungewöhnlich breit. Wirklich sauberes und seichtes Wasser, allerdings keinerlei Schatten und schon in der Nebensaison gut besucht. Im Hochsommer ist die recht kleine Bucht restlos überlaufen. Rechts und links sind die umliegenden Hügel mit vielen Häusern mittlerweile ziemlich verbaut worden.

Einrichtungen: Direkt am Strand Sonnenschirm- und Liegestuhlverleih für ca. 13 DM pro Tag. Außerdem Bootsverleih (Tretboot ca. 15 DM pro Stunde), Wasserskifahren nur im Hochsommer möglich (ca. 30 DM für 20 Min.).

Gegenüber der Bucht liegt in 600 m Entfernung die *Mäuseinsel Troulonisia.* Zum Schwimmen zu weit, aber mit einem Ruderboot leicht zu erreichen. In den Sommermonaten hat dort ein Patriot die bayerische Flagge aufgezogen.

König Otto I. und weiß-blaue Erinnerungen

Die heute noch gültige griechische Flagge (blau-weiß gestreifter Untergrund und weißes Kreuz) brachte *König Otto I.*, ein Sohn von König Ludwig I. von Bayern, mit nach Griechenland. Als er 1832 mit Zustimmung der griechischen Nationalversammlung von den Großmächten Rußland, Frankreich und Großbritannien zum König bestimmt wurde, wollte der damals 18jährige die bayerischen Nationalfarben auch in Griechenland populär machen. Das Kreuz in der Flagge ist eine Referenz an die Kirche, die sieben Balken stehen heute für die Regionen Griechenlands.

Vor allem das Blau wurde schnell zu einem vollen Erfolg, zumal es schon vorher eine gewisse Tradition hatte. Während der Türkenherrschaft, als nationale Symbole den Griechen verboten waren, entwickelte sich Blau zur Farbe des Widerstandes. Insbesondere die orthodoxe Kirche unterstützte diese Machtdemonstration, indem sie die Gotteshäuser überall im Lande mit einem frischen Blau bemalte. Auf den Kykladeninseln hat sich diese Tradition am stärksten erhalten. Neben der Flagge führte König Otto I. noch eine weitere Spezialität aus Bayern in seiner neuen Heimat ein: Unter ihm entdeckten die Griechen ihre Liebe zum Bier.

Politisch hatte der König dagegen weniger Erfolg. Zwar formte er aus dem ziemlich verwahrlosten Athen eine respektable Hauptstadt mit Palästen, Monumentalbauten und breiten Straßenzügen, doch sein nach zentralistisch-bürokratischen Gesichtspunkten geführtes Regime wurde 1862 durch eine Militärdiktatur abgelöst. Der König wurde gezwungen, das Land zu verlassen, und später übernahm Prinz Wilhelm von Dänemark die griechische Krone als *König Geórgios I.*

• *Übernachten*: **Hotel Astoria**, C-Kat., hübsche Anlage rechts der Straße in Richtung Koukounariés, etwas abseits vom Wasser. Vermietet werden 44 rustikal eingerichtete DZ mit Bad, Balkon, Radio und Telefon. Hübsch begrünte Außenanlage mit Swimmingpool und Bar. Innen ebenfalls rustikaler Aufenthaltsraum mit TV. Preise je nach Saison ca. 82-147 DM inkl. Frühstück. Tel. 49385/49386, Fax 49361.

Hotel Troúlos Bay, B-Kat., große Anlage mit mehreren aneinandergebauten Häusern direkt am Meer. In den letzten Jahren mehrfach erweitert, daher nicht alle Zimmer gleich geschnitten. Insgesamt 43 nicht sehr geräumige und rustikal eingerichtete Zimmer, alle mit Bad, Balkon, Radio und Telefon. Pauschaltouristenkontingent, daher nicht immer was frei. Hoteleigenes Restaurant und Strandbar. Preise je nach Saison ca. 64-128 DM inkl. Frühstück. Tel. 49390/49391/49375, Fax 49218/21791.

Hotel Korali, C-Kat., 41 Studios und Apartments in einer 1987 erbauten Anlage direkt am Meer. Alle Einheiten haben ein Bad, kleine Küche, Kühlschrank und Telefon, außerdem Balkon mit Meeresblick. Hübsches Hotelrestaurant im Garten, dort auch Swimmingpool und Bar vorhanden. Preise je nach Saison ca. 44-115 DM inkl. Frühstück fürs Apartment. Tel. 49212/49450, Fax 49551.

Órmos Maratha

• *Essen/Trinken*: **China Restaurant**, Freiluftambiente etwas abseits der Straße, den Weg am *"Hotel Astoria"* nehmen. Interessant mitten im Restaurant ist der große Baum, der von einem Blitzschlag aufgeschlitzt wurde. Der griechische Chef beschäftigt mehrere Chinesen als Köche. Preise im inselüblichen Rahmen, Gäste waren zufrieden. Nur abends geöffnet.

Tavérna Troúlos, direkt an der Bucht gelegen. Typische Strandtaverne, obwohl der Wirt der Meinung ist, er führe ein ausgefallenes Nobelrestaurant. Ohnehin wurden wir hier nicht gerade freundlich bedient. Es gibt internationale Touristenküche, auch griechische Gerichte. Essen und Preise im Rahmen.

▸ **Órmos Maratha**: kleiner, recht enger Sandstrand im Schatten der Massenbucht von Koukounariés. Zum Maratha gelangt man, wenn man sich an der letzten Straßensteigung kurz vor dem Koukounariés-Strand links hält und einen abenteuerlich steilen Schotterpfad hinuntersteigt (ca. 200 m vor der Bushaltestelle Nr. 20). Mit dem Mofa zu befahren, aber sehr vorsichtig! Der schmale Sandbeach ist gut 200 m lang, bietet dazu sehr sauberes und flaches Wasser. Superblick auf den Koukounariés und die Nachbarinsel Skópelos.

Die angenehme kleine Bucht unterhalb des *"Palace Hotels"* hat zwar schon ihre Fangemeinde gefunden, ist aber dennoch nicht total überlaufen, zumindest nicht in der Nebensaison. Gelegentlich donnern die Motorboote mit den Wasserskifahrern vom Koukounariés sogar hier vorbei, insofern keine absolute Ruhe. An beiden Seiten wird der Strand von dicht bewachsenen Felsen begrenzt, so daß man nicht am Wasser entlang zum Renommierstrand der Insel laufen kann.

• *Essen*: **Tavérna Maratha**, direkt an der Bucht betreiben Brigitte aus Duisburg und ihr griechischer Ehemann Geórgios eine nette Taverne. Über Mittag gibt es kleine Gerichte wie griechischen Salat, Sandwiches und Omeletts. Sehr empfehlenswert sind die Sardinen und die Kalamari. Dazu Erfrischungsgetränke, Drinks und Kaffee.

Ein wirklich idyllisches Plätzchen unter schattenspendenden Bäumen. Zivile Preise.

• Einrichtungen: am Strand Sonnenschirm- und Liegestuhlverleih für ca. 10 DM pro Tag.

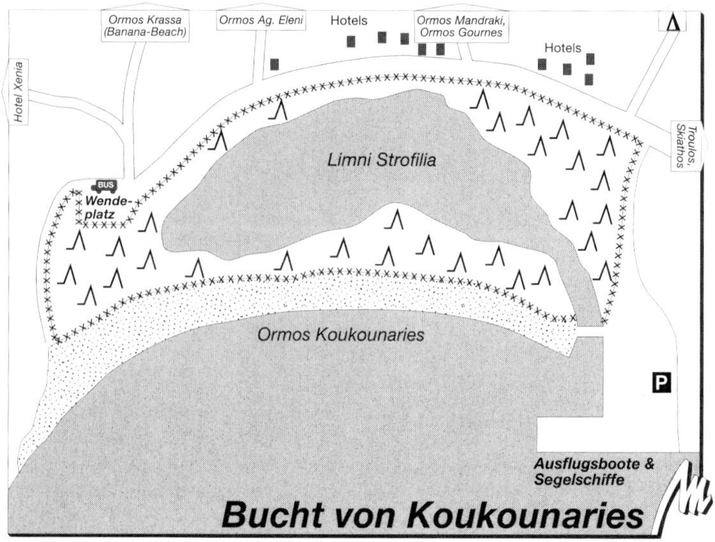

Órmos Koukounariés

Renommierstrand der Insel und zweifellos eine der markantesten Buchten Griechenlands. Hinter dem Órmos erstreckt sich ein See. Man findet zwsr ein reichhaltiges Zimmerangebot, aber nur der gehobenen Kategorie. Weiter westlich liegen zwei weitere Strände. Doch der Star ist und bleibt der sichelförmige Koukounariés mit seinem goldglitzernden Sand und saphirblauem Wasser, auf Dutzenden von Ansichtskarten abgebildet.

Und in der Tat, man fühlt sich am gut 10 km von Skíathos/Stadt entfernten Koukounariés gleich wie in der Karibik. Der einzige Unterschied ist freilich gravierend: Während an der mittelamerikanischen Küste Hunderte von Strandkilometern so oder so ähnlich beschaffen sind, konzentriert sich auf Skíathos alles auf diese knapp 600 Meter. Entsprechendes "Sardinendosenfeeling" gehört in der Hauptsaison daher auch zur mittelgriechischen Karibik.

Wenn man über die Straße den Hügel hinunter oder vom Meer mit einem Ausflugsboot kommt, ist der Anblick wahrhaft grandios. Eine sanfte Hügellandschaft mit üppig grünen Bäumen bestimmt das Hinterland, davor der ausladend breite Sandstrand. In der Mitte ein Binnensee, der *Límni Strofiliá*, so blau wie das Meer. Allzu schlimme Bausünden hat man in neuer

Zeit nicht zu beklagen, die Anlagen hinter der Straße sind nur zweistöckig errichtet worden. Lediglich die in den späten sechziger und frühen siebziger Jahren erbauten Riesenkästen *"Xenía"* und *"Skíathos Palace"* ragen weit über die Baumwipfel heraus.
Die gesamten 600 m Strand sind bis auf den letzten Quadratzentimeter erschlossen. Überall werden Liegestühle, Sonnenschirme und allerlei Wassersportgerät vermietet. Trotz des Massenansturmes ist das Wasser glasklar und sauber. Selbst bei starkem Wind liegt der Koukounariés geschützt, und es gibt so gut wie keinen Wellengang – also für Kinder gut geeignet, denn die Bucht bleibt lange flach, bevor das Wasser tiefer wird. Direkt dahinter liegt ein üppig grüner Hain von Schirmpinien, der früher für natürlichen Schatten sorgte, 1996 aber eingezäunt wurde. Rund um den See Strofiliá hat man ein sogenanntes *Biotop* geschaffen.

Das Biotop von Koukounariés

Der Massentourismus hinterläßt überall seine Spuren. Insbesondere dort, wo er in relativ kurzer Zeit auf unberührte Natur einwirkt. Fast zwanzig Jahre hat man auf Skíathos dem Treiben zugesehen, bis 1996 rigoros gehandelt wurde. Der Strofiliá-See hinter dem Koukounariés-Strand war jahrelang ein beliebter Treffpunkt für Strandschläfer. Nicht nur sie hinterließen tonnenweise ihren Müll, sondern auch die Tagestouristen, die Schutz vor der Sonne unter den Schirmpinien suchten. Als dann auch noch nächtliche Barbecues mit offenem Feuer überhand nahmen, war die Inselverwaltung zum Handeln gezwungen.
See und Pinienhain wurden nach jahrelanger Diskussion 1996 unter Naturschutz gestellt, und das Betreten dieses Gebietes wurde strikt verboten – wirklich selten in Griechenland. Zur Durchsetzung des Beschlusses wurde ein über 2 m hoher, stacheldrahtgekrönter Zaun um das gesamte Gelände gezogen. Das Ergebnis sieht nun ein wenig kurios aus: Hinter dem See verläuft die Asphaltstraße (und befinden sich die Hotels), dann kommt der Drahtzaun und davor liegt der Strand von Koukounariés. Zugänglich ist er seither nur von zwei Stellen, im Westen und Osten (hier über eine Holzbrücke). Sofort hinter dem Sand zieht sich die Absperrung auch am gesamten Strand entlang.
An den beiden Eingängen zum Strand (der formell ebenfalls zum Biotop gehört) stehen zwei Hinweistafeln, die auf das Biotop aufmerksam machen und zahlreiche Verhaltensmaßregeln geben. Verboten sind unter anderem:
- Betreten des Strandes nach Sonnenuntergang
- wildes Campen am Strand
- offenes Feuer (Rauchen nur am Wasser erlaubt)
- Beschädigung von Pflanzen und Bäumen
- das Mitbringen von Fahrzeugen und Haustieren.

Informationen zum Biotop: unter Tel. 23702/49550

Ein paar hundert Meter vor dem Strand liegen oft ein halbes Dutzend Segelboote vor Anker. Ganz im Osten, wo der See seinen natürlichen Zu- und Abfluß hat, wurde eine große Mole betoniert, an der die gewaltigen Ausflugskaïkis und Yachten anlegen. Hier befinden sich auch die Tauchschule und einer der beiden Zugänge zur Bucht. Das Zutrittsverbot nach Sonnenuntergang wird übrigens tatsächlich überwacht.
Hinter dem *"Xenía-Hotel"*, hoch über dem Westen der Bucht, führt ein Treppenpfad hinunter zu einem weiteren Strand. Hier gibt es allerdings nur mäßig Sand und viel Kies, und der Abschnitt ist nicht sehr sauber. Auch keinerlei Schatten und Einrichtungen, dafür kaum besucht und tolle Lage am Fuße des dicht bewachsenen Hanges. Der Weg dorthin dauert vom *"Xenía"* ungefähr fünf Minuten.

Tip für Surfer: Die Bucht von Koukounariés weist durch ihre besondere Topographie ganz bestimmte Windverhältnisse auf. Wenn ansonsten starker Meltémi bläst, kann es hier in Strandnähe oft nur ein laues Lüftchen geben. Erst gut 300 m vom Ufer entfernt, liegt das Meer dann voll im üblichen Wind. Vorsicht, der Übergang ist recht ruppig, und man unterschätzt oft die wirkliche Stärke des Meltémis dort draußen. Andererseits kann der Wind unverhofft plötzlich drehen, und die so scheinbar ruhige Bucht verwandelt sich binnen Minuten in ein gefährliches Gewässer.

Verbindungen

• *Bus*: Alle 30 Minuten kommt der Bus aus Skíathos/Stadt über den Inselhighway entlang der Südküste. Im gesamten Bereich der Koukounariés-Bucht liegen fünf Haltestellen, beginnend im Osten mit Nr. 20 am *"Skíathos Palace Hotel"* und endend mit dem Buswendeplatz (= Nr. 24) am Westende des Koukounariés-Strandes, wo die Straße zum Banana-Beach abzweigt. Hier befindet sich eine Tafel mit den Abfahrtszeiten, die auch relativ gut eingehalten werden. Die Strecke nach Skíathos/Stadt wird von 9-23.30 Uhr befahren. Die Busse sind oft restlos überfüllt und halten an wenig frequentierten Stopps nur auf Handzeichen. Fahrpreise pro Person: vom Koukounariés-Strand bis zur Kanapítsa-Halbinsel etwa 1,90 DM und bis zur Endstation in Skíathos/Stadt ca. 2,80 DM.

• *Schiff*: Von der Koukounariés-Bucht besteht die Möglichkeit, nach *Platánias* auf dem *Pílion* überzusetzen. Die Abfahrt erfolgt täglich nur in den Sommermonaten gegen 17 Uhr (in der Nebensaison keine Verbindungen). Der Fahrpreis beträgt einfach ca. 14 DM. Die Überfahrt mit dem Ausflugsdampfer dauert etwa 30 Min.

Adressen/Einrichtungen

• *Einkaufen*: keine Supermärkte, aber die Hotels haben ausreichende Touristenshops. Hier bekommt man insbesondere Wasser, einige Lebensmittel und touristische Artikel wie Sonnenschutzmittel und -hüte, Batterien und Filme.

• *Sonnenschirm-/Liegestuhlverleih*: überall am Strand. Ein Schirm und zwei Liegen kosten ca. 10 DM pro Tag.

• *Telefonieren*: zahlreiche Kartentelefone entlang der Straße und an den Eingängen zum Strand von Koukounariés.

• *Wassersport*: am Strand reichlich Sportmöglichkeiten. Es fehlt an nichts: Surfbrett-, Segelboot- und Tretbootverleih sowie Wasserski. Marktführer ist **Panos's boat rental** mit mehreren Filialen entlang des gesamten Strandes. Preise: Parachuting (15 Min.) ca. 45 DM (Doppelschirm für 2 Personen ca. 64 DM), Wasserski (10 Min.) ca. 32 DM, Crazy-Banana (10 Min.) ca. 13 DM, Ring (10 Min.) ca. 16 DM, Luftkissenstuhl (10 Min.) ca. 32 DM und Surfbrett (1 Std.) ca. 19 DM. Wassermotorrad mit 650 ccm

Bucht von Koukounariés, die mittelgriechische Karibik

für eine Person kostet ca. 32 DM (10 Min.), mit 750 ccm für 2 Personen ca. 40 DM (10 Min.). Motorboote können nur mit dem dafür erforderlichen Führerschein ausgeliehen werden und kosten je nach Leistung und Boot zwischen 122 und 154 DM pro Tag. Geöffnet vom 1. Mai bis zum 20. Oktober. Tel. 49469.

Übernachten/Camping

Etliche große Hotels und Apartmentanlagen in der Mitte der Bucht hinter dem See, allerdings fast alles reinste Luxusquartiere für den gut gefüllten Geldbeutel. Wer billige Übernachtungsquartiere sucht, sollte den Paradestrand der Insel auf jeden Fall meiden und mit dem Bus hierher zum Baden fahren.

Skíathos Palace Hotel, Luxuskat., im Osten der Bucht, etwas erhöht am Hang mit eigener Zufahrtsstraße (unweit Bushaltestelle Nr. 20). Bietet allen erdenklichen Luxus. Insgesamt 254 DZ und zehn Suiten. Alle verfügen über ein Nobelbad, Balkone mit Meeresblick, Klimaanlage, Kühlschrank, Radio und Telefon. Außerdem beheizter Swimmingpool, Tennisplatz, Sauna (!), Friseursalon, Diskothek und ein Touristenbedarfsshop, der auch Filme im Stundenservice entwickelt. Es werden auch eigene Exkursionen vom Hotel aus angeboten. Unten ein Restaurant mit internationaler Küche, oben auf dem Dachgarten eine Snackbar, die auch griechische Spezialitäten anbietet, insbesondere Fischgerichte. Preise je nach Saison ca. 154-256 DM fürs DZ und 256-550 DM für eine Luxussuite. April bis Oktober geöff-net. Tel. 49700/ 49701/49702, Fax 49666.

Hotel Caravos, A-Kat., große zweistöckige Anlage. Vermietet werden 38 modern eingerichtete DZ mit Bad (mit Haartrockner), Meeresblickbalkonen, Klimaanlage (im Hochsommer), Heizung (in der Vorsaison), Radio, TV und Telefon. Swimmingpool und Kinderpool im Garten. Angeschlossen sind außerdem die *"Tavérna Stamelos"*, eine Minigolfanlage, Disco und eine Tauchschule am Koukounariés-Strand. Preise je nach Saison ca. 128-160 DM. Mai bis Oktober geöffnet. Tel. 49356/49445/49545, Fax 49381.

Hotel Jupiter, B-Kat., auf demselben Grundstück wie das *"Caravos"* und auch unter der gleichen Verwaltung. Das Jupiter verfügt über 14 DZ mit Bad, Balkon, Radio und Telefon. Ansonsten können alle Einrichtungen des Caravos mitbenutzt werden (siehe unter *"Hotel Caravos"*). Preise je nach Saison ca. 96-120 DM. Mai bis Oktober geöffnet. Tel.

49356/49445/49545, Fax 49381.

Hotel Zeus, B-Kat., ebenfalls direkt neben dem *"Caravos"* und unter dessen Verwaltung. Im Zeus werden 18 ebenfalls modern eingerichtete DZ mit ähnlicher Ausstattung vermietet: Bad, Meeresblickbalkon, Radio und Telefon. Zimmer aber nicht ganz so groß. Auch die Gäste des Zeus können sämtliche Einrichtungen des Caravos mitbenutzen (siehe unter *"Hotel Caravos"*). Preise je nach Saison ca. 96-120 DM. Mai bis Oktober geöffnet. Tel. 49356/49445/49545, Fax 49381.

Hotel Xenía, B-Kat., oberhalb auf dem Hügel im Westen der Bucht. Nicht gar so luxuriös, aber immer noch ausreichend Komfort. Das älteste Hotel am Koukounariés (Ende der sechziger Jahre erbaut) ist mittlerweile allerdings stark renovierungsbedürftig. Zum Zeitpunkt der Recherche war es geschlossen, vielleicht begannen die Arbeiten schon 1997. Alle 32 DZ mit Balkonblick zum Wasser, Bad und Telefon. Außerdem Frühstücks- und TV-Raum. Preise je nach Saison lagen zuletzt zwischen 90 und 138 DM fürs DZ. Mai bis Oktober geöffnet. Tel. 49650/49651/49652, Fax 49666.

Hotel Mandráki, B-Kat., Bungalowanlage mit 40 Zimmern nicht weit von der Straße hinter dem See. Die Wohneinheiten sind auf mehrere Häuser verteilt, jede hat ihren eigenen Eingang. Alle Zimmer verfügen über Bad, Balkon, Radio und Telefon. Bar und Hotelrestaurant im Haupthaus, wo sich auch die Rezeption befindet. Preise je nach Saison ca. 68-112 DM fürs DZ, Buffet-Frühstück kostet ca. 16,50 DM für zwei Personen. April bis Oktober geöffnet. Tel. 49301/49303/49670, Fax 49302.

Hotel Mouses, B-Kat., direkt an der Straße hinter dem See und der Bushaltestelle Nr. 21. Insgesamt 45 DZ in mehreren Häusern in einer hübsch mit Oleander, Rosen und Geranien begrünten und gepflegten Außenanlage. Sehr geräumige, hell und modern eingerichtete Zimmer mit Bad, Balkon, Radio und Telefon. Hoteleigene Taverne und Bar am großen Swimmingpool. Preise je nach Saison ca. 64-120 DM. Tel. 49384/49438/49439, Fax 49440. Kann auch in Deutschland gebucht werden über Tel. 02351/81879, Fax 83117.

Hotel Golden Beach, C-Kat., direkt an der Straße kurz vor dem Buswendeplatz, an der Haltestelle Nr. 23. Vermietet werden 40 rustikal eingerichtete DZ, alle mit Bad, Balkon und Telefon. Da bereits an Ostern geöffnet wird, gibt es auch eine Heizung. Draußen befindet sich zwischen Hotel und Straße ein großer Swimmingpool. Das Hotel verfügt auch über eine für fremde Gäste zugängliche Taverne. Preise je nach Saison ca. 58-120 DM inkl. Frühstück. Tel. 49395 + 49396 + 49419. Fax 49500.

Hotel Límni, B-Kat., ebenfalls direkt an der Straße hinter dem See gelegen. 18 rustikal eingerichtete Zimmer mit Bad und Balkonen auf der Meeresseite. Ganz nett gestaltet, doch die Straße verursacht immer einen gewissen Lärmpegel. Preise je nach Saison ca. 50-96 DM. Tel. 49362.

Strofiliá-Apartments, C-Kat., mehrere Apartmenthäuser direkt an der Straße neben dem *"Hotel Límni"* an der Bushaltestelle Nr. 22 gelegen. Ebenfalls laut durch den Fahrzeugverkehr und nicht gerade freundlicher Besitzer. Preise liegen zwischen 50 und 110 DM je nach Saison, Größe und Ausstattung des jeweiligen Apartments. Tel. 49251/22071.

• *Camping*: **Camping Koukounariés**, einer der beiden schönen Campingplätze auf der Insel, ein paar Meter im Hinterland der Bucht gelegen. Großer, sehr ansprechender und neu gestalteter Platz. Ebenes Gelände mit grünem Rasen und mit bunt blühenden Rosen und Geranien verschönert. Viele Bäume spenden Schatten, wo keine stehen, gibt es Schilfmattendächer. Insgesamt zwei saubere Waschhäuser mit ausreichend Duschen, Waschbecken und WC, immer fließend warmes Wasser. Am Eingang kleiner Kinderspielplatz, überall Tische und Stühle. Auf dem Platz gibt es auch einen Minimarkt mit Camperbedarf und ein kleines Café. Die Taverne wird von dem freundlichen Besitzerehepaar Fourkalas selbst geführt. Preise: pro Person ca. 10,50 DM (Kinder die Hälfte), Zelt ca. 6,50 DM, Auto ca. 3,80 DM, Motorrad ca. 2,90 DM und Wohnwagen ca. 9,60 DM. Leihzelte werden für ca. 10,50 DM (groß) und ca. 8,30 DM (klein) angeboten, Stromanschluß kostet 4,80 DM pro Tag. Geöffnet von 15. Mai bis 15. September. Tel./Fax 49250. Zufahrt: ca. 200 m vor der Bushaltsstelle Nr. 21 rechts ab und dann über Schotterweg.

Essen/Trinken

Die Tavernen gehören ausschließlich zu den Hotels und Apartmentanlagen, können aber auch (vor allem während der Nebensaison) von fremden Gästen besucht werden. Im Hochsommer wird allerdings für die Hotelgäste reserviert. Sehr empfehlenswert auch die kleine Taverne des Campingplatzes.

Tavérna Stamelos, hoteleigene Freilufttaverne der *Caravos*- und *Jupiter*-Anlage, aber auch für fremde Gäste offen. Man sitzt angenehm in einem weinüberrankten Innenhof, einige Plätze auch überdacht und an der Bar. Griechische und internationale Gerichte, durchweg gute Qualität. Gehobene Preise.

Tavérna Mandráki, ebenfalls eigentlich ein Restaurant für die Hotelgäste, aber insbesondere während der Nebensaison finden auch hotelfremde Personen einen Platz. Im Angebot gute griechische Küche und diverse internationale Gerichte.

Tavérna Golden Beach, gehört zum gleichnamigen Hotel, ist aber auch für hotelfremde Gäste zugänglich. Vor der Tischen befindet sich der Swimmingpool, dennoch Blick auf den See hinter der Bucht. Ordentliche internationale und griechische Küche, die üblichen Gerichte. Leider unangenehme Straßennähe.

▸ **Órmos Krássas:** bekannt als *Banana-Beach* und der offizielle FKK-Strand der Insel. Sandstrand an wildromantischer Bucht mit großen Bäumen. Sehr gut erschlossen, wenn auch nur mit etwas Aufwand erreichbar. Der Órmos Krássas besteht aus zwei Buchten, die durch eine weit ins Meer ragende Felszunge getrennt werden. Die *südliche Bucht* (dort endet der Pfad zum Strand) ist ungefähr 300 m lang und immer gut besucht. Auf dem feinen weißen Sand bleibt selbst in der Nebensaison kaum ein Platz frei. Der Pinienwald hinter dem Beach bietet einigen Schatten, ansonsten werden Sonnenschirme verliehen. Das Wasser ist sehr sauber und ruhig, doch die Tiefe nimmt nach ein paar Metern schnell zu.

Wer über die Felsen zwischen den beiden Stränden klettert, gelangt an die *nördliche Krássas-Bucht*. Etwas kleiner, nur ca. 200 m feiner weißer Sand, ist hier das neue und offiziell erlaubte Refugium der FKK-Fans. Der Strandabschnitt unterscheidet sich kaum von dem anderen Teil. Auch hier findet man hinter der Bucht ein paar dünenartig bewachsene Sandhügel, Pinien und Olivenbäume, Sträucher, teilweise auch Felsen. Sauberes klares Wasser, herrlich erfrischend. Am Strand gibt es eine kleine Bar mit Erfrischungsgetränken und Snacks. Im Hochsommer ist hier mächtig was los.

• *Übernachten*: keine Übernachtungsmöglichkeiten vorhanden. Die nächsten Unterkünfte liegen an der Bucht von Koukounariés.

• *Essen*: zwei Strandbars am südlichen, eine am nördlichen Banana-Beach, zum Beispiel **Tropical Banana**. Geöffnet von 11 Uhr morgens bis die Sonne untergeht, d. h. die Gäste den Beach wieder verlassen. Es gibt eine gute Auswahl an Kleinigkeiten, Salate, Sandwiches, Omeletts, kühle Drinks und Kaffee.

• *Einrichtungen*: Sonnenschirm- und Liegestuhlverleih kostet ca. 10 DM pro Tag und wird selbstverständlich an beiden Buchten angeboten. An der Südbucht zusätzlich reiche Auswahl an allen erdenklichen Wassersport- und spielmöglichkeiten. Preise: Parachuting (10 Min.) ca. 40 DM, Wasserski (10 Min.) ca. 26 DM, Crazy-Banana (10 Min.) ca. 13 DM, Ring (10 Min.) ca. 16 DM, Pedalboot (1 Std.) ca. 16 DM und Surfbrett (1 Std.) ca. 23 DM. Wassermotorrad mit 650 ccm für eine Person kostet ca. 25 DM (10 Min.). Geöffnet vom 1. Mai bis zum 20. Oktober.

• *Anfahrt*: Ungefähr 50 m gegenüber dem Buswendeplatz am Ende des Koukounariés führt rechts eine schlecht asphaltierte Straße den Hügel hinauf. Nach ca. 50 m knickt die Straße nach links ab und endet am *"Hotel Xenía"*. Zum Banana-Beach geht es geradeaus über die Staubpiste weiter den Hügel hinauf. Spätestens an einem umzäunten Grundstück sollte man seinen Kleinwagen parken. Mofas können zwischen den beiden Betonpfosten hindurch links den steilen Pfad zum Banana hinunterfahren. Vorsicht: nur für geübte Fahrer! Zu Fuß vom Buswendeplatz etwa 15-20 Min.

Órmos Agías Elenis: früher der zweite offizielle Nacktbadestrand von Skíathos, heute ist jedoch kein FKK mehr üblich, die entsprechende Fangemeinde wird von Jahr zu Jahr kleiner. Die Bucht von Agías Elenis ist mittlerweile bestens erschlossen: Strandbars, Schnellrestaurants und Wassersportverleih. Den Besucher erwartet 300 m feinster weißer Sand. Ansonsten ähnliches Ambiente wie am Banana-Beach. Sauberes, seichtes Wasser. Direkt am Strand kein Schatten, dahinter dünenartig bewachsene Hügel mit einigen Bäumen. Ganz oben auf dem Berg stehen allerdings ein paar Häuser.

• *Übernachten*: keine Übernachtungsmöglichkeiten vorhanden. Die nächsten Unterkünfte liegen an der Bucht von Koukounariés.

• *Essen*: Es gibt zwei Schnellrestaurants, die vor allem durch Tagesausflügler von den großen Kaíkis bevölkert werden. Wenn eines der Ausflugsboote von Skíathos/Stadt anlegt, sind innerhalb von Sekunden alle Plätze besetzt. Ansonsten bietet eine Strandbar Kleinigkeiten und Erfrischungsgetränke. Geöffnet von 11 Uhr morgens bis die Sonne untergeht.

• *Einrichtungen*: Sonnenschirm- und Liegestuhlverleih kostet ca. 10 DM pro Tag. Außerdem Wassersportverleih. Preise wie am Banana-Beach, weil gleicher Besitzer: Geöffnet vom 1. Mai bis zum 20. Oktober.

• *Anfahrt*: auch mit dem Auto zu erreichen. Direkt am *"Hotel Golden Beach"* zweigt eine asphaltierte Straße rechts nach Westen ab. Sie führt über den Hügel in etwa einem halben Kilometer an den Strand. Begrenzte Parkmöglichkeiten. Wer zu Fuß gehen will, steigt an der Bushaltestelle Nr. 23 aus und nimmt ebenfalls diese Straße (Wegdauer ca. 20 Min.). Alternative ist der Fußweg vom Banana-Beach über den bewachsenen Hügel: am nördlichen Strandabschnitt des Krássas beginnt hinter der Hütte mit dem Sonnenschirmverleih ein Pfad links den Hügel hinauf, zuerst über eine Wiese. Oben wird der Weg ziemlich eng und führt durch dichtes Gestrüpp, deshalb besser lange Hosen tragen. Durch dichtes Buschwerk geht es in 20 Min. zum Elenis-Beach.

Órmos Mandráki: ebenfalls von der Koukounariés-Bucht zu erreichen. Weit ausladende Bucht mit einem wunderschönen Sandstrand, im Westteil auch Dünen, fast wie an der Nordsee. Allerdings absolut schattenlos und noch kein Sonnenschirmverleih vorhanden, also entsprechenden Schutz selbst mitbringen. Nicht nur das schreckt viele ab, die keinen Jeep besitzen. Da man mit dem Mofa oder Kleinwagen nicht bis zum Meer fahren kann, sondern knapp 2 km durch den Wald laufen muß, kommen nur wenig Leute hierher. Das Wasser am Mandráki ist sauber, doch wird der Strand bisweilen durch angeschwemmten Meeresdreck verschmutzt. Gelegentlich sogar kleine Teerklumpen. Durch die Nordlage zudem immer etwas kälteres Wasser. Interessante moderne Wandmalereien an den Felsen am Strand. Hinter der Osthälfte steigt ein gewaltiger macchiabewachsener Hügel an, noch weiter dahinter liegt die Bucht von Goúrnes. Auf der anderen Seite eine Felsnase, ideal für eine kleine Klettertour.

• *Übernachten*: keine Übernachtungsmöglichkeiten vorhanden. Die nächsten Unterkünfte liegen an der Bucht von Koukounariés.

• *Essen*: Es gibt eine Strandbar an der Mit-

Nordseefeeling – in den Dünen des Órmos Mandráki

te der Bucht, wo auch der Zufahrtsweg endet. Geöffnet von ca. 11 Uhr morgens bis gegen 18 Uhr. Gute Auswahl an Kleinigkeiten, Salate, Sandwiches, Omeletts, kühle Drinks und Kaffee. Mitte Mai bis Mitte September.

• *Einrichtungen*: kein Sonnenschirm- und Liegestuhlverleih vorhanden.

• *Anfahrt*: Man verläßt den Bus an Haltestelle Nr. 21 und folgt der asphaltierten Straße rechts ab in nördlicher Richtung. Nach etwa 200 m endet der Asphalt, dann nochmals 200 m weiter liegt ein kleiner Parkplatz für Mofas am Waldrand. Nur mit einem Jeep gelangt man direkt zum Strand (Kleinwagen wie SEAT oder Pandas an der Straße parken). Der Wanderpfad zum Mandráki führt links in den Wald hinein (Schild weist den Weg). Breiter Sandweg, man sinkt bei jedem Schritt tief ein. Beschwerlich zu laufen, jedoch am Wegesrand etwas besser. Nach ungefähr 15 Min. trifft man auf eine Weggabelung. Rechts führt ein Pfad zum Órmos Goúrnes, der Weg zum Mandráki-Beach führt weiter geradeaus, problemlos zu erkennen. Nach etwa 25 Min. hat man den Strand erreicht, gleich rechts liegt die Beachbar.

Órmos Goúrnes: ebenfalls ein weit ausladender Strand, jedoch nur wenig Buchtcharakter. Der Goúrnes ist ein wirklich schöner langgezogener Sandstrand. Das Wasser ist sauber und ziemlich flach, ideal zum Ballspielen. Auch hier wird allerdings einiger Meeresunrat an die Küste gespült wie üblich bei Nordbuchten. Auf der gesamten Strandlänge keinerlei Schatten, man kann sich aber in der kleinen Taverne Schirme ausleihen. Phantastische Szenerie mit den üppig bewachsenen Hügeln und Hängen hinter und neben dem Órmos.

• *Übernachten*: keine Übernachtungsmöglichkeiten vorhanden. Die nächsten Unterkünfte liegen an der Bucht von Koukounariés.

• *Essen*: Es gibt eine ganztägig geöffnete Strandtaverne. Gute Auswahl an Fischgerichten und Kleinigkeiten: Salate, Sandwiches, Omeletts, kühle Drinks und Kaffee. Mitte Mai bis Mitte September.

• *Einrichtungen*: Sonnenschirm- und Liegestuhlverleih an der Taverne kostet ca. 10 DM pro Tag.

• *Anfahrt*: zunächst wie zum Órmos Mandráki bis zur Weggabelung (siehe oben).

Geradeaus gehts zum Mandráki-Beach, rechts (nordöstlich) führt der breite Pfad weiter zum Órmos Goúrnes, problemlos zu finden. Nach etwa 30-35 Min. durch dichten Pinienwald hat man den Strand von Goúrnes erreicht.

Nördlich von Troúlos

Von Troúlos zweigt eine Stichstraße Richtung Norden ab. Sie führt zum Kloster Panagía Kounistrá und ist mittlerweile bis dorthin vollständig asphaltiert. Nachdem die Verantwortlichen von Skíathos planen, auch die Nordküste touristisch zu erschließen, scheint ein weiterer Ausbau der Piste möglich. Zum Glück sind aber die Chancen, im Norden zusätzliche Touristenhochburgen zu errichten, schlecht. Die natürlichen Gegebenheiten (zum Teil Steilküste) lassen eine Bebauung im großen Stil nur schwer zu.

Derzeit folgt nach dem Kloster eine schlechte Staubpiste, die sich die Hügel hinunter zur Bucht von Mikrí Asélinos schlängelt. An den größeren Schwesterstrand nach Megáli Asélinos führt ebenfalls eine Schotterstraße, doch diese zweigt schon ca. 2,5 km hinter Troúlos von der Asphaltverbindung links ab. Hier liegt einer der besseren Campingplätze der Insel, ansonsten gibt es kaum Übernachtungsmöglichkeiten.

▶ **Órmos Megáli Asélinos**: gut 250 m feinster Sandstrand, umgeben von einigen bewachsenen Dünen. Einer der saubersten Nordstrände der Insel, weil der Tavernenwirt den Beach nach jedem Meltémi reinigen läßt, tadelloser Service. Durch die Nordlage immer mehr oder weniger Wind, damit verbunden auch eine ordentliche Brandung. Für kleine Kinder eher nicht geeignet, denn das Wasser wird auch schnell ziemlich tief. Vor der Taverne hat der Wirt zwei Schilfmattendächer gezimmert, ansonsten keinerlei Schatten.

Rund um die pittoreske Bucht ziehen sich üppig grün bewachsene Felsen und Bäume. Asélinos liegt am Ende eines wasserreichen und fruchtbaren Tales. Im Hinterland stehen einige Privathäuser, ansonsten unberührte Landschaft. Etwas störend wirkt der riesige Tavernenbau. Eigentlich für die nicht gerade vielbesuchte Bucht viel zu groß geraten, aber wer einen ganzen Tag am Asélinos bleibt, weiß wofür. Gegen 13 Uhr kommen die Ausflugsboote von Lalaría auf der Weiterfahrt nach Koukounariés hier vorbei. Binnen Sekunden stürmen Dutzende hungriger Ausflügler die Taverne, streiten sich um die besten Plätze und speisen im Schnelldurchgang zu Mittag, denn viel Zeit bleibt nicht, bis das Boot weiterfährt. Nach einer guten Stunde kehrt dann wieder Ruhe am Asélinos ein.

• *Übernachten/Camping*: **Rooms Angela**, B-Kat., ungefähr 300 m vor dem Asélinos-Strand an der Zufahrtspiste. Privathaus in idyllischer und ruhiger Lage, mitten in einem üppig grünen Tal, Ölbäume, Zypressen und Wiesen. Vermietet werden vier gut eingerichtete Zimmer mit Bad. Preise je nach Saison ca. 45-80 DM. Tel. 49620.

Camping Asélinos, gefällige Anlage, einer der beiden empfehlenswerten Plätze der Insel. Schöner ebener Platz, durchgängig Rasen. Rund um jeden Stellplatz Büsche und Bäume, für reichlich Schatten ist also gesorgt. Die Duschen sind zwar nur bei geringer Belegung heiß (Solarenergie!), aber lauwarm reicht im Sommer sowieso. Über die Sauberkeit der sanitären Einrichtungen kann man sich nicht beklagen, wirklich erfreulich. Stromanschlüsse vorhanden, Wasser kommt aus dem eigenen Brunnen. Der Platz bietet zudem wegen seiner abgeschiedenen Lage reichlich Ruhe, und zum Strand sind es nur drei Minuten zu Fuß. Die überaus freundliche Maria führt den Campingplatz schon über 15 Jahre und verkauft auch Honig und Olivenöl aus eigener Produktion. Manchmal kocht Maria auch und bietet einen kleinen Imbiß mit guten und preiswerten Portionen. Außerdem führt sie einen Mini-Supermarkt: Brot, Marmelade, Milch, Obst, Getränke und Tabak. Zu den Preisen äußerte sich Maria kaum, es gibt "Sonderpreise" für jeden, je nach Saison und vor allem Verweildauer auf dem Platz. Daher nur Richtwerte: pro Person und Tag ca. 6,50 DM, Zelt und Auto jeweils ca. 3,50 DM. Zeltverleih möglich für ca. 8 DM. Früher holte sie ihre Gäste mit einem Kleinbus vom Hafen ab, doch der Wagen ist seit einem Jahr Schrott. Maria verleiht aber selbst ein paar Uralt-Mofas. Tel. 49312. Wegbeschreibung: Ungefähr 300 m vor dem Strand von Asélinos führt ein breiter, mit Auto und Wohnwagen befahrbarer Weg rechts von der Staubpiste ab zum Campingplatz (ausgeschildert).

• *Essen*: **Taverna Asélinos**, hallenartige Großraumtaverne unter einem Holzdach direkt am Strand. Macht zwar äußerlich den Eindruck einer Massenabfertigung, doch das Essen schmeckt vorzüglich. Es gibt traditionelle Inselküche und internationale Gerichte. Spezialität ist natürlich Fisch. Griechische Musik aus dem Radio, ab Juni wird aber jeden Samstag Bouzoúki-Musik live gespielt. Während der Nebensaison ganztägig bis 18 Uhr geöffnet, im Hochsommer bis spät am Abend. Preise okay.

Seit Sommer 1997 gibt es außerdem eine **Strandbar**, die kühle Erfrischungsgetränke anbietet.

• *Einrichtungen*: kein Sonnenschirm- und Liegestuhlverleih, also Sonnenschutz selbst mitbringen. Auch kein Wassersportverleih. Dafür aber (und das verdient besonderes Lob) vier Süßwasserduschen am Strand.

• *Anfahrt*: an der Einmündung kurz vor Troúlos den Inselhighway zum Koukounariés nach rechts verlassen. Die asphaltierte Stichstraße führt weiter bis zum Kloster Panagía Kounistrá. Zum Asélinos-Strand zweigt nach etwa 2,5 km ab Troúlos links eine Staubpiste ab. Keine Busverbindung.

▸ **Órmos Mikrí Asélinos:** kleine, enge Bucht östlich von Megáli Asélinos. Von hohen Felsen eingerahmt zeigt sich Mikrí Asélinos weitab der Zivilisation. Wegen des beschwerlichen Weges kommen selbst im Hochsommer nur wenige Menschen hierher. Die gut 100 m breite Sandbucht ist ein schöner Platz für Ruhe- und Erholungssuchende. Das Wasser ist sauber, aber es gibt oft angeschwemmten Schmutz am Strand.

• *Anfahrt*: zunächst wie zum Órmos Megáli Asélinos, doch dann der Asphaltstraße zum Kloster Panagía Kounistrá folgen und weiter über die Staubpiste noch einige Kilometer hangabwärts hinunter zum Strand. Das letzte Stück muß zu Fuß zurückgelegt werden, der Pfad geht relativ steil hinunter, ist aber gut zu bewältigen. Und auch die Wanderung zur Bucht hat ihre Reize! Sie führt größtenteils durch herrlich duftenden Pinienwald.

Keine Übernachtungs- und Essensmöglichkeiten!

Moní Panagía Kounistrá

Das Kloster der Inselheiligen von Skíathos liegt im mittleren Südwesten. Es ist leider nicht so imposant wie das Kloster Evangelístria, aber auf jeden Fall besuchenswert und in eindrucksvoller Stille gelegen

Die Legende erzählt von dem Mönch Simeon, der an dieser Stelle in einem Baum eine Ikone der Muttergottes fand und um 1655 hier das Kloster errichtet hat. In der Kirche, einer einschiffigen Basilika, sind die auf 1741 datierten Wandmalereien mittlerweile fast vollständig verwittert und von den

Kloster Panagía Kounistrá

Kerzen verrußt, die in der Klosterkirche immer brennen. Lediglich das Kuppelbild von 1805 zeigt sich noch recht gut erhalten. Die prachtvolle Altarwand ist mit zahlreichen Ikonenbildern reich geschmückt, links eine bedeutende alte Ikone hinter Glas. Eine Nachbildung der Namensikone Panagía Kounistrá von 1215 steht rechts von der Altarwand, das Original wird in der Mitrópolis von Skíathos/Stadt aufbewahrt.

Leider gibt es in der Klosterkirche keine Beleuchtung, durch den Ruß kann man kaum etwas erkennen. Die gesamte Anlage ist um 1950 von den Mönchen verlassen worden, wird aber von der freundlichen Frau Argyro und ihrer Tochter Flora seit zehn Jahren in Privatinitiative bewirtschaftet und für Touristen offengehalten. 1994 wurden die Gebäude von außen restauriert. Wenn genügend Spendengelder zusammengekommen sind, will man auch innen renovieren.

Rechts neben dem Kloster befinden sich die Wirtschaftsgebäude. Eine Treppe führt hinauf. Sehenswert sind die drei Kaminzimmer. Hier wird u. a. das alljährliche Patronatsfest am 21. November gefeiert. Auf der anderen Seite der Klosterkirche befinden sich eine kleine Kapelle und die Küchengebäude von Frau Argyro. Genießen Sie vom Kloster den herrlichen Blick hinüber auf das Pílion-Gebirge der thessalischen Küste – eine der schönsten und ruhigsten Stellen der Insel inmitten von dichtem Pinenwald.

- *Kleiderordnung*: wird eher locker gehandhabt, aber bitte keine Badekleidung tragen. Angemessen sind mindestens knielange Shorts bzw. Röcke und T-Shirts.
- *Besichtigungszeiten*: täglich von 8-18 Uhr. Eine kleine Spende ist wünschenwert.
- *Essen*: Die freundliche Frau Argyro hat für die Besucher eine Minitaverne errichtet. Im Sommer wird sie von ihrer Tochter aus Athen unterstützt. Angeboten werden einfache Gerichte und kühle Getränke. Besonders empfehlenswert ist der griechische Salat. Man sitzt sehr angenehm im schattigen Hof des Klosters an langen Holztischen, wie man sie oft noch in Refektorien vorfindet. Zivile Preise.
- *Wegbeschreibung*: von Troúlos die Straße nordwärts Richtung Asélinos nehmen. Nach knapp 2,5 km teilt sich die gut befahrbare Asphaltpiste: Links geht es über Schotter nach Asélinos und zum Strand, rechts weiter auf Asphalt ins Inselinnere und zum Kloster Panagía Kounistrá. Zuvor passiert man noch die stinkende Inselmüllkippe rechts der Straße. Gesamtweg ab Troúlos ca. 4,5 km. Leider gibt es keinen eigenen Wanderweg, so daß Wanderer ebenfalls auf die Straße angewiesen sind.

Inselnorden

Abgelegenes und ruhiges Gebiet, dicht mit Pinienwäldern bewachsen und saftig grün. Beliebt sind Tagesausflüge mit dem Jeep oder Mofa in den Norden oder Bootstouren entlang der Küste. An der Nordspitze liegt die alte Inselhauptstadt Kástro. Etwas weiter im Landesinnern drei hübsche Klöster, eines davon bewohnt. Außerdem gut ein Dutzend kleiner Kapellen versteckt an den Wegrändern und im Wald. Gutes Wegenetz, aber keine brauchbare Karte.

Die Nordküste von Skíathos ist deutlich schwerer zugänglich als ihr Gegenüber. Außer hinauf zum Kástro und zum Órmos Kechriás führen keine Wege direkt an die Strände. Den besten Eindruck von diesem Teil der Küstenlinie erhält man bei einem Kaíki-Ausflug. Von Skíathos/Stadt aus werden von zahlreichen Bootseignern solche Tagestouren angeboten. Fast immer können Sie dabei die Meereshöhlen *Spiliá Galázia* und *Spiliá Skótini* bewundern und anschließend am phantastischen Kieselstrand von *Lalaría* baden. Später wird dann noch ein weiterer Sandstrand der Insel besucht, Asélinos, Agía Elenis oder vielleicht der Koukounariés.

Der Inselnorden bietet außerdem ein gutes Wanderareal. Zwar taugen die Inselkarten allesamt nicht viel, und die Orientierung fällt damit naturgemäß nicht leicht, aber es wurden in den letzten Jahren zahlreiche Pfade auf eine gut befahrbare Breite planiert. Man wird also selten alleine sein und den Kontakt zum Rest der Insel nicht verlieren. Ohnehin sind die Berge von Skíathos eigentlich nur größere Hügel, sich zu verirren ist im Grunde ausgeschlossen. Wer zu Fuß in den Norden wandert oder den bescheidenen Inselberg *Karafiltsanáka* besteigt (427 m), dem bietet sich eine traumhafte Aussicht auf das gesamte Eiland.

Hoch oben auf einem der Nordküste vorgelagerten Felsen liegt das *Kástro*, die alte Hauptstadt von Skíathos. Zur Zeit der Piratenüberfälle lebte fast die gesamte Inselbevölkerung in diesem heute abgelegenen Teil. Auf den Schotterpisten und Wanderpfaden hinauf zum Kástro herrscht vor allem in der Hochsaison reger Verkehr, denn kaum ein Besucher läßt sich eine der ohnehin raren Sehenswürdigkeiten der Insel entgehen. Ansonsten zieht nur noch das *Kloster Evangelistrías* eine größere Menschenmenge an. Kein Wunder, es ist das einzige bewohnte Kloster auf Skíathos und problemlos über eine Asphaltstraße zu erreichen.

Die Ostküste der Insel steht ganz im Schatten des Flughafens. Als einziger, per Straßenverbindung erreichbarer Strand liegt der *Órmos Xánema* direkt am Ende der Rollbahn. Täglich donnern einige Maschinen über dieses Gebiet. Das gilt im Grunde auch für den ziemlich verschmutzt wirkenden See hinter dem Órmos Skiathou. Auch seine Lage – direkt vor der Landebahn des Flughafens – verschönert ihn nicht. Algenteppiche zeigen den mangelnden Wasseraustausch, Enten und Reiher tummeln sich genüßlich in der stehenden Brühe. Rund um den Límni verläuft eine Straße. Achten Sie auf die Ampeln, die bei Start oder Landung die Durchfahrt verbieten.

Entlang der Nord- und Ostküste

Außer zum Órmos Xánema und zur Bucht von Kechriás gibt es keine direkte Wegeverbindung. Die Nordküste sollte man am besten per Kaíki erkunden. Fast alle Strände sind überwiegend Kiesbuchten, hübsch anzusehen, aber harte Körperunterlage. Außerdem deutlich kühleres Wasser als an der Südseite und nach den oft starken Nordwinden manchmal ziemlich verschmutzt.

Zwischen Megás Gialós und dem Kástro ist die Küstenregion von der Landseite praktisch unzugänglich. Versuchen Sie keinesfalls, dort die steilen Berghänge hinabzusteigen. Zum sehenswerten Kástro führen breite Schotterpfade durch den dichten Pinienwald, die letzten 1,5 km muß man aber zu Fuß gehen.

▸ **Órmos Xánema**: Am Ende der Landebahn des Flughafens, oberhalb des Strandes schaut man direkt auf den angeschütteten Erdwall. Da verwundert es auch nicht, daß die Bucht nur wenig besucht wird und sich in der Nebensaison fast menschenleer zeigt. Es gibt tausendfach bessere Strände auf der Insel. Der Xánema bietet ca. 150 m überwiegend Kies, teilweise auch grauen Sand und ist sehr breit. Angespülter Unrat aus dem Meer hält sich in Grenzen, dennoch kein toller Anblick. Bäume, Sträucher und damit Schatten: Fehlanzeige! Bringen Sie unbedingt einen Sonnenschirm mit. Rechts und links der Bucht gibt es üppig bewachsene Felsklippen, auf denen man die spärlichen Überreste einer prähistorischen Siedlung teilweise ausgegraben hat.

• *Camping*: **Camping Xánema**, kleiner Platz direkt hinter der Landepiste des Flughafens und daher ziemlich laut. Ansonsten durchaus idyllische Umgebung, schöner Blick auf die Berghänge, in der Nachbarschaft Ziegenherden und nur 2 Min. zu Fuß zum Strand. Der Platz selbst verfügt nur über kleine Bäume und Büsche, die kaum Schatten bieten. Dazu ein paar Schilfmattendächer, der Rest liegt den ganzen Tag über in der prallen Sonne. Boden hart und mit kleinen Kieselsteinen. Sanitäre Anlagen absolut ungenügend: nur acht Waschbecken, vier Toiletten, zwei Duschen und zwei Spülbecken (zum Zeitpunkt der Recherche). Dem Platz angeschlossen ist eine Minitaverne mit Grillmöglichkeit, die nur im Hochsommer betrieben wird. Platz geöffnet von Juni bis September. Preise: pro Person 5 DM, Zelt und Auto jeweils ca. 3 DM. Fazit: stadtnächster aber schlechtester, Platz der Insel.

• *Essen*: direkt oberhalb des Strandes die **Bar Xánema**. Angeboten werden kühle Getränke, Drinks, Kaffee und Kleinigkeiten zu Essen. Fast jeden Tag macht der Wirt auch ein Barbecue.

▸ **Órmos Megás Gialós**: als Badebucht weniger geeignet. Steilküste und Kiesstrand. Wird auch von den Ausflugsbooten nicht angelaufen. Ansonsten nur zu Fuß zu erreichen, denn die befahrbaren Wege im Hinterland führen nicht bis zur Bucht.

▸ **Órmos Nikotsará**: östlich des Lalaría und der beiden Höhlen. Einige stark zerlappte Minibuchten mit viel Steilküste und nur felsigem Untergrund. Keine Kaíki- oder Straßenverbindung vorhanden

▶ **Spiliá Galázia/Spiliá Skótini**: die *blaue* und die *dunkle Grotte*. Die beiden Meeresgrotten östlich des Órmos Lalaría stehen auf dem Programm jeder Ausflugsgesellschaft, die eine Inselrundfahrt anbietet. Oft fahren die Boote einige Meter in die Höhlen hinein. Wer ein Privatboot gechartert hat, kann in den etwa 50 m breiten Eingang zur blauen Grotte selbst hineinschwimmen. Das Wasser schillert prächtig, je nach Lichteinfall und Reflexionen in den unterschiedlichsten Farben. Direkt neben der blauen liegt die etwas kleinere dunkle Grotte. Die angrenzende Lalaría-Bucht wird in den Sommermonaten oft besucht.

▶ **Órmos Lalaría**: ein weiterer Paradestrand von Skíathos, allerdings nur mit dem Boot zu erreichen. In der Stadt kann man sich anhand der zahlreichen Postkartenmotive vom Lalaría schon einmal satt sehen. Der Strand besteht aus einer Mischung von Sand, feinem und grobem Kies. Die hübschen, schneeweißen Kiesel sind in Jahrhunderten von der starken Brandung zurechtgeschliffen worden und heute zu einem begehrten Souvenir geworden. Eigentlich unglaublich, aber die Inselregierung macht sich ernsthafte Sorgen um den Bestand der herrlich glatten Kieselsteine von Lalaría. Wenn die Touristen weiterhin täglich kiloweise den Strand abtransportieren, wird die Bucht enorm an Attraktivität verlieren. (Anmerkung: Allerdings verkaufen auch die Souvenirläden in der Stadt jedes Jahr für teures Geld Tausende von echten Lalaría-Kieseln.)
Das Wasser ist glasklar, und man hat hervorragende Sicht bis auf den Grund. An den Felsen bieten sich ideale Tauch- und Schnorchelmöglichkeiten. Der Bucht vorgelagert ist ein großer Felsen mit einem Torbogen, den man durchschwimmen kann. Er wird *Trípia Pétra* genannt, zu deutsch: "durchlöcherter Fels", und gilt als die zweite Sehenswürdigkeit des Órmos Lalaría. Direkt hinter dem Strand beginnt eine ca. 100 m hohe Steilküste, die den Zugang über Land fast unmöglich macht. Die Bucht wird in den Sommermonaten sehr stark besucht. Ausflugskaíkis mit mehr als 200 Personen sind nicht selten und meistens kommen mehrere Boote gleichzeitig.

• *Einrichtungen*: keine vorhanden.
• *Verbindungen*: nur mit einem Tagesausflug per Kaíki von Skíathos/Stadt zu erreichen. Fast alle Boote fahren am Vormittag vom alten Hafen zunächst zum Lalaría, danach über Mittag an eine Taverne an der Nordküste und über den Strand von Koukounariés wieder zurück nach Skíathos/Stadt. Phantastisch ist auch die Vorbeifahrt an den beiden Höhlen. Inselrundfahrt kostet ca. 22-25 DM ohne Verpflegung. Abfahrt in der Regel zwischen 9 und 10 Uhr, Rückkehr gegen 17 Uhr. Fragen Sie in den Reisebüros in Skíathos/Stadt.

▶ **Christós sto Kástro**: Bucht am nördlichsten Punkt der Insel. Etwa 25 m breiter Kiesstrand, das türkisfarbene Wasser ist sehr sauber. Links und rechts wird der Strand von fast senkrechten Felsen eingerahmt. Kurz vor Mittag legt ein Boot an und bringt einige Badeurlauber, aber ansonsten trifft man an diesem Küstenabschnitt kaum auf Menschen. Wer mit dem eigenen Boot kommt, sollte wegen der vielen Unterwasserklippen an der Ostseite anlegen.

• *Einrichtungen*: keine vorhanden.
• *Verbindungen*: entweder per Kaíkiausflug von Skíathos/Stadt oder mit Kletterkenntnissen vom Kap Kástro hinabsteigen. Vorsicht, schwierige und gefährliche Strecke!

▶ **Ákro Sózon**: Kap südwestlich des Kástros. Einige schlechte Schotterpisten führen hier durchs Hinterland. Wer aber die Kapelle *Agíos Sózon* hoch über dem Meer besuchen will, muß die letzten Meter zu Fuß gehen.

▶ **Órmos Kechriás**: eigentlich zwei, jeweils gut 200 m lange Sand- und Kiesbuchten mit sehr tiefem Wasser schon nahe am Strand. Fast immer viel Wind mit entsprechender Brandung, die fleißig Meeresdreck an die Küste spült – nicht schön anzusehen. Zudem keinerlei natürlichen Schatten durch Bäume und auch kein Sonnenschirmverleih. Der Tavernenwirt (am östlichen Strandteil) hat das Wasser aus dem Flußlauf vom Kloster Kechriás hinunter in eine immerlaufende natürliche Dusche umgeleitet. Glänzende Idee! In den letzten Jahren hat man einen befahrbaren Schotterweg bis zur Bucht planiert, doch den weiten Weg machen sich nur wenige Leute. Fast immer ist es ruhig und still, die Bucht ist eine Domäne für Wanderer, die vom Kloster hinunter kommen. Wunderschön ist der Blick auf die grünen Hänge hinter dem Strand und übers Meer auf die Berge des Pílions.

• *Essen/Trinken*: **Tavérna Kechriás**, im Sommer wird an der östlichen Bucht eine kleine Strandtaverne betrieben. Im Angebot die üblichen Kleinigkeiten, kühle Getränke und Kaffee. Man sitzt sehr schön unterm Strohdach und genießt die Ruhe der Bucht.

• *Verbindungen*: Ein Kaíkiausflug von Skíathos/Stadt wird nur selten angeboten. Daher entweder zu Fuß vom Kloster Kechriás *(siehe Wanderbeschreibung auf S. 176)* oder mit dem Auto zunächst Richtung Kástro, dann aber weiter westlich halten. Schwer zu finden, denn es gibt keine Wegweiser und die neue Piste ist nicht auf den Inselkarten eingezeichnet.

Inselinneres

Angenehmer Kontrast zu den überlaufenen Stränden an der Südküste. Das sanft hügelige Inselinnere ist vollständig dicht mit Pinien und anderen Nadelbäumen sowie Olivenhainen bewachsen. In den letzten Jahren hat man das Netz an Eselspfaden teilweise planiert und damit jeeptauglich verbreitert. Nun sind fast alle Sehenswürdigkeiten leicht zu erreichen, vor allem Klöster, Kirchen und Kapellen, aber auch Reste eines hellenistischen Wachturmes.

Die Asphaltstraße zum bedeutenden Kloster Evangelistrías, Herkunftsort der griechischen Nationalflagge, zeigt sich allerdings in teilweise sehr schlechtem Zustand und endet direkt an der Pforte. Entlang der Straße und von vielen Staubpisten in den Bergen bieten sich traumhafte Blicke auf die gesamte Insel und hinüber nach Skópelos.

▶ **Kirche Agíos Taxiárchis**: an der Straße zum Kloster Evangelístria. Etwas erhöht unter dichten Bäumen liegt die Taxiárchis-Kirche an einer Quelle. Im Innern eine hellbraune Altarwand mit zahlreichen Ikonenbildern, auch die Wände sind reich geschmückt. Die neuere Taxiarchón-Ikone von 1975 steht etwas links im hinteren Bereich, direkt davor eine sehr alte Ikone hinter Glas. Sehenswert sind außerdem der goldene Kronleuchter und die Panagía-Ikone.

An der Kirche entspringt eine Quelle, außerdem ist ein Tisch mit Sitzbänken vorhanden – ein schönes, schattiges Plätzchen für eine Ruhepause.

"Geburtsort" der griechischen Nationalflagge – Kloster Evangelístria

Moní Evangelístria

Eines der bedeutendsten Inselklöster, früher "Evangelismos tis Theotókou" genannt. Hohe Klostermauern umgeben das prächtige Gebäude. In einer lieblichen Umgebung auf den Hügeln hinter der Stadt gelegen, heute nur noch von einem einsamen Mönch bewirtschaftet.

Das Kloster wurde in seiner heutigen Form 1797 erbaut, und der Zahn der Zeit hat schon arg an den Gemäuern genagt. Ehemals besaß es 65 Zellen, Stallungen und Werkstätten. Wirklich sehenswert ist einzig die Klosterkirche, aber auch einige *Mönchszellen* wurden vor wenigen Jahren renoviert. Links vom Gotteshaus liegen halb verfallene *Wirtschaftsgebäude*, in denen heute Tauben und andere Vögel nisten. Hoch oben in den Zypressen am Eingang hängen die *Glocken*, die täglich zum Gebet läuten. Einer der beiden Mönche von Evangelístria starb 1996, jetzt lebt neben etlichen Katzen, Hühnern und anderem Federvieh nur noch ein Geistlicher hier. Wer Griechisch kann, sollte ihn nach der interessanten *Bibliothek* mit alten Handschriften und Urkunden fragen.

In die *Klosterkirche* gelangt man zunächst durch einen ziemlich unaufgeräumten Vorraum mit zahlreichen Ikonen an den Wänden. Rechts und links des Einganges in den Hauptbau findet man zwei silberüberzogene Ikonen mit Votivtäfelchen. Die Klosterkirche selbst zeigt sich innen in unverputztem Bruchstein ohne Fresken, rundum Chorgestühl und sakrale Gegenstände. Durch zwei Säulen hindurch tritt man ins Hauptschiff ein. Eine imposante Altarwand aus dunklem Holz, reich mit handgeschnitzten Ornamenten verziert, erwartet den Besucher. An den Wänden und Säulen hängen weitere Ikonenbilder, meist mit Silbereinlagen.

Die Altarwand zeigt oben verschiedene Motive aus dem Leben Jesu, unten stellen die großen Ikonenbilder ebenfalls biblische Szenen dar. Ganz links die Evangelístria-Namensikone der Klosterkirche, in deren Kuppel ein riesiger Kronleuchter befestigt ist. Interessant auch der Fußboden mit zum Teil noch gut erhaltenen Ornamenten auf den Kacheln.

Aber nicht nur das Kloster hat seine Reize, sondern auch die wunderschöne Landschaft der Umgebung. Evangelístria liegt auf etwa 210 Höhenmetern. Ungefähr 300 m vor dem Kloster befindet sich links der Straße das Grab des 1996 im Alter von 74 Jahren verstorbenen Mönches *Gerasimos*. Die Umgebung bietet viel Ruhe, reichlich Grün und ist ein idealer Platz, um nach dem Anmarsch eine Rast einzulegen. In unmittelbarer Nähe löschen sogar einige Quellen den Durst. Am 15. August wird hier nach einer Prozession im Hof des Klosters Mariä Himmelfahrt gefeiert. Wegen der Hochsaison finden sich dann auch viele Touristen ein. Nach den kirchlichen Zeremonien wird an langen Tischen gefeiert, gegessen und getrunken.

- *Kleiderordnung*: wird nur, wenn der Mönch anwesend ist, streng gehandhabt, der alte Wächter zeigt sich toleranter. Grundsätzlich dürfen keine nackten Schultern und Beine gezeigt werden. Frauen müssen einen Rock bis über die Knie und Männer eine lange Hose tragen. Am Oberkörper sind T-Shirts erlaubt, die aber die Schultern bis zu den Oberarmen bedecken müssen.
- *Besichtigungszeiten*: täglich von 6-14.30 Uhr. Eine kleine Spende wird erwartet.
- *Wegbeschreibung*: Das Kloster ist über eine asphaltierte Straße gut mit dem Moped oder Auto zu erreichen, empfehlenswert ist aber auch die Wanderung zu Fuß. Die Straße zweigt von der Stadtumgehungsstrecke ab und ist gut beschildert. Zwischendurch sind allerdings gewaltige Löcher in der Teerdecke. Durch Olivenhaine und vorbei an wildwuchernden Büschen führt die Straße nach Norden und endet direkt am Kloster. Wunderschöner Blick hinüber nach Skópelos.

Vom Kloster Evangelistría wurden im letzten Jahrhundert Aufstände gegen die Türkenherrschaft organisiert (wie auf Kreta). 1807 legten hier die Widerstandskämpfer einen Eid auf die Freiheit Griechenlands ab und hißten erstmals die neue griechische Flagge mit dem weißen Kreuz auf blauem Grund, die im Kloster Evangelistrías hergestellt und geweiht wurde. Deshalb wird das Kloster als eine Art gesamtgriechisches Nationalheiligtum angesehen.

Weitere Kirchen im Inselinnern

▶ **Kirche Zoodóchos Pighí**: auf einem wunderschönen Hochplateau, vor dem Bau einige tiefgrün und herrlich gewachsene Zypressen. Große Kirche, aber eher schlicht eingerichtet. Hellbraune Altarwand mit zahlreichen Ikonenbildnissen und einem kristallbehangenen Leuchter davor. Bedeutende Ikone hinter Glas vorne rechts an der Altarwand. Interessant ist das blaue Holzbohlendach.

Wegbeschreibung: Die Kirche Zoodóchos Pighí liegt rechts des Weges vom Kloster Evangelistría zur Kirche Profítis Ilías, kurz hinter der Abzweigung von der Asphaltstraße.

▶ **Kapelle Agíos Dimítrios**: kleine Kapelle in herrlich stiller Lage neben einem Bergbauernhof, 1903 erbaut. Dunkle Holzaltarwand mit 5 großen Iko-

Kirche Zoodóchos Píghi

nen, in der oberen Reihe vergilbte kleine Bilder. Direkt am Eingang die Namensikone des heiligen Dimítrios. Fußboden mit Sternmotivplatten, seltenes Holzgiebeldach.

• *Wegbeschreibung*: Die Kapelle Agíos Dimítrios liegt links der Staubstraße vom Kloster Evangelistrías hinauf zur Kirche Profítis Ilías. Ein kleines selbstgemaltes Schild am Straßenrand weist am Abzweig den Weg. Es geht ca. 150 m zu Fuß (kein Auto möglich) unterhalb der Fahrpiste. Am Ende des Metallzaunes liegt Agíos Dimítrios links.

Kirche Profítis Ilías: weit oben in den Bergen oberhalb der Stadt Skíathos inmitten üppiger Vegetation. Davor steht eine mächtige Platane, und in der Umgebung entspringt eine Quelle. Auf der anderen Seite der Staubpiste liegt kurz zuvor die Ruine eines alten Klosters. Profítis Ilías ist eine bedeutende Kirche mit dunkler Altarwand, vier großen Ikonenbildern und kleinen Silberikonen darüber. Von der Decke baumeln zwei große goldene Kronleuchter, und direkt links neben dem Eingang steht die Ikone des Propheten Elías. Ansonsten weitere Heiligenbilder an den Wänden, aber nicht so prachtvolle Einrichtung, wie der imposante Bau von außen erwarten läßt. Wahrscheinlich stammen die ältesten Mauern aus dem Jahre 1758.

• *Wegbeschreibung*: ebenfalls an der Staubstraße, die vom Kloster Evangelistrías die Abhänge des Berges Karafiltsanáka hinauf führt. Die Kirche Profítis Ilías liegt rechts dieses gut befahrbaren Weges in einem ummauerten Grundstück.

• *Essen*: **Tavérna Platanós**, gegenüber der Kirche Profítis Ilías. Aussichtsterrasse phantastisch mit Blick auf die Stadt, die Bucht, ihre vorgelagerten Inseln und in der Ferne links Skópelos. Bei klarem Wetter reicht der Blick sogar bis auf den Pílion. Leider bläst der Wind hier oben in den Bergen fast immer kräftig. Ganztägig von vormittags bis spät abends geöffnet. Die freundliche Wirtin bietet eine ganze Reihe von griechischen Gerichten und die üblichen Kleinigkeiten. Willkommen sind aber auch Gäste, die nur einen Kaffee oder eine Cola trinken wollen.

▶ **Kapelle Agíos Athanásios:** kleine Kapelle an der Schotterpiste zum Kloster Charálambos. Der Zutritt zur Kapelle erfolgt durch einen Vorraum mit Holzbänken und einem Kamin für die kirchliche Feier am Namenstag des heiligen Athanásios. Die Kapelle selbst zeigt eine dunkle Altarwand aus Holz mit vier großen Ikonen und zehn kleinen Silberikonen in der Reihe darüber. Dazu an den Wänden weitere Heiligenbilder. Die Hauptikone des Agíos Athanásios befindet sich unmittelbar links vom Eingang.

• *Wegbeschreibung*: Gut 300 m nach der Kirche Profítis Ilías rechts abbiegen (kurz danach folgt noch ein weiterer Abzweig, der zum Kástro führt), ein Schild weist den Weg. Nach der ersten Kurve liegt die Kapelle Agíos Athanásios gleich rechts neben der Straße.

▶ **Kapelle Agíos Apóstolis:** weitere Kapelle an der breiten befahrbaren Straße zum Kloster Charálambos, fast an der höchsten Stelle auf knapp 440 Höhenmeter gelegen. Der Eintritt erfolgt wie bei der Athanásios-Kapelle durch einen Vorraum mit Sitzbänken und Kamin für diverse Feierlichkeiten. Erst vor einiger Zeit wurde die Kapelle frisch geweißelt, und an der Decke prangt ein 1995 gemaltes Fresko des Pantokrators. Auch die Altarwand aus dunklem Holz ist neueren Datums und beinhaltet fünf große und 14 kleine Ikonenbilder. Eindrucksvoll ist insbesondere die Abendmahlszene in der Mitte. Links vom Eingang die Hauptikone der heiligen Apostel und rechts ein Kerzenständer. An den Wänden Chorgestühl und einige Ikonenbilder.

• *Wegbeschreibung*: Zwischen den Kapellen Agíos Athanásios und Agíos Apóstolis liegen einige Privathäuser einsam im Wald. Gut 600 m hinter der Athanásios-Kapelle taucht plötzlich das Gotteshaus der Apostel inmitten der dichten Bäume links am Wegrand auf.

Moní Charálambos

Weit im Norden der Insel, oberhalb des berühmten Strandes von Lalaría gelegen. Seit Jahren unbewohnt und daher normalerweise nicht zu besichtigen. Wohltuende Stille in meltémigezeichneter Landschaft.

Eigentlich ist das Moní Chraálambos kein richtiges Kloster, sondern besteht nur aus einer Klosterkirche und einigen halb verfallenen Wirtschaftsgebäuden mit Brunnen. Charálambos liegt pittoresk in der stillen Berglandschaft im Norden der Insel auf ungefähr 290 Höhenmetern und ist nur über eine schlechte Staubpiste zu erreichen. Leider ist die 1809 an der Stelle eines älteren Gotteshauses erbaute Kirche stets verschlossen, denn seit Jahren lebt kein Mönch mehr hier draußen. Wer dennoch die Möglichkeit haben sollte, zufällig jemanden hier anzutreffen, kann die gut erhaltenen und uralten Ikonen in der Klosterkirche bewundern.

An der Stirnseite befindet sich eine dunkle Altarwand, verziert mit vielen handgeschnitzten Ornamenten. Auch wenn hier niemand mehr lebt, ist die Klosterkirche reich ausgestattet. Der Fußboden ist zusammengesetzt aus großen Steinplatten. Von der Decke ragt ein riesiger goldverzierten Kronleuchter. Eine Inschrift belegt die letzte Renovierung Ende des 19. Jh. Imposant ist insbesondere die Ziegeldachkuppel, die von der abschüssigen Straße auf den letzten Metern zu sehen ist. Im Innenhof stehen einige mächtige Zypressen, darunter ein Kamin für die Feierlichkeiten, doch wirkt alles ziemlich verwahrlost.

• *Besichtigung*: Die Kirche selbst ist stets verschlossen, jedoch kann man die Außenanlage durch das schwere Tor jederzeit betreten.

• *Wegbeschreibung*: von der Kirche Profítis Ilías aus beschildert. Vorbei an den Kapellen Agíos Athanásios und Apóstolis schlängelt sich eine schlechte Schotterpiste durch den dichten Wald. Die höchste Stelle ist bei der Apóstolis-Kirche erreicht, danach geht es wieder abwärts. Unterwegs trifft man bestimmt einen der vielen Hirten mit ihren Ziegenherden samt Schäferhund. Gesamtstrecke ab der Profítis Ilías-Kirche ca. 3,8 km. Wer über einen sehr guten Orientierungssinn verfügt und Talent im Aufspüren versteckter Pfade hat, kann grundsätzlich auch vom Kloster Evangelistrías zu Fuß über einen Wanderweg in nördlicher Richtung zum Charálambos-Kloster gelangen. Allerdings schwer zu finden!

▶ **Kapelle Agíos Konstantínos:** kleine, versteckt im Wald gelegene Kapelle. Die Konstantínos-Kapelle ist ebenfalls nur durch einen Vorraum mit Holzbänken und einem Kamin zu betreten. Vergoldete Altarwand mit ungewöhnlich vielen Ikonen, auch an den Wänden. Im hinteren Bereich links die Namensikone des heiligen Konstantínos. Chorgestühl und an der Decke ein reich verzierter Kronleuchter. Werfen Sie auch einen Blick auf den uralten Steinfußboden. Mangels großer Fenster ist es in der Kapelle ziemlich dunkel, aber die Augen gewöhnen sich nach ein paar Minuten schnell an die Lichtverhältnisse.

• *Wegbeschreibung*: An der Kreuzung der Schotterstraßen zum Kástro und zur Kirche Profítis Ilías signalisiert ein Schild mit der Aufschrift "Ag. Konstantínos" die Richtung. Direkt nach dem Wegweiser links bergauf vom breiten Hauptweg (der weiter geradeaus führt) abbiegen. Die Konstantínos-Kapelle liegt dann nach ungefähr 100 m rechts im Wald.

Moní Kechriás

Das älteste Kloster der Insel liegt wunderschön auf einem Plateau über der Nordküste. Auffallend bemalte Anlage. Im Innern sehr gut erhaltene Fresken. Neben der Kirche plätschert eine Quelle in einsamer und idyllischer Umgebung.

Moní Kechriás liegt traumhaft oberhalb der gleichnamigen Kechriás-Bucht am Nordwesthang der Berge. Die steile Zufahrtsstraße gibt erst auf den letzten Metern den Blick auf die Klosterkirche frei, und die Überraschung ist groß: eine lustig bunt bemalte Anlage, wirklich eine Rarität. Strahlend weiße Wände mit blauem Sockel und einer Kuppel in rosa und hellblau. Dazu das dunkle Grün der Pinien im Kontrast auch zur strohgelben oder hellgrünen Macchia rund um dieses paradiesische Plätzchen. Im Hintergrund plätschert eine kräftige Quelle, die hohen Herren der Geistlichkeit hatten zweifellos ein Gespür für die Einheit von Kloster und landschaftlicher Schönheit der Insel.

Die kleine Klosteranlage stammt aus dem 15. Jh. Eine Inschrift belegt 1738 als Jahr einer großen Renovierung, der Großteil der Ikonen stammt aber aus dem 17. Jh. Insbesondere über dem Eingang, in der Kuppel und im linken Seitenbogen sind sehr gut erhaltene Fresken zu bewundern, die auf etwa

Kloster Kechriás

1745 datiert werden. Durch die vom Athos-Stil beeinflußte Architektur der Kuppel ergibt sich eine ideale Lichtwirkung auf die Wandmalereien.

Die dunkelbraune Altarwand ist handgeschnitzt und mit vier großen und elf kleinen Heiligenbildern ausgestattet. Die wichtigste Ikone *Kímissi tis Theotókou* steht rechts vom Eingang auf blauem Tuch. Im Kloster liegt jedoch nur eine Kopie von 1978, das Original wird in der Mitrópolis von Skíathos/Stadt aufbewahrt, denn Moní Kechriás ist unbewohnt und frei zugänglich. Gegenüber der Kirche befinden sich kleinere Wirtschaftsgebäude, ein blau bemalter Kamin und daneben die Quelle. Vom Innenhof bietet sich ein herrlicher Blick auf die dicht bewachsenen Berghänge, das tiefblaue Meer und die Konturen der Pílionküste.

• *Besichtigung*: uneingeschränkt möglich. Die kleine Anlage ist unbewohnt und die Klosterkirche unverschlossen. Schönes Plätzchen für eine längere Rast.

• *Wegbeschreibung*: am einfachsten zu erreichen über die Schotterstraße von der Kirche Profítis Ilías zum Kástro. Etwa 600 m nach der Kreuzung (bei der Kapelle Agíos Konstantínos) zweigt ein schmaler Weg links ab, ein Schild *"Kechriás Foothpath"* weist die Richtung. Der Weg führt dann in vielen Serpentinen steil etwa 1,5 km bergab. Das Kloster liegt auf nur noch 150 Höhenmetern. Grundsätzlich handelt es sich bei diesem Weg um einen Fußpfad, doch er ist breit genug, um ihn mit einer Enduro vorsichtig zu befahren. Besser jedoch zu Fuß in ca. 20-25 Min. wandern (bergauf in ca. 45 Min.). Wasser kann an der Klosterquelle nachgefüllt werden. Vom Kloster besteht außerdem die Möglichkeit, in gut 15 Min. hinunter zum Strand von Kechriás zu laufen *(s. u., Wanderbeschreibung)*.

Wanderung vom Moní Kechriás zum Órmos Kechriás

Am Kloster beginnt ein schmaler Trampelpfad, der weiter den Hügel hinab führt. Ein vergilbtes Holzschild an einem Baum weist den Weg. Der gut erkennbare Pfad schlängelt sich durch die Wiesen. In vielen Kurven geht es abwärts in ein wasserreiches Tal, am Wegrand wachsen sogar Farne. Gelegentlich markieren rote Punkte am Boden und Holzschilder mit Pfeilen an den Bäumen die Richtung. Keine zwei Minuten ab dem Kloster erreicht man den Bachlauf, der in der Folge mehrfach überquert werden muß.

Entlang des Bachlaufes markieren viele rote Punkte den Weg. Nach fünf Minuten muß man den kleinen Fluß nochmals überqueren, dann rechts vom Bach einige Meter bergauf. Im Tal hört man das Wasser rauschen, überall duften Kräuter. Rote Punkte führen wieder stetig bergab durch Ölbaum-

Fresken im Kloster Kechriás

haine, ein paar Meter weiter wieder dichtes Farnkraut. Nach etwa 15 Minuten kreuzt man erneut den Flußlauf an einer schwierigen Stelle. (Direkt am Fluß links steht ein mächtiger Baum, unten ein roter Punkt auf Stein.) Der Weg verläuft weiter dicht am Bach, an einer Mauer entlang, erneut eine Flußüberquerung, dann auf eine Hausruine zu. Zwischen den Mauern hindurch wird der phantastische Blick frei aufs blaue Meer der Ägäis. Die Wanderung endet hier an der Taverne des Strandes von Órmos Kechriás.

Keine Angst vor Schlangen – einige Tips für richtiges Verhalten

Wandern Sie hier unbedingt vorausschauend, in dem feuchten Tal gibt es jede Menge Schlangen! Raschelt es verdächtig im Gras, bleiben Sie stehen und lassen der Schlange genug Zeit, sich im Unterholz zu verkriechen. Würden Sie weitergehen und die Schlange gar in die Enge treiben, riskieren Sie einen Angriff. Normalerweise nehmen Schlangen Ihren Tritt auf den Boden schon von weitem wahr und räumen das Feld, da sie grundsätzlich ängstliche Tiere sind. Sollten Sie dennoch einmal ziemlich nahe einem Tier gegenüberstehen, möglichst Ruhe bewahren, nicht weiter gehen, allenfalls langsam zurück. Keine hektischen Reaktionen!
Auf Skíathos gibt es – wie auf allen Inseln der Sporaden – Nattern von durchaus beachtlicher Größe. Seien Sie in der Nähe von Bachläufen besonders vorsichtig, greifen Sie nicht ins Unterholz, und bewegen Sie keine größeren Steine, es könnte eine Schlange darunter liegen.

Ähnliches gilt für die weit verbreiteten Bruchsteinmauern überall an den Feldern. Bewegen Sie dort keine Steine, und greifen Sie nicht in die Ritzen, in denen sich nicht nur die ungefährlichen Eidechsen verstecken, sondern auch kleinere Schlangen und vor allem große Spinnen.

▶ **Kapelle Agía Anastasía/Pirgí Farmakolitra**: sehr kleine Einraumkapelle aus unverputztem Bruchstein und die spärlichen Überreste eines hellenistischen Wachturmes. Direkt rechts an der Straße liegt eine kleine, fast parkähnliche Anlage. In der Mitte erkennt man noch gut die 7-8 m breite Grundfläche des Wachturmes in runder Bauweise. Außen sind nur wenige Steine bis in etwa 1,5 m Höhe erhalten. Unter dichten Bäumen versteckt sich die dunkle Anastasía-Kapelle im hinteren Teil des Areals. Im Inneren zeigt sich dem Besucher eine hellbraune Altarwand mit Ikonen, genauso wie an den Wänden. An der dunklen Holzdecke hängt ein großer Leuchter. Direkt am Eingang befindet sich die Namensikone der heiligen Anastasía.

Wegbeschreibung: an der Schotterstraße Richtung Kástro bei den betonierten Pfosten mit der roten Kástro-Aufschrift den breiten Weg links ab.

Von der Kirche Profítis Ilías zum Kástro

Etwa 300 m westlich der Kirche Profítis Ilías zweigt ein breiter, befahrbarer Schotterweg in nördliche Richtung ab. Hier geht es zum *Kloster Kechriás*, der *Kapelle Agía Anastasía* mit dem Pirgí und zum Kástro. Die Straße ist zunächst breit planiert, aber ziemlich steinig; vorsichtig mit dem Mofa fahren! Nach etwa 600 m zweigt links ein steiler Pfad zum Kloster Kechriás ab (ausgeschildert). Die Straße ist kurvenreich, führt durch zahlreiche Täler und über Hügel. Bald trifft man auf zwei Betonpfosten, auf denen in roter Schrift die weitere Richtung zum Kástro angegeben ist. Geradeaus liegen die Kapelle Agía Anastasía und die Überreste des Wachturmes gleich auf der rechten Seite. Doch der Weg zum Kástro führt an den Betonpfosten rechts ab. Zur Orientierung bieten sich die Kirchen und Kapellen entlang des Weges durch den dichten Wald an.

▶ **Kirche Panagía Kardási**: kleine Kirche am Ende des befahrbaren Weges zum Kástro. Mitten im Wald folgt eine kleine Lichtung, an der man sein Fahrzeug abstellen sollte. Nach wenigen Metern abschüssigen Weges trifft man auf die Kirche Panagía Kardási von 1899. Ihre steinerne Altarwand beinhaltet zahlreiche Ikonen mit Bildern aus dem Leben Jesu. Rechts eine große Silberikone. Interessant auch der Vorraum mit den an die Decke gemalten Sternen. Das Kirchenschiff selbst hat eine blaue Holzdecke.
Vor der Kirche erstreckt sich ein großer Platz mit Tischen und Stühlen, an dem jedes Jahr das Patronatsfest der Panagía Kardási gefeiert wird. Gegenüber dem Eingang befindet sich eine Bronzebüste auf der kleinen Platía. Sie zeigt *Ioánnis Stamatis Pothos* (1937-1978), einen ehemligen Inselbürgermeister, auf einem Marmorsockel.

Nach der Panagía Kardási weiter den Pfad durch den Wald in nördlicher Richtung nehmen, d. h. am Abzweig gleich hinter der Kirche rechts bergab halten. Einige Minuten später trifft man auf die Kapelle Agíos Theodoros.

▶ **Kapelle Agíos Theodoros**: neue Einraumkapelle, eigentlich Agíos Theodoros Tiron Stratilatis. Altarwand und Außenwände mit zahlreichen Ikonenbildern. Dazu eine Holzdecke mit Sternen, ansonsten eher unspektakulär.

Der Wanderpfad zum Kástro wird dann deutlich schmäler und führt in einigen Serpentinen steil hinab. Hinter einem Drahtzaum öffnet sich dem Wanderer erstmals der phantastische Blick hinunter auf den Kástrofelsen. Keine Angst, der Weg sieht weiter aus, als er tatsächlich ist. Spätestens nach zehn Minuten ist die nächste Kirche erreicht: Agíos Ioánnis Kástro.

▶ **Kirche Agíos Ioánnis Kástro**: bedeutende Kirche in einem wunderschönen Blumengarten. Duftende Rosen in allen Farben, Hibiskus, Hortensien, Amaryllis, Lupinen und Lilien. Direkt an der Kirche entspringt eine üppige Quelle, und der Garten wird fast täglich von einem netten, alten Mann bewirtschaftet. In der Kirche fällt sofort die weiße Altarwand ins Auge, eine Seltenheit. Darüber ein weißes, tonnengewölbtes Dach. Reiche Ausstattung mit Heiligenbildern und ein riesiger, goldverzierter Kronleuchter. Die Bedeutung des heiligen Johannes für die griechisch-orthodoxe Kirche erkennt man u. a. an den stets brennenden Kerzen in den Ioánnis-Kirchen, so auch hier.

Nach der Kirche Agíos Ioánnis wird der Pfad deutlich flacher und führt an einer dem *Agíos Dimítrios* geweihten Ikonenhäuschen rechts vorbei. Das blaue Meer rückt immer näher, und es geht über eine betonierte Treppe direkt auf den Kástrofelsen. Ungefähr 20 Minuten nach der Kirche Panagía Kardási steht man am Eingang zum Kástro.

Kástro

Auch Ruinen von Paläokastro genannt. Zwischen etwa 1300 und 1830 Hauptort der Insel, heute eine tote Stadt. Von drei Seiten durch steil hinabstürzende Felsen eingerahmt. Früher war die 120 m hohe Marmorklippe nur durch eine Zugbrücke zugänglich. Eine sehenswerte alte Kirche, viel mehr ist nicht übrig geblieben.

Das Kástro wurde im 13. Jh. zum Schutz vor den Piratenüberfällen angelegt und war bis 1830 ständig bewohnt. Vor allem während des unruhigen 16. Jh. zog sich die ganze Inselbevölkerung auf den Felsen im Wasser zurück. Die Festungsmauern umschlossen etwa 300 Häuser und nicht weniger als 22 Kirchen. Von ihnen sind allerdings nur noch zwei Gotteshäuser erhalten. Sehenswert ist die Christós-Kirche aus dem 17. Jh. mit holzgeschnitzten Ikonen und byzantinischen Wandmalereien. Die Häuser des Ortes standen dicht aneinandergedrängt, waren allesamt klein und wohl ziemlich dunkel. Während der Türkenherrschaft wurde sogar eine Moschee errichtet.
Eine hölzerne Zugbrücke war früher die einzige Verbindung zur Insel - heute erreicht man den Felsen über eine Treppe und den aufgeschütteten Wall. Den Eingang markiert ein großes Portal mit einer dekorativen Marmorschwelle, an die sich ein kurzer Gewölbegang anschließt. Zu erkennen sind nur noch Reste von den Festungsanlagen, Stadtmauern und zwei Zisternen. Doch der phantastische Blick von den alten Mauern auf die bewaldete Steilküste entschädigt den Besucher für die spärlichen Überreste.

Der Kástrofelsen – Hauptort der Insel im Mittelalter

▶ **Kirche Christós**: einschiffige Basilika und Hauptkirche von Paläokastro, erbaut zu Beginn des 17. Jh. In den Innenraum des einfachen Steinbaus gelangt man über ein paar hinabführende Stufen. Beeindruckend ist die riesige Altarwand mit mehreren Reihen von Ikonen. Links neben der Altarwand steht die Nachbildung der wertvollen Christós-Ikone hinter Glas, deren Original in der Mitrópolis von Skíathos/Stadt aufbewahrt wird. Die uralten Fresken von 1621 sind nur noch mit viel Mühe erkennbar (Szenen aus dem Leben Christi), und das Dach leidet auch sichtbar. Wer weiß, wie lange die morschen Balken es noch tragen. Auch der Fußboden aus großen Steinplatten müßte wieder eingeebnet werden, aber offenbar will man die Kirchen auf dem Kástro nicht restaurieren. Weiter vorne auf dem Felsen liegen außerdem noch die *Kirche Agía Marína*, die *Kirche Agíos Nikólaos* von 1609 und die gut erkennbare, aber zerstörte Kuppel der *Kirche Panagía Prékla*.

Direkt hinter der Christós-Kirche wurden Tische und Bänke für eine Rast aufgestellt. Hier wird in der Hauptsaison auch eine Minitaverne betrieben. Die Beschilderung der Ruinen ist recht gut, jedoch größtenteils auf Griechisch. Aber auch ohne Wegweiser findet man problemlos den Pfad durch das dichte Gestrüpp, der bis ganz vorne auf die Nordspitze des Kástrofelsens führt. Dort stehen ein Gipfelkreuz und eine Rundsäule aus Beton (Vermessungspunkt), in die "1971" eingraviert wurde. Auch von hier natürlich ein herrlicher Blick auf Skíathos, während tief unten die Brandung bedrohlich schäumt.

Grausam und einst sehr gefürchtet – die Ägäis-Piraten

Ab dem 7. Jh. nahmen Überfälle der *Sarazenen* und *Mauren* aus arabischen Ländern auf die Inseln der Ägäis, vor allem die Sporaden und Kykladen, stark zu. Vielerorts zog sich die Bevölkerung in die höhergelegenen Gebiete zurück. Auch auf Skíathos lag der alte Hauptort Kástro nicht zufällig hoch oben in den Bergen und war von der Meerseite nur sehr schwer einzunehmen. Während des 11. und 12. Jh. schwächte sich die Macht des *byzantinischen* Staates merklich ab. Schutzlos den Piraten ausgeliefert, verminderte sich die Bevölkerungszahl auf den Inseln in dieser Zeit stark. Auch unter *venezianischer* Herrschaft entstand keine dauerhafte Schutzmacht, und die Bedrohung wurde immer unerträglicher für die Bewohner. Der Kástrofelsen von Skíathos soll im 14. Jh. aufgrund der Verwüstungen errichtet worden sein, die insbesondere Sarazenen anrichteten.

Im 16. Jh. wurde Skíathos von dem osmanischen Freibeuter-Admiral *Chaireddin Barbarossa* erobert. Von Geburt eigentlich Grieche, trat er bald zum Islam über und beherrschte mit seiner Seeräuberflotte vom nordafrikanischen Algier aus jahrzehntelang fast das gesamte Mittelmeer. Insbesondere der grausame Überfall von 1538 durch die Barbarossa-Bande hat sich tief in der Volksseele festgesetzt. Damals wurde die gesamte Inselbevölkerung versklavt. Das besetzte Skíathos bekam einen türkischen Oberbefehlshaber und mußte nun Steuern an den Sultan bezahlen. *Venezianisch-türkische Kriege* und weitere *Piratenüberfälle* in bisher ungekanntem Ausmaß dominierten die gesamte Inselgeschichte im unruhigen 17. Jh. Erst nach der Gründung des griechischen Königreichs ging der Staat massiv gegen die Piratengefahr in der Ägäis vor und befreite die Inseln von der fremden Bedrohung. Die Bevölkerung verließ das rauhe Kástro und besiedelte die liebliche Südküste. Ohnehin bestanden auf dem Kástrofelsen stets Versorgungsengpässe, denn bei Gefahr konnte man weder die Felder auf der Insel bestellen, noch zum Fischen ausfahren.

Vorgelagerte Inseln

Rund um Skíathos liegen insgesamt neun kleinere Inselchen im Meer verstreut. Die meisten und wichtigsten konzentrieren sich auf den Órmos Skiathou, südlich und östlich von Skíathos/Stadt. Besuchenswert vor allem die größte von ihnen, Tsougriá, ausgestattet mit einem hübschen Sandstrand und einer Taverne.

▸ **Daskalonisi:** kleiner Minifelsen direkt östlich der Hafenbucht von Skíathos/Stadt. Erwähnenswert ist Daskalonisi eigentlich nur wegen des kleinen Leuchtturmes auf seiner Spitze.

▶ **Aspronisos**: nördlichste der kleinen Inseln im Órmos Skiathou. Das Eiland mißt etwa 1 km im Durchmesser. Kein Leuchtturm. Die Durchfahrt zwischen Aspronisos und der Küste von Skíathos ist mit bis zu 7 m Wassertiefe für Segelschiffe tief genug.

▶ **Argós**: relativ große vorgelagerte Insel südöstlich der breiten Landzunge gegenüber von Skíathos/Stadt und dem Hafen. Das Eiland wird auch *Arkaki* genannt. Die Durchfahrt zwischen Argós und Répio ist mit gut 20 m Wassertiefe für Segelschiffe ausreichend.

▶ **Répio**: Minieiland ungefähr 500 m östlich von Argós. An der Südostküste von Répio weist ein Leuchtturm den Schiffen die Richtung. Répio selbst ist etwa 500 m lang und 200 m breit. Ein paar halb zerfallene Häuser dienen den Ziegenhirten als Schutzhütten.

▶ **Marángos**: kleine Insel in der direkten Verlängerung der breiten Landzunge Lazareta, östlich von Skíathos/Stadt und dem Hafen. Marangos ist fast kreisrund und mißt gut einen halben Kilometer im Durchmesser.

▶ **Prassoniso**: im Grunde nur ein Felsen im Wasser. Prassoniso liegt sehr weit westlich im Órmos Skiathou, wenige hundert Meter vor der kleinen Landzunge auf der Kanapítsa-Halbinsel. Erwähnenswert ist der Felsen eigentlich nur wegen des kleinen Leuchtturmes, der auf seiner Spitze steht.

▶ **Tsougriá**: größte der Skíathos vorgelagerten Inseln und einzige mit touristischer Bedeutung. Tsougriá liegt etwas mehr als 4 km südlich des Hafens von Skíathos/Stadt und ist etwa 1,8 qkm groß. Die Insel verfügt über zahlreiche Sandbuchten, zum Teil mit Schatten. Im Inneren ist das Land völlig unberührt, nur einige Ziegenherden leben hier. Die Hirten haben sich im Südwesten Bruchsteinhäuser zum Schutz errichtet. Auf einem schönen Pfad durch uralte Olivenhaine und vorbei an intensiv nach Kräutern duftenden Hängen kann man die ruhige Insel umrunden.
Gute Bademöglichkeiten gibt es jedoch nur an der Westküste. Jeden Morgen fahren einige Ausflugskaíkis von Skíathos/Stadt mit Badegästen hinüber nach Tsougriá. Der Strandabschnitt von *Agíos Floros* besteht aus feinem Sand, optimales Badevergnügen ist garantiert. Im Hinterland spenden Pinien und Zypressen Schatten. Während der Hochsaison wird eine Strandbar und eine Taverne ("Kosmas") betrieben, die Sonnenschirme, Liegestühle und sogar Surfbretter und Tretboote vermietet. Auf der gegenüberliegenden Ostseite des Inselchens gibt es nur Kiesstrände.
Verbindungen: in der Hauptsaison täglich mit dem Kaíki vom Hafen in Skíathos/Stadt in ca. 20 Min. Preis ungefähr 10 DM pro Person. Fragen Sie im alten Hafen.

▶ **Tsoungráki**: kleine, langgestreckte Schwesterinsel westlich von Tsougriá. Das Eiland mißt gut einen halben Kilometer in der Länge und wenige hundert Meter in der Breite. Im Unterschied zu Tsougriá zeigt sich Tsoungráki eher rauh und unwirtlich. Daher fahren auch keine Kaíkis dorthin. Tsoungráki ist fest in der Hand von Möwen, die hier zu Tausenden brüten. An der Nordküste gibt es eine kleine Bucht, die von Yachtbesitzern angelaufen werden kann.

Verlassen und dem Zerfall preisgegeben – Haus in Klíma

Skópelos

Zwei Hafenorte – Dutzende idyllische Badebuchten mit viel Sand – auch Skópelos ist mit dichten grünen Pinienwäldern überzogen – etwas außerhalb der Orte liegen zahlreiche Klöster und Kirchen – wunderschöne Ziele für Wanderungen durch die einsame Inselwelt.

In der Antike wurde Skópelos "Pepárethos" genannt und als einzige Sporaden-Insel mit zwei Häfen ausgestattet. Die Küste zeigt sich zerklüftet und buchtenreich, das Inland deutlich bergiger als Skíathos. Fruchtbare und dicht bewaldete Hügel. Gilt als eine der landschaftlich schönsten Inseln Griechenlands. Riesige Oliven- und Mandelbaumhaine. Auch Pflaumen, Birnen und Walnüsse gedeihen hier prächtig. Im Gegensatz zur bekannteren Schwester Skíathos hält sich der Touristentrubel noch in Grenzen. Lediglich im Hauptort Skópelos, der Chóra, drängen sich in der Hochsaison die Touristen. In den zahlreichen Hafencafés ist dann fast jeder Platz besetzt.

Trotz allem Tourismus hat Skópelos noch immer hübsche Orte, in denen man einen abwechslungsreichen und ruhigen Urlaub verbringen kann. Und die Insel bietet auch für Ästheten einiges: dichtbewachsene Berghänge mit Pinien und Aleppo-Kiefern, herrliche Buchten, idyllische Ankerplätze, inseltypische

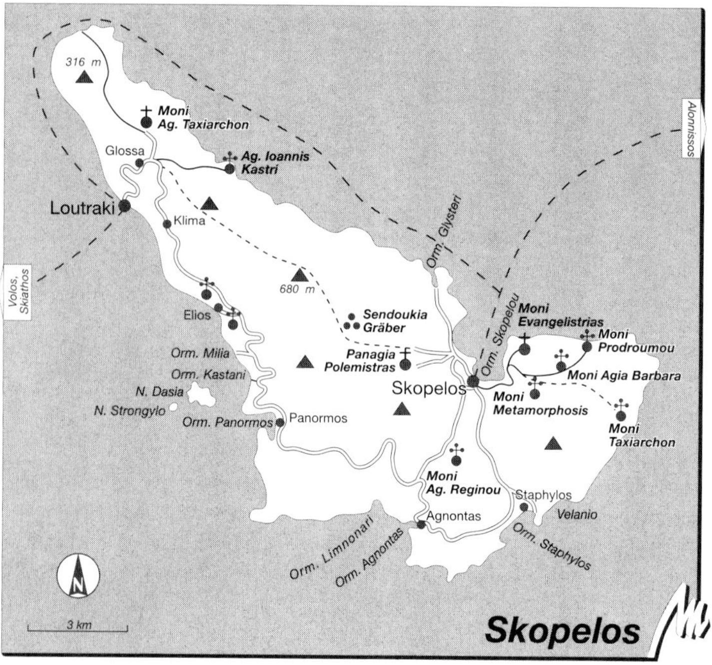

Architektur, Häuser mit bunten Balkonen und Erkern, über 360 Kirchen, Kapellen und Klöster (im Durchschnitt rund vier pro Quadratkilometer!). Mal weiß gekalkt, mal aus einfachem Bruchstein, begleiten sie den Besucher auf Schritt und Tritt. Leider sind die meisten wegen des Ikonenklaus verschlossen.

Skópelos' Nordküste zeigt sich steil und schroff, vom Meltémi zerklüftet. Oft geraten Segler hier bei Sturm in gefährliche Situationen. Die starke Brandung hat zahlreiche malerische Seegrotten auf dieser Seite der Insel geschaffen. In östlicher Richtung wird die Küste lieblicher, hier liegt auch *Skópelos/Stadt* mit dem Hafen. Die Strände an der Südküste profitieren dagegen von ihrer hervorragend windgeschützten Lage. Daher wird der *Órmos Agnóntas* auch als Zweithafen bei starkem Wind genutzt. Ein gutes Dutzend malerischer Badebuchten bietet über viele Meter seichtes Wasser, gut für Kinder geeignet.

Skópelos ist eine sehr wasserreiche Insel. Ihre Hauptversorgungsquelle liegt ganz in der Nähe von Skópelos/Stadt und soll angeblich 6 Millionen Liter (!) Wasser täglich liefern. Das ist natürlich weit mehr als die Insel tatsächlich – selbst in der Hauptsaison – benötigt. Daher hat man einen Teil der Quelle sogar wieder zugeschüttet.

Fast alle schon in der Antike bekannten Ortsnamen auf Skópelos sind bis heute bewahrt worden, doch reiche archäologische Funde gab es bisher kaum. Der zweite größere Ort der Insel heißt *Glóssa* und liegt inmitten üppiger Weinfelder und Olivenhaine im Norden der Insel. Wer dieses ausgesprochen hübsche Bergdorf besuchen will, sollte das Schiff bereits in *Loutráki* verlassen, wo die Fähren von Skíathos gewöhnlich zuerst anlegen. Von dort kann man auch mit dem Bus in den Inselsüden weiterfahren. Vorteil: Man sieht die wunderschönen kleinen Orte und Weiler malerisch an der Küste verstreut liegen. Wie auf den meisten Inseln mit zwei Häfen existiert auch auf Skópelos eine herzliche Feindschaft zwischen den beiden Zentren. Die Bewohner der Chóra halten die "Glossaner" für zurückgeblieben, und in Glóssa schimpft man auf die modernen Sitten in Skópelos/Stadt.

Skópelos verfügt über eine deutlich ausgepägtere Berglandschaft als Skíathos. Ein Bergrücken durchzieht den schmalen Teil der Insel bis hinunter zum *Órmos Pánormos*. Ungefähr in der Mitte des Eilands erhebt sich sein höchster Gipfel, der *Óros Délphi*, bis auf 680 Höhenmeter. Auf allen Seiten liegen kurze, schluchtenreiche Täler. Der Rest von Skópelos besteht aus niedrigem und sehr fruchtbarem Hügelland. Nur im äußersten Südosten erhebt sich ein weiterer Berg, der *Paloúki*, auf immerhin 566 m. An seinen Flanken liegen die meisten der zahlreichen Inselklöster. Weiter im Landesinnern dominieren kleine und größere Hügel, allesamt dicht mit Pinien und Olivenbäumen bewachsen. Insgesamt sollen 80 % der Inseloberfläche bewaldet sein.

Auch auf Skópelos etwas Besonderes: Die Trachten der Frauen

Leider sieht man in den letzten Jahren die besonderen Trachten der Bewohner von Skópelos nur noch sehr selten, allenfalls an den kirchlichen Feiertagen und an Volksfesten. Früher trugen die Frauen ärmellose Faltenröcke aus Seide mit blumenbesticktem Saum, das sogenannte *Mórko*. Goldbestickte Jacken mit etwa ellenbogenlangen Ärmeln und ebenfalls aus Seide wurden darunter getragen. Auf den Kopf zogen sie kleine Mützen, an die Goldmünzen geheftet waren. Die Trachten werden übrigens noch immer als traditionelles Handwerk in Eigenarbeit hergestellt.

Wer den *Pílion* und das thessalische Festland kennt, wird sich stark an die dortigen Trachtensitten erinnert fühlen. Und in der Tat: Die kulturellen Verbindungen von Skópelos nach Thessalien sind sehr stark. Das gilt insbesondere auch für die Architektur, den Dialekt und die üblichen Volkstänze (*Tsamikos* und *Kalamatianos* sowie den Karnevalstanz *Tráta*, während die traditionellen Inseltänze *Balos* und *Syrto* hier kaum heimisch sind).

Unzählige Kirchen und fast ein Dutzend Klöster liegen überall auf der Insel verstreut. Insgesamt sollen es über 360 weiße Tupfer in der grünen Landschaft sein. Viele Sakralbauten stammen aus byzantinischer Zeit oder den Jahren der Türkenherrschaft und zeugen von der tiefen Religiosität der Insulaner. Einige Gotteshäuser sind an besonders prädestinierten Stellen errichtet worden: auf steilen Felsvorsprüngen, malerischen Berghängen oder direkt am Ufer des tiefblauen Meeres. Außerdem stehen vor allem im nördlichen Teil der Insel noch zahlreiche Fundamente und Stümpfe von antiken Wachtürmen. Skópelos gilt als konservative Insel, auf der das strenge Patriachat noch immer vorherrschend ist.

Der Tourismus hat auf Skópelos in den letzten Jahren enorm zugenommen und ist längst zu einem wichtigen Wirtschaftszweig geworden. Pauschalangebote gibt es mittlerweile reichlich, doch von skiathischen Verhältnissen ist man (glücklicherweise) noch weit entfernt. In neuerer Zeit wehren sich die Einwohner gegen den zunehmenden Fremdenverkehr. Angeblich dürfen keine größeren Hotels mehr gebaut werden. In einer Volksbefragung hat man sich im Jahre 1990 gegen den Bau eines Flughafens auf der Insel ausgesprochen. Für das Rollfeld hätten einige Hektar wunderschöne und noch bewirtschaftete Olivenbaumhaine ihr Leben lassen müssen.

• *Literaturtips*: Das kommunale Tourismus-Informationsbüro an der Hafenpromenade verkauft eine Inselbroschüre mit sehr schönen Fotografien. **Griechenland. Skópelos Inseln. Grün auf blau** heißt das knapp 50 Seiten starke Heft und kostet ca. 6,50 DM. Die Texte klingen recht pathetisch, erinnern an die Hochglanzprospekte der Reiseveranstalter.

Vassilis Tomanas hat ebenfalls ein gutes Buch über die Insel verfaßt. Das ganz in dunkelblau gehaltene Heft mit 66 Seiten enthält zahlreiche historische Schwarzweißfotos und neuere Farbaufnahmen. Doch sollte man es sich vor allem wegen des guten Stadtplanes von Skópelos/Stadt kaufen, allerdings nur auf Englisch verfügbar. Es heißt **Skópelos. Guide to the Island** und kostet in den Touristik- und Buchläden ca. 13 DM.

Außerdem gibt es noch einen empfehlenswerten Wanderführer aus der Feder von Heather Parsons. Mittlerweile in vierter Auflage werden insgesamt 21 Wanderrouten quer über die Insel beschrieben. Dazu gibt es jeweils ein kleines "Auffindkärtchen", eine kleine, handgemalte Karte, die sich jeweils auf den betreffenden Weg bezieht (könnte besser sein), und die problematischen Stellen sind mit einer Skizze abgebildet. Klingt gut, aber die Wege sind zum Teil recht schwer zu finden, die Skizzen nicht immer mit den Gegebenheiten der Realität in Einklang zu bringen. Das englischsprachige Büchlein mit weißem Einband heißt **Sotos Walking Guide to Local Beauty Spots & Historical Places of Interest. Skópelos – Glóssa** und kostet in den Touristik- und Buchläden ca. 11 DM.

Skópelos auf einen Blick

Größe: ca. 96 qkm. in einer fast dreiekkigen Form mit zwei langen und einem kurzen Schenkel. Die beiden längeren Seiten bilden die Südwest- und Nordostküste, während die kürzere Küste nach Südosten zeigt und ca. 15 km Länge aufweist. Maximale Breite von Nordwest nach Südost gut 20 km. Küstenlänge der Insel insgesamt knapp 66 km. Vor der mittleren Südwestküste liegen einige Minieilande im Wasser. 80 % der Inseloberfläche sind bewaldet.

Geographische Lage: Hafen Skópelos/Stadt: 39°07,2' nördliche Breite, 23°43,8' östliche Länge; Órmos Loutráki: 39°09,8' nördliche Breite, 23°37' östliche Länge; Órmos Pánormos: 39°06,5' nördliche Breite, 23°39,8' östliche Länge; Órmos Agnóntas: 39°05,2' nördliche Breite, 23°42,4' östliche Länge; Órmos Stáphylos: 39°05,2' nördliche Breite, 23°44,8' östliche Länge.

Geologie: Der schmale nördliche Teil der Insel besteht aus metamorphem

Glimmerschiefer und Glimmermarmor wie die Ostküste von Skíathos. Im mittleren und südlichen Teil von Skópelos findet sich überwiegend dichter bis halbkristalliner dunkelgrauer Kreidekalk, oft Dolomit und nur sehr wenig Schiefer. Die Überlagerungsgrenze ist jedoch nicht so abrupt wie auf Skíathos.

Bevölkerung: knapp unter 6000 Einwohner, davon ca. 4000 in Skópelos/ Stadt, der Chóra. In Glóssa und Loutráki wohnen ca. 1000 Menschen. Die Angaben sind ohnehin nur relativ, da viele Bewohner im Winter die Insel verlassen und nach Athen bzw. aufs Festland gehen.

Wichtige Orte: Skópelos/Chóra – die einzige Stadt der Insel und der wichtigste Hafen, an der Nordostküste hinter einer breiten Bucht gelegen; Loutráki – fast an der Nordwestspitze gelegener zweiter Fährhafen von Skópelos. Oberhalb von Loutráki liegt Glóssa in den Bergen. Ansonsten gibt es noch weitere kleine Dörfer an der Südwestküste: Klíma, Elíos, Pánormos, Agnóntas und Stáphylos.

Unterkunft: Unterkunftsmöglichkeiten existieren grundsätzlich in allen Dörfern der Insel, die meisten natürlich in und rund um Skópelos/Stadt. Hier gibt es auch Dutzende von Hotels und Pensionen. Auch Privatzimmer werden fast überall angeboten. Nur Glóssa scheint den Einheimischen vorbehalten zu bleiben. Beachten Sie außerdem: Auf Skópelos gibt es *keinen Zeltplatz!* In den abgelegenen Buchten ist jedoch das Aufstellen von Zelten üblich.

Baden: Auf Skópelos kommen Bade- und Sandstrandfans voll auf ihre Kosten. Gute Wassersportmöglichkeiten. Zweifellos die besten Strände liegen naturgemäß an der Süd- und Südostseite der Insel. Je weiter nördlich, desto mehr Kiesstrand. Am beliebtesten sind die Buchten Stáphylos, Agnóntas, Pánormos und Miliá.

Wandern: nicht optimal, aber weit besser als auf Skíathos. Skópelos bietet einige Möglichkeiten für wunderschöne Touren durch die grüne Bergwelt des Délphi mit harzig duftenden Pinien. Auch ein Besuch der vielen Klöster ist zu Fuß gut zu bewerkstelligen. Profunde Bergwanderkenntnisse sind nicht notwendig, gutes Schuhwerk und eine gewisse Ausdauer verstehen sich von selbst. Bedenken Sie aber, daß Skópelos deutlich größer ist als Skíathos. Verirren kann man sich zwar auch hier nicht, aber wer den Weg verloren hat und zu spät umkehrt, wird die größeren Entfernungen zu spüren bekommen. Leider gibt es auch von Skópelos keine guten Wanderkarten aber einen Wanderführer in englischer Sprache *(siehe unter "Literaturtips")*.

Straßen: Die Hauptverbindungsstraße der Insel, von Skópelos/Stadt nach Loutráki, ist durchgängig asphaltiert und auch in recht gutem Zustand. Dies gilt ebenso für die Stadtumgehungsstraße hinauf zum Kástro und weiter zum Konstantínos-Strand sowie für die Inseldurchquerung von Skópelos/Stadt über das Kloster Regínou zum Órmos Agnóntas. Zu den Buchten von Stáphylos, Limnonári und Miliá führen ebenfalls Asphaltstraßen, seit 1997 auch zum Órmos Glysterí. Im Inselnorden ist außer der Hauptverbindungsstraße nur die Zufahrt zum Taxiarchón-Kloster geteert. Ansonsten gibt es nur mehr oder minder gute Schotterwege.

Entfernungen (in Straßenkilometern):

Skópelos/Stadt-Órmos Stáphylos	ca. 3,8 km
Skópelos/Stadt-Órmos Agnóntas	ca. 7,5 km
Órmos Agnóntas-Órmos Pánormos	ca. 9,5 km
Órmos Pánormos-Elíos	ca. 6,5 km
Elíos-Klíma	ca. 3 km
Klíma-Glóssa	ca. 3,5 km
Glóssa-Loutráki	ca. 1,5 km
Gesamtstrecke Skópelos/Stadt-Loutráki	ca. 31,5 km

Auto- und Zweiradverleih: während der gesamten Saison in Skópelos/Stadt, Pánormos und Loutráki möglich. Angemessene Auswahl jedoch nur in der Chóra. In den Hauptsaisonmonaten Juli und August werden auch in Elíos Zweiräder verliehen. Preise liegen insgesamt nur leicht unter dem Niveau von Skíathos. Tip: Gleich für mehrere Tage ausleihen, dann wird oft erheblicher Rabatt (bis zu 40 %) gewährt.

Tankstellen: sehr gute und räumlich sinnvolle Aufteilung. Zwei durchgängig von ca. 8-22 Uhr geöffnete Tankstellen liegen an der Stadtausgangsstraße der Chóra. Im Inselnorden befindet sich eine ebenfalls durchgängig geöffnete Zapfsäule zwischen Elíos und Klíma an der Inselstraße und eine weitere Tankstelle in Glóssa (an der Straße nach Loutráki), hier jedoch von 13-17 Uhr Mittagspause. Angeboten werden Super (bleifrei), Normal und Diesel.

Berge: Der höchste Gipfel ist mit 688 m der *Délphi*, in älteren Reisebeschreibungen auch *Dhirphi* genannt. Er befindet sich ungefähr in der Mitte eines Gebirgszuges, der seinerseits etwa in der Mitte der Insel liegt. Im Südosten steigt der Berg *Paloúki* bis auf 566 m an. Außerdem liegt zwischen Skópelos/Stadt und dem Délphi-Gebirge noch ein Hügel mit 430 Höhenmetern und kurz von der Nordspitze der Insel eine weitere Erhebung mit 316 m. Alle übrigen Hügel messen weniger als 250 m Höhe. Die Besteigung aller Berge auf Skópelos ist möglich, doch das Wander-Kartenmaterial schlecht.

Karten: In den Buchhandlungen Deutschlands, Österreichs und der Schweiz ist außer den großen Übersichtskarten nur die Karte "Pelion, Skíathos, Skópelos" (= Griechenland Blatt 3) von dem Wiener Verlag *Freytag & Berndt* im Maßstab 1:100.000 für 10,80 DM zu erhalten.

Auf der Insel gibt es eine Vielzahl weiterer Karten zu kaufen. Sie sind in den Shops von Skópelos/Stadt, Stáphylos, Agnóntas, Pánormos, Elíos, Glóssa und Loutráki zu erwerben. Leider läßt ihre Qualität zu wünschen übrig, doch es gibt nun einmal keine Alternative. Bedenken Sie aber beim Umgang mit den Karten stets, daß die Angaben nur als ungefähre Richtwerte zu verstehen sind. Nicht alle eingezeichneten Wege existieren wirklich, und umgekehrt gibt es Pfade, die den Kartographen schlichtweg entgangen sind. Handhaben Sie das Kartenmaterial also flexibel, und erwarten Sie keine mitteleuropäische Präzisionsarbeit.

Relativ brauchbar ist die Karte mit dem blauen Cover von Panajotis Lianaridi aus Vólos. "Skópelos map. Neue Ausgabe" verspricht der Titel, aber auf eine Jahresangabe wurde wohlwissend verzichtet. Eingezeichnet sind die Asphaltstraßen in rot, die übrigen Wege in gelb, die Klöster und ein paar Kirchen (aber längst nicht vollständig) sowie fast alle Strandabschnitte. Versuchen Sie keinesfalls, die angegebenen Wanderwege im Bereich des Délphi (gestrichelte rote Linien) zu finden, das wäre ein hoffnungsloses Unterfangen. Auf der Rückseite der Karte diverse touristische Informationen in unfreiwillig amüsantem Deutsch. Keine Angabe des Maßstabes, liegt aber nach unseren Berechnungen bei etwa 1:36.000. Preis für die blaue Karte liegt (je nach Verkaufsstelle) bei etwa 3-4 DM.

Der griechische *Scorpios*-Verlag vertreibt außerdem eine weitere Skópelos-Karte mit weißem Cover und einer Aktualisierungsangabe von 1996. Auch diese Karte gibt weder Wegenetz noch sonstige Einzeichnungen korrekt wieder. Dennoch auch nicht viel schlechter als die blaue Karte und ebenfalls touristische Informationen auf der Rückseite. Als Maßstab wird gleichfalls 1:36.000 angegeben. Preis ca. 3,50 DM.

Bemerkenswert ist vor allem die traurige Tatsache, daß es keinen Plan von Skópelos/Stadt zu kaufen gibt. Die einzige verfügbare Karte des Stadtgebietes ist im Buch von Vassilis Tomanas enthalten *(siehe unter "Literaturtips")*. Eingetragen sind die wichtigsten Institutionen und die sehenswerten Kirchen.

Telefonvorwahl: 0424.

Inselpolizei und Touristenpolizei: Tel. 22235/22988.

Hafenämter: Skópelos/Stadt: Tel. 22180; Loutráki: Tel. 33333.

Postleitzahl: GR – 37003

Mythologie

Nachdem der athenische Held Theseus auf Kreta den scheußlichen Stiermenschen Minotauros tötete, verließ er die Insel und kam nach Náxos, wo er sich in die Tochter des kretischen Königs Minos verliebte. Doch Ariadne wurde auch von dem Gott Dionysos höchstpersönlich begehrt, der sie nach Limnos verbrachte. Dort gebar sie dem Dionysos vier Söhne, von denen einer *Stáphylos* genannt wurde. Eben dieser Stáphylos wird heute als der erste Siedler auf Skópelos angesehen. Außerdem soll er die Weinrebe von Kreta in seiner neuen Heimat angepflanzt haben, weshalb er noch heute mit der ausgeprägten Weinkultur der Insel identifiziert wird. In den Sagen der griechischen Landschaften wird Stáphylos als der "Weintraubenmann" bezeichnet. Münzprägungen beweisen die Bedeutung des Stáphylos und des Dionysos für die Insel Skópelos.

Geschichte

Über eine Besiedelung von Skópelos im Neolithikum, wie sie für Skýros und Alónnissos mittlerweile nachgewiesen werden konnte, herrscht noch immer Streit in der Forschung. Zur Zeit der griechischen Antike hieß die Insel *Pepárethos* und beherbergte drei Städte: Pepárethos (das heutige Skópelos/Stadt), *Pánormos* (an der gleichnamigen Bucht) und *Selinús* (unterhalb von Klíma). Erst im 2. Jh. n. Chr. tauchte der heutige Name Skópelos in den Schriften des ägyptischen Geographen Ptolemäus auf. Denkmäler aus der Antike sind aber – wie auf allen Nördlichen Sporaden-Inseln – selten. Immerhin gelang 1936 ein sehr bedeutender Fund: In der Nähe der Stáphylos-Bucht entdeckte man ein reich ausgestattetes, bronzezeitliches Grab, wahrscheinlich von einem Mitglied der aus Kreta eingewanderten Königsfamilie, vielleicht sogar des Stáphylos höchstpersönlich. Zweifellos ist der mykenische Einfluß auf Skópelos unverkennbar, obwohl es zunächst eine minoische Kolonie war. Im 13. Jh. v. Chr. geriet die Insel unter den Einfluß des thessalischen Königs Pelias.

Nach dem Untergang der mykenischen Kultur fanden Piratenbanden immer wieder Unterschlupf in den zerklüfteten Buchten. Eine erneute Besiedelung läßt sich erst wieder für das 8. Jh. v. Chr. nachweisen: Kolonisten von Chalkis kamen auf die Insel, und der kulturelle Aufschwung begann. Handelsverbindungen wurden sogar bis Sizilien geknüpft, und der Läufer *Agnóntas* aus Pepárethos siegte 569 in Olympia. Der Reichtum von Skópelos wird auch durch seine großen Opfergaben in Délphi symbolisiert. Außergewöhnlich ist die politische Entscheidung der Inselführung gewesen, in den Perserkriegen neutral zu bleiben, während der Rest Griechenlands gegen die Barbaren kämpfte. In der Zeit der innergriechischen Auseinandersetzungen gehörte Pepárethos von 479-338 v. Chr. dem Attischen Seebund an, den es insbesondere finanziell unterstützte (gut das sechzehnfache von Skíathos). Zudem übernahm man die demokratische Regierungsform von Athen und blieb im Grunde bis zum Niedergang der antiken Welt ein treuer Bundesgenosse der heutigen Hauptstadt. Aus dem 4. und 5. Jh. sind nur wenige Inschriften, Statuen, Sarkophage und Münzen erhalten.

Natürlich eroberten die Makedonier (338 v. Chr.) und später die Römer (190 n. Chr.) auch Pepárethos, doch blieb die Insel trotz enormer Steuerlast dank ihres hervorragenden Weines reich. Im 3. Jh. setzte sich das Christentum durch und 347 n. Chr. wurde die nun als *Skópelos* bezeichnete Insel Bischofssitz (bis 1842). Für die byzantinische Zeit nehmen die Überlieferungen wieder deutlich ab. Möglicherweise wurde die Insel fast vollständig verlassen, denn auch von den venezianischen Besatzungen von 1207 bis 1276 und von 1453 bis 1538 sind kaum noch Spuren erhalten. Nur kleine Siedlungen behaupteten sich, fielen aber 1538 den Plünderungen des osmanischen Seeräuberadmirals *Chaireddin Barbarossa* zum Opfer. Erst im späten 16. Jh. ließen sich neue Bewohner auf der verödeten Insel unter türkischer Kontrolle nieder. Am nationalen Unabhängigkeitskampf gegen die Türken nahm auch Skópelos aktiv teil, und 1830 wurde es in den neuen griechischen Staat eingegliedert.

Wirtschaft

Schon in der griechischen Antike war Skópelos für die hervorragende Qualität seines Weines und seiner Oliven berühmt. Im Jahre 1954 zerstörte ein großflächiger Brand weite Teile der Insel. Insbesondere die Weinreben wurden danach nicht mehr im früheren Ausmaß angepflanzt. Heute dominieren Öl- und Obstbäume, vor allem Pflaumen, Birnen, Mandeln, Kirschen, Feigen, Zitronen, Orangen und Walnüsse. Die Plantagen liegen meist an der Westküste der Insel. Aus den Früchten wird überwiegend Schnaps gebrannt, ein Teil geht auch in den Export. Getrocknete Pflaumen von Skópelos gelten als Delikatesse und erreichen fast kalifornische Qualitätsstandards. Ganz in der Nähe der Stadt hat man einen Pflaumenofen, *Fourno Damaskinon*, errichtet, der im August nach der Ernte in Betrieb genommen wird. Als Insulaner ist man natürlich auch mit dem Meer verbunden, weshalb ein hoher Anteil der Männer in der Fischerei und Seefahrt tätig ist. Die Fischgründe um Skópelos gelten noch als reich. Außerdem eignet sich der üppig begrünte Boden hervorragend für die Viehzucht. Vor allem Ziegen werden heute gehalten, aber auch Kühe sind auf den Weiden vereinzelt zu sehen. Allerdings nahm der Tourismus als Wirtschaftszweig in den letzten Jahren stark zu.

Essen und Trinken

Es gibt eine ganze Reihe von Inselspezialitäten, die aber zum Teil auch von den anderen Sporaden für sich in Anspruch genommen werden. Hervorgehoben wird vor allem die sogenannte *scopelitiki tyropita*, üblicherweise "Cheese-Pie" genannt. Dabei handelt es sich um einen fein ausgerollten Ölteig, in den eine hauchdünne Lage Schafskäse eingewickelt wird. Das ganze wird dann in Schneckenform gebracht und in der Pfanne frittiert. Diese Spezialität hat uns am besten in der *"Café-Bar Michalis"* in Skópelos/Stadt geschmeckt. Inseltypisch sind auch die *avgato*, in Zuckersirup eingelegte gelbe Pflaumen, getrocknet und anschließend gebacken. Ohnehin ist Skópelos für seine guten Pflaumen bekannt. In der *"Tavérna Romantica"* oberhalb des Konstantínos-Strandes erhalten Sie leckere Kreationen, z. B. Tintenfisch in Pflaumen oder Thunfisch mit Pflaumen im Ofen gebacken. Probieren Sie auch einmal die (nicht ganz billige) Süßigkeit *chamália*. Sie wird üb-

Bienenstöcke

licherweise in Konditoreien in farblosen Plastikschachteln verkauft. Chamália sind abgezogene, geriebene Mandeln, vermischt mit Rosenwasser und Puderzucker und zu Sternchen geformt. Gut ist auch der Kuchen mit Walnüssen und Mandeln von der Insel. Außerdem gibt es noch *Katíki*, eine Vorspeise aus zerbröseltem Schafskäse, und eine *Rófos Stifádo* genannte Fischspezialität aus den umliegenden Gewässern.

Inselfeste

Wie auf der Nachbarinsel *Skýros* wird auch auf Skópelos im Februar *Apokriés*, der griechische **Karneval**, gefeiert. Die Bewohner verkleiden sich mit Masken bis zur Unkenntlichkeit und führen in den Gassen von Skópelos/Stadt ein buntes Spektakel auf. Höhepunkt des Faschingstreibens ist ein Umzug durch die Stadt. Überall wird der sogenannte *Tráta*, ein Inseltanz, aufgeführt.

25. Februar: heiliger Regínos. Gefeiert wird der Märtyrertod des ersten Inselbischofs aus dem Jahre 362. Nach dem Gottesdienst im Regínou-Kloster gibt es im Hof der Anlage Essen für alle, Musik und Tanz. Noch heute ziehen zahlreiche Einheimische zu dieser Gelegenheit ihre alten Traohton an.

26. Juli: Agía Paraskeví. Auch zum Fest der Agía Paraskeví kommen zahlreiche Einheimische in den alten inseltypischen Trachten.

Im **August** wird für die fremden Besucher der Insel in Skópelos/Stadt ein Kulturfestival mit reichem Programm (Musik, Tanz, Theater, Kino) angeboten.

6. August: Klosterfest in Metamórphosis, in den Bergen südöstlich von Skópelos/ Stadt. Zu diesem Fest kommt eigens ein Mönch vom Heiligen Berg Athos auf die Insel.

15. August: Mariä Entschlafung. Wie überall in Griechenland wird auch auf Skópelos Panagía mit einem der größten Inselfeste im religiösen Kalender gefeiert.

23. August: Weihfest der Kirche Panagía tis Epíscopis in Skópelos/Stadt.

9. November: Zu Ehren der Gottesmutter Eisodia Theotókou wird im bewohnten Kloster Evangelistria in den Bergen südöstlich von Skópelos/Stadt ein Panigiri gefeiert. Nach dem Gottesdienst kochen die Nonnen Essen für alle Gäste.

25. November: spirituelles Fest an der Christós-Kirche in Skópelos/Stadt.

Tandem-Sprachkurs

Jedes Jahr im August und September veranstaltet das Athener Goethe-Institut auf Skópelos einen sogenannten Tandem-Sprachkurs unter dem Motto "Griechen lernen Deutsch, Deutsche lernen Griechisch". Unterrichtet wird jeweils vormittags in der Volksschule der Inselhauptstadt. Jeder Teilnehmer erhält in diesem Kurs einen Partner der jeweils anderen Sprache. Angeboten werden ferner kulturelle Veranstaltungen wie Theater, Konzerte, Gesangsstunden, Vorträge, Ausstellungen, Filmvorführungen, Ausflüge und Wanderungen.

Auskünfte und Anmeldung beim Goethe-Institut in Athen, Odós Omirou (Tel. 01/3608111) oder direkt in Skópelos (Tel. 22287).

Verbindungen nach Skópelos

Per Fähre und Tragflügelboot existieren selbst in der Nebensaison durchaus üppige Verbindungen mit den anderen Inseln der Nördlichen Sporaden (Ausnahme Skýros). Angelaufen werden von Vólos und Skíathos aus meistens beide Inselhäfen: zunächst Loutráki/Glóssa, danach Skópelos/Stadt.

▸ **Fähren**: Vólos ist vom Festland aus der beste Ausgangspunkt, um nach Skópelos zu gelangen. Die Stadt liegt nur 18 km von der Hauptautobahn *Thessaloníki-Athen* entfernt (Abzweigung bei Mikrothive oder Risomilos). Zudem ist Vólos Endbahnhof der Zuglinie *Kalambaka-Vólos*. Wer mit dem Zug von Athen oder Thessaloníki nach Vólos reisen will, muß in Lárissa umsteigen.

Die Fähren vom Hafen Vólos fahren im Winter einmal, in der Nebensaison zweimal und im Hochsommer bis zu viermal täglich nach Skópelos. Angelaufen wird auf jeden Fall der Hafen direkt in Skópelos/Stadt, die meisten Fähren legen auch in Loutráki/Glóssa an. *Nomicos* und *Goutos Lines* heißen die beiden Gesellschaften. Von Skíathos dauert die Überfahrt nach Loutráki/Glóssa etwa 45 Minuten, bis Skópelos/Stadt etwa eine Stunde länger. Ansonsten bestehen auch Verbindungen mit Agíos Konstantínos und den anderen Inseln der Nördlichen Sporaden, seit 1997 aber nicht mehr mit Skýros. Vielleicht wird diese Route in den nächsten Jahren wieder befahren. Fragen Sie in den Büros (oder fahren Sie mit den *Flying Dolphins*, s. u.).

• Fahrpreise: pro Person: Vólos-Skópelos/Stadt ca. 19 DM, Agíos Konstantínos-Skópelos/Stadt ca. 23 DM, Skíathos-Skópelos/Stadt ca. 9 DM (nach Loutráki/Glóssa ca. 5 DM), Alónnissos-Skópelos/Stadt ca. 6,50 DM. Autos kosten unterschiedlich, je nach Länge über oder unter 4,25 m. Unsere Angaben gelten für normale Mittelklassewagen über 4,25 m: Vólos-Skópelos/Stadt ca. 110 DM, Agíos Konstantínos-Skópelos/Stadt ca. 102 DM, Skíathos-Skópelos/Stadt ca. 32 DM (nach Loutráki/Glóssa ca. 28 DM), Alónnissos-Skópelos/Stadt ca. 14 DM (Stand 1997).

▸ **Tragflügelboote**: Ebenfalls sehr gute Verbindungen bestehen durch die gelben *Flying Dolphin*-Tragflügelboote der Gesellschaft *Ceres* von Vólos, Agíos Konstantínos, Skópelos (oft Loutráki/Glóssa und Skópelos/Stadt) und Alónnissos. Man sitzt in relativ bequemen Flugzeugsesseln, und es gibt sogar eine Aussichtsplattform. Das Übersetzen ist bedeutend schneller, aber auch teurer. Autotransport ist nicht möglich. Es gelten unterschiedliche Fahrpläne, je nach Jahreszeit: Vor- und Nachsaison (1.4.-10.7. und 9.9.-31.10.), Hochsommer (11.7.-8.9.) und Winter (1.11.-31.3.).

Vólos-Skópelos/Stadt	in der Vor- und Nachsaison 4 bis 5 x täglich, im Hochsommer 5 bis 6 x täglich und im Winter 2 x täglich.
Vólos-Loutráki/Glóssa	in der Vor- und Nachsaison 2 bis 3 x täglich, im Hochsommer 3 x täglich und im Winter 2 x täglich.
Skíathos-Skópelos/Stadt-	in der Vor- und Nachsaison 6 bis 9 x täglich, im Hochsommer 10 bis 12 x täglich und im Winter 2 bis 3 x täglich.
Skíathos-Loutráki/Glóssa	in der Vor- und Nachsaison 4 bis 6 x täglich, im Hochsommer 5 bis 7 x täglich und im Winter 2 bis 3 x täglich.
Loutráki/Glóssa-Skópelos/Stadt	in der Vor- und Nachsaison 4 bis 8 x täglich, im Hochsommer bis zu 5 bis 8 x täglich und im Winter 2 bis 3 x täglich.
Alónnissos-Skópelos/Stadt	in der Vor- und Nachsaison 4 bis 7 x täglich, im Hochsommer bis zu 11 x täglich und im Winter 3 x täglich.
Alónnissos-Loutráki/Glóssa	in der Vor- und Nachsaison 3 bis 5 x täglich, im Hochsommer 6 x täglich und im Winter 2 x täglich.
Agíos Konstantínos-Skópelos/Stadt	in der Vor- und Nachsaison 1 bis 3 x täglich, im Hochsommer 2 bis 4 x täglich und im Winter 1 x täglich.
Agíos Konstantínos-Loutráki/Glóssa	in der Vor- und Nachsaison 1 bis 3 x täglich, im Hochsommer 2 bis 4 x täglich und im Winter 1 x täglich.

(Alle Angaben Stand 1997)

Von Skýros bestehen nur in den Sommermonaten Juni bis September Verbindungen. Die Tragflügelboote befahren die Route *Skýros-Alónnissos-Skópelos/Stadt-Loutráki/Glóssa-Skíathos* ab Anfang Juni bis Mitte Juli fünfmal, ab Mitte Juli bis Mitte September siebenmal wöchentlich (jedoch nicht täglich). Dasselbe gilt für die umgekehrte Strecke. Von Mitte September über den ganzen Winter hinweg bis Anfang Juni soll es eine Verbindung wöchentlich geben, die 1997 allerdings nicht existierte.

Außerdem wird Skópelos/Stadt per *Flying Dolphin* verbunden mit:

Agíos Ioánnis (Pílion)	1-2 x täglich im Hochsommer
Chorefto (Pílion)	3 x wöchentlich im Hochsommer
Kými (Euböa)	1 x wöchentlich im Hochsommer
Marmares (Chalkidiki/Sithonia)	1 x täglich im Hochsommer
Moudania (Chalkidiki/Kassandra)	2 x wöchentlich im Hochsommer
Orei (Euböa)	1 x wöchentlich und ganzjährig
Pefki (Euböa)	1 x täglich im Hochsommer
Pefkohori (Chalkidiki/Kassandra)	1 x täglich im Hochsommer
Platánias (Pílion)	1 x täglich im Hochsommer
Porto Carras (Chalkidiki/Sithonia)	2 x wöchentlich im Hochsommer
Stylis (Thessalien)	1 x wöchentlich im Hochsommer
Thessaloníki	1 x täglich im Hochsommer
Trikeri (Pílion)	1 x täglich in der Nebensaison und im Winter, 2 x täglich im Hochsommer
Insel Trikeri (vor dem Pílion)	3 x wöchentlich in der Nebensaison und im Winter, 1 x täglich im Hochsommer

(Alle Angaben Stand 1997)

Wenig PS, aber es fährt!

• *Fahrpreise der Hauptrouten:* pro Person: Vólos-Skópelos/Stadt (2 Std. 20 Min.) ca. 42 DM, Skíathos-Loutráki/Glóssa (25 Min.) ca. 12 DM, Skíathos-Skópelos/Stadt (45 Min.) ca. 16 DM, Alónnissos-Skópelos/Stadt (20 Min.) ca. 13 DM, Agíos Konstantínos-Skópelos/Stadt (2 Std. 15 Min.) ca. 51 DM, Skýros-Skópelos/Stadt (1 Std. 40 Min.) ca. 45 DM. Kinderermäßigung bis 10 Jahre 50 %. (Stand 1997).

Verbindungen auf Skópelos

Busse: von und nach Skópelos/Stadt in der Nebensaison sechsmal täglich (etwa alle 2 Std. ab 7 Uhr), im Hochsommer bis zu zehnmal täglich. Die während der Hauptsaison oft gnadenlos überfüllten Busse fahren über die Orte und Buchten an der Inselstraße: Stáphylos, Agnóntas, Pánormos, Miliá, Elíos, Klíma, Glóssa bis Loutráki. Eine Verbesserung des Angebotes wird seit langem geplant. Für die gesamte Strecke von Skópelos/Stadt bis Loutráki braucht der Bus etwa eine Stunde. Der Buswendeplatz in Loutráki liegt direkt an der Hafenpromenade, in Skópelos/Stadt am neuen Fährhafen. Die Abfahrtszeiten sind in Loutráki bei *"Pizzeria-Café Aramis"* an der Hafenfront angeschlagen, in Skópelos/Stadt auf einer großen Tafel am Busbahnhof. Hier werden auch Tickets verkauft.

• *Fahrpreise:* von Skópelos/Stadt nach Stáphylos ca. 1,20 DM, nach Agnóntas ca. 2,20 DM, nach Pánormos ca. 3 DM, nach Glóssa ca. 4 DM und bis zur Endstation Loutráki ca. 4,50 DM. Von Loutráki hinauf nach Glóssa kostet ca. 1,35 DM pro Person (Stand 1997).

Taxis: Der Taxistandplatz in Skópelos/Stadt liegt direkt neben dem Busbahnhof am neuen Hafen. Wie üblich liegen die Preise deutlich höher als für die Busse, aber weit unter deutschem Niveau. Im Hafen von Loutráki stehen nur wenige Taxis. Nur wenn eine Fähre oder ein Dolphin anlegt, kommen einige Fahrer von Glóssa hinunter und warten auf Gäste. Die wenigen Taxis fahren dort ab, wo auch die Busse wenden. Andere Standplätze befinden sich an allen touristisch wichtigen Orten: Stáphylos, Agnóntas, Pánormos und Elíos.

• Fahrpreise Die Fahrt von Skópelos/Stadt nach Loutráki kostet rund 40 DM. Nach Stáphylos zahlt man ca. 13 DM, Agnóntas ca. 18 DM und nach Pánormos ca. 25 DM. Vom Hafen Loutráki kostet der Trip hinauf nach Glóssa etwa 6,50 DM (Stand 1997).

Inselsüden

Das touristische Zentrum der Insel. Skópelos/Stadt liegt wunderschön hinter einer großen Hafenbucht. Viele Übernachtungsmöglichkeiten auch außerhalb der Chóra, zahlreiche malerische Badeplätze mit Sand- und Kiesstränden. Weit im Südosten erhebt sich der Paloúki, der zweithöchste Inselberg, nicht so dicht bewaldet wie der Délphi im Norden. Er ist die Heimat von fast einem Dutzend Klöster. Abwechslungsreiche Wandermöglichkeiten durch grüne Wälder und karge Macchia.

Die Südhälfte ist der touristisch wichtigere Teil der Insel, nicht nur weil hier auch der Hauptort Skópelos/Stadt liegt. Das Gebiet hat noch viel mehr zu bieten. Östlich der Chóra steigt der zweithöchste Inselberg, der Paloúki, sanft an. Sein Gipfel reicht bis auf 566 m, und an seinen Abhängen wurden zahlreiche Klöster und Kirchen errichtet. Wer von Loutráki und Glóssa hierher kommt, dem fällt sofort die nicht lichte Bewaldung des Paloúki auf. Hier zeigt sich die Insel deutlich trockener, viele Olivenbäume, vereinzelte Zypressen und kleine Nadelwälder bestimmen die Landschaft.

Wer auf Skópelos mehrere Tage verweilt, sollte die Klöster unbedingt in sein Programm mit einbeziehen, denn zwei der Anlagen werden noch immer von Nonnen bewohnt und können daher besichtigt werden. Außerdem bieten die Klöster eine wohltuende Abwechslung zum Stadt- und Strandurlaub. Zum *Kloster Evangelistría* führt eine schlechte Schotterpiste von der südöstlichen Ecke der Hafenbucht den Hügel hinauf. Auf halber Strecke teilt sie sich, und der abzweigende Weg führt zum *Moní Timíou Prodrómou*. Dieses zweite bewohnte Kloster halten Inselkenner für die schönste Anlage von Skópelos.

Auf den Hügeln des Paloúki liegen noch weitere Gotteshäuser, zum Teil in einsamer Gegend und nur schwer per pedes zu erreichen. Was für Skíathos gilt, kann auch für Wanderungen auf Skópelos Gültigkeit beanspruchen: Die Einzeichnungen auf den Inselkarten sind veraltet und keineswegs exakt, Wege zu angegebenen Kapellen existieren vielleicht gar nicht mehr oder wurden mittlerweile sogar geschottert. Wanderfreunde sollten deshalb flexibel und auf Überraschungen gefaßt sein.

An der Nord- und Ostküste im südlichen Inselteil existieren praktisch keine guten Badestellen. Sehr empfehlenswert sind dagegen die beliebten Südbuchten *Stáphylos* und *Velanió*, nur wenige Kilometer von Skópelos/Stadt entfernt.

Einen Sandstrand findet man auch an der kleinen Bucht von *Limnonári*, während *Pánormos* nur einen riesigen Kiesstreifen bietet. Allerdings werden an allen Badestellen im Südwesten ausreichend und zum Teil auch günstige Unterkünfte angeboten. Der *Órmos Agnóntas* hat darüber hinaus noch für die Schiffahrt weitergehende Bedeutung. Die kleine Bucht liegt, im Gegensatz zu Skópelos/Stadt, sehr windgeschützt und wird bei starkem Meltémi als Ausweichhafen für die Chóra benutzt. Wundern Sie sich also nicht, falls Sie im Juli oder August einmal in Agnóntas an Land gehen müssen.

Skópelos – Blick auf die Hauptstadt

Skópelos/Stadt (Chóra)

In einem weiten Halbkreis erstreckt sich der Hauptort der Insel an einer bemerkenswert schönen und relativ großen, kesselförmigen Bucht. Er gehört sicherlich zu den malerischsten Orten Griechenlands. Erker an den Häusern, bunte Gärten, Bougainvillea auf den Balkonen und eine belebte Uferpromenade. Im Osten steigen die Felsen zum Teil recht steil und nur karg bewachsen unmittelbar hinter dem Meer an. Allein 123 der insgesamt 360 Kirchen und Kapellen von Skópelos sollen im Hauptort liegen.

Noch bevor man die Fähre verlassen hat, sind an der Uferpromenade die scheinbar endlosen Stuhlreihen der Cafés und Tavernen zu erkennen. Die Ortschaft zieht sich kompakt den Hang hinauf, auf dem einst das venezianische *Kástro* stand. Kástro nennt man noch heute den höhergelegenen Teil der Stadt, obwohl von dem Bauwerk praktisch nichts mehr erhalten ist.

Skópelos/Stadt wirkt lebhaft und freundlich. Enge Gassen und Straßen werden immer wieder von ein paar Treppenstufen unterbrochen. Der weiße Anstrich der Häuser wird alle paar Jahre erneuert, ihre roten Ziegeldächer sind makellos. Alles ist eingerahmt von der prächtigen Kulisse der dunkelblauen Ägäis und dem kräftigen Grün der angrenzenden Hügel. Die Stadt erwartet den Besucher fein herausgeputzt.
Ihre Häuser wurden traditionell hoch und schmal gebaut. Fast alle haben die inselüblichen Erker, rustikale Holz- oder Metallbalkone, die man aus Thessalien und vom Pílion kennt. Ihre Farben wetteifern mit den oft ebenso leuchtend grell bemalten Türen und Fensterläden. Die Häuser an der Hangseite wurden zum Teil fünfstöckig gebaut, und das kräftige Blau der Kykladen hat sich auch auf den Sporaden durchgesetzt. Nicht alle lockern den Anblick mit bunten Rosen und Geranien auf, aber die herrlich herunterhängenden Bougainvillea, Jasmin und Kletterrosen sind häufig zu entdekken. Auch in Skópelos/Stadt wurden zahlreiche Häuser vom Erdbeben 1965 beschädigt, doch sie sind mittlerweile alle (mit viel Beton) repariert worden. Insofern wurden große Teile des alten architektonischen Stiles vernichtet.

Die Chóra von Skópelos liegt an derselben Stelle wie der antike und mittelalterliche Hauptort. In ihren engen und gewundenen Gassen wohnen auch heute noch überwiegend die Einheimischen. Hotels und Privatquartiere gibt es zwar auch in der Stadt, doch die weitaus meisten Häuser befinden sich an der gegenüberliegenden Buchtseite, entlang der Umgehungsstraße hinauf zum Kástro oder ein paar Meter außerhalb. Lediglich eine breite Straße führt an der Hafenfront entlang. Hier haben sich Dutzende Cafés und Tavernen angesiedelt, die alle über den schönen Blick auf den Hafen verfügen.

Skópelos/Stadt – ein nationales Kulturgut

Die Altstadt der Chóra wurde vor einigen Jahren zum Bestandteil des nationalen griechischen Kulturgutes erklärt und unter Denkmalschutz gestellt. Für den Neubau von Häusern gibt es daher in Skópelos/Stadt außergewöhnlich strenge Vorschriften. Kein neues Haus darf mehr als zweieinhalb Stockwerke hoch sein und 7,5 m Gesamthöhe nicht überschreiten. Außerdem ist jeder verpflichtet, die Dächer mit dem traditionellen Schiefer oder Ziegelstein zu decken. Alle Bauvorhaben müssen vom Bürgermeisteramt genehmigt werden, und angeblich wird die Einhaltung dieser Vorschriften auch kontrolliert. Zudem sind insgesamt fast 80 % der gesamten Inselfläche wegen der üppigen Bewaldung per Gesetz gegen Bauvorhaben jeglicher Art geschützt.

Zum Zeitpunkt unserer Recherche wurde der Hafen von Skópelos/Stadt gerade umgebaut und erweitert. Im Frühjahr 1998 soll er fertig sein. Dann befindet sich die Hauptanlegestelle für die Fähren und *Flying Dolphins* gleich am Stadteingang. Dort endet die Inselstraße, und auch die Busse haben seit 1997 hier ihren neuen Standort gefunden. Übrigens liegt an dieser

Stelle auch der neue Taxistandplatz. Es ist also in den kommenden Jahren alles etwas im Umbruch begriffen und muß sich erst noch einspielen. Der alte Anlegekai im Nordosten der Bucht soll dann den Ausflugsbooten, Segelschiffen und Motoryachten vorbehalten sein.
Damit wird das Zentrum des Hafens weiter nach Westen verlegt. Gleichzeitig soll auch das seit Jahren bestehende Sommerfahrverbot auf der Hafenpromenade und in den Gassen der Stadt wirksam durchgesetzt werden. Theoretisch ist es heute schon untersagt, vom 1. Juni bis zum 30. September motorisiert in die Stadt einzufahren. Kontrolliert wird dies bisher nur während der absoluten Hochsaison von Mitte Juli bis Ende August. Davor und danach kümmert sich niemand um das Verbot.

Der Bürgermeister will aber nun ernsthaft eine autofreie Innenstadt für Skópelos erwirken, was die einheimischen Männer in zwei Lager gespalten hat und täglich tumultartige Diskussionen in den Kaffeehäusern an der Hafenpromenade nach sich zieht. Denn traditionell bewegt sich der Grieche nur motorisiert fort, und sei es auch nur ins knapp 150 m entfernte Kafeníon. In der Stadt zu Fuß gehen hieße für einen traditionsbewußten griechischen Mann, sich mit Frauen, Touristen und Eseln auf eine Stufe zu stellen. Einstweilen scheint dies im strengen Patriachat von Skópelos völlig undenkbar. Der Bürgermeister wird es schwer haben, und die nächste Wahl garantiert verlieren.

Verbindungen

- *Busse*: vom neuen Hafen der Chóra je nach Saison etwa 6 bis 10 x täglich (ca. alle 1 bis 2 Std.) überregionale Busse nach *Stáphylos, Agnóntas, Pánormos, Miliá, Elíos, Klíma, Glóssa* und *Loutráki*. Die Busse sind oft gestopft voll. Eine Verbesserung des Angebotes ist geplant. Bei der Touristeninformation gibt es einen kostenlosen Busfahrplan. Zudem bestehen im Hochsommer halbstündige Verbindungen nach *Stáphylos* und *Agnóntas*. Abfahrt direkt am neuen Hafen. Schließlich organisieren auch einige private Agenturen Busfahrten zu den Stränden. Im Vergleich zu den öffentlichen Bussen sehr teuer.
- *Taxis*: Die Taxis fahren dort ab, wo auch die Busse parken. Der Trip nach *Stáphylos* kostet etwa 13 DM, nach Loutráki rund 40 DM. Jeder Taxiunternehmer hat seine eigene Tel.-Nr., hier eine Auswahl: z. B. 22207/22422/22566. Handy 093-619614.
- *Schiff*: Wer nach *Loutráki* will, kann auch mit der Fähre fahren. Das dauert mit etwa einer Stunde Fahrzeit auch nicht länger und kostet mit ca. 4,50 DM exakt das gleiche wie der Bus (Stand 1997). Vorteil: Die Fahrtroute bietet einige phantastische Blicke auf die Nordostküste, insbesondere auf den spektakulären Felsen mit der Agíos Ioánnis Kirche. Nutzen Sie also das zusätzliche Verbindungsangebot durch die Fähren, Dolphins fahren zwar auch die Strecke, sind aber deutlich teurer.

Adressen

- *Apotheke*: mehrere in der Stadt. Eine liegt direkt an der Paralía. Der englischsprechende Besitzer öffnet in der Nebensaison von 9-12.30 Uhr und von 17-22.30 Uhr, im Hochsommer von 9-14.30 Uhr und von 17-24 Uhr (Tel. 23686). Eine weitere Apotheke in der kleinen Seitengasse unterhalb der O.T.E.-Zentrale. Öffnungszeiten hier: 9-14 Uhr und 17.30-22 Uhr (Tel. 22252). Außerdem gibt es auch in Glóssa eine Apotheke.

Hafenansicht

• *Arzt*: Erste-Hilfe-Hospital liegt rechts an der Straße zum Kloster *Regínou* noch innerhalb der Stadt. Die Ärzte sprechen alle unkompliziertes Englisch. Bei schwerwiegenden Fällen und Operationen erfolgt Transport nach Athen, zur Not mit dem Hubschrauber. Tel. 22220/22222.

• *Ausflüge*: Organisierte Ausflüge werden zu den abgelegenen Stränden und zu den Nachbarinseln angeboten. Im Hochsommer gibt es außerdem fast die gleichen Angebote wie auf Skíathos: sogenannte *Piratenkreuzfahrten* auf den **Pílion** (Preis ca. 75 DM), Expeditionen nach **Athen** und **Thessaloníki** (Preis jeweils ca. 112 DM) sowie Tagestouren zum Orakel nach **Délphi** und zu den **Metéora-Klöstern** (Preis ebenfalls jeweils ca. 112 DM). Der **Bootstrip rund um Skópelos** kostet etwa 30 DM pro Person.

Die **Stella**, eines der Boote von Dimitris Kiriazis, macht Ausflüge von Skópelos nach Alónnissos. Dort erfolgt ein Landgang in Patitíri, doch die meisten Gäste nutzen zu Recht den Aufenthalt für einen Besuch der alten Chóra. Danach geht es weiter, an den blauen Grotten entlang, an eine der hübschen Badebuchten der Südostküste von Alónnissos, vorzugsweise nach *Agíos Dimítrios* oder *Leptós Gialós*. Bei dieser Tour werden die Gäste mit einem kleinen Mittagessen und Snacks versorgt. Tickets bei verschiedenen Reisebüros in Skópelos/Stadt, außerdem direkt auf dem Boot. Preis pro Person liegt bei ca. 23 DM inkl. Verpflegung. Außerdem fährt Dimitris Kiriazis von Skópelos und Alónnissos mit seinem Boot **Kassandra** regelmäßig in den Meerespark "Nördliche Sporaden". Die Tour startet um 11 Uhr im Hafen von Skópelos/Stadt (gegenüber der Taverne *"Sirene"*), Rückkehr gegen 20 Uhr. Stationen sind Alónnissos, das Kloster Kyrá Panagía, Meereshöhlen an der Küste von Ghioúra und die Insel Psathoúra. Ab 1998 soll dieselbe Tour auch von Skíathos aus angeboten werden, möglicherweise auch mit dem zweiten Boot, der **Stella**. Tickets verkaufen verschiedene Reisebüros in Skópelos/Stadt, außerdem direkt auf dem Boot möglich. Preis pro Person ca. 45 DM inkl. Verpflegung. Fragen Sie in den Reisebüros an der Hafenfront *(Details in den Kapiteln "Vorgelagerte Inseln")*.

• *Bäcker*: in der Gasse von der *Platía Platanós* zur Kirche *Panagía Eleftherotria* auf der rechten Seite. Ein paar Häuser zuvor auch eine gute Konditorei.

• *Bank/Geldwechsel*: Die **National Bank of Greece** an der Hafenpromenade hat Mo-Do von 8-14 Uhr, Fr von 8-13.30 Uhr und nur während der Hochsaison jeden Nachmittag von 18.30-20.30 Uhr geöffnet. Außerdem Geldwechsel bei der **Commercial**

Bank in der Mitte der Hafenpromenade.

- *Boutiquen*: gute Auswahl an der Hafenpromenade und in der Pepárethos-Straße. Weitere Boutiquen in der Parallelgasse zur Hafenpromenade von der O.T.E.-Zentrale zum Platanenplatz. Preise liegen nur geringfügig unter dem Skíathos-Niveau, aber zu handeln ist gut möglich.
- *Bücher/Zeitschriften*: bei den Zeitungshändlern an der Hafenpromenade aber bitte keine reiche Auswahl erwarten.
- *Einkaufen*: Der hilfsbereite Herr Dimitris Tsaprazis und Karin, eine Angestellte aus Deutschland, führen direkt an der Hafenpromenade die Galerie **Potoki**. Im reichhaltigen und exquisiten Angebot sind handgemachter Gold- und Silberschmuck, Ikonen, Töpfereiarbeiten, Swatch-Uhren und Spiegel. Die Ikonen stammen aus dem Atelier des bekannten Kunstmalers Michalis Angelidakis. Ein paar Häuser neben der National Bank verkauft in dem Laden **Peritechno** ein freundlicher alter Herr Souvenirs und Karten zu einem guten Preis.
- *Foto/Film*: ein Laden an der Hafenpromenade, ein weiterer in der Pepárethos-Straße. Geboten wird Einheits-Service: Entwicklung von Negativfilmen im Stundenservice (keine Dias). Ansonsten Filmverkauf, Videobänder und Batterien. Keine Reparaturen. Der freundliche Apóstolis von **Foto Iris** (Pepárethos-Straße) verkauft auch diverse Literatur über die Insel. Tel. 23477.
- *Friseur*: mehrere in den Gassen der Altstadt.
- *Gepäckaufbewahrung*: in den Reisebüros an der Hafenpromenade. Kostet etwa 2 DM pro Tag und Gepäckstück.
- *Information*: Links neben dem Rathaus (weißes Gebäude nahe der Anlegestelle mit griechischer Flagge) liegt das offizielle **Tourist Information Office** der Stadt. Die freundlichen Angestellten vermitteln Hotels, Studios und Zimmer. Außerdem Auskunft über Busabfahrtszeiten, Öffnungszeiten der Klöster und Infos aller Art. Tel. 23220.
- *Post*: in einer Seitengasse der *Platía Platanós*, von der Hafenpromenade aus beschildert. Geldwechsel möglich. In der Hauptsaison wird zusätzlich ein mobiler Postwagen eingesetzt. Öffnungszeiten: Mo-Fr 7.30-14 Uhr. Sa/So geschlossen.

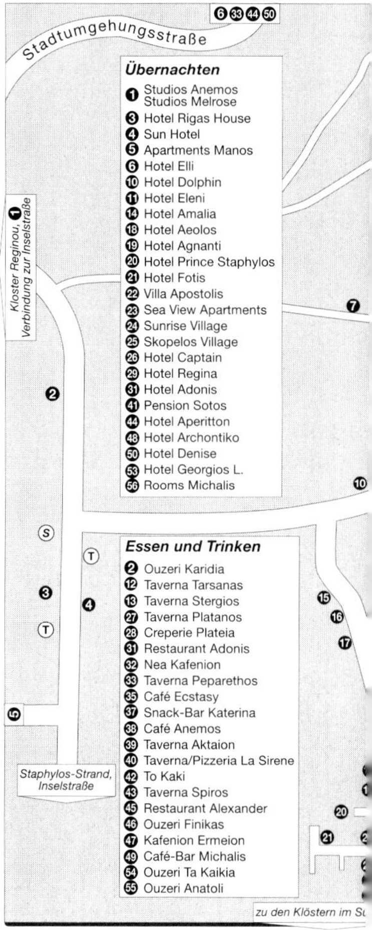

- *Reisebüro*: zahlreiche Anbieter. Alle Geschäfte liegen direkt an der Hafenpromenade, vor allem im westlichen Teil. Angeboten werden Hotel- und Zimmervermittlung, Auto-, Zweirad- und Bootsverleih, Geldwechsel, Organisation von Wandertouren auf Skópelos (ca. 26-52 DM je nach Länge der Tour), Bootsausflüge rund um Skópelos (ca. 30 DM inkl. Verpflegung), nach Alónnissos (ca. 35 DM inkl. Verpflegung) und zu den unbewohnten Inseln nördlich und östlich von Alónnissos. Au-

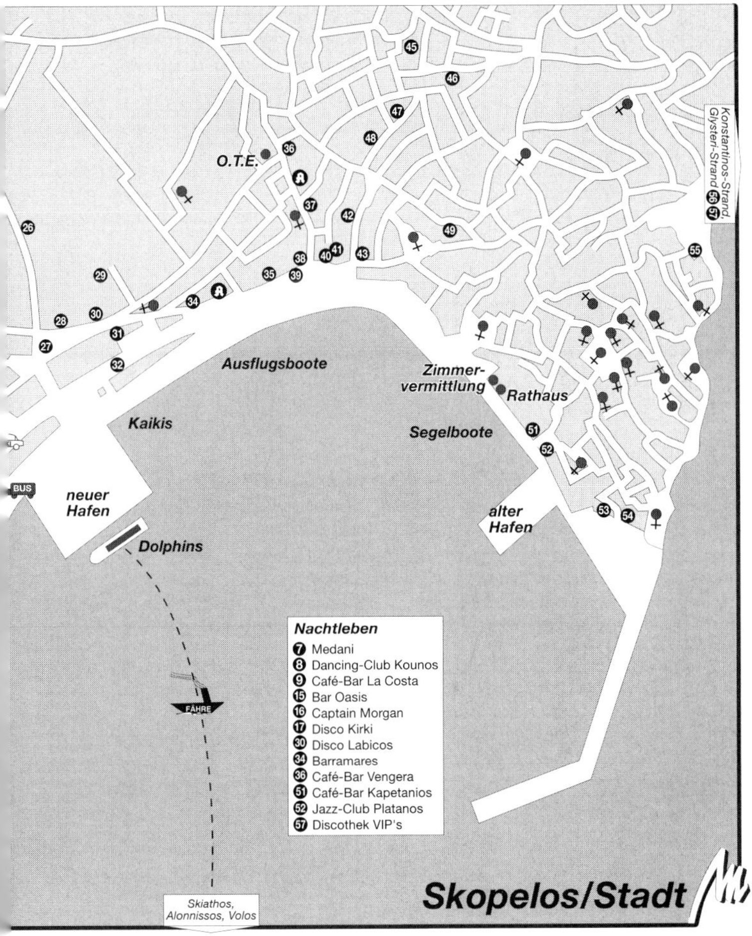

ßerdem werden noch weitere Gruppenprogramme angeboten.

Lemonis Travel, an der westlichen Hafenpromenade. Die Hauptniederlassung der Fährgesellschaften *Goutos* und *Nomicos*. Tel. 22363.

Madro Travel, ebenfalls an der westlichen Hafenpromenade. Gleichzeitig das Büro der *Flying-Dolphin*-Gesellschaft *Ceres*. Tel. 22145/22300/22767, Fax 22941.

Thalpos, ebenfalls an der westlichen Hafenpromenade. Der freundliche Chef Ros Sotiris vermittelt Zimmer, Studios, Wandertouren, Foto- sowie Töpferkurse und organisiert einen Bootsverleih am Strand von Pánormos (siehe S. 234). Tel. 22057/22947/23466.

Kosifis Travel, ebenfalls an der westlichen Hafenpromenade. Tel. 23884/23271, Fax 23271.

Gats Travel, auf der gegenüberliegenden Seite der Bucht, d. h. östlich des Anlegers. Tel. 23940/23941, Fax 23703.

• *Schiffstickets*: Hauptniederlassung der Fährgesellschaften ist **Lemonis Travel** an der westlichen Hafenpromenade. Tel. 22363. Die *Flying-Dolphin*-Agentur heißt **Madro Travel** und liegt ebenfalls an der westlichen Hafenpromenade. Tel. 22145/ 22300/22767, Fax 22941.

• *Supermärkte*: an der Hafenpromenade liegt nur ein Supermarkt, direkt neben der *"Tavérna Spíros"*. Weitere Supermärkte befinden sich in den Gassen der Altstadt, vor allem zwischen der Pepárethos-Straße, der O.T.E.-Zentrale und dem Platanenplatz.

• *Tankstellen*: zwei an der Ausfallstraße Richtung Stáphylos, direkt schräg gegenüber gelegen. Beide etwa von 8 bis 22 Uhr geöffnet, keine Mittagspause. Es gibt Super (bleifrei), Normal und Diesel.

• *Telefonieren*: Zur O.T.E. geht es an der *Commercial Bank* die Pepárethos-Straße hinauf, dann nach links abbiegen, an der nächsten Ecke. Öffnungszeiten: Mo-Sa 7.30-15.10 Uhr, So 9-14 und 17-22 Uhr. In den letzten Jahren wurden zahlreiche Kartentelefone überall im Stadtgebiet aufgestellt, insbesondere an der Hafenpromenade und der Stadtumgehungsstraße.

• *Wäscherei*: an der *Platía Platanós* auf der rechten Seite. Nicht gerade billig.

Auto- und Zweiradverleih

Etwa ein halbes Dutzend Agenturen an der Ausfallstraße und der östlichen Hafenpromenade. Angeboten werden vor allem Jeeps, allerdings nicht gerade ein billiger Spaß. Der Zustand des Fahrmaterials ist erfreulich gut, dennoch sollten Sie unbedingt auf einer kurzen Probefahrt bestehen (Bremsen und Lichter testen). Tankstellen befinden sich an der Inselstraße am Stadtausgang, bei Elíos und in Glóssa. Die Preise variieren von Anbieter zu Anbieter zum Teil erheblich und werden sehr wahrscheinlich auch in Griechenland in den nächsten Jahren massiv ansteigen.

Motor Center, unser Tip an der Stadteingangsstraße. Herr Leonidas vermietet sehr zuverlässige Autos und Zweiräder. Ein 50 ccm-Roller kostet je nach Saison ca. 16-23 DM, 80 ccm 23-29 DM. Ein FIAT-Panda ist für ca. 58-110 DM und ein Jeep für 89-141 DM pro Tag zu haben. Bei Autos Vollkaskoversicherung inkl., bei den Mofas nur sogenannte Drittversicherung, Mofa-Vollkasko kostet ca. 3 DM extra. Bei der Recherche versprach Herr Leonidas jedem, der mit diesem Buch kommt, 5 % Rabatt auf alle Fahrzeuge. Prüfen Sie das Angebot. Tel. 23789.

Gats Travel, die gut Englisch sprechende junge Frau Marousso vermietet Autos, Mofas und Boote. Preise je nach Saison ca. 16-25 DM für das 50 ccm-Mofa, 19-29 für den 80 ccm-Roller, 64-89 DM für einen Panda oder Marbella und 93-113 DM für einen Jeep. Ein Motorboot kostet ca. 80 DM pro Tag. Tel. 23940/23941, Fax 23703.

Nikos, alteingesessener Zweiradverleih direkt am Platanenplatz. Der Familie gehört auch das "Sun-Hotel", Preise liegen je nach Saison bei ca. 16-25 DM für das 50 ccm-Mofa und 19-29 für den 80 ccm-Roller. Außerdem gibt's 125 ccm-Enduros für ca. 28-40 DM. Tel. 22198/22784, Handy 093-448224.

Maxi/Europcar InterRent, verleiht ebenfalls Autos und Zweiräder. Preise hier je nach Saison ca. 16-20 DM für 50 ccm-Mofa und 19-28 DM für 80 ccm-Roller, jeweils zuzüglich 3 DM, falls Vollkaskoversicherung gewünscht wird. Bei den Autos gibt es gute Preise ab mehreren Ausleihtagen: FIAT-Uno kostet dann 192-263 DM und Suzuki-Jeep 295-365 DM je nach Saison für drei Tage. Tel. 23250/23040, Fax 23243.

Avis, ebenfalls ein international tätiger Anbieter, auf Skópelos an der östlichen Hafenpromenade vertreten. Preise liegen etwas über dem inselüblichen Rahmen.

Ilías, Zweiradverleih an der Ausfallstraße. Auch hier das übliche Angebot, aber zusätzlich werden noch Mountain-Bikes mit 21 Gängen vermietet. Sie kosten ca. 10 DM pro Tag.

Thomas, Auto- und Zweiradverleih am Beginn der Stadtumgehungsstraße. Normale Preise.

Panos Wheels, gegenüber von *"Thomas"*, ebenfalls am Beginn der Stadtumgehungsstraße. Auto- und Zweiradverleih zu den üblichen Preisen und Bedingungen.

Übernachten in der Stadt

Hotels gibt es in Skópelos/Stadt mittlerweile reichlich. Leider sind sie nicht billig, reichen zum Teil sogar an das Preisniveau von Skíathos heran. Privatquartiere werden zwar auch angeboten, doch deutlich geringere Anzahl. Achten Sie in den alten Häusern der Stadt auf ein einwandfreies Funktionieren der sanitären Anlagen, bevor Sie sich auf ein Angebot einlassen. Tip: Schauen Sie doch mal bei der kommunalen Zimmervermittlung vorbei.

Hotel Aperitton (44), B-Kat., an der Stadtumgehungsstraße. Gut ausgestattete Zimmer der gehobenen Kategorie. Dunkel möbliert, ansonsten alles hell gestaltet. Alle Zimmer mit Bad und Balkon, Klimaanlage, Radio und Telefon. Frühstücksraum unten im Hotelfoyer, draußen ein Swimmingpool. Preise je nach Saison ca. 82-175 DM. Tel. 22256/23222/23223, Fax 22976.

Hotel Amalía (14), B-Kat., direkt am Ortseingang, wenn man von Stáphylos kommt. Angeblich das größte Hotel der Insel: 58 DZ, 10 EZ und 12 Apartments. Sehr sauber und ordentlich, bei der durchaus luxuriösen Ausstattung hat man sich einige Mühe gemacht (viel dunkles Holz). Alle Zimmer mit Bad, Balkon und Telefon. Hotelrestaurant, TV-Raum, Swimmingpool und kleiner Minimarkt im Hotel vorhanden. Das Haus liegt allerdings direkt an der Hauptstraße, mit Lärm bis tief in die Nacht muß gerechnet werden. Preise je nach Saison ca. 77-128 DM fürs DZ und 115-180 DM fürs Apartment. Tel. 22688/22033/22155, Fax 23217.

Hotel Archóntiko (48), A-Kat., am Ende der Pepárethos-Straße links, dann gleich die erste Gasse rechts. Zu erkennen an den schwarzen Erkern und Fensterläden. Dreistöckiges Haus mit zehn Zimmern, rustikal eingerichtet. Nur in der Hauptsaison geöffnet. Preise liegen dann bei etwa 102-120 DM fürs DZ. Tel. 22049/22765.

Hotel Captain (26), C-Kat., hierher flüchten sich vom Hafenlärm Geschädigte. Anlage mit zwei Flachbauten in kleinem Garten, geräumige Zimmer, 17 an der Zahl. Hinter der *"Tavérna Platanós"* rechts die Gasse hinauf und dann auf der rechten Seite. Wirklich ruhige Lage. Preise je nach Saison ca. 62-96 DM fürs DZ und 77-135 DM für ein 4-Personen-Apartment. Ganzjährig geöffnet. Tel. 22110/22980.

Hotel Dolphin (10), C-Kat., neue Anlage direkt am Ortseingang auf der linken Seite. Zu erkennen an der Fassade in altrosa mit hellblauen Fensterläden. Luxuriöse Ausstattung, helle Zimmer mit Bad, Balkon, Kühlschrank, Radio, Telefon und einige mit Klimaanlage. Begrünte Außenanlage, macht einen sehr gepflegten Eindruck. Geöffnet von Juni bis September. Preise je nach Saison ca. 58-114 DM fürs DZ und 96-160 DM fürs Studio. Tel. 23015/23017/23020, Fax 23016.

Hotel Eleni (11), C-Kat., am Ortseingang auf der linken Seite. Kühle Empfangshalle. 40 Zimmer in dunkler Einrichtung. Alle Räume mit Bad, Balkon, Heizung und Telefon. Sauberer Eindruck, aber nicht sehr gemütlich. Achten Sie darauf, daß Sie kein Zimmer zur Straße bekommen. April bis Oktober geöffnet. Preise je nach Saison ca. 54-85 DM, Frühstücksbuffet kostet ca. 7 DM pro Person extra. Tel. 22393/22934/22935.

Hotel Adonis (31), C-Kat., hoch über der Hafenpromenade gelegen. Acht hübsch eingerichtete und geräumige Zimmer im rustikalen Stil. Alle mit Bad, Kühlschrank und Telefon, vier davon auch mit einem wunderschönen Meeresblickbalkon. Hoteleigenes Restaurant im selben Haus. Preise je nach Saison ca. 52-96 DM fürs DZ und 77-128 fürs 3-Bettzimmer. Tel. 22231.

Hotel Geórgios L. (53), E-Kat., am Westende der Hafenpromenade. Gut zu erkennen an den dunkelbraunen Holzbalkonen. Kleine, hell eingerichtete Zimmer mit Balkonen zum Meer. Bäder ebenfalls klein, aber sauber. Preise je nach Saison ca. 52-89 DM. Tel. 22859.

Sun Hotel (4), A-Kat., neues Hotel am Ortseingang auf der rechten Seite. Der freundliche Nikos Malamakis vermietet 23 DZ, alle mit Bad und einem Balkon. Hinter dem Haus hübscher Garten. Zimmer dunkel eingerichtet und sehr sauber. Frühstücksraum, Hotelbar und TV-Zimmer vorhanden. Preise je nach Saison ca. 42-83 DM fürs DZ, Frühstück kostet ca. 6,50 DM extra. Tel. 22784/22198.

Pension Sotos (41), A-Kat., direkt an der Hafenpromenade. Eingang liegt etwas versteckt neben dem *"Café Ecstasy"*. Vermietet werden zwölf DZ in einem sehr alten, verwinkelten Haus. Daher ist kein Zimmer wie das andere geschnitten, aber alle mit einem kleinen Bad. Holzböden und auch sonst viel helles Holz. Neben der Rezeption gemeinsame Küche und Kühlschrank für alle Gäste. Preise je nach Saison ca. 42-80 DM. Tel. 22808/22549, Fax 23668.

Hotel Regina (29), C-Kat., hoch über der Stadt oberhalb des neuen Hafens. Frau Regina vermietet zwölf dunkel möblierte DZ, alle mit Bad, Kühlschrank, Telefon. Etwas karg und nicht übermäßig groß, aber sehr sauber. Von einigen Zimmern auch Meeresblick. Mai bis September geöffnet. Preise je nach Saison ca. 32-89 DM, Frühstück kostet ca. 6,50 DM für 2 Personen extra. Tel. 22138.

Übernachten an der Stadtumgehungsstraße und außerhalb

Entlang der Stadtumgehungsstraße wurden ebenfalls zahlreiche neue Hotels errichtet. Zum Teil noble und teure Schuppen, zum Teil auch günstige Angebote. Allerdings muß überall mit einem gewissen Lärmpegel gerechnet werden, insbesondere in der Hauptsaison. Ansonsten gilt auch hier die Devise: erst anschauen, kräftig handeln, dann einziehen.

Hotel Rigas House (3), B-Kat., direkt an der Straße zwischen den beiden Tankstellen, daher nicht gerade leise. Die große Anlage ist rund um einen Innenhof gruppiert, sieht aus wie eine Kaserne, auch wenn der Chef meint, sein Haus orientiere sich an der "traditionellen Baukunst des Pílion". 50 hell eingerichtete, nicht übermäßig große Zimmer mit Bad, Kühlschrank, Telefon und TV. Dazu hoteleigener Swimmingpool und Restaurant. Preise je nach Saison ca. 102-128 DM. Tel. 22142/22618/22978, Fax 22770.

Studios Anemos (1), A-Kat., etwas außerhalb an der Straße zum *Kloster Regínou*. Hübsche Anlage mit acht Studios. Geräumige Zimmer mit neuer Einrichtung, weißer Küche, riesige Balkone mit Blick auf die Stadt und die Berge. Auch die Bäder sehr groß und sauber. Jedes Studio mit Klimaanlage und Heizung, weil ganzjährig geöffnet. Preise je nach Saison ca. 65-96 DM. Tel./Fax 23483 oder Tel. 24224. Fragen Sie in der *"Tavérna Platanós"*.

Studios Melrose (1), A-Kat., direkt neben *"Anemos"* auf dem gleichen Grundstück. Vermietet werden 18 brandneue Studios, hell und geräumig, mit guter Küche und jeweils zwei Balkonen. Die Bäder sind groß und blitzblank sauber. Heizung, Doppelglasfenster, TV mit Satellitenprogrammen. Achten Sie auf die schwere Eingangstüre, sie wurde im alten Inselstil maßgefertigt. Ganzjährig geöffnet. Preise je nach Saison ca. 65-96 DM. Tel./Fax 23483 oder Tel. 24224. Fragen Sie in der *"Tavérna Platanós"*.

Hotel Denise (50), C-Kat., an der Stadtumgehungsstraße. 25 hübsche, geräumige Zimmer mit Superblick über die Stadt und Bucht bis hinauf zum Kloster Evangelistrías. Alle Zimmer mit Bad, Balkon, Kühlschrank, Klimaanlage, Radio und Telefon. Gute und saubere Bäder. Preise je nach Saison ca. 62-78 DM inkl. Frühstück. Tel. 22678/23393/22622.

Hotel Kavouris, C-Kat., direkt am Beginn der Stadtumgehungsstraße, nicht gerade ruhige Lage. Vermietet werden zwölf Zimmer mit Bad, Balkon, Radio und Telefon. Hoteleigenes Restaurant und Bar, außerdem TV-Raum vorhanden. Preise je nach Saison ca. 58-88 DM. Tel. 22596/23238, Fax 22596.

Hotel Elli (6), B-Kat., an der Stadtumgehungsstraße gelegen. 25 rustikal möblierte Zimmer mit Bad, Balkon und Telefon. Swimmingpool, Hotelbar und TV-Raum vorhanden. Für die Saison 1997 bestand ein Vertrag mit einem Pauschalanbieter, daher keine Zimmer frei zu vermieten. Offizielle Preise liegen zwischen 52 und 96 DM. Fragen Sie in den kommenden Jahren an der Rezeption: Tel. 22943, Fax 23284.

Apartments Manos (5), A-Kat., der freundliche und gut Englisch sprechende Manólis vermietet sechs Apartments unterschiedlicher Größe für 3-8 Personen. Sie liegen etwa einen halben Kilometer außerhalb der Stadt etwas zurückversetzt von der Straße nach Stáphylos. Hübsch und ruhig gelegen in einem bunten Garten mit Olivenbäumen, gegenüber ein Hühnerhof. Geräumige Apartments mit Bad und Küche, helle Kiefernholzeinrichtung. Preise je nach Saison ca. 32-50 DM für zwei Personen, bei Gruppen werden Sonderpreise

Am alten Hafen von Skópelos/Stadt

vereinbart. Tel. 23973. Handy 093-426491. Fragen Sie in der *"Café-Bar Kapetanios"*.

Rooms Michalis (56), vermietet werden zwei Häuser mit jeweils zwei Apartments oberhalb des Kástros hoch über der Stadt. Gute Ausstattung, alle mit Bad und Küche, teilweise mit Dachgarten. Superblick auf die Stadt und die Hafenbucht. Grill im Garten. Preise je nach Saison und Größe des Apartments ca. 40-64 DM. Tel. 22014. Fragen Sie in der *"Café-Bar Michalis"*.

Übernachten an der östlichen Seite der Bucht

Im östlichen Teil der Bucht von Skópelos wurden in den letzten Jahren zahlreiche Hotels und Apartmentanlagen gebaut. Leider ist der Strand dort weniger zu empfehlen. Schmal und relativ schmutzig, in der Mitte ein Wellenbrecher. Die Hotels selbst bieten zwar viel Komfort, sind aber auch recht teuer. In der Hauptsaison ist dieser Teil der Hafenbucht reichlich gefüllt mit Rucksacktouristen, die im Sand ihren Schlafsack ausgebreitet haben.

Hotel Prince Stáphylos (20), B-Kat., die nobelste Anlage auf der gegenüberliegenden Buchtseite. Ruhige Lage etwas nach hinten von der Straße versetzt. Großes Haus mit dunkler Eingangshalle und grauem Schieferdach. Insgesamt 53 Zimmer und fünf Suiten. Zimmer nicht übermäßig geräumig, aber gut ausgestattet, alle mit Bad, Balkon, Radio und Telefon. Hotelrestaurant, begrünte Außenanlage mit Swimmingpool. Preise je nach Saison ca. 106-208 DM. April bis Oktober geöffnet. Tel. 22744/22775, Fax 22825.

Hotel Aeolos (18), C-Kat., der freundliche deutsch sprechende Besitzer vermietet 41 Zimmer auf drei Etagen. Sein Hotel ist das erste auf dieser Seite der Bucht. Einrichtung in dunklem Holz mit Tisch und Spiegel, alles sehr sauber, gilt auch für die geräumigen Bäder. Außerdem in jedem Zimmer ein Bad, Telefon und Balkon, teilweise mit Buchtblick. Preise je nach Saison ca. 64-89 DM inkl. Frühstück. Tel. 22233, Fax 23234.

Hotel Agnanti (19), C-Kat., direkt an der Buchtstraße. Vermietet werden zwölf DZ mit sehr dunkler Einrichtung. Zimmer nicht sonderlich groß, aber alle mit Balkon zur Bucht und Telefon. Bäder sauber und okay. Direkt am Eingang Hotelbar, dort auch Frühstücksraum. Preise je nach Saison ca. 52-96 DM. Fürs Frühstück muß man 10 DM extra berappen. Tel./Fax 22722.

Skópelos Village (25), A-Kat., Bungalowkomplex direkt an der Buchtstraße. Vermietet werden insgesamt 37 Bungalows mit 2-6 Betten, alle mit Bad und Küche, teilweise Meeresblick von den Balkonen. Freundliche Atmosphäre, mit weißen Möbeln eingerichtet. Inmitten der gepflegten Zierrasen-Anlage liegt ein Swimmingpool für die Gäste. Preise je nach Saison ca. 65-142 DM fürs 2-Bett-Studio, 102-186 fürs große Apartment. Tel. 22517/23011/23012, Fax 22958.

Sunrise Village (24), C-Kat., liegt etwas nach hinten von der Straße versetzt. Herr Anatóli vermietet 13 riesige Apartments für vier Personen. Helles Mobiliar, kleine Küchenzeile und alle mit Balkon. Die 16 ansprechenden Studios sind ebenfalls großzügig geschnitten, auch die Bäder sind okay. Alle Zimmer mit Heizung und Telefon. Hübsch mit Palmen, Oleander und Bougainvillea begrünte Außenanlage, in deren Mitte ein Swimmingpool liegt. Preise je nach Saison ca. 74-118 DM fürs Studio und 96-154 DM fürs Apartment, Gruppen erhalten 20 % Rabatt. Tel. 23002/23003, Fax 23004.

Villa Apóstolis (22), C-Kat., kleine Anlage direkt neben dem *"Hotel Prince Stáphylos"*. Acht geräumige Studios, alle mit guten Bädern, teilweise auch Balkone mit Blick auf die Bucht. Preise je nach Saison ca. 52-77 DM. Tel. 22992.

Sea View Apartments (23), C-Kat., direkt neben der *"Villa Apóstolis"*. Größere, in ockergelb gehaltene Anlage direkt an der Buchtstraße und dem Meer. Ordentlich geführte Apartments, auch die Bäder sauber und oka. Balkone mit Blick auf Skópelos/ Stadt. Preise je nach Saison ca. 52-77 DM. Tel. 23030/23939.

Hotel Fotis (21), D-Kat., in den Gassen hinter der Buchtstraße. Fotis Hatzidrosos vermietet 15 kleine und saubere DZ mit dunkler Einrichtung. Alle Zimmer mit Balkon, Kühlschrank und TV. Bäder klein, aber okay. Preise je nach Saison ca. 32-79 DM, in den Nebensaison wirklich günstig. Tel. 22741/23148/22007.

Essen/Trinken

Eine Unmenge von Cafés und Tavernen direkt am Hafen, eigentlich eine einzige durchgehende Kneipe. Nicht gar so viel Trubel hat man natürlich in der "zweiten Reihe" und insbesondere in den höher gelegenen Gassen der Altstadt. Hier befinden sich auch einige gute Speiserestaurants. Vor allem von den Fischgerichten berichteten Gäste Positives (sind allerdings nicht ganz billig).

Tavérna Platanós (27), tolle Lage auf einer Platía mit alter, knorriger Platane. Noch eine echte Familientaverne, seit über 15 Jahren an diesem Ort. Sehr ansprechendes, griechisches Essen. Der freundliche Wirt bietet zahllose Spezialitäten, u. a. selbstgebackenes Brot, Lammgerichte, gefüllte Zucchini und Cheese-Pie. Tip auch für vegetarische Gerichte. Angeboten werden zudem leckere Gýros und Souvláki zum Mitnehmen. Aufpassen: Auf der gleichen Platía liegt eine weitere Taverne, die sich auch *Platanós* nennt, und die beiden Besitzer stritten sich zum Zeitpunkt der Recherche 1997 gerade vor Gericht um die Namensrechte. Die ältere und echte *Taverne Platanós* ist die mit den braunen Stühlen, auf denen "Platanós" geschrieben steht.

Tavérna Tarsánas (12), eine der wenigen noch echt griechisch gebliebenen Tavernen in Familienhand. Man sitzt gemütlich bei griechischer Musik auf einer Hochterrasse mit Hafenblick. Zahlreiche Grillspezialitäten, vor allem Lamm und Huhn, außerdem gutes Moussaká. Gemütliches Plätzchen ganz im inseltypischen Blau. An den Wänden einige Aquarelle mit Motiven von Skópelos. Preiswert und sehr gut.

Tavérna Spíros (43), Kulttaverne, seit 1976 an der Ecke Pepárethos-Straße/Hafenpromenade. Hier gibt es alle Spezialitäten der griechischen Küche: Lamm, Schwein, Huhn, Stifado, Moussaká, gefüllte Auberginen und sogar Salate. Normales Preisniveau, aber riesige Portionen. Von April bis Oktober geöffnet. Oft sind alle Plätze besetzt, und ein ganzes Heer von Hungrigen lauert auf einen freien Platz.

Oúzeri Finikás (46), seit 1988 geöffnet. In der Stille der Altstadt sitzt man dort auf einer mit Blumen bepflanzten Terrasse unter Weinreben und genießt die griechische Musik. Große Auswahl an Fleisch- und Fischgerichten, Mezedes. Spezialität: Käsekroketten. Auch gutes Angebot an vegetarischen Gerichten. Sehr freundliche, junge Besitzer. Der Weg dorthin ist mit kleinen grünen Pfeilen von der Pepárethos-Straße aus beschildert, ein paar Gassen oberhalb der O.T.E.-Zentrale.

Restaurant Alexander (45), in den Gassen der Altstadt, weit oberhalb vom Hafen gelegen. Vorteil: Man sitzt herrlich ruhig in einem Garten. Chef Alexander spricht gut Deutsch, lebte einige Jahre in der Bundesrepublik. Spezialitäten seiner Familientaverne sind Vorspeisensnacks, Shrimps mit Speck und verschiedene Taramosalate. Berühmtester Gast ist der Skópelos-Liebhaber Iwan Rebroff, gespielt wird aber griechische Musik. Etwas höhere Preise, alles superfrisch.

Oúzeri Karidia (2), an der Umgehungsstraße kurz hinter der großen Kreuzung. Wirklich gute Oúzeri für diejenigen, die sich nicht an etwas Staub und vorbeidonnernden Autos und Mofas stören. Denn die Tische stehen draußen unter einem ausladenden Baum direkt an der Straße. Angeboten werden zahlreiche Kleinigkeiten, Salate und Fischgerichte, kein Fleisch. Selbstgebrannter Tsipouro. Griechische Musik.

Tavérna Pepárethos (33), an der Stadtumgehungsstraße gegenüber dem *"Hotel Aperitton"*. Man sitzt angenehm in einem hübsch begrünten Innenhof, unterhalb der Straße. Empfehlenswerte Lammgerichte, Kaninchenstifado, Huhn aus der Kaserolle und gegrillte Zucchinibällchen als Vorspeise. Dazu Wein aus dem Faß. Normale Preise.

Tavérna Stérgios (13), gleich am Ortseingang auf der linken Seite. Tische auf einer schmalen Hochterrasse, hat aber auch einen hübschen Dachgarten mit tollem Hafenblick (Eingang um die Ecke). Immer griechische Musik, Spezialitäten ist die Mix-Grill- und Mix-Fisch-Platte, Stifado und ein Käsekebab.

Restaurant Adonis (31), im Erdgeschoß des gleichnamigen Hotels oberhalb der Hafenpromenade. Stilvoll aufgemacht mit Aussichtsterrasse auf die Bucht. Internationale und griechische Küche guter Qualität. Als Spezialität des Hauses gelten Hähnchengratin und Fisch-Stifado. Gehobenes Preisniveau.

Tavérna/Pizzeria La Siréne (40), neben der *Commercial Bank* am Hafen. Im Gewirr der Tavernen gut an den blauen Tischen und Stühlen zu erkennen. Internationale Küche. Angeboten werden auch Gýros und Souvláki im Straßenverkauf. Schöner Hafenblick, normale Preise.

Tavérna Aktaion (39), an der Hafenpromenade direkt neben *"Spíros"*. Es gibt alles: Grillgerichte, Fleisch und Fisch, Pizza, Salate usw. Gut 100 Plätze, daher etwas Massenabfertigungscharakter. Allerdings schnelle Bedienung und schöner Blick auf den Anleger.

Oúzeri Anatóli (55), liegt ganz oben am Hügel auf einer wunderschönen Aussichtsplattform und gehört dem bekannten Sänger *Xintáris*. In der Saison wird jeden Abend *Rhebétika*-Live-Musik gespielt. Der Meister hat sogar schon goldene Schallplatten für seine Musik erhalten. Es gibt diverse Kleinigkeiten, alles was man zu Oúzo essen kann. Leider nur im Hochsommer geöffnet. Adresse: die Treppen am westlichen Hafenende an den 4 Kirchen hinaufgehen.

Oúzeri Ta Kaikia (54), kleine Oúzeri am westlichen Ende der Hafenpromenade neben dem *"Hotel Geórgios L."*. Die blauen Tische stehen auf den Treppenstufen hinauf zur Kirche *Panagía ston Pírgos*. Toller Blick auf den Hafen, leider nur in der Hochsaison geöffnet.

Crêperie Plateia (28), direkt am Platanenplatz neben der Taverne. Es gibt aber nicht nur gute Crêpes, sondern auch Pizza, Spaghetti, Omeletts, andere Kleinigkeiten und Frühstück.

Kafenía und Fast food

Natürlich hat die moderne Zeit auch auf Skópelos Einzug gehalten. Traditionelle Kafenía gibt es kaum noch, Fast food-Läden dominieren die Gassen der Stadt. Immerhin haben wir niemanden getroffen, der über Magenprobleme klagte. Den Fans alter griechischer Kafenía sei das *"Ermeion"* besonders empfohlen. Franziska, die Inhaberin, weiß, was der deutsche Griechenland-Nostalgiker sucht.

Kafeníon Ermeion (47), unser Tip für ein urgemütliches Plätzchen in den Gassen der Stadt. Franziska aus Düsseldorf hat vor einigen Jahren diesen ehemaligen Knopf- und Krämerladen zu einem authentisch wirkenden Kafeníon umgebaut. Geschmackvoll eingerichtet mit den alten pistazienfarbigen Regalen, Gläsern, Kaffeemühlen, Bildern, Olivengläser und allerlei Krimskrams. Außerdem weitere Sitzplätze im Seitenhof unter Orangen- und Zitronenbäumen. Es gibt auch diverse Kleinigkeiten zu Essen: Käse, Oliven, dazu den lekkeren Hauswein und ab Mitte Juni auch Frühstück. Ganzjährig geöffnet, in der Nebensaison und im Winter aber erst ab ca. 18 Uhr.

Café-Bar Michalis (49), probieren Sie unbedingt bei Michalis die leckere Cheese-Pie, unserer Meinung nach mit Abstand die beste von Skópelos. Sehr interessant eine kleine Sammlung alter Gegenstände aus dem Familienbesitz auf einer Empore im Kafeníon: Kinderstühle, Tische, Figuren, Waage, Vasen, Muscheln, Fischernetze. Die Nähmaschine stammt von der Großmutter, da es früher auf der Insel eine Nähschule von Singer gab (Foto an der Wand gegenüber dem Eingang). Junior-Chef Michalis liebt es, mit den Gästen zu philosophieren.

Nea Kafeníon (32), am Beginn der Paralía, unterhalb des *"Hotel Adonis"*, liegt das gemeindeeigene Kafeníon. Da es keine Steuern oder Lizenzen bezahlen muß, gibt es den Kaffee einige Drachmen billiger als anderswo. Dafür sitzt man etwas unbequemer auf den typisch griechischen, blau bemalten Stühlen. Treffpunkt der alten Männer der Stadt.

Snack-Bar Katerina (37), Gýros, Souvláki und anderes Fast food. Den ganzen Tag und bis spät in die Nacht geöffnet, immer gut besucht. An der O.T.E.-Zentrale die Gasse zum Hafen hinunter auf der linken Seite. Außen witzig in gelb und blau bemalt. Ein paar Tische stehen auch draußen auf der Gasse.

To Kaki (42), Fast food-Laden ein paar Meter die Pepárethos-Straße hinauf auf der linken Seite. Sieht ganz ordentlich aus. Tagsüber gibt's belegte Baguettes.

Ecstasy Café (35), eines der vielen Cafés an der Hafenpromenade. Man sitzt bequem auf Polstersesseln und Korbstühlen an modernen Glastischen. Uns fiel die freundliche Bedienung auf, außerdem guter Kaffee. Normale Preise.

Nachtleben

Die Nachtschwärmer treffen sich in den Musikbars und Pubs in den hinteren Gassen der Altstadt, in der Nähe des Platanenplatzes und im westlichen Teil des Hafens. Aber auch hinter der Hafenpromenade im Osten der Stadt gibt es mittlerweile Nachtlokale und eine Disco. Fast überall ist die Renaissance griechischer Popmusik spürbar.

Café-Bar Kapetanios (51), direkt am alten Anlegekai. Tagsüber ein gemütliches Café, abends gutbesuchte Bar. Manos, einer der Chefs, macht die besten Cocktails der Insel. Außerdem gibt es ein gutes Frühstück. Richtig was los ist aber meistens erst am Abend. Angenehme griechische Musik, oft tanzen die Gäste im Innenraum. Bis 3 Uhr nachts geöffnet.

Café-Bar Vengera (36), gegenüber der O.T.E.-Zentrale inmitten der Stadt. Man geht ein paar Stufen hinauf und sitzt gemütlich draußen auf einem Hochbalkon mit Blick auf die Gasse. Doch es gibt gleich mehrere Etagen: Zimmer mit Tischen zum Essen, ganz oben TV-Raum und Tische für Spiele. Innenraum geschmackvoll im Inselstil eingerichtet mit alten Sofas und Stickereien an den Wänden. Alles untergebracht in einem alten herrschaftlichen Wohnhaus. Auch tagsüber geöffnet, doch erst am Abend ist richtig was los. Gespielt wird moderne Rockmusik bis 3 Uhr nachts. Ganzjährig geöffnet.

Jazz-Club Platanós (52), eine der ältesten Kneipen der Stadt, gegenüber der alten Anlegestelle. Man sitzt unter einer großen Platane. Wenn morgens um 5 Uhr das erste Schiff anlegt, gibt es ein "Early-Morning-Breakfast". Bis mittags musikalische Untermalung mit Piano und Saxophon. Früher wurde abends oft Jazz, Soul und Blues gespielt, mittlerweile liegt auch der Jazz Club mit griechischer Musik und Rock voll im Trend. Im Hochsommer rund um die Uhr geöffnet.

Café-Bar La Costa (9), beliebt als "Einstieg" ins Nachtleben von Skópelos. Einen Drink im La Costa, später geht man dann in eine der Discos. Lage: oberhalb vom *"Verde"* in einer Parallelgasse zur Hafenpromenade.

Café Anemos (38), eines der typischen Cafés an der Hafenpromenade. Moderne Einrichtung, Regiestühle unter Bäumen und Zeltdach. Vor allem abends gut besucht, ruhigeres Nachtleben.

Barramares (34), Stehbar mit Pubcharakter, etwas zurückgesetzt von der Hafenpromenade. Rustikale Einrichtung. Tagsüber gemütliche Rockmusik, abends eher Discotöne. Beliebt bei der Távli-Fans.

Captain Morgan (16), Café-Bar an der Parallelgasse zur östlichen Buchtstraße, fast direkt neben der *"Disco Kirki"*. Man sitzt in einem hübschen kleinen Palmengarten inmitten von üppigem Grün. Ab 21 Uhr immer gut besucht. Hard-Rock- und Discomusik, beliebt beim englischen und skandinavischen Publikum. Pubatmosphäre trotz open-air.

Disco Kirki (17), an der Parallelstraße zur östlichen Buchtstraße, von der Ausfallstraße her beschildert. Außen auffällig in rot und ockergelb bemalt. Innen wie eine typisch griechische Disco, viele Lichteffekte und Stehbar. Geöffnet ab etwa 23 Uhr bis in den frühen Morgen. Im Hochsommer täglich, während der Nebensaison nur freitags und samstags. Eintritt ca. 6,50 DM.

Dancing Club Kounos (8), Disco-Club in der Atstadt, gelbes Haus mit roten Türen. Am Platanenplatz links die Gasse etwa 50 m entlang, dann schräg gegenüber der Kirche *Panagía Eleftherotria*. Im Hochsommer ab Mitternacht gut besucht, während der Nebensaison ist nur an den Wochenenden geöffnet. Internationale Discomusik. Eintritt ca. 6,50 DM.

Discothek VIPs (57), Open-Air-Disco unterhalb der Bar am Kástro an der Straße nach Glyfonerí. Nur in der Hochsaison geöffnet. Hervorragende Lage mit Blick aufs Meer. Seit einigen Jahren wird überwiegend griechische Popmusik gespielt. Eintritt kostenlos.

Disco Labicos (30), in einer Seitengasse von der *Platía Platanós*. Eine der ältesten Discos der Stadt. Im Hochsommer jeden Tag ab ca. 22 Uhr, während der Nebensaison nur an den Wochenenden. Reichlich Lichteffekte, immer gute Stimmung. Beim jungen Publikum beliebt.

Medani (7), ebenfalls beliebter Nachtclub. Früher befand sich in diesem Haus die *"Disco Labicos"*. Gespielt wird Rock- und Discomusik, je nach Publikum. Nach 1 Uhr immer gut besucht. Eintritt ca. 6,50 DM.

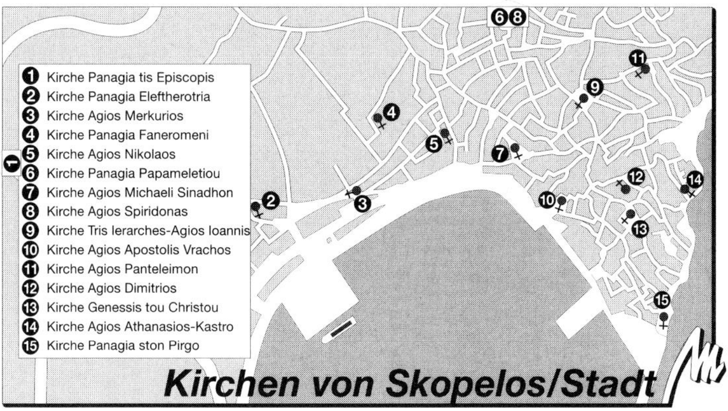

Die Kirchen von Skópelos/Stadt

Nicht nur überall auf der Insel, sondern auch in ihrer Hauptstadt gibt es Dutzende wunderschöner, kleiner Kirchen. Fast in jeder Gasse ist mindestens eine zu finden. Doch leider sind die Gotteshäuser von Skópelos/Stadt alle stets verschlossen. Als vor ein paar Jahren der großangelegte Ikonendiebstahl im Barbára-Kloster den Insulanern einen Schock versetzte, wurden fast alle Kirchen und Kapellen mit dicken Vorhängeschlössern versehen.

Wer die Kirchen der Chóra besichtigen will, muß sich bei den Anwohnern nach dem Schlüssel erkundigen.

Die meisten Kirchen von Skópelos/Stadt befinden sich heute in Familienhand. Das heißt nicht, daß den Familien die Kirchen im materiellen Sinne gehören aber sie pflegen die Gotteshäuser und verwahren die Schlüssel. Im Gegenzug sind sie gesetzlich dazu verpflichtet, Interessierten den Zugang, d. h. die Besichtigung, zu ermöglichen. Das Problem liegt nur meistens darin, daß man nicht weiß, welche Familie für welche Kirche zuständig ist. Daher bleibt Ihnen nur eine Möglichkeit: Fragen Sie Anwohner oder Passanten. Alternative: auf einen Gottesdienst warten, nach dem man immer ein paar Minuten in die Kirche gehen kann.

▶ **Kirche Panagía tis Epíscopis (1)**: früher ein kleines Wehrkloster mit einer der wichtigsten Kirchen der Stadt. Liegt etwas außerhalb an der Umgehungsstraße auf einem Privatgrundstück. Der Bau stammt aus dem 17. Jh., und in die Wände wurden antike Inschriften und Reliefe eingefügt. Zuvor soll an dieser Stelle eine frühchristliche Kirche von 1078 gestanden haben, die ihrerseits wieder eine Kirche aus den Jahren um 600 ersetzte. In der griechischen Antike befand sich hier ein Tempel der Athene oder der Artemis.
Die heutige Kirche besitzt eine Altarwand (17.-18. Jh.) aus handgeschnitztem Eichenholz, reich mit Ikonen verziert. Ihre Heiligenbilder sind ebenfalls uralt, zum Teil so stark verwittert, daß sie kaum noch zu erkennen sind. Dennoch eine sehr gepflegte Kirche, Tonnengewölbe, Steinboden mit Ornamenten, große Kerzenständer und ein Kreuz über der Tür. Wirklich eine der imposantesten Kirchen der Stadt, 1964 renoviert. Die Epíscopi-Ikone befindet sich links an der Wand unter Kapitellen.
Auf dem Grundstück innerhalb der Stadtmauer liegen interessante antike Spolien, Säulenstümpfe, Inschriften und Amphoren verstreut. Rechts neben der Kirche der alte Glockenturm, heute nicht mehr in Gebrauch. Die Mauer rund um das Areal stammt aus venezianischer Zeit, doch die geplante Wehranlage wurde nie komplettiert. Jedes Jahr am 23. August findet das Weihfest der *Panagía tis Epíscopis* statt.

• *Wegbeschreibung*: von der Stadtumgehungsstraße etwa 50 m die Straße zum Kloster Regínou entlang, dann vor Beginn der großen Mauer auf der rechten Seite rechts die Stufen hinauf. Die Kirche liegt auf einem Privatgrundstück. Klopfen Sie an der Tür und verabreden Sie einen Besichtigungstermin, oder rufen Sie vorher an. Tel. 23270.

▶ **Kirche Panagía Eleftherotria (2)**: unweit des Platanenplatzes in westlicher Richtung. Kleine Basilika aus dem 18. Jh., in ihre Außenwände wurden farbige Platten einzementiert. Die letzte Renovierung wurde 1873 durchgeführt. Im Innern einige alte Ikonen.

▶ **Kirche Faneroméni (4)**: im Westteil der Stadt, um 1711 erbaute Basilika. In die Mauern wurden Überreste antiker Steine einbezogen.

▶ **Kirche Agíos Nikólaos (5)**: an der Gasse vom Hafen zur O.T.E.-Zentrale. In der Kirche werden sehr alte Ikonen und eine Skulptur der heiligen Jungfrau aufbewahrt. Vor dem Eingang ein kleiner Hof mit Blumen und Bäumen.

▶ **Kirche Panagía Papameletíou (6)**: auch *Kímissi tis Theotókou* genannt. Die Ikonen entstammen der kretischen Kunstrichtung und wurden ursprünglich im Kloster Stavrós (südöstlich der Stadt) aufbewahrt, nach dem Erdbeben von 1965 aber hierher gebracht. Die Kirche Panagía Papameletíou wurde in den Jahren 1662-1668 errichtet.

▶ **Kirche Agíos Michaeli Sinadhon (7)**: Steinkirche mit antiken Relikten im Mauerwerk. Gut sichtbar ist eine Inschrift, die vormals zu einem Sarkophag gehörte. Fragen Sie nach dem Schlüssel in der *"Café-Bar Michalis"*.

Agíos Michaeli Sinadhon

▶ **Kirche Agíos Spiridonas (8)**: ziemlich weit oben in der Stadt, erbaut zur Zeit der griechischen Revolution gegen die Türkenherrschaft, auf den Ruinen einer alten byzantinischen Kirche.

▶ **Kirche Trís Ierarches - Agíos Ioánnis (9)**: etwa in der Mitte der Stadt, versteckt in den Gassen.

▶ **Kirche Agii Apóstolis Vráchos (10)**: am Platz oberhalb des Rathauses. Der Inselbischof Anastasios hat im 11. Jh. diese Kirche errichten lassen. Angeblich soll die byzantinische Namensikone des Apóstolis ebenfalls aus dieser Zeit stammen.

▶ **Kirche Agíos Dimítrios (12)**: ganz in der Nähe der Christós-Kirche. Die Kirche des heiligen Dimítrios stammt aus dem 11. oder 12. Jh. und ist damit eines der ältesten Gotteshäuser der Insel.

▶ **Kirche Genessis toú Christós (13)**: von den Einheimischen schlicht *Christós* genannt. Zur Kirche gelangt man vom Fähranleger aus links über die Stufen hinauf. Die Christós-Kirche ist wohl die älteste Kirche der Stadt. Ihre Ikonen und die gesamte Ausschmückung stammen aus dem 12. bis 14. Jh., doch die Kirche selbst wurde erst später gebaut. Besonders wertvoll ist eine aus Holz geschnitzte und vergoldete Ikonostasis aus dem Jahre 1762. Auffällig auch die kantige Form der Apsis, wie sie vor allem auf dem Pílion üblich ist. In den Gewölben wurden einige Inselbischöfe beigesetzt.

▶ **Kirche Agíos Athanásios Kástro (14)**: ganz oben am Treppenweg hinauf zum Kástro. Angeblich im 9. Jh. erbaut, doch die Dachkonstruktion wird von Kirchenhistorikern auf das 11. Jh. datiert. Der Innenraum ist reich ausgestattet mit byzantinischen Fresken aus dem 16. Jh.

▶ **Kirche Panagía ston Pírgo (15)**: am östlichen Ende der Hafenpromenade, majestätisch auf der Klippe über der Bucht. Die Kirche wurde in der Zeit der türkischen Besatzung erbaut, gegenüber eine kleine Kapelle.

Auf der Skópelos/Stadt gegenüberliegenden Seite der Hafenbucht wurde ein sogenanntes *Asklepios-Heiligtum* entdeckt. Erhalten sind aber nur noch die Fundamente des Bauwerkes aus dem 4. Jh. v. Chr.

Baden im Órmos Skopelou

Wie überall in der Nähe großer Städte nicht zu empfehlen. Die Hafenbucht erscheint zwar auf den ersten Blick relativ sauber, doch die Fähren wühlen den Schmutz vom Meeresgrund mehrmals täglich auf. Natürlich werden auch die Abwässer der Stadt hier irgendwo eingeleitet.

Auf der dem alten Hafen gegenüberliegenden Buchtseite wurde die Promenade in den letzten Jahren verlängert, 1997 asphaltiert und gepflastert. Davor hat man große Steine und eine Mole als Wellenbrecher aufgeschüttet. Wer sich an dem angespülten Unrat am schmalen Kiesstrand im Südosten des Órmos Skopelou nicht stört, kann hier ein Bad nehmen.

▶ **Órmos Konstantínos**: auch *Órmos Glyfonerí* genannt. Der eigentliche Strand der Stadt, nördlich hinter dem Kástro-Hügel. Kleine, etwa 60 m lange Bucht mit Sand- und Kiesuntergrund, macht einen sauberen Eindruck. Leider kein natürlicher Schatten durch Bäume. Sonnenschutz also selbst mitbringen. Rechts ein kleiner betonierter Anlegekai für Kaíkis, ansonsten auch einige große Felsen im Wasser. Phantastischer Blick auf die Hafeneinfahrt von Skópelos, das Kloster Evangelistrías auf der anderen Seite der Hafenbucht in den Bergen und die Insel Alónnissos. Es gibt weitaus schönere Badeplätze auf Skópelos, daher in der Nebensaison mäßig, im Hochsommer aber stark von den Einheimischen besucht. Hinter dem Órmos Konstantínos befinden sich geringe Überreste eines hellenistischen Wachturmes.

Einrichtungen: im Hochsommer wird direkt am Beach eine Mini-Strandbar betrieben.

• *Übernachten*: nur einige Privatzimmeranbieter, keine Hotels. Die Preise unterscheiden sich kaum von Skópelos/Stadt. Vom Hafen aus etwa 30-40 Min. zu Fuß, weil es zunächst steil bergauf über den Kástro-Hügel geht.

Rooms Romantica, Elizabeth und Vangelis von der gleichnamigen Taverne (s. u.) vermieten auch fünf Studios direkt bei dem Restaurant. Geräumig und gut ausgestattet, alle mit Bad und dem herrlichen Meeresblick. Preise je nach Saison ca. 40-64 DM. Tel. 23263. Adresse: hinter dem Konstantínos-Strand die Treppenstufen hinauf. Idyllische Lage oberhalb der kleinen Bucht.

Rooms Stella, die Besitzer des gleichnamigen Restaurants vermieten auch kleine Apartments im ersten Stock oberhalb der Taverne. Alle relativ geräumig und mit Bad. Von den Balkonen schöner Blick aufs Meer und Alónnissos. Preise je nach Saison ca. 32-50 DM. Tel. 23143.

Landhaus in der Umgebung von Skópelos/Stadt

• *Essen/Trinken*: ebenfalls keine übermäßige Auswahl am Órmos Konstantínos, aber das "Romantica" ist eine der besten Tavernen der Insel.

Tavérna Romantica, unser Tip am Konstantínos-Strand. Sehr gute einheimische Küche. Tische und Stühle draußen unter Bäumen, schöner Blick auf die Hafeneinfahrt und rüber nach Alónnissos, dazu griechische Musik. Liza kocht zahlreiche Spezialitäten, wie z. B. Tintenfisch in Pflaumen und Oktopus in Weinsauce. Alles nach eigenem Rezept und garantiert frisch, denn Vangelis ist selbst Fischer. Kaninchen und Hühner stammen aus eigener Zucht. Geöffnet von April bis Oktober, es gibt auch Frühstück. Angenehme Preise.

Tavérna Stella, an der Straße zum Konstantínos-Strand. Tische im Innenhof und auf der Hochterrasse, lustig bunt gestrichen in rot und blau. Hier gibt es ausschließlich Gerichte aus dem Ofen, nicht vom Grill. Macht einen sympathischen Eindruck. Ortsübliche Preise.

Rundwanderung von Skópelos über die Kapelle Agía Marína zurück in die Stadt

Schöne kurze Wanderung über die Hügel südöstlich der Stadt. Zu dem kleinen Weiler Milos, dann fast querfeldein durch dichtes Gestrüpp. Hinter der Kapelle Agía Marína liegt eine kräftig sprudelnde Quelle, sauberes frisches Wasser. Wegvariante zu den Klöstern Metamórphosis und Prodrómou möglich.

Wegstrecke: von Skópelos/Stadt über den Weiler Milos südwestlich zur Kapelle Agía Marína und von dort wieder über die Asphaltstraße zurück zum Hafen. Wegstrecke ungefähr 2,5 km.
Dauer: abhängig von der persönlichen Kondition. Je nach Gangart ca. 1 bis 1,5 Stunden.
Schwierigkeit und Ausrüstung: problemlose Wanderung, die man auch noch nach einem ausgiebigen Strandtag vor dem Abendessen durchführen kann. Dennoch bitte nicht mit Badelatschen oder Sandalen, Turnschuhe reichen aber völlig aus. Einzige problematische Stelle ist die Abzweigung an der Mauer hinter der Kirche Profítis Ilías. Wer hier weiter geradeaus läuft, trifft auf

den Fahrweg zwischen den Klöstern Metamórphosis und Prodrómou. Wasser gibt es an der üppigen Quelle hinter der Kapelle Agía Marína.

Die Wanderung beginnt am "Hotel Amalía". Zunächst geht es ungefähr 300 m die östliche Buchtstraße entlang, bis sie auf die hintere Parallelstraße trifft. Kurz hinter einem Schilfgebiet zweigt ein betonierter Weg nach rechts ab. Am Laternenmast hängt ein blaues Schild mit der Aufschrift "ΜΑΡΙΛΕΝΑ". Gegenüber befindet sich der Wellenbrecher im Wasser. An dem ansteigenden Weg liegt rechts ein kleiner Ölbaumhain, links stehen einige Neubauten. Nach etwa 150 m geht der Beton in Schotter über, bleibt aber befahrbar breit. Ungefähr nach zehn Minuten ab dem Meer folgt rechts eine verschlossene Kapelle, und es geht weiter bergauf zu dem Weiler Milos.

Etwa 60 m hinter der Kapelle trifft der Pfad auf ein ockergelb und weiß gestrichenes Haus mit einem rostig-gelben Hoftor. Hier rechts den Fußpfad vor der Mauer entlang nehmen und auf einen Stromzählerkasten zuwan-

Rundwanderung von Skopelos über die Kapelle Agia Marina zurück in die Stadt

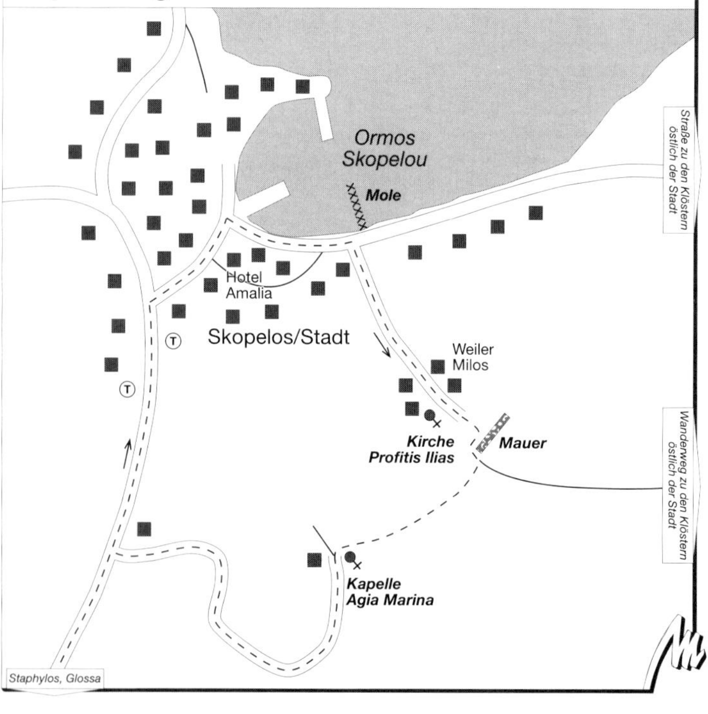

dern. Der Pfad wird nun enger und ist nicht mehr befahrbar, gleich nach 20 m folgt eine Rechtskurve. Zwei Ecken weiter liegt hinter einem zusammengestürzten Haus die Kirche *Profítis Ilías*, davor ein schönes schattiges Ruheplätzchen mit einer Steinbank unter einer knorrigen Eiche. Die Kirche ist leider verschlossen.

Der Pfad verläuft weiter unmittelbar links an der Kirche vorbei, vier Stufen hinauf. Hinter der Kirche wird der Pfad sehr eng, rechts bietet sich ein phantastischer Blick auf die grünen Hänge des Inselinnern. Der Weg verläuft über eine Wiese und auf eine Mauer zu. Unmittelbar vor der Mauer geht es rechts durchs Dickicht in eine Linkskurve. Knapp 10 m nach der Mauer folgt wieder rechts ein völlig überwucherter Pfad (schwierig zu finden), auf den man einbiegt. Zur Erleichterung der Orientierung wurden einige rote Punkte auf die Steine gemalt.

Der schmale Trampelpfad führt durch dichtes Gestrüpp, eine Weile geradeaus, dann wieder in Serpentinen steil den Hügel hinauf. Nach ca. 10-15 Minuten ab der Mauer trifft man auf die Kapelle *Agía Marína* links des Pfades, rechts liegt ein Privathaus. Man folgt dem breiten Weg an der Kapelle vorbei bergauf und erreicht nach gut 30 m (hinter der Kirche) eine üppige Quelle. Das Wasser ist herrlich kühl und trinkbar, oft fahren die Einheimischen mit Kanistern hier herauf und zapfen frisches Trinkwasser ab.

Zurück zur Stadt gelangt man nun in einer guten halben Stunde über den breiten Schotterweg bergab, vorbei an Hirtenhäusern, Wiesen und durch dichten Wald. Zum Teil geht es recht steil abwärts, bevor man auf die Asphaltstraße Skópelos/Stadt-Stáphylos trifft. Rechts führt der Wanderweg wieder zurück zum Ausgangspunkt an der östlichen Hafenpromenade der Stadt.

Rundwanderung von der Stadt zum Kloster Metamórphosis und wieder zurück nach Skópelos

Angenehme Wanderung über den kleinen Weiler Milos und die Ausläufer des Berges Paloúki zum Kloster Metamórphosis. Allerdings muß man ein gutes Stück weit auch über die Fahrpiste hinauf zu den Klöstern laufen, insofern keine Tour durch unberührte Natur.

Wegstrecke: von Skópelos/Stadt über den Weiler Milos südöstlich zum Kloster Metamórphosis und über die Schotterstraße zurück zum Hafen. Wegstrecke ungefähr 3,5 km.
Dauer: abhängig von der persönlichen Kondition. Je nach Gangart ca. 1,5 bis 2 Stunden.
Schwierigkeit und Ausrüstung: nicht ganz leichte Wanderung, die man dennoch problemlos bewältigen kann. Sehr anstrengender, aber kurzer Aufstieg hinter der Kirche Profítis Ilías hinauf zum Kamm oberhalb des Klosters Metamórphosis. Danach bequem bergab bis zum Kloster und zurück in die Stadt. Steinige und staubige Fahrpiste, deshalb mindestens Turnschuhe anziehen, besser natürlich spezielle Wanderschuhe. Unterwegs keine Versorgungsmöglichkeiten, mindestens einen Liter Wasser pro Person mitnehmen.

Rundwanderung von der Stadt zum Kloster Metamorphosis und wieder zurück nach Skopelos

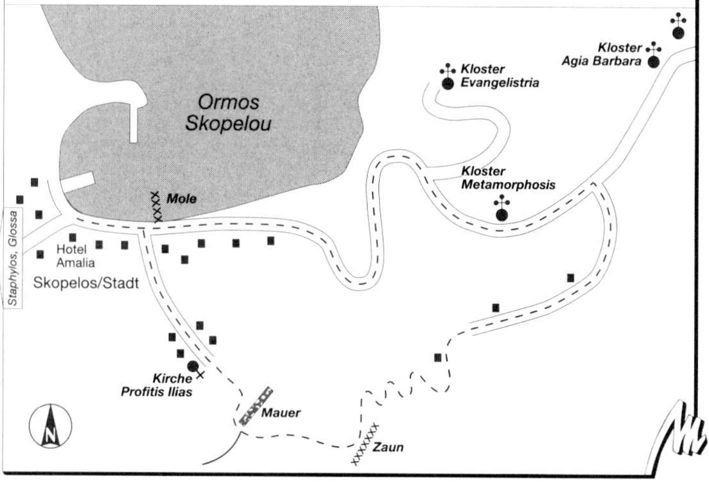

Die Wanderung beginnt ebenfalls an der Uferpromenade am "Hotel Amalía" und führt zunächst wie die vorhergehende Wanderbeschreibung zum Weiler Milos mit der Kirche Profítis Ilías *(siehe unter "Rundwanderung von Skópelos über die Kapelle Agía Marína zurück in die Stadt")*. Der weitere Pfad verläuft unmittelbar links an der Kirche vorbei, vier Stufen hinauf. Nach der Kirche wird der Pfad sehr eng, rechts bietet sich ein phantastischer Blick auf die grünen Hänge des Inselinnern. Der Weg verläuft über eine Wiese und auf eine Mauer zu. Unmittelbar vor der Mauer geht es rechts durchs Dickicht in eine Linkskurve.

Hinter der Mauer wandert man den ansteigenden Weg weiter geradeaus, links bietet sich ein schöner Blick hinunter auf die Stadt. Der Pfad ist teilweise stark überwuchert, führt an Zypressen und Ölbäumen vorbei und biegt oberhalb des Tales vor einem Zaun nach links ab. Bald geht es rechts in einigen Serpentinen steil den Hang hinauf. Nach ca. 15 Minuten ab der Mauer steht links des Pfades ein einsames Haus oberhalb eines Olivenhaines. Am Haus vorbei, mit dem tollen Blick auf Bucht, Hafen und Stadt erreicht man zwei Minuten später einen befahrbaren Schotterweg.

Diese Piste führt nun an zwei Privatvillen vorbei weiter bergauf und trifft nach zehn Minuten auf den Fahrweg zwischen den Klöstern Metamórphosis und Prodrómou. Zum Metamórphosis-Kloster geht es links bergab, man blickt direkt von oben auf die Anlage, die in Kürze zu erreichen ist. Danach geht es weiter über den Fahrweg in einer guten halben Stunde wieder zurück zur östlichen Hafenpromenade von Skópelos/Stadt.

Östlich von Skópelos/Stadt

Die gesamte Gegend östlich von Skópelos/Stadt wird durch den Berg Paloúki eingenommen. Außer dem kleinen Weiler Milos gibt es keine weiteren Siedlungen. Auf den nördlichen Hängen des Paloúki wurden zahlreiche Klöster errichtet, die bekanntesten von ihnen sind Evangelistría und Timíou Prodrómou.

Beide werden von Nonnen bewohnt und können besichtigt werden. Die anderen Klosterkirchen sind verschlossen, teilweise gelangt man jedoch in die Innenhöfe. Über die Hügel führen zahlreiche Wanderpfade, doch Vorsicht, die Einzeichnungen in den Karten sind sehr ungenau.

▶ **Órmos Sares**: kleine unzugängliche Badebucht östlich des Órmos Skopelou. Wer mit der Fähre weiter nach Alónnissos fährt, sieht rechter Hand eine kleine kreisförmige Bucht, eingeschlossen von hohen Felswänden. Der Sandstrand ist aber nur mäßig sauber, weil der starke Nordwind oft Schmutz an die Küste treibt. Nur mit dem Kaíki zu erreichen, daher auch im Hochsommer wohltuend still.

• *Anfahrt*: leider nur mit einem Boot zu erreichen, es sei denn, man reist mit alpiner Kletterausrüstung nach Skópelos. Vom Hafen der Chóra werden Tagesausflüge mit Kaíkis zum Órmos Sares angeboten. Kostet etwa 25 DM.

Es sind keine Einrichtungen am Strand vorhanden.

▶ **Moní Panagía Livadiotissa**: eigentlich kein richtiges Kloster, sondern nur eine Kirche. Sie liegt unweit der Siedlung Milos im Osten des Órmos Skopelou. Gut erhalten, versteckt sich die Panagía Livadiotissa in einem Olivenhain, so daß man sie leicht übersehen kann. Der Bau stammt aus dem 17. Jh., und im Innenraum wird die schöne Panagía-Ikone der *Zoodóchos Pighí* aufbewahrt, die ein kretischer Kirchenmaler 1671 geschaffen hat.

▶ **Kirche Agíos Geórgios**: an der Schotterpiste hinauf zum Evangelistría-Kloster. 1958 errichtete tonnengewölbte Kirche im kykladischen Stil. Altarwand mit vielen kleinen und großen Ikonen, überwiegend Darstellungen des Drachentöters. Außenwand immer frisch geweißelt, ansonsten eher unspektakuläres Gotteshaus.

Moní Evangelístria

Ausgestattet mit einer sehr schönen Altarwand. Von Athos-Mönchen gegründet, aber heute von vier Nonnen bewohnt. Wichtige Klosterkirche, sehr reich vergoldet. Kerzen brennen rund um die Uhr. Die gesamte Klosteranlage wird auch Evangelismoú genannt.

Das Kloster Evangelístria wurde 1712 aus Spendengeldern der reichen Inselfamilie venezianischer Abstammung *Daponte* auf den Ruinen eines alten byzantinischen Klosters errichtet. Es liegt sehr hoch und bietet einen phantastischen Blick in östlicher Richtung über die gesamte Insel. Früher war es dem Kloster *Xeropotamos* vom Heiligen Berg Athos unterstellt. Die Hauptkirche des Klosters liegt – wie üblich – in der Mitte der modernen

Anlage, die über Elektrizität und ein Telefon verfügt. Die Äbtissin besitzt sogar ein Auto.

Die Klosterkirche wurde nach dem bekannten Viersäulentyp errichtet. Ihre riesige handgeschnitzte Altarwand aus dem 16. Jh. ist reich ausgestattet und vergoldet. Kenner halten sie für die schönste Altarwand aller Klöster der Insel. Geziert wird sie insbesondere von einer silberüberzogenen Panagía-Ikone. Fast alle übrigen Ikonenbilder stellen Szenen aus dem Alten und Neuen Testament dar, wahrscheinlich sind es weit über einhundert. Die Chorwand (Templon) zeigt eine Darstellung der Gottesmutter mit Jesuskind. Angeblich soll sie etwa um das Jahr 965 von Nikephoros Phokas II. geschaffen worden sein. Bemerkenswert auch die hellblaue Kuppel mit dem aufgemalten Sternenhimmel und der abgetretene Steinplattenboden.

Direkt hinter der Klosterpforte befindet sich links eine kleine Kirche, *Agíos Nikólaos*. Ihre Altarwand ist aus Beton mit neueren Ikonen, die älteren Stücke hängen über der Eingangstür. Sie sind stark verwittert, zeigen wohl drei Christus-Darstellungen. Gegenüber in einem hölzernen Schrein die Namensikone mit Plastikblumen geschmückt. Auffallender Fußboden mit Schachbrettmuster. Neben der Kirche werden die Besucher auch gerne in das *Refektorium* geführt, wo man ein Stück Lukoumia bekommt. Alte Kupferkessel und Blechgeschirr hängt an den Wänden, in der Mitte ein riesiger Ofen. Rund um die Klosterkirche liegen die Wirtschaftsgebäude, alles mit Blumen begrünt, es wachsen sogar Orangenbäume.

Kirche Agíos Nikólaos im Kloster Evangelístria

Vom Kloster (bzw. dem Aussichtspunkt davor) phantastischer Blick auf die Stadt Skópelos. Zum Ende der Besichtigung werden die Besucher noch in einen kleinen Ausstellungsraum geführt, in dem Klosterhandarbeiten gezeigt und auch zum Verkauf angeboten werden: Stickereien, Webarbeiten, Tonwaren, Kerzen, Räucherstäbchen, Nachbildungen von sakralen Gegenständen und Bücher.

- *Kleiderordnung*: wird nicht ganz so streng gehandhabt. Grundsätzlich dürfen aber keine nackten Schultern und Beine gezeigt werden. Entgegen den üblichen Sitten wird Frauen in Hosen hier der Zugang erlaubt. Männer müssen sowieso lange Hosen tragen. T-Shirts sind gestattet, die –aber die Schultern bis zu den Oberarmen bedecken müssen.
- *Besichtigungszeiten*: täglich von 8-13 Uhr und von 17-20 Uhr. Eine der Nonnen

Kloster Metamórphosis

spricht sogar etwas Englisch. Fotografieren in der Klosterkirche, Rauchen im gesamten Areal verboten. Nach der Besichtigung verkaufen die Nonnen Ikonennachbildungen und Stickereien. Dabei haben sie mittlerweile einen ziemlichen Geschäftssinn entwickelt.

• Wegbeschreibung: Gut 200 m außerhalb der Stadt teilt sich die östliche Buchtstraße. Rechts führt in vielen Serpentinen ein schlechter Schotterweg hinauf zum Kloster. Vom Ende der Piste sind es nur noch ein paar Stufen bis zur Pforte.

Moní Metamórphosis

Kloster der "Verwandlung des Heilands" und das älteste Kloster der Insel. Hoch in den Bergen liegend, leider nicht mehr ständig bewohnt, daher auch nicht immer zu besichtigen.

Die Gründung des Klosters Metamórphosis erfolgte im 16. Jh., doch die älteste erhaltene Urkunde trägt die Jahreszahl 1636 und stammt vom Patriarchen Kyrillos II. Außerdem sind noch weitere Siegel von 1702 (Patriarch Gabriel III.) und von 1775 (Patriarch Sophronios II.) erhalten.

Noch vor wenigen Jahren war das Wehrkloster stets zugänglich, nun lebt dort niemand mehr ständig. Daher kann es üblicherweise auch nicht besichtigt werden. Man muß schon etwas Glück haben, um jemanden anzutreffen. Sollten Sie dieses Glück haben, können Sie zahlreiche Räume besichtigen, was in Klöstern durchaus nicht üblich ist. Direkt hinter der Pforte befindet sich auf der rechten Seite in einem Zimmer eine bescheidene Sammlung sakraler Gegenstände und religiöser Bücher. Etwa in der Mitte der Klosteranlage liegt die Kirche. Sie besitzt eine dunkle, holzgeschnitzte Altarwand aus dem 18. Jh. Über dem Eingang hängt eine Glocke mit der eingravierten Jahreszahl 1636.

Üblicherweise steht man jedoch vor der großen Tür des Wehrklosters und kann nur die hohen Außenmauern bewundern. Auch der über Stufen erreichbare Hintereingang ist stets verschlossen. Eine Tafel links neben der Pforte gibt den Namen des Klosters an und seine Zugehörigkeit zum Athos.

• *Wegbeschreibung*: an der Schotterpiste hinauf zum Kloster Prodrómou auf der linken Seite, ca. 0,5 km hinter dem Abzweig zum Evangelistría-Kloster. Der Zugang zum Außenbereich erfolgt durch ein Ziegengatter.

Moní Agía Barbára

Ein typisches Wehrkloster. Nicht geweißelt, sondern nur ausgefugter Bruchstein und hohe Umgrenzungsmauern. Leider seit Jahren unbewohnt und daher nicht zu besichtigen. 1993 Ziel eines großangelegten Ikonenraubes.

Kloster Agía Barbára liegt etwa 200 m unterhalb des Klosters Prodrómou. Über die Eingangstür zur Kirche ist die Jahreszahl 1648 eingemeißelt, doch der Abschluß der Anlage wird mit 1697 angegeben. Der Bau liegt imposant auf einem kleinen Plateau und erscheint wie die gesamte Kirche in warmen Rottönen. Außenmauern und Dächer der Wirtschaftsgebäude werden gerade restauriert und verschwinden hinter dem hohen Gerüst. Die Klosterkirche liegt wie üblich in der Mitte der Anlage. Früher besaßen die Nonnen von Prodrómou den Schlüssel, doch heute soll ihn die Stadtverwaltung verwahren. Solange die Restaurierungsarbeiten nicht abgeschlossen sind, ist jedoch keinerlei Besichtigung möglich.

Ikonendiebstahl

Früher wurde im Kloster Agía Barbára die älteste Ikone von Skópelos aufbewahrt. Die Kirchenhistoriker datierten das wertvolle Stück auf spätes 15. oder frühes 16. Jh. Seit ein paar Jahren trauert man auf der Insel jedoch um diese Ikone. Was war geschehen? Bei einem nächtlichen Einbruch im Winter 1993 wurden fast alle Ikonen, angeblich mehrere hundert Stück, aus dem Barbára-Kloster gestohlen, unter anderem das älteste Stück der Insel. Bis heute sind die Heiligendarstellungen und Reliquien nicht wieder aufgetaucht und es wird vermutet, daß sie sich längst außerhalb des Landes befinden. Da der Ikonenklau auch ansonsten in den letzten Jahren zunahm, sind nun alle nicht bewohnten Klöster der Insel stets verschlossen und auch ein Großteil der Kirchen und Kapellen.

über befindet sich eine Abbildung des Glockenturmes (wie er nach seiner Fertigstellung aussehen soll), davor eine Spendenschatulle. In der Mitte hängt ein gigantischer Kristallkronleuchter von der Decke.
Die gesamte Klosteranlage wirkt sehr sauber, vielleicht etwas zu viel Beton und zu wenig Blumen. Links im Vorhof der halbfertige Glockenturm. Sein unterer Teil zeigt noch den nackten Beton, die obere Etage wurde schon verputzt und mit Klinkersteinen verziert. Hinter der Kirche liegen die Wirtschaftsgebäude, die heute nur noch anläßlich des alljährlichen Klosterfestes, eines der größten Feste der Insel, am 25. Januar genutzt werden.

• *Kleiderordnung*: Grundsätzlich dürfen keine nackten Schultern und Beine gezeigt werden. Frauen müssen einen Rock bis über die Knie und Männer eine lange Hose tragen. Oben sind T-Shirts erlaubt, die aber die Schultern bis zu den Oberarmen bedecken müssen.

• *Besichtigungszeiten*: Die Klosteranlage kann von 10-12 Uhr und von 17-20 Uhr betreten werden, doch die Kirche ist stets verschlossen. Werfen Sie einen Blick durch die Glastüren. Regínos' Grabraum hinter der Kirche wird nicht verschlossen.

• *Wegbeschreibung*: Ungefähr 500 m hinter der Einmündung zur Hafenpromenade zweigt eine Straße in südlicher Richtung von der Stadtumgehung ab. Diese gut asphaltierte Strecke führt über den Berg Psalidi auf den Inselhighway in den Norden. Etwa 1 km außerhalb der Stadt macht die Straße eine scharfe Linkskurve. Hier geht's es rechts weiter zum Kloster Regínou.

▸ **Höhle Tripití**: Meereshöhle nördlich von Skópelos/Stadt zwischen dem Órmos Glyfonerí und dem Glisterí-Strand. Nur per Kaíkiausflug zu erreichen.

▸ **Órmos Glysterí**: gut 50 m langer und 10-15 m breiter Kiesstrand am Ende einer tief eingeschnittenen Bucht. Das Wasser ist klar und nicht sehr tief, leider gibt es keinen Baum und keinen natürlichen Schatten. Rechts eine improvisierte Anlegestelle für Ausflugsboote. Gelegentlich sieht man eine Fähre oder einen Flying Dolphin von und nach Loutráki vorbeifahren. Hinter dem Strand liegt ein Volleyballfeld. In der Nebensaison fast menschenleer, im Hochsommer gut besucht.

• *Einrichtungen*: **Glysterí Beach Restaurant**, reine Hochsommertaverne, nur im Juli und August geöffnet. Dann allerdings reiche Auswahl an Fisch- und Fleischgerichten, Kaffee und kühle Drinks. Im Sommer wird auch ein Sonnenschirmverleih betrieben.

• *Anfahrt*: 1997 wurde die Straße zur Bucht vollständig asphaltiert. Sie beginnt oberhalb der Stadt am Ende der Umgehungsstraße, führt zunächst eng und kurvenreich den Hang hinab. Das Hinterland des Strandes ist flach, dichte Olivenhaine und Schilfgras.

▸ **Kirche Panagía Polemístra**: in den Bergen westlich von Skópelos/Stadt. Die kleine Landkapelle wurde an der Stelle eines antiken Tempels zu Ehren der Athene errichtet. Nach der Christianisierung Griechenlands hat man fast überall ehemalige Athene-Heiligtümer der Gottesmutter Maria gewidmet. Die Kirche Panagía Polemístra liegt etwas versteckt in einem kleinen Wäldchen an einer der Schotterpisten westlich von Skópelos/Stadt.

▸ **Sendoukia-Gräber**: vier leere Steingräber, wahrscheinlich aus der Römerzeit. Die Sendoukia-Gräber wurden im letzten Jahrhundert entdeckt. Sie waren schon vor Zeiten von Grabräubern geplündert worden. Archäologen haben bei ihren Grabungen 1936 nichts mehr gefunden, und die Datierung fällt demnach sehr grob aus. Irgendwann in der Römerzeit wurden sie wohl angelegt, einige Wissenschaftler plädieren für die frühchristliche Zeit, andere sogar für das Neolithikum. Neugierige Touristen haben vor ein paar Jahren die Steinplatten wieder beiseite geschoben, so daß man in das Innere der Gräber blicken kann.

• *Wegbeschreibung*: sehr schwer zu finden, an einem Abhang des Berges Délphi gelegen. Eine grobe Wanderbeschreibung findet sich im *"Sotos Walking Guide to Skópelos" (vgl. Literaturtips)*, besser aber Einheimische fragen.

Südwestküste der Insel

Entlang der Inselstraße liegen mehrere Siedlungen an den größeren Buchten. Reichlich Unterkünfte und sehr gute Bademöglichkeiten. Sauberes Wasser und Sandstrand fast überall. Zwischen den Orten immer wieder stark hügeliges Gebiet mit dichtem Baumbewuchs.

Von Skópelos/Stadt führt eine gut asphaltierte Piste in südlicher Richtung an die gegenüberliegende Küste der Insel. Entlang der Straße werden weitere Unterkunftsmöglichkeiten angeboten *(vgl. "Órmos Stáphylos")*. Der Inselhighway führt immer nah an der Küste entlang, über die Bucht von Stáphylos weiter nach Agnóntas, Limnonári und Pánormos. Wer durchs Landesinnere fahren will, kann die ebenfalls asphaltierte Abkürzung über das Kloster Regínou nehmen, die zwischen Agnóntas und Pánormos wieder auf die Hauptstraße trifft.
Baden an den Südbuchten von Skópelos ist ein wahres Vergnügen. Fast alle verfügen über einen feinen Sandbeach, der es mit den Stränden von Skíathos aufnehmen könnte. Vorteil außerdem: In der Nebensaison ist nur wenig los. Das gesamte Gebiet ist überaus hügelig, die Hänge sind dicht mit Nadelbäumen bewachsen. Überall duftet es nach Pinienharz und die Rinde knackt durch die enorme Hitze. Alle paar Meter machen Schilder auf die Waldbrandgefahr aufmerksam. Halten Sie sich an das Rauchverbot, die Strafen bei Zuwiderhandlung sind drastisch.

Órmos Stáphylos/Órmos Velanió

Von Skópelos/Stadt, der Chóra, geht es vorbei an Unmengen von Pflaumenbäumen (die Früchte werden vor allem zum Schnapsbrennen verwendet!) auf einer gut asphaltierten Straße quer durch die Insel. An der Südküste trifft die Piste zuerst auf Stáphylos. So nennt man die Ansiedlung der Häuser und Hotels oberhalb der gleichnamigen Badebucht. Direkt am "Hotel Ostria" zweigt der Asphaltweg hinunter zum Strand ab, das letzte Stück führt über eine Treppe.

Übernachten

Zwei Hotels, mehrere Pensionen und Privatzimmer liegen an der Straße zwischen Skópelos/Stadt und Stáphylos sowie an der Zufahrtsstraße hinunter zur Bucht. Leider auch hier nicht ganz billig, ähnliches Preisniveau wie in der Chóra.

Hotel Ostria, B-Kat., an der Zufahrtsstraße hinunter zur Bucht. Vermietet werden 20 geräumige Zimmer in einer hübschen, verschachtelten Anlage mit blauen Fensterlä-

Órmos Velanió

den. Alle DZ mit Bad, hell möbliert und ausgestattet mit Kühlschrank, Radio, Telefon und TV. Von den Balkonen Blick aufs Meer oder auf die Olivenhaine rings um das Hotel. Swimming-Pool vorhanden, ca. 400 m zum Strand von Stáphylos. Die Rezeption wird von der freundlichen Susanne aus Deutschland geführt, also keinerlei Sprachprobleme. Preise je nach Saison ca. 64-154 DM. Tel. 22220/23237/22709, Fax 23236/23404.

Hotel Ariadne, B-Kat., unterhalb der Inselstraße hoch über der Bucht von Stáphylos. In einer 1988 errichteten, architektonisch auffälligen Anlage vermietet der freundliche Besitzer 20 DZ mit Kiefernholzmöbeln, allerdings recht klein. Die Zimmer verfügen alle über ein Bad, Balkon mit Meeres- oder Waldblick, Radio und Telefon. Unten ein Frühstücksraum mit großer Hochterrasse. Preise je nach Saison ca. 66-114 DM, wobei in der Nebensaison und insbesondere für Gruppen weitere Rabatte eingeräumt werden. Tel. 22772/22630, Fax 22247.

Pegasus Apartments, A-Kat., direkt an der Inselstraße von Skópelos/Stadt nach Stáphylos, etwa 1 km vor der Badebucht auf der linken Seite. Angeboten werden zehn Apartments und sieben Studios, z. T. im typischen Sporadenbaustil errichtet. Unten Küche und Wohnraum, Holztreppe und oben auf einer hölzernen Zwischendecke die Betten. Alle Zimmer mit Bad, Balkon, Küche, Telefon und TV. In der Mitte der Anlage Swimming-Pool mit Bar. Preise je nach Saison ca. 40-90 DM fürs Studio und 58-128 DM fürs Apartment. Tel. 22671/23720, Fax 23719.

Studios Mando, A-Kat., an der abschüssigen Straße vom *"Hotel Ostria"* hinunter zum Strand. Vermietet werden inmitten eines Olivenhaines einige hübsche Studios mit Bad und kleiner Küche. Preise je nach Saison ca. 48-76 DM. Tel. 23917.

Apartments Panagiota, A-Kat., ebenfalls an der Zufahrtsstraße zur Stáphylos-Bucht. Auch hier einige neue und ansehnliche Apartments mit Bad und Balkon in Meeresnähe. Schöner Blick auf den Órmos. Preise je nach Saison ca. 48-76 DM. Tel. 22604-23058.

Pension Utopia, A-Kat., direkt an der Inselstraße von Skópelos/Stadt nach Stáphylos, etwa 500 m vor der Badebucht auf der linken Seite. Vermietet werden etwa zehn DZ mit Bad, Balkon und Kühlschrank. Zum Zeitpunkt der Recherche wurde gerade umgebaut. Preise je nach Saison sollen bei ca. 40-78 DM liegen. Tel. 22937/22027.

Essen/Nachtleben

• *Essen*: Nicht so üppiges Angebot wie bei den Übernachtungsmöglichkeiten. Das liegt daran, daß viele Hotelgäste abends entweder direkt im Hotel oder in der nahen Stadt essen.

Taverna Pévkos, direkt am Ende der Straße hinunter zum Strand. Angenehme Atmosphäre, griechische Musik, blaue Tische unter Bäumen und Ziegeldach, schöner Blick auf die Bucht und die Küste von Euböa. Spezialitäten des Hauses sind Lobster, Fisch, Stifado und Grillgerichte, angeboten wird auch Frühstück. Beachten Sie das Aquarium mit den lebenden Hummern am Eingang. Vergleichbar günstige Preise, geöffnet von April bis Oktober.

Taverna Pizzeria Coral, liegt direkt an der Inselstraße nach Skópelos/Stadt. In einem kleinen begrünten Hof bietet der Wirt die inselüblichen Fisch- und Fleischgerichte sowie Pizza. Tagsüber und abends gut besucht, Gäste waren durchaus zufrieden. Der Taverne ist ein kleiner Supermarkt angeschlossen.

• *Nachtleben*: **Disco Palmera**, die ehemalige Open-Air-Disco an der Straße von Skópelos/Stadt nach Stáphylos ist seit ein paar Jahren geschlossen. Bei der Recherche sagte man uns aber, daß ein neuer Besitzer das Haus übernommen habe und in den nächsten Jahren wieder einen Disco-Club betreiben will.

▸ **Órmos Stáphylos**: eine der schönsten und beliebtesten Badebuchten der Insel. Von der Straße gut 300 m einen asphaltierten Stichweg durch Ölbaumhaine hinunter. Gigantische Szenerie: Hinter dem Strand steigt eine Felswand hoch empor, davor ein paar große Steine am Beach. Insgesamt ungefähr 200 m Kies und Sand, am Südende etwas Schatten durch Bäume, ansonsten erbarmungslose Sonne pur.

Der gesamte Strand ist nicht sehr breit, wird im Hochsommer täglich gereinigt und verfügt sogar über eine Strandwache. Das Wasser ist sehr sauber, in Strandnähe auch seicht, für Kinder gut geeignet. Nicht nur deshalb ist die Bucht im Hochsommer gnadenlos überfüllt. Die Hotelwirte haben eine Wasserleitung zum Strand legen lassen, Dusche frei. Imposant auch die bizarren Felsen vor der Küste.

• *Einrichtungen*: Am Strand wird im Hochsommer ein kleiner **Imbißstand** betrieben, zudem kann man Liegestühle und Sonnenschirme mieten, hier allerdings mit 13 DM pro Tag ziemlich teuer.

Grabstätte des Prinzen von Stáphylos?

Ganz in der Nähe des Stáphylos-Strandes entdeckten die Archäologen 1936 ein äußerst reich ausgestattetes Grab. Untersuchungen der Fundstücke ergaben, daß an dieser Stelle sehr wahrscheinlich ein Mitglied der damaligen Königsfamilie bestattet wurde. Das Grab aus der Bronzezeit stammt wahrscheinlich aus der Phase der ersten kretischen Besiedelung von Skópelos (ca. 16. Jh. v. Chr.). Gefunden wurden unter anderem eindeutig minoische Doppeläxte, Lanzenspitzen, Goldschmuck, Kupfergeräte, Gefäße aus Silber, Kupfer und Stein, Siegel und Idole. Insbesondere ein komplettes mykenisches Schwert, dessen Griff mit Gold verziert ist, fand das Interesse der Wissenschaftler. Zum Zeitpunkt der Ausgrabungen war es das größte bisher entdeckte Exemplar seiner Art. Mittlerweile hat man in der geschichtsträchtigen Erde Kretas weitere Schwerter gefunden.

▸ **Órmos Velanió**: ebenfalls ein Strand der gehobenen Güteklasse, sauber und herrlich klares Wasser. Am Anfang zeigt sich der Velanió deutlich breiter als die Stáphylos-Bucht. Absolute Südlage und keinerlei Schatten durch Bäume, da die steile Felswand nördlich im Rücken der Bucht liegt. Auch hier Sand und Kies, zwei riesige Felsbrocken teilen den gut 200 m langen Beach fast in der Mitte. Der hintere Abschnitt galt jahrelang als einziger offizieller Nacktbadestrand der Insel, doch die entsprechende Fangemeinde nimmt kontinuierlich ab. Dennoch ist auch der Velanió im Hochsommer ziemlich überlaufen. Achten Sie auf die großen Felsplatten im Wasser vor dem westlichen Strandende.

• *Einrichtungen*: Im Hochsommer werden an einem Kiosk Sonnenschirme, Liegestühle, Tretboote und Surfbretter verliehen, während der Nebensaison keinerlei Einrichtungen. Preise liegen bei etwa 13 DM für Schirm und 2 Stühle (pro Tag), Tretboot oder Surfbrett kostet ca. 15 DM pro Stunde.

• *Anfahrt*: vom Órmos Stáphylos aus zu Fuß zu erreichen, ein kleines selbstgemaltes Schild am Südende der Stáphylos-Bucht weist den Weg. Der schmale Pfad führt ein paar Meter hinauf über den dicht bewachsenen Felsen, auf der anderen Seite liegt die Bucht von Velanió. Vom Kamm des Felshügels kann man sehr schön auf beide Strände blicken.

Órmos Agnóntas

Der Ausweichhafen für Skópelos/Stadt. Bunte Fischerboote schaukeln auf dem Wasser. Griechische Musik aus den Tavernen beschallt die Bucht. In der Nebensaison wohltuend still, Hektik bricht nur aus, wenn ein Flying Dolphin anlegt.

Die Bucht von Agnóntas (Foto s. S. 35) ist durch ihre Lage hervorragend vor Meltémi geschützt. Daher wurde die Südseite des Órmos als Nothafen für Fähren ausgebaut. Bei den häufig sehr starken Nordweststürmen laufen insbesondere die windanfälligen *Flying Dolphins* oft den Órmos Agnóntas als

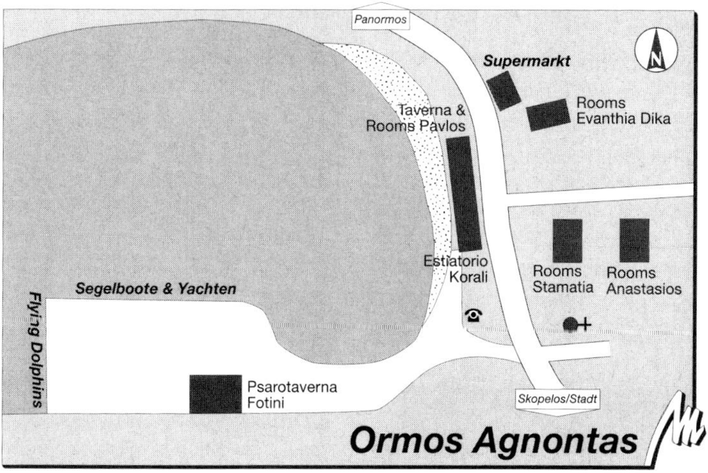

Ausweichhafen für Skópelos/Stadt an. Der gesamte Kaibereich ist nachts hell erleuchtet, vorne am Eingang der Bucht stehen auf beiden Seiten kleine Leuchttürme, die auch den zahlreichen Segelschiffen ihren Weg weisen. Am Scheitel der Bucht befindet sich neben den Tavernen ein gut 60 m langes Kiesstrandstück. Keinerlei Schatten, aber sauberes und seichtes Wasser, das in der Bucht aber schnell tiefer wird. Die Einheimischen haben eine Dusche und eine Kinderschaukel auf dem Beach installiert, vor den Tavernen auch einen Holzsteg für Kaïkis. Hinter der Bucht beginnt sofort dichter Nadelwald, der sich die Hügel hinaufzieht. Agnóntas ist eine der am stärksten bewaldeten Uferzonen der Insel. Der Name der Siedlung *Agnóntas* soll übrigens von einem gleichnamigen Gewinner bei den antiken Olympischen Spielen von 569 v. Chr. stammen.

Übernachten

Vier Privatzimmeranbieter liegen an der Straße zwischen Skópelos/Stadt und Pánormos. Durchweg ordentliche Zimmer mit der üblichen Ausstattung, aber nur von April bis Oktober geöffnet.

Rooms Stamatia, B-Kat., rechts der Straße von Skópelos/Stadt nach Pánormos. Vier DZ und vier Studios in zwei Häusern. Dazwischen liegt ein üppig begrüntes Grundstück. Die Zimmer sind geräumig und mit hellen Kiefernmöbeln eingerichtet, alle mit Bad, Balkon und Kühlschrank, teilweise mit kompletter Küche. Preise je nach Saison ca. 52-77 DM. Tel. 22405.

Rooms Evanthia Dika, A-Kat., ebenfalls rechts der Straße nach Pánormos. Die freundliche Frau Dika vermietet sechs Zwei- und Dreibettzimmer mit Bad und Kühlschrank, Einrichtung in hellem Kiefernholz. Hübsch begrünte Anlage mit vielen Rosen. Preise je nach Saison ca. 45-64 DM. Tel. 23562/22894. Fragen Sie in dem kleinen Supermarkt an der Straße.

Rooms Anastasios Paleologos, A-Kat., fast am Ende der Seitengasse gelegen. Herr Paleologos bietet zehn kleine DZ mit schlichtem Bad und Kühlschrank, dunkle Holzmöbel. Von den Balkonen schöner Gartenblick. Ruhige Lage in einem etwas verwilderten Garten. Preise je nach Saison ca. 45-64 DM. Tel. 22408.

Rooms Pávlos, der Wirt der gleichnamigen Taverne vermietet acht DZ im ersten Stock des Hauses, alle mit Bad und Buchtblickbalkon. Preise je nach Saison ca. 26-52 DM, wirklich günstig. April bis Oktober geöffnet. Tel. 22409.

Essen/Einkaufen

• *Essen*: Die drei Restaurants von Agnóntas gelten allesamt als hervorragende Fischtavernen. Überall auf der Insel schwärmt man von ihnen!

Tavérna Pávlos, von den beiden Tavernen direkt am Scheitel der Bucht die hintere, zu erkennen an den braunen Stühlen unter dem Zeltdach. Pávlos bietet zahlreiche Fischspezialitäten: Lobster, Kalamari, Stifado frisch aus dem Meer, wobei auch die Fleischgerichte zu empfehlen sind. Tagsüber und abends immer gut besucht, Zimmervermietung angeschlossen. April bis Oktober geöffnet.

Psarotaverna Fotini, gemütliche kleine Fischtaverne direkt am Anleger auf der linken Seite. Das riesige Aquarium an der Wand ist stets gut gefüllt mit Lobster und großen Fischen. Ungewöhnliche rote Stühle, der Außenbereich hübsch aufgemacht mit Fischernetzen und anderen Requisiten aus der Seefahrt. Holzkohlengrill neben dem Eingang und natürlich Fischspezialitäten. Herrlicher Blick auf die Bucht und die Segelschiffe am Kai.

Estiatório Korali, von den beiden Tavernen direkt am Scheitel der Bucht die vordere. Trotz des Namens Estiatório eher eine der üblichen Fischtavernen, zu erkennen an den blauen Tischen und Stühlen direkt am Meer. Auch hier gute Fischgerichte vom Grill zu den inselüblichen Preisen. Bei den Segelbootcrews sehr beliebtes Lokal, in dem immer griechische Musik gespielt wird.

Die herrliche Badebucht Órmos Limnonári

• *Einkaufen*: Kleiner aber für ein paar Tage in Agnóntas allemal ausreichender **Supermarkt** direkt an der Durchgangsstraße. Am Straßenabzweig zur Bucht befindet sich ein **Kartentelefon**.

▸ **Órmos Limnonári:** kleine pittoreske Bucht westlich von Agnóntas. Viel Ruhe und nicht so überlaufen wie zum Beispiel Stáphylos. Knapp 200 m feiner weißer Sand und etwas Kies. Wunderschöne Bucht mit vielen Bäumen, die jedoch vor einigen Jahren eingezäunt wurden. Insofern am Strand völlig schattenlos, aber bei der Taverne kann man Schirme ausleihen. Im Hintergrund stark bewachsene Hügellandschaft und steil aufragende Felswände. Übers Meer bietet sich ein phantastischer Blick auf die Berge von Nordeuböa. Insgesamt hervorragende Wasserqualität, doch beim Baden auf einige Felsplatten im Meer achten. Am linken Buchtende hat der Tavernenbesitzer einen Minikai für Ausflugskaíkis betoniert, doch viele Segelboote ankern direkt vor dem Strand.

• *Anfahrt*: leider keine Busverbindung. Die mittlerweile asphaltierte Zufahrtsstraße zur Bucht zweigt etwa einen halben Kilometer hinter Agnóntas vom Inselhighway ab. Dort hat man einen großen Wegweiser aufgestellt. Tip: von Agnóntas (nächste Bushaltestelle) mit dem Boot übersetzen lassen. Kostet hin und zurück knapp 10 DM.

• *Einrichtungen*: Bei der Taverne können Sonnenschirme und Liegestühle für ca. 10 DM pro Tag ausgeliehen werden.

• *Übernachten*: **Rooms Geórgios Lemonis**, A- und C-Kat., direkt hinter der Bucht. Die Familie Lemonis vermietet insgesamt 22 DZ in drei Häusern. Die neueren Zimmer liegen in dem Haus weiter hinten am Wald. Dort überwiegend helle Einrichtung, kleine saubere Bäder, zum Teil mit Kühlschrank und Küche (auch Gemeinschaftsküche vorhanden) und ebenfalls nur teilweise Buchtblick von den Balkonen. Zwischen den Gebäuden liegt ein leicht begrüntes, aber ziemlich unaufgeräumtes Gelände. Preise je nach Saison und Zimmerqualität ca. 38-77 DM (A-Kat.) und 24-45 DM (C-Kat.). Geöffnet von Mitte Mai bis Mitte Oktober. Tel. 22242/23046/23854.

• *Essen*: **Taverne Limnonari**, Familientaverne direkt hinter dem Strand gelegen. Frau und Herr Lemonis bieten gute einheimische Küche, insbesondere Fischgerichte. Man sitzt angenehm in einem schattigen Areal unweit des Meeres bei griechischer Musik. In der Nebensaison deutlich geringeres Angebot, oft nur Kleinigkeiten.

Pánormos

Große verträumte Bucht etwa in der Mitte der Insel. Dicht bewaldetes Umland, schöner Strand und glasklares Wasser. Nach Skópelos/Stadt und Stáphylos einer der beliebtesten Inselstandorte.

Gut asphaltiert, aber sehr hügelig und serpentinenreich verläuft die Straße von Agnóntas weiter nach Pánormos. Das Gebiet ist dicht mit Nadelbäumen bewachsen. Ab und zu führt die Piste durch einige Schluchten, dazwischen bieten sich immer wieder tolle Panoramablicke hinunter zum Meer. Ruhig mal einen kurzen Stopp einlegen! Es lohnt sich.

Die Häuser der Siedlung Pánormos sind zum Teil recht abgelegen und überall im Hinterland der Bucht verstreut. Wer sich hier während der Nebensaison einquartieren will, sollte motorisiert sein, denn die Inselbusse kommen nur sechsmal am Tag in jede Richtung durch. Entlang der Straße gibt es zahlreiche Möglichkeiten, ein Zimmer oder Apartment zu mieten. Von neu bis uralt ist alles vertreten.

Das gesamte dichte Waldgebiet rund um den südlichen Finger der Bucht von Pánormos gehört dem ehemaligen Bürgermeister der Insel, der hartnäckig jeden Grundstücksverkauf ablehnt. Schon viele Investoren wollten an diesem wunderschönen Ort Hotels errichten. Nutzen Sie die unverbaute Natur für ausgiebige Wanderungen durch tiefgrüne Wälder. In den Hainen und auf den Feldern der Umgebung wurden Mauerreste einer Stadt aus der klassischen Antike (wahrscheinlich 5. Jh.) gefunden.

Verbindungen/Adressen

• *Verbindungen*: Die Bucht von Pánormos wird von den **Inselbussen** bedient, die zwischen dem Hafen von Loutráki und Skópelos/Stadt pendeln. Täglich fahren sie in der Nebensaison etwa sechsmal in beide Richtungen, im Hochsommer bis zu zehnmal. Von den Endstationen aus bestehen Fähr- und Flying-Dolphin-Anschlüsse zu den Nachbarinseln.

• *Ausflüge*: werden von der **Pánormos Travel Agency** angeboten. Bootsausflüge um Skópelos und zu den Nachbarinseln Skíathos und Alónnissos kosten zwischen 24 und 30 DM pro Person. Angeboten werden auch Nachtausflüge mit dem Boot. Tel. 23380/33479, Fax 23748/33073. Handy 093-428998.

• *Bootsverleih*: Der sehr gut Deutsch sprechende Roros Sotiris vom Reisebüro **Thalpos** (in Skópelos/Stadt) vermietet am Strand von Pánormos Motorboote. Ein 15 PS-Boot für sechs Personen kostet je nach Saison etwa 52-89 DM pro Tag, wer länger mietet kann bis zu 50 % Rabatt erhalten. Fragen Sie in Pánormos in der *"Café-Bar Limanakia"* oder beim *Thalpos*-Büro in Skópelos/Stadt. Tel. 22057/22947/23466.

• *Einkaufen*: Ein gutsortierter Supermarkt liegt direkt an der Inselstraße, etwa gegenüber der *"Pánormos Travel Agency"*. Im Angebot alles für ein paar Tage an der Bucht von Pánormos.

• *Einrichtungen*: Sonnenschirm- und Liegestuhlverleih am Strand, außerdem im Hochsommer auch Tretboot- und Surfbrettverleih.

• *Geldwechsel*: in der **Pánormos Travel Agency** möglich, Bargeld, Schecks und Kreditkarten.

Langgezogene Bucht, traumhaftes Wasser – Pánormos

• *Information*: Panagiotis Patsis von der **Pánormos Travel Agency** gibt gerne Auskünfte für alle Fragen rund um die Bucht von Pánormos und die gesamte Insel. Tel. 23380/33479, Fax 23748/33073. Handy 093-428998.

• *Motorverleih*: wird ebenfalls von der **Pánormos Travel Agency** organisiert. Ein 50 ccm-Mofa kostet je nach Saison und Dauer des Mietvertrages ca. 13-19 DM pro Tag, 80 ccm ca. 18-24 DM pro Tag, Kleinwagen (FIAT, SEAT) ca. 40-60 DM pro Tag und ein Jeep 52-84 DM pro Tag. Tel. s. o.

• *Telefonieren*: mehrere Kartentelefone an der Inselstraße etwa in der Mitte der Bucht.

• *Zimmervermittlung*: auch bei **Pánormos Travel Agency**. Vermittelt werden Hotelzimmer und Studios. Tel. s. o.

Übernachten

Drei große Hotels und mehrere Privatzimmeranbieter, die oft aber erst in der Hauptsaison öffnen. Einige Häuser liegen direkt an der Straße zwischen Skópelos/Stadt und Glóssa, besser aber eine Unterkunft etwas abseits an den Stichwegen zum Meer oder hinter der Bucht suchen. Auf einigen Privatgrundstücken wird von den Besitzern wildes Zelten erlaubt, eine gute Alternative. Fast alle Einrichtungen am Órmos öffnen erst am 15. Mai.

Hotel Adrina Beach, A-Kat., 52 geräumige DZ und Suiten, modern in petrol und blau eingerichtet, alle mit Meeresblickbalkon, Telefon und teilweise mit Klimaanlage. Wände etwas karg, die Bäder verfügen sogar über eine Wanne. Gefällige Außenanlage, reich begrünt, mit einem Kinderspielplatz und Swimming-Pool. Hotelrestaurant vorhanden. Unten am Meer quasi ein eigenes Strandstück: ca. 50 m Kies. Preise je nach Saison und Ausstattung ca. 83-205 DM für ein DZ und 96-275 DM für eine Suite inkl. Frühstück. Tel. 23373/23374/23375, Fax 23372. Liegt etwa 500 m südlich der Pánormos-Bucht unterhalb der Straße nach Skópelos/Stadt.

Hotel Pánormos Beach, B-Kat., 1984 erbaute Anlage im Norden der Bucht, etwas den Hang hinauf und gut 100 m vom Strand entfernt. Wirklich schöne Zimmer mit Bad, Balkon, Kühlschrank, Klimaanlage, Telefon und TV. Vorne am Eingang ein

Kinderspielplatz mit hübschem Garten. Besonders interessant eine kleine Privat-Sammlung alter Gegenstände: antike Scherben, Mühlstein, Webstuhl, Küchengeräte und ein skopelitisches Sofa. Preise je nach Saison ca. 80-120 DM inkl. Frühstück. Mai bis Oktober geöffnet. Tel. 22711/23366, Fax 34123.

Hotel Afrodite, B-Kat., vermietet werden 34 relativ geräumige Zimmer mit dunkler Einrichtung. Alle mit Bad, Klimaanlage, Radio und Telefon. Meeresblick von den Balkonen leider verbaut. Swimming-Pool vor dem Haus, Gymnastikraum, hoteleigenes Restaurant mit Frühstücksbuffet, einmal pro Woche Barbecue. Preise je nach Saison ca. 65-130 DM inkl. Frühstück. Tel. 23150/23151/23622, Fax 23152. Anfahrt: etwa in der Mitte der Bucht die Inselstraße Richtung Osten verlassen.

Rooms Panos, A-Kat., mehrere Studios im Haus der *"Pánormos Travel Agency"*. Sehr schön eingerichtet mit viel hellem Kiefernholz. Neue Küche, sogar mit Mikrowelle. Alle Zimmer mit Bad und Balkon, unweit vom Meer. Preise je nach Saison und Größe des Studios ca. 52-154 DM. Tel. 23380/33479, Fax 23748/33073. Handy 093-428998. Fragen Sie in der Agentur.

Rooms Anastasía, A-Kat., kleines zweistöckiges Haus direkt an der Durchgangsstraße, daher ziemlich laut. Mehrere schlichte Zimmer mit Bad, Balkone mit Meeresblick. Preise je nach Saison ca. 44-78 DM. Tel. 23378/33074.

Essen/Trinken

In den letzten Jahren haben sich auch einige Tavernenbetreiber in Pánormos niedergelassen, daher gutes Angebot. Wie am Órmos Agnóntas dominieren auch hier Fischrestaurants, die durchweg gute Qualität bieten.

Tavérna O Rigas, ganztägig geöffnetes Restaurant, etwa in der Mitte der Bucht gelegen. Tische stehen unter Ziegeldächern unmittelbar hinter dem Strand am Wasser. Frühstück ab 8 Uhr, mittags und abends Fischspezialitäten bei griechischer Musik.

Restaurant O Nikos, direkt neben *"Rigas"*, von dem Bruder des Besitzers geführt. Etwas moderner eingerichtet, aber auch direkt am Meer. Ebenfalls Tische in hübsch mit Geranien und Rosen begrünter Außenanlage. Auch hier gute Fischgerichte. Ortsübliche Preise.

Tavérna To Dixty, Restaurant direkt an der Durchgangsstraße. Man sitzt windgeschützt und mit Blick auf die wunderschöne Bucht von Pánormos. Der Wirt bietet eine reiche Auswahl an Fisch- und Fleischgerichten. Normale Preise.

Restaurant-Bar Blo, der Barbereich von Blo liegt direkt am Strand. Moderne Korbsessel und Superblick aufs Meer. Im Hintergrund griechische Musik vom Band. Der Restaurantbereich ist eher kühl und rustikal eingerichtet, es gibt griechische und internationale Küche, insbesondere Fischspezialitäten. Von Mai bis Oktober geöffnet.

Café-Bar Limanakia, das letzte Haus am Nordende der Bucht direkt am Ufer. Sehr beliebt, vor allem beim jungen Publikum. Es gibt viele leckere Kleinigkeiten zu Essen, Cheese-Pie mit Kräutern, auch Salate, Joghurt mit Honig und morgens gutes Frühstück. Abends Barcharakter und immer gut besucht.

▸ **Baden**: Pánormos selbst bietet einen gut 500 m langen Kiesstrand. Leider keinerlei Sand, aber sehr sauberes Wasser und durch die tief eingeschnittene Lage kaum Seegang, oft spiegelglatt. Ideal für Kinder, doch Vorsicht, schon wenige Meter vom Strand entfernt wird das Meer extrem tief! Der Beach zeigt sich stets blitzsauber, sogar in der Nebensaison wird er täglich (in der Nähe der Tavernen) gereinigt. Keine Bäume, also auch kein natürlicher Schatten, aber Sonnenschirmverleih vorhanden. Im Sommer durch die windgeschützte Südwestlage extrem heiß.

Vom Nordende des Hauptstrandes (an der *"Café-Bar Limanakia"*) gelangt man über einen schmalen Trampelpfad über die Felsen zu einer weiteren, etwa 50 m langen Sand- und Kiesbucht. Die hohen Bäume auf dem dicht bewaldeten Felsen hinter dem Beach geben ab etwa 14 Uhr Schatten. Beliebt ist diese abgelegene Stelle aber nicht nur deshalb, sondern auch weil FKK geduldet wird. Auch hier sauberes, klares Wasser und windgeschützte Lage. Südlich des Hauptstrandes von Pánormos schließt sich ein tief in die Küstenlinie eingeschnittener Meeresfinger an. Das gesamte Gebiet ist Privateigentum, und die wenigen Häuser gehören den Einheimischen. Die Bucht selbst wird nur als sicherer Segelhafen bei Meltémi genutzt, ansonsten kein Zugang.

Inselnorden

Hier liegt der zweite Inselhafen, Loutráki. Oberhalb erhebt sich das phantastische Glóssa, touristisches Zentrum im Norden und genauso fotogen wie Skópelos/Stadt. Entlang der Küstenstraße außerdem die Ruinen von Klíma, ein vom Erdbeben 1965 fast zerstörter Ort. Dicht mit Nadelwäldern bewachsene Berglandschaft, überwiegend Kiesstrände an den Küsten. Sehenswert ist vor allem der Steilfelsen von Agíos Ioánnis an der Westseite von Skópelos.

Die Straße von Skópelos/Stadt über Stáphylos, Agnóntas und Pánormos setzt sich nördlich bis zum Hafen von *Loutráki* fort. Als einzige Insel der Nördlichen Sporaden verfügt Skópelos über zwei Verkehrshäfen. Fast alle Fähren oder *Flying Dolphins* von Skíathos legen zunächst in Loutráki an und fahren dann um die Nordspitze der Insel herum nach Skópelos/Stadt. Umgekehrt führt auch der Seeweg von der Chóra nach Skíathos meist über Loutráki. So bestehen in den Inselnorden per Schiff zusätzliche Verbindungsmöglichkeiten, zumal die Fähren auch nicht mehr Zeit als der Bus benötigen.

Der Inselnorden hat aber nicht nur den kleinen verschlafenen Hafenort Loutráki zu bieten, sondern auch das pittoreske *Glóssa*, ein malerisches Bergdorf mit vielen kleinen Gassen, das sich den Hang hinaufzieht. Von den höher gelegenen Stellen bietet sich ein traumhafter Blick auf die skopelitische Küste, die vorgelagerten Inseln, Skíathos und hinüber bis zum Pílion. An der Straße von Loutráki hinauf nach Glóssa befindet sich etwa in der Mitte der Strecke ein Brunnen mit frischem Quellwasser. Nördlich von Glóssa liegen keine weiteren Siedlungen mehr. Sehenswert ist in diesem Gebiet allerdings das Kloster Taxiarchón. Die Einheimischen behaupten, es gäbe einen unterirdischen Geheimgang vom Kloster hinunter zum Hafen.

Wer von Pánormos kommt, trifft zunächst auf *Elíos*, ein neu gewachsenes Straßendorf. Hier gibt es gute Unterkunftsmöglichkeiten, obwohl Elíos nicht gerade zum Verweilen einlädt. Der Ort wurde Mitte der sechziger Jahre nach einem heftigen Erdbeben in Windeseile errichtet, und hier haben die Bewohner von *Klíma* Zuflucht gefunden. Klíma selbst erinnert ein wenig an Alónnissos/Ort. Auch die Chóra der Nachbarinsel wurde 1965 stark beschädigt, doch auf Alónnissos haben Ausländer und Einheimische einen Großteil der Häuser wieder aufgebaut. In Klíma dagegen wohnen heute nur noch eine Handvoll Familien, viele Bauten zerfallen weiter.

Ansonsten unterscheidet sich der Inselnorden wenig vom Südteil. Auch nördlich von Pánormos dominiert dichter Nadelwald bis hinunter an die Küsten. An vielen Stellen ist der Wald sogar noch viel dichter als beispielsweise auf den Hängen des Paloúki. Oberhalb des Dorfes Elíos steigen sehr dicht bewachsene Felshänge auf. Bis zum Waldrand Olivenbäume, dann dichtes Nadelgehölz. Das Inselinnere zeigt sich sehr bergig, die Ausläufer des Délphi ziehen sich bis an die Nordspitze. Einige Wanderpfade führen über das Bergmassiv Richtung Süden, doch Vorsicht – die Inselkarten sind sehr ungenau. Beginnen Sie mit ihrer Wanderung stets am frühen Morgen, was zwei Vorteile vereint: Zum einen ist es noch nicht so heiß, und man kann sich in der Mittagshitze ein schattiges Plätzchen suchen, zum anderen hat man immer noch genug Zeit, den richtigen Pfad zu suchen, falls man sich am Délphi verlaufen sollte.

Loutráki

Hier legt die Fähre von Skíathos zum ersten Mal an. Direkt am Hafen wartet schon der Bus, der nach Skópelos/Stadt weiterfährt. Dafür braucht er genauso lang wie die Fähre, etwa eine Stunde. Aber man bekommt schon einen ersten Eindruck von der Insel. Eine gute Alternative. Der Hafen selbst ist unspektakulär. Helle Laternen erleuchten auch nachts den gesamten Molenbereich.

Loutráki ist im Vergleich zu Skópelos/Stadt vor allem ruhiger, gemütlicher und günstiger. Am großen Hafenplatz befinden sich zahlreiche kleine Tavernen und Cafés. Es gibt zwar mittlerweile ein paar Hotels und natürlich einige Privatzimmer, aber vom Tourismus (und besonders seinen negativen Auswüchsen) ist wenig zu spüren. Wer Ruhe sucht, genüßlich seinen Kaffee schlürfen will und nicht unbedingt auf Baden eingestellt ist, sollte ein paar Tage in Loutráki verbringen. Erst ab Mitte Juli setzt die Saison richtig ein, noch im Juni sind einige Hotels geschlossen. Im Winter leben hier kaum hundert Menschen.

Vor kurzem hat man begonnen, die Uferpromenade zu begrünen. Bei einem Gläschen Oúzo lassen sich die abgewetzten Fischerboote in aller Stille beobachten, die Tintenfische, wie sie auf dünnen Drähten zum Trocknen hängen, oder der Inselpope, wie er souverän in seiner schwarzen Kluft über die Uferpromenade schreitet. Die lange Hafenmole führt direkt auf die Dorfplatia und die prachtvolle Kirche *Agíos Nikólaos* zu. Das liebevoll renovierte Gotteshaus ist die "Attraktion" des Dorfes. Gleich nebenan fahren auch die Busse ab, und Taxis warten auf Kundschaft. Beide Wellenbrecher am Ende der langen Molen sind mit einem Leuchtturm ausgestattet, der nachts in grün und rot die Hafeneinfahrt markiert. Loutráki ist bei Segelsportlern beliebt, denn der Hafen gilt als sehr sicher.

Verbindungen

- *Bus*: von und nach Skópelos/Stadt in der Nebensaison sechsmal täglich (etwa alle 2 Std. ab 7 Uhr), im Hochsommer bis zu zehnmal täglich. Die während der Haupt-

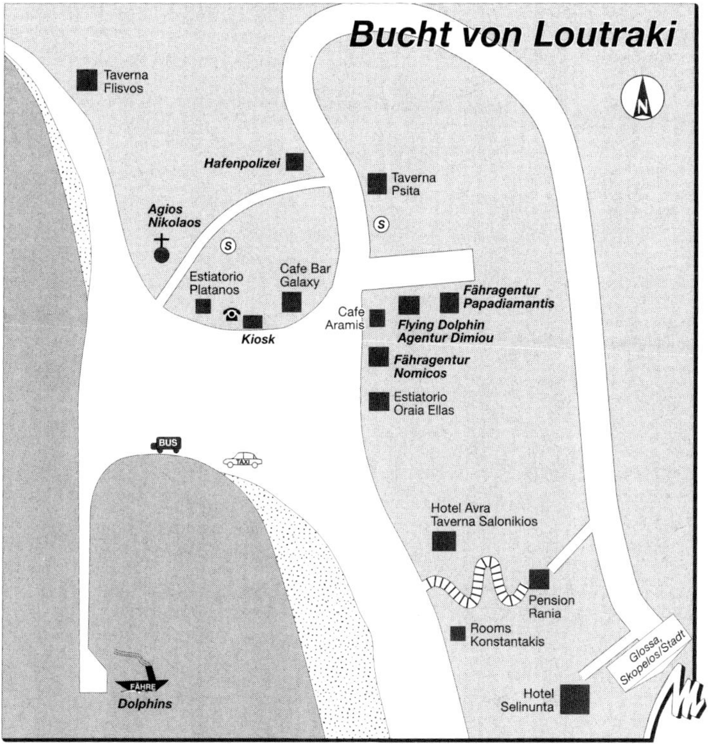

saison oft gnadenlos überfüllten Busse fahren über die Orte und Buchten an der Inselstraße: Glóssa, Klíma, Elíos, Miliá, Pánormos, Agnóntas und Stáphylos. Für die gesamte Strecke von Loutráki bis Skópelos/Stadt braucht der Bus etwa eine Stunde. Der Buswendeplatz in Loutráki liegt direkt an der Hafenpromenade. Die Abfahrtszeiten sind bei "Pizzeria-Café Aramis" an der Hafenfront angeschlagen. Hier werden auch Tickets verkauft. Preis nach Glóssa ca. 1,35 DM, nach Skópelos/Stadt ca. 4,50 DM.

• *Taxi*: Im Hafen von Loutráki stehen wenige Taxis. Nur wenn eine Fähre oder ein Dolphin anlegt, kommen die Fahrer von Glóssa hinunter und warten auf Gäste. Haltepunkt ist der große Platz direkt am Hafen. Der Trip hinauf nach *Glóssa* kostet etwa 6,50 DM, nach Skópelos/Stadt rund 25 DM. Tel. 33190/33257/33620/33715.

• *Schiff*: Warum nicht mit der Fähre nach *Skópelos/Stadt* fahren? Das dauert mit etwa einer Stunde Fahrzeit auch nicht länger und kostet mit ca. 4,50 DM exakt das gleiche wie der Bus. Die Fahrtroute bietet einige phantastische Blicke auf die Nordostküste, insbesondere auf den spektakulären Felsen mit der Agíos-Ioánnis-Kirche. Nutzen Sie also das zusätzliche Verbindungsangebot durch die Fähren, Dolphins sind zwar auch möglich, aber deutlich teurer.

Adressen

• *Einkaufen*: Zwei kleine **Supermärkte** liegen direkt am Beginn der Inselstraße nach Glóssa auf der rechten Seite, außerdem ein weiterer Laden oberhalb der Kirche

Agíos Nikólaos.

• *Film/Foto*: Die Inhaberin der Schiffsagentur *"Papadiamántis"* verkauft Touristenbedarf, darunter auch Filme. Falls Sie Fotoartikel in der Vorsaison kaufen, achten Sie auf das Verfallsdatum, es könnten Filme vom letzten Jahr sein.

• *Schiffstickets*: Fähragentur **Papadiamántis** liegt in einer kleinen Gasse am Beginn der Inselstraße ca. 20 m rechts ab. Verkauft werden Tickets für die großen Autofähren. Tel. 33120/33758.

Die Agentur der Schwestergesellschaft **Nomicos** liegt direkt an der Hafenpromenade. Auch hier werden Tickets für die großen Autofähren verkauft. Tel. 33435/33665/33042.

In der gleichen Gasse wie *"Papadiamántis"* befindet sich die *Dolphin*-Agentur **Dimiou**. Geöffnet in der Nebensaison allerdings nur kurzzeitig vor dem Ablegen eines Tragflügelbootes, während der Hauptsaison im August auch durchgängig. Tel. 33377.

• *Telefonieren*: keine O.T.E.-Zentrale, aber einige Kartentelefone an der Dorfplatia. Im Hochsommer manchmal lange Warteschlangen.

• *Zweiradverleih*: Die Inhaberin der Schiffsagentur *"Papadiamántis"* verleiht einige Mofas mit 50 und 80 ccm. Sämtliche Maschinen sind uralt und verfügen nur über eine halbautomatische Schaltung. Achten Sie auf den Zustand von Bremsen und Reifen. Bei längeren Leihfristen sollten Sie alle zwei Tage nach dem Öl schauen lassen. Preise je nach Saison ca. 16-27 DM fürs 50 ccm und 19-32 DM fürs 80 ccm-Mofa. Tel. 33120/33758.

Übernachten

Entlang der Bucht und der Straße hinauf nach Glóssa befinden sich einige Hotels und Privatunterkünfte. Preise liegen deutlich unter denen von Skópelos/Stadt, doch viele Häuser öffnen erst spät in der Saison.

Hotel Avra, C-Kat., direkt an der südlichen Hafenpromenade gelegen. Nikos, der freundliche Chef, vermietet 29 geräumige Zimmer mit zwei, drei und vier Betten. Alle Zimmer verfügen über ein Bad, Balkon mit Meeresblick, Kühlschrank, Klimaanlage und Telefon. Zum Hotel gehört ein Restaurant, das auch gutes Frühstück macht. Freundlicher Service. April bis Oktober geöffnet. Preise je nach Saison ca. 48-96 DM fürs DZ. Tel. 33550/33681/33526, Handy 094-574823.

Hotel Selinunta, B-Kat., nagelneue Anlage am Südende der Bucht, hoch oben am Hügel. Der Zugang erfolgt von der Straße nach Glóssa. Zum Zeitpunkt der Recherche war der Innenausbau des neuen Hauses schon fast fertig, die ersten Zimmer sollten im Herbst 1997 bezugsfertig sein. Der Besitzer Panagiotis Konstantakis will ab dem Frühjahr 1998 insgesamt 30 DZ vermieten. Alle Zimmer mit Bad und Balkon, Superblick auf die Bucht. Hotelrestaurant vorhanden. Preise standen zum Zeitpunkt der Recherche noch nicht fest. Tel. 34073/33570.

Pension Ránia, C-Kat., eine Reihe von Werbetafeln an der Hafenpromenade und am Straßenrand weisen den Weg. Von der Terrasse genießt man einen herrlichen Blick über die Bucht. DZ kostet je nach Saison und Lage des Zimmers (Meeresblick oder Berglandschaft) zwischen 35 und 45 DM. Zugang zum Hotel auch von der Straße hinauf nach Glóssa.

Rooms Panagiotis Konstantakis, direkt an der Uferpromenade ungefähr 200 m hinter dem *"Hotel Avra"*. Vermietet werden 14 DZ, zum Teil mit Bad und Meeresblickbalkon. Schlichte Einrichtung, kleine, aber saubere Bäder, warmes Wasser aus dem Boiler. Etagenbäder vorhanden, auch eine kleine Küche. Preise je nach Saison ca. 27-52 DM fürs DZ mit und 22-45 fürs DZ ohne Bad. Tel. 33570/34073.

Essen/Trinken

Im Hafenbereich und hinter der Uferpromenade gibt es einige Tavernen und Cafébars. Angeboten werden die üblichen griechischen Gerichte, außerdem Nudeln und Pizzen, da der kleine Hafenort bei italienischen Sommertouristen sehr beliebt ist.

Tavérna O Salonikios, gehört zum "Hotel Avra". Großer, hallenartiger Innenraum und viele Tische gegenüber in einem kleinen grünen Garten mit einer riesigen Palme und mehreren Platanen. Man sitzt idyllisch direkt am Meer, abends bunt beleuchtet und griechische Musik im Hintergrund. Während der Nebensaison gibt's nur ein, zwei Gerichte, aber täglich wechselnd. Im Hochsommer läuft die Küche auf vollen Touren, dann deutlich besseres Angebot. Gute Huhn- und Lammgerichte. Macht auch sehr gutes Frühstück. Preiswert.

Café-Pizzeria Aramis, direkt am Dorfplatz und der Straße nach Skópelos/Stadt. Man sitzt angenehm unter einem Zeltdach auf bequemen Korbstühlen an modernen runden Glastischen. Mittendrin ein knorpeliger alter Baum. Beliebt bei den italienischen Sommergästen, nicht nur aufgrund der guten Pizza. Durchgängig geöffnet, griechische Musik den ganzen Tag.

Estiatório Oraia Ellas, noch echt griechisches Ambiente. Blaue Tische und Stühle unter Platanen mit Blick auf die Bucht und die bunten Fischerboote im Hafen. Abends Taverne, tagsüber Kafeníon, Treffpunkt der alten Männer von Loutráki. Es gibt Frühstück, Lunch und Dinner. Angenehme Preise.

Tavérna Flisvos, am Westende der Bucht von Loutráki, Name in großen Buchstaben auf die Kaimauer gemalt. Wenn man mit dem Schiff kommt, schon von weitem an dem blau-weißen Zeltdach zu erkennen. Man sitzt sehr schön auf einer Terrasse am Meer mit einem herrlichen Blick auf die Küste von Skíathos und die vorgelagerten Inseln. Essen und Preise okay. Spezialität des Hauses sind Kalamari. Im ersten Stock werden im Hochsommer auch Zimmer vermietet, in der Nebensaison bleiben Lokal und Zimmer geschlossen.

Tavérna Psita, Fischtaverne, vom Hafen ein Stück die Straße hinauf, kurz hinter dem Supermarkt. Alle Tische im etwas sterilen Innenraum, nur ein paar Bilder an der Wand. Außerhalb der Saison nur abends geöffnet und begrenztes Angebot. Essen und Preise im Rahmen.

Estiatório O Platanós, ein paar Tische und Stühle unter zwei Platanen direkt am Dorfplatz. Einfaches griechisches Lokal, es gibt die üblichen Kleinigkeiten wie Souvláki, Bifteki usw. Angeschlossen auch eine Zimmervermietung im ersten Stock, Gäste waren aber von der Sauberkeit wenig begeistert.

Café-Bar Galáxy, ähnlich wie das *"Aramis"*. Korbstühle mit bunten Polstern unter einem Zeltdach. Angeboten werden auch diverse Kleinigkeiten zu essen.

Kirche Agíos Nikólaos: die große Dorfkirche von Loutráki. Vor einigen Jahren frisch restauriert, strahlt der hellweiße Innenraum. Außergewöhnlich auch die V-förmige Altarwand aus hellem Marmor und mit vielen großen Ikonenbildern. Links vor der Altarwand befindet sich eine Kanzel, rechts ein Gebetsstuhl mit weiteren Ikonen des heiligen Nikolaus. Von der Kuppel mit den bunt bemalten Glasfenstern hängt ein kristallbehangener Kronleuchter. Rechts vom Eingang steht die alte Silber- und Namensikone der Kirche, Agíos Nikólaos. Auf der linken Seite eine hübsche Darstellung der Agía Anastasía von 1977. Bemerkenswert ist auch der 1970 erbaute Glockenturm mit seinen Schwalbennestern rechts neben dem Eingang. Die Kirche von Loutráki wurde auf den Ruinen einer Basilika aus dem 9. Jh. errichtet.

▶ **Baden:** Der Órmos Loutráki ist keine schöne Badebucht. Direkt an der Dorfplatia schließt sich ein kleiner Kiesstreifen an, nur mäßig sauber und völlig schattenlos. Viele angespülte Meerespflanzen und sogar kleine Teerklumpen. Hier baden die Einheimischen. Gut geeignet für eine kleine Abkühlung nach dem Dorfbummel. Einen Strandtag sollte man hier allerdings nicht verbringen, es gibt schönere Badestellen auf der Insel. Weiter nördlich und südlich des Ortes liegen zwei weitere Kiesstreifen. Dort ist es deutlich ruhiger.

Glóssa

Malerisches Bergdorf mit vielen kleinen Gassen, das sich den Hang hinaufzieht. Die höchste Stelle im Ort liegt auf 280 Höhenmetern. Traumhafter Blick über den Küstenstreifen auf die Insel Skíathos und hinüber zum Pílion.

Wenn man per Fähre von Skíathos nach Loutráki kommt, sieht man das Dorf Glóssa malerisch am Hang über dem Hafenort liegen. Es lohnt sich auf jeden Fall, hinaufzugehen oder mit dem Bus zu fahren. Die über-, neben- und untereinandergebauten Häuser zeigen sich in unterschiedlichem Zustand. Von fein herausgeputzt bis hin zu verfallenen Ruinen, die jedoch der Schönheit des Ortes nicht abträglich sind. Und darüber thront die milchkaffeebraune Kirche *Kímissi tis Theotókou*, auf ihrem Vorplatz zwei Kafenía, Treffpunkt der alten Männer. Gemütlich durch Häuser und Treppen eingerahmter Platz.

In den Gassen von Glóssa

Überall zweigen zahllose Gassen und Treppenwege ab. Beim ersten Besuch kann man sich in diesem Gewirr ziemlich schnell verlaufen. Doch auch hierin liegt ein Reiz, denn es gibt viel zu entdecken. Die Häuser des herrlichen Bergortes stammen vorwiegend aus der Zeit der osmanischen Besatzung. Eindrucksvoll ist vor allem der Farbenreichtum, kaum ein Haus oder Balkongeländer trägt dieselbe Farbe wie das Nachbargebäude. Dazwischen steht immer wieder ein bunter Blumentopf, Rosen verströmen ihren Duft, oder es ragt eine Bougainvillea vom Erker.

Glóssa ist ein beliebtes Ziel für Tagesausflügler von Skópelos/Stadt und sogar von Skíathos. Dem steht das geringe Angebot von Zimmern gegenüber. Offenbar wollen die Bewohner unter sich bleiben. Dennoch gibt man sich den Fremden gegenüber freundlich.

In den Hainen und auf den Feldern der Umgebung wurde Mauerreste aus der klassischen Antike gefunden. Unweit von Glóssa lag einst auch die minoische Siedlung *Selinus*.

Adressen

• *Arzt*: griechischer Dorfarzt im Ort. Tel. 33504. Fahren Sie bei Bedarf aber besser in das kleine Inselkrankenhaus nach Skópelos/Stadt. Dort spricht man zumindest Englisch.

• *Apotheke*: im unteren Bereich der Hauptgasse, Tel. 33383.

• *Bäckerei*: eine an der unteren Hauptgasse, kurz vor dem Platz mit der Gemeindeverwaltung, eine weitere Bäckerei gegenüber dem Postamt im oberen Teil des Ortes.

• *Einkaufen*: Entlang der Hauptgasse liegen einige kleine **Supermärkte**, die auch ein begrenztes Angebot an touristischen Artikeln führen. Im **To Puthari** werden Schmuck, Aquarelle mit Inselmotiven und Keramik verkauft. Der Laden befindet sich direkt neben der *"Taverna Agnanti"*.

• *Post*: am oberen Kirchplatz *(Kímissi tis Theotókou)* in der linken Seitengasse. Geldwechsel möglich, aber nur Bargeld und Traveller-Schecks, keine Euro-Schecks. Öffnungszeiten: während der Nebensaison und im Winter 11-13 Uhr, im Hochsommer 8-12 und 17-19 Uhr.

• *Tankstelle*: an der Straße nach Loutráki kurz hinter der Bushaltestelle auf der linken Seite. An den Zapfsäulen gibt es Super (bleifrei), Normal und Diesel. Von 14-17 Uhr Mittagspause. Nächste Tankstelle (durchgängig geöffnet) liegt zwischen Klíma und Elíos.

• *Telefonieren*: An der Bushaltestelle, am Ortseingang und entlang der Hauptgasse gibt es mehrere Kartentelefone. Ein weiteres Kartentelefon befindet sich am oberen Dorfplatz bei der Kirche *Kímissi tis Theotókou.*

• *Zweiradverleih*: Ioánnis Maniatis hat sein kleines Büro direkt am Parkplatz unterhalb von Glóssa. Er verleiht nur einige Zweiräder mit 50 und 80 ccm, keine Autos. Geöffnet nur in der Hauptsaison. Tel. 33720.

Übernachten

Glóssa ist ein beliebtes Tagesausflugsziel, doch gibt es kaum Möglichkeiten, privat ein Zimmer zu mieten. Allenfalls in der Hauptsaison werden einige Privatzimmer angeboten. Bis heute existiert nur ein einziges Hotel.

Hotel Atlantes, C-Kat., direkt an der Bushaltestelle, und die vielbefahrene Straße verursacht viel Lärm. Besitzer Elías Tsoukalas ist in Mississippi aufgewachsen und spricht einen entsprechenden Südstaaten-Dialekt. Er lebt im Winter in Kalifornien und kommt nur während der Saison nach Skópelos. Vermietet werden kleine gemütliche Zimmer mit Bad und teilweise auch Balkon. Zum Zeitpunkt der Recherche wurde 1997 gerade umgebaut. Nach Abschluß der Arbeiten sollen die Zimmer deutlich besser sein. Leider standen die neuen Preise noch nicht fest (zuletzt ca. 34-45 DM). 1998 soll es auch eine neue Telefonnummer geben.

Essen/Nachtleben

Nur eine Taverne im Ort, aber mehrere Cafébars entlang der Hauptgasse und am Ortseingang. Hier bekommt man auch Kleinigkeiten zu Essen.

Taverna T'Agnanti, das einzige ausgewiesene Restaurant inmitten des Ortes. Stolz berichtet der Wirt, daß die Taverne schon seit 1953 in Familienbesitz geführt wird. Hübsch eingerichteter Innenraum, beliebt sind aber vor allem der Balkon und der Dachgarten. Von hier aus herrlicher Blick aufs Meer, den Hafenort Loutráki und Skíathos. Wirklich gutes Essen, ordentliche Portionen Fleisch, leckeren Fisch und üppige Salate. Doch nicht gerade billig.

Cafébar Ta Dío Adelphía, an der Bushaltestelle und der Kirche *Panagía Eleftherosa*. Zwar direkt an der vielbefahrenen Straße gelegen, aber schöner Blick hinunter auf die Bucht von Loutráki und das Meer. Die Tische stehen draußen auf der Platía, sind vor allem mittags kurz nach Schulschluß belegt, wenn die Schüler auf den Bus warten. Gute Preise.

Café-Bar Avra, an dem Vorplatz der Kirche *Kímissi tis Theotókou* gelegen. Man sitzt angenehm schattig unter einem Baum. Im Angebot sind zahlreiche Kleinigkeiten, auch gute Salate. Höhere Preise.

Cafébar Kypselis, ebenfalls an dem Vorplatz der Kirche *Kímissi tis Theotókou* gelegen. Auch Kypselis bieten Kleinigkeiten zu Essen, kühle Getränke und Kaffee. Preise wie in Skópelos/Stadt.

• *Außerhalb*: **Tavérna Kalí Kardia**, Fischtaverne mit wunderschöner Aussichtsplattform, etwa 400 m außerhalb des Ortes in Richtung Skópelos/Stadt, kurz hinter dem Abzweig zum Kloster *Taxiarchón*. Nur in den Hochsommermonaten geöffnet.

Tavérna To Steki, unweit von *"Kali Kardia"*, ebenfalls an der Inselstraße nach Skópelos/Stadt. Auch hier ein schöner, leicht begrünter Balkon mit einzigartigem Meeresblick. Bekannt für gute Fischspezialitäten, doch leider nur in der Hauptsaison geöffnet. Preise im üblichen Rahmen.

Café Panorama, früher bekannt als **Magic View**. Durch einen Neubau ist die Panoramasicht, die früher bis Skíathos und die vorgelagerten Inseln Dasía, Plevro, Kasidis und Paximáda reichte, beeinträchtigt. Man sitzt an großen Fenstern, doch das blaue Meer ist kaum noch zu sehen. Dennoch lohnt sich ein kleiner Stopp, denn es gibt zahlreiche Mixgetränke. Das Café liegt kurz hinter dem Ort auf der rechten Seite, an der Straße hinunter nach Loutráki.

• *Nachtleben*: **Tropicana** (ehemals "Pergola"), Open-Air-Disco ca. 600 m außerhalb vom Ort an der Straße Richtung Skópelos/Stadt. Hübscher, mit Palmen und Agaven begrünter Innenhof mitten auf der grünen Wiese. Nur im Hochsommer geöffnet, doch dann ab Mitternacht immer gut besucht. Internationale Discomusik, gelegentlich auch mal ein Oldie. Eintritt ca. 6,50 DM.

Frühstück für Mensch und Tier

Sehenswertes

Kirche Panagía Eleftherosa: direkt an der Straße unmittelbar vor dem unteren Dorfeingang. Große Kirche, innen frisch restauriert. Altarwand aus Marmor mit vier großen Ikonenbildern. Die wertvolle Panagía-Ikone steht gleich links des Eingangs. An den Wänden zahlreiche Heiligenbildnisse des Geórgios, Dimítrios, Nikólaos usw., darunter Chorgestühl. Ansonsten nicht so reich ausgestattet. Auch keine Fresken.

Kirche Kímissi tis Theotókou: die Hauptkirche des Ortes, ziemlich weit oben am Hang gelegen. Davor ein wunderschöner Kirchplatz mit zwei urgemütlichen Kafenía. Leider ist diese Kirche wegen ihrer wertvollen Ikonen tagsüber stets verschlossen und kann nur unmittelbar nach den Gottesdiensten besichtigt werden.

Häuserruine in Klíma

Klíma (Epáno Klíma)

Durch ein Erdbeben 1965 fast vollständig zerstörter Ort. Die Mehrzahl der damals 84 Familien hat Klíma verlassen. Dennoch ist der Ort seit Jahren keine völlig unbewohnte Ruinenlandschaft mehr. Gut ein Drittel der Häuser wurde wieder hergerichtet.

Das alte Dorf Klíma, oft *Epáno Klíma* oder *Palio Klíma* genannt, ist nur zu Fuß zu erkunden. Von der Inselstraße zweigt ein schmaler Betonweg in den oberen Teil von Klíma ab. Im Dorf führen mehrere Gassen weiter hinunter oder parallel den Hang entlang. Wer nur von der Straße auf die Siedlung herab blickt, hat Mühe, das Geheimnis des Ortes zu entdecken. Von oben sieht er wie ein normales Bergdorf aus, doch Klíma wurde bei dem schweren Erdbeben von 1965 fast völlig zerstört. Viele der Häuser wurden inzwischen wieder instand gesetzt, andere sind völlig zusammengefallen. Auf ihren Schutthaufen wachsen mittlerweile Macchia und Bäume, so daß man von oben kaum Ruinen ausmachen kann.

Das Bild ändert sich aber schnell, wenn man eine Erkundung ins Dorfinnere unternimmt: Außenwände mit vergammelten Holztüren, hier Mauerreste mit Türstürzen, dort eine gekachelte Wand, wohl von einem Badezimmer, ein paar Meter weiter ein Haufen Steine und rote Dachziegel, Holz oder ein einsam in die Luft ragendes Ofenrohr, plötzlich kann man sich das Ausmaß der Zerstörungen gut vorstellen. Drei, vier Häuser weiter jedoch lichtet sich der traurige Eindruck. Ein Bewohner hat sich dem Aberglauben widersetzt, ist zurückgekehrt und hat seinen Besitz wieder aufgebaut.

Auch das ist Klíma: neue Häuser wie überall auf der Insel, üppig begrünte Erker und Vorgärten mit prächtiger Bougainvillea und Kletterrosen. Klíma ist längst kein verlassenes Dorf mehr, auch wenn die Aufräumarbeiten nicht so weit wie in Alónnissos/Ort, das vom gleichen Erdbeben geschädigt worden war, fortgeschritten sind. "For sale"-Schilder zeigen jedoch, daß von den alten Besitzern auf Skópelos kaum jemand zurückkehren will.

Kirche Agíos Geórgios: 1995 neu erbautes Kirchlein direkt an der Inselstraße unterhalb der Tankstelle. Altarwand mit zwei Durchgängen und vier großen Ikonenbildern. Ungewöhnlicher dunkelroter Untergrund mit viel Goldfarbe überzogen. Großer Kristalleuchter und Weihrauchgefäße vor der Altarwand. Meist unverschlossen und zu besichtigen.

Elíos (Káto Klíma)

Relativ junges Dorf. Die Erdbebenopfer von Klíma haben sich hier angesiedelt und mit viel Stahlbeton stabil gebaut. Noch vor wenigen Jahren war der Ort wenig ansehnlich, mittlerweile hat man sich durchaus erfolgreich bemüht, die Straßen und Anlagen zu begrünen.

An vielen Stellen wachsen Rosen und Oleander, überall Geranien und sogar Obstbäume. Elíos, oft noch *Káto Klíma* oder *Néo Klíma* genannt, liegt knapp 3,5 km südlich des alten Ortes. Hier haben sich die meisten der ehemaligen Bewohner von Klíma Mitte der sechziger Jahre niedergelassen und ein neues Dorf gegründet. Da seinerzeit alles sehr schnell errichtet werden mußte, erscheint Elíos als eine ziemlich chaotische Ansammlung von Häusern. Immerhin wurde 1965 schon mit Beton gebaut, so daß man nun glaubt, weitgehend erdbebensichere Behausungen zu besitzen.
Das Dorf selbst wurde entlang des Inselhighways errichtet, später kam eine Parallelstraße hinzu, die hinunter zum Strand führt. Auch hier wurde kräftig gebaut, doch Elíos wirkt wie ein langgezogenes Straßendorf, ein Ortskern ist nicht zu erkennen. Vielmehr liegen die Häuser im ganzen Areal hinter der Bucht ziemlich weit verstreut, dazwischen immer wieder unbebaute Grundstücke. Etwa in der Mitte wurde die Schule errichtet, hier konzentriert sich noch am ehesten das Dorfleben. Hinter dem Südende des Strandes befindet sich ein Fußballplatz. Übernachtungsmöglichkeiten gibt es reichlich entlang der Straße und am südlichen Strandabschnitt. Auffallend sind auch die vielen kleinen Supermärkte und Geschäfte in dem Ort, der auf den ersten Blick eher verschlafen wirkt. Im Hochsommer ist Elíos eine Hochburg der griechischen Urlauber.

Verbindungen

- *Bus*: Elíos wird wie alle Ortschaften an der Inselstraße von den **Pendelbussen** aus Skópelos/Stadt und Loutráki angefahren. Täglich fahren sie in der Nebensaison etwa sechsmal in beide Richtungen, im Hochsommer bis zu zehnmal. Durch den langgestreckten Charakter des Dorfes gibt es in Elíos zwei Bushaltestellen, eine südliche gleich am Ortseingang von Skópelos/Stadt aus und eine nördliche kurz vor dem Ortsausgang Richtung Glóssa. Beachten Sie: Der Bus hält nur auf Handzeichen.
- *Taxi*: Elíos verfügt zudem über einen **Taxiservice**: Tel. 33044. Handy 093-392403.

Klíma

Adressen

• *Bäckerei*: ganz in der Nähe der südlichen Bushaltestelle in einer Seitengasse links von der Hauptstraße ab.

• *Einkaufen*: an der nördlichen Bushaltestelle kleiner **Supermarkt** mit bescheidenem Angebot an Lebensmitteln und etwas Obst. Direkt daneben ein **Souvenirshop**, der auch **Foto**- und Strandartikel verkauft. Ein Stück die Straße hinunter liegt ein weiterer sehr gut sortierter **Supermarkt** etwa auf Höhe der Schule. Gegenüber ein **Keramikladen**, **Souvenirshop** und **Kiosk**. Am südlichen Bus-Stop befindet sich in einer Seitengasse links eine **Fleischerei**.

• *Reisebüro*: **Dasos Travel**, unterhalb der nördlichen Bushaltestelle auf der gegenüberliegenden Straßenseite. Angeboten werden Geldwechsel, Ausflüge, Ticketverkauf für die Fähren und Zimmervermittlung vor Ort. Jedoch nur in der Hochsaison geöffnet. Tel. + Fax 33061.

• *Tankstelle*: außerhalb des Ortes. Etwa auf halber Strecke zwischen Elíos und Klíma befindet sich eine ganztägig geöffnete Tankstelle an der Inselstraße. An den Zapfsäulen gibt es Super (bleifrei), Normal und Diesel.

• *Telefonieren*: an den beiden Bushaltestellen und entlang der Hauptstraße mehrere Kartentelefone.

• *Zweiradverleih*: Gegenüber der südlichen Bushaltestelle werden in der Hauptsaison ein paar uralt-Mofas verliehen für etwa 20 DM pro Tag.

Übernachten

Im Ort, am Strand und an der Inselstraße befinden sich zahlreiche Übernachtungsmöglichkeiten. Gute Mischung zwischen teuren Nobelschuppen und günstigen, einfachen Privatzimmern. Häuser dieser letzten Kategorie liegen vorwiegend im Ort. Hier vermietet im Hochsommer fast jeder Hausbesitzer mindestens ein Zimmer.

Hotel Délphi, C-Kat., hübsche neue Anlage aus mehreren Häusern, gleich am Ortsanfang, wenn man von Skópelos/Chóra kommt an der Durchgangsstraße. 47 geräumige Zwei- und Vierbett-Studios sowie Apartments mit Küche, Bad und Balkon. Gute Einrichtung mit dunklem Holz. Nett begrünte Außenanlage mit Palmen, Ölbäumen und Rosen, außerdem ein Swimmingpool mit Bar vorhanden. Niko, der Manager, vermittelt auch Autoverleih und wechselt Schecks und Bargeld. Preise je nach Saison ca. 40-77 DM fürs Studio und 55-116 DM fürs Apartment. Mai bis September geöffnet. Tel. 33301/33788/33172, Fax 33171.

Hotel Zanetta, B-Kat., große Anlage mit mehreren Häusern direkt an der Durchgangsstraße. Geräumige, saubere Zimmer mit Bad, Kühlschrank, Telefon und teilweise Meeresblickbalkonen. Inmitten des reich begrünten Außenbereiches wurde ein Swimmingpool mit Bar angelegt. Nur während der Hochsommermonate geöffnet, dann kostet ein DZ etwa 96-118 DM. Tel. 33351.

Hovolo Apartments, A-Kat., an der Straße zum südlichen Strandabschnitt, direkt am Waldrand gelegen. Terrassenartige Anlage mit 18 Apartments. Alle mit Bad, Küche, Telefon und Terrasse oder Balkon mit Meeresblick. Hoteleigenes Restaurant direkt daneben. An der Rezeption ist Geldwechsel und Vermittlung eines Leihwagens möglich. Preise je nach Saison ca. 50-96 DM fürs DZ. Geöffnet von Mitte Juni bis Ende September. Tel. 33151/33152.

Studio Diamantis, B-Kat., fast am Ortsausgang Richtung Glóssa in einer Seitengasse rechts ab. Große Zimmer mit Bad und teilweise Balkon mit Meerblick. Preise je nach Saison ca. 38-62 DM. Tel. 33365.

Rooms Dasos, direkt neben dem Reisebüro *"Dasos Travel"* werden vier Zimmer mit Balkon (mit Meerblick) vermietet. Alle mit Bad, relativ geräumig und sauber. Preise je nach Saison ca. 32-56 DM. Tel. 33318/33082.

Essen/Nachtleben

Direkt hinter dem langgezogenen Strandstück von Elíos liegen mehrere Tavernen, Pizzerien und Cafébars. Im Angebot überall diverse Kleinigkeiten. Fast alle Einrichtungen öffnen erst Ende Mai oder noch später in der Saison.

Tavérna O Manólis, am Ortsausgang Richtung Glóssa ein paar Meter die Straße hinunter zum Wasser. Tische auf einem Plateau hinter rosafarbigen Oleanderbüschen und einem knorpeligen Ölbaum. Schöner Blick aufs Meer und die vorgelagerten Inseln *Plevro* und *Kasidis*. Grillspezialitäten und Fischgerichte. Ab Juni geöffnet, normale Preise.

Pizzeria/Café-Bar To Lygnari, ebenfalls am Meer in der Nähe des nördlichen Bus-Stops und der Taverne von Manólis. Pia aus Dänemark, die freundliche Wirtin, serviert Kleinigkeiten zum Essen, Drinks, Eis und vormittags auch Frühstück. Tische stehen draußen auf der Terrasse mit wunderbarem Meeresblick.

Pizzeria Oasis, etwa in der Mitte des Ortes gelegen. Schöne Aussichtsterrasse direkt über dem Strand von Elíos. Man sitzt bequem und windgeschützt auf modernen Korbsesseln. Im Angebot nicht nur Pizzen, sondern auch andere Kleinigkeiten. Ab Ende Mai geöffnet.

Restaurant-Bar Hovolo, gehört zu dem gleichnamigen Apartmenthaus, an der Straße zum südlichen Strandabschnitt, direkt am Waldrand gelegen. Wird vor allem von den eigenen Hausgästen besucht, aber auch für Hotelfremde zugänglich. Griechische und internationale Küche, eher Durchschnitt. Geöffnet von Mitte Juni bis Ende September.

Snack-Bar Oceanida, direkt neben der *"Pizzeria Oasis"*. Ebenfalls schöne Hochterrasse mit Blick auf den kleinen Fischerhafen. Angenehme griechische Hintergrundmusik. Gutes Frühstück, tagsüber kleine Gerichte, u. a. auch Spaghetti.

Dancing-Club Syrtaki, es wird oft griechische Pop-Musik gespielt. Dennoch kommen auch die Fans internationaler Discomusik in diesem Open-Air-Club nicht zu kurz. Das Syrtaki liegt etwa 200 m hinter dem Ortsausgang von Elíos an der Straße nach Glóssa auf der rechten Seite. Nur im Hochsommer geöffnet. Eintritt ca. 6,50 DM.

Kirche Agía Anárgiri: in der Nähe der nördlichen Bushaltestelle in Elíos. Große Kirche mit breiter hellbrauner Altarwand und einer Marmortreppe davor, den beiden Heiligen Kosmas und Damian geweiht. Rechts ein geschmücktes Holzkreuz, im hinteren Kirchenteil weitere Ikonen. Marmorfußboden und großer Kristalleuchter an der Decke.

▶ **Baden**: Der Órmos Elíos umschließt ein Strandstück, das durch einen Fischerhafen zweigeteilt ist. Eine breite Betonmole faßt das kleine Areal für

Kaikis und Segelboote ein. Nördlich davon liegt der ca. 300 m lange und relativ breite Hauptstrand von Elíos. Er gehört zu den weniger empfehlenswerten Badestellen der Insel. Grober Kies als Unterlage, keinerlei Schatten, viel angeschwemmter Unrat aus dem Meer und reichlich Wasserpflanzen in Ufernähe. Wahrlich kein ungetrübtes Badevergnügen, demnach in der Nebensaison fast menschenleer, im Hochsommer aber viele Griechen.

Weiter südlich, ein paar Minuten hinter dem Fischerhafen, befindet sich ein zweites Strandstück von deutlich besserer Qualität. Es liegt direkt vor der steil aufragenden Felswand. Hier ungefähr 150 m langer und ebenfalls breiter Kiesstrand, aber relativ sauber, leider auch völlig schattenlos. Wasser seicht und klar, schöner Blick auf die vorgelagerten Mini-Inseln *Plevro* und *Kasidis*.

Einrichtungen: am Hauptstrand werden im Hochsommer Sonnenschirme und Liegestühle verliehen. Kostet ca. 13 DM pro Tag.

Órmos Miliá mit der vorgelagerten Insel Dasía

Órmos Miliá

Im Grunde zwei große Buchten, durch ein paar kleine Felsen im Meer getrennt. Wegen der Windverhältnisse bei Surfern sehr beliebt. Im Hochsommer ist einiges los. Campen am Meer wird geduldet – es gibt wirklich einige tolle Stellen! Die Bucht hat ein bißchen Dünencharakter, und man kann sein Zelt sogar im Schatten einiger Bäume aufbauen. Vom Strand Superblick auf die dicht bewaldete vorgelagerte Insel Dasía.

Der *Nordteil* des Órmos ist ein knapp 200 m langes und sehr breites Sand- und Kiesstück. Allerdings weit und breit kein einziger schattenspendender

Baum in der Nähe. Hinter dem Strand zunächst macchiabewachsenes Flachland, dann dichter Wald auf dem Hängen. Hier liegen die *Tavérna Miliá* und eine Zimmervermietung. Wasser relativ sauber, doch schnell tief werdend und einige angeschwemmte Meerespflanzen.

Die *südliche Hälfte* der Bucht ist mit gut 300 m etwas länger, aber auch hier überwiegt Kies, nur wenig Sanduntergrund. Mitten auf dem Strand haben die Einheimischen ein Volleyballfeld errichtet. Ebenfalls keinerlei natürlicher Schatten, doch werden Sonnenschirme verliehen. Hinter dem Beach leichte Andeutungen von macchiabewachsenen Dünen, bevor der dichte Wald beginnt. Sauberes Wasser, ein wenig Meeresdreck, der im Hochsommer regelmäßig beseitigt wird. Vorsicht, am Südende ragen flache Felsplatten ins Meer hinein.

• *Einrichtungen*: am südlichen Strandabschnitt werden Sonnenschirme und Liegestühle für ca. 13 DM pro Tag verliehen. Während der Hauptsaison zudem Boot- und Surfbrettverleih möglich, kostet dann jeweils ca. 15 DM pro Stunde. Ebenfalls am südlichen Teil der Bucht wurden zwei Duschen an der Strandbar installiert. **Kartentelefon** an der Außenwand des *"Restaurants Miliá"*.

• *Essen*: **Restaurant-Bar Miliá**, Familienbetrieb gut 50 m oberhalb des Strandes von Miliá. Hübsche Aussichtsterrasse, mit Weinreben begrünt. Angebot wie üblich für eine Strandtaverne.

• *Anfahrt*: Vom Inselhighway führt eine neu asphaltierte Straße hinunter zur Bucht, ein großes Schild weist den Weg. Die Busse nach Skópelos/Stadt oder Glóssa halten auf Winkzeichen an der Straße.

▶ **Órmos Kastani**: hübsche kleine Bucht, leider kein Geheimtip mehr. Ähnliches Ambiente wie am Órmos Miliá: ca. 120 m Sand- und Kiesstrand, keine Bäume und damit keinerlei Schatten, im Wasser geringfügig angespülter Schmutz aus dem Meer, rechts und links Felsen, steil und dicht bewachsen. Herrliche Aussicht auf Skíathos und auf die vorgelagerte Insel *Dasía*. Während der Nebensaison FKK üblich. Das flache Gelände hinter dem Strand wurde eingezäunt, Zelten ist daher nicht möglich.

• *Anfahrt*: Vom Inselhighway zweigt eine kleine Schotterpiste ab und führt ca. 350 m durch dichten Wald hinunter zur Kastani-Bucht. Gut beschildert. Die Inselbusse von und nach Skópelos/Stadt oder Loutráki halten am Abzweig auf Winkzeichen.

Strandeinrichtungen sind keine vorhanden.

Äußerster Inselnorden

Unbesiedeltes Gebiet nördlich von Glóssa. Heimat eines Klosters, mehrerer Kirchen und eines Leuchtturmes. An der Ostküste liegt der pittoreske Kastri-Felsen mit einer dem Johannes geweihten Kirche auf der Spitze – ohne Zweifel eines der idyllischsten Plätzchen der Insel.

Eine gut asphaltierte Straße führt bis zum Kloster *Agíos Taxiarchón*, danach verläuft ein undurchschaubares Netz von Schotterpisten weiter bis an den Leuchtturm auf der Nordspitze und hinunter zum Órmos Limnonári (nicht zu verwechseln mit dem gleichnamigen Strand nordwestlich von Agnóntas im Inselsüden). Etwa 300 m hinter dem Abzweig zum Taxiarchón-Kloster führt ein breiter Schotterpfad östlich von der Inselstraße ab. Der Wegweiser signalisiert "Agíos Ioánnis Kastri" und markiert die Abzweigung zu dieser idyllischen Stelle.

Hoch oben auf einem steil vor der Küste aufragenden Felsen liegt majestätisch die kleine Kirche. Auch in diesem Gebiet existieren gute Wandermöglichkeiten, doch das Kartenmaterial ist schlecht und die Orientierung fällt naturgemäß schwer. Südlich der Kirche Agíos Ioánnis Kastri ist zudem der Wald deutlich dichter als nördlich des imposanten Felsens.

Moní Agíos Taxiarchón

Längst verlassenes Mönchskloster, dennoch kann die kleine Kirche besichtigt werden. Hübsche Anlage inmitten hoher Zypressen und Akazienbäumen. Herrlicher Blick hinunter aufs Meer. Ruhig und idyllisch gelegen.

Durch das unverschlossene, dunkelbraune Eingangstor gelangt man in den kleinen verwinkelten Innenhof des Klosters. Die umliegenden Zellen der Mönche sind verschlossen, aber die kleine Kirche kann besichtigt werden. Links neben dem Eingang die rosengeschmückte Taxiarchón-Ikone von 1920. Im vorderen Bereich eine kleine Altarwand mit uralten Ikonen, links unten wohl die älteste, in der Mitte eine Christus-Darstellung. Früher gehörte das Kloster zum Moní *Xeropotamos* auf dem Heiligen Berg Athos.
In der Zeit der Türkenherrschaft wurde die Anlage stark beschädigt. Unter den Mönchszellen, so erzählt man den neugierigen Fremden, soll ein Tunnel beginnen, der bis hinunter nach Loutráki führt und als Fluchtweg vor den Türken diente. Falls er wirklich existiert, wäre er immerhin knapp 2 km lang! Rechts vom Weg zur Klosterpforte zweigt ein 10 m langer Steinweg ab. Er führt zu einem Steinhügel, der wie ein kleiner Stall aussieht. Hinter dem Hasendraht liegen aber Schädel und andere Knochen, wahrscheinlich zur Erinnerung an die Türkenkriege.

• *Wegbeschreibung*: von Glóssa aus die Straße Richtung Skópelos/Stadt fahren, dann nach etwa 200 m links abbiegen. Die Straße führt bergauf, bleibt asphaltiert und breit befahrbar. An der Einmündung dem Wegweiser nach *Perivolinou* folgen. Nach einigen Kurven und Serpentinen trifft man direkt auf das Kloster rechts neben der Straße.

▸ **Kirche Metamórphosis toú Christós:** kleine neue Privatkirche, erst 1995 gebaut. Altarwand aus Beton, Marmorboden und alle Ikonen mit Blumen geschmückt. Phantastischer Blick hinunter aufs Meer und nach Skíathos, rechts auf dem Hügel eine imposante Villa.

• *Wegbeschreibung*: Etwa 0,5 km hinter dem Kloster Taxiarchón geht die Asphaltstraße in einen Schotterweg über. Nach weiteren 500 m steht links der Straße diese neue Privatkirche.

▸ **Kirche Agíos Geórgios:** kleine Landkirche an dem Pfad zur Nordspitze der Insel. Der Bau aus dem 17. Jh. ist sehr schwer zu finden. In der Umgebung leben wilde Ziegen.

▸ **Ákro Gouroúni:** die nördlichste Stelle der Insel. Auf der Spitze des Kaps Gouroúni steht ein Leuchtturm.

▸ **Kirche Evangelismos tis Theotókou:** neuer Kirchenbau von 1985 oberhalb des Kastri-Felsens. Altarwand aus hellem Marmor mit neuen Ikonen, die Heiligenbilder an den Wänden scheinen älter zu sein. In der Mitte vor der

Altarwand die Namensikone, recht und links davon fast immer brennende Kerzen. Das inseltypische Pfauenmotiv und der Doppeladler sind in die Türen geschnitzt.

Wegbeschreibung: direkt an der Schotterstraße zur Kirche Agíos Ioánnis Kastri, etwa einen halben Kilometer vor dem Ende des Weges.

▸ **Kirche Agíos Ioánnis Kastri**: Die hübsche kleine Kirche Agíos Ioánnis liegt spektakulär auf einem Felszahn *(Monopáthi)* hoch über dem Meer. Insgesamt führen 108 geweißelte Stufen hinauf. Vorsicht, der Treppenweg verläuft steil und geschwungen! Altarwand aus hellbraunem Holz, mit zahlreichen Ikonen. Die Namensikone des Gotteshauses zeigt den heiligen Johannes mit Adlerschwingen, einem Hirtenstock und einem Kopf unter dem Arm. Auf der Altarwand außerdem Marien- und Jesusikonen sowie die zwölf Apostel mit Büchern und Schriftrollen, davor zehn große Weihrauchgefäße.

Agios Ioánnis Kastri

Hinter der Kirche befindet sich eine schöne Aussichtsplattform mit einer Brunnenpumpe (funktioniert leider nicht mehr). Superblick auf die Küste von Skópelos und hinüber nach Alónnissos. Im Baum nebenan hängt die Kirchenglocke. Der Reiz der Kastrikirche liegt weniger in ihrer sakralen Bedeutung als in der unvergleichlichen Lage.

• *Wegbeschreibung*: Etwa 0,5 km hinter der Abzweigung zum Kloster Taxiarchón beginnt der Schotterweg zum Kastri. Er zweigt links von der Straße nach Skópelos/Stadt ab. Die Kirche liegt dann etwa 2 km hinter dieser Kreuzung. Das letzte Stück führt über eine Betonbrücke, dann die Stufen hinauf.

▸ **Órmos Agíos Ioánnis**: kleines schattenloses Strandstück, gut 50 m lang, direkt neben dem Kastri-Felsen. Überwiegend Kies, sauberes Wasser, aber immer etwas Brandung. Dahinter steigen die Felsen fast senkrecht an. Kein sehr beliebter Badeplatz, fast immer menschenleer. Keinerlei Schatten.

• *Anfahrt*: wie zur Kirche Agíos Ioánnis Kastri, dann noch ein paar Meter zu Fuß über die Felsen.

Einrichtungen sind keine vorhanden.

Vorgelagerte Inseln

Vor der Westküste von Skópelos liegen zwischen dem Órmos Loutráki und dem Órmos Pánormos einige kleinere Inseln im Meer. Die größte von ihnen wird Dasía genannt und ist dicht bewaldet. Diese Minieilande dienen fast alle der Ziegenhaltung.

- **Paximáda**: größerer Felsen südwestlich der Hafeneinfahrt von Loutráki. Kurz vor der Ankunft vom Schiff aus gut zu sehen.
- **Plevro**: ebenfalls nur ein größerer Felsen im Wasser, direkt vor dem Dorf Elíos gelegen.
- **Kasidis**: kleinstes der Skópelos vorgelagerten Minieilande und nur einen knappen Kilometer südwestlich von Plevro.
- **Dasía**: größte der an der Westküste von Skópelos vorgelagerten Inseln. Dasía, oft auch *Desa* genannt, liegt etwas mehr als einen Kilometer vor dem Órmos Pánormos und mißt einen halben Kilometer in der Länge sowie ein paar hundert Meter in der Breite. An der Nordküste befinden sich ein paar Bruchsteinhäuser der Ziegenhirten. Die Insel erreicht eine Höhe von ca. 30 m und ist sehr dicht bewaldet, der Baumbewuchs reicht hinunter bis zum Meer.
- **Strongyló**: kleines Felseiland, ungefähr einen Kilometer westsüdwestlich von Dasía. Vom Órmos Pánormos ebenfalls gut zu sehen.

Inseln zwischen Skópelos und Alónnissos

Nur zwei kleine Inseln liegen zwischen der Ostküste von Skópelos und der Südwestküste von Alónnissos. Die meisten Fähren und Flying Dolphins von Skópelos/Stadt nach Patitíri auf Alónnissos fahren ziemlich nah an Agíos Geórgios vorbei.

- **Agíos Geórgios**: noch nicht einmal 1 km vom Kap Kiourto auf Skópelos entfernt. Die mit 222 m sehr hohe und fast kreisrunde Insel besteht im Grunde nur aus dem Gipfel Agíos Geórgios, ziemlich genau in der Mitte gelegen. Dabei verfügt das Eiland in etwa über dieselbe Grundfläche wie Dasía. Auf Agíos Geórgios gibt es einen kleinen Strand, der gelegentlich von Privatbooten aus Patitíri (Alónnissos) angefahren wird.
- **Mikró**: nur ein Viertel der Größe von Agíos Geórgios und schon näher an der Südwestspitze von Alónnissos (vor dem Kap Mourtiá) als an Skópelos gelegen. Mikró ist ein flaches Inselchen ohne irgendwelche Erhebungen.

Órmos Leptos Gialos

Alónnissos

"Geheimtip" im Aufwind, dennoch vergleichsweise wenig Tourismus – neuer Hafenort und eine alte, vom Erdbeben 1965 zerstörte Chóra hoch oben in den Bergen – fast das gesamte Inselleben spielt sich in der Südhälfte ab – gute Wandermöglichkeiten über schmale Eselspfade, durch grüne Pinienwälder – viel Ruhe und Einsamkeit – glasklares Wasser an allen Stränden.

Alónnissos ist eine stille Insel, die erst in den letzten Jahren ins Blickfeld des Fremdenverkehrs geraten ist. Noch Anfang der achtziger Jahre galt das Eiland als absoluter Geheimtip unter den griechischen Inseln. Heute dagegen ist man bemüht, die Insel touristisch zu erschließen. Von Jahr zu Jahr kommen ein paar Urlauber mehr. Ein Gebirgsrücken durchzieht die Insel von Nord nach Süd. Fast alle Siedlungen befinden sich im Südteil, der Norden wurde bisher kaum erschlossen. Die Mehrzahl der Strände liegt an der Südostküste.

Trotz allen Neuerungen ist Alónnissos weiterhin ein ruhender Pol neben den zeitweise überlaufenen Erholungsstätten Skíathos und Skópelos. Wer sich die Sporaden als Urlaubsziel ausgesucht hat, sollte Alónnissos unbedingt mit in sein Programm aufnehmen. Die Insel bietet viel Ruhe, Wälder und einsame Wege. Dazu schöne Ausblicke, ein (nicht mehr ganz) verlassenes Bergdorf, überall sehr sauberes Wasser an den Buchten, Meeresgrotten und (möglicherweise, wenn es die gerade aktuellen Bestimmungen zulassen) Abenteuertrips mit dem Boot zu den unbewohnten Inseln des Meeresparks. Außerdem gute Möglichkeiten zum Tauchen und Fischen.

Seitdem vor einigen Jahren die ehemalige Schotterpiste gen Norden asphaltiert wurde, sind die Buchten entlang der Südostküste deutlich besser zu erreichen. Früher gab es nur die traditionelle Kaíki-Verbindung über den Seeweg. Das kurze Straßenstück zwischen Patitíri und Alónnissos/Ort wurde schon Mitte der achtziger Jahre betoniert. Mittlerweile ist der Insel-Highway bis knapp 1 km vor Gérakas fertiggestellt. Im Grunde reichlich überflüssig, denn im Norden hinter Steni Vála gibt es nur einige kleine Weiler im Landesinnern und Fischerdörfer an der Küste.

Heute benötigt man mit dem Mofa gut 45 Minuten, um vom Hafenort bis an die Nordküste zu fahren. Einen Ausflug ist der einsame Inselnorden auf jeden Fall wert. Die touristischen Hochburgen liegen jedoch allesamt im Süden. *Patitíri* hat eindeutig die meisten Übernachtungsquartiere und Tavernen aufzuweisen. Außerdem werden Zimmer in Vótsi, Rsoúm Gialós und Steni Vála, eingeschränkt auch in Alónnissos/Ort und Kalamákia vermietet. Allgemein existiert nur wenig Komfort, aus touristischer Sicht befindet sich die Insel noch in einer Art "Dornröschenschlaf".

Daß Alónnissos vom Massentourismus weitgehend verschont blieb, liegt natürlich auch am fehlenden Inselflughafen. Schon Anfang der achtziger Jahre wollte man im Rahmen eines großen Infrastrukturprogrammes diesem Mangel abhelfen. 1984 begann ein Bauarbeitertrupp, das Rollfeld bei Agíos Konstantínos im mittleren Westen der Insel einzuebnen, doch sind die Arbeiten nach kurzer Zeit unterbrochen und bis heute nicht wieder aufgenommen worden. Offenbar versiegten bald die Geldquellen, und mittlerweile hat man das Projekt von der Dringlichkeitsliste gestrichen (der Bau des neuen Athener Großflughafens *Spata* geht vor). Böse Zungen sprechen – wie üblich in solchen Fällen – auch von einem politischen Intrigenspiel. Völlig verwaist, wuchert die planierte Landepiste allmählich wieder zu. Vor ein paar Jahren haben sich die Verantwortlichen auf Alónnissos ohnehin mehrheitlich gegen das Flughafenprojekt ausgesprochen, weil man (zu Recht) einer Entwicklung à la Skíathos sehr skeptisch gegenübersteht.

Um ans Meer zu gelangen, muß man sich jedoch nicht unbedingt seiner eigenen Füße oder eines motorisierten Untersatzes bedienen. Die Kaíkibesitzer von Patitíri bieten einen – je nach Saison – recht umfangreichen Pendelverkehr zu den Badestellen an, so daß man sich bequem mit einem Boot zu einer Bucht transportieren lassen kann. Alónnissos verfügt über zahlreiche Strände. Daß die Insel aber dennoch nicht in den Hochglanzprospekten der großen Reiseanbieter verzeichnet ist, liegt an einem gravierenden

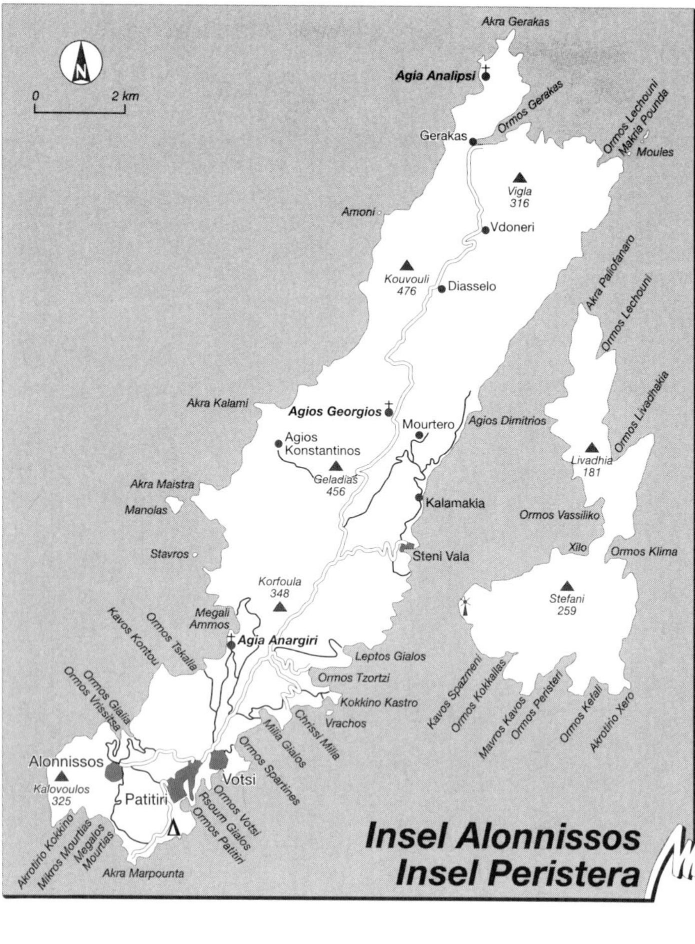

Nachteil: Die meisten Buchten bestehen nur aus mehr oder weniger groben Kieselsteinen, auf denen es sich bisweilen sehr hart liegt. Wie überall, gilt auch auf Alónnissos: Die Strände der Süd- und Südostküste sind in der Regel sauberer als die der nördlichen Meltémi-Seite.

Die sanfte Hügellandschaft der Insel ist in weiten Teilen fast völlig von Aleppo-Kiefern bewachsen. Das südwestlichste Gebiet des langgezogenen Eilands wird vom unzugänglichen, 325 m hohen *Kalóvoulos*-Kalkgebirge dominiert. Von der alten Chóra führen nur spärliche Wanderpfade in diesen steilen Teil der Insel. Der südlichste Zipfel trägt den Namen *Ákro Marpoúnta*. Je weiter man sich dem Hafenort Patitíri nähert, desto flacher wird die Küstenregion auf dieser Seite der Insel. Nördlich von Patitíri steigt der

Hügel *Vounó* bis auf 260 m an. Danach folgt eine Tiefebene bis etwa auf die Höhe des *Órmos Megáli Ámmos*, hinter dem der Berg *Korfoúla* 348 Höhenmeter erreicht.

Interessant sind auch die verschiedenen, zwischen Rot, Ocker, Graublau, Grau und Weiß wechselnden Felsformationen an der Südostküste. Hier ist es insbesondere der dunkelrote Fels von *Kokkinó Kástro*, der zahlreiche Neugierige anzieht. Der gesamte Mittel- und Nordteil von Alónnissos ist sehr hügelig beschaffen. Ein um ca. 300 Höhenmeter schwankender Bergrücken durchzieht die Insel bis zur Nordküste, während seine Gipfel auch 450 m übersteigen können. So zum Beispiel der Berg Geladiás (etwa auf der Höhe von Kalamákia) mit 456 m und der mit 476 m höchste Inselberg *Kouvoúli* (im Nordwesten ungefähr auf der Höhe der Siedlung Diásselo). Die Nordwestküste der Insel ist fast völlig unzugänglich, zum Teil stürzen die Felsen steil ins Meer hinab. Lediglich am Westende liegen einige kleine Buchten. An der Nordseite greift dann die Schlauchbucht *Órmos Gérakas* tief in die Küstenlinie ein.

Die Hochsaison ist auf Alónnissos im Inselvergleich sehr kurz und dauert etwa von Anfang/Mitte Juli bis Mitte/Ende August. Vor allem bei Italienern ist das Eiland sehr beliebt. Sie stellen im Sommer fast die Hälfte der ausländischen Touristen, denn Alónnissos kann von Italien aus pauschal gebucht werden. Insgesamt verfügt die Insel über ca. 3000 Betten.

- *Literatur*: Seit mehr als einem Jahrzehnt beschäftigt sich der Schweizer Zahnarzt Hans Jörg Rothenberger intensiv mit Alónnissos. Nachdem er vor Jahren eine eigene Landkarte der Insel und Stadtpläne von Patitíri und Vótsi erstellt hat, vertreibt er mittlerweile auch einen kleinen witzig-polemischen Inselführer ("Alónnissos – ein Annäherungsversuch") im Selbstverlag. Beides kann bei ihm direkt bestellt werden. Der Erlös kommt dabei der Rettung der vom Zerfall bedrohten Kirche des kleinen Inselklosters Ágii Anárgiri zugute. Adresse: Hans Jörg Rothenberger, Dorfhaldenstr. 27, CH-8880 Walenstadt, Telefon 0041/81/7351290 oder Fax 7352304.
- *Informationen*: Die "Stiftung Europäisches Naturerbe" gibt eine deutschsprachige Broschüre über Alónnissos und den Meeresnationalpark heraus. Darin sind auch Tips für Bootsausflüge und Wanderwege enthalten. Außerdem eine kleine Karten von Alónnissos, Skíathos und Skópelos. Adresse: Stiftung Europäisches Naturerbe. Güttinger Str. 19, D-78315 Radolfzell, Tel. 07732/2516.

Alónnissos auf einen Blick

Größe: ca. 64 qkm in einer schlanken, langgezogenen und fast rechteckigen Form. Die langen Südost- und Nordwestküsten messen ca. 18-20 km, während die beiden kurzen Seiten im Südwesten und Nordosten nur ca. 4-5 km lang sind. Von der Südspitze (Ákra Marpoúnta) bis zum Gegenüber im Norden (Ákra Gérakas) ca. 20 km Luftlinie. Maximale Breite mit ca. 5,5 km etwa auf der Höhe des Ortes Steni Vála. Küstenlänge ca. 84 km. Einige kleine vorgelagerte Inseln auf allen Seiten. Vor der Südostküste liegt die bedeutende Nachbarinsel Peristéra.

Geographische Lage: Hafen Órmos Patitíri: 39°08,4' nördliche Breite, 23°51,7' östliche Länge; Órmos Mourtiá: 39°08,4' nördliche Breite, 23°50,2' östliche Länge; Órmos Vótsi: 39°08,9' nördliche Breite, 23°52,4' östliche Länge; Órmos Tzórtzi: 39°10' nördliche Breite, 23°54' östliche Länge; Órmos Leptós Gialós: 39°10,3' nördliche Breite, 23°54,7' östliche Länge; Órmos Steni Vála: 39°11,3' nördliche Breite, 23°55,6' östliche Länge; Órmos Gérakas: 39°16,2' nördliche Breite, 23°57' östliche Länge.

Geologie: Alónnissos wird von einem einzigen Gebirge aus halbkristallinem, weißem oder hellgrauem Kalkstein durchzogen, der dem Kreidekalk von Skíathos und Skópelos entspricht. Allerdings sind auf Alónnissos eine Sandsteinzone und Tonschiefer eingelagert, im Westteil der Insel auch rotes Konglomeratgestein. Ebenfalls im Westen von Alónnissos wurde ein Braunkohlenflöz entdeckt.

Bevölkerung: ca. 1800 Einwohner, davon ca. 1200 in dem Hauptort Patitíri (inkl. Rsoúm Gialós) und ca. 400 in Vótsi. Die übrigen Bewohner der Insel verteilen sich auf die Dörfer Stení Vála, Kalamákia und Mourteró sowie auf den 1965 fast vollständig durch ein Erdbeben zerstörten Ort Alónnissos. Im Sommer leben und arbeiten ungefähr 4000 Griechen auf der Insel.

Wichtige Orte: *Patitíri* – der einzige größere Ort der Insel und der wichtigste Hafen, fast ganz im Süden der Insel hinter einer Bucht gelegen und mittlerweile dabei mit den Dörfern *Rsoúm Gialós* und *Vótsi* zusammenzuwachsen; *Alónnissos/Ort* – alter, 1965 durch ein Erdbeben fast völlig zerstörter Hauptort, ebenfalls im Inselsüden. Ansonsten nur kleine Dörfer: *Stení Vála*, *Kalamákia* und *Mourteró*.

Unterkunft: Hotels, Pensionen und Privatzimmer gibt es nur in Patitíri, Rsoúm Gialós, Vótsi, Alónnissos/Ort, Stení Vála und Kalamákia sowie einige Häuser außerhalb (an den Straßen) und an den Buchten der Süd- und Südostküste. Außerdem existieren zwei Campingplätze, einer südlich von Patitíri und ein weiterer bei Stení Vála.

Baden: Alónnissos hat längst nicht so viele erstklassige Strände zu bieten wie Skíathos und Skópelos. Vor allem im Südteil der Insel liegen hier die beliebtesten Badeplätze. Allerdings gibt es meist nur feine Kiesstrände. Sandstrandfans kommen noch am ehesten am *Megáli Ámmos* und am *Chrissí Miliá* auf ihre Kosten. Das Wasser ist allgemein sehr sauber.

Wandern: Die Insel bietet gute Möglichkeiten für wunderschöne Touren durch die einsame Bergwelt mit ihrem dichten Baumbewuchs. In der Regel sind die hier beschriebenen Wege leicht auffindbar. Profunde Bergwanderkenntnisse sind nicht notwendig, gutes Schuhwerk und eine gewisse Ausdauer verstehen sich von selbst. Vorsicht: Viele kleine Pfade enden unvermittelt vor dichtem und vor allem dornigem Macchiagestrüpp. In einer solchen Situation sollte man besser umkehren. 1995 wurden insgesamt fünf Wanderwege von der "Stiftung Europäisches Naturerbe" mit Schildern ("Ecological-Cultural Hiking Trail Nr. 1-5") markiert.

Straßen: Die Ortsbereiche von Patitíri, Vótsi, Rsoúm Gialós und der alten Chóra verfügen längst über betonierte Straßen. Mittlerweile ist auch die Wegstrecke von Patitíri bis hinauf an die Nordküste bei Gérakas fast vollständig asphaltiert worden (es fehlt nur noch der letzte Kilometer vor Gérakas). Das gilt auch für Patitíri bis zum außerhalb gelegenen Campingplatz und hinauf nach Alónnissos/Ort. Von der großen Inselstraße sind einige Verbindungen zu den Buchten an der Südostküste ebenfalls frisch asphaltiert worden, so nach Chrissí Miliá, zum Órmos Tzórtzi und nach Stení Vála. Alle anderen Straßen sind nur mehr oder minder breit geschottert und verfügen über zahlreiche (zum Teil radgroße) Schlaglöcher. Vorsichtig fahren! Das gesamte Inselnetz an gut ausgebauten Straßen umfaßt nur knapp 40 km.

Entfernungen (in Straßenkilometern):

Patitíri-Vótsica	1,5 km
Patitíri-Alónnissos/Ortca	3 km
Patitíri-Akra Marpoúntaca	2,5 km
Patitíri-Órmos Chrissí Miliáca	4,5 km
Patitíri-Stení Válaca	9 km
Stení Vála-Kalamákiaca	1,2 km
Gesamtstrecke Patitíri-Gérakasca	21 km

Auto- und Zweiradverleih: Mofa und Fahrradverleih wird nur in Patitíri angeboten. Im Grunde existieren nur zwei Verleiher, denn einer besitzt gleich mehrere Filialen. Autos müssen für einen Wahnsinnspreis extra von Skópelos hierher verbracht werden. Besser bei

Bedarf gleich von Skópelos mitbringen.

Tankstelle: nur zwei auf der gesamten Insel. Eine Zapfstation liegt an der westlichen Buchtstraße in Patitíri, die andere im oberen Ortsteil von Vótsi, direkt an der Inselhauptstraße. Angeboten werden Super (bleifrei), Normal und Diesel.

Berge: Die Insel wird in der vollen Länge von einem Bergrücken durchzogen. Ihre höchsten Gipfel liegen im Süden hinter Alónnissos/Ort (Berg Kalóvoulos mit 325 m) und im mittleren Norden. Höchster Inselberg ist mit 476 Höhenmetern der *Óros Kouvoúli* im Nordwesten. Unweit des Weilers Agíos Konstantínos steigt der *Geladiás* bis auf 456 m an. Bemerkenswert ansonsten der Gipfel *Korfoúla* (348 m) etwa in der Mitte der Insel und der Berg *Vígla* (316 m) zwischen Vdonéri und Gérakas. Die Besteigung aller Berge bzw. Hügel auf Alónnissos ist möglich.

Karten: Offiziell wird nur eine reichlich ungenaue griechische Inselkarte verkauft. Sie wird in den Shops von Patitíri angeboten und kostet etwa 3,20 DM. Sehr empfehlenswert ist dagegen die mittlerweile öffentlich zugänglich gemachte Privatkarte des Schweizer Zahnarztes Hans Jörg Rothenberger. Der Autor hat sie selbst durch zahllose Wanderungen und über 7000 Messungen mit einem Präzisionskompaß in jahrelanger Kleinarbeit und mit Hilfe eines Computers erstellt. Zwar nur in schwarz-weiß-Abstufungen gehalten, aber äußerst zuverlässig und akkurat in Straßen- und Wegführungen bis hin zu Eselspfaden und Wanderwegen. Die Anschaffung der Karte im Maßstab 1:50.000 (d.h. 2 cm auf dem Papier entsprechen 1 km in der Realität) ist ein absolutes Muß. Außerdem hat Hans Jörg Rothenberger noch einen separaten Plan des Inselsüdens im Maßstab 1:20.000 (5 cm = 1 km) erstellt sowie einen detaillierten Ortsplan von Patitíri und Vótsi. Die Karten sind auf Alónnissos nur im Reisebüro *"Íkos Travel"* zu erwerben (Preis ca. 1,60 DM pro Stück) oder direkt über: Hans Jörg Rothenberger, Dorfhaldenstr. 27, CH-8880 Walenstadt, Telefon 0041/81/7351290 oder Fax 7352304.

Telefonvorwahl: 0424.

Inselpolizei und Touristenpolizei: Tel. 65205.

Hafenamt (Patitíri): Tel. 65595.

Postleitzahl: GR – 37005.

Mythologie

In der griechischen Mythologie spielt Alónnissos nur eine sehr untergeordnete Nebenrolle. Einige Stellen in den großen Sagenzyklen nennen die Insel als Heimat des *Peleus*. Dem Peleus selbst war kein großer Ruhm vergönnt, dafür aber seinem Sohn Achílles, dem heldenhaften Kämpfer von Troja.

Geschichte

Im Jahre 1970 wurden bei Grabungen auf dem kleinen vorgelagerten Inselchen Vráchos Werkzeuge und Knochen aus dem Paläolithikum (Altsteinzeit) gefunden. Möglicherweise zu Recht kann Alónnissos daher für sich in Anspruch nehmen, die am frühesten besiedelte Insel der gesamten Ägäis gewesen zu sein. Doch die Schätzungen der Wissenschaftler liegen weit auseinander und reichen von ca. 50.000 bis 100.000 v. Chr. Damals gehörte das Gebiet allerdings noch zum Festland, eine Insel wurde Alónnissos erst später. Außerdem behaupten nicht wenige, daß die benachbarte kleine Insel Kyrá Panagía noch vor dem größeren Alónnissos bewohnt war. Zweifellos sind aber die Namen dieser beiden Inseln im Laufe der Geschichte auch mehrfach vertauscht worden. Zudem gibt es noch eine Reihe anderer Namen, die heute nicht mehr in Gebrauch sind: In der Antike hieß

die Insel Íkos, später dann – nach dem Untergang der Stadt Íkos an der Kokkinó-Kástro-Bucht – Liadrómia oder Chiliodrómia. Bereits in minoischer und mykenischer Epoche erlebte das Eiland seine erste Blütezeit, vor allem durch den vorzüglichen Wein, der hier hergestellt wurde.
Die athenische Seestreitmacht zwang 478 v. Chr. Íkos, in den Attischen Seebund einzutreten, der damit im 4. Jh. über einen wichtigen Stützpunkt verfügte. Philipp II. und die Athener lieferten sich einen erbitterten Kampf um die Insel, den die Makedonier 338 v. Chr. gewannen. Andere Quellen berichten jedoch, daß die militärische Auseinandersetzung eigentlich der Insel Skantzoúra galt. Auf jeden Fall haben die Eilande allesamt strategische Bedeutung, und zudem war Wein der "Inselmarke" Íkos seinerzeit ein bedeutendes Wirtschaftsgut, das in ganz Griechenland gehandelt wurde und Alónnissos Wohlstand verlieh. Im 2. Jh. v. Chr. wurde auch Alónnissos – wie die anderen Nördlichen Sporaden – von den Römern erobert. Der Feldherr Marcus Antonius überschrieb sie 42 v. Chr. während des zweiten Triumvirats den Athenern. Für die Zeit der Spätantike und des Mittelalters sind kaum Informationen zu Alónnissos überliefert. Piratenbanden trieben damals in der gesamten Ägäis ihr Unwesen, und sehr wahrscheinlich war die Insel daher fast entvölkert.
Im Zuge der römischen Reichsteilung fiel ganz Griechenland 395 n.Chr. an Byzanz. In der Nähe des Órmos Agíos Dimítrios wurden Reste einer frühbyzantinischen Kirche gefunden, wahrscheinlich die älteste Kirche der Insel. Wie auch die anderen Nördlichen Sporaden fiel Alónnissos 1207 an die Venezianer. Von 1276 bis 1538 wechselten sich Byzanz, Venedig, die Türken und sogar die Russen im Besitz des Eilandes ab. Verwaltungsmäßig unterstand sie im Mittelalter weitgehend der Nachbarinsel Skópelos. *Chaireddin Barbarossa*, der allseits gefüchtete Piratenkapitän und türkische Kriegsadmiral, eroberte Alónnissos im Jahre 1538 von den Venezianern.
Im Rahmen des griechischen Aufstands gegen die Türkenherrschaft kämpften auch Bewohner von Alónnissos, das den Partisanen lange Zeit als Versteck diente. Auf der Insel gab es nicht allzuviel zu erbeuten, und so blieb Liadrómia weitgehend von Zerstörungsaktionen seitens der Besatzer verschont. Nach der Bildung des neugriechischen Staatsverbandes erhielt die Insel 1836 ihren heutigen Namen Alónnissos. Während des Zweiten Weltkrieges erlebte das Eiland nur eine kurze Phase der Besatzung. Eine Gedenktafel in der Chóra erinnert an die Kämpfe mit deutschen Truppen. Auch im griechischen Bürgerkrieg lag Alónnissos weit ab vom Schuß. In den sechziger Jahren versuchte die Athener Regierung verstärkt, die Fischerei zu fördern. Patitíri wurde zum leicht zu versorgenden Inselhafen ausgebaut, und die Bewohner von Alónnissos/Ort sollten hinunter an die Küste umgesiedelt werden. Allerdings waren die Einheimischen von dem Projekt gar nicht begeistert. Als dann 1965 ein schweres Erdbeben der Stärke 7,2 weite Teile des Eilands zerstörte, gab die Bevölkerung ihren Widerstand auf und zog in den neuen Küstenort Patitíri. Die alte Chóra hoch oben in den Bergen wurde fast vollständig verlassen.

Wirtschaft

Alónnissos war schon immer eine eher arme Insel. Selbst vom großen Tourismuskuchen unserer Zeit bekommt sie nicht mehr als ein paar Krümel ab. Aber es wird noch immer kräftig gebaut und investiert. Früher lebten die Alonnissioten von der Landwirtschaft rund um die Chóra. Als Kulturpflanzen werden Olivenbäume, Äpfel, Zitrusfrüchte, Feigen, Pflaumen, Mandeln sowie Weizen, Gerste und Hafer angebaut. Rebstöcke werden oft nur noch für den privaten Weinkonsum kultiviert. Der Fischfang spielt dagegen kaum eine Rolle, obwohl die Fanggründe rund um Alónnissos insbesondere für den begehrten Schwertfisch bekannt sind.
Früher wurden auf der Insel Pampelmusen im großen Stil angebaut, doch eine rätselhafte Pflanzenkrankheit zerstörte die Bäume. Vor allem das Erdbeben von 1965 richtete großen ökonomischen Schaden auf Alónnissos an. Dennoch hielt sich die für griechische Inseln typische Abwanderung aufs Festland oder nach Mitteleuropa von Alónnissos in sehr engen Grenzen. In der Folge besteht auch heute noch eine relativ gesunde Altersstruktur der Inselbevölkerung. Die Berufssituation allerdings hat sich mit dem Trend der Zeit gewandelt. Insbesondere die Jungen verdienen ihre Drachmen heute zunehmend durch den Tourismus.

Essen und Trinken

Es gibt keine genuinen Inselspezialitäten. Am ehesten sind vielleicht noch Schwertfischgerichte und Langusten zu nennen.

Inselfeste

Auf Alónnissos werden die nationalen Gedenktage Griechenlands und auch einige lokale Feste mit diversen Besonderheiten gefeiert.

6. Januar: *Kreuzwerfung ins Meer.* Am Dreikönigstag wirft der Priester vor der am Kai versammelten Gemeinde das Altarkreuz der Kirche von Patitíri ins Meer. Sofort tauchen die Kinder danach und bringen das Kreuz dem Priester zurück. Anschließend wird Wasser aus dem Meer entnommen und in Flaschen abgefüllt. Der Dorfpriester weiht es, und jede Familie nimmt sich eine Flasche mit nach Hause. Das Wasser dient dann unterschiedlichen Zwecken. Zum Beispiel gießt man zum Schutz bei schweren Gewittern ein paar Tropfen vor die Haustüre, oder man benutzt es zur Grundsteinlegung eines Neubaus usw.

Ostern: Am Karfreitagabend um 20 Uhr findet eine Prozession mit braunen Kerzen statt. Sie beginnt an der Hauptkirche Agía Paraskeví. Die Christós-Ikone und ein geschmückter Sarg werden als Symbol für die Kreuzigung Jesu durch Patitíri getragen. Alle Frauen müssen schwarze Kleider tragen, und die Männer tragen Hunderte von Kerzenleuchter durch den Hafenort. Über den Sarkophag wird ein riesiges Blumengesteck gehängt, das die Frauen aus Gartenblumen gebunden haben. Am Schluß endet die Prozession wieder an der Hauptkirche, wo die Christus-Ikone nun in den Sarg gelegt und über den Samstag aufbewahrt wird. Während der Feierlichkeiten in der Osternacht wird die Christós-Darstellung wieder aus dem Sarg entnommen und auf ihren angestammten Platz in der Kirche gehängt.

1. Mai: *Blumentag.* Am Tag zuvor flechten die Frauen Wildblumen und vor allem Geranien zu kleinen Kränzen, die in der Kirche auf den Boden gelegt und vom Dorfpriester geweiht werden. Jeder nimmt danach seinen Kranz und bindet ihn (bis zum nächsten Jahr) an die Türe seines Hauses. Anschließend gehen die Griechen bei gutem Wetter zum traditionellen ersten Picknick im Jahr. Manche Frauen flechten auch Kränze, die an die Autos gehängt werden.

21. Mai: *Agíos Konstantínos*. An der Kirche des gleichnamigen Bauernweilers im mittleren Westen der Insel wird dem Namenspatron mit einem Kirchweihfest gedacht. Nach dem Gottesdienst wird gegessen, getrunken und getanzt bis zum nächsten Morgen.

1. Juli: *Agía Anárgiri*. Kleines Weihfest zu Ehren von Kosmas und Damian an der Klosterkirche über der Steilküste zwischen dem Tskaliá-Strand und dem Órmos Megáli Ámmos. Gottesdienst, danach Essen und Trinken, Musik und Tanz.

26. Juli: *Agía Paraskeví*. Kirchweihfest an der Hauptkirche von Patitíri. Wie üblich findet ein Gottesdienst statt, der in einem Fest mit gemeinsamem Essen endet. Auch Touristen sind willkommen.

15. August: *Mariä Himmelfahrt, Panagía*. Die überall in Griechenland stattfindenden Feierlichkeiten zum Panagía-Fest werden für Alónnissos eigentlich auf der Nachbarinsel Kyrá Panagía an dem gleichnamigen Kloster abgehalten (*siehe im Kapitel Kyrá Panagía*). Da jedoch nicht alle mit den Kaíkis auf die Nachbarinsel fahren, wird auch in Alónnissos/Ort an der Kirche Kyrá Panagía gefeiert. Die Frauen kochen traditionell Pasta und Maccaroni, die aus der Gemeindekasse spendiert werden.

Verbindungen nach Alónnissos

Nach Alónnissos gelangt man nur auf dem Seeweg, aber die Verbindungen sind recht gut. Per Fähre und Tragflügelboot existieren selbst in der Nebensaison durchaus üppige Verbindungen mit den anderen Inseln der Nördlichen Sporaden (Ausnahme Skýros).

Fähren: Fast alle Fähren von Vólos und Agíos Konstantínos fahren über Skíathos und Skópelos (oft Loutráki/Glóssa und Skópelos/Stadt) auch weiter bis Alónnissos. Angelaufen wird hier der Hafen von Patitíri. Kaum zu glauben, daß die riesigen Pötte in dieses kleine Hafenbecken einfahren und dort sogar wenden können.

Die Routen von Vólos über Skíathos und Skópelos nach Alónnissos werden von den beiden Gesellschaften *Nomicos* und *Goutos* zwei- bis dreimal täglich bedient, im Hochsommer auch bis zu viermal täglich. Nach Agíos Konstantínos besteht ca. vier- bis sechsmal pro Woche eine Fährverbindung.

In den letzten Jahren bestand auch eine Fährverbindung nach Skýros, doch diese Route wurde Ende 1996 eingestellt. Möglicherweise wird Skýros in den kommenden Jahren wieder wie früher angefahren. Derzeit bestehen jedoch nur Verbindungen per *Flying Dolphin*. Fragen Sie in den Agenturen.

> Wer sein Auto von Vólos oder Agíos Konstantínos aus mitnehmen möchte, sollte auf alle Fälle vorbuchen. Dies gilt insbesondere für die Hochsommermonate und auch für die Rückfahrt aufs Festland.

• *Fahrpreise*: pro Person: Vólos-Alónnissos ca. 22,50 DM, Agíos Konstantínos-Alónnissos ca. 25 DM, Skíathos-Alónnissos ca. 10,50 DM, Skópelos-Alónnissos ca. 6,50 DM (von Loutráki/Glóssa ca. 7,50 DM). Autos kosten unterschiedlich, je nach Länge über oder unter 4,25 m. Unsere Angaben gelten für normale Mittelklassewagen über 4,25 m: Vólos-Alónnissos ca. 120 DM, Agíos Konstantínos-Alónnissos ca. 114 DM, Skíathos-Alónnissos ca. 46 DM, Skópelos-Alónnissos ca. 13,50 DM (von Loutráki/Glóssa ca. 16 DM).

▸ **Tragflügelboote:** ebenfalls sehr gute Verbindungen mit den *Flying Dolphin*-Tragflügelbooten der Gesellschaft *Ceres* von Vólos, Agíos Konstantínos, Skíathos und Skópelos (oft Loutráki/Glóssa und Skópelos/Stadt). Man sitzt in relativ bequemen Flugzeugsesseln, und es gibt sogar eine Aussichtsplattform. Das Übersetzen ist bedeutend schneller, aber auch teurer. Autotransport ist nicht möglich. Es gelten unterschiedliche Fahrpläne, je nach Jahreszeit: Vor- und Nachsaison (1.4.-10.7. und 9.9.-31.10.), Hochsommer (11.7.-8.9.) und Winter (1.11.-31.3.).

Vólos-Alónnissos	in der Vor- und Nachsaison 4 x täglich, im Hochsommer 5 x täglich und im Winter 2 x täglich.
Skíathos-Alónnissos	in der Vor- und Nachsaison 4 bis 7 x täglich, im Hochsommer bis zu 11 x täglich und im Winter 3 x täglich.
Skópelos/Stadt-Alónnissos	in der Vor- und Nachsaison 4 bis 7 x täglich, im Hochsommer bis zu 11 x täglich und im Winter 3 x täglich.
Loutráki/Glóssa (Skópelos)-Alónnissos	in der Vor- und Nachsaison 3 bis 5 x täglich, im Hochsommer 6 x täglich und im Winter 2 x täglich.
Agíos Konstantínos-Alónnissos	in der Vor- und Nachsaison 1 bis 2 x täglich, im Hochsommer 3 x täglich und im Winter 1 x täglich.

(Stand 1997)

Von Skýros bestehen nur während der Sommermonate Juni bis September Verbindungen. Die Tragflügelboote befahren die Route *Skýros-Alónnissos-Skópelos/Stadt-Loutráki/Glossa-Skíathos* ab Anfang Juni bis Mitte Juli fünfmal, ab Mitte Juli bis Mitte September siebenmal wöchentlich (jedoch nicht täglich). Dasselbe gilt für die umgekehrte Strecke. Von Mitte September über den ganzen Winter hinweg bis Anfang Juni soll es eine Verbindung wöchentlich geben, die 1997 allerdings nicht existierte.

Außerdem wird Alónnissos per *Flying Dolphin* verbunden mit:

Agíos Ioánnis (Pílion)	1 x täglich im Hochsommer
Chorefto (Pílion)	3 x wöchentlich im Hochsommer
Kými (Euböa)	1 x wöchentlich im Hochsommer
Marmares (Chalkidiki/Sithonia)	1 x täglich im Hochsommer
Moudania (Chalkidiki/Kassandra)	2 x wöchentlich im Hochsommer
Orei (Euböa)	1 x wöchentlich und ganzjährig
Pefki (Euböa)	1 x täglich im Hochsommer
Pefkohori (Chalkidiki/Kassandra)	1 x täglich im Hochsommer
Platánias (Pílion)	1 x täglich im Hochsommer
Porto Carras (Chalkidiki/Sithonia)	2 x wöchentlich im Hochsommer
Thessaloníki	1 x täglich im Hochsommer
Trikeri (Pílion)	1 x täglich in der Nebensaison und im Winter, 2 x täglich im Hochsommer
Insel Trikeri (vor dem Pílion)	3 x wöchentlich in der Nebensaison und im Winter, 1 x täglich im Hochsommer

(Stand 1997)

• *Fahrpreise der Hauptrouten*: pro Person: Vólos-Alónnissos (2 Std. 50 Min.) ca. 48 DM, Skíathos-Alónnissos (1 Std. 10 Min.) ca. 18 DM; Loutráki/Glóssa-Alónnissos (50 Min.) ca. 15 DM, Skópelos/Stadt-Alónnissos (20 Min.) ca. 13 DM, Agíos Konstantínos-Alónnissos (2 Std. 40 Min.) ca. 52 DM, Skýros-Alónnissos (1 Std. 15) ca. 40 DM. Kinderermäßigung bis 10 Jahre 50 %. (Stand 1997).

Verbindungen auf Alónnissos

Eine ganze Reihe von Hotels besitzen mittlerweile Kleinbusse, mit denen Gäste vom Hafen abgeholt bzw. wieder zurückgebracht werden. Bei Vorausbuchung werden Sie garantiert bis zu Ihrer Unterkunft gefahren, ansonsten vielleicht mit dem Fahrer verhandeln, ob man zum Hotel zwecks Ansicht mitfahren darf. Das *"Hotel Marpoúnta"* unterhält sogar eine kleine Kaíki-Flotte zum Transport der eigenen Gäste.

▶ **Inselbusse**: Im Grunde gibt es nur eine einzige regelmäßige Buslinie: sechsmal täglich von Patitíri hinauf nach Alónnissos/Ort, mehr nicht. Abfahrtszeiten in Patitíri an der Paralía gegenüber der öffentlichen Zimmervermittlung, täglich um 9.15/10.15/11.15/12.15/13.15/14.15 Uhr. Die Rückfahrt vom Buswendeplatz in der Chóra startet jeweils zehn Minuten später.
Seit drei Jahren gibt es im Hochsommer eine Busverbindung von Patitíri nach Stení Vála. Der Bus fährt dann im Juli und August jeweils einmal vormittags und einmal nachmittags. Die Wirte der empfehlenswerten Tavernen von Stení Vála haben dann für den Sommer 1997 auch eine Abendverbindung durchgesetzt, die auch in den nächsten Jahren bestehen soll.
Fahrpreis: stolze 1,60 DM pro Person.

▶ **Kaíkis**: waren vor der Fertigstellung der Asphaltstraße das traditionelle Verkehrsmittel der Insel, wurden aber bis heute nicht endgültig verdrängt. Abfahrtsort der Wassertaxis ist die kleine Mole westlich der Schiffsanlegestelle in Patitíri. Dort fahren die Kaikis ab etwa 10 Uhr im Hochsommer an die Strände der Südküste und Südostküste. Während der Nebensaison keine regelmäßigen Ausflüge, sondern je nach Bedarf. Wenn nicht genügend Leute zusammenkommen, gibt es keine Kaíki-Verbindungen.
Fahrpreise (hin und zurück): von Patitíri nach Kokkinó Kástro ca. 6,50, nach Stení Vála ca. 10 DM pro Person.

▶ **Motorrad, Mofa** und **Fahrrad**: deutlich beliebter, seitdem die Inselstraßen weitgehend asphaltiert wurden. Verliehen werden verschiedene Maschinen zwischen 50 und 250 ccm, in der Regel in gutem bis sehr gutem Zustand. Wenn man mit einem 50 ccm-Halbautomatik-Mofa gemütlich unterwegs ist, braucht man nach Alónnissos/Ort ca. 10 Minuten, nach Stení Vála ca. 20-25 Minuten und bis an die Nordküste bei Gérakas ca. 45-50 Minuten. Seit ein paar Jahren werden auch recht neue Mountainbikes mit 16 Gängen vermietet.
Preise: siehe unter den jeweiligen Anbietern im Kapitel "Patitíri".

Inselsüden

Das Zentrum der Insel. Hier liegen fast alle touristisch bedeutsamen Ziele und ein Großteil der Unterkünfte. Das größte Dorf der Insel ist Patitíri mit dem einzigen fährtauglichen Hafen. Beliebtester Standort auf Alónnissos. Oben in den Bergen die alte Chóra, 1965 von einem Erdbeben zerstört, aber schon fast vollständig wieder aufgebaut. Rund um das Südende der Insel einige mehr oder weniger hübsche Strände.

Alle Fähren und auch die *Flying Dolphins* legen im einzigen Hafen der Insel, in Patitíri an. Eine wirklich malerische Szenerie: rechts und links Felsen, die den schmalen hufeisenförmigen Órmos umfassen. Man kann sich kaum vorstellen, mit einer der riesigen Autofähren überhaupt in diesen kleinen Hafen einfahren zu können. Die Kapitäne der großen Pötte schaffen es dennoch, das erste Abenteuer ist damit schon überstanden. Am Kai warten dann zahlreiche Zimmervermieter, die ihre *Rooms* anpreisen. Während der Nebensaison sollte man sich jedoch besser selbst umschauen und auf jeden Fall kräftig handeln.

Patitíri ist für die meisten Besucher von Alónnissos der beliebteste Inselstandort, obwohl er nun wahrlich keinen Schönheitspreis gewinnen könnte. Alles wurde zweckmäßig und vor allem schnell angelegt. Nach dem Erdbeben blieb für die Ästhetik wenig Raum. Heute bemüht man sich, den Hafen ansprechend zu gestalten. Von Patitíri nur 10-20 Minuten entfernt liegen die Dörfer *Rsoúm Gialós* und *Vótsi*. Sie vermitteln optisch kaum ein anderes Bild, sind aber deutlich ruhiger als der Hafenort und liegen ebenfalls an malerischen Buchten.

Als Hauptanziehungspunkt des Südteils von Alónnissos (und der gesamten Insel) gilt die alte Chóra. Alónnissos/Ort liegt weit oben am Hügel hinter Patitíri. Der makabre Hintergrund dieser Touristenattraktion ist das Erdbeben von 1965. Doch die steinernen Zeugen der Naturgewalt nehmen rapide ab. Mittlerweile sind fast alle Ruinen wieder zu respektablen Häusern aufgebaut worden. In ein paar Jahren wird nichts mehr an das Schicksal der ehemaligen Einwohner erinnern. Von Patitíri gelangt man mit dem einzigen Inselbus bequem hinauf zur Chóra, als Rückweg empfiehlt sich unser Wanderweg (siehe Wanderbeschreibung auf Seite 289).

Mit schönen Stränden ist der südlichste Teil von Alónnissos nicht unbedingt reich gesegnet. Die besten Badestellen liegen hier an der Südküste westlich des Kaps Marpoúnta, z. B. der Órmos Megálo Mourtiá. Weniger zu empfehlen sind die beiden Buchten nördlich der Chóra. Wanderfreunde finden im Süden deutlich mehr Pfade als in den anderen Inselteilen, doch viele von ihnen enden irgendwo in der Macchia. Die von uns beschriebenen Wege sind jedoch leicht zu finden und bequem zu wandern. Gipfelstürmer müssen sich beim Kalóvoulos ihre Route selbst suchen, auf den Vounó führt dagegen ein Pfad hinauf (zum O.T.E.-Sendemast).

Reizvoll am Inselsüden ist die recht unterschiedliche Bewaldung. Südwestlich von Patitíri bewegt man sich durch dichten Pinienwald, rund um die Chóra zeigen sich die Hänge etwas karger, zum Teil nur mit halbhoher Macchia überzogen. Hübsch auch die üppigen Privatgärten hinter dem Hafenort. Zahllose Oliven- und Obstbäume säumen die kleinen Pfade in die Hügellandschaft.

Wasser aus der Zisterne

Der dichte Baumbestand der Insel täuscht eine üppige Wasserversorgung vor, die im Hochsommer aber nicht existiert. Im Gegensatz zu Skíathos und Skópelos kommt es in der Hauptsaison auf Alónnissos, als einziger Insel der Nördlichen Sporaden, regelmäßig zu Engpässen in der Wasserversorgung. Oftmals wird rationiert, und manchmal werden sogar die Leitungen für Stunden abgestellt. Auf dem kleinen Eiland wird daher ein großes Netz von Wasserleitungen, Brunnen und Pumpenhäuschen betrieben. Viele Häuser haben sich auf diese Situation mittlerweile eingestellt und verfügen über eine Privatzisterne. Dennoch: sparsam mit dem Wasser umgehen!
Tip: In jedem Jahr versiegen spätestens Ende Juni fast alle Bäche und Rinnsaale. Daher mag die Qualität des Leitungswassers im Frühjahr (wegen des regenreichen Winters) noch passabel sein, in der Hochsaison und danach kann dieses Wasser keinesfalls mehr als Trinkwasser empfohlen werden. Deshalb ab Juli und auch im Herbst besser die billigen Plastikflaschen aus dem Supermarkt kaufen.

Patitíri

Sympathischer Hafenort in einer Bucht, an deren Südseite steile Felswände aufsteigen. Nach dem Erdbeben von 1965 im Eilverfahren und mit viel Beton aus dem Boden gestampft. Günstige Lage am Meer. Wichtigster Hafen, größte Ansiedlung und neuer Hauptort der Insel. Beliebtester Ausgangspunkt für alle Inseltrips. Zahllose Unterkünfte und einige gute Tavernen.

Patitíri ist kein authentisch gewachsener Ort mit einem alten, lebendigen Kern und wirkt auf den ersten Blick entsprechend retortenhaft modern. Allerdings ist die Lage an einer kreisförmigen Felsenbucht nicht ohne Charme. Einige hübsch begrünte Vorgärten lockern die triste Bauweise gut auf.

Die Einwohner haben sich auf den während der Nebensaison spärlichen Tourismus eingestellt. Nur im Juli und August wird es richtig voll. Zahlreiche Cafés, Tavernen und sogar Diskotheken warten auf Urlauber, die oft nur für ein paar Tage auf die Insel kommen. Leider liegt der Lärmpegel von Patitíri im Hochsommer fast auf dem Niveau von Skíathos/Stadt. Wenn eine Fähre anlegt, entwickelt sich schnell ein kleiner Menschenauflauf. In

Ankunft in Patitíri

holprigem Englisch bietet man seine Privatzimmer an, und die Kleinbusse der großen Hotels stehen bereit, um ihre Gäste kostenlos zu den Quartieren zu transportieren. In Windeseile wird die Fähre be- und entladen.

Am besten ist es vielleicht, man sucht sich zuerst einmal ein gemütliches Plätzchen in einem Café an der Hafenpromenade und wartet ab, bis sich der Trubel gelegt hat. Wer lieber zu einer einsamen Bucht weiterreisen will, sollte die kleinen Tafeln vor den umgebauten Fischerbooten beachten. Dort sind manchmal die Preise und Fahrziele der "kleinen Fährlinien" an die Buchten der Südostküste angeschrieben. Die zahlreichen Tavernen, Supermärkte und Touristengeschäfte konzentrieren sich auf die Hafenpromenade und die beiden Buchtstraßen westlich und östlich der Hafenfront.
Übernachtungsmöglichkeiten bestehen im Grunde rund um die Bucht. Einen besonders schönen Blick auf Hafen und Bucht bieten die Hotels auf dem Kávos-Hügel, wenn man die Fähre verläßt rechter Hand. Der kurze Treppenweg hier hinauf beginnt am östlichen Ende der betonierten Hafenpromenade. Auch hinter dem Westende des Órmos Patitíri befinden sich zahlreiche Hotels unterschiedlicher Qualität und Preisstufe.
Leider gibt es in Patitíri keine Sehenswürdigkeiten. Die neue Hauptkirche des Ortes liegt weit oben an der Straße, ist aber fast immer verschlossen. Ansonsten existiert nur ein kleines "Informationsmuseum" für die Mönchsrobben an der Hafenpromenade. Wer im Ort bleiben will, verbringt seine Zeit in den gemütlichen Tavernen auf dem Kávos oder beobachtet von den Hafencafés das hektische Treiben am Kai, wenn eine Fähre oder ein *Flying Dolphin* anlegt.

Verbindungen

• *Bus*: Die einzige regelmäßige Buslinie der Insel verbindet 6x täglich Patitíri mit Alónnissos/Ort. Abfahrtszeiten in Patitíri an der Paralía gegenüber der öffentlichen Zimmervermittlung täglich um 9.15 / 10.15 / 11.15 / 12.15 / 13.15 / 14.15 Uhr. Die Rückfahrt vom Buswendeplatz in der Chóra startet jeweils 10 Minuten später. Fahrpreis 1,60 DM pro Person.

Seit drei Jahren gibt es im Hochsommer eine Busverbindung von Patitíri nach Stení Vála. Der Bus fährt dann im Juli und August jeweils 1x vormittags und 1x nachmittags. Die Wirte der empfehlenswerten Tavernen von Stení Vála haben für den Sommer 1997 auch eine Abendverbindung durchgesetzt, die auch in den kommenden Jahren bestehen soll.

• *Kaíkis*: fahren ab etwa 10 Uhr im Hochsommer von Patitíri an die Strände der Südostküste. Abfahrtsort der Wassertaxis ist die kleine Mole westlich der Schiffsanlegestelle. Während der Nebensaison keine regelmäßigen Ausflüge, sondern je nach Bedarf. Wenn nicht genügend Leute zusammenkommen, gibt es keine Kaíki-Verbindungen. Preise (hin und zurück): von Patitíri nach Kokkinó Kástro ca. 6,50, nach Stení Vála ca. 10 DM.

Adressen

In unmittelbarer Hafennähe und den beiden Buchtstraßen liegen alle wichtigen Institutionen und Einrichtungen des Ortes. Unter anderem mehrere Fähr- und Dolphinagenturen und internationale Telefonzellen, Supermärkte, Mopedverleih, Zeitungsverkäufer, Tankstelle usw. Alles ist problemlos zu Fuß erreichbar.

• *Apotheke*: in der östlichen Buchtstraße, ein paar Meter oberhalb der Nationalbank. Die Inhaberin spricht nur wenig Englisch aber gut Italienisch. Öffnungszeiten täglich 9-13.30 Uhr und 18.30-20.30 Uhr. Tel. 65540.

• *Arzt*: Die mit zwei praktischen Ärzten besetzte **Erste Hilfe-Station** liegt in der Odós Pélasgon. Tel. 65208.

Außerdem gibt es im Ort den privat niedergelassenen Arzt Geórgios Athanássiou (Tel. 65470) und jedes Jahr einen anderen jungen Mediziner mit gerade abgeschlossenem Studium, der hier sein praktisches Jahr absolviert. Dieser Jungarzt muß die englische Sprache beherrschen und ist stets im *"Hotel Alkyon"* einquartiert. Fragen Sie an der Rezeption oder unter Handy-Tel. 093-580184.

Das Haus des Zahnarztes befindet sich im oberen Teil der östlichen Buchtstraße an dem freien Platz hinter dem Zweiradverleih *"Affitto Di Moto"*. Eingang in dem Anwesen am Hang, zwei Treppen hinauf und mit ΟΔΟΝ ΤΙΑ ΤΡΕΙΟ beschildert. Sprechstunden nach Vereinbarung.

• *Ausflüge*: Pakis vom Reisebüro "Íkos Travel" vermittelt Wanderausflüge mit Chris und Julia Browne. Geboten werden drei verschiedene Touren. Sonntags stehen das Kloster Ágii Anárgiri und der Órmos Tskaliá auf dem Programm, dienstags geht es zunächst mit dem Bus hinauf in die Chóra, dann über den Berg Kalóvoulos zurück nach Patitíri, und donnerstags führt der Weg erneut über die Chóra und den Strand von Megálo Mourtiá. Preis pro Person ca. 13 DM.

Außerdem werden ab Mitte Juni Ausflüge mit Motorbooten auf die Nachbarinsel Peristéra für ca. 40 DM angeboten. In den Meeresnationalpark fahren gleich mehrere Schiffe verschiedener Eigner. Fragen Sie in den Reisebüros an der Hafenfront.

• *Bäcker*: gleich am Anfang der westlichen Buchtstraße, an der ersten Einmündung auf der rechten Seite. Außerdem an der zweiten Einmündung rechts ein paar Schritte die Treppe hinauf in einem Seitenweg ein weiterer Bäcker.

• *Bank/Geldwechsel*: in der *National Bank of Greece* ein paar Hundert Meter vom Hafen die östliche Buchtstraße entlang. Öffnungszeiten: Mo-Do 8-14 Uhr und Fr 8-13.30 Uhr, Sa/So geschlossen. Gewechselt werden Banknoten, Euro-Schecks, Traveller-Schecks, und auch einige Kreditkarten werden akzeptiert. Ab 1998 soll ein Automat an die Außenfront angebracht werden. Geldwechsel ist außerdem im Postamt (nur Banknoten), in den Reisebüros oder den größeren Hotels möglich.

• *Boutiquen*: Schmuck gibt es in zwei Läden jeweils an der westlichen und östlichen Buchtstraße. Sie heißen **L'Oro di Alónnissos** und **Aléxandros** und gehören

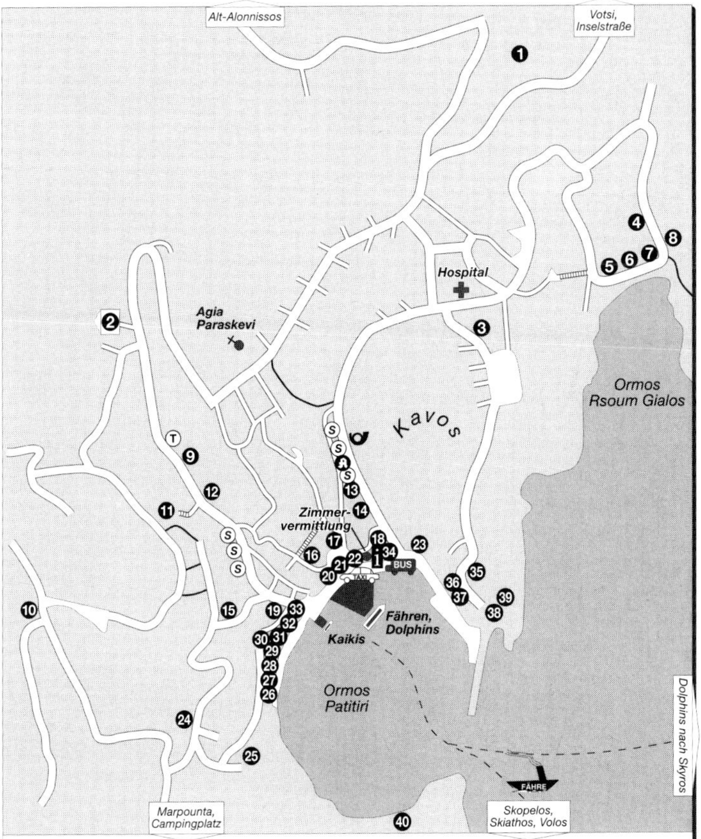

Essen und Trinken

2 Alexandra's Eastern Cusine
3 To Koytoyki
5 Taverna O Gialos
6 To Botsalo
7 Taverna Remetzo
9 Restaurant Esperides
12 Ouzeri O Lefteris
13 Ouzeri Camaki
16 Café Pleiades
20 Estiatorio Tsitsifia
21 Café Pizzeria Alonnissos
22 Corali
23 Taverna Vrachos
28 Taverna To Agrogiali
32 Estiatorio Dolfini
33 Taverna Archipelagos
39 Restaurant Argo
40 Taverna Faros

Übernachten

1 Hotel Atrium
4 Studios Elena
8 Machies Villas
10 Hotel Nereides
15 Hotel Julietta
17 Pension Soula
24 Hotel Archontiko
25 Hotel Galaxy
30 Hotel Charavgi
34 Hotel Alkyon
35 Hotel Paradise
36 Hotel Liadromia
37 Hotel Kavos

Nachtleben

11 Volcano Club
14 Why not
18 La Briciola
19 Disco Enigma
26 Pub En Plo
27 Pub Blue Notes
29 Pub La Coudera
31 Pub Dennis
38 Pub Nefeli

Patitiri und Rsoum Gialos

demselben Eigentümer. Kreditkarten werden akzeptiert. Herr Aléxandros stellt den Goldschmuck in den langen Wintermonaten auf der Insel selbst her.

• *Bücher*: Buchladen an der östlichen Buchtstraße, fast neben der Eisdiele. Verkauft englische und deutsche Bücher, Schreibwaren und Bürobedarf. Im selben Geschäft auch eine kleine Platten- und CD-Ecke.

• *Einkaufen*: Die meisten Boutiquen liegen in der westlichen der beiden zum Hafen führenden Straßen.

• *Fährtickets*: bei *"Alónnissos Travel"* und *"Albedo Travel"* sowie im Büro des *"Hotel Alkyon"*, alle direkt an der Hafenpromenade. Tickets für die Flying Dolphins verkauft Pakis von *"Íkos Travel"*. Die jeweiligen Büros sind immer bis zur Abfahrt oder Ankunft der letzten Fähre bzw. des letzten Dolphins geöffnet (siehe jeweils unter dem Stichwort Reisebüros).

• *Foto/Film*: Fotoladen an der westlichen Buchtstraße. Entwicklung im Stundenservice wird nur in der Hauptsaison angeboten (ohnehin nur Bilder, keine Dias). Ansonsten Filmverkauf, Videobänder und Batterien. Filmverkauf außerdem in den Supermärkten.

• *Friseur*: an der östlichen Buchtstraße.

• *Gepäckaufbewahrung*: gibt es nicht als offizielle Einrichtung. Fragen Sie in den Reisebüros an der Hafenpromenade.

• *Information*: Es gibt noch kein offizielles Informationsbüro für Touristen. Auskünfte erteilen die Reisebüros und die öffentliche Zimmervermittlung an der Hafenpromenade.

• *Post*: im *Odós Ikion Délopon*, d. h. der östlichen Buchtstraße. Öffnungszeiten: Mo-Fr 7.30-14.15 Uhr. Außerdem mehrere Briefkästen an der Hafenpromenade und den beiden Buchtstraßen sowie im oberen Ortsbereich. Tel. 65560.

• *Reisebüro*: **Íkos Travel**, Marktführer in Patitíri. Der Herr mit dem angegrauten Kinnbart ist Pakis, der Chef. Er spricht Englisch. Pakis managed im Grunde fast alles, ist aber hauptsächlich für die *Flying-Dolphin*-Gesellschaft *Ceres* zuständig. Der Ticketverkauf ist immer rechtzeitig vor dem Ablegen eines Tragflügelbootes geöffnet. Außerdem organisiert Pakis auch Flugtikkets, Fährpassagen (ins Ausland) sowie Wandertouren auf der Insel (siehe unter Ausflüge) und ist als Vermittler für Hotels, Pensionen, Auto- und Mofaverleiher tätig. Wenn der vielbeschäftigte Pakis zwischendurch mal Zeit hat (allenfalls in der Nebensaison), beantwortet er auch Fragen bzw. gibt gerne Auskünfte aller Art über die Insel. Tel. 65320/65648, Fax 65321.

Alónnissos Travel, links neben dem *"Corali"* direkt an der Paralía gelegen. Alónnissos Travel ist die Hauptagentur für die Fähren auf die anderen Nordsporaden und nach Vólos. Gleichzeitig vermittelt das Büro auch Autoverleih, Zimmer- und Häuservermietung, außerdem Geldwechsel. Tel. 65188/65619.

Albedo Travel, ebenfalls an der Hafenpromenade gelegen. Auch hier gibt es Tickets für die Fährlinien nach Skópelos, Skíathos und Vólos zu kaufen. Natürlich auch Vermittlung von Zimmern, Häusern, Zweirädern usw. Albedo Travel verkauft Tickets für die *Kassandra*, das Ausflugsboot in den Meerespark.

Drossakis Travel, an der westlichen Buchtstraße. Verkauft ebenfalls Tickets für die Flying Dolphins und vermittelt Mofas für die weit verbreitete Kette "Motor Tours". Tel. 65220/65225, Fax 65719.

• *Sport*: Ein breites Sportangebot ist nicht die Stärke von Alónnissos. Außer Surfbrett- und Mountainbikeverleih gibt es keine organisierten Möglichkeiten. Die zahlreichen Buchten bieten aber gute Tauchareale.

• *Supermärkte*: Drei **Supermärkte** befinden sich direkt nebeneinander an der westlichen Buchtstraße. Der größte von ihnen hat zwar die reichste Auswahl, ist aber auch am teuersten. Weitere kleine Supermärkte am Beginn der östlichen Buchtstraße (neben "Tavérna Vráchos") und an derselben Straße weiter den Hang hinauf links. Kurz vor der Nationalbank liegt ein gut ausgestatteter **Obst- /Gemüseladen** an der östlichen Buchtstraße. Sehr reiches Angebot, sogar exotische Früchte in hervorragender Qualität. An der westlichen Buchtstraße kurz vor *"I'm Motorbike"* liegt **The Sweet Devil**. Hier gibt es zahllose lokale und typisch griechische **Süßigkeiten**.

• *Tankstelle*: Mittlerweile gibt es zwei Zapfstellen auf der Insel, eine bei Vótsi an der asphaltierten Inselstraße und eine neu eröffnete an der westlichen Buchtstraße in Patitíri, ca. 500 m vom Anleger entfernt. Täglich und durchgängig geöffnet von 8-22 Uhr. Angeboten werden Super (bleifrei), Normal und Diesel.

• *Taxi*: Christós ist der einzige Taxiunternehmer für die gesamte Insel, zu erreichen unter Tel. 65325/65087/65425/65573.

• *Telefonieren*: Die kleine O.T.E.-Zentrale befindet sich in einem unscheinbaren Bungalow auf der Hafenmole. Leider nur in der Hochsaison geöffnet, Mo-Fr 7.30-22 Uhr, Sa/So 7.30-15 Uhr.
An der Hafenpromenade und in beiden Buchtstraßen wurden mittlerweile eine ausreichende Anzahl von Kartentelefonen installiert. Ebenfalls im oberen Teil des Ortes.

• *Wäscherei*: an der westlichen Buchtstraße, zwischen den drei Supermärkten auf der linken Seite gelegen. Ziemlich teuer.

• *Zeitungen/Zeitschriften*: deutschsprachige Presse (vom Vortag) gibt es während der Saison in einem Laden an der westlichen Paralía.

• *Zimmervermittlung*: Die einzige öffentliche Zimmervermittlung der Kommune liegt direkt an der Paralía, rechts neben "Íkos Travel". Vermittelt werden allerdings nur Privatzimmer, Apartments und Studios, keine Hotels. Geöffnet von 9-13.30 und von 19-22 Uhr. Tel. 65577.

Auto- und Zweiradverleih

• *Autoverleih*: Ein Auto auszuleihen ist möglich, allerdings nur für mehrere Tage, denn der Wagen wird dann extra von Skópelos herübergebracht. Ein Suzuki-Jeep kostet demnach die stolze Summe von 180 DM pro Tag! Fragen Sie im Reisebüro *"Íkos-Travel"*.

• *Zweiradverleih*: Im Grunde gibt es nur drei Verleiher auf der Insel. Der alteingesessene *Ilías*, ein kleinerer Anbieter und der neue *Affitto di Moto* mit mehreren Filialen.

I'm Motorbike, geführt von Ilías und Maria Vlaikou. Seit 1980 auf der Insel vertreten, als es noch kaum Straßen gab. Ilías vermietet insgesamt 65 sehr gut gepflegte Maschinen, alle tadellos in Schuß. Jedes Jahr gibt es auch einige nagelneue Motorräder. Straßenservice bei technischen Problemen funktioniert zuverlässig. Garantiert geöffnet vom 15. Mai (oft auch schon früher) bis 20. Oktober. Ilías' Laden liegt an der westlichen Buchtstraße ca. 300 m ab dem Hafen auf der rechten Seite. Preise pro Tag inkl. Vollkaskoversicherung je nach Saison für 50 ccm 13-18 DM, 70 ccm 15-22 DM, 80 ccm 18-25 DM, 90 ccm 25-31 DM, 125 ccm 31-38 DM und 250 ccm 35-40 DM. Wer länger als einen Tag leiht, bekommt wie üblich Rabatte. Außerdem versprach Ilías bei der Recherche jedem einen fünfprozentigen Preisnachlaß, der mit diesem Reisebuch unterwegs ist. Tel. 65010.

Affitto Di Moto, alles rund ums Motorrad, Mofa und Fahrrad. Der freundliche junge Chef verleiht, verkauft und repariert. Dabei hat er gleich mehrere Filialen eröffnet: eine im oberen Teil der östlichen (= Hauptgeschäft) und zwei in der westlichen Buchtstraße. Preise je nach Saison für 50 ccm (Halbautomatik) 18 DM, Scooter 50 ccm 35 DM, Scooter 80 ccm 38 DM und 80 ccm Enduro 28 DM jeweils für einen Tag. Ab fünf Ausleihtagen gibt es Rabatte zwischen 3,50 und 7 DM je nach Maschine. Außerdem werden Mountainbikes mit 18 Gängen verliehen. Preis: 13 DM pro Tag, 10 DM ab fünf und 7,50 DM ab zehn Ausleihtagen. Tel. 65140. Handy 093-286731.

Kyriazis, an der westlichen Buchtstraße rechts etwas erhöht gelegen. Die Maschinen sind ebenfalls gut in Schuß, allerdings deutlich kleineres Angebot. Preise je nach Saison für eine halbautomatische 50 ccm ca. 18 DM, 80 ccm Enduro ca. 28 DM und ein 80 ccm-Scooter 38 DM jeweils für einen Tag. Bei mehreren Ausleihtagen gibt es Rabatte. Tel. 65820.

Übernachten an der Hafenpromenade

Rund um die Bucht bestehen zahlreiche Übernachtungsmöglichkeiten. Wer die absolute Ruhe sucht, sollte aber auf alle Fälle den Hafenort Patitíri meiden! Jeden Abend bleibt hier eine Fähre vor Anker, deren Stromgeneratoren die ganze Nacht durch laufen und einen gewissen Lärmpegel verursachen. Direkt gegenüber von der Schiffsanlegestelle im Hafen gibt es eine kommunale Zimmervermittlung. Die Preise liegen nur wenig unterhalb des Preisniveaus von Skíathos und Skópelos. In der Nebensaison ist Handeln aber gut möglich.

Hotel Galáxy (25), C-Kat., die bungalowartigen Zimmer des Hotels sind unauffällig am Hang über der Bucht von Patitíri verteilt und über die Straße oder einen kleinen Pfad zu erreichen. Alle geräumigen Zimmer sind angenehm kühl und verfügen über schöne Terrassen. Hoteleigene Bar im Haus, außerdem schöne Frühstücksterrasse. Ein breiter Schotterweg führt vom Hotel zur Badebucht von Marpoúnta. DZ mit Dusche und Frühstück kostet je nach Saison ca. 65-85 DM (plus 20 % für ein drittes Bett). Für das Gebotene preiswert. Busservice vom Hafen. Mai bis September geöffnet. Tel. 65251/65254/65363.

Hotel Alkyon (34), B-Kat., direkt ganz rechts an der Hafenfront gelegenes Gebäude. Verlangen Sie ein Zimmer mit Meeresblick (schöner Balkon). Leider sehr laut, vor 1 Uhr nachts kommt man kaum zur Ruhe. Im Sommer fast immer ausgebucht. Insgesamt 14 hübsche DZ mit Dusche sowie mehrere Suiten. Preis je nach Saison 50-84 DM, Frühstück 10 DM pro Person. Mai bis Oktober geöffnet. Tel. 65602/65220/65450, Fax 65195. Angeschlossen außerdem eine Cafébar und ein hauseigenes Reisebüro: Auto- und Zweiradverleih, Fährtickets und Geldwechsel.

Hotel Nereides (10), C-Kat., vermietet werden 22 riesige Apartments in einer nagelneuen Anlage. Modern und geschmackvoll mit hellen Möbeln eingerichtet. Sehr saubere, weiß gekachelte Bäder. Küche mit Ofen. Jedes Apartment mit zwei Balkonen und Telefon. Alles brandneu. Swimmingpool und Restaurant für die Gäste des Hauses vorhanden. Preise je nach Saison ca. 48-90 DM für zwei und 56-110 DM für drei Personen. Tel. 65643, Fax 65644.

Hotel Julietta (15), E-Kat., die freundliche Griechin Alexandra vermietet 22 relativ kleine DZ mit heller Einrichtung. Bäder sauber und okay. Jedes Zimmer verfügt über Telefon und einen Balkon, leider ist der Buchtblick total verbaut. Preise je nach Saison ca. 40-56 DM, guter Tip für ein günstiges Quartier. Tel. 65746.

Hotel Charavgi (30), B-Kat., hübsch oberhalb der Bucht gelegen, von der einlaufenden Fähre gut zu sehen. Vermietet werden 18 relativ kleine DZ, aber tipptopp sauber. Einrichtung in hellem Kiefernholz, Telefon und Kühlschrank in jedem Zimmer. Bäder ebenfalls klein und sehr sauber. Unten Frühstücksterrasse, tagsüber als Cafébar offen. Nachteil: Das Haus ist ziemlich hellhörig. Preise je nach Saison ca. 28-58 DM. Tel. 65189/65090.

Hotel Archóntiko (24), auf der rechten Seite an der Straße hinauf zum "Galáxy" gelegen. Fensterläden und Türen in hellbraun gestrichen. Schöner Buchtblick von den Balkonen. Leider nur in der Hauptsaison geöffnet. Preise um die 60 DM je DZ.

Pension Soula (17), B-Kat., Soula vermietet acht DZ hoch oben direkt über der Anlegemole. Alle Zimmer mit Bad, einige mit Zugang zur Hochterrasse. Sauber und geräumig Zimmer, Bäder recht klein. Zwei Etagenküchen für die Gäste mit Herd und Kühlschrank. Preise je nach Saison ca. 25-50 DM. Tel. 65148.

Übernachten auf dem Kávos-Hügel

Einen besonders schönen Blick auf Hafen und Bucht bieten die Hotels auf dem Kávos-Hügel, wenn man die Fähre verläßt rechter Hand. Der kurze Treppenweg hier hinauf beginnt am östlichen Ende der betonierten Hafenpromenade und sieht weiter und steiler aus, als er wirklich ist.

Hotel Liadrómia (36), C-Kat., hoch über der Bucht auf dem Kávos-Hügel, phantastischer Blick über den Hafen. Strahlt viel typische Griechenlandatmosphäre aus. Die freundliche Besitzerin vermietet 14 DZ und sechs Studios. Alle Zimmer mit Bad, Balkon, Kühlschrank und Telefon. Geschmackvoll eingerichtet, ungewöhnlich die Betten auf einem Steinplattensockel. Frühstücksraum ganz oben mit bunt bemalten Sonnenhüten, Küchengeräten und getrockneten Kräutern dekoriert. Preise je nach Saison ca. 45-77 DM fürs DZ, Frühstück 10 DM extra. Tel. 65521, Fax 65096.

Hotel Kávos (37), C-Kat., rechts über dem Hafen direkt neben dem *"Liadrómia"*. 25 hübsche Zimmer, nicht zu klein, alle mit Bad, Kühlschrank und Telefon. Von den riesigen Balkonen hat man einen Superblick auf die Bucht. Einrichtung in hellem Kiefernholz. Mit Frühstücksterrasse, angenehm kühl und schattig. Insgesamt 16 Zimmer. DZ für ca. 55 DM im Hochsommer, Vorsaison ca. 40 DM. Tel. 65216/65083, Fax 65083.

Hotel Paradíse (35), C-Kat., auf der Rsoúm Gialós zugewandten Seite des Kávos-Hügels. Insgesamt 30 gut ausgestattete Zimmer im rustikalen Stil, alle mit Bad, Balkon und Kühlschrank. Fußboden aus dunklen Schieferplatten. Buchtblick nicht von allen Balkonen. Zimmer sauber und gepflegt.

Architektonisch eine der schönsten Anlagen der Insel. Preise je nach Saison ca. 77-96 DM fürs DZ. Tel. 65213/65160, Fax 65161.

Übernachten in der näheren Umgebung von Patitíri

Außerhalb von Patitíri liegen ein Hotel und eine die Nobel-Bungalowanlage am Kap von Marpoúnta (siehe unter Ákra Marpoúnta). Keine Busverbindungen vorhanden. Entweder werden die Gäste abgeholt, oder Taxi man muß ein nehmen. Der Campingplatz von Patitíri ist aufgrund seiner Sauberkeit und Ausstattung dem von Stení Vála eindeutig vorzuziehen, auch wenn seine Lage nicht so schön ist.

Hotel Atrium (1), C-Kat., an der Straße hinauf zur Chóra gelegen, ca. 600 m vom Hafen entfernt. Zimmer in moderner Einrichtung, alle mit Bad, Kühlschrank, Telefon, Radio und Satelliten-TV. Schöner Blick von den Balkonen auf die umliegenden Hügel. Unten Aufenthalts- und Frühstücksraum. Zum Hotel gehören ebenfalls ein Swimmingpool und eine Cafébar am Pool. Preise je nach Saison ca. 78-96 DM. Tel. 65749/65715/65750, Fax 65152.

Camping On the Rocks, ungefähr 800 Meter südlich vom Ort an der Straße nach Marpoúnta gelegen. Sehr angenehmer Platz, der inmitten eines Kiefernwäldchens und unweit des Meeres liegt. Daher verfügen fast alle Stellplätze über ausreichend Schatten. Terrassenartig angelegt, Boden allerdings recht hart. Sanitäre Anlagen für die Größe des Platzes etwas zu knapp kalkuliert, aber immer gut gereinigt. Im Hochsommer, wenn der Platz voll ist, könnte der Service allerdings besser sein. Öffnungszeiten der Rezeption von 8-12 Uhr und von 20-23 Uhr. Preise liegen bei etwa 13 DM für zwei Personen mit Zelt. Geöffnet von Mai bis September. Tel. 65410.

Essen/Trinken

Es gibt zahlreiche Tavernen entlang der Hafenpromenade und der beiden Buchtstraßen. Die Qualität ist allerdings wenig überragend. Einheimische empfehlen zu Recht immer wieder die "Oúzeri Camaki", die auch uns als die beste Taverne erschien. Ansonsten einige gemütliche Cafés am Hafen, aber mit dem Preisniveau von Skíathos und Skópelos rechnen.

Oúzeri Camaki (13), absolut führend in Patitíri. Noch echt griechisch gebliebene Taverne und auch von den Einheimischen gut besucht. Die Speisen werden am Nachmittag vorbereitet und dann in einer Glastheke warmgehalten. Spezialitäten sind Muscheln in einer pikanten Zitronensauce und mit Käse, Tomaten und Paprika gefüllte Tintenfische. Spíros, der sympathische Chef, bereitet jeden Tag alles frisch zu. Im Innenraum allerlei Meeresgetier und Fischernetze an den Wänden, dazu tolle Fotos aus der Fischerei.

Tavérna Vráchos (23), gegenüber dem *"Alkyon-Hotel"*, ebenfalls an der Paralía. Man sitzt unter einem Zeltdach mit Blick auf die Straße und die Hafenpromenade. Sehr beliebt bei griechischen Männern, die die Taverne als Kafeníon nutzen und den ganzen Tag über Gott und die Welt palavern. Täglich frischer Fisch, Blick in die Küche erlaubt. Es gibt ansonsten die üblichen Gerichte zu den üblichen Preisen. Abends lange geöffnet und immer gut besucht.

Restaurant Argo (39), von der Lage eines der besten Restaurants von Alónnissos. Das Argo liegt auf dem östlichen Hang des Kávos-Hügels unter Pinien, in der Mitte des Areals ein liebevoll angelegter Steingarten mit Springbrunnen. Ziemlich noble Einrichtung und zwei Stehbars, griechische Musik. Superblick aufs blaue Meer der Ägäis. Spezialität des Hauses sind Fischgerichte, im Angebot aber auch Fleisch und Pizza, ansonsten griechische Küche. Preise fürs Gebotene absolut im Rahmen. Es wird auch Frühstück angeboten.

Tavérna O Tzimakos, auf dem Kávos-Hügel die am weitesten vorne gelegene Taverne. Man sitzt sehr schattig unter einem Dutzend Kiefern mit Blick hinunter in die Bucht. Üppig begrüntes Areal mit Dutzenden von Geranien. Kykladenblaue Bestuhlung. Fischspezialitäten. Normale Preise. Im selben Haus werden auch Zimmer vermietet (Tel. 65386).

Oúzeri O Leftéris (12), gut 200 m die westliche Buchtstraße entlang, auf der rechten

Seite gelegen. Bietet einheimische Spezialitäten wie Mezéplatten, Lobster und Saganaki. Auch empfehlenswert Souvláki und Huhn vom Grill. Man sitzt allerdings direkt an der Straße. Zu erkennen an dem Schiff, das der Wirt vor Jahren an die Wand gemalt hat. Nur in der Hauptsaison geöffnet.

Restaurant Esperides (9), oberhalb von "I'm Motorbike", auch direkt an der Durchgangsstraße. Man sitzt in kykladenblauem Ambiente sehr hübsch unter einem weinüberrankten Dach. Ungewöhnliche Tischkonstruktionen. Fisch- und Fleischspezialitäten, doch leider nur im Hochsommer geöffnet.

Estiatório Tsitsifia (20), direkt an der Hafenpromenade rechts neben "Albedo Travel". Genüßlich Kaffe trinken und den ankommenden Fähren und Dolphins zuschauen, wenn für ein paar Minuten am Anlager die totale Hektik ausbricht. Tische und Stühle im Schatten unter einem Markisendach.

Tavérna Archipelagos (33), direkt an der Hafenfront, wo die kleine Anlegestelle für die Wassertaxis liegt. Blaue Tische und Stühle auf der Paralía, draußen steht eine riesige Tiefkühltruhe, in der die frischen Fische ausgestellt werden. Gehobenes Preisniveau.

Estiatório Dolfini (32), bequeme dunkelgrüne Sessel mitten auf dem betonierten Kai rechts der westlichen Buchtstraße neben dem *"Archipelagos"*. Nebenan starten die Wassertaxis. Es wird auch Frühstück serviert. Etwas gehobener Stil, was sich auch in den Preisen ausdrückt.

Tavérna To Agrogiali (28), direkt über dem schmalen Dorfstrand am Westende der Bucht. Mitten auf der Terrasse wächst eine üppige Platane, um die man ein Holzdach herum errichtet hat. Fische und Fleisch werden in einer Kühltheke ausgestellt, außerdem gute Cheese-Pie im Angebot. Viele griechische Gäste.

To Koytoyki (3), nicht am Hafen, sondern weit oben in der Stadt gelegen, direkt in der Nachbarschaft der Schulen. Man sitzt direkt an der staubigen Straße, keinerlei Buchtblick. Reiche Auswahl an den üblichen Gerichten.

Tavérna Fáros (40), gegenüber dem Ortskern, hoch über dem Südostende der Bucht von Patitíri. Wunderschöne Aussichtsterrasse mit Blick auf Patitíri und den Órmos. Spezialitäten des Hauses sind Beef Stroganow, Pfeffersteak, Moussaká und Sofrido mit Knoblauchsauce. Die Taverne ist über die Straße nach Marpoúnta erreichbar (ca. 200 m vor dem Campingplatz links ab, ausgeschildert), oder man nutzt den kostenlosen Kaíki-Transfer vom Anlegeplatz der Wassertaxis 3x am Abend hin und zurück. Über der Taverne werden im selben Haus auch Zimmer vermietet.

Alexandra's Eastern Cusine (2), hinter dieser unfreiwillig komisch klingenden Bezeichnung verbirgt sich ein asiatisches Restaurant. Es liegt ziemlich weit außerhalb von Patitíri, in den Bergen am Wanderweg hinauf nach Alónnissos/Ort und ist nur während der Hauptsaison geöffnet. Wegbeschreibung siehe unter *"Wanderung von Alónnissos/Ort nach Patitíri"*.

Café Pizzeria Alónnissos (21), direkt links neben dem Reisebüro "Alónnissos Travel" an der Hafenfront. Cafébar mit bequemen Stühlen unter einem schattenspendenden Markisendach. Es gibt die üblichen Kleinigkeiten zuessen, Pizzeria nicht im italienischen Sinne, sondern als kleiner Snack.

Café Pleiades (16), hoch über dem Hafen. Von der westlichen Buchtstraße an der Bäckerei ein paar Stufen hinauf. Man sitzt sehr schattig unter einer großen Pinie zwischen den Häusern und mit schönem Blick auf das hektische Treiben im Hafen. Kaffee, Frühstück, Crêpes und Cocktails, doch nur in der Hauptsaison geöffnet.

Eisdiele, die beiden Cousinen Giuliana und Gianna aus Cortina d'Ampezzo stellen ihr leckeres Eis nach altem Rezept selbst her. Die Eismaschine steht im Hinterraum und produziert 20 verschiedene Sorten, allesamt empfehlenswert. Vielleicht das beste Eis auf den gesamten Nördlichen Sporaden. Im Angebot auch Eistorten und Kaffee. Lage: an der östlichen Buchtstraße.

Cafébars/Nachtleben

Im Vergleich zu Skíathos und Skópelos unterentwickelt, aber in den letzten Jahren deutlich im Kommen. An der mittleren und westlichen Hafenfront reihen sich diverse "Disco-Pubs-Cafébars" aneinander, die bis spät in die Nacht oder gar bis zum frühen Morgen geöffnet sind. Leider haben diese Lokale die typisch griechischen Kafenía aus dem Hafenbereich mittlerweile völlig verdrängt.

Ein Frachtkahn wird entladen

La Briciola (18), empfehlenswerte und gemütliche Crêperie an der östlichen Buchtstraße. Die sympathischen Besitzer Angeliki und Labros machen jedoch auch Frühstück und bieten den ganzen Tag über belegte Brötchen und andere Kleinigkeiten. Natürlich gibt es auch Kaffee und Drinks. Innenraum witzig gestaltet mit blauen Farbspritzern auf gelben Untergrund. Angenehme Hintergrundmusik, internationaler Rock und griechische Popmusik. 1997 erstmals eröffnet und im Hochsommer 22 Stunden am Tag offen. Vor allem abends gut besucht.

Why not (14), ganztägig geöffnete Cafébar an der östlichen Buchtstraße, unmittelbar vor der Nationalbank. 1996 eröffnet und von drei Frauen geführt. Beliebt bei der griechischen Jugend und den Crews der Fähren, die jeden Abend hier im Hafen liegen. Meist erst ab 21 Uhr gut besucht. Pop und Rockmusik, gute Drinks.

Corali (22), Cafeteria und Snackbar direkt neben dem Reisebüro "Íkos Travel" an der Paralía gelegen. Tagsüber gemütliche Cafébar, abends wird moderne Popmusik gespielt. Man sitzt auf bequemen Korbstühlen an der Straße. Das Corali ist immer abends am besten besucht, daher Tip für Nachtleben außerhalb der Discos.

Pub Nefeli (38), ziemlich weit vorne auf dem Kávos-Hügel. Tagsüber eine gemütliche Cafébar mit herrlichem Blick aufs Meer, nachts wird internationale Pop- und Rockmusik gespielt. Man sitzt bequem in breiten Korbsesseln unter einem geblümten Sonnendach. Richtig was los ist immer erst ab etwa 1 Uhr in der Nacht, dann wird im Innenraum getanzt wie in einer Disco.

Pub Dennis (31), nach der Meinung des Wirtes die älteste Bar in Patitíri. Dionnissos (daher auch "Dennis") und seine Frau Maria aus der Schweiz führen ihren Pub schon seit 17 Jahren. Man sitzt draußen an der Hafenfront unter einer schattenspendenden Platane bequem auf Korbsesseln. Abends werden internationale Popmusik und Oldies gespielt. Spezialität: Joghurt mit Honig, Früchten und Nüssen. Bei der griechischen Jugend beliebt.

Pub La Coudera (29), links neben "Dennis", ebenfalls direkt an der westlichen Hafenpromenade. Vor dem Pub der schmale Dorfstrand. Hübscher Blick in die Bucht von Patitíri. Nur in der Hauptsaison geöffnet.

La Vie Pub, tagsüber gemütliche Musik zum traumhaften Buchtblick, nachts je nach Publikum Popmusik. Innenraum in blau und violett gestaltet. Treppe führt in den ersten Stock, oben sitzen ist sehr beliebt. Nur in den Hochsommermonaten Juli und August geöffnet.

Pub Blue Notes (27), 1997 erstmals eröffnet. Der neue Besitzer lebte lange in New

York und übernahm den Namen von seiner dortigen Stammbar. Innen großräumig in blau und violett gestaltet, draußen zwei mächtige Platanen und Weinranken. Internationale Popmusik. Liegt ebenfalls am westlichen Ende der Bucht.

Pub En Plo (26), unter den vielen Pubs an der westlichen Bucht der am weitesten links gelegene, bevor die Treppen hinauf zum *"Hotel Galáxy"* führen. Mit rustikalen Biertischen auf der Terrasse über dem Strand, hübsch unter einer Platane. Nur im Hochsommer geöffnet, dann aber gut besucht. Internationale Popmusik, gemischtes Publikum.

Disco Enigma (19), direkt am Beginn der westlichen Buchtstraße auf der linken Seite. Geboten werden Lasershow und Lichteffekte, außerdem neue Boxen mit gutem Klang und Klimaanlage. Internationale Popmusik und alles, was gerade in ist. Natürlich erst spät am Abend richtig was los. Das Enigma bietet Platz für 250 Leute. Eintritt ca. 6 DM. Im Juli, August und in der ersten Septemberhälfte täglich geöffnet, im Juni und in der zweiten Septemberhälfte nur an den Wochenenden.

Disco On the Rocks, auf dem Gelände des Campingplatzes. Ansprechend errichtet in einer atriumähnlichen Konstruktion inmitten eines Kiefernwäldchens. Tanzfläche mit Lichteffekten in der Mitte, außen rot bemalte Wände mit Sitzbänken. Zwei Bars im Freiluftbereich und im Innenraum eine weitere Bar. Nur in der Hauptsaison geöffnet, Eintritt ca. 6 DM.

Volcano Club (11), Disco, etwas zurückversetzt von der westlichen Buchtstraße nach dem letzten der drei Supermärkte links die Treppengasse hinauf. Außen auffallend in altrosa bemalt und mit blauer Schrift versehen. Innenraum wie üblich mit Stehbar und großer Tanzfläche, Lichteffekte. Nur in der Hochsaison geöffnet.

Sehenswertes

Kirche Agía Paraskeví: im Norden von Patitíri. Gleich nebenan befindet sich das Pfarramt. Der Inselpriester *Papagrigóris* ist allgemein bei der Bevölkerung beliebt. Traditionelle Hochzeitskirche auf Alónnissos. Hier werden mit Abstand die meisten Trauungen vollzogen und dies üblicherweise im Winter. Die Kirche liegt am nordwestlichen Ortsrand.

Mönchsrobben-Museum: Neben der kommunalen Zimmervermittlung wurde vor wenigen Jahren dieses kleine Museum zu Ehren der Mönchsrobben (lat. *Monachus Monachus*) eröffnet. An den Wänden hängt eine sehr informative Reihe von Bildern aus dem Leben der Robben. Alle Erklärungstafeln der Ausstellung sind auf Englisch abgefaßt. Höhepunkt der bescheidenen Sammlung ist ein Robbenskelett, das auf 1791 datiert wird. Leider steht nur ein Raum zur Verfügung, für ein richtiges Museum fehlt das Geld. Die freundlichen Mitarbeiter versuchen alle Fragen – soweit möglich – zu beantworten.

Öffnungszeiten: täglich von 10-14 Uhr und von 18-22 Uhr. Eintritt frei. Kleine Spende für die Erhaltung und Erweiterung des Museums sicherlich sehr sinnvoll.

Baden

▸ **Strand von Patitíri**: Im westlichen Teil der kleinen Hafenbucht gibt es einen schmalen Kies-Sand-Strand. Zahlreiche Badefreunde hüpfen direkt vom Café aus ins Meer. Obwohl die Fähren anlegen, ist das Wasser glasklar und auch relativ frei von Pflanzen. Selbst im großen Hafenbecken kann man den Grund deutlich erkennen. Eine Seltenheit! Einheimische Jungs benutzen den Anlegekai der Wassertaxis als Sprungbrett.

Das etwa 100 m lange Strandstück liegt vor der Hafenpromenade und den vielen Cafébars. Dieser Bereich ist zwar baum- und strauchlos, doch ab

Hafenfront von Patitíri

etwa 15 Uhr werfen die Hotels hinter der Promenade ihren Schatten auf den Beach. Am Südostende befinden sich viele scharfkantige Felsen im Wasser, außerdem Anker und Mouringketten der Fischerboote, Vorsicht! Durch seine Lage ziemlich nah am Ort, ist dieser Abschnitt der Bucht nicht sonderlich attraktiv, obwohl das Wasser klar und sauber erscheint. Nur wenn die Großfähren anlegen, wird der ganze Unrat im Hafenbecken kräftig aufgerührt. Die Bootsbesitzer von Patitíri nutzen den Kiesstreifen auch als Behelfswerft, reparieren und streichen hier ihre Badekaíkis. Entsprechend verschmutzt zeigt sich der Órmos Patitíri. Fazit: allenfalls für eine schnelle Abkühlung zwischendurch geeignet, zum ausgiebigen Baden nicht empfehlenswert.

Unterhalb der *"Tavérna Fáros"* in der Ostecke der Bucht gibt es einen weiteren Beach, der vom Campingplatz zu erreichen ist. Hier etwa 25 m grober Kies zwischen steilen Felswänden rechts und links. In der Mittagszeit völlig schattenlos, aber durch die Lage deutlich ruhiger und sauberer als der Hauptstrand an der Promenade. Am späten Nachmittag bieten die Felsen etwas Schutz vor der Sonne. Seichtes Wasser.

Rsoúm Gialós

Kleine Ansiedlung hinter der Bucht östlich von Patitíri. Gute Ausweichmöglichkeit für Urlaub, denen der Hafenort zu laut und hektisch ist. Zu erreichen über die asphaltierte Straße oder einfach zu Fuß über den Kávos-Hügel. Nur wenige Übernachtungsmöglichkeiten und Tavernen vorhanden.

Rsoúm Gialós ist im Grunde schon mit Patitíri zusammengewachsen. Ohne den Blick in die Karte ist kaum festzustellen, daß man sich vom einen Dorf in das andere bewegt. Auch Rsoúm Gialós entstand erst in neuerer Zeit und ebenfalls rund um eine hübsche Bucht. Der Kávos-Hügel trennt sie vom Órmos Patitíri. Eine Treppe führt hinunter an den schmalen Kiesstreifen des Strandes von Rsoúm Gialós. Durch die Nähe zum Hafen in der Hochsaison ebenfalls überlaufen.

Über eine asphaltierte Serpentinenstraße geht es von der Schule in Patitíri hinunter nach Rsoúm Gialós. Das Dorf selbst ist nicht gerade sehr ansehnlich, vor allem rechts und links der Straße gewachsen und im üblichen Betonstil gehalten. Einige Vorgärten sind hübsch mit Bougainvillea, Rosen und Geranien begrünt, aber eher die Ausnahme. Wie in Vótsi gibt es nur wenige Unterkunftsmöglichkeiten. Hier wohnen vor allem die Einheimischen, die in Patitíri eine Taverne oder ein Geschäft betreiben, Zimmer vermieten oder in den Ämtern angestellt sind.

• *Verbindungen*: keine öffentlichen Verkehrsmittel vorhanden. Aufgrund der Nähe zum Hafenort fahren auch keine Kaíkis nach Rsoúm Gialós. Daher nur per pedes oder mit dem Mofa erreichbar. Von Patitíri aber nur ca. 10 Minuten zu Fuß über den Kávos-Hügel. Sieht steiler aus als der Weg wirklich ist.

• *Einkaufen*: Ein kleiner Supermarkt mit den notwendigsten Dingen ist der *"Tavérna Remetzo"* angeschlossen. Ansonsten ist der Weg nach Patitíri nicht sehr weit.

• *Geldwechsel*: nur in Patitíri möglich.

• *Telefonieren*: Kartentelefon an der Uferpromenade.

• *Übernachten*: In der Nebensaison finden nur wenige Besucher den Weg über den Kávos-Hügel. Die meisten Häuser vermieten ohnehin nur im Hochsommer. Dann gibt es auch viele Privatzimmeranbieter. Preise etwa wie in Patitíri oder Vótsi.

Machies Villas (8), fast am Ende der Straße, die hinunter zur Bucht von Rsoúm führt. Gut zu erkennen an der hellblauen Außenfassade. Hübsche Zimmer, geräumig und sauber. Alle mit Bad und Balkon, teilweise Buchtblick vorhanden. Trotz Straßenlage relativ ruhig. Preise je nach Saison ca. 40-65 DM. Tel. 65106/65653.

Studios Elena (4), ebenfalls direkt an der Straße hinunter zur Uferpromenade. Ein paar Meter oberhalb von *"Machies Villas"* auf der gegenüberliegenden Seite. Hübsche geräumige und saubere Studios, alle mit Bad und kleiner Küche. Überdachte Balkone, teilweise zur Straße und mit Buchtblick. Preise je nach Saison ca. 40-65 DM. Tel. 65747.

• *Essen*: durch die Nähe zu Patitíri nur spärliches Angebot an Tavernen oder Restaurants. Nachtleben findet hier auch nicht statt. Interessierte müssen sich schon auf die andere Seite des Kávos-Hügels nach Patitíri bemühen.

Tavérna Remetzo (7), gleich am Ende der Zufahrtsstraße die erste Taverne auf der rechten Seite. Tische und Stühle unter Strohdach. Spezialität sind Fischgerichte, es gibt aber auch eine reiche Auswahl an Kleinigkeiten. Gutes Essen, erfreuliche Preise und auch während der Nebensaison geöffnet. Kleiner Supermarkt angeschlossen.

Tavérna O Gialós (5), Fischrestaurant und Oúzeri am Nordende der kleinen Uferpromenade. Man sitzt angenehm direkt am Wasser unter schattenspendenden Platanen und Markisendach. Kykladenblaue Tische und Stühle. Leider nur während der Hauptsaison geöffnet.

To Botsalo (6), kleine Cafeteria ebenfalls an der betonierten Uferpromenade. Es gibt auch Kleinigkeiten zu Essen, doch nur im Hochsommer geöffnet.

▶ **Strand von Rsoúm Gialós:** sauberes Wasser, aber nicht gerade eine Traumbucht. Ähnlich wie der Hafenort verfügt auch Rsoúm Gialós über eine kleine Bucht aus ca. 80 m grobem und feinem Kies. Leider keinerlei Schatten. Rechts und links ragt die Felsküste aus dem Wasser. Es gibt zwar schönere Badestellen auf der Insel, aber an dem kleinen Kiesstreifen kann man bedenkenlos im klaren Meer schwimmen. Nicht nur im Hochsommer wird der ortsnahe Strand vor allem von Griechen gut besucht. Vom Kávos-Hügel führt eine Treppe hinunter an den kleinen Kiesstrand, ideal für ein schnelles Bad. Einige Fischerboote liegen auf dem schmalen Streifen

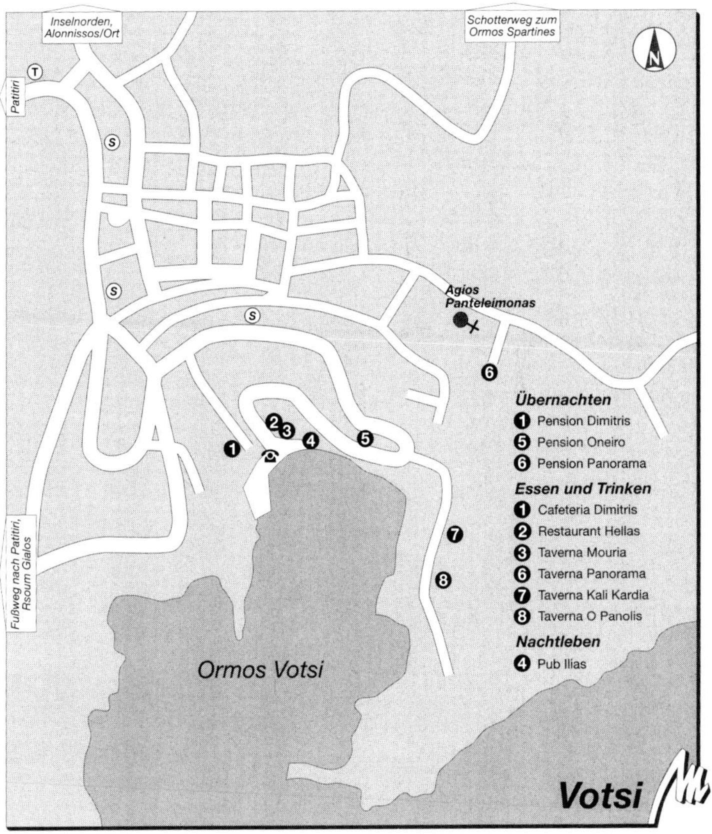

oder schaukeln in der Bucht. Am Südende der Bucht befindet sich eine größere betonierte Anlegestelle.

Vótsi

Das zweitgrößte Dorf der Insel, unweit von Patitíri gelegen. Alter Bauern- und Fischerort, neu belebt durch den zunehmenden Tourismus aber kein Massenziel. Pittoreske Bucht mit kleinem Strand und bunten Fischerbooten. Einige Unterkünfte und Tavernen. Zu Fuß vom Hafen in Patitíri braucht man knapp zwanzig Minuten.

In den letzten Jahren sind Patitíri, Rsoúm Gialós und Vótsi durch die enorme Bautätigkeit fast zusammengewachsen. Zwischen den Häusern liegen kaum noch 100 m. Vótsi ist der ältere Ort der drei Siedlungen, was man den

Häusern auch ansieht. Der Ort ist zwar keine Schönheit, aber die Hafenbucht von Vótsi ist malerisch. Am besten setzt man sich in eines der Cafés an der Promenade, beobachtet die Fischer und genießt die Atmosphäre... Sehenswert in Vótsi ist lediglich die Dorfkirche *Agíos Panteleímonas* am östlichen Rand der Siedlung. Ansonsten viel Beton, leider kaum begrünt. Daher wirkt alles ziemlich trist. Dennoch hat auch Vótsi seine Fangemeinde. Viele Inselfreunde kommen jedes Jahr wieder hierher. Unterkünfte gibt es nicht so zahlreichwie in Patitíri, aber deutlich mehr als in Rsoúm Gialós. Der Ort ist auch als alternativer Ankerplatz bei den Crews der Segelschiffe und Motoryachten sehr beliebt. Östlich von Vótsi liegt eine weitere kleine Bucht, der *Órmos Spartínes*.

Verbindungen / Adressen

- *Verbindungen*: wie bei Rsoúm Gialós. Keine öffentlichen Verkehrsmittel. Also entweder per Taxi, Mofa oder zu Fuß. Allerdings fahren auch Kaíkis nach Vótsi. Von der Inselhauptstraße führt eine asphaltierte Stichstraße direkt in ein paar Kurven hinunter zur Bucht.
- *Einkaufen*: An der Hauptstraße hinunter zur Bucht liegen gleich drei Supermärkte mit ausreichendem Angebot.
- *Geldwechsel*: im *"Reisebüro 7° Cielo"* an der Hafenfront.
- *Post*: kein Postamt vorhanden. Briefkasten im Ort, gegenüber dem ersten Supermarkt.
- *Reisebüro*: Das Büro **7° Cielo** befindet sich direkt am Betonkai, gut zu erkennen an dem weinüberrankten Dach. Es vermittelt vor allem für Italiener die Schiffspassagen zurück in die Adria. Außerdem Ausflüge um die Insel, Zimmer in Vótsi und anderswo auf der Insel. Sogar eine Exkursion nach Délphi wird angeboten. Postkartenverkauf angeschlossen. Tel. 65169.
- *Tankstelle*: oberhalb des Ortes, direkt an der breiten asphaltierten Inselstraße. Täglich durchgängig von 8-22 Uhr geöffnet. Angeboten werden Super (bleifrei), Normal und Diesel.
- *Telefonieren*: Kartentelefon direkt an der betonierten Uferpromenade.

Übernachten

Während der Hochsommermonate Juli und August werden in vielen Häusern Privatzimmer angeboten. In der Nebensaison ist das Angebot jedoch geringer.

Pension Panorama (6), A-Kat., ruhige Lage weit oberhalb der Bucht am Ende einer Seitengasse gelegen. Die Mutter des Besitzers, Pantelis Valvis, kommt aus Deutschland, so daß Pantelis gut Deutsch spricht. Vermietet werden zwei Studios und sieben Zwei- bzw. Dreibettzimmer. Alle Zimmer mit Bad, die Studios zusätzlich mit kleiner Küche. Einrichtung in hellem Kiefernholz. Von den Balkonen Blick aufs Meer. Gästebuch vorhanden, Parkplatz vor dem Haus. Pantelis bereitet morgens Frühstück zu und kocht auch abends. Preise je nach Saison ca. 60-77 DM fürs DZ inkl. einem reichhaltigen Frühstück. Tel. 65005/65116, Fax 65836. Ab 1998 auch im Internet. Geöffnet vom 1. April bis zum 10. Oktober.

Pension Dimitris (1), A-Kat., der Besitzer der Cafeteria vermietet über dem Lokal insgesamt zwei Studios und sechs DZ in angenehm ruhiger Lage. Alle Räume mit hellen Kiefernholzmöbeln eingerichtet, sauber, aber nicht allzu geräumig. Jedes Zimmer verfügt über ein eigenes Bad, Telefon und einen Balkon, teilweise auch mit Meeresblick. Studios haben zudem ein kleine Küche. Preise je nach Saison ca. 32-50 DM fürs DZ und 38-64 DM fürs Studio. Tel. 65035.

Pension Oneiro (5), A-Kat., relativ weit unten an der Bucht gelegen. Vermietet werden zehn relativ geräumige und saubere Studios, alle mit Bad und Balkon, teilweise auch Buchtblick vorhanden. Der ganze Komplex liegt allerdings direkt an der Dorfstraße hinunter zum Órmos, daher gelegentlich etwas laut. Preise je nach Saison ca. 38-64 DM fürs DZ. Tel. 65368/65774.

Blick auf Vótsi und seine Bucht

Essen/Trinken

Ähnlich wie die Übernachtungsquartiere: In der Nebensaison bleibt vieles geschlossen, während des Hochsommers deutlich besseres Angebot. Dennoch muß auch im Mai und Juni niemand verhungern.

Taverna Mouria (3), vom Anlegekai ein paar Schritte die einzige Zufahrtsstraße hinauf. Braune Tische und Stühle unter gelben Zeltdach. Ab 8 Uhr morgens kann man schon Frühstück bekommen, abends gute Fischgerichte. Von Einheimischen gut besucht.

Taverna O Panolis (8), oberhalb der Bucht auf der Südseite gelegen. Vom Anleger führt eine asphaltierte Straße in der zweiten Kurve rechts ab. Sehr hübsche Lage mit Blick hinunter in die Bucht von Vótsi. Man sitzt geschützt unter einem Holzdach inmitten von Geranienkübeln. Abends immer frischen Fisch im Angebot. Auch in der Nebensaison geöffnet.

Taverna Kalí Kardia (7), kurz vor *"O Panolis"* auf derselben Straßenseite und ebenfalls mit dem herrlichen Buchtblick. Ansonsten etwas einfacher gehalten. Tische unter Platanen und Schilfmattendach, hellblau bemalt. Auch hier Fischgerichte als Spezialität des Hauses.

Restaurant Hellas (2), die erste Taverne, direkt vorne am breiten Betonkai. Man sitzt unmittelbar am Wasser. Derselbe Besitzer wie *"Pub Ilías"*, daher ebenfalls nur in der Hochsaison geöffnet.

Taverna Panorama (6), Herr Pantelis, der deutschsprachige Besitzer der Pension Panorama kocht abends für seine Hausgäste, in der Nebensaison auch mal für Fremde. Reichhaltiges Frühstück immer möglich. Zur Sicherheit immer vormittags fragen, ob er abends kocht und dann auch schon gleich das Gericht auswählen.

Cafeteria Dimitris (1), phantastische Aussichtsterrasse mit Buchtblick. Wirklich hübsche und ruhige Lage, leider mit Plastikstühlen nicht sehr atmosphärisch eingerichtet. Es gibt Frühstück und den ganzen Tag über bis spät Abends Kleinigkeiten zu essen.

Pub Ilías (4), direkt unten am breiten betonierten Kai. Außen hübsch mit einem Motiv aus Vótsi (Haus und Meer) bemalt und ein paar Tische an der Promenade. Innen moderne Einrichtung, Stehbar. Nur in den Hochsommermonaten Juli und August geöffnet.

Baden

- **Órmos Vótsi**: kleine Bucht am Fuße des Ortes, dem Órmos von Rsoúm Gialós sehr ähnlich. Nur ein sehr kleines Strandstück steht all denen zur Verfügung, die in Vótsi wohnen (vor allem Einheimische) und für eine kurze Abkühlung nicht weit laufen wollen. Hierfür ist die Bucht auch gut geeignet, zum Sonnenbaden und Faulenzen am Strand eher weniger, denn der kurze Beach besteht fast nur aus grobem Kies. Ein paar Treppenstufen und ein kleiner Pfad führen von der Straße südlich der Bucht hinunter. Durch die hohen Bäume gibt es (zumindest am Nachmittag) auch etwas Schatten. Ansonsten eher spärliches Vergnügen. Beim Schwimmen auf den regen Bootsverkehr im Órmos achten!
- **Órmos Spartínes**: halbrunde Bucht mit drei separaten Kiesstränden auf der "Rückseite" von Vótsi. Sämtliche Abschnitte des Strandes bestehen aus feinen Kieselsteinen. Optisch recht gefällig, ragen die Felswände rechts und links aus dem Meer, aber es gibt bessere Badeplätze auf der Insel. Dennoch klares sauberes Wasser, nur selten viel los.

• *Einrichtungen*: durch die Nähe zu Vótsi keine vorhanden.

• *Anfahrt*: zu Fuß ungefähr 600 m östlich von Vótsi. Der Weg nimmt zunächst eine Rechtskurve, dann eine Linkskurve und führt zwischen zwei Waldstücken direkt auf den Strandabschnitt zu. Badekaíkis fahren wegen der zu nahen Lage nur selten zum Órmos Spartínes.

"Alónnissos für Kopf und Seele"

Die Internationale Akademie für Klassische Homöopathie

Der berühmte griechische Homöopath Geórgios Vithoulkas errichtete Mitte der neunziger Jahre seine Internationale Akademie für Klassische Homöopathie auf der Insel Alónnissos. Das Ziel der Einrichtung ist die Ausbildung von Medizinstudenten, Ärzten, Heilpraktikern und Angehörigen anderer Heilberufe nach den Lehren der klassischen Homöopathie Dr. Samuel Hahnemanns. Dabei soll die Akademie auf Alónnissos zu einem internationalen Zentrum mit einer respektablen homöopathischen Bibliothek heranwachsen, das mit anderen Schulen der klassischen Homöopathie auf der ganzen Welt in Verbindung steht, forscht und Wissen austauscht.

Geórgios Vithoulkas, 1970 Gründer der Athener Klinik für Homöopathie, weltweit bekannter Universitätslehrer dieses Faches und Autor mehrerer Fachbücher, ist der Träger und Leiter der 1995 ins Leben gerufenen Akademie auf Alónnissos. Das schmucke Gebäude (kurze Besichtigung lohnt auf jeden Fall) befindet sich links der Inselstraße in den Norden auf einem Hügel, ca. 1 km hinter Vótsi. Es ist aus alten Bruchsteinen gemauert und mit vielen Verzierungen sowie einem hübsch begrünten Hof aus bunten Marmorplatten mit Schriftmosaiken.

Seit Herbst 1996 finden nun mit steigender Beliebtheit und wachsenden Teilnehmerzahlen die ersten Kurse in englischer Sprache statt.

Dabei wird auch die Möglichkeit der Simultanübersetzung per Kopfhörer ins Deutsche, Griechische, Italienische und Russische angeboten. Die vierjährigen Intensivkurse finden in acht zweiwöchigen Sequenzen statt, die jeweils 1790 DM kosten und in der Regel im Frühjahr (Mai/Juni) und Herbst (September/Oktober) auf Alónnissos stattfinden. Preisangabe ohne Übernachtung und Flug.

Adresse: International Academy of Classical Homeopathy. GR – 37005 ALÓNNISSOS. Das Sekretariat in dem Gebäude der Akademie ist täglich vormittags von 8 bis 13.30 Uhr geöffnet. Zumeist ist auch eine deutschsprachige Hilfskraft anwesend.

Deutsche Kontaktadresse: George Vithoulkas Stiftung für klassische Homöopathie, Heimstraße 32b, D-82131 Stockdorf, Tel. 089/8561644, Fax 089/8561455.

Südlich von Patitíri

Von der westlichen Buchtstraße zweigt etwa 150 m vom Hafen entfernt ein betonierter Fahrweg nach links ab. Diese Straße steigt stark an und führt in einigen Kurven hinauf zu den Hotels "Galáxy" und "Nereides". Nach dem Abzweig zum "Galáxy" folgt bald der Campingplatz. Ab hier geht der Asphalt in eine Schotterpiste über, die durch den dichten Pinienwald bis zur Bungalowsiedlung am Kap Marpoúnta führt. Kurz zuvor der Abzweig rechts zum Órmos Megálo Mourtiá.

▶ **Órmos Marpoúnta**: eigentlich zwei Strände, durch eine kleine Felsnase getrennt. Das erste Teilstück ist ein gut 100 m langer Sandstrand mit etwas Kies. In der Hochsaison ist diese Badestelle ziemlich überlaufen, trotzdem noch angenehm. Direkt dahinter liegt die hotelartige Bungalowsiedlung, der *Marpoúnta-Club*.

Der zweite Strandabschnitt liegt rechts hinter den Hotelanlagen. Direkt im Anschluß steigt eine Felswand an. Der Strand ist gut 250 m lang und besteht aus Kieselsteinen. Dort selbst und etwas abseits stehen vereinzelte Zelte.

Im Meer vor dem Marpoúnta-Strand sollen bei ruhiger See noch die Überreste eines antiken *Asklepions*, eines Tempels des Asklepios, zu sehen sein.

• Einrichtungen: Taverne, Bar, Surfbrett- und Kanuverleih, Wasserskimöglichkeit am ersten Strandabschnitt. Alles wird von der hotelartigen Bungalowsiedlung gemanaged. Am zweiten Teil des Marpoúnta-Strandes liegen keinerlei Einrichtungen.

• Übernachten: **Marpoúnta-Bungalows**, C-Kat., das Anwesen mit insgesamt 104 Zimmern befindet sich gut 2,5 km südwestlich von Patitíri in idyllischer Lage. Seit einigen Jahren fast immer von einem italienischen Reiseveranstalter zu 90 % ausgebucht, daher nur wenige Zimmer frei zu vermieten. Haus bietet Swimmingpool, Tennis- und Volleyballplätze Wassersportmöglichkeiten und ein reichhaltiges Animationsprogramm. Außerdem auf dem Gelände eine Boutique und sogar eine Privatdisco für die Gäste. April bis Oktober geöffnet. Für die Gäste kostenloser Bus- oder Bootstransfer nach Patitíri. Preise je nach Saison ca. 100-190 DM fürs DZ und 170-245 DM mit Vollpension. Tel. 65212/65219, Fax 65173.

• Anfahrt: über die Straße, zunächst Asphalt, dann Schotterpiste oder bequem von Patitíri per Kaíki. Das hoteleigene Kaíki befördert manchmal auch Badegäste. Preis: ca. 2 DM.

▸ **Ákra Marpoúnta**: Kap südsüdöstlich des Órmos Marpoúnta. Das flach auslaufende und gut zugängliche Kap wird oft auch als Südkap, *Ákro Nótos*, bezeichnet.

▸ **Órmos Výthisma**: zu Fuß am Meer entlang von Marpoúnta aus nicht zu erreichen, da die Berghänge hinter dem Strand zu steil abfallen und der Pinienwald und die Macchia zu dicht sind. Die Badestelle ist dadurch nur selten besucht und bietet einen gut 250 m langen, groben Kieselsteinstreifen mit Sand.

• *Anfahrt*: über die Schotterpiste, die kurz vor den *"Marpoúnta-Bungalows"* rechts abzweigt, und weiter zum Órmos Megálo Mourtiá führt. Der Abzweig zum Výthisma ist schwer zu finden. Diverse Minipfade führen ca. 200 m durch den Wald hinunter. Von Patitíri sind es zu Fuß etwa 45 Minuten. Bequemer jedoch per Kaíki von Patitíri aus zu erreichen.
Keine Einrichtungen am Strand.

▸ **Órmos Megálos Mourtiá**: nach Süden hin offene Bucht. Völlig schattenloser, gut 80 m langer Hauptstrand mit einigen Tavernen und Übernachtungsmöglichkeiten. Selbst in der Nebensaison immer gut besucht, obwohl man ziemlich hart auf kleinen Kieselsteinen liegt. Wer etwas mehr Luxus mag, kann sich Liegestühle mieten. Nur hinter dem Strand bietet ein üppiger Ölbaumhain natürlichen Schatten. Durch die Südlage ist das Wasser immer geringfügig wärmer und zudem sehr klar. Außerdem für Familien empfehlenswert, weil das Wasser seicht ist und nur an den äußeren Rändern einige Felsen im Meer sind.
Am Südwestende des Hauptstrandes wurde eine lange Betonmole für die zahlreichen Ausflugskaíkis und Motorboote errichtet. Weiter in dieser Richtung liegt noch ein kurzer Strandabschnitt hinter einer Felsnase. Hier tummeln sich die FKK-Fans. Davor ragen einige scharfkantige Felsen aus dem Meer. Vorsicht beim Schwimmen!

• *Einrichtungen*: Ein Sonnenschirm und zwei Liegestühle kosten ca. 12,50 pro Tag.

• *Übernachten*: **Rooms Meltémi**, gehören zu der gleichnamigen Taverne. Der freundliche Wirt vermietet im Obergeschoß seines Hauses drei DZ, alle mit Bad und Balkon (schöner Meeresblick). Gut möbliert, allenfalls im Hochsommer durch die Taverne etwas laut. Preise je nach Saison ca. 28-45 DM. Tel. 65420/65755.

Rooms Megálo Mourtiás, auch diese Zimmer gehören zum gleichnamigen Estiatório. Im Haus hinter der Taverne werden insgesamt vier DZ, alle mit Bad und Balkon, vermietet. Zwei Balkone mit Meeresblick, zwei zum Olivenhain hin. Am Ostende der Bucht gelegen. Preise je nach Saison ca. 31-45 DM fürs DZ. Tel. 65737/ 65954.

• *Essen*: **Tavérna Meltémi**, man sitzt direkt am Meer unter Ölbäumen auf einem etwas erhöhten Gelände. Superblick aufs Wasser und den gesamten Strand. Griechenlandidylle in Reinform, dazu die entsprechende Hintergrundmusik. Zahlreiche Spezialitäten: Dolmades, Moussaká, mit Reis und Gemüse gefüllte Tomaten, selbstgemachte Cheese-Pie, Kesseria-Pie (mit Fleisch und Käse). Liegt am Südwestende der Bucht. Übliche Preise.

Estiatório Megálo Mourtiás, von einer Holländerin geführt, die hier mit einem Einheimischen verheiratet ist. Griechische Spezialitäten, Fischgerichte und Cheese-Pie, aber auch Eis und Kaffee. Tagsüber Kleinigkeiten zu essen, vor allem vom Grill. Man sitzt gemütlich auf einer Terrasse unter dem Markisendach direkt am Meer.

Tavérna Dimitri, liegt gut 100 m zurückgezogen vom Strand am Fahrweg hinauf nach Alónnissos/Ort. Hübsch und schattig inmitten des Olivenhaines. Alle Tische stehen unter knorrigen Ölbäumen, der Rest mit Geranien begrünt. Es gibt die inselüblichen Fischspezialitäten, und der Wirt spielt griechische Musik vom Band. Normale Preise.

• *Anfahrt*: Von Patitíri aus bestehen zwei Wegmöglichkeiten. Erstens über die Straße Richtung Marpoúnta. Ungefähr einen halben Kilometer vor der Bungalow Siedlung *"Hotel Marpoúnta"* führt ein breiter Schotterweg nach rechts über einen Kamm gut erkennbar bis zum Megálo Mourtiá Strand. Mit dem Jeep oder Mofa problemlos zu befahren, Kleinwagen nicht zu empfehlen. Allerdings endet diese Zufahrt ca. 200 m oberhalb der Bucht. Dort Fahrzeug stehen lassen und per pedes weiter.
Die zweite Anfahrtmöglichkeit führt über Alónnissos/Ort und ist für motorisierte Strandbesucher besser geeignet. Kurz vor der Chóra zweigt an einer Rechtskurve und einem Haus auf der linken Seite ein geschotterter Weg links von der Asphaltstraße ab. Dieser gut befahrbare Weg führt zum Teil steil bergab, zunächst an den unteren Häusern von Alónnissos/Ort vorbei, dann über spärlich mit Macchia bewachsenen Hänge und zum Schluß kurz vor dem Strand durch dichten Wald. Problemlos mit allen Fahrzeugen zu befahren. Selbstverständlich fahren auch die Kaíkis von Patitíri zum Órmos Megálo Mourtiá, jedoch vorzugsweise in der Hauptsaison.

Órmos Mikrós Mourtiá: etwa 700 m westlich von Megálo Mourtiá gelegen und entlang der Küste nicht erreichbar. Zugang nur von Alónnissos/Ort oder per Kaíki. Deshalb selbst in der Hochsaison sehr einsam.

• *Anfahrt*: Verschiedene Wege führen westlich um Alónnissos/Ort und danach die Osthänge des Berges Kalóvoulos hinunter zum Strand. Weitaus bequemer ist die Badestelle jedoch per Kaíki von *Patitíri* zu erreichen.
Einrichtungen sind nicht vorhanden.

Ákro Mourtiá: Kap westlich der Mourtiá-Strände. Gelegentlich auch als *Ákrotírio Kokkinó* oder *Ákro Teleion* bezeichnet. Die Südhänge des Berges Kalóvoulos fallen direkt am Kap relativ steil ins Wasser hinab. Auf der vordersten Landspitze steht ein kleiner Leuchtturm.

Von Patitíri nach Alónnissos/Ort

Eine gut asphaltierte Straßenverbindung führt über Vótsi hinauf in den alten Ort. Auf dem Weg bieten sich sagenhafte Aussichten. Rechts liegt wunderschön die Bucht von Órmos Giália, und nach links reicht der Blick bis zur Insel Peristéra. Außerdem gibt es noch die traditionellen Eselspfade.

Vom Hafenort ist der Weg sehr anstrengend. Teilweise geht es ziemlich steil hinauf. Auf halber Strecke liegt aber eine Taverne, ideal für eine Erholungspause auf der herrlichen Aussichtsterrasse. Das Gebiet ist zum Teil dicht mit Ölbäumen und hohen Macchiasträuchern bewachsen. Im näheren Umkreis der beiden Dörfer entlang der Wege zahlreiche Obstbäume. In unmittelbarer Nachbarschaft der Straße stehen vier Kapellen, leider fast immer verschlossen.

> **Hinweis**: Eine ausführliche Wanderwegbeschreibung von Alónnissos/Ort hinunter nach Patitíri finden Sie im Anschluß an das Kapitel Alónnissos/Ort, S. 289.

Kapelle Agíos Fanoúrios: ganz in blau-weiß gehalten, fast kykladischer Stil. Die Kapelle rechts der Straße, direkt an der Weggabelung hinauf zum Berg Vounó, wurde erst in neuerer Zeit erbaut und ist zumeist verschlossen. Doch entschädigt der phantastische Blick auf die Chóra und den Hafen

Patitíri. Ein schmaler Trampelpfad führt direkt von der Kreuzung etwa 100 m hinauf zur Kapelle.

Kapelle Profítis Ilías: ebenfalls rechts der Straße und nur unweit der Kapelle Agíos Fanoúrios. Die dem Propheten Elías geweihte Kapelle liegt etwas versteckt in einem kleinen Wäldchen wenige Meter oberhalb der Asphaltstraße am Abzweig zum Órmos Giália. Leider fast immer verschlossen.

Kapelle Agíos Taxiárchis: links der Straße etwa einen halben Kilometer vor Alónnissos/Ort gelegen.

Kapelle Agíos Ioánnis: rechts der Straße und fast direkt gegenüber der Kapelle Agíos Taxiárchis.

Hoch in den Bergen – Alónnissos/Ort

Alónnissos/Ort

Hoch oben in den Bergen auf dem Hügel hinter Patitíri. 1965 von einem Erdbeben stark beschädigt und zeitweilig fast vollständig verlassen. Mittlerweile regt sich ein frischer Wind. Ausländer und zunehmend auch Einheimische renovieren die alten Häuser und besiedeln den Ort neu. Beliebtes Tagesausflugsziel. Bei klarem Wetter ist in der Ferne sogar der Heilige Berg Athos erkennbar.

Früher gründeten die Insulaner ihre Hauptorte wegen der Bedrohung durch Seeräuberüberfälle deutlich erhöht, meist auf größeren Hügeln. So auch auf Alónnissos. Mit Ausnahme von kleinen Fischerbooten konnten keine Schiffe im dazugehörigen "Hafen" anlegen. Das ist auch der Grund, warum die Insel Alónnissos lange Zeit touristisches Brachland war. Zu Beginn der sechziger Jahre beschlossen die Verantwortlichen der Militärjunta in Athen, die Insel an das Verkehrsnetz anzuschließen. Was fehlte, war jedoch ein Hafen, und dafür eignete sich Patitíri glänzend. Man baute also den Hafen aus, in der Absicht, den Bewohnern einen Umzug ans Meer zu erleichtern und ihr 200 m hoch gelegenes Bergdörfchen aufzugeben. Aber die Einheimischen dachten gar nicht daran. Und wenn man den idyllischen Ort sieht, weiß man auch warum!

Die Obrigkeit setzte ihren Plan jedoch unbeirrt durch. Zuerst wurde das Rathaus nach unten in Hafennähe verlegt und später auch die Schule. Mit Zwang wollte man die Umsiedlung erreichen. Als dann 1965 ein kleines Erdbeben viele Häuser von Alónnissos/Ort zerstörte, gaben die Einwohner endgültig auf. Bis auf wenige Standhafte zogen alle hinunter zum Hafen. Gut zehn Jahre lang schlummerte Alónnissos/Ort in einer Art Dornröschenschlaf. Dieses Märchen sollte jedoch nicht lange dauern. Zunächst waren es Aussteiger und Künstler, die verlassene Grundstücke und Häuser Ende der siebziger Jahre billig aufkauften und hinauf in den alten Ort zogen. Später entdeckten auch immer mehr Griechen vom Festland und Ausländer, vor allem Deutsche und Engländer, Alónnissos/Ort als idealen Platz für ein Ferienhaus. Die Grundstückspreise in der alten Chóra stiegen schnell wieder an, und mit der Ruhe hier oben in den Bergen ist es heute nicht mehr so weit her. Da nun auch Elektrizität hinauf gelegt wurde, sind die Bewohner, die 1965 fast zwangsweise in den neuen Hafenort umsiedeln mußten, entsprechend verbittert und auf die Ausländer nicht immer gut zu sprechen.

Griechenland und die Ägäis – eine erdbebengefährdete Zone

Im Winter 1965 brach die Katastrophe über Alónnissos und Skópelos herein. Ein Erdbeben der Stärke 7,2 richtete insbesondere in *Alónnissos/Ort* und im Dorf *Klíma* auf Skópelos erhebliche Schäden an. In der Folge mußten beide Siedlungen fast vollständig verlassen werden. Zwar wohnen heute wieder viele Leute in den alten Dörfern, aber die Zerstörungen sind zum Teil noch immer zu sehen.

Das gesamte Ägäis-Gebiet ist eine tektonisch sehr aktive Zone. Deshalb kommt es immer wieder zu kleineren, kaum merklichen), seltener aber auch zu schweren Erdstößen. Schon häufiger in der Vergangenheit haben Alónnissos/Ort und Klíma wie 1965 ausgesehen. Für Touristen, die sich nur wenige Wochen im Land aufhalten, ist das Risiko dennoch kaum größer als die berühmte Wahrscheinlichkeit eines "Sechsers im Lotto", und die Griechen haben mittlerweile gelernt, mit der Angst umzugehen. Also, keine Panik. Statistisch gesehen kommen Erdbeben von der Stärke des Sporaden-Bebens von 1965 nur alle paar Jahrhunderte einmal vor.

Mittlerweile leben wahrscheinlich im Hochsommer fast tausend Menschen (überwiegend Ausländer) in der alten Chóra, während im Winter die Bevölkerungszahl auf wenige Dutzend absinkt. Vom alten Dorf sind mittlerweile gut zwei Drittel der Häuser wiederhergestellt worden. Insbesondere im höher gelegenen Teil rechts der Hauptgasse sind noch einige Ruinen zu finden. Es wird aber nur noch eine Frage der Zeit sein, bis auch hier neue Eigentümer gefunden und die letzten Schäden behoben sind. Auch wenn damals vieles zerstört wurde, haben weite Teile der alten Stadtmauer aus byzantinischer und venezianischer Zeit das Erdbeben ebenfalls gut überstanden. Im Inselverwaltungsamt von Patitíri wird noch heute der 30 cm lange Schlüssel des alten Stadttors aufbewahrt.

Früher war *Vráchos* der Spitzname der Chóra-Bewohner. Heute trägt eine Taverne in Patitíri diesen Namen. Einige Bewohner des Hafenortes besitzen ein Haus oben in Alónnissos/Ort und vermieten es gerne an Touristen. Die Preise sind allerdings ziemlich hoch, und sehr oft ist der Zustand der Häuser, insbesondere der sanitären Anlagen, nicht die Hälfte des verlangten Betrages wert. Handeln Sie! Das gesamte alte Dorf ist nicht befahrbar, die oft durch Treppen unterbrochenen Gassen sind für Autos viel zu eng. Daher liegt am unteren Rand ein großer Sammelparkplatz, an dem auch der Bus hält. Hier und entlang der Hauptgasse gibt es auch einige Tavernen und Cafés.

Verbindungen/Adressen

• *Verbindungen*: Von Patitíri fährt der einzige Inselbus 6x täglich hinauf nach Alónnissos/Ort. Abfahrtszeiten in Patitíri an der Paralía gegenüber der öffentlichen Zimmervermittlung täglich um 9.15/10.15/ 11.15/ 12.15/13.15/14.15 Uhr. Die Rückfahrt vom Buswendeplatz in Alónnissos/Ort startet jeweils 10 Minuten später. Fahrpreis 1,60 DM pro Person.

> **Tip**: vormittags mit dem Bus hinauf nach Alónnissos/Ort fahren, nachmittags über den von uns beschriebenen Wanderweg in knapp 40 Minuten zurück nach Patitíri laufen.

• *Einkaufen*: Souvenirshop **Liadrómia** gleich neben der *"Taverna Nikos"* am Ortseingang auf der rechten Seite. Verkauft werden u. a. Postkarten und hübsche Zeichnungen mit Motiven von der Insel.

• *Geldwechsel*: im Hochsommer im *"Reisebüro Alónnissos Travel"* an der Hauptgasse, in der Nebensaison nur in Patitíri möglich.

• *Post*: kein Postamt vorhanden.

• *Reisebüro*: **Alónnissos Travel**, eine Filiale des gleichnamigen Reisebüros aus Patitíri. Spezialisiert auf Zimmer- und Hausvermietungen hier oben im alten Ort. Außerdem Verkauf der Fährtickets, Vermittlung von Zweiradverleih, Ausflüge, Geldwechsel usw. Nur im Hochsommer geöffnet. Tel. 65188/65619.

• *Telefonieren*: zwei Kartentelefone am Dorfplatz mit der Christós-Kirche.

Übernachten/Essen

• *Übernachten*: Leider gibt es bislang kaum private Übernachtungsquartiere, die zudem in der Hauptsaison schnell ausgebucht sind. In Alónnissos/Ort werden überwiegend komplette Häuser an Familien oder mehrere Leute von den Reisebüros in Patitíri vermietet. Fragen Sie (insbesondere in der Nebensaison) unbedingt dort, bevor Sie sich umsonst in die Chóra begeben. Ein Hotel gibt es in Alónnissos/Ort nicht!

Rooms Ioánnis Tsoukanas (5), altes Haus mit braunen Türen und Fensterläden, di-

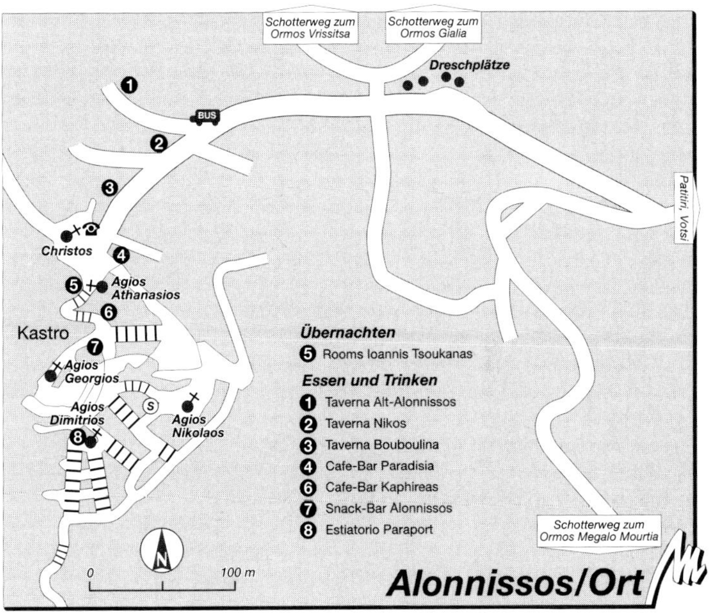

rekt an der Platía mit der Agíos Athanassios-Kirche gelegen. Vermietet werden DZ und Studios, ordentlich eingerichtet und sauber, teilweise mit Balkon. Während der Nebensaison ist oft niemand da, warten Sie ein paar Minuten. Preise je nach Saison ca. 38-65 DM fürs DZ, Studio jeweils 10 DM teurer. Tel. 65030 (auch in Patitíri erreichbar: Tel. 65469).

• *Essen*: mittlerweile eine recht große Auswahl an Tavernen und Cafés. Die meisten bieten allerdings nur die üblichen Mittagsgerichte für Tagesausflügler. In der Nebensaison sind die Tavernen in der Chóra so gut wie ausgestorben. Hauptsächlich wird Gegrilltes angeboten. Preise nicht gerade billig.

Tavérna Nikos (2), direkt am Busstopp und Parkplatz, ein paar Meter die Straße in den Ort hinein. die typischen Tavernenstühle unter weinüberranktem Dach und alles in frischem Santoriniblau. Grillspezialitäten. Geöffnet von Mitte Juni bis Mitte September.

Tavérna Bouboulina (3), vor allem gute Fischgerichte, aber auch Fleischspezialitäten im Angebot. Hübsche Terrasse mit Strohmattendach an der Straße. Leider nur Blick auf einen Betonklotz auf der anderen Straßenseite. Wirt spricht kaum Englisch. Ebenfalls am Ortseingang neben dem Souvenirshop. Übliche Preise.

Tavérna Alt-Alónnissos (1), vom Busstopp ungefähr 20 m rechts die Straße hinauf. Phantastische (aber oft sehr windige) Aussichtsterrasse auf die grünen Hügel nordöstlich des Ortes, z. B. den Vounó mit der O.T.E.-Sendestation. Schöner Blick auch hinunter auf die Windmühle am Giália-Strand. Reiches Angebot an Fisch- und Fleischgerichten. Knallrote Bestuhlung, mal was anderes.

Estiatório Paraport (8), liegt fast am Ende der Hauptgasse unter einer Platane im höheren Teil des Ortes. Fleischgerichte vor allem vom Grill, aber auch Fisch und diverse Kleinigkeiten. Gäste waren sehr zufrieden. Kommen Sie rechtzeitig, sonst sind die wenigen Plätze auf der Terrasse vergeben. Herrliche Sicht und Traumblick aufs Meer.

Snack-Bar Alónnissos (7), blaue Tische und Stühle draußen auf der Gasse im höheren Teil von Alónnissos. Gute Grillgerichte, aber leider nur im Juli und August geöffnet. Ortsübliche Preise.

Cafébar Kaphireas (6), an der Christós-Kirche die Treppen um die Ecke hinaufgehen. Die Cafébar liegt direkt am Beginn der Gasse durch den höher gelegenen Teil von Alónnissos/Ort. Von der windigen Aussichtsterrasse bietet sich ein herrlicher Blick über die Insel und hinunter ins blaue Meer. Ziemlich modern eingerichtet, klassische Musik den ganzen Tag. Kleinigkeiten zu Essen, Kaffee, Drinks usw.

Cafébar Paradísia (4), schräg gegenüber dem "Bouboulina". Schöner (wind-)geschützter Innenhof unter Weinranken, leider ohne Blick in die Stadt oder die Hügel. Bedienung könnte freundlicher sein. Erhöhtes Preisniveau. Der Wirt vermietet auch Zimmer.

Sehenswertes

Ungefähr 50 m nach dem Busstopp befindet sich der untere Dorfplatz mit seinen beiden alten, unverputzten Bruchsteinkirchen. Die Kirche links an den Treppen heißt *Agíos Athanásios* und zählt zu den ältesten Kirchen der Insel. Das gleiche läßt sich auch von der Kirche *Christós* behaupten, die rechts hinter den Bäumen hervorschaut. Beide Gotteshäuser sind leider stets verschlossen. Auf der Platía außerdem ein Mahnmal, das an die Kriegstoten von 1912-13, die Auseinandersetzungen in Kleinasien 1920-22 und an den griechischen Bürgerkrieg (1946-49) erinnert.

Die Treppen hinter der Athanassios-Kirche weiter hinauf, trifft man auf einen herrlichen Aussichtsplatz (Foto nicht vergessen) mit Sitzbänken, zwei Platanen und einem Café. Auch hier befindet sich eine Gedenktafel. Sie erinnert an die neun gefallenen Alonnissioten, die bei den Kämpfen mit deutschen Truppen am 15. August 1944 erschossen wurden, als die Wehrmacht eigentlich schon längst auf dem Rückzug aus Griechenland war. Eine weitere kurze Treppe führt zur Agorá, der kleinen Hauptgasse durch Alónnissos/Ort. Am Ende der Gasse liegt eine Taverne hübsch unter Platanen.

Enge Gassen in Alónnissos/Ort

Von hier aus führen schmale Gassen in den höchsten Teil der Chóra, in dem noch Dutzende vom Erdbeben beschädigte oder zusammengefallene Häuser und *Ruinen* zu besichtigen sind (tolle Fotomotive). Die höchste Stelle nennen die Einheimischen *Kástro*, obwohl es kein eigentliches Kástro oder entsprechende Überreste mehr gibt. Die Mühe hinaufzulaufen wird durch den Anblick der inseltypischen Bruchsteinkirche *Agíos Geórgios* belohnt (leider stets verschlossen).

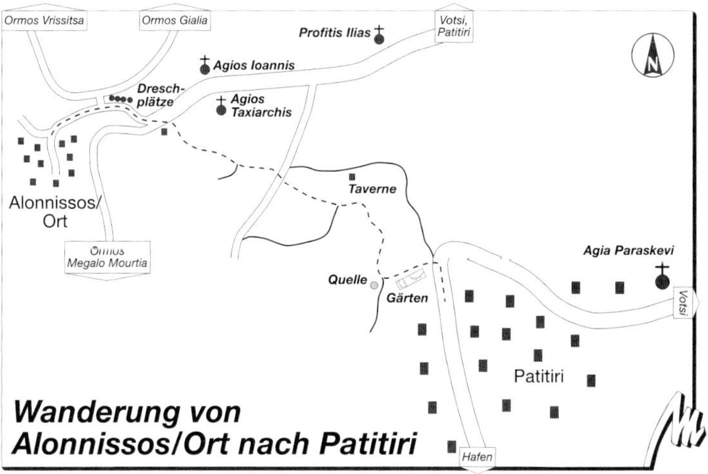

Der Rest des Ortes ist mittlerweile gut restauriert worden, von den Erdbebenschäden ist kaum noch etwas zu sehen. Zwischendurch immer mal wieder eine schöne Aussicht auf die Berglandschaft südlich von Alónnissos/Ort und auf die felsige Küste.

Von der Taverne am Ende der Agorá ein paar Treppenstufen hinunter liegt versteckt die Kirche *Agíos Dimítrios*. Folgt man den Stufen weiter, trifft man auf einige hübsch restaurierte Häuser. Der Rundgang setzt sich dann nach links fort. Im Gassengewirr befindet sich ein kleiner Supermarkt und gegenüber die Kirche *Agíos Nikólaos*. Leider ist auch dieses Gotteshaus mit seinen roten Ziegelsteinen an den Ecken üblicherweise verschlossen. Weiter die Treppen aufwärts führt die Gasse wieder zurück zur Agorá.

Wanderung von Alónnissos/Ort nach Patitíri

Kleiner Spaziergang den Hang hinunter, problemlos in 25-30 Minuten zu wandern. Vorbei an einer Taverne, durch dichte Macchia und vorbei an üppigen Obstgärten auf die westliche Buchtstraße von Patitíri.

Vom Bus-Wendeplatz am unteren Ortsausgang wandert man zunächst ein Stück die Asphaltstraße hinunter. Auf der linken Seite liegen vier große runde Dreschplätze mit Steinböden. Bald nimmt die Straße eine Linkskurve, an der ein neues Haus mit Telegrafenleitung und einem Verkehrsspiegel steht. An dieser Stelle bietet sich ein bildschöner Rückblick auf die alte Chóra von Alónnissos. Ungefähr 40 m hinter der Kurve mit dem Haus zweigt rechts von der Straße ein schmaler Trampelpfad ab. Der abschüssige Weg führt gleich an einigen Ölbäumen vorbei. Man erkennt ihn auch an dem roten Punkt auf dem Stein ca. 5 m nach dem Abzweig. Ein weiterer roter Punkt auf dem Ölbaum rechts des Pfades.

Der schmale, steinige Pfad verläuft entlang einer Mauer, vorbei an Obstbäumen und seltenen Kräutern. An der nächsten Wegkreuzung direkt geradeaus weiter wandern, d. h. den querverlaufenden breiten Weg überqueren (nach links geht es zu dem Asia-Restaurant *"Alexandra's Eastern Cusine"*). Nach ein paar Metern verläuft der Pfad geradeaus zwischen zwei Mauern und ist mit groben Steinen gepflastert. In der Ferne sieht man schon die ersten Häuser und die Anlegemole von Patitíri. Nach knappen 15 Minuten ab Alónnissos/Ort trifft man auf einen breiten Betonpfad, der von Patitíri hinaufführt und hier an einer Quelle mit betoniertem Becken endet.
Links führt ein schmaler Pfad weiter bergab, der kurz darauf erneut auf eine Weggabelung trifft. Hier rechts halten und weiterhin abwärts wandern. Zahlreiche Oliven- und Obstbäume säumen den Pfad. Vorbei an einem hübschen Gartengrundstück mündet der Weg nach ungefähr fünf Minuten in die westliche Buchtstraße von Patitíri ein. Rechts geht es dann weiter zum Hafen. Will man von Patitíri hinauf zur alten Chóra wandern, erkennt man den Einstieg in den Pfad an dem Schild "Ecological-Cultural Hiking Trail Nr. 1" auf der linken Seite.

Westlich und nordöstlich von Alónnissos/Ort

Sehr hügeliges Gebiet rund um den 325 m hohen Berg Kalóvoulos, in der Südwestecke der Insel. Hier führen zum Teil recht steile Felsabhänge hinunter an die Küsten.

Zwischen der alten Chóra und dem Berg Vounó (260 Höhenmeter) mit der O.T.E.-Sendestation liegt ein Talzug. Zwei schlechte Schotterpisten schlängeln sich in Serpentinen abwärts zu den beiden unattraktiven Buchten Vrissítsa und Giália. Entlang der Wege stehen einige Kapellen.

▸ **Kalóvoulos:** 325 m hoher Berg zwischen Alónnissos/Ort und der Westküste. Ein erkennbarer Weg führt nicht hinauf, aber die Hänge sind nur spärlich bewachsen, so daß man problemlos auf Sicht laufen kann.

▸ **Órmos Vrissítsa:** unspektakulärer, ca. 50 m breiter Streifen aus feinem und grobem Kies. Das ganze Gelände ist durch angeschwemmten Unrat aus dem Meer ziemlich verdreckt. Fast immer weht ein starker Wind, der den Müll in die Bucht treibt. Am Strand befindet sich eine kleine betonierte Bootsgarage. Rechts und links des Órmos steigen Felsen empor. In der Nebensaison völlig menschenleer.

• *Anfahrt*: Kurz vor dem unteren Parkplatz von Alónnissos/Ort zweigt der Weg nach rechts ab und nimmt zahlreiche Kurven. Die schlecht befahrbare Schotterpiste endet ungefähr 300 m oberhalb des Strandes. Ein schmaler Pfad am Ende des breiten Weges führt zu einem einsamen Haus (Vorsicht: freilaufender Hund!). Zum Strand führt noch ein weiterer Pfad, der ca. 5 m vor dem Ende des befahrbaren Weges nach rechts abzweigt. Hier geht es in fünf Minuten durch kniehohes Gestrüpp gefahrlos zum Órmos Vrissítsa. Der Trampelpfad ist schmal, aber gut erkennbar. Einrichtungen sind nicht vorhanden.

▸ **Kap Papá Kávos:** Landzunge zwischen den Stränden von Vrissítsa und Giália.

Órmos Giália

▸ **Órmos Giália**: Von der Straße am Parkplatz der Chóra sieht die Bucht beim Blick nach unten sehr gefällig aus: Strandidylle mit Windmühle. Hat man jedoch die serpentinenartige Schotterpiste bergab hinter sich gebracht, wird man um so schneller wieder umkehren: Am ca. 40 m breiten Kiesstrand liegen reichlich Müll und angespülter Schmutz aus dem Meer. In Anbetracht der Menge kann nicht alles aus dem Meer stammen, der Órmos dient wohl als wilde Müllkippe.

Ansonsten eigentlich ein hübsches Plätzchen mit der fotogenen Windmühle am Rand der Bucht, auch wenn die Flügel nicht bespannt sind. Rechts und links spärlich mit Macchia bewachsene Felsen. Fast immer weht ein kräftiger Wind. Baden ist nicht empfehlenswert, es gibt weitaus schönere Stellen auf der Insel.

- *Einrichtungen*: keine Strandbar, deshalb Verpflegung mitnehmen.
- *Anfahrt*: Etwa 1 km vor Alónnissos/Ort zweigt unmittelbar vor der Kapelle Profítis Ilías ein Weg nach rechts zur Bucht ab, der in mehreren Kurven und Serpentinen abwärts führt. Wohl eine der schlechtesten Schotterpisten der gesamten Insel. Dennoch von oben schon gut zu erkennen, mit dem Jeep oder Moped kommt man bis zum Meer, mit einem Pkw wird es da schon schwieriger. Zu Fuß ist dieselbe Strecke in ungefähr 40 Minuten von Patitíri zu wandern.

▸ **Kapelle Sotíra**: kleine Kapelle im Hügelland zwischen Patitíri und dem Berg Vounó. Sie liegt von der Kirche Agios Fanoúrios etwa 700 m nordöstlich entfernt, in der Nähe des Weges hinauf zum Gipfel des Vounó. Sotíra wirkt zunächst wie ein kleines Schutzhaus der Ziegenhirten und ist gelegentlich offen. Direkt neben dem Bau stehen ein paar imposante Zypressen.

- **Kapelle Kímissi Theotókou**: bedeutende Kapelle, etwa einen halben Kilometer nördlich der Sotíra in einer wunderschönen Landschaft gelegen. Wegen des Ikonenklaus immer verschlossen.
- **Berg Vounó**: 260 m hoher und im oberen Teil kaum bewachsener Hügel. Am Ende des Weges hinauf zum Gipfel steht eine Richtfunkstation der Telefongesellschaft O.T.E.
- **Kávos Kontoú**: fast unzugängliches Kap nördlich des Berges Vounó. Die Hügel fallen vom 260 m hohen Gipfel relativ steil ins Meer hinab.

Wanderung von Patitíri zum Strand von Megálo Mourtiá und weiter nach Alónnissos/Ort

Schöne Halbtageswanderung, weitgehend durch dichten Pinienwald und Olivenhaine. Unterwegs herrliche Bademöglichkeiten und einige Tavernen am Órmos Megálo Mourtiá. Nach dem Aufstieg lohnenswerte Besichtigung der alten Chóra von Alónnissos. Rückweg über die Straße oder per Wanderweg in den Hafenort.

Wegstrecke: von Patitíri über die Straße nach Marpoúnta zum Strand von Megálo Mourtiá und weiter steil aufwärts nach Alónnissos/Ort. Bis Megálo Mourtiá dichter Wald, später weniger schattenspendende Bäume. Von der alten Chóra entweder per Wanderweg oder Bus zurück nach Patitíri. Wegstrecke bis nach Alónnissos/Ort knapp 5 km, insgesamt zurück nach Patitíri ungefähr 7 km.
Dauer: abhängig von der persönlichen Kondition. Je nach Gangart ca. 2,5-3 Stunden, außerdem Badestopp und Besichtigung von Alónnissos/Ort einkalkulieren.
Schwierigkeit und Ausrüstung: bis zur Bucht von Megálo Mourtiá keine besonders anstrengende Wanderung. Danach verfügt der Wanderweg hinauf nach Alónnissos/Ort über einige steile Steigungsstrecken. Hier sind knapp 200 Höhenmeter auf einer Schotterstraße zu überwinden! Feste Bergwanderschuhe sind sinnvoll, halbhohe Turnschuhe reichen jedoch aus. Durch die Versorgungsmöglichkeit mit Tavernen am Órmos Megálo Mourtiá und oben in der alten Chóra kann auf die Mitnahme von Wasser und Proviant verzichtet werden. Dennoch besser immer etwas Wasser mitnehmen.

Von der Hafenpromenade in Patitíri aus westlich orientieren. An der ersten Einmündung (westliche Buchtstraße) links abzweigen, die Straße Richtung *"Hotel Galáxy"* und *"Marpoúnta Bungalows"*. Zunächst auf der breiten betonierten Straße steil bergauf, hinter dem *"Hotel Galáxy"* weiter zum Campingplatz. Kurz zuvor geht der Asphalt in eine breite Schotterpiste über und führt durch dichten Wald. Nicht ganz 1 km vor dem Eingang zum *"Marpoúnta Club"* zweigt rechts eine schlechte Schotterpiste ab, leicht bergauf und ebenfalls durch dichten Wald.
Die geschotterte Strecke verläuft weiter ansteigend, am höchsten Punkt liegt rechts eine Wiese, und unmittelbar danach führt die Piste abschüssig weiter bis zum Strand von Megálo Mourtiá. An mehreren Abzweigungen stets dem leicht erkennbaren Hauptweg folgen. Der breite Schotterweg

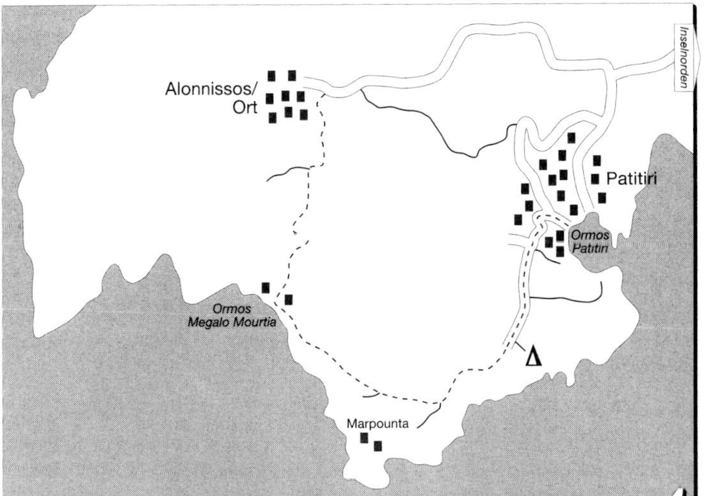

Wanderung von Patitiri zum Strand von Megalo Mourtia und weiter nach Alonnissos/Ort

endet an einem umzäunten Grundstück. Links führt ein kleiner Trampelpfad hinunter zum Strand, den man problemlos in drei Minuten erreicht. Kleine Erfrischung gefällig? Das Meer ist hier herrlich klar und lädt zum Baden ein.

Der weitere Weg führt quer über den Strand bis zur *"Taverne Meltémi"*. Kurz zuvor verläuft ein durch Mauern eingefaßter, ca. 2 m breiter Pfad durch das hinter der Bucht liegende Tal hinauf nach Alónnissos/Ort. Nach ein paar Metern führt der Pfad an einer weiteren Taverne vorbei, wird breiter und steigt mal mehr, mal weniger an. Rechts und links des Schotterweges wachsen üppige Olivenbäume. Ein Stück weiter oben kommt man an einigen Häusern vorbei. An der ersten größeren Wegteilung links halten und der scharfen Kehre folgen.

Nun wird der Anstieg deutlich steiler, und bald tauchen links die ersten Häuser der alten Chóra auf. Der Weg führt am unteren Dorfrand entlang, an den tiefer gelegenen Häusern von Alónnissos/Ort. Noch eine kurze Steigungsstrecke, und an einem altrosa gestrichenen Haus trifft man auf die Asphaltstraße von Patitíri zur alten Chóra. Links geht es nach Alónnissos/Ort, rechts über die Straße oder den Wanderweg wieder zurück nach Patitíri. Der Wanderweg hinunter in den Hafenort beginnt ungefähr 40 m hinter dem Haus an der Straße (ausführliche Beschreibung siehe unter *"Wanderung von Alónnissos/Ort nach Patitíri"*).

Der mittlere Teil der Insel

Im Inland üppig grüne Hügellandschaft, Olivenhaine und Pinien. An der Küste entlang ziehen sich wie an einer Perlenkette aufgereiht fast ein Dutzend schöne und vielbesuchte Strände. Einige Fischerdörfer, das größte von ihnen ist Stení Vála. Die Inselmitte ist seit einigen Jahren durch asphaltierte Straßen und Schotterpisten erschlossen.

Nach Vótsi beginnt im Grunde schon das unbesiedelte Hinterland von Alónnissos. An der Südostküste liegen die beiden Fischerdörfer *Stení Vála* und *Kalamákia*, nicht weit im Inland der Bauernweiler Mourteró. Ansonsten gibt es nur mehr oder minder willkürlich zusammengefaßte Ansammlungen von Bauernhöfen, wie *Agíos Konstantínos*, wo vor Jahren einmal der Inselflughafen gebaut werden sollte. Mitten durch Alónnissos zieht sich ein teilweise über 400 m hoher Gebirgszug nach Norden. Die neue Straße verläuft als eindrucksvolle Höhenpiste fast parallel zu diesem Grat. Immer wieder bieten sich phantastische Blicke auf die dicht bewachsenen Hügel und die Küstenlinie auf der Südostseite. Erst kurz vor Gérakas führt die Straße wieder hinunter auf Meereshöhe.

Das Interesse der Besucher gilt aber weniger der üppig grünen Hügellandschaft als vielmehr den zahlreichen Stränden, die sich wie an einer Perlenkette aufgereiht von Vótsi bis Agíos Dimítrios hinaufziehen. Eine Inselkarte verzeichnet hier immerhin elf Strandabschnitte. Im südlichen Teil sind es vorwiegend in die Küstenlandschaft eingeschnittene Buchten, die rechts und links von hohen Felsen begrenzt werden. *Chrissí Miliá* ist der einzige Strand, der eine weiche Sandunterlage bietet. Alle anderen bestehen nur aus kleineren und größeren Kieselsteinen. Besonders beliebt ist der Órmos Kokkinó Kástro, die *rote Burg*. In der Tat schimmern die Felswände und die vorgelagerte Insel Vráchos in tiefem Dunkelrot. Eine herrliche Szenerie.

Stení Vála ist das größte Fischerdorf auf der Insel, und die Bewohner haben es mittlerweile zu einem respektablen Touristenort umgebaut. Entlang der Uferpromenade liegt eine Taverne neben der anderen, und in den Hinterhäusern werden reichlich Zimmer vermietet. Für die kommenden Jahre plant man die Errichtung eines kleinen "Freizeitparks", was dem heute noch intakten Charakter des Ortes sicherlich nicht förderlich ist. Nördlich von Stení Vála zieht sich der Kiesstrand über einige Kilometer bis *Agíos Dimítrios*. Entlang der Küste wurden in den letzten Jahren zahlreiche Ferienhäuser errichtet, die zu vermieten sind.

Nach wie vor fahren die Badekaíkis von Patitíri und Vótsi an die Strände bis Stení Vála, doch bevorzugen nach dem Straßenausbau immer mehr Besucher das eigene Zweirad. Wer in den Dörfern im Süden Quartier genommen hat, kann auch einige Buchten zu Fuß erreichen. Allerdings gibt es nur wenige alte Eselspfade, zumeist muß man über die Straßen wandern. Auch die fehlenden Busverbindungen sollte man berücksichtigen. Also entweder den gesamten Weg wieder zurücklaufen oder sich telefonisch ein Inseltaxi aus Patitíri bestellen.

Taxiruf: Tel. 65325/65087/65425, ziemlich teurer Spaß!

Südostküste

▸ **Órmos Miliá Gialós**: ungefähr 100 m schattenloser Kies. Hinter der Bucht liegt dichter Nadelwald, der aber erst sehr spät am Nachmittag etwas Schatten liefert. Der Strand selbst besteht weitgehend aus Kieselsteinen und ist durch seine geschützte, tief in die Küstenlinie eingeschnittene Lage sehr sauber. Oft liegen nur ein paar Kaíkis der Fischer vor Anker, in der Nebensaison garantiert friedvolle Ruhe. Nordöstlich hinter den flach ins Wasser auslaufenden Felsen liegt noch ein kurzes Strandstück, das oft für FKK genutzt wird.

Oberhalb des Strandes wurde in den dicht bewaldeten Hängen 1997 eine Bungalowanlage errichtet. Östlich der Bucht ragt das Kap Akrotírio Zarpoúnda weit ins Meer hinein. Seine Hänge sind ebenfalls dicht bewaldet, doch führt ein (nicht befahrbarer) Weg steil aufwärts quer über das Kap zum Órmos Chrissí Miliá.

• *Anfahrt*: von Vótsi aus zunächst die Straße Richtung Stení Vála. Nach exakt 1 km (vom Ortsrand aus gesehen) führt eine beschilderte Abzweigung rechts ab, dann sofort nach 100 m wieder rechts ab und noch 500 m über eine Schotterpiste bergab zur Bucht. Problemlos zu Fuß zu erreichen. Miliá Gialós wird auch von den Kaíkis ab Patitíri angefahren.

Einrichtungen sind keine vorhanden.

Órmos Chrissí Miliá

Praktisch der einzige Sandstrand und daher einer der meistbesuchten Badeplätze der Insel. Auch Übernachtungsmöglichkeiten sind vorhanden.

Der Sand von Chrissí Miliá ist zwar nicht ganz so fein wie der von Skíathos, gilt aber für die Verhältnisse von Alónnissos als "Sandstrand". Insgesamt nur ungefähr 100 m lang und etwa 5 m breit, im Hochsommer daher ziemlich eng. Absolut schattenlos, es gibt aber Sonnenschirm- und Liegestuhlverleih. Das Wasser ist bis weit draußen seicht und sauber. Am Südende der Bucht ein paar Felsen im Meer. Toller Blick nach links auf den vorgelagerten Vráchos-Felsen und den roten Beach von Kokkinó Kástro.

Weiter nördlich liegt ein Strandabschnitt, an dem sich zumeist FKK-Fans tummeln. Etliche Zelte sind aufgeschlagen. Im Hochsommer 1992 sind Teile des Kiefernwaldes hinter dem Strand leider niedergebrannt.

• *Anfahrt*: von der Inselhauptstraße gut beschildert. Mittlerweile führt die asphaltierte Straße hinunter bis zum Strand. Kurz vor dem *"Hotel Villagio Mediterraneo"* rechts abbiegen und die Serpentinen hinunterfahren. Die Straße endet am Südende der Bucht. Ansonsten bequem mit den häufig fahrenden Wassertaxis von *Patitíri* aus erreichbar.

• *Einrichtungen*: Sonnenschirm- und Liegestuhlverleih. Preis ca. 15 DM pro Tag. Im Hochsommer werden auch Surfbretter verliehen und eine Strandbar hinter dem Beach betrieben.

• *Übernachten*: **Hotel Villagio Mediterraneo**, A-Kat., im Grunde eine geschlossene italienische Gesellschaft, ähnlich wie *"Marpoúnta"*. Die private Clubanlage bietet kaum freie Zimmer, fast immer von einem italienischen Reiseveranstalter ausgebucht. Falls Sie trotzdem Platz finden, erwartet Sie eine Nobelanlage. Hübsche, sehr gut ausgestattete Bungalows am Hang über der Bucht. Hoteleigenes Restaurant, Swimmingpool, Disko, Liegestühle am Strand und reichlich Animationsprogramm für die Gäste, allerdings ausschließlich in italienischer Sprache. Preise je nach Saison ca. 190-245 DM fürs DZ mit Vollpension. Tel. 65113/65765/65766, Fax 65793.

Hotel Alónnissos Beach, A-Kat., direkt neben dem *"Villagio Mediterraneo"* gelegen. Am Ende der Straße befinden sich ein paar Tennisplätze, dahinter das Hotel. Nur im Hochsommer geöffnet. Preise liegen dann nicht unter 80 DM fürs DZ. Tel. 65281.

• Essen: **Tavérna Chrissí Miliá**, hinter dem Strand im Süden der Bucht, wo auch die Asphaltstraße endet. Es gibt eine gute Auswahl an Kleinigkeiten, die üblichen Gerichte und natürlich Fisch. Dabei sitzt man angenehm schattig unter Kiefern und Strohdach. Auch als Strandbar beliebt. Inselübliches Preisniveau. Ab Mitte Mai geöffnet.

Órmos Kokkinó Kástro

Prächtige Szenerie: Rote Felsen ragen tief ins blaue Meer hinein. Vor der Bucht eine rote vorgelagerte Insel, imposantes Spiel der Farben. Antike Mauerreste im Wasser.

Der Kokkinó Kástro ist mit Abstand der beliebteste Strand von Alónnissos. Rotes Gestein dominiert die Bucht südlich einer kleinen und flachen Landzunge, daher auch der Name: *"Rote Burg"*. Zusammen mit dem Blau des Meeres ein imposantes Farbenspiel. Mitten auf dem Strand steht einsam ein Baum, die einzige Möglichkeit, um etwas Schatten zu finden. Die Beliebtheit des Kokkinó Kástro ist jedoch nicht nur in dieser einmaligen Szenerie begründet, ein weiterer Grund ist auch die feine Kieselsteinunterlage.

Das Wasser ist zwar nicht an der gesamten Bucht seicht, aber sehr sauber. Spätnachmittags sorgen die bewachsenen Felsen für etwas Schatten. Im Hochsommer gnadenlos überfüllt, während der Nebensaison noch angenehm ruhig. Am Nordende der Bucht wurde für die Kaíkis ein kleiner Anlegekai errichtet.

Auf der Landzunge nördlich des Órmos Kokkinó Kástro sind Mauerreste aus dem 5. Jh. v. Chr. gut zu erkennen. Sie bildeten einst die Akrópolis, die höchste Stelle einer im Wasser versunkenen Stadt größeren Ausmaßes. Taucher berichteten, daß Mauerreste bis zur ca. 150 m vorgelagerten roten Insel *Vráchos* hinüberreichen. Von der Wasseroberfläche und vom Strand aus sind jedenfalls keine Spuren der sagenhaften Stadt *Íkos* zu sehen, die einst Hauptort der Insel gewesen sein soll. Wie Alónnissos/Ort ist auch diese antike Stadt sehr wahrscheinlich Opfer eines Erdbebens geworden bzw. im Meer versunken.

• Einrichtungen: improvisierte Strandbar mit einem Dach aus Palmenblättern. Ab etwa Mitte Juni bis Mitte September geöffnet. Der Besitzer verleiht Sonnenschirme und Liegesstühle für ca. 12,50 DM pro Tag. Im Hochsommer werden zusätzlich auch Surfbretter verliehen.

• Anfahrt: zu Fuß von Patitíri ziemlich weit, aber möglich. Von der Inselstraße nach Stení Vála zweigt eine ebenfalls asphaltierte Piste zu den Stränden Chrissí Miliá und Kokkinó Kástro ab (gut beschildert). Diese Straße führt zunächst über einige Hügel. Unmittelbar vor der letzten Steigung biegt nach links ein breiter Schotterweg ab, der bis hinter den Kokkinó Kástro reicht. Verschiedene Pfade führen die letzen Meter hinunter zur Bucht (hier leider unbeschil-

Órmos Kokkinó Kástro – die "Rote Burg"

dert). Außerdem besteht ein Kaíki-Pendelverkehr von Patitíri. Da diese Badestelle von den meisten Booten mindestens einmal täglich angelaufen wird, empfiehlt sich vielleicht sogar das Wassertaxi. Von Patitíri braucht man nur eine knappe halbe Stunde. Preis: ca. 6,50 DM pro Person.

▶ **Ákro Kokkinó Kástro**: rostrote Felsnase mit zahlreichen vorgelagerten Klippen nördlich der Bucht. Das Kap ist recht flach und nur spärlich mit Macchia bewachsen.

▶ **Órmos Tzórtzi**: ungefähr 150 m langer, aber sehr schmaler Kiesstreifen (ca. 5 m). Dennoch tolle Lage, tief in die Küstenlinie eingeschnitten. Für Familien gut geeignet, denn das Wasser ist nicht sehr tief und die Sandbänke reichen weit hinaus. Durch die an dieser Stelle starke Strömung werden aber leider häufig reichlich Algen und Wasserpflanzen aus dem Meer angespült. Ein Reinigungsdienst ist nicht vorhanden, daher ist der Órmos Tzórtzi nicht sehr sauber. Außerdem absolut schattenloser Strand, an dem oft Segelyachten und Ausflugsboote ankern.

Weite Bereiche des Tales hinter dem Beach sind 1993 durch ein Feuer niedergebrannt. Mittlerweile sind die Hänge zum Teil wieder dicht bewachsen, auch ein kleiner Olivenhain wurde wieder angelegt.

• *Einrichtungen*: Hinter dem Strand wird in der Hochsaison eine kleine Taverne betrieben, die im Frühjahr und Herbst jedoch geschlossen bleibt.

• *Anfahrt*: über die mittlerweile durchgängig asphaltierte Straße oder mit den Kaíkis. Die Abzweigung zum Órmos Tzórtzi liegt unmittelbar an der zum Órmos Kokkinó Kástro (gut beschildert). Von der Straße nach Stení Vála geht es zunächst ca. 100 m nordwestlich, dann an der Abzweigung des Schotterweges dem Asphalt nach. Der kurvenreiche Weg führt nach knapp 2 km direkt an die Bucht. Außerdem besteht die Möglichkeit, den Órmos Tzórtzi bequem mit den Wassertaxis von Patitíri aus zu erreichen.

▸ **Órmos Leptós Gialós**: hübsche, einsame Kiesbucht. Am Nordende eine kleine betonierte Anlegestelle für Kaíkis. Zahlreiche Olivenbäume unmittelbar am sauberen Strand bieten Schatten. Oberhalb des Strandes befindet sich eine Ziegentränke, daher halten sich oft auch tagsüber die Tiere in der Nähe auf. Durch die Ziegen und das Wasser werden aber auch massenhaft Insekten angelockt, die manchmal unangenehm werden können. Dennoch eine hübsche Bucht, in der Nebensaison fast menschenleer (dann bei FKK-Anhängern beliebt), auch im Hochsommer nicht überlaufen. Das saubere Wasser ist zunächst sehr seicht, wird dann aber schnell tief.

- *Anfahrt*: zunächst wie zum Órmos Tzórtzi, aber schon ca. 60 m nach der Abzweigung von der Inselstraße nach links in eine Schotterpiste einbiegen. Dieser gut befahrbare Schotterweg endet nach ca. 1,5 km direkt am Strand. Die Fahrt von Patitíri mit den Wassertaxis dauert etwa 35 Minuten und wird nicht oft angeboten.
Einrichtungen sind keine vorhanden.

▸ **Órmos Agíos Pétros**: kleine und wenig besuchte Kiesbucht, unweit des Fischerdorfes Stení Vála. Im Grunde der letzte leicht zu erreichende Strandabschnitt vor Stení Vála. Hinter der Bucht wachsen die Olivenbäume und Pinien fast bis an den Strand heran, so daß es immer etwas Schatten gibt. Einige Ferienhäuser sind in den letzten Jahren errichtet worden. Das Wasser ist relativ sauber und seicht.

- *Anfahrt*: zunächst wie nach Stení Vála, aber in einer scharfen Linkskurve auf die nach rechts abzweigende Schotterpiste einbiegen. Dieser zunächst gut, später katastrophal zu befahrende Schotterweg endet nach einem knappen Kilometer direkt am Strand. Die Fahrt von Patitíri mit den Wassertaxis wird wegen der Nähe zu dem beliebten Stení Vála nicht oft angeboten. Von dort zu Fuß in etwa 30-40 Minuten möglich.
Einrichtungen sind keine vorhanden.

Stení Vála

Kleines Fischerdorf mit beliebtem Hafen für Segelschiffe. Außerdem Ausflugsort für Kaíkis von Skíathos und Skópelos. Gute Fischtavernen und mittlerweile ausreichend Unterkünfte. Die geschützte Bucht wird auch als Winterhafen genutzt. Die Zufahrtsstraße wurde erst 1994 durchgängig asphaltiert.

Stení Vála ist ein typisches kleines Fischerdorf mit ca. 40 ständigen Einwohnern. Hinter der Anlegestelle mit Betonmole befinden sich ein paar Tavernen, in der zweiten Reihe auch Lebensmittelläden. Die gesamte tief in die Küstenlinie eingeschnittene Bucht ist rechts und links von Felsen umgeben, auf denen Olivenbäume wachsen. Die Szenerie ist zwar beeindrukkend, aber es gibt bessere Badeplätze auf Alónnissos. Vor der Uferpromenade schaukeln bunte Fischerboote auf dem Wasser, gelegentlich kommt ein Segelschiff vorbei. Stení Vála ist ein beliebtes Ausflugsziel für die Kaíkibesitzer von Patitíri und die größeren Boote der Hotels. Sogar Schiffe von Skíathos und Skópelos bringen Tagestouristen hierher. Auf dem Kap nordöstlich des Ortes erhebt sich die Dorfkirche *Agíos Dimítrios*.

Am Scheitelpunkt der Bucht liegt nicht nur ein Campingplatz, sondern auch eine kleine Station für die Aufzucht von Robben. Hier werden die Robbenbabys aufgepäppelt, die im Herbst und Winter an die Küsten von Alónnis-

sos angeschwemmt werden. Im nächsten Frühjahr werden die Jungtiere dann wieder im Meerespark ausgesetzt.
Eine der ortsansässigen Familien baute zum Zeitpunkt der Recherche gerade an einer großen "Freizeitanlage" direkt oberhalb der Uferpromenade. Der Komplex soll 1998 fertig sein und weitere Zimmer, Restaurants, Swimmingpool und eine Strandbar enthalten.

Verbindungen/Adressen

• *Verbindungen*: Stení Vála ist in einer knappen halben Stunde mit dem Mofa über die Straße von Patitíri problemlos erreichbar.
Außerdem werden von den Kaíkibesitzern nach wie vor Bootsverbindungen vom Hafen Patitíri in das Fischerdorf angeboten. Die knapp einstündige Fahrt mit dem Kaíki kostet pro Person ca. 10 DM. Achtung: in der Nebensaison nur Fahrten bei Bedarf, d. h. wenn genügend Leute zusammenkommen.
Im Hochsommer fährt seit drei Jahren der Inselbus 3x täglich nach Stení Vála, jeweils einmal vormittags, nachmittags und abends. In der Nebensaison keine Busverbindungen. Preis pro Person ca. 3,50 DM.

• *Auto-/Zweiradverleih*: kann in Katinas Supermarkt vermittelt werden. Das Fahrmaterial wird dann nach Stení Vála gebracht. Teurer Spaß.

• *Einkaufen*: Oberhalb des "Restaurants Tassias" befindet sich der **Supermarkt Katina**. Reichhaltiges Angebot. Sehenswert der uralte Webstuhl auf der Terrasse hinter dem Supermarkt. Direkt an der Buchtpromenade liegt der **Supermarkt Ikaros**. Er versorgt insbesondere die Segelschiffe mit Wasser und Eis..

• *Geldwechsel*: in Katinas Supermarkt möglich. Akzeptiert werden Banknoten, Euro-Schecks, Traveller-Schecks und sogar Kreditkarten.

• *Telefonieren*: zwei Kartentelefone an der Uferpromenade.

Übernachten

Nach jahrelangen Engpässen gibt es nun auch in der Nebensaison ein mehr als ausreichendes Angebot. Im Hochsommer ist jedoch meist alles ausgebucht. Unbedingt vorbestellen. Überwiegend angenehme Zimmer mit guter Ausstattung, aber nicht gerade billig. Unter ca. 35 DM wird offiziell nichts angeboten. Handeln Sie!

Apartments Hariklia, A-Kat., die freundliche Hariklia von der Taverne *"Tassias"* vermietet acht Apartments in einer schönen Lage oberhalb der Bucht. Alle geräumig, mit hellen Kiefenholzmöbeln und einer kleinen Küche. Bäder ebenfalls geräumig und sehr sauber. Vor den Zimmern Gemeinschaftsterrasse für alle. Buchtblick leider verbaut, dafür Blick ins Grüne. Preise je nach Saison ca. 50-63 DM. Tel. 65158/65248, Fax 65248.

Rooms Tassias, direkt über dem gleichnamigen Restaurant werden mehrere geräumige DZ vermietet. Eingerichtet mit hellen Kiefernmöbeln, Ventilator in jedem Zimmer, Kühlschrank am Gang. Kleine saubere Privatbäder. Es werden auch 3-Bettzimmer angeboten. Preise je nach Saison ca. 38-50 DM. Tel. 65545/65590. Bei Sprachproblemen fragen Sie nach Hariklia. Die freundliche Tochter des Hauses spricht sehr gut Englisch.

Rooms Fanari, die freundlichen Tavernenbesitzer Pávlos und Nafsíka Drosáki vermieten auch acht großzügig eingerichtete DZ. Alle mit hellen Kiefernholzmöbeln, Kühlschrank, Tisch und Spiegel ausgestattet. Bäder sauber und okay. Phantastischer Buchtblick von den Balkonen. Preise je nach Saison ca. 38-50 DM fürs DZ. Tel. 65544/66013, Fax 65544.

• *Camping*: **Camping Ikaros**, kleiner terrassierter Platz hinter dem Scheitel der Bucht. Die Rezeption befindet sich in einem alten Campingwagen, doch der Verwalter Dimitris ist nur während der Hauptsaison immer da. Ansonsten fragen Sie in der Taverne *"Tassias"*. Insgesamt eher bescheidene Anlage mit Schatten durch einige Ölbäume, etwas lieblos angelegt, doch viel Ruhe und Erholung möglich. Untergrund teilweise Sand, überwiegend Gras. Sanitäre Anlagen allenfalls in mittelmäßigem Zustand, aber mit heißen Duschen.

Es gibt auch ein paar Zelte zu mieten. Preise pro Person 6,50 DM, Zelt kostenlos. Tel. 65258. Nur im Hochsommer geöffnet. In der Nebensaison ist wildes Campen möglich, doch die sanitären Einrichtungen werden dann nicht gereinigt.

Essen/Trinken

In den letzten Jahren sind parallel zu den Übernachtungsmöglichkeiten auch einige neue Tavernen an der Uferpromenade errichtet worden. Mittlerweile gehen die Lokale fast ineinander über. Alle Tavernen von Stení Vála sind bekannt für guten und frischen Fisch.

Restaurant Tassias, gleich die erste Taverne am Ende der Asphaltstraße. Tagsüber beliebtes Ausflugsziel für Hotelgäste von Marpoúnta. Das große Restaurant bietet Platz für mindestens 150 Personen. Draußen schattig durch ein Schilfmattendach. Spezialität des Hauses: Lobster und andere Fischgerichte sowie Cheese-Pie. Ortsübliche Preise.

Restaurant Fanari, von den Tavernen an der Bucht die am weitesten vorne liegende. Der Sohn des Wirtes fischt selbst und zieht gewaltige Brocken aus dem Meer. Unten Tische unter einem Strohmattendach direkt am Wasser, oben Taverne auf dem Balkon mit herrlichem Buchtblick. Besondere Attraktion: Eines der beiden Leuchtfeuer, die die Buchteinfahrt markieren, steht direkt im Restaurant. Ganztägig geöffnet, auch Frühstück. Übliche Preise.

Tavérna To Papadosiako, an der Uferpromenade ziemlich weit vorne. Blaue Tische und Stühle. Ebenfalls schöner Buchtblick. Auch hier die üblichen Fischspezialitäten, vor allem Lobster. Ortsübliches Preisniveau.

Bar Ikaros, Cafébar an der Uferpromenade neben dem gleichnamigen Supermarkt. Nach den Angaben des Wirtes die älteste Bar am Ort, schon vor dem Zweiten Weltkrieg eröffnet. Angeboten werden verschiedene Kleinigkeiten zu Essen. Ganztägig geöffnet. Gut zu erkennen an den blauen Plastikstühlen.

Kirche Agíos Dimítrios: ziemlich weit vorne an der Bucht steht die kleine Dorfkirche von Stení Vála. 1981 errichtet, Altarwand aus Beton mit fünf großen Ikonenbildern und mehreren kleinen Silberikonen. Hübsche Goldornamente in der Altarwand. Namensikone des heiligen Dimítrios links vor der Altarwand. Ansonsten unspektakulär.

Baden

▸ **Órmos Stení Vála**: Einen Strand im eigentlichen Sinne gibt es nicht. Nur ein paar Meter Kies, absolut schattenlos und reichlich schmutzig. Dennoch im Hochsommer gut besucht. Vorteil für Familien mit Kindern: Das Wasser bleibt sehr lange flach. Direkt am Pier ist das Baden aber nicht gerade zu empfehlen, das Wasser oft verdreckt. Relativ weit vorne in der Bucht soll das Wrack eines im 13. Jh. versunkenen Schiffes liegen.

▸ **Órmos Glifá**: mehrere Kiesbuchten nördlich der kleinen Fischersiedlung Stení Vála. Der größte Strandabschnitt ist etwa 150 m lang, leider völlig schattenlos. Das Wasser ist sehr klar, es gibt kaum angespülten Dreck aus dem Meer. Beliebter Badeplatz für die Gäste von Stení Vála. Die weiter abgelegenen und versteckten Stellen werden wegen ihrer Lage gerne von FKK-Fans bevölkert. Im Rücken der Bucht sind in den letzten Jahren mehrere Privathäuser errichtet worden.

• *Anfahrt*: Von Stení Vála führt ein Asphaltweg hinunter. Mit dem Mofa fünf Minuten, zu Fuß knapp eine Viertelstunde über den Weg im Rücken der Landzunge. Einrichtungen sind keine vorhanden.

Kalamákia

Eine Fischersiedlung wie Stení Vála, nur deutlich kleiner. Kein Dorf im eigentlichen Sinne. Entlang der Küste stehen eine Handvoll Häuser. Die Fischer betreiben hier im Sommer Tavernen, um ihr schmales Einkommen aufzubessern. Ansonsten gibt es nur wenige Übernachtungsmöglichkeiten, die auch nur im Juli und August geöffnet sind. Kalamákia ist über eine kurze, mittlerweile asphaltierte Straßenverbindung von Stení Vála aus problemlos erreichbar. Ein idyllisches ruhiges Plätzchen mit dem phantastischen Blick auf Peristéra und die blaue Ägäis zwischen den Inseln.

• *Übernachten*: **Rooms Margarita**, eine nette griechische Frau, die kaum Englisch spricht, vermietet fünf gut eingerichtete DZ, teilweise Balkonen mit Meerblick. Helle Kiefernholzmöbel, kleine Bäder, sehr sauber. Küche für alle Gäste befindet sich am Gang. Preise je nach Saison ca. 35-50 DM. Tel. 65738.

• *Essen*: **Tavérna Margarita**, typische Strandtaverne. Tische auf der Terrasse, davor ein kleiner Anlegekai, an dem Fischerkaíkis und Ausflugsboote auf dem Wasser schaukeln. Man sitzt unter weinüberranktem Dach im Schatten bei griechischer Musik. Natürlich Fischspezialitäten, aber auch Cheese-Pie. Wer nur einen Kaffee will, ist ebenfalls willkommen.

Tavérna Korali, wie *"Margarita"* direkt am Strand von Kalamákia und ebenfalls im Besitz eines Fischers. Daher auch stets frische Fischspezialitäten im Angebot. Toller Blick hinüber auf die große vorgelagerte Insel Peristéra. Nur im Hochsommer geöffnet.

Estiatório/Kafeníon Manólis, ebenfalls in direkter Nachbarschaft und mit einem eigenen kleinen Anlegekai. Man sitzt am Wasser unter schattenspendenden Bäumen und genießt den Blick. Idyllisches ruhiges Plätzchen. Nur während der Hauptsaison geöffnet.

▸ **Órmos Kalamákia:** der Strand von Kalamákia. Rund um den Weiler und insbesondere nördlich liegen eine Handvoll kleiner und kleinster Kieselbuchten. Außerdem gleiten flache Felsplatten sanft ins Meer ab, die ideale Möglichkeiten zum Sonnenbaden bieten. In der Hochsaison wegen der guten Bademöglichkeiten manchmal überlaufen.

• *Anfahrt*: per Wassertaxi oder über die Straße nach Stení Vála zu erreichen. Kurz vor den ersten Häusern von Stení Vála zweigt ein Weg links in nördlicher Richtung ab. Er führt über die Landzunge zunächst am Strand von Glifá vorbei und dann am Meer entlang bis Kalamákia (von Stení Vála ca. 1,5 km). Die Fahrzeit mit dem Kaíki von Patitíri beträgt etwas mehr als eine Stunde.

▸ **Órmos Agíos Dimítrios:** gilt unter den Einheimischen als einer der schönsten Strände der Insel. Am Órmos Agíos Dimítrios wird die Insel deutlich flacher, und der kilometerlange Strand mit seinen zahlreichen Kiesbuchten verfügt über ein weitläufiges und fast unbewohntes Hinterland. Für einen Transfer verlangen die Kaíkibesitzer einen stolzen Preis, denn Agíos Dimítrios liegt weit von Patitíri entfernt.

Wunderschön ist der Blick hinüber nach Peristéra. Außerdem glasklares Wasser und optimales Badevergnügen. Der Sund von Peristéra sorgt stets für ein glattes, ruhiges Meer. Büsche und Ölbäume reichen fast bis hinunter zum Kiesstreifen, bieten aber direkt am Strand leider keinen Schatten. Tip: Einige flache Stellen im Hintergrund der Bucht bieten gute Möglichkeiten zum wilden Campen. Der gesamte Strand ist in der Nebensaison beliebtes FKK-Gebiet.

Höhle Spiliés Andrióti

Ganz in der Nähe des Órmos Agíos Dimítrios wurden Reste einer *frühbyzantinischen Kirche* gefunden, wahrscheinlich die älteste Kirche der Insel.

• Einrichtungen: improvisierte Taverne der Fischer von Kalamákia am südlichen Strandende. Außerdem ein kleiner Imbißstand auf der Landzunge, der etwa ab Anfang Juni betrieben wird. Hier auch Sonnenschirmverleih.

• Anfahrt: Auch in der Hochsaison ist wenig los, da man mit dem Boot von Patitíri etwa 80 Minuten braucht. Aber die lange Anfahrt lohnt sich auf jeden Fall. Der Landweg führt von Stení Vála und Kalamákia über eine schlechte Schotterpiste mit zahlreichen Schlaglöchern und vielen Windungen an der Küste entlang. Für Mofas problemlos, mit dem Auto bitte vorsichtig fahren. Unterwegs viele schöne Ausblicke auf tolle kleine Kiesbuchten. Die Entfernung von Kalamákia beträgt ca. 3 km.

▸ **Pethaménos/Spiliés Andrióti**: einige Meereshöhlen an der äußersten nordöstlichen Küste der Insel unterhalb vom Órmos Lalariás. Über Land sind sie praktisch unzugänglich und daher nur vom Kaíki aus zu sehen.

▸ **Órmos Lalariás**: nördlichste Bucht an der Ostküste. Dieser Ankerplatz wird von den Kaíkis wegen seiner weiten Entfernung von den Touristenorten im Süden nur auf Sonderwunsch angefahren. Über den Landweg ist die Bucht durch die Berge mit dichtem Macchiabewuchs praktisch nicht erreichbar.

▸ **Makriá Poúnda**: der nordöstlichste Zipfel der Insel, auch *Kap Gregali* genannt. Von der Straße nach Gérakas führt kein erkennbarer Pfad auf das dicht bewaldete Kap. Wanderungen in diesem Gebiet sind nicht zu empfehlen. Vor dem Kap liegen nicht weit entfernt die Minieilande *Nótios* und *Voreiós Moúles* im Meer.

Nordwestküste und Inselinneres

Der westliche Teil der Insel wird von den Bootsbesitzern so gut wie überhaupt nicht angelaufen. Einerseits gibt es nur wenige Bademöglichkeiten, andererseits muß man zuerst einmal die ganze Insel umfahren. Man ist also auf seine eigenen Füße oder ein Zweirad angewiesen, dafür aber sind die Buchten weniger überlaufen.

▸ **Órmos Tskaliá**: auffällig durch die hübsch bemalte Windmühle (ohne Flügelbespannung) an der Bucht. Der Strand selbst bietet nur ungefähr 60 m sehr groben Kies. Außerdem ist es immer sehr windig, daher wird viel Meeresdreck an die Bucht gespült. Im Sommer unbedingt ausreichend Sonnenschutz mitnehmen, da kein Schatten vorhanden ist. Erst ein ganzes Stück hinter dem Strand beginnen grüne Wiesen. Auf den macchiabewachsenen Hängen rund um die Bucht weiden oft Schafe. Während der Nebensaison viel Ruhe, auch wenn man mit dem Auto hinfahren kann. Während der griechischen Antike befand sich hinter der Bucht eine Fabrikation für Weinamphoren.

Windmühle am Órmos Tskaliá

- *Einrichtungen*: Nur im Hochsommer wird eine kleine improvisierte Strandbar betrieben.
- *Anfahrt*: 2 km südwestlich vom Megáli Ámmos gelegene Bucht. Von Vótsi aus über den Kamm Méga Neró strikt in nördlicher Richtung, seit einigen Jahren gut ausgeschildert. Ein Blick in die *Rothenberger*-Karte zeigt zudem immer den richtigen Pfad. Von der Straße führt ein breiter be-fahrbarer Schotterweg mit sehr tiefen Schlaglöchern unmittelbar zur Tskaliá-Bucht. Die Entfernung von Vótsi beträgt knapp 2,5 km.

▸ **Moní Ágii Anárgiri**: das verlassene kleine Kloster der *heiligen Mittellosen*, hoch über dem Steilufer der Nordwestküste inmitten einer idyllischen Berglandschaft gelegen und von dichtem Wald umgeben. Von der Terrasse hat man einen wunderschönen Blick auf den Berg Vounó (links, mit dem O.T.E.-Sendemast) und das Meer (rechts Megáli Ámmos) und hört die Brandung in der Tiefe rauschen. Es ist den beiden Heiligen Kosmas und Damian geweiht, den Schutzpatronen der Apotheker und Wundärzte. Der Klosterbau ist seit über hundert Jahren nicht mehr bewohnt und dem Zerfall preisgegeben. In unmittelbarer Nachbarschaft hat man in neuerer Zeit eine Art Ersatzkapelle für den ältesten Kirchenbau der Insel errichtet.

Zur Rettung der alten Klosterkapelle hat sich 1994 eine örtliche Initiative gegründet, die von dem Schweizer Zahnarzt Hans Jörg Rothenberger maßgeblich mit ins Leben gerufen wurde. Mit den bescheidenen Mitteln aus Spenden soll der Einsturz der ältesten Inselkapelle verhindert werden. Wer einen Beitrag zur Rettung der Kapelle Ágii Anárgiri leisten will, kann einige Drachmen in die "Spardose" werfen, die im Reisebüro *Íkos Travel* ausgestellt ist.

Spenden können Sie auch auf das Konto Nr. 471/9100652 der *National Bank of Greece*. Bitte geben Sie unbedingt den dazu den Text "For Agioi Anárgyroi" an.

Die Restaurierungsarbeiten sind schon ein ganzes Stück vorangeschritten, die Bausubstanz scheint gerettet zu sein. Allerdings gab es zum Zeitpunkt der Recherche noch nicht viel zu sehen. Im Innenraum befand sich nur das Gerüst einer Altarwand, freilich noch ohne Ikonen. In der Kuppel erkennt man noch die spärlichen Reste einer Bemalung. Auch sie soll wiederhergestellt werden.

Kirche Ágii Anárgiri: direkt neben dem alten Kirchenbau hat man vor wenigen Jahren einen strahlend weißen Neubau errichtet. Altarwand aus Beton, mit goldenen Ornamenten verziert und drei großen alten Ikonen, die früher in der Klosterkirche aufbewahrt wurden. Außerdem Weihrauchgefäße und Kerzenständer sowie in der Mitte der Altarwand ein Tuch mit griechischer Aufschrift. Die neue Kirche ist leider stets verschlossen.

• *Wegbeschreibung*: von der Inselstraße zunächst den Wegweisern Richtung "Megáli Ámmos" folgen. Irgendwann erreicht man ein ummauertes Grundstück mitten im dichten Wald. Fast am Ende der Mauer zweigt der befahrbare Schotterweg zum Kloster ab. An der Ecke ist ein stark verwittertes kleines blaues Schild an einen Baum genagelt. Nun stets der Schotterstraße folgen. Sie endet auf ungefähr 100 Höhenmeter in einem Waldstück. Ab hier beginnt der fünfminütige Fußpfad zum Kloster (ausgeschildert). Zunächst über eine kleine Lichtung, dann schlängelt sich der Pfad durch dichten Wald. Zur Orientierung sollte man der schwarzen Wasserleitung aus Kunststoff zu folgen, die vom Metallbehälter im Wald bis hinunter zur Kirche verlegt wurde *(siehe auch unter Wanderbeschreibung von Patitíri zur Klosterkirche Agía Anárgiri, S. 306)*.

▶ **Órmos Megáli Ámmos:** mehrere kleinere Mini-Buchten und ein größerer Strand. Alle Badeplätze bestehen aus feinen und groben Kieselsteinen. Da der Megáli Ámmos selten von den Kaíkibesitzern bedient wird und sehr lang ist, ist er selbst im August nicht überlaufen. Hinter der weit ausschweifenden Bucht beginnt sofort dichter Nadelwald, außerdem ein paar Ölbäume. Durch die Nordwestlage oft viel Wind.

• *Anfahrt*: Die Kaíkis von Patitíri fahren selbst im Hochsommer nur äußerst selten zum Órmos Megáli Ámmos. Der Strand liegt zwar ziemlich weit entfernt, ist aber durch einen Fußmarsch als Tageswanderung (hin und zurück) gerade noch zu erreichen. Gleich an der ersten Kurve nach der Einmündung von der Inselstraße (beschildert) zweigt die Asphaltstraße nach links ab. Zum Órmos geht es aber rechts über eine breite Schotterpiste, zunächst einige Steigungen, danach Gefälle. Im Wald stehen an mehreren Wegteilungen blaue selbstgemalte Wegweiser zum Strand. Wichtig bei Abzweigungen: immer den breiteren Weg nehmen. Irgendwann kommt dann ein breites Ziegengatter. Der Weg führt auf einem Kamm entlang und am Rücken der Bucht vorbei. Von Osten oder der Nordseite (je nach Strandabschnitt) führen viele kleine Pfade hinunter zum Órmos. Der genaue Streckenverlauf ist recht kompliziert und sollte unbedingt mithilfe der *Rothenberger*-Karte zurückgelegt werden.

Keine Einrichtungen am Strand vorhanden.

- **Korfoúla:** 348 m hoher Berg hinter dem Megáli Ámmos. Die Straße nach Steni Vála führt auf etwa 200 Höhenmetern über die Ostflanke des Korfoúla.
- **Chondrós Kávos:** erstes spitzes Felsenkap in der Küstenlandschaft nördlich des Strandes Megáli Ámmos.
- **Makrís Kávos:** zweites Kap nördlich des Megáli Ámmos. Ungefähr 300 m vor dieser schmalen Landzunge liegt das kleine vorgelagerte Inselchen Stavrós.
- **Ákra Maístra:** das nächste Kap in nördlicher Richtung. Direkt gegenüber liegt die etwas größere vorgelagerte Insel *Manólas*.
- **Agíos Konstantínos:** kleiner, über 300 m hoch gelegener Bauernweiler mit der kleinen gleichnamigen Kirche Agíos Konstantínos. Nur im Sommer ist von den Bewohnern ständig jemand anzutreffen. Wanderer können hier Wasser bekommen. Alljährlich am 21. Mai feiern die Bauern das Weihfest des heiligen Konstantin. Es wird gegessen, getanzt und musiziert bis zum nächsten Morgen.
  Hinter Agíos Konstantínos sollte ursprünglich ein Flughafen errichtet werden, doch die Geldquellen versiegten schnell, und die Bewohner von Alónnissos wehrten sich gegen eine ausufernde touristische Erschließung ihrer Insel.
- **Geladiás:** 456 m hoher Berg zwischen der Straße nach Gérakas und dem Weiler Agíos Konstantínos.
- **Ákra Kalámi:** unzugängliches Felsenkap vor dem Weiler Agíos Konstantínos. Die Abhänge fallen hier von über 300 m steil ins Meer hinab.
- **Kapelle Agíos Geórgios:** typische Landkapelle der Ziegenhirten. Das kleine Gotteshaus steht direkt links an der Inselstraße nach Gérakas, kurz vor dem Fußwegabzweig nach Mourteró.

Mourteró

Ebenfalls ein kleiner Bauernweiler. Mourteró liegt unterhalb der Asphaltverbindung nach Gérakas, doch die geschotterte Zufahrt zweigt schon kurz hinter Steni Vála von der Straße ab. Diese schlechte Piste zieht sich dann noch einige Kilometer parallel zum Hang entlang bis zu den ersten Häusern. Zuvor passiert man auf der rechten Seite kurz vor einer scharfen Kurve noch die Dorfkirche *Agíos Nektarios*. Gleich am Anfang der weitläufigen Bauernsiedlung hat ein Schweizer die Privatkapelle *Agíos Stéfanos* errichtet (s. u.).

Wanderer können kurz vor Mourteró an einer Quelle (vorletzte Kurve links) Wasser schöpfen.

Kirche Agíos Nektarios: kleine Einraumkirche oberhalb des Dorfes Mourteró. Altarwand aus Beton, unten drei Ikonenbilder. Ganz rechts der Namenspatron der Kirche und in der oberen Reihe 12 kleine Silberikonen und eine Darstellung des Abendmahles. An der Decke hängen ein riesiger Kristallkronleuchter und einige "ewige Lichter". Ansonsten typische kleine Dorfkirche, 1976 errichtet.

Lage: wenige Meter oberhalb der Schotterpiste nach Mourteró, vor dem Abzweig nach Kalamákia auf der linken Seite am Hang.

Kapelle Agíos Stéfanos: vor wenigen Jahren erbaute Privatkapelle auf dem Grund des freundlichen Stéfanos. Die absolut sehenswerte Kapelle liegt unweit der Straße nach Mourteró, kurz vor dem eigentlichen Weiler auf der rechten Seite. Besichtigung erwünscht. Das kleine Gotteshaus hat eine Altarwand aus Beton mit zwei großen Ikonen. Davor steht ein uralter Kerzenständer. Für Griechenland untypisch sind die bunten Glasfenster auf beiden Seiten. Besonders eindrucksvoll sind die goldenen Sterne, die Stéfanos an die hellblaue Decke seiner in Eigenarbeit errichteten Kapelle gemalt hat.

Wanderung von Patitíri zur Klosterkirche Agía Anárgiri

Ebenfalls eine Halbtageswanderung über die Hügel oberhalb der Nordwestküste von Alónnissos. Die Landschaft wird weitgehend durch dichten Pinienwald und Olivenhaine bestimmt. Ziel der Wanderung ist die derzeit im Wiederaufbau befindliche älteste Klosterkirche der Insel, Agía Anárgiri. Phantastische Lage über der Steilküste, ideal für eine längere Rast.

Wegstrecke: von Patitíri über Vótsi und Méga Neró oberhalb der Nordwestküste durch zum Teil dichten Wald zur Klosterkirche Agía Anárgiri. Dann über einen weiter östlich gelegenen Weg zurück auf die asphaltierte Inselstraße. Wegstrecke insgesamt 8 km.
Dauer: je nach Gangart ca. 2,5-3 Stunden, außerdem Besichtigung der Klosterkirche einplanen.
Schwierigkeit und Ausrüstung: keine besonders anstrengende Wanderung, weil die Höhenunterschiede recht gering sind. Turnschuhe reichen aus. Pro Person sollte man mit ca. 1,5 l Wasser und ausreichend Proviant rechnen. Der herrliche Blick von der Klosterkirche hinunter aufs Meer und über die bewaldeten Hänge lädt zu einer längeren Rast auf dem Platz vor dem Gotteshaus förmlich ein.

Von Patitíri geht es zunächst über die asphaltierte Inselstraße, bis ungefähr 200 m nach der Tankstelle oberhalb von Vótsi ein breiter Schotterweg nach links abzweigt. Ein Wegweiser zeigt "Méga Neró" und "Órmos Tskaliá" an. Der steinige, breite Schotterweg nimmt gleich eine Linkskurve und steigt mäßig an. Entlang des Weges zahlreiche Olivenbäume, Zypressen und anderes Gewächs. An der ersten größeren Einmündung dem breiteren Weg nach rechts folgen. Links steht eine Mauer, auf der rechten Seite liegt ein Gemüsegarten.

In diesem *Méga Neró* genannten Gebiet teilt sich der Weg nach ca. 50 m nochmals: jetzt links weiter laufen, dem Wegweiser zum "Órmos Tskaliá" folgen. Die Schotterpiste verläuft nun wieder leicht abschüssig, bleibt jedoch breit und befahrbar. Nach ca. 400 m wird auf die Abzweigung zur

Bucht von Tskaliá hingewiesen (links weiter hinunter). Unser Wanderweg führt rechts weiter, steigt zunächst leicht an und nimmt eine Rechtskurve. In dicht bewaldetem Gebiet findet sich sogleich links ein neu errichtetes Haus, und parallel zum breiten Weg verläuft eine Telegrafenleitung. Nun bei einigen Wegteilungen immer auf dem breiten Schotterweg bleiben.

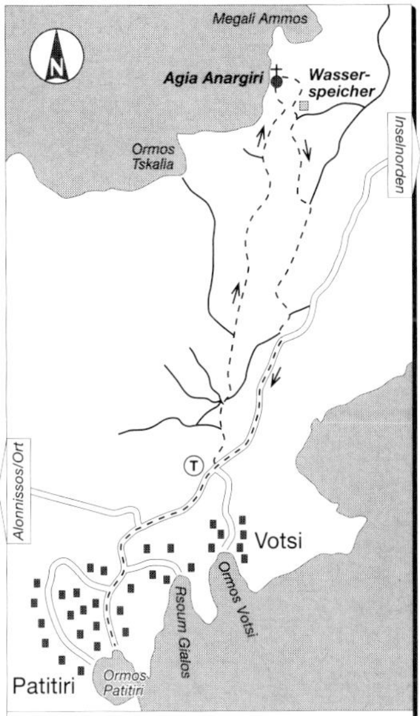

Wanderung von Patitiri zur Klosterkirche Agia Anargiri und zurück zum Hafenort

Idyllisch und ruhig führt der Wanderweg durch dichten Wald, wird lediglich durch einige Olivenhaine unterbrochen. Etwa einen halben Kilometer vor der Klosterkirche erneut eine Wegteilung: Der breite Pfad führt hier links den Hang abwärts durch einen Olivenhain, unser Wanderweg aber rechts aufwärts und ebenfalls vorbei an Ölbäumen. An dieser schwierigen Stelle (auf ungefähr 100 Höhenmetern) sollte man sich an dem Verlauf der Telegrafenleitung orientieren. Sie folgt dem richtigen Weg nach rechts, der weiter durch den Wald führt und zu einem neu errichteten Haus an einer kleinen Lichtung führt. Hier enden die Telegrafenleitung und der breite befahrbare Weg.

Von diesem Haus bis zum Kloster führt nur ein schmaler Trampelpfad, der in Verlängerung der breiten Schotterpiste beginnt und sich zunächst über die Felsnase schlängelt. Dieser Pfad bleibt stets gut erkennbar, und in fünf Minuten ist das Wanderziel, die Klosterkirche Agía Anárgiri, erreicht.

Nach der Besichtigung wählt man entweder denselben Rückweg oder folgt unserem Wandervorschlag. Dieser Weg verläuft zunächst parallel zu der schwarzen Wasserleitung aus Kunststoff (von der Kirche aus rechts halten), die durch den Wald in südöstlicher Richtung führt. Durch dichteres Gestrüpp geht es dann oberhalb des Hauses durch den Wald.

Die Wasserleitung mündet in einen Wasserspeicher. Ab hier wird der Weg wieder breiter, auch befahrbar und verläuft durch dichten Pinienwald. Auffallend ist übrigens die teilweise abgeschälte Rinde an fast allen Bäumen. Unten sind Behälter angebracht, die das auslaufende Harz auffangen. Es dient unter anderem der Retsína-Herstellung. Am Beginn des Weges rechts halten, über den weichen Waldboden und an der nächsten Einmündung wieder rechts, leicht ansteigend (nicht links abwärts laufen). An einer

Klosterkirche Agía Anárgiri

kleinen Lichtung nach ca. 25 m wird der breite befahrbare Schotterweg wieder deutlich erkennbar.
Auch hier sind fast alle Bäume zur Harzgewinnung bearbeitet worden. Der Weg führt weiter durch den Wald und trifft nach ungefähr 500 m auf ein Grundstück mit halbhoher Mauer, auf der ein Zaun angebracht ist. Nun rechts auf den breiten Schotterweg abbiegen (links geht es zum Megáli Ámmos), der sich weiter leicht bergab neigt. Nach etwa einem halben Kilometer folgt erneut eine Einmündung: auch hier rechts hangabwärts wandern (nicht links bergauf). Hinter ein paar Kurven trifft die breite befahrbare Piste wieder auf die asphaltierte Inselstraße. Zurück nach Patitíri rechts, nach Stení Vála links.

Inselnorden

Unberührtes, wildes Land. Nur ein paar Bauernsiedlungen und an der Nordküste die meeresbiologische Forschungsstation bei Gérakas. Ansonsten üppig grüne Hügellandschaft und höhere Berge als im Mittel- und Südteil der Insel. Landwirtschaft und Ziegenhaltung dominieren, es gibt keinerlei touristische Infrastruktur, aber eine gute Straßenverbindung.

Die in Patitíri beginnende Straße ist bis kurz vor Gérakas asphaltiert. Lediglich der letzte Kilometer führt noch über Schotter. Hinter Stení Vála gibt es nur noch kleinste Bauernsiedlungen oder einsam in der Landschaft stehende Häuser. Die gesamte Strecke bis zur Nordspitze wird aber nur selten befahren. Außer Ziegenhirten verirrt sich kaum jemand in diesen

Teil der Insel. Die Straße führt in zahlreichen Kurven und über einige Hügel nach Stení Vála zunächst bergauf und erst kurz vor Gérakas wieder hinunter auf Meereshöhe. Insbesondere in diesem Teil sieht man viele Ziegenherden auf den umliegenden Hügeln.

Nur wenige Touristen verirren sich in den äußersten Norden von Alónnissos, obwohl dieses Gebiet immerhin ein Drittel der Gesamtfläche umfaßt. Unterwegs begegnet man nur wenigen Autos, und auf den alten Eselspfaden zwischen den Bauernhäusern trifft man höchstens mal ein paar Wanderer. Die Berghänge sind dicht mit Ölbäumen und vor allem Pinien bewachsen. Auch die saftig grüne Macchia gedeiht prächtig und bietet den Ziegenherden gute Nahrung. Vor allem an der Nordostseite der Insel liegen zahlreiche Grotten entlang der Küste. Sie sind allerdings nur vom Meer aus per Bootsausflug zu erreichen.

Eine Busverbindung in das Gebiet hinter Stení Vála existiert nicht. Wer in den äußersten Norden will, wird auch kaum einen Kaíkibesitzer für diese Tour finden. So bleibt nur ein Zweirad, das man unbedingt an der Tankstelle von Vótsi randvoll tanken sollte. Ohne genügend Benzin sollte man keinesfalls weiter als Stení Vála fahren!

- **Diásselo**: kleinster Bauernweiler der Insel. Diásselo besteht im Grunde nur aus drei kleinen Stallungen samt Gehöft und ist nur im Sommer bewohnt. Wanderer können Wasser bekommen, wenn die Ziegenbauern zufällig zu Hause sind.
- **Kouvoúli**: höchster Gipfel von Alónnissos. Der Kouvoúli ist von der Straße nach Gérakas her, d. h. über den Osthang, relativ leicht zu besteigen und führt bis auf 476 Höhenmeter hinauf. Im Westen fallen die Abhänge des Kouvoúli sehr steil ins Meer hinab. Vorsicht: Nicht zu nah an die Steilwand herantreten!
- **Vdonéri**: wie Diásselo nur ein sehr kleiner Weiler. Fünf, sechs Bauernhäuser mitsamt der Stallungen für die Ziegen stehen hier knapp 2 km vor der alonnissiotischen Nordküste direkt an der Schotterpiste nach Gérakas. Falls einer der Bauern anzutreffen ist (nur während der Sommermonate bewohnt), können Wanderer hier Wasser bekommen.
- **Vígla**: der letzte größere Hügel vor der Nordküste. Der Vígla steigt zwischen Vdonéri und Gérakas bis auf 316 m an.

Gérakas

Ebenfalls ein kleiner Bauernweiler, Standort einer meeresbiologischen Forschungsstation und die nördlichste Ansiedlung der Insel. Nur im Sommer ist ständig jemand im Bereich der wenigen Häuser anzutreffen. Wanderer können dann hier Wasser bekommen.

Unmittelbar hinter der Bucht befindet sich ein großer Ölbaumhain auf dem zunächst sehr flachen Land. Dort stehen auch ein paar Ferienhäuser, die aber nur selten genutzt werden. In Ufernähe findet sich am Rand des Pfades, der zur betonierten Anlegestelle für Kaíkis und Segelschiffe führt, eine Gebetsikone in einem kleinen blauen Metallhäuschen.

Seit Anfang der neunziger Jahre ist die lang geplante *Meeresforschungsstation* tatsächlich in Betrieb genommen. (Als wir dort recherchierten, waren allerdings die Läden geschlossen). Erforscht wird der größte Unterwasser-Naturschutzpark im Mittelmeer. In Gérakas haben das Verwaltungszentrum und die Laboratorien ihren Sitz. Kritiker halten die Station für schlichtweg überflüssig, da sie angeblich ineffektiv arbeitet, viel Geld aus der EU-Kasse kostet und bisher noch keinerlei Forschungsergebnisse erbracht hat. Zu sehen gibt es jedenfalls in Gérakas absolut nichts.

Órmos Gérakas: kein eigentlicher Badestrand, sondern nur gut 100 m grober Kies ohne Schatten. Das Wasser ist sehr flach und sauber. Trotz der windigen Nordlage wird hier offenbar kaum Dreck angespült, denn der Eingang zu diesem Ankerplatz ist von der Seeseite her nur sehr schmal. Zum Baden ist der Órmos Gérakas – auch *Órmos Phirakos* genannt – nicht zu empfehlen. Zwar schützen ihn die vielen vorgelagerten Felsen, doch gibt es wesentlich schönere und näher an den Dörfern im Inselsüden gelegene Buchten. Für Kaíkis, die Forschungsstation und Segelschiffe gibt es einen betonierten Bootssteg, an dem fast immer einige Boote liegen.

- *Anfahrt*: entweder über die fast durchgängig asphaltierte und insgesamt fast 22 km lange Schotterpiste von Patitíri oder per zweistündiger Fahrt mit dem Kaíki, ebenfalls von Patitíri (doch nur bei absolut ruhiger See überhaupt möglich). Allerdings muß man eine Tour nach Gérakas vorher mit einem Kaíki-Eigner aushandeln, denn üblicherweise fährt kein Fischer so weit in den Norden der Insel.

Einrichtungen sind am Strand keine vorhanden.

Ákra Gérakas: der nordwestlichste Zipfel der Insel. Zwischen Gérakas und der Spitze des Kaps liegen nochmals knapp 3 km und ein über 300 m hoher Hügel.

Agía Análipsi: die *Himmelfahrtskapelle*. Agía Análipsi liegt nur schwer zugänglich auf der Nordwestflanke des Hügels vor dem Kap Gérakas. Wer mit dem Ausflugsboot eine Inselumrundung macht, sieht die Kapelle wunderschön am steilen Hang liegen.

Rund um die (fast) unbewohnten Inseln nordöstlich und östlich von Alónnissos lebt eine vom Aussterben bedrohte *Mönchsrobbenart*. Angeblich soll es noch etwa sechzig davon in den Gewässern geben – vor allem ihnen ist der Unterwasser-Naturschutzpark gewidmet. Die Art *Monachus Monachus* wurde schon von Homer in seinem Epos Odyssee erwähnt. Seit der Errichtung des Schutzgebietes 1986 sind weite Teile dieses Seegebietes gesperrt, und die Inseln dürfen gar nicht oder nur mit besonderen Genehmigungen betreten werden *(Details siehe unter "Unbewohnte Inseln östlich und nordöstlich von Alónnissos")*.

Vorgelagerte Inseln

Rund um Alónnissos liegen zahlreiche kleine Eilande im Meer. Von einiger historischer und auch moderner Bedeutung ist vor allem die größere Insel Peristéra.

- **Stavrós**: die *Kreuzinsel*. Der unscheinbare Minifelsen ragt direkt vor der großen Landzunge Makrís Kávos, die sich nördlich dem Órmos Megáli Ámmos an der Nordwestküste anschließt, aus dem Meer.
- **Manólas**: kleine Insel von etwa einem halben Kilometer Durchmesser. Manólas liegt direkt vor der zweiten großen Landzunge, die sich dem Órmos Megáli Ámmos an der Nordwestküste anschließt.
- **Amóni**: Mini-Klippe vor der Nordwestküste etwa auf der Höhe des Berges Kouvoúli.
- **Voreiós** und **Nótios Moúles**: zwei Minifelsen vor dem Kap Makriá Poúnda, dem nordöstlichsten Zipfel der Insel.
- **Lykoremma**: kleine Insel östlich der Nordspitze von Peristéra (Ákra Paliofánaro). Die Küste von Lykoremma – auch *Lechoúsa* genannt – ist stark zerlappt und verfügt daher über zahlreiche Buchten. Dennoch wird sie nicht von den Badekaíkis angefahren, sondern bleibt den Ziegen überlassen. Der Sund zwischen Peristéra und Lykoremma ist mit mehr als 100 m ungewöhnlich tief.
- **Vráchos**: kleiner roter Felsen vor dem Órmos Kokkinó Kástro. Vráchos liegt mit 150 m Abstand ziemlich nah an der Küste und kann gefahrlos schwimmend erreicht werden.

Peristéra

Die Taubeninsel. An der dichtesten Stelle nur ungefähr 350 m von Alónnissos entfernt. Es gibt Überreste mehrerer Dörfer, zahlreiche hübsche Strände und einige Ankerbuchten. Derzeit laufen archäologische Grabungen.

Geologische Forschungen haben ergeben, daß Peristéra einst mit Alónnissos verbunden war und vermutlich durch eine Naturkatastrophe schon lange vor der klassischen Antike von dem größeren Teil der Insel abgetrennt wurde. Peristéra zieht sich fast parallel an der Südostküste von Alónnissos entlang, wobei die westlichste Spitze ungefähr auf der Höhe des Ortes Stení Vála liegt. An dieser nur etwas mehr als 1 km breiten Engstelle (*Spazméni* genannt) steht der einzige Leuchtturm auf Peristéra. Die nördliche Engstelle am Kap Paliofánaro (nur gut 650 m breit!) ist nicht durch ein Leuchtfeuer abgesichert.
Das Eiland selbst ist zweigeteilt und wird in der Mitte durch eine nur 250 m schmale Landenge zusammengehalten. Peristéra – früher *Xeronísi* (die "Trokkeninsel") oder *Xeró* genannt – besteht im Grunde aus zwei Inselteilen aus flachem Kalkgebirge. Sowohl die Küsten des Nordteiles, als auch die der

Südhälfte sind stark zerfurcht und verfügen über zahlreiche Buchten, die wegen ihrer einsamen Lage vor allem von Segelschiffen gerne angefahren werden. Das Gewässer zwischen Alónnissos und Peristéra wird auch als *Órmos Vassilikós* bezeichnet.
Auf Peristéra liegen die spärlichen Überreste dreier Dörfer aus byzantinischer Zeit: *Vassilikó* (in der Mitte der Insel), *Xeró* (gegenüber von Vassilikó) und *Peristéra/Ort* (an der Südküste). Der nördlichste Zipfel der Insel heißt *Ákro Paliofánaro*, wird aber in der Seglersprache auch *Ákro Aspro* genannt. In beiden hügeligen Inselhälften fallen die Küsten an der Ostseite relativ steil ins Meer ab, während die West- und Südseiten flacher auslaufen. Peristéra und seine höchste Erhebung von 259 m, der Berg *Stefáni*, ist fast vollständig von Macchia bewachsen.

Im Sund zwischen den beiden Inseln liegt ein ungefähr 2300 Jahre altes Boot ziemlich nahe an der Küste von Peristéra. Die griechischen Archäologen nehmen gerade Untersuchungen vor. Ihre provisorischen Häuser direkt an der Küstenlinie sind von Stení Vála aus gut zu sehen. Bisher wurden unter anderem über 3000 Amphoren gefunden. Angeblich soll 1998 ein erster Katalog der Fundstücke veröffentlicht werden.

Die an der Südküste stark zerlappte Insel verfügt über zahlreiche Sandstrände, die aber allesamt nicht von den Kaíkis von Patitíri angefahren werden. Wer nach Peristéra übersetzen will, muß mit einem Fischer verhandeln oder selbst Bootseigner sein.

- **Órmos Vassilikós**: eigentlich die Bezeichnung für das Gewässer zwischen Alónnissos und Peristéra, aber auch als Name der Bucht unmittelbar nordwestlich des schmalen Isthmos in Gebrauch. Der Ankerplatz ist breit, tief eingeschnitten und hervorragend gegen die Nordwinde geschützt. Auf der nach Südwesten gerichteten Landzunge wurde ein Olivenhain angelegt. Einige Häuser umrahmen die Bucht auf allen Seiten. Keine Tavernen.
  Geographische Lage: 39°11,8' nördliche Breite, 23°58,5' östliche Länge.
- **Xílo**: ungeschützte Bucht gegenüber dem Órmos Vassilikós.
- **Kávos Spazméni**: das südwestliche Kap der Insel.
- **Órmos Kokkaliás**: die westliche der drei großen Buchten an der Südküste. Der Órmos Kokkaliás verfügt über einen guten und absolut einsamen Sandstrand, ist aber wohl nur mit einer Privatyacht zu erreichen.
- **Mávros Kávos**: flache und breite Landzunge zwischen dem Órmos Kokkaliás und dem Órmos Peristéri.
- **Órmos Peristéri**: die mittlere der drei großen Buchten an der Südküste. Direkt hinter dem Sandstrand steigen kleine, dicht mit Bäumen und Macchia bewachsene, Hügel empor. An der Nordwestseite der Bucht wurden vor Jahren einige private Ferienhäuser erstellt, die aber nur selten bewohnt sind. Keine Versorgungsmöglichkeiten.
  Geographische Lage: 39°10,2' nördliche Breite, 23°57,9' östliche Länge.

- **Órmos Xeró**: die östliche der drei großen Buchten an der Südküste. Mehrere Strände aus feinem Sand bilden den Órmos Xeró, der auch *Órmos Kefáli* genannt wird. Leider wird auch dieser Strand nicht von den Badekaíkis aus Patitíri angefahren. Unmittelbar östlich schließt sich das Kap Xeró an.
- **Órmos Klíma**: sehr reizvoll an der mittleren Ostküste gelegen. Rechts und links wird die Bucht von hoch ansteigenden Felsen umgeben, die dicht von Macchia bewachsen sind. Leider besteht der Strand nur aus grobem Kies und ist daher für die Kaíkibesitzer völlig uninteressant. Segler und Motorbootbesitzer finden hinter dem einsamen Strand einen Süßwasserbrunnen am Ende eines ausgetrockneten und ebenfalls macchiabewachsenen Flußbettes.
  Geographische Lage: 39°11,4' nördliche Breite, 23°58,7' östliche Länge.
- **Órmos Livadákia** und **Órmos Lechoúni**: an der Ostseite unmittelbar oberhalb der Engstelle auf dem schmalen Nordteil der Insel gelegen. Livadákia befindet sich etwa 2,5 km nördlich von Lechoúni.
- **Ákro Paliofánaro**: die flach auslaufende Nordspitze von Peristéra, auch *Kap Aspro* genannt.
- **Stefáni**: höchster Inselberg. Der 259 m hohe Gipfel des Stefáni liegt in der nördlichen Hälfte des südlichen Inselteiles. An der Nordseite recht steil, nach Süden hin laufen seine Hänge deutlich sanfter aus.
- **Livádia**: höchste Erhebung im nördlichen Teil von Peristéra. Der Hügel Livádia liegt unmittelbar hinter dem Órmos Livadákia und führt bis auf 181 Höhenmeter hinauf.

Einsame Inseln östlich und nordöstlich von Alónnissos

Nördlich und östlich von Alónnissos gibt es zahlreiche weitere Inseln und Inselchen, die in der Regel alle unbewohnt sind. Hier wurde 1988 ein Nationaler Meerespark geschaffen, der zahlreiche Einschränkungen für den Besuch der Eilande mit sich gebracht hat. Ausflugsboote dürfen aber noch immer die Inseln Kyrá Panagía und Psathoúra anlaufen. Eine solche Exkursion ist auf jeden Fall lohnenswert. Fast immer können dabei auch Delphine beobachtet werden.

Früher konnte man sich einfach von einem Bootsbesitzer zu den Inseln fahren lassen, dort ein paar Tage bleiben, die Eilande erkunden und Robinson spielen. Damit ist allerdings seit 1988 Schluß. Das gesamte Seegebiet nördlich und nordöstlich von Alónnissos wurde in den *"Nationalen Meerespark von Alónnissos – Nördliche Sporaden (NMPANS)"* umgewandelt und in die Zonen A und B eingeteilt. Alónnissos, Peristéra und die Gruppe um Dío Adelphí gehören zur B-Zone, in der nur geringe Einschränkungen gelten (z. B. beim Tauchen und Fischen, außerdem Verbot von wildem Campen). Alle anderen Inseln umfassen die Zone A, in der praktisch für jedes Eiland unterschiedliche Bestimmungen gelten, am restriktivsten für Ghioúra und Pipérion.

Grund für die Errichtung des Meeresparks sind die auf den Inseln lebenden Pflanzen und Tierarten, u. a. seltene Steinböcke, mehrere Möwenrassen, Falken, Wildziegen und die im Mittelmeer vom Aussterben bedrohten Mönchsrobben. Eine von der EU finanzierte meeresbiologische Beobachtungs- und Forschungsstation ist 1988 am *Órmos* Gérakas (ganz im Norden von Alónnissos, vgl. S. 309) errichtet worden. Endgültig wurde der Park aber erst durch ein Dekret des griechischen Staatspräsidenten am 28. Mai 1992 geschaffen. Heute besitzen einige Ausflugsboote von Skópelos und Alónnissos die Erlaubnis, Tagestouren auf die Inseln Kyrá Panagía und Psathoúra durchzuführen. Ein Übersetzen ist nur bei ruhiger See möglich.

Der gut 2200 qkm große "Meeresnationalpark" dient als Ruhezone für die Tiere und ist nicht zur Förderung des Tourismus geschaffen worden. Es sollen möglichst viele Leute ferngehalten werden. Daher gilt: es gibt hier keine Delphin- und Robben-Shows, der Meerespark ist kein griechisches Euro-Disney!

Weil das Gebiet unter Naturschutz steht, gibt es neuerdings diverse Einschränkungen. Früher waren eintägige Ausflugsfahrten zum Kloster auf *Kyrá Panagía* und in die Kyklopen-Höhle auf *Ghioúra* häufig angebotene Trips. Im Jahre 1988 wurde der Besuch der beiden Inseln vorübergehend verboten. Zwei Jahre zuvor wurde schon *Pipérion* für Touristen gesperrt. Mittlerweile ist das Kloster an der Agíos Pétros-Bucht auf *Kyrá Panagía* wieder zugänglich.

Auch das Tauchen ist in Teilen dieses Gebietes wegen einiger antiker Fundstätten unter Wasser und der Gefahr von weiteren Plünderungen strikt verboten. Auf Schmuggel von Kulturgut (allein die unerlaubte Bergung ist schon strafbar) drohen hohe Geldbußen!

Da sich die Zugangsbestimmungen für die Inseln häufig ändern, sollte man auf jeden Fall in den Reisebüros sowie bei den Ausflugboots- und Kaíki-Besitzern sehr genau nachfragen.

• *Literatur/Informationen*: Informationsbroschüren über den Meeres-Nationalpark und den aktuellen Stand der Einschränkungen können bei der griechischen Umweltschutzgesellschaft angefordert werden.

Adresse: ELLINIKI ETAIRIA. The Hellenic Society for the Protection of the Environment and the Cultural Heritage. Odós Tripodon 28. GR-10558 Athen. Tel. 0030-1-3225245, Fax 0030-1-3225240.

• *Ausflüge*: Dimitris Kiriazis organisiert von Skópelos und Alónnissos mit seinen zwei Booten täglich wunderschöne Ausflüge auf die umliegenden Inseln. 1997 fuhr er vor allem mit der sehr ruhig im Wasser liegenden **Kassandra** regelmäßig in den Meerespark. Die Tour startet um 11 Uhr im Hafen von Skópelos/Stadt (gegenüber der Taverne *"Sirene"*). Ab 1998 soll dieselbe Tour auch von Skíathos aus angeboten werden, möglicherweise auch mit dem zweiten Boot, der **Stella**. Tickets verkaufen verschiedene Reisebüros in Skópelos/Stadt und Patitíri, außerdem direkt auf dem Boot möglich. Preis pro Person ca. 45 DM inkl. Verpflegung.

Von Alónnissos fährt außerdem die **M/S Oceanis**, ein umgebautes Containerschiff, einmal wöchentlich in den Meerespark. Fachkundige Erklärungen von dem Meeresbiologen Vassilis werden in englischer Sprache erteilt. Auch bei diesem Ausflug bekommen die Gäste ein Mittagessen und verschiedene kleine Snacks gereicht. Abfahrt im Hafen von Patitíri während der Nebensaison jeden Mittwoch um 10.30 Uhr, im Hochsommer auch mehrmals wöchentlich. Preis pro Person ca. 48 DM inkl. Verpflegung. Tickets verkaufen verschiedene Reisebüros in den Hafenstädten.

Kyrá Panagía

Auch Pelagonisi genannt, die Insel der "Heiligen Jungfrau Maria". Heimat eines spätbyzantinischen Klosters. Entlang der tief eingekerbten Küste befinden sich diverse Ankerbuchten.

Die Überfahrt dauert vom 7,5 km südlich gelegenen Alónnissos etwa anderthalb Stunden. Die gesamte 28 qkm große Insel Kyrá Panagía war zeitweise den Mönchen vom Heiligen Berg Athos unterstellt. Sie errichteten oberhalb der Bucht von Agíos Pétros an der Ostküste der Insel ein Kloster, das als Filiale des Athos-Klosters *Agía Lávra* tätig war. Nicht nur der einzig verbliebene Mönch vom Kloster Agíos Pétros, sondern auch einige Ziegen- und Schafhirten leben im Sommer dauerhaft auf der Insel. Auf Kyrá Panagía existiert deutlich weniger Vegetation als auf Alónnissos. Nur rund um das Kloster liegen bewaldete Hänge.

Sowohl an der Nordwestküste als auch an der Ostseite fällt das Kalkgestein der Insel steil ab. Ihre höchste Erhebung wird mit 299 m angegeben. Im Süden und Norden liegen die großen Naturbuchten *Órmos* Kyrá Panagía und *Órmos* Limin Planitis, während im Westen eine enge Schlauchbucht in die Küstenlinie einschneidet. Südlich des *Órmos* Kyrá Panagía liegt ein markantes Hochplateau. Außerdem befinden sich im Inselinneren etliche Quellen und verwilderte Weinpflanzungen sowie Olivenbäume von früheren Besiedlungen.

▸ **Kloster Agíos Pétros**: wunderschön oberhalb der traumhaften Bucht von Agíos Pétros. Die Anlage, ungefähr 70 Höhenmeter oben auf einer kleinen Felsnase hat ihre besten Tage aber schon längst gesehen. Kein Wunder, es lebt nur noch ein einziger alter Mönch auf der Insel, der das Kloster mitsamt seinem Garten bewirtschaften muß. Früher diente das etwa um 1100 n. Chr. erbaute Kloster vor allem der Versorgung des Klosters Athos mit Lebensmitteln.

Die der "Heiligen Jungfrau Maria" gewidmete Klosterkirche aus spätbyzantinischer Zeit liegt inmitten der Anlage und ist in den achtziger Jahren teilweise restauriert worden. Mittlerweile könnten auch die Wirtschaftsgebäude eine Renovierung vertragen. Im Klosterareal befinden sich außerdem eine uralte Ölpresse und eine Getreidemühle. Mitten auf der Koppel vor der Anlage liegen die verrosteten Überreste zweier deutscher Seeminen aus dem Zweiten Weltkrieg.

- *Besichtigung*: Der alte Mönch hält sich nicht immer im oder am Kloster auf. Daher muß man schon etwas Glück haben, um ihn anzutreffen, damit er die Klosterpforte aufschließen kann.
- *Wegbeschreibung*: von der schmalen betonierten Anlegestelle am Südende der Pétros-Bucht führen 60 Treppenstufen steil aufwärts. Nach den Stufen geht es über kleine Trampelpfade direkt über den Hang zum Kloster hinauf. In gut zehn Minuten problemlos zu schaffen.

Wissenschaftler behaupten, Kyrá Panagía sei die am frühesten besiedelte Insel der gesamten Ägäis gewesen. Doch die Schätzungen liegen weit auseinander und reichen von ca. 5000 bis 10.000 v. Chr. Bei Ausgrabungen kamen Funde aus neolithischer Zeit zutage. Außerdem hat Kyrá Panagía des öfteren im Laufe der Geschichte seinen Namen mit *Íkos* bzw. *Alónnissos* getauscht, so daß bei Überlieferungen nicht immer eindeutig festzustellen ist, welche Insel nun wirklich gemeint ist.

Ankerplätze und Badebuchten auf Kyrá Panagía

- **Órmos Agíos Pétros**: liebliche Bucht mit zwei Strandabschnitten vor steil aufragenden Felswänden. Am Südende gibt es einen kleinen betonierten Anlegeplatz. Die Agíos Pétros-Bucht wird oft von Segelschiffen angesteuert, da das Ankern hier erlaubt ist. Ausflugstouristen bleiben meist nur etwa eine Stunde, bevor ihr Boot weiterfährt. Direkt am Strand befinden sich ein paar antike Mauerreste, und draußen vor dem Órmos hat man 1970 mehrere Wracks versunkener byzantinischer Schiffe aus dem 11. Jh. entdeckt. Hunderte antiker Amphoren und Töpferarbeiten konnten geborgen werden, doch eine ausführliche archäologische Untersuchung wurde noch nicht durchgeführt.
- **Órmos Kyrá Panagía**: im Südwesten der Insel. Die weitläufige Bucht ist sehr breit und zerklüftet. Mehrere Strände umrahmen den gesamten Órmos, werden aber immer wieder durch kurze felsige Abschnitte unterbrochen. Sand findet sich vor allem in der nordwestlichen Einbuchtung sowie an den rechts und links der Landzunge liegenden Badeplätzen im Südostteil der Bucht. Fast rund um den *Órmos* Kyrá Panagía reichen Macchia und Olivenbäume bis an das Ufer heran.
  Geographische Lage: 39°18,8' nördliche Breite, 24°03' östliche Länge.
- **Ákra Panagía**: südwestliches Kap der Insel.
- **Órmos Limin Planitis**: im Nordosten der Insel, früher ein Piratenversteck und eine der größten natürlichen Buchten der Ägäis. Die Doppelbucht hat

eine nur 82 m breite (und 6 m tiefe) Engstelle als Einfahrt, vor der nördlich der langgestreckte Felsen *Spika* im Wasser liegt. Limin Planitis wird von Seglern gerne als geschützter Startplatz für die Langstreckentour an die Küste Chalkidikis genutzt (38 Seemeilen entfernt). Vom Westufer der Bucht führt ein Eselspfad ein Stück den macchiabewachsenen Berg hinauf zu einer Zisterne.

Geographische Lage: 39°20,5' nördliche Breite, 24°04,2' östliche Länge.

- **Ákra Kyrá:** der nördlichste Zipfel von Kyrá Panagía. Das Kap Kyrá liegt etwa 2 km nördlich der schmalen Einfahrt zum Órmos Limin Planitis.
- **Bucht im Westen von Kyrá Panagía:** tief in östlicher Richtung eingeschnittene Bucht im Westen der Insel. Rechts und links des Ankerplatzes steigen hohe Felsen empor. Am Ende der Schlauchbucht liegt ein kleines Sandstrandstück. Absolut einsam, doch nur mit einem Privatboot zu erreichen.

Geographische Lage: 39°19,8' nördliche Breite, 24°02,8' östliche Länge.

Anlegestelle auf Kýra Panagía an der Pétrou-Bucht

Vorgelagerte Inseln

- **Pelerissa:** Minieiland ein paar hundert Meter vor dem Órmos Kyrá Panagía an der Südwestküste der Insel. Auf dem südlichsten Zipfel von Pelerissa steht ein kleiner Leuchtturm.
- **Voreiós Melíssa:** Minifelsen, etwa 1,5 km südöstlich von Kyrá Panagía.
- **Spika:** knapp 500 m langgestreckter und schmaler Felsen direkt vor der Einfahrt zum Órmos Limin Planitis. Die Durchfahrt zwischen der Insel Kyrá Panagía und dem Eiland Spika ist wegen zahlreicher Unterwasserklippen nicht möglich.
- **Papunísi:** kleine Insel, etwa in der Mitte zwischen Kyrá Panagía und Ghioúra gelegen. Auf Papunísi steht eine Kapelle.
- **Strongyló:** Minifelsklippe, nordwestlich vor der Insel Papunísi gelegen. Strongyló wird von den Einheimischen auch *Kubi* genannt.
- **Gramvoussa:** kleine Insel, ebenfalls zwischen Kyrá Panagía und Ghioúra, aber deutlich näher an der letzteren gelegen. Nach Osten fällt eine Steilwand ins Meer hinab.

Ghioúra

Ghioúra liegt majestätisch in der blauen Ägäis. Steil und wild zerklüftet, vielleicht die berühmte Insel des Kyklopen Polyphemos. Zur Römerzeit als Verbannungsort genutzt. Kaum Vegetation auf den Hängen und Heimat einer wilden Bergziegenrasse.

Die noch etwas nördlicher als Kyrá Panagía gelegene Insel steigt 570 m hoch aus dem Wasser empor. Auf Ghioúra soll jener *Kyklop* gelebt haben, in dessen Gefangenschaft Odysseus während seiner Irrfahrt geriet. Ghioúras Ostküste fällt steil in Meer hinab, während die Westküste sanfter ausläuft. Die gewaltigen Berghänge präsentieren sich nur spärlich von Kermeseichen und Macchia bewachsen, an vielen Stellen sind sie sogar völlig kahl. Lediglich die große Anzahl von Kapernsträuchern fällt ins Auge, und nur in den etwas schattigeren Schluchten wachsen größere Bäume.

Außerdem lebt auf der gut 14 qkm großen Insel eine originäre Rasse von wilden und seltenen Steinböcken. Sie sind vor allem an der steilen Ostseite zu sehen. Ende des 19. Jh. war Ghioúra noch von einem Dutzend Menschen bewohnt, heute lebt niemand mehr dauerhaft hier. Auch das Mini-Kloster *Evangelistría* (gehört zum Athos-Klosters *Lávra*) wird nicht mehr bewirtschaftet, der letzte Mönch soll um 1840 gestorben sein. An der Westküste wurden Überreste eines Poseidon-Heiligtums gefunden. Die Ausflugsboote von Patitíri brauchen etwa 1,5 Stunden, Kaikis mindestens 3,5 Stunden.

▶ **Kyklopenhöhle von Ghioúra**: Der Schauplatz der Geschichte von Odysseus und dem Kyklop, befindet sich etwa 200 Meter über dem Ankerplatz und

Höhle des Kyklopen auf Ghioúra

wäre grundsätzlich in gut 35 Minuten zu Fuß zu erreichen. Leider ist derzeit das Betreten der Insel verboten, weil Touristen zahlreiche Tropfsteine aus der Höhle entwendet haben. Der Höhleneingang ist nicht sonderlich hoch, man muß hindurchkriechen. Etwas weiter im Inneren wird die Höhle dann allerdings deutlich breiter. Die Stalaktiten und Stalagmiten sind jedoch nur mit Hilfe einer starken Taschenlampe zu erkennen.
Nachts wird die Höhle von zahlreichen wilden Ziegen bewohnt. Der Überlieferung zufolge verbannten die Römer ihre Gefangenen nach Ghioúra, welche die Höhle vermutlich als Unterschlupf nutzten, die Felsen bearbeiteten und das Basin errichteten. Bis heute wurde die Tropfsteinhöhle in ihrer vollen Länge nicht vollständig erforscht. Ehrgeizige Pläne des griechischen Touristikministeriums sehen vor, die Höhle mit Treppen, Stegen und Licht auszustatten. Doch wird diese Touristenattraktion wahrscheinlich noch Jahre auf sich warten lassen.

Wichtig: Aufgrund dutzendfacher Diebstähle von Tropfsteinen und einiger Unfälle mit Knochenbrüchen in der rutschigen Höhle wurde im Herbst 1988 der Zutritt zu der Kyklopenbehausung für Touristen gesperrt. Heute ist das Betreten der gesamten Insel verboten, und kein Boot darf sich mehr als 400 Meter dem Eiland nähern. Da sich die Bestimmungen aber ändern können und es noch weitere Verbote für Bootsbesitzer gibt, sollte man auf jeden Fall in den Reisebüros von *Alónnissos* sehr genau nachfragen.

Pipérion

Die Pfefferinsel. Rundum Steilküste, ohne Ankerplatz. Kernzone des Meeresparks. Hier leben die vom Aussterben bedrohten Mönchsrobben. Außerdem gibt es wie auf Ghioúra einen verlassenen Klosterbau.

Im Volksmund wird die Insel *Pipéri*, zu deutsch: *Pfefferinsel*, genannt. Pipérion erscheint als ein steil aus dem Meer aufsteigendes Felsplateau, etwa 12 km südöstlich von Ghioúra. Die Entfernung von der Nord- zur Südküste der fast ovalen Insel beträgt ungefähr 4 km, die Landfläche ca. 6,8 qkm. An allen Seiten fallen hohe Felswände steil zum Meer hin ab, so daß die oben abgeflachte Insel fast die Form eines Tafelberges annimmt. Pipérion besteht – wie auch die anderen Inseln dieser Gruppe – weitgehend aus Kalk. Die weniger felsigen Gebiete sind mit Kiefern und Kermeseichen bewachsen. In diesen Wäldern liegt ein *Kloster* versteckt. Bis zum 17. Jh. lebten in dem Kloster etliche Mönche, heute jedoch ist die Insel gänzlich unbewohnt und die Kreuzkuppelkirche dem Zerfall preisgegeben.
Im Meeresnationalpark um die Insel Pipérion leben die im Mittelmeer vom Aussterben bedrohten *Mönchsrobben*. Einheimische Fischer berichten, daß die (wahrscheinlich noch ca. 60) Seehunde oft bis an die Küsten und Strände von Pipérion herankommen. Eine von der EU finanzierte Beobachtungs- und Zuchtstation für die Tiere ist 1988 am *Órmos Gérakas* (ganz im Norden von *Alónnissos*) errichtet worden.

Wichtig: Aufgrund des Wasser- und Naturschutzgebietes existiert seit 1986 ein umfassendes Verbot, die Insel Pipérion zu besuchen. Mehr als 3 Seemeilen (ca. 5,5 km) darf sich kein Boot dem Eiland nähern. Möglicherweise ändert sich diese Bestimmung aber, denn das betreffende Gesetz ist nur befristet gültig.

Psathoúra

Die nördlichste der Nördlichen Sporaden. Absolut flach und von vulkanischem Ursprung. Schwarzes Gestein, grüne Macchia und goldgelber Sand am Órmos Mandráki. Rund um die Insel gilt das Seegebiet bei starkem Wind als außergewöhnlich rauh.

Auch die nördlichste der Sporadeninseln hat eine besondere Attraktion zu bieten. Die Vulkaninsel erreicht auf der Nordwestseite lediglich eine Höhe von 15-20 m, nach Südosten läuft die Insel flach ins Meer aus. Das war jedoch nicht immer so. Unter der Meeresoberfläche kann man am Strandabschnitt östlich des Mandráki-Beaches in einer Tiefe von 5 bis 15 m noch deutlich die Überreste einer versunkenen antiken Stadt erkennen (Mauerreste und sogar Amphoren). Einige Wissenschaftler vermuten hier das antike *Halonnissos*. Schätzungen über das Alter der Stadt reichen von 1300 bis 900 v. Chr.

Wenn man sich von Ghioúra kommend nähert, erkennt man schon von weitem den Leuchtturm auf der flachen Insel. Das mächtige Bauwerk an der Nordspitze ist vielleicht eines der größten Leuchtfeuer Griechenlands. Alle zehn Tage fährt ein Kaíki von Alónnissos hierher, um die Funktion der solarbetriebenen Anlage zu überprüfen. Psathoúra ist mit 1,7 qkm Größe ungefähr 2 km lang und nur 750 m breit. Ende des vergangenen Jahrhunderts lebten zeitweilig ein paar Hirten auf Psathoúra, heute ist das Eiland völlig unbewohnt.

An der Westküste ist der vulkanische Ursprung am besten zu erkennen. Das zerlappte und zerfurchte schwarze Gestein mit großen Lufteinschlüssen und geringer Dichte ragt bis ins Meer hinein. Psathoúras Inland wirkt auf den ersten Blick grün, doch mehr als bodendeckende Macchiabüsche sind nicht vorhanden. Die Insel ist auch die Heimat der Pflanze *Konion*, eines großen giftigen Strauchgewächses mit gelben Blättern. Aus diesen Blättern preßte man jenes Gift, das der griechische Philosoph Sokrates trinken mußte, als man ihn 399 v. Chr. wegen verderblichen Einflusses auf die Jugend und Gotteslästerung zum Tode verurteilte. Der sogenannte *Schierlingsbecher* war damals eine durchaus übliche Form der Hinrichtung.

▸ **Órmos Mandráki**: feinster goldgelber Traumstrand. Alle Ausflugsboote, die Psathoúra ansteuern, ankern einige Meter vor dieser Sandbucht. Eine Anlegestelle gibt es nicht, die Ausflügler werden ausgebootet und am Strand abgesetzt. Die wunderschöne Südbucht ist ungefähr 150 m lang, der saubere, goldgelbe Sand lädt geradezu zum Sonnenbaden ein. Das Wasser

Ankerndes Fischerboot vor Psathoúra

ist klar und sauber, das Baden hier ein reines Vergnügen. Einziger Haken: Der Mandráki-Strand ist völlig schattenlos.

Am Westende reichen die schwarzen Vulkangesteine bis ins Wasser, auch im Osten einige Felsen und Algen im Wasser. In der Mitte jedoch Sandgrund bis über 100 m vom Strand entfernt.

Der Aufenthalt auf der Insel dauert in der Regel ca. 1,5 bis 2 Stunden. Versuchen Sie keinesfalls, in dieser kurzen Zeit bis zum Leuchtturm zu wandern. Die Macchia ist im Innern von Psathoúra fast undurchdringlich dicht, und Sie würden garantiert zu spät zurück kommen. Der Stopp auf Psathoúra ist als Badeausflug in eine paradiesische Landschaft gedacht.

Wichtig: Die Bestimmungen des Naturschutzgebietes erlauben für Ausflugsboote den Besuch der Insel Psathoúra. Allerdings fahren nur schnellere und größere Boote dorthin. Die schnellsten von ihnen (z. B. die *Kassandra*) brauchen von Alónnissos etwa 2,5 Stunden, Kaikis würden mehr als die doppelte Zeit benötigen. Wenn der Nordwind *Meltémi* in den Sommermonaten stark bläst, wird Psathoúra nicht angelaufen.

▶ **Insel Myía**: kleine Mini-Insel kurz vor Psathoúra, auch *Psathouropoula* genannt. Von Ghioúra kommend, liegt Myía auf der rechten Seite ungefähr 1 km vor Psathoúra. Das kleine Eiland ist ebenfalls vulkanischen Ursprunges. Beide Inseln sind aber nur die Spitzen eines erloschenen Vulkans unter der Meeresoberfläche. Myía ragt gerade einmal 3 m aus dem Meer heraus und mißt ungefähr 300 m Durchmesser. Bei extremem Seegang heißt es für das flache Inselchen oft gänzlich "Land unter".

Einsame Inseln zwischen Alónnissos und Skýros

Zwischen Alónnissos und Skýros liegen zwei größere Inseln, die ihrerseits wieder von zahlreichen kleinen Eilanden umgeben sind: Dío Adelphí und Skantzoúra. Außerdem befinden sich in diesem Gebiet zahlreiche Unterwasserklippen oder weitere Minieilande.

Das gesamte Seegebiet zwischen Alónnissos und Skýros gilt als nicht ungefährlich. Insbesondere bei Windstille tritt häufig starker Dunst über der Wasseroberfläche auf, der die Sicht massiv einschränkt. Weil keine der Inseln über einen Leuchtturm verfügt, tauchen sie erst sehr spät aus dem Nebel auf. Doch keine Angst, die *Flying-Dolphin*-Kapitäne kennen ihre Routen. Sämtliche dieser Inseln sind seit Jahrzehnten unbewohnt und bieten für Segelcrews und Motorbooteigner einsame Strände. Größere Ausflugsboote und Badekaíkis fahren die beiden Inselgruppen nicht an. Nur Hirten kommen gelegentlich dorthin, um ihre Ziegen zu melken.

Adelphí-Gruppe

Ungefähr 10 km südöstlich von Alónnissos und 5 km südlich von Peristéra liegt eine Gruppe von drei kleinen Inseln, deren größte Dío Adelphí genannt wird. Sie sind durch ein untermeerisches Gebirge mit Alónnissos verbunden. Keines der unbewohnten Eilande verfügt über einen Leuchtturm.

- **Barketta**: Minifelsen gut 3 km südlich des Kaps Xeró auf der Alónnissos vorgelagerten großen Insel Peristéra.
- **Adelphopoulo**: ebenfalls südlich des Akro Xeró auf Peristéra, doch über 4 km von der großen Insel entfernt. Adelphopoulo mißt ungefähr 1 km Nord-Süd-Durchmesser und ungefähr die Hälfte in West-Ost-Richtung. Die Küste ist felsig und stark zerklüftet.
- **Dío Adelphí**: deutlich größere Insel, direkt südlich von Adelphopoulo gelegen. Dío Adelphí verfügt ebenfalls über eine stark zerlappte Küste und zahlreiche Buchten, doch liegt das Eiland zu weit von Alónnissos entfernt (knapp 10 km vom Hafen Patitíri), um für die Kaíkis ein interessantes Ziel zu sein. Dío Adelphí ragt an der höchsten Stelle 159 m aus dem Wasser, wobei die Insel nach Osten steil ins Meer abfällt. In Nord-Süd-Richtung beträgt die Entfernung von Küste zu Küste etwa 3 km, während die West-Ost-Breite nur im Süden mehr als 1 km mißt.

Skantzoúra-Gruppe

Größere Inselgruppe gut 9 km südöstlich der Adelphí-Gruppe Richtung Skýros. Rund um Skantzoúra liegt gut ein Dutzend Minieilande. Kein Leuchtturm weist den Weg zu dieser einsamen Inselgruppe. Bis zur Küste von Skýros sind es etwa 34 km weiter in südöstlicher Richtung, Alónnissos liegt ungefähr 20 km nordwestlich.

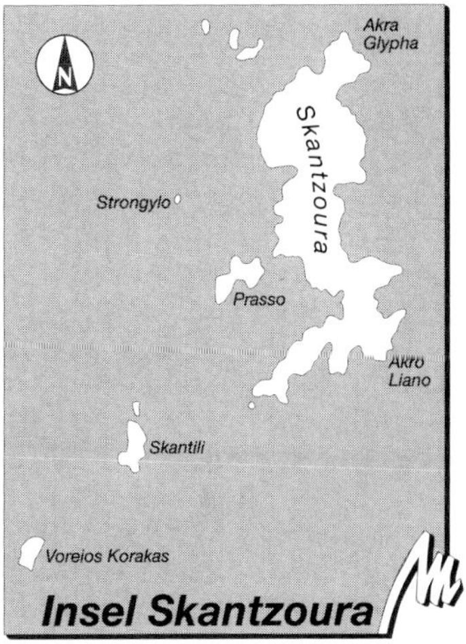

▸ **Skantzoúra**: Heimat eines Klosters und wilder Ziegen. Ziemlich genau in der geographischen Mitte und auf dem höchsten Punkt Skantzoúras steht ein mittlerweile verlassenes Kloster. Einst gehörte es zum *Agía Lávra*-Kloster der Mönchsrepublik Athos. Heute lebt niemand mehr auf der Insel, aber zwei- bis dreimal im Monat kommen Ziegenhirten von Alónnissos mit dem Kaíki, um nach den hier lebenden Tieren zu schauen. Die höchste Erhebung des eher flachen Skantzoúra mißt 107 m. Außer einem kleinen Zedernwäldchen wachsen auf der Insel dichte Phrygana und Olivenbäume, die nicht mehr abgeerntet werden. Sogar in Ufernähe wuchert ringsum die Macchia fast bis ans Meer.
Von Nord nach Süd mißt die Insel gut 5 km Länge bei einer Gesamtfläche von etwa 7,7 qkm. Die nördlichste Stelle heißt *Ákra Glypha* und das Kap im Südwesten wird *Ákro Liano* genannt. Im Westen und im Süden von Skantzoúra befindet sich jeweils eine bei Segelschiffen beliebte Ankerbucht. Bis zum Ende des 19. Jh. wurde auf Skantzoúra Marmor abgebaut. Ansonsten dominiert Glimmerschiefer. Früher wurde sogar Landwirtschaft auf Skantzoúra betrieben, wie ein Bericht aus den fünfziger Jahren verrät. Skantzoúra gehört ebenfalls zur Zone A des Meeresparks, da hier eine seltene Möwenart und Eleonora-Falken beheimatet sind. Deshalb ist das Betreten von großen Teilen der Insel und ihrer umliegenden Eilande derzeit verboten. Nur der Besitzer der Weideziegen kommt gelegentlich von Alónnissos mit seinem Motorboot hierher.

Geographische Lage (Ankerbucht im Westen): 39°04' nördliche Breite, 24°06,7' östliche Länge.

▸ **Prasso**: größte und nächste der Skantzoúra vorgelagerten Inseln. Prasso hat eine L-Form, wobei jeder der Schenkel einen knappen halben Kilometer lang ist.

Geographische Lage (Ankerbucht an der mittleren Südküste): 39°04,1' nördliche Breite, 24°05,7' östliche Länge.

▸ **Strongyló**: Minifelsen, etwa 600 m vor der mittleren Westküste von Skantzoúra gelegen.

▸ **Skantili**: kleine Insel, ebenfalls etwa 600 m von Skantzoúra entfernt gelegen, aber in der Verlängerung des Südwestarmes.

▸ **Voreiós Kórakas**: einen halben Kilometer südwestlich von Skantili. Die Insel Voreiós Kórakas schließt die Skantzoúra-Gruppe nach Süden ab.

Skýros

Die vielseitigste Insel der Nördlichen Sporaden – zweigeteiltes Eiland in vielerlei Hinsicht – erschlossener grüner Norden, wilder trockener Süden – Touristentrubel hält sich trotz sehr schöner Strände noch in engen Grenzen – die Chóra erinnert stark an die weit entfernten Kykladen – viel Inselkultur – traditionelle Feste und ein mystischer Faschingsbrauch.

Skýros ist die größte Insel der Sporaden, aber keineswegs das führende Urlaubsziel. Touristisch erschlossen ist lediglich der nördliche Teil der Insel. Hauptanziehungspunkt dort sind Skýros/Stadt und die phantastischen Strände von Mólos und Magazía. Im kykladischen Stil gebaute Kubenhäuser ziehen sich in der Chóra imposant einen mächtigen Felsen hinauf. Ein Bummel durch die verwinkelten und herausgeputzten Gassen zählt zu den Höhepunkten eines Besuches. Außerdem Hunderte kleiner Kirchen und Kapellen überall auf der Insel.

Skýros ist die südlichste Insel der Nördlichen Sporaden, obwohl sie eigentlich nur noch aus geographischer Sicht zu diesem Archipel gezählt wird. Die griechische Republik läßt Skýros nicht von Skópelos, dem Hauptort der Sporaden, sondern von dem zwei Fährstunden entfernten Euböa verwalten. "Im offenen Meer" lautet dagegen die stolze Antwort, wenn man einen Skyroten nach der Lage seiner Heimat fragt. Jahrhundertelang war man auf sich selbst gestellt, und dies prägt den Charakter der Insulaner bis heute. Die zurückhaltende und etwas herbe Freundlichkeit versteht nicht jeder Fremde sogleich, ist man doch von den Inselgriechen ansonsten eine offenere und direktere Herzlichkeit gewöhnt. Wer jedoch etwas mehr Zeit mitbringt, wird auf Skýros vielleicht seine Liebe auf den zweiten Blick entdecken.

Skýros zeigt sich in vielerlei Hinsicht zweigeteilt. Im erschlossenen, wasserreichen und daher grünen Norden leben fast alle Inselbewohner. Dagegen steht die wilde, trockene Kargheit des südlichen Teiles. Beide Inselhälften sind nahezu gleich groß und doch so verschieden. Etwa entlang der heutigen Straße vom Hafen Linariá nach Skýros/Stadt sind in ägäischer Urzeit, so eine weit verbreitete These, zwei Inseln durch tektonische Bewegungen zusammengedrückt worden. Beide etwa gleich große Hälften werden durch einen schmalen Isthmos getrennt. Doch damit nicht genug der Spekulation: Beim Südteil von Skýros soll es sich um eine abgedriftete Kykladeninsel handeln, wofür immerhin die karge Oberfläche und der Bebauungsstil sprechen.

Die Bewohner indes zogen die Rückseite eines steilen Felszahnes im Nordosten der Insel als Standort ihrer Hauptstadt vor, Skýros oder Chóra genannt. Hier fand man idealen natürlichen Schutz vor den gefürchteten Piraten, die noch zu Beginn des vergangenen Jahrhunderts ihr Unwesen in der Ägäis trieben. Skýros/Stadt ist mittlerweile um den Hang herum auch auf die Meeresseite hin gewachsen. In einem großen Halbkreis ziehen sich die im kykladischen Stil gebauten Kubenhäuser imposant den mächtigen Felsen hinauf. Für Autos sind die oberen zwei Drittel der Chóra viel zu eng, auch Mofas knattern nur bis zur unteren Platía.

Der Grund, warum Skýros von der sommerlichen Touristeninvasion bisher verschont blieb, liegt auf der Hand. Wer die Insel besuchen will, muß eine lange Anreise in Kauf nehmen. Lediglich von *Kými* auf Euböa bestehen täglich Fährverbindungen. Der Fremdenverkehr konzentriert sich fast ausschließlich auf die Nordhälfte, während der karge Süden weitgehend unberührt und gänzlich unerschlossen ist. Die Region rund um den fast 800 m hohen *Kochilas*-Gipfel zeigt sich nahezu menschenleer. Hier leben die letzten Exemplare der Skýros-Ponys noch in freier Wildbahn. Außerdem ist Skýros bekannt als Ziegen- und Schafinsel. Die Bauern halten noch heute über 50.000 Tiere auf der Insel.

Auch die Küsten der Insel sind sehr abwechslungsreich. Hübsche Sand- und Kiesstrände, teilweise mit Schatten, hinter denen macchia- und baumbewachsene Hügel sanft emporsteigen, wechseln sich mit rauhen, schroff und unzugänglichen Steilküsten ab. In der Nordhälfte reichen die Berge kaum an 400 Höhenmeter heran. Sie alle sind recht leicht zu besteigen, denn zahlreiche Ziegenpfade führen fast bis auf die höchsten Punkte. Im Südteil liegt dagegen das Kochilas-Gebirge mit dem höchsten und tückischen Inselgipfel *Óros Kochilas* (792 m). Insbesondere die Küste im Südwesten ist reich an kleineren und größeren Schlauch- und Sackbuchten. In diesen unzugänglichen Regionen leben Hunderte wilder Bergziegen. Rund um die Insel bestehen gute Fischgründe und Tauchsportmöglichkeiten.

Skýros liegt in einem Wetterloch. Kaum eine andere Insel Griechenlands hat im Winter mehr Regen zu verzeichnen als Skýros. Aber keine Angst, im Sommer ist auch auf der südlichsten der Sporadeninseln gut Sonnenbaden. Dagegen muß stets mit kräftigem Wind gerechnet werden.
Einer der alten Namen von Skýros war *Anemoessa*, d. h. die "Prinzessin des Windes". Im Winter schlagen die Wellen des Meeres oftmals über die Straße in Ufernähe (südlich von Skýros/Stadt) und den Hafen von Linariá. Im Hochsommer, zwischen Juni und September, macht dagegen der *Meltémi* (vgl. S. 14) den Skyroten zu schaffen.

Doch nicht nur die Oberflächenstruktur des Inselsüdens erinnert an die Kykladen, sondern auch die Häuser, die sich von der Architektur der anderen Sporaden-Inseln massiv unterscheiden. Auf Skýros dominiert der typische Kykladenwürfel-Stil. Die flachen Dächer sind Spezialkonstruktionen aus Schilfrohr und Ton, fast alle Eingänge bunt bepflanzt und mit Kieselsteinen verziert. Skyrotische Familien besitzen oft erstaunliche Sammlungen handwerklicher Gegenstände, die museumsartig auf Regalen verteilt oder an die Wände gehängt werden. Auch die Inneneinrichtung aus kleinen geschnitzten Holzmöbeln ist in der Regel echte Handarbeit. Interessant ist daher ein Blick in die Wohnstuben der Häuser von Skýros, der von den stolzen Besitzern meist gestattet wird. Sehenswert sind die dekorierten Wände der Wohnzimmer. In einer Ecke befindet sich der Kamin, darüber sind auf Simsen in mehreren Reihen die Schätze und Besitztümer der Familie aufgereiht.
Geprägt wird Skyros auch von der massiven Militärpräsenz auf der Insel, die gelegentlich daran erinnert, daß es außer Meer, Wind und Sonne auch noch die Sorgen der täglichen Politik gibt. Im Nordwesten von Skýros liegt einer der größten Militärflughäfen Griechenlands inmitten einer fruchtbaren Landwirtschaftsebene. "Verbotene Gegend – nicht fotografieren", signalisieren die Schilder schon weit von der Air-Base entfernt. Die griechische Generalität zeigt sich sehr streng, auch wenn der Tourismus nicht nennenswert eingeschränkt wird. Immerhin haben es die Insulaner geschafft, den Militärs als Gegenleistung für das verbaute Areal, Landerecht für ein ziviles Flugzeug pro Tag abzutrotzen.
Wer nicht mit dieser täglichen Linienmaschine der *Olympic Airways* von Athen kommt, landet mit der Fähre in *Linariá*, dem kleinen beschaulichen Hafen von Skýros. Der Ort liegt in einer kleinen Bucht, genau an der Nahtstelle der beiden so unterschiedlichen Inselteile, wo der schmale Isthmos nur knapp 4 km Durchmesser aufweist. Linariá ist auch gleichzeitig das Eingangstor für den unerschlossenen Süden der Insel. Außer Ziegenhirten und Wanderern verirrt sich kaum eine Menschenseele in das karge, wilde Land. So hat vor wenigen Jahren die griechische Kriegsmarine die Trís-Boúkes-Bucht als idealen Standort entdeckt.

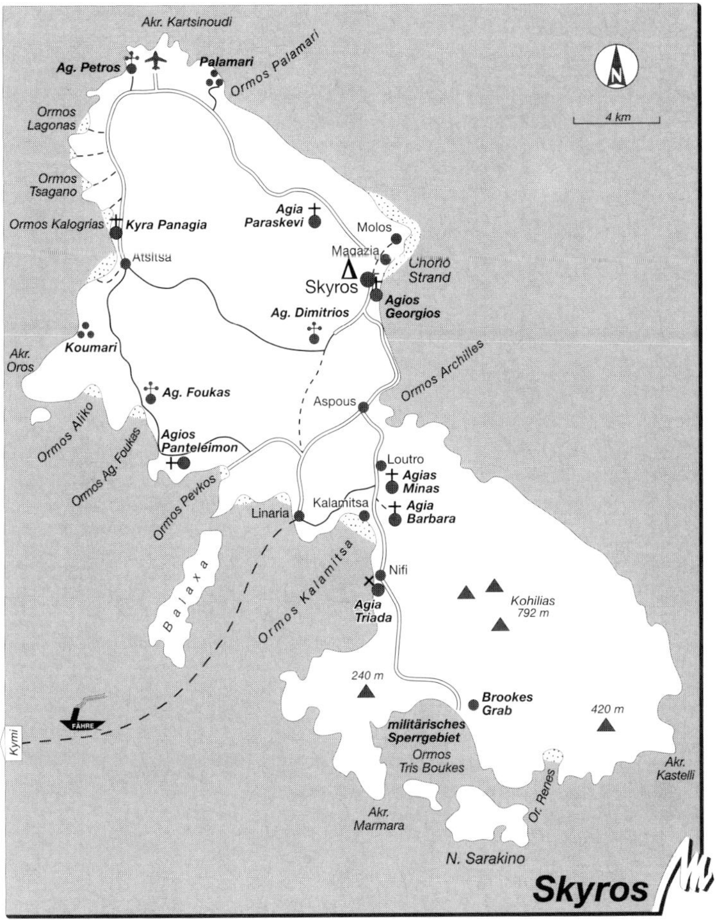

Wenige hundert Meter hinter den militärischen Anlagen im Süden befindet sich das Grab des englischen Lyrikers *Rupert Brooke* inmitten eines idyllischen Olivenhaines. Verstreut über die ganze Insel und vor allem im Hauptort liegen auch zahllose sehenswerte kleine Kirchen und Kapellen, meist aus dem frühen 15. bis zum beginnenden 18. Jh. Das Wegenetz abseits der Hauptrouten und zu den Stränden ist nicht asphaltiert, aber dennoch meist gut befahrbar. Es lohnt sich sehr, Tagesausflüge mit dem Auto oder Moped zu unternehmen oder in einer der einsamen Buchten für ein paar Tage das Zelt aufzuschlagen und dabei dem Grillengesang aus dem dichten Pinienwald zu lauschen.

Skýros auf einen Blick

Größe: ca. 208 qkm in der Gestalt zweier aneinanderhängender und etwa gleich großer Ellipsen. Größte Ausdehnung von Nordwest (Agíos Pétros) nach Südost (Ákro Castélli) mit ca. 28,5 km. Schmalste Stelle in der Mitte der Insel etwa auf der Linie *Kalamítsa-Órmos Achílles* mit ca. 3 km. Küstenlänge durch die vielen Buchten ca. 130 km. Mehrere vorgelagerte Inseln, insbesondere im Süden und Südwesten.

Geographische Lage: Hafen Órmos Linariá: 38°50,4' nördliche Breite, 24°32,2' östliche Länge; Órmos Kalamítsa: 38°47,7' nördliche Breite, 24°32,4' östliche Länge; Órmos Trís Boúkes: 38°46,5' nördliche Breite, 24°36,3' östliche Länge; Órmos Apias: 38°46,8' nördliche Breite, 24°34,1' östliche Länge; Órmos Rénes: 38°46,4' nördliche Breite, 24°38' östliche Länge; Órmos Kalogrias: 38°55,5' nördliche Breite, 24°27,8' östliche Länge; Órmos Atsitsa: 38°54,4' nördliche Breite, 24°27,6' östliche Länge;.

Geologie: Der mittlere Teil von Skýros besteht aus kristallinen Schiefergesteinen: dunkelgrüner Schiefer, grauer, silberglänzender Glimmerschiefer und schwarzer Tonglimmerschiefer. Darüber lagert im Süden und Norden eine mächtige Kalkdecke, deren Beschaffenheit oft auf geringer Entfernung schwankt: vom grobkörnigen Marmor bis zu dichtem Kalkstein. Am Nordende der Insel dominiert bläulicher Schiefer, teilweise auch Glimmerschiefer. Hier sind auch kleine chrom- und nickelhaltende Adern von Eisenoxid gefunden und teilweise abgebaut worden. In der Antike wurde außerdem bei Linariá und Pévkos sowie an der Südwestküste weißer Marmor abgebaut. Das Kochilas-Gebirge besteht aus weiß- und graugestreiftem Marmor, während bis zur Südküste gelblicher Dolomit, graue Kalke und Kalkschiefer wechseln. Die besondere geologische Eigenart von Skýros liegt jedoch in den schönen bunten Brekzienmarmor: weiße, gelbliche, rote, violette und grünliche Lagen treten überall im Süden und Südwesten der Insel auf. Der antike Geograph Strabon berichtet, daß der bunte Marmor von Skýros in Rom als prachtvolles Baumaterial sehr begehrt war.

Bevölkerung: zum Zeitpunkt der letzten Volkszählung von 1981: ca. 2750, davon ca. 2200 in Skýros/Stadt, der Chóra. Ansonsten ist nur Linariá als größeres Dorf zu bezeichnen (ca. 120 Einwohner). Der Süden von Skýros ist fast menschenleer.

Wichtige Orte: Skýros/Stadt – Hauptort (Chóra) an einen Felszahn der Nordostküste gebaut. Linariá – einziger Fährhafen und wichtigster Ankerplatz, auf der Skýros/Stadt gegenüberliegenden Seite der Insel. Kalamítsa – weitläufige Bucht östlich von Linariá. Atsitsa – Dorf im Nordwesten.

Unterkunft: Im Nordteil der Insel existieren zahlreiche Privatzimmer und in Skýros/Stadt sowie den Strandsiedlungen Mólos und Magazía auch eine ganze Reihe von Hotels. Im Inselsüden gibt es nur Pensionen in Kalamítsa.

Baden: Skýros ist auch eine Insel für reine Badefans. Es gibt einige Kilometer sehr guter Sandstrände bei Mólos, Magazía und Gyrísmata sowie an der gesamten Westküste von Agíos Pétros hinunter bis zum Órmos Nikólaos. Dabei ist es wichtig, stets auf die Windverhältnisse zu achten. Bei Südwind wählt man eine Nordbucht, und bei den sommerlichen Meltémi-Winden liegen die nach Süden offenen Buchten gut geschützt.

Wandern: Die Insel bietet hervorragende Möglichkeiten für wunderschöne Touren durch den grünen Norden oder die verkarstete Bergwelt im Süden mit ihren duftenden Kräutern. Leider gibt es keine markierten Wege, und die Einzeichnungen in den Landkarten sind nicht sehr exakt. Die von uns beschriebenen Wege sind allerdings leicht auffindbar. Wer im Süden wandern will, sollte aufgrund des schweren Geländes über profunde Bergwanderkenntnisse verfügen, gutes Schuhwerk und eine gewisse Ausdauer verstehen sich von selbst.

Straßen: überwiegend guter Zustand. Die Hauptverbindungsstraßen von Linariá nach Skýros/Stadt und weiter nach

Mólos und Magazía sind längst asphaltiert. Außerdem mittlerweile auch die Strecke zum Órmos Pévkos und von Aspoús bis an die Küste der Kalamítsa-Bucht. An der Nordküste verläuft die Asphaltroute von Mólos über den Flughafen bis Atsitsa. Alle diese Straßen haben gute und weniger gute Abschnitte, bisweilen mit Schlaglöchern. Daher immer vorsichtig fahren. Das asphaltierte Straßennetz von Skýros umfaßt nur knapp 45 km.

Entfernungen (in Straßenkilometern):

Skýros/Stadt-Linariáca	11 km
Skýros/Stadt-Aspoúsca	5 km
Skýros/Stadt-Pévkosca	11,5 km
Skýros/Stadt-Foukásca	18 km
Skýros/Stadt-Flughafenca	11 km
Skýros/Stadt-Atsitsaca	18 km
Flughafen-Atsitsaca	7 km
Atsitsa-Foukásca	6 km
Aspoús-Kalamítsaca	5 km
Kalamítsa-Brookes Grabca	10,5 km

Auto- und Zweiradverleih: Autoverleih nur bei *"Skýros Travel"*. Dagegen gibt es zwei Zweiradverleiher in Skýros/Stadt.

Tankstellen: vier auf der gesamten Insel. Eine gleich am Hafen von Linariá, eine weitere in Aspoús auf der Hauptverbindung. Außerdem eine Zapfsäule am unteren Ortseingang von Skýros/Stadt und hinter Mólos an der Straße nach Atsitsa. Angeboten werden Super (bleifrei), Normal und Diesel.

Berge: Höchster Gipfel ist mit 792 m der *Kochilas*, relativ genau in der Mitte der Südhälfte von Skýros. Unmittelbar westlich und südlich steigen zwei weitere Berge bis auf 734 m (*Dáphni*) und 727 m (*Voúna*) empor. Im Inselnorden erreichen der *Olymbos* nur 367 m und der *Dekatría* (nördlich von Pévkos) 394 m Höhe. Die Besteigung aller Berge auf Skýros ist möglich.

Karten: Es werden hauptsächlich zwei Inselkarten angeboten. Die ältere mit dem blauen Cover ist ungenügend in ihren Einzeichnungen und ungenau im Detail.

Empfehlenswert dagegen die von *"Skýros Travel"* herausgegebene Inselkarte mit einem Foto der Stadt und den Ponys auf dem Cover. Zwar ebenfalls nicht ganz exakt in den Straßen- und Wegführungen (insbesondere der Eselspfade), doch dies merkt man nur beim Wandern. Eingezeichnet sind die Asphalt- und Schotterpisten, Berge und die Strände. Außerdem viele Kirchen und Kapellen, aber längst nicht vollständig und auch nicht alle mit Namen versehen. Dennoch, die Anschaffung ist ein absolutes Muß. Preis liegt bei etwa 3 DM. Ungewöhnlicher Maßstab 1:67.500.

Das Kartenmaterial gibt es direkt bei *"Skýros Travel"*, im Buchladen an der Platía und in den meisten Souvenirshops überall auf der Insel.

Telefonvorwahl: 0222.

Inselpolizei/Touristenpolizei: Tel. 91274.

Flughafen: Tel: 91660

Hafenamt (Linariá): Tel. 91475.

Postleitzahl: GR-34007.

Mythologie

Die Insel Skýros spielt im trojanischen Sagenkreis der griechischen Mythologie eine gewichtige Nebenrolle. *Achílles*, Sohn des Peleus und der Thetis, galt als der tapferste, stärkste, schnellste und schönste Mann des Expeditionsheeres. In seiner Kindheit soll ihn Thetis in die Styx getaucht und ihn damit am ganzen Körper unverwundbar gemacht haben, mit einer Ausnahme: der Ferse, an der sie ihn festhielt. Durch einen Orakelspruch wußte Thetis zudem, daß ihr Sohn entweder ein langes, aber ruhmloses Leben führen wird, oder mit dem Heer nach Troja zieht, dort ruhmreich kämpft aber in jungen Jahren stirbt. Thetis brachte ihn daher nach Skýros an den

Hof des Königs Lykomédes. Dort verkleidete sie ihn als Mädchen. Achílles verliebte sich aber in die Königstochter Deïdameia, die von ihm den Sohn Pyrrhos (auch Neoptolemos genannt) gebar. Als Odysseus erfuhr, wo sich Achílles aufhielt, segelte er nach Skýros und überführte den "Fahnenflüchtigen" durch eine List: Der trojanische Kriegsherr brachte Geschenke mit an den Hof des Königs Lykomédes. Die Frauen stürzten sich sogleich auf den Schmuck und die kostbaren Gewebe, während sich der verkleidete Achílles für die prächtigen Waffen interessierte und sich dadurch verriet. Er mußte mit nach Troja ziehen und starb dort – wie vorhergesagt – in jungen Jahren durch einen Pfeil, der ihn an seiner einzigen verwundbaren Stelle traf, der Ferse.
In den Heraklidensagen wurde Skýros bekannt, da der aus Athen verjagte Theseus hier kurzzeitig Asyl fand. Allerdings, so berichtet die Legende, wurde er von König Lykomédes ermordet, als dieser ihn von der Akrópolis (heute der Ort des Kástrofelsens) hinunterstürzte. Eine etwas freundlichere Überlieferung spricht von einem "Unfall" des Theseus.
In den Sagen der griechischen Landschaften taucht die Heroine und Jägerin *Atalante* auf. Sie wurde vom eigenen Vater während ihrer Kindheit ausgesetzt und von einer Bärin auf der Insel Skýros aufgezogen. Atalante nahm später am Zug der Argonauten teil.

Geschichte

Die geringen Funde aus vergangenen Zeiten und die spärlich überlieferten literarischen Quellen legen den Schluß nahe, daß Skýros niemals sehr dicht besiedelt war. In verschiedenen Epochen galt das Eiland sogar als verwaist. Allerdings beweist die mythologische Verwicklung, daß die Insel in mykenischer Zeit sehr bedeutend war. Dasselbe gilt auch für die relativ kurze Phase zwischen ca. 1050 und ca. 900 v. Chr., denn die im lokalen archäologischen Museum ausgestellten Fundstücke zeigen, daß Skýros damals eine Blütezeit erlebt haben muß. Seinerzeit bestand auch ein reger Handelsaustausch mit den anderen Sporaden-Inseln, Thessalien und Euböa. In der klassischen Antike gehörte das Eiland zum athenischen Einflußbereich. Aufgrund seiner Abgelegenheit wurde es von Steuerzahlungen befreit und dadurch zum beliebten Siedlungsort. Erst 166 v. Chr. konnten die Römer Skýros erobern. Während der Kaiserzeit war es wegen seines bunten Marmors sehr bekannt (vgl. Geologie).
Im 2. Jh n. Chr. setzte die Christianisierung der Insel verstärkt ein, und zahlreiche Kirchen und Kapellen wurden auf die Ruinen antiker Überreste gebaut. Während des 4. Jh. erhielt Skýros sogar einen eigenen Bischof. 895 wurden während der byzantinischen Herrschaft das Kástro und die Marien-Kirche im Kástro-Areal errichtet, die als Bischofssitz (Episkopi) bis 1837 diente. Nur drei Jahre später wurde sie 1840 von einem Erdbeben zerstört. Unter den Byzantinern galt die Insel auch als Verbannungsort. Zu Beginn des 10. Jh. versuchten Sarazenen vergeblich, das Kástro von Skýros/Stadt zu erobern. Dennoch benutzten Seeräuber die Insel zeitweilig als Stützpunkt, bevor sie 1204 an den Kaiser von Konstantinopel und knapp hundert

Kinderflohmarkt in Skýros/Stadt

Jahre später an die Venezianer fiel. Der Statthalter der Gysi-Familie, Francesco I. Grispo, regierte von 1383 bis 1397 auf Skýros und ließ die Befestigungen am Kástro ausbauen. Formelle venezianische Kolonie wurde die Insel erst Mitte des 15. Jh. 1538 eroberte der islamische Pirat Chaireddin Barbarossa auch Skýros, und die Türken hielten das Eiland bis 1821 besetzt. Seit der Befreiung von der Türkenherrschaft gehört es zum griechischen Nationalstaat.

Wirtschaft

Auch die Skyroten verdienen ihren Unterhalt mit den klassischen Inselberufen Bauer, Fischer und Handwerker. Angehörige aller drei Berufsgruppen haben es zum Teil zu beträchtlichem Wohlstand gebracht. Die Fischgründe rund um Skýros gelten als reich, und die Bauern halten noch heute über 50.000 Ziegen und Schafe. Skýros/Stadt liegt inmitten der insgesamt eher spärlichen landwirtschaftlichen Anbaugebiete im Nordosten. Hier sorgt der vergleichsweise üppige Kephisós-Bachlauf für die notwendige Feuchtigkeit. Schon in der Antike galt die Insel wegen ihres Kalkgesteins als unfruchtbar und war daher stets nur dünn besiedelt. Vor allem die Viehzucht war jahrelang der wichtigste Erwerbszweig der Skyroten. Auf Skýros gibt es gut ein halbes Dutzend galerieartige Läden, die kunsthandwerkliche Gegenstände verkaufen, insbesondere Nähereien, Stickereien, Töpfereien, handgewebte Teppiche und handgeschnitzte Kleinmöbel. Sogar Blusen, Hemden, Handtücher und Bettlaken werden kunstvoll und farbenprächtig mit originellen Mustern bestickt. In den letzten Jahren hat das Geschäft mit dem Tourismus zwar enorm zugenommen, doch die Abhängigkeit von den Fremden ist noch immer gering.

Essen/Trinken

Als genuine Inselspezialität gelten natürlich die verschiedenen Käsesorten und das Fleisch von Ziegen und Schafen. Außerdem schmeckt der selbstgemachte Honig vorzüglich. Eine besondere Spezialität der Insel sind frische Langusten, die traditionell mit Spaghetti in Tomatensauce und frischen Kräutern zubereitet werden.

Inselfeste

Hochzeitsbräuche auf Skýros

Eine besondere Gelegenheit, als Fremder in Festlichkeiten einbezogen zu werden, ist eine traditionelle Bauernhochzeit, wie sie üblicherweise zwischen Mai und September gefeiert wird. Musik, Tanz und ein wahres Festessen erwartet die geladenen Gäste.
Zur Einladung verschicken die Eltern des Brautpaares Teller mit sieben, neun oder elf der selbstgemachten Loukoumades-Kugeln, einer in Öl gebackenen und mit Honig überzogenen Süßigkeit aus Hefe. Wer eine solche Einladung erhält, weiß, daß drei Tage später die Trauung stattfindet. Zuvor nimmt der Bräutigam nach alter Sitte Reißaus. Seine Freunde müssen ihn einfangen, ihn wegen der bevorstehenden Bindung trösten, der jungen Frau schließlich zurückbringen und an der Tür des Hauses festbinden. Nach erfolgter Zeremonie geht der Mann nach Hause, packt ein paar seiner Habseligkeiten und trägt sie mit den eigenen Händen – vor den Augen aller Dorfbewohner – symbolisch in das Haus der Frau, in deren Gemächer er nun einzieht. Dieser Brauch legt fast eine matriarchalische Gesellschaftsform nahe, wie sie in das moderne Griechenland so gar nicht zu passen scheint.

Wie überall werden natürlich die nationalen griechischen Gedenktage sowie zahlreiche lokale Feste feiern.

12. März: Inselfeiertag von Skýros

23. April: Agíos Geórgios, üblicherweise Schutzheiliger der Bauern, auf Skýros der Schäfer, ihrer Herden und ihrer Wolle. Gefeiert wird an fast allen Agíos Geórgios Kirchen und Kapellen überall auf der Insel.

Pfingsten: Am griechischen Pfingstfest (Sonntagabend) findet an allen der Agía Triáda geweihten Kirchen ein Volksfest statt, so z. B. in Nífi.

26. Juli: sehr bedeutendes Fest der Agía Paraskeví, das an allen Kirchen dieses Namens gefeiert wird. Insbesondere an den drei Paraskeví-Kirchen um Skýros/Stadt. Eine liegt an unserem Wanderweg (siehe S. 369), eine an der Straße auf einem Hügel hinter Mólos und eine weitere in der Nähe des Gyrísmata-Strandes.

27. Juli: Dem Schutzheiligen der Ärzte Agíos Panteleímon sind ebenfalls zahlreiche Kirchen und Kapellen gewidmet. Sein Namenstag wird mit einem Panigiri an den beiden Kirchen zwischen Órmos Pévkos und Órmos Foukás sowie in der Tiefebene bei Trahi gefeiert.

15. August: Panagía, Maria Himmelfahrt.

2. September: Fest des Agías Mámas. Die Feier findet in der Kirche Agías Mámas oberhalb der Bucht von Kalamítsa statt. Nach dem Gottesdienst folgt eine Prozession, und anschließend findet ein großes Festessen mit Tanz und Musik die ganze Nacht hindurch statt.

Ketten, Glocken und Bouzoúkis – Männer in Dämonengestalt

Furchteinflößende und unheimliche Gestalten ziehen mit ohrenbetäubendem Lärm und Getöse durch die schmalen Gassen. In Ziegenfell gehüllt und eine Fratze auf dem Kopf, Dutzende Glocken um den Körper und einen Hirtenstock in der Hand, die *Ieri* kommen. Sie tanzen wild, fauchen wie ungezähmte Tiere und veranstalten ein Höllenspektakel in der Chóra.

Im Februar, wenn der eisige Wind über die Insel und durch die Gassen peitscht, wird auch in Griechenland *Karneval* gefeiert. Genauer gesagt: in den drei Wochen vor Beginn der Fastenzeit, der sogenannten *Apokriés* (deutsch: "Verzicht auf Fleisch"). Aber nur während der letzten Woche bis zum ersten Tag der Fastenzeit (dem "reinen Montag", in Deutschland: "Rosenmontag") müssen die Griechen auf Fleisch verzichten. Tags zuvor, am Sonntag Tirini wird die Platía inmitten von Skýros/Stadt zum Schauplatz des bedeutendsten kulturellen Ereignisses auf der Insel: der Aufmarsch und Wettkampf der Ieri.

Der Karnevalsbrauch von Skýros hängt eng mit einer mystischen Erzählung zusammen, die aus dem Hirtenleben stammt. Demnach wurde vor langen Jahren zur Apokriés-Zeit ein Hirte mit seiner Herde von einem plötzlichen Schneesturm überrascht. Die klirrende Kälte führte zum Verlust der ganzen Herde. Fast wahnsinnig vor Schmerz blieb dem Hirten nichts mehr zu tun, als den armen Tieren die Felle abzuziehen und sich ihre Glocken umzuhängen. In diesem Aufzug tauchte er anschließend mitsamt seiner armselig gekleideten Ehefrau im Dorf auf. Seine irren Gebärden und die tiefe Trauer beeindruckten die Dorfbewohner so sehr, daß sie das Gesehene in der Folge nachahmten, um jedes Jahr an die Rückkehr des Ziegenhirten zu erinnern.

Für die traditionelle Zeremonie werden den Ziegen zuvor ihre Glocken abgenommen. Natürlich sind dabei auch gleich ein paar Tiere für den großen Festschmaus vorgesehen. Die alljährliche Rückbesinnung auf den zum Ziegengott stilisierten ersten Ieros ist der ganze Stolz der Skyroten und wird entsprechend gewürdigt. Schon Tage zuvor werden überall in den Familien kleine Wiedersehensfeste gefeiert. Auch die "Auswanderer" kehren kurz vor Apokriés auf die Insel zurück.

Am Nachmittag verkleiden sich die Ieri mit großem Aufwand. Schon Monate zuvor haben die jungen Männer ihre Masken gebastelt. Unterhalb der Taille – so schreibt der Brauch vor – muß der Ieros wie ein Schäfer aussehen, oberhalb dagegen wie eine Ziege. Über die Schultern werden daher mehrere Schichten schwarzer Ziegenfelle geworfen, die Beine in die traditionellen Schäferhosen aus Ziegenhaut verpackt, und über den Kopf wird eine häßliche Ziegenfratze gezogen, die aus dem das Fell einer Früh- oder Fehlgeburt bestehen muß. Zuletzt schnüren sich die Ieri Dutzende schwerer Glocken um den Bauch. Die ganze Prozedur wird mit fast wissenschaftlicher Akribie

durchgeführt und dauert Stunden, denn jeder will der beste Ieros sein.
Draußen in den Gassen spielen sich dann wilde Szenen ab. Furchterregende Gestalten tanzen und springen mit ihren skurrilen Mitstreitern über die Straßen. Zu jedem Ieros gehört ein junger Mann, der sich als Frau verkleidet (die sogenannte *Korella*) und ein Kasper (*Frangos*) mit einer großen, auf den Rücken geschnallten, Glocke und einer Seemuschel. Dabei erklingen die Ziegenglocken in einem bestimmten Rhythmus. Nur wer den Ziegentanz (*Horos toú Tragoun*) beherrscht, wird ein guter Ieros sein, und das ganze Dorf spielt Schiedsrichter.
Immerhin wiegen die unzähligen Glocken oft stolze 40 bis 50 kg. Die Ieri springen damit durch die Gassen, auf kleine Mauern, Tische und Stühle. Alsbald ist den ersten von ihnen die Erschöpfung anzumerken. Wie Kampfhähne duellieren sie sich, prusten animalisch und schwingen ihre Glocken. Ein solcher Zweikampf kann durchaus über eine Viertelstunde andauern, bis einer der Kontrahenten erschöpft das Feld räumt. Auf diese Weise werden Rivalitäten ausgetragen und der beste Ieros ermittelt. Das Geheimnis des Tanzes für die Ziegengötter liegt in der Kombination aus Kraft, Technik und Rhythmus. Ein erfahrener Tänzer merkt schon nach wenigen Schritten, ob er in diesem Jahr die Aufmerksamkeit auf sich lenken wird. Dennoch ist ihnen lange Zeit keine Müdigkeit anzumerken. Vielmehr kommt es bei den Kämpfern oft zu ekstatischen und tranceähnlichen Szenen.
Am späteren Abend verschaffen sich die Ieros dann auch Zugang zu den Tavernen und zu privaten Apokriés-Feiern. Traditionell werden an diesem Abend Lamm, Huhn, Weißbrot, Feta und Oliven gegessen. Familien und Freunde feiern, tanzen und singen zur oft heiteren, aber auch melancholischen Musik von Klarinette und Bouzoúki. Die Texte erzählen von der Vergänglichkeit der Jugend und vom ehrbaren Beruf der Hirten. Zum Ende der Tirini-Nacht laufen die Ieri gemeinsam hinauf zum Geórgios-Kloster, läuten die Glocken und sprechen ein Gebet.

Ethnologen deuten den Faschingsbrauch von Skýros als spezifische Überlieferung prähistorischer Fruchtbarkeitsriten. Am Ende des Winters sollen böse Geister vertrieben werden, und es wird für eine gute Ernte gebetet. Dabei dient die Verkleidung der Kontaktaufnahme mit den Schutzkräften. Auf Skýros muß der Schutzgeist zweifellos eine Ziege gewesen sein. Übrigens hat die orthodoxe Kirche den Kampf gegen diese heidnischen Riten längst aufgegeben und sie schlichtweg im christlichen Sinne umgedeutet.

Verbindungen nach Skýros

Am besten per Flugzeug oder mit der Fähre von Kými auf Euböa. Die Schiffsverbindung von den Nördlichen Sporaden der Skópelos-Gruppe wurde Ende 1996 bis auf weiteres eingestellt.

▸ **Flugzeug**: Der großflächige Militärflughafen auf Skýros wird von Athen ganzjährig zweimal wöchentlich (Montag und Freitag) mit den achtzehnsitzigen Propellermaschinen vom Typ Dornier 228 angeflogen. Im Hochsommer wird die Frequenz von *Olympic-Airways* auf fünfmal wöchentlich erweitert (Montag, Mittwoch, Freitag, Samstag und Sonntag). In den letzten Jahren startete die Maschine immer um 10.35 Uhr von East-Terminal des Hellinikon-Flughafens. Der Rückflug startet üblicherweise immer 20 Minunten nach der Landung auf Skýros (planmäßig 11.40 Uhr). Flugzeit jeweils knapp 45 Minuten. Frühzeitige Platzreservierung ist im Sommer ratsam, die Tickets kann man (ohne Preisaufschlag) auch schon in Deutschland kaufen.

Auf dem Flughafen und rund um das Gelände besteht striktes Fotografierverbot. Bei Zuwiderhandlungen werden Kamera und Film rücksichtslos beschlagnahmt, das griechische Militär ist für seine Strenge bekannt. Die *Olympic Airways*-Agentur auf Skýros wird vom Reisebüro "Skýros Travel" geführt.

Information: **Skýros-Travel**, Tel. 91123, 91600. **Flughafen**, Tel. 91625.

Direkte Charterflüge nach Skýros wurden 1997 von Deutschland aus nicht angeboten. Die einzige Charterverbindung existiert derzeit mit Amsterdam. Lefteris von "Skýros-Travel" verhandelte zum Zeitpunkt der Recherche mit einem deutschen Reiseveranstalter. Vielleicht gibt es ab 1998 oder in den Folgejahren Charterflüge von Deutschland. Fragen Sie in den Reisebüros.

Preise: Athen – Skýros 89 DM.

▸ **Fähre**: Am günstigsten ist Skýros von *Kými* auf Euböa zu erreichen. Täglich besteht in der Nebensaison und im Winter eine Verbindung, im Hochsommer zwei. An besonderen Feiertagen und bei Bedarf fährt die *"Lykomides"* auch dreimal täglich. Die Überfahrt dauert genau zwei Stunden. Vorbuchen ist für Autobesitzer insbesondere in der Hauptsaison dringend anzuraten.

Die Anreise nach Kými erfolgt entweder mit dem eigenen Auto oder vom Athener Busbahnhof per direktem Expreßbus, der etwa zwei Stunden Fahrzeit benötigt. Die Fähre wartet grundsätzlich immer auf den Bus bzw. der Bus auf die Ankunft der Fähre bei der Rückreise. Wartezeiten in Kými gibt es in der Regel nicht.

Bis 1996 gab es auch eine Fährverbindung von den anderen Nordsporaden nach Skýros, doch diese Route wurde 1997 nicht mehr bedient. Möglicherweise ist diese Verbindung dauerhaft eingestellt worden. Fragen Sie bei den Ticketverkäufern. Im Hochsommer existiert auch eine Fährverbindung pro Woche von Thessaloníki über die Kykladen nach Kreta und zurück.

• *Fahrpreise*: Fähre von Kými nach Skýros ca. 12,50 pro Person. Autos unter 4,25 m Länge ca. 40 DM, über 4,25 m Länge ca. 58 DM. Motorräder bis 250 ccm ca. 6 DM, über 250 ccm ca. 8,50 DM. Fahrräder frei. Der Bus von Athen nach Kými kostet pro Person ca. 17,50 DM.

▸ **Tragflügelboot:** derzeit die einzige Möglichkeit von den anderen Inseln der Nördlichen Sporaden (Alónnissos, Skíathos und Skópelos) nach Skýros zu kommen bzw. umgekehrt. Die gelben *Flying Dolphin*-Tragflügelboote der Gesellschaft *Ceres* befahren die Route *Skíathos-Skópelos-Alónnissos-Skýros*

ab Anfang Juni bis Mitte Juli fünfmal, ab Mitte Juli bis Mitte September siebenmal wöchentlich (jedoch nicht täglich). Dasselbe gilt für die umgekehrte Strecke. Von Mitte September über den ganzen Winter hinweg bis Anfang Juni soll es eine Verbindung wöchentlich geben, die 1997 allerdings nicht existierte.
Von Kými nach Skýros gibt es wegen der guten Fährverbindung nur von Anfang April bis Mitte September eine *Dolphin*-Verbindung pro Woche.

Außerdem wird Skýros per *Flying Dolphin* verbunden mit:

Marmares (Chalkidiki/Sithonia)	2 x wöchentlich im Hochsommer
Moudania (Chalkidiki/Kassandra)	1 x wöchentlich im Hochsommer
Orei (Euböa)	1 x wöchentlich von April bis September
Pefkohori (Chalkidiki/Kassandra)	2 x wöchentlich im Hochsommer
Porto Carras (Chalkidiki/Sithonia)	2 x wöchentlich im Hochsommer
Stylis (Thessalien)	1 x wöchentlich von April bis September
Thessaloníki	1 x wöchentlich im Hochsommer

(Stand 1997)

• *Fahrpreise der Hauptrouten pro Person*: Skíathos-Skýros (2 Std. 25 Min.) ca. 42 DM, Skópelos-Skýros (1 Std. 45 Min.) ca. 45 DM, Alónnissos-Skýros (1 Std. 15 Min.) ca. 40 DM, Kými-Skýros (45 Min.) ca. 32 DM. Kinderermäßigung bis 10 Jahre 50 %. (Stand 1997).

Verbindungen auf Skýros

Eindeutig ein Minuspunkt für die Insel: Die öffentlichen Verkehrsmittel sind sehr schwach entwickelt. Ein Problem, das leider noch immer nicht zufriedenstellend gelöst ist.

▶ **Bus**: In der Nebensaison fährt der einzige Inselbus drei- bis fünfmal täglich die Strecke von Skýros/Stadt an den Hafen nach Linariá und zurück. Abfahrtszeit in Skýros/Stadt ist grundsätzlich eine Stunde vor Auslaufen, in Linariá nach Ankunft der Fähre oder des Dolphins. Im Hochsommer wird während der Schulferien zusätzlich der Schulbus zum Touristentransport eingesetzt. Dann gibt es auch mehr Verbindungen.
Katastrophal sind dagegen die Verbindungen hinunter nach Mólos an den Strand. In der Nebensaison fährt meist nur ein einziger Bus um die Mittagszeit hinunter und erst am nächsten Tag frühmorgens wieder zurück. Während der Hauptsaison wird nur ein Bus am Nachmittag eingesetzt. Sonntags gibt es gar keine Busverbindung nach Mólos. Zwischen Linariá und Mólos verkehrt nur ein Direktbus pro Tag (außer Sonntag).
Einmal wöchentlich bietet die Agentur "Skýros Travel", der die privaten Inselbusse seit ein paar Jahren gehören, einen Busausflug nach Atsitsa. Zum Zeitpunkt der Recherche fand dieser Ausflug samstags statt. Start in Skýros/Stadt um 11.15 Uhr über Magazía (11.20 Uhr) nach Atsitsa und um 17.45 Uhr wieder zurück.

Preise: Skýros/Stadt-Linariá ca. 1,40 DM. Skýros/Stadt-Mólos ca. 0,80 DM. Linariá-Mólos ca. 1,60 DM. Ausflug nach Atsitsa ca. 10 DM.

▶ **Taxi**: Die schlechten Busverbindungen erfreuen natürlich die zahlreichen Taxiunternehmer, die direkt an der Platía in Skýros/Stadt und am Hafen in

Ziegenbauernhof

Linariá auf Kunden warten. In der Nebensaison kein Problem, im Hochsommer ist der Andrang am Taxistandplatz dagegen groß. (Tel. 91666).

Preise: Skýros/Stadt-Mólos ca. 6,50 DM. Skýros/Stadt-Linariá ca. 13 DM. Skýros/Stadt-Órmos Pévkos ca. 16 DM. Skýros/Stadt-Kalamítsa ca. 16 DM. Skýros/Stadt-Atsitsa ca. 20 DM. Linariá-Mólos ca. 15 DM.

Einzige Alternative zu Bus oder Taxi: selbst ein Auto oder Mofa leihen. Autos werden nur von "Skýros Travel" verliehen, Mofaverleiher gibt es nur zwei in Skýros/Stadt.

Preise: Auto pro Tag je nach Saison ca. 75-100 DM, Mofa ca. 20 DM pro Tag. Rabatte möglich, wenn man gleich für mehrere Tage ausleiht.

Inselnorden

Liebliche Hügellandschaften, oft mit dichtem Baumbewuchs und ideale Plätze zum Baden. Skýros/Stadt, ein kykladischer Ort auf den Sporaden, phantastische Lage an einem Felszahn. Magazía und Mólos, die schönsten Strände der Insel. Hier spielt sich fast das gesamte touristische Leben von Skýros ab.

In den vergangenen Jahren hat sich die Infrastruktur im Norden der Insel erheblich verbessert. Die Straße vom Hafen *Linariá* nach *Skýros/Stadt* ist bestens asphaltiert. Auch die Strecke von *Skýros/Stadt* über den Flughafen bis hin nach *Atsitsa* erfreut sich eines guten Zustandes. Mit dem Auto braucht man von der Anlegestelle der Fähre nur zehn Minuten bis hinauf zur *Chóra*. Im Inselnorden liegen entlang der Wege Dutzende üppig bunter Gärten.

Vor allem Wein und Gemüse werden in dieser fruchtbaren Gegend angebaut. Ansonsten ist die Berglandschaft dicht mit Pinien, Kiefern und Zedern oft bis ans Meer hin bewachsen. Im Landesinnern erheben sich zwei Bergmassive, hinter Skýros/Stadt der *Olymbos* und weiter südwestlich die Gipfel *Lissothoúria*, *Kriarotseféfalo* und *Dekatría*.
Wanderfreunde kommen hier auf ihre Kosten, obwohl es keine markierten Wege gibt und die Karten nicht sehr genau sind. Das Gebiet gilt als relativ leichtes Wanderterrain, die Hügel übersteigen keine 400 Höhenmeter, und oft kann auf Sicht gewandert werden. Sehr gute Orientierungspunkte sind aber vor allem die zahlreichen Kirchen und Kapellen, die überall verstreut in der Landschaft liegen. Die Skyroten behaupten, was die Anzahl ihrer Gotteshäuser betrifft, ohne Schwierigkeiten mit Skópelos mithalten zu können. Genau 365 sollen es hier sein, für jeden Tag des Jahres eine.
Im Gebirge oberhalb der Buchten von Atsitsa, Agías Foukás und Pévkos liegen die alten Marmorbrüche, *Mármara* genannt. Im alten Rom galt es seinerzeit als schick, ein Stück skyrotischen Marmor im Haus zu haben. Die alten Steinbrüche sind zum Teil heute noch in Betrieb, während in der Atsitsa-Bucht die Pfeiler der ehemaligen Verladestation als frühe Industrieruinen von der ruhmreichen Vergangenheit zeugen. Wer die Insel mit der frühmorgendlichen Fähre von Linariá verläßt, kann jeden Tag einen riesigen Marmorblock bewundern, wenn dieser mitsamt des Tiefladers in die *"Lykomides"* verladen wird.
Von Atsitsa nach Órmos Pévkos verläuft nur eine grob geschotterte Piste. Fahrer und Fahrzeig werden stark beansprucht, mit einem Kleinwagen ist diese Tour nicht möglich. Mit etwas Geduld ist die sehr hügelige Strecke in ca. 1,5 Stunden zu schaffen. (Vorsicht, wer sich hier einen "Plattfuß" holt, muß ziemlich weit laufen. Weder in Atsitsa noch in Pévkos und schon gar nicht dazwischen in den Bergen gibt es einen Telefonanschluß, und Handys sind hier "out of network").
Von Skýros/Stadt führt ein Talzug bis zum nördlichsten Punkt der Insel, zum *Kap Aloni*. Rund um die Nordspitze liegt die einzige größere Schwemmlandebene von Skýros, ideales Terrain für einen Flughafen. Für die Landwirtschaft ist nicht mehr viel Gelände übrig geblieben, doch noch immer werden Getreide, Ölbäume, Feigen und Weinreben angebaut. Östlich dieses Tales dehnt sich ein breites, teils bewaldetes Kalkgebirge aus, dessen Gipfel gut 350 m Höhe erreichen. Noch in den sechziger Jahren wurde hier Chromiterz abgebaut und zum Verladen an den Órmos Kalogrias an die Westküste gebracht. Fast alle Hügel im Nordwesten von Skýros sind dicht mit Aleppokiefern bewachsen.

Skýros/Stadt

Skýros/Stadt (Chóra)

Ein Erlebnis für sich! Verwinkelte Gassen und Treppen, die sich den Berghang hinaufziehen. Weiß getünchte Würfelhäuser mit kleinen Gärten davor, fast wie auf den Kykladen. Der gewaltige Akrópolishügel, auf dessen Spitze sich ein Kloster und ein ehemals gigantisches Kástro befinden, thront imposant über dem Strandabschnitt. Die weißen Häuser ziehen sich dichtgedrängt den Hang hinauf, dazwischen ein enggewebtes Spinnennetz von sauberen, verwinkelten Gassen. Fast an jeder Ecke ein postkartenreifes Motiv.

Halbkreisförmig zieht sich Skýros/Stadt, die Chóra der Insel, eindrucksvoll am Fuße des Burghügels hinauf. Im Gegensatz zu *Skíathos/Stadt* oder *Skópelos/Stadt* fallen weniger die roten Giebeldächer als vielmehr der einfache, kubische Kykladen-Baustil auf. Blendend weiße Wände und Türschwellen der Häuser kennzeichnen den Charakter des Hauptortes. Ihre flachen Dächer sind Spezialkonstruktionen aus Schilfrohr und Ton. Terrassen und Balkone werden traditionell graublau angemalt, doch mittlerweile sind alle Farben zu sehen. Enge Straßen und Gassen wechseln sich ab mit steilen Treppenwegen bis hinauf zum mittelalterlichen *Kástro*. Alle paar Meter zweigen kleinere und größere Wege ab, allesamt schön zum Schlendern. Wegen der sinnvoll angelegten Architektur herrscht in den Gassen fast den ganzen Tag Schatten, die weißen Häuser reflektieren zudem die Sonnenstrahlen, und es ist angenehm kühl.

Skýros/Stadt ist mittlerweile um den Hang herum auch auf die Meeresseite hin gewachsen. Für Autos sind die oberen zwei Drittel der Chóra viel zu eng, auch Mofas knattern nur bis zur unteren Platía. Ein Bummel durch die verwinkelten und herausgeputzten Gassen zählt zu den Höhepunkten eines Besuches. Jedes Jahr im Februar, wenn der eisige Wind über die Insel peitscht, wird die Hauptgasse der Chóra Schauplatz des größten Inselspektakels. Auch in Griechenland wird Karneval gefeiert, das sogenannte.

Tradition im Alltag – die Kleidung der Skyroten

Wie überall in Griechenland überdauerten nationale und lokale Traditionen die Zeit der türkischen Besatzung. Die Skyroten sind bekannt dafür, ihre kulturellen Eigenarten selbst gegen den Einfluß des modernen Massentourismus behauptet zu haben. Dennoch werden die alten Volkstrachten heute zunehmend seltener gezeigt. Die Frauen bekleiden sich traditionell mit langen, meist roten Samtröcken mit Faltenwurf und kostbaren Stickereien. Darüber tragen sie einen Kimono aus demselben Stoff. Das weitärmelige Gewand wird mit einem breiten Gürtel zusammengehalten. Den Kopf schmücken traditionell gelbe Kopftücher oder Schals mit kleinen bunten Ornamenten.
Trotz der großen Hitze trägt der traditionsbewußte Skyrote ein dikkes, blaues Seemannshemd und eine weite, blaue oder schwarze Pluderhose, die fachmännisch um die Hüften gewickelt ist. Die Füße stecken in handgemachten Ziegenlederschuhen, deren Gummisohle aus alten Autoreifen herausgeschnitten wurde. Während die Treter an den Zehen offen sind, umspannt ein dicker Lederriemen die Ferse. (Die Schuhe gibt es auch in einigen Läden an der Agorá für ca. 90 DM zu kaufen.)

Ganz auf der Spitze des Felszahnes liegt auf 180 Höhenmetern eine alte Wehranlage. Leider ist vom Kástro nicht mehr viel erhalten, doch ein phantastischer Blick hinunter auf Skýros/Stadt, die Strandsiedlungen Mólos und Magazía belohnen den schweißtreibenden Aufstieg reichlich. Seine heutige Erscheinung erhielt der Wehrbau unter venezianischer Herrschaft, auch wenn die ersten Mauern unter den byzantinischen Herrschern Nicephorus Phokas und Geórgios Tsimiskes errichtet wurden. Zuvor stand an derselben Stelle eine Akropolis aus dem 4. Jh. v. Chr.

• *Orientierung*: Von Linariá kommend, trifft man unterhalb der Stadt auf einen Kreisverkehr. Ganz rechts führt die Straße östlich um den Kástrohügel weiter nach Magazía und Mólos, halb rechts geht es hinauf zum mittleren und oberen Parkplatz der Stadt und geradeaus liegt die Hauptzufahrt zum unteren Stadtbereich. Der zentrale Parkplatz liegt der Schule direkt gegenüber, hier beginnt auch die westliche Stadtumgehungsstraße. Direkt an der Grundschule stoppt auch der Bus und wendet hier. Hinter der Nationalbank ist Einbahnstraße, und es beginnt die Wendeschleife, am Postamt vorbei, um den Block und unterhalb der Platía wieder stadtauswärts.

Abends ist auf der Platía immer etwas los, spielende Kinder, flanierende Erwachsene und die Jugend auf Brautschau, zweifellos tausendmal besser

Typische Inselschuhe aus Ziegenleder und altem Autoreifen

als Fernsehen. Später am Abend zieht man die Hauptgasse entlang, wo die Cafébars wie an einer Perlenkette aufgereiht liegen. Faustregel: Je später in der Nacht, desto höher steigt die Stimmung an der Agorá. Auch die Kultur kommt auf der Insel nicht zu kurz. *Manos Faltaits* vom gleichnamigen Museum organisiert seit 1993 im Juli und August diverse Veranstaltungen, die überwiegend auf seinem Gelände im Norden der Stadt stattfinden. Hier liegen auch das *Archäologische Museum* und die Platía mit der *Rupert Brooke-Statue*.

Verbindungen

• *Bus*: nicht die Stärke dieser Insel. Je nach Saison täglich nur 3-5 Verbindungen zwischen Skýros/Stadt und Linariá. Die Busse sind oft restlos überfüllt. Der Busstopp liegt nicht weit vom Ortseingang gegenüber der Grundschule und oberhalb des großen Parkplatzes. Zum Hafen nach Linariá kostet die einfache Fahrt etwa 1,40 DM. Außerdem gibt es eine Verbindung nach Mólos (1x täglich, außer So) und eine Direktroute Mólos-Linariá (1x täglich, außer So). Zusätzlich wird Atsitsa 1x pro Woche angefahren. Preise: Skýros/Stadt-Mólos ca. 0,80 DM. Linariá-Mólos ca. 1,60 DM. Skýros/Stadt-Atsitsa ca. 5 DM.

• *Taxi*: Die grauen Taxis stehen meist in ausreichender Zahl direkt an der Platía (Tel. 91666), und die Fahrer haben sich auf Einheitspreise geeinigt: nach Mólos ca. 6,50 DM, nach Linariá ca. 13 DM, zum Órmos Pefkos ca. 16 DM, an die Kalamítsa-Bucht ca. 16 DM, nach Atsitsa ca. 20 DM.

Adressen

• *Apotheke*: an der Hauptgasse gleich zwei Apotheken. Eine liegt nur ein paar Meter von der Dorfplatia. Besitzer spricht Englisch und hat von 8.30-13 Uhr und von 18-22.30 Uhr geöffnet (Tel. 91617). Die anderen Apotheke liegt weiter oben an der Agorá. Der Besitzer spricht Englisch und Italienisch und hat von 8.30-14 Uhr und von 18-24 Uhr geöffnet (Tel. 91111).

• *Arzt*: **Medical-Center**, etwas außerhalb von Skýros/Stadt an der Straße nach *Linariá*. Allerdings nur auf dem Niveau einer Erste-Hilfe-Station. Für schwere Fälle steht ein Rettungshubschrauber bereit, der bei Bedarf nach Athen fliegt. Alle Ärzte sprechen Englisch. Tel. 91207/91707.

Der **Arzt** Geórgios Stelios hat sich an der Hauptgasse gegenüber der Apotheke (Nähe Platía) niedergelassen. Spricht Englisch. Tel. 92852.

Ein weiterer **Arzt** hat seine Praxis an einer Seitengasse der Wendeschleife. Eigentlich heißt er Geórgios Karakoulidis, man nennt ihn aber den "russischen" Arzt, weil er in Moskau studiert und dort auch eine Zeitlang praktiziert hat. Demnach spricht er neben Griechisch auch Russisch, aber leider kein Deutsch oder Englisch. Geórgios behilft sich mit einem Wörterbuch. Macht nach telefonischer Anfrage auch Hausbesuche. Tel. 92500 (Praxis) 92660 (privat). Öffnungszeiten der Praxis: Mo-Fr 8.30-13.30 Uhr und 18-20.30 Uhr, Sa nur vormittags.

• *Ausflüge*: Generell gilt: während der Nebensaison Ausflüge nur bei Bedarf und ausreichender Teilnehmerzahl. Vor allem Bootstouren um die Insel stehen dann auf dem Programm der Ausflugsveranstalter. *Skýros-Travel* vermittelt eine schöne Tour entlang der südlichen Küsten (siehe auch unter "Ausflüge" im Kapitel Linariá).

Skyros-Travel bietet einmal wöchentlich eine organisierte Wandertour von Skýros/ Stadt nach Linariá und weiter an die Bucht von Acheroúnes, wo ein Mittagessen in der Taverne von Leftéris Schwester auf dem Programm steht (nicht im Preis inbegriffen). Rückkehr mit dem Bus. Preis: ca. 11 DM pro Person zuzüglich 1,60 DM für den Bus.

Simeroni-Tours, Bergwandertouren mit Kai aus Deutschland. Geboten werden verschiedene Touren. Start ist morgens um 5 Uhr, zu der Zeit zu der auch die Schäfer wegen der Mittagshitze ihren Tag beginnen. Kai schleppt immer einen großen Rucksack mit, denn auf halber Strecke gibt es ein skyrotisches Frühstück mit inseleigenen Produkten. Rückkehr erfolgt meist schon gegen 11 Uhr, so daß man den Rest des Tages noch bequem am Strand verbringen kann. Eine besonders schöne Tour führt von der Achílles-Bucht die Steilküste hinauf zur Kirche Agíos Artemis. Hier kann man einen herrlichen Sonnenaufgang erleben. Maximale Teilnehmerzahl acht Personen. Preis inkl. Autotransfer zum Startpunkt und zurück sowie Frühstück 30 DM pro Person. Zu buchen im *"Café Corfari"* in Magazía täglich von 18-20 Uhr. Tel. 91080.

• *Bäcker*: empfehlenswerte Croissanterie an der Hauptgasse schräg gegenüber der Platia. Die leckeren Käse- und Spinatpies werden in der Mikrowelle warm gemacht. Weiterer Bäcker an der Agorá und zwischen "Trachanas-Mofaverleih" und der Polizeistation.

• *Bank/Geldwechsel*: Die **National Bank of Greece** hat Mo-Do von 8-14 Uhr und Fr von 8-13.30 geöffnet. Im Sommer zusätzlich Mo-Fr von 19-21 Uhr und Sa von 9-12 Uhr. Die Bank liegt unweit vom Busstopp ein Stück die Straße hinauf auf der linken Seite.

• *Boutiquen*: gibt es zahlreich entlang der Hauptgasse, vor allem jedoch im mittleren und oberen Teil. Sind allesamt nicht gerade billig, kräftig Handeln ist sinnvoll.

• *Bücher/Zeitschriften*: am Beginn der Hauptgasse, direkt gegenüber der Platía. Die übliche Palette deutscher, Schweizer und österreichischer Zeitungen und Zeitschriften gibt es immer vom Tag zuvor, jedoch nur von Mai bis Oktober. Im Winter werden Zeitungen nur auf Anfrage bestellt. Außerdem verkauft der Inhaber auch touristische Literatur über Skýros und eine gute Inselkarte.

• *Einkaufen*: oberhalb der Platía Dutzende Souvenirläden, die vor allem Schmuck und Keramik anbieten. Einige schöne Stücke im traditionellen Inselstil, aber auch viel Kitsch und gesalzene Preise. Interessant als Souvenir sind vor allem die traditionellen Skýros-Schuhe aus Ziegenleder (vgl. S. 341). Wer länger bleibt, sollte sich ein Paar auf seinen Fuß maßschneidern lassen. Das ist nicht teurer, dauert zwar einige Tage, hilft aber, Blasen zu vermeiden.

• *Fährtickets*: gibt es bei **Lykomides-Travel** an der Hauptgasse etwa im mittleren Bereich und in der Zweigstelle derselben Agentur in Linariá. Geöffnet 9-13 Uhr und 19-22 Uhr. Tel. 91790/91789.

• *Foto/Film*: Die freundliche Maria Volioti führt den Fotoladen an der Hauptgasse. Entwicklung im Stundenservice wird nur in der Hauptsaison angeboten. Ansonsten Filmverkauf, Videobänder und Batterien. Keine Reparaturen.

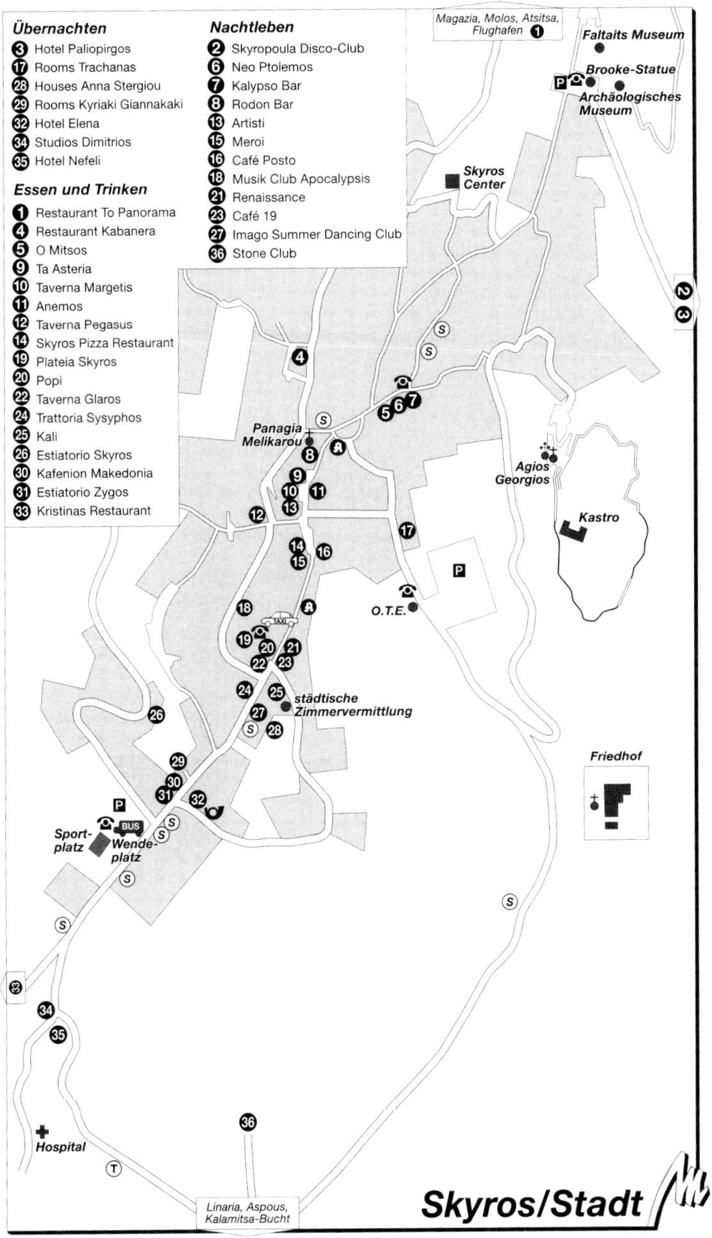
Übernachten
3 Hotel Paliopirgos
17 Rooms Trachanas
28 Houses Anna Stergiou
29 Rooms Kyriaki Giannakaki
32 Hotel Elena
34 Studios Dimitrios
35 Hotel Nefeli
Essen und Trinken
1 Restaurant To Panorama
4 Restaurant Kabanera
5 O Mitsos
9 Ta Asteria
10 Taverna Margetis
11 Anemos
12 Taverna Pegasus
14 Skyros Pizza Restaurant
19 Plateia Skyros
20 Popi
22 Taverna Glaros
24 Trattoria Sysyphos
25 Kali
26 Estiatorio Skyros
30 Kafenion Makedonia
31 Estiatorio Zygos
33 Kristinas Restaurant
Nachtleben
2 Skyropoula Disco-Club
6 Neo Ptolemos
7 Kalypso Bar
8 Rodon Bar
13 Artisti
15 Meroi
16 Café Posto
18 Musik Club Apocalypsis
21 Renaissance
23 Café 19
27 Imago Summer Dancing Club
36 Stone Club
Magazia, Molos, Atsitsa, Flughafen
Faltaits Museum
Brooke-Statue
Archäologisches Museum
Skyros Center
Panagia Melikarou
Agios Georgios
Kastro
O.T.E.
städtische Zimmervermittlung
Friedhof
Sport-platz
Wende-platz
BUS
TAXI
Hospital
Linaria, Aspous, Kalamitsa-Bucht
Skyros/Stadt

• *Friseur*: mehrere Friseure entlang der Agorá, u. a. einer im mittleren und einer im oberen Bereich.

• *Gepäckaufbewahrung*: Fragen Sie in den Reisebüros oder bei der städtischen Zimmervermittlung.

• *Information*: Auskünfte aller Art erteilen das gemeindeeigene Touristenbüro an der Wendeschleife und die beiden privaten Reisebüros an der Hautgasse.

D.E.T.A.S. Municipal Tourist Office, das gemeindeeigene Touristenbüro. Es liegt wenige Meter von der Platía entfernt gegen die Fahrtrichtung in der Wendeschleife. Die freundlichen Angestellten und der Leiter Agamemnon Kakulidis beantworten alle Fragen zur Insel so gut sie können. Informationsmaterial liegt derzeit leider nur in englischer und französischer Sprache vor. Übersetzungen in deutsch und italienisch sind vorgesehen. Organisiert werden u. a. Exkursionen mit dem Motor- oder Segelboot (ca. 350 DM für eine 10-Personen-Gruppe), ein Kástro-Besuch mit Führer (ca. 30 DM pro Gruppe) und ein Museumsbesuch mit Führer (ca. 20 DM pro Gruppe). Öffnungszeiten: in der Nebensaison nur werktags und nur vormittags von 7.30-14.30 Uhr, während des Hochsommers (1. Juli bis 31. August) täglich von 7.30-14.30 Uhr und von 18-23 Uhr. Tel. 92789, Fax 92943.

• *Post*: am Beginn der Wendeschleife neben dem "Hotel Elena" gelegen. Öffnungszeiten: werktags von 7.30-14 Uhr, Sa/So geschlossen.

• *Reisebüro*: zwei an der Hauptgasse, die jeweils auch eine Filiale in Linariá unterhalten.

Lykomides-Travel, die Fähragentur der Insel liegt an der Hauptgasse etwa im mittleren Abschnitt. Geöffnet 9-13 Uhr und 19-22 Uhr. Tel. 91790/91789. Tickets kann man auch kurz vor Abfahrt der Fähre in der Zweigstelle der Agentur in Linariá kaufen (Tel. 96465). Keine Zimmervermittlung, keine Exkursionen im Angebot.

Skýros-Travel, das Reisebüro verfügt über zahlreiche Monopole: einzige *Olympic-Airways*-Vertretung der Insel, einzige *Flying-Dolphin*-Agentur der Insel und einziger Autoverleiher der Insel ("Pegasus"). Außerdem ist Lefteris gleichzeitig der örtliche Busunternehmer. Sein Büro wechselt auch Geld (Provision 2 %) und vermittelt Zimmer. Tel. 91123/91600, Fax 92123.

• *Sport*: auf Skýros nur bescheidene Sportmöglichkeiten im Angebot. Heiner aus Niedersachsen vermietet Mountain- und Touringbikes (s. u.) und Surfbretter am Strand von Mólos (siehe unter Mólos). D.E.T.A.S., das Touristenbüro, vermittelt auch Segelboote für eine Agentur in Linariá. Tel. 96308.

• *Supermärkte*: Der sehr gut ausgestattete "Skýros Supermarkt" liegt direkt an der Wendeschleife, von der Platía ein paar Meter gegen die Fahrtrichtung auf der linken Seite. Eine Filiale befindet sich am Ortseingang, hier auch gutes Obst. Größter Supermarkt der Stadt dagegen etwas außerhalb an der Straße vom Kreisel hinauf zum mittleren und oberen Parkplatz auf der linken Seite. Gutes Obstangebot auch in dem Laden direkt am Busstopp.

• *Tankstellen*: direkt an der Zufahrtsstraße nach Skýros/Stadt. Sie liegt ungefähr einen halben Kilometer vor dem Ortseingang auf der linken Seite und ist durchgängig von ca. 7-23 Uhr geöffnet. Nächste Tankstellen in der Umgebung befinden sich bei Aspoús und hinter Mólos an der Straße nach Atsitsa.

• *Taxi*: Taxistand direkt an der Platía, Tel. 91666.

• *Telefonieren*: Das **O.T.E.**-Büro liegt am mittleren Parkplatz, ganz in der Nähe der Polizeistation. Öffnungszeiten: Mo-Fr 7.30-15 Uhr. Im Ortsbereich gibt es nur vier öffentliche Kartentelefone, ein deutlicher Mangel. Gewöhnlich wartet man immer einige Minuten. Standorte: am Ortseingang direkt am Busstopp, auf der Dorfplatia, an der Hauptgasse etwa auf Höhe der Kalypso-Bar und an der Platía mit Rupert Brookes Denkmal.

• *Zimmervermittlung*: D.E.T.A.S. vermittelt auch Hotels und Privatzimmer, insbesondere aber Studios und Apartments überall auf der Insel (s. o.).

Diverses

• *"Alternativer" Urlaub*: wird vom *Skýros-Center* angeboten. Das Center liegt versteckt in den Gassen unterhalb der Agorá. Zur ausführlichen Beschreibung vgl. Kapitel "Atsitsa".

• *Kunst*: **Bente's Art Studio**, Bente aus Dänemark verkauft Aquarelle mit Skýros-Motiven. Die Exponate sind gerahmt und werden transportsicher verpackt. Zu sehen (aber nicht zu kaufen) gibt es außerdem

Feder- und Kohlezeichnungen. Bente spricht Deutsch und ist meist ab ca. 18.30 Uhr in ihrem Studio (gegenüber dem "russischen Arzt") anzutreffen. Zudem führt sie "Painting Holidays" durch. Die jeweils elftägigen Kurse finden seit 1990 auf Skýros von Juni bis September statt und kosten ca. 420 DM, die in dänischen Kronen im voraus zu bezahlen sind. Preise ohne Übernachtung, die Unterbringung erfolgt in einer kleinen Familienpension in Magazía. Informationen von Juni bis Oktober direkt bei: Bente Kjerulf, GR-34007 Skýros, Tel./Fax 0030-222-92023, oder im Winter in Dänemark: Onsgårds Tværvej 6, DK-2900 Hellerup. Tel./Fax 0045-39610261.

• *Reiten*: Die Ponyreitbahn liegt ca. 2 km außerhalb der Stadt an der Straße nach Aspoús und Linariá. Die Anlage ist im Besitz der Gemeinde, die streng auf ihre Pferde achtet. Immerhin hat man hier die Möglichkeit, eines der *Pikermik-Pferde* zu fotografieren. Die Reitbahn ist von 9 bis ca. 22 Uhr geöffnet und eine Runde kostet etwa 6,50 DM. An der Anlage wird seit Sommer 1997 auch eine kleine Bar betrieben, die zum Zeitpunkt der Recherche noch im Bau war. Sie ist jedoch ebenfalls in der Hand der Gemeinde, und daher sollen die Preise günstiger als in der Stadt sein.

Auto- und Zweiradverleih

• *Autoverleih*: **Pegasus**, ein Monopolbetrieb auf der Insel und auch nur ein paar Kleinwagen vorhanden. Die relativ neuen FIATs oder SEATs gibt es nur bei **Skýros Travel** zu mieten. Leftéris verlangt gut 70-95 DM pro Tag. Wenn man für eine Woche mietet, sinkt der Preis je nach Saison auf 55-80 DM. Vollkasko-Versicherung inkl. Tel. 91123/91600.

• *Mofa-/Mopedverleih*: Generell gilt: Auf Skýros gibt es nur 50 ccm-Maschinen zu mieten. Die Fahrzeuge sind ziemlich alt, werden aber gut in Schuß gehalten. Für die Straßen sind die Fahrzeuge okay, wer zu zweit und über Schotterpisten fahren will, sollte auf den Reifenzustand achten oder besser zwei Mofas ausleihen. 1997 gab es nur zwei Anbieter:

Trachanas, seit 13 Jahren hier vertreten und führender Anbieter auf Skýros. Die freundliche Chefin Martina aus Westfalen und ihr griechischer Mann Stamatis verleihen ungefähr 50 voll- und halbautomatische Mofas, für Inselverhältnisse in sehr gutem Zustand. Superschneller Straßenservice bei Pannen, gute Werkstatt, keinerlei Sprachprobleme. Preise inkl. üblicher Teilkasko-Versicherung je nach Saison ca. 20-24 DM. Wer gleich für mehrere Tage ausleiht, bekommt eine Inselkarte gratis dazu. Tel. 92022.

Giannakakis, direkt an der Tankstelle kurz vor dem Ortseingang. Stavrós vermietet insgesamt 25 Mofas älterer Bauart, überwiegend Halbautomatik. Preise je nach Saison ca. 20-26 DM pro Tag. Übliche Versicherung inclusive. Wer länger mietet, erhält Rabatte. Mai-Oktober geöffnet. Tel. 91223/91459.

• *Fahrradverleih*: Heiner aus Niedersachsen vermietet ziemlich neue Mountain- und Touringbikes mit 21 Gängen und Shimano-Schaltung. Sein Büro ist dem Trachanas-Motorbike-Verleih angeschlossen. Helme, auch spezielle Kinderhelme, vorhanden. Preise je nach Saison 8-10 DM pro Tag. Tel. 92022.

Übernachten

In Skýros/Stadt gibt es nur wenige organisierte Unterkünfte, dagegen eine unüberschaubare Anzahl von Privatzimmern. Außerdem werden zahlreiche leerstehende Stadthäuser im alten Inselstil vermietet. Vorsicht: Diese Häuser sind meist nachträglich umgebaut worden, und nicht immer funktioniert alles einwandfrei. Insbesondere bei alten Gebäuden sollte man die sanitären Anlagen sorgfältig prüfen. In der Hauptsaison ist die Auswahl jedoch gering, und es kommt regelmäßig zu Engpässen. Für ein Privatzimmer muß man mit etwa 35-40 DM rechnen, wobei man je nach Zustand kräftig handeln sollte. Tip: mal bei der städtischen Zimmervermittlung nachfragen.

Hotel Neféli (35), C-Kat., neueres Haus direkt am Ortseingang. Freundlicher Eindruck. Sehr großzügig eingerichtete Eingangshalle mit den typischen Haushaltsgegenständen der Insel. Alle 19 Zimmer geräumig, teilweise im Inselstil, mit blitzsauberem Bad, Heizung und Telefon. Insgesamt hübsch eingerichtet und mit hoteleigener Bar-

Oúzeri. Einziger Haken: Der Komplex liegt direkt an der Straße, daher oftmals ziemlich laut. Ganzjährig geöffnet. Preise je nach Saison ca. 83-110 DM. Frühstück ca. 7,50 DM pro Person. Tel. 91964/92060.

Hotel Paliopirgos (3), A-Kat., auf der Westseite des Kástrofelsens gelegen, nur von der Straße nach Magazía erreichbar und insofern eigentlich außerhalb der Stadt. Geführt von der freundlichen Griechin Maria, die lange Jahre in Kanada lebte und hervorragendes Englisch spricht. Zehn geräumige und geschmackvoll eingerichtete 2-3-Bettzimmer, alle mit Bad, Küche, Telefon, Radio, einige auch mit Klimaanlage. Neue Bäder, ebenfalls sehr sauber. Einrichtung in dunklem Holz und Superblick aufs Meer von allen Balkonen. Hübsche Sonnenterrasse, 300 m zu Fuß zum Strand, 15 Minuten zur Stadt. Ganzjährig geöffnet. Preise je nach Saison ca. 65-95 DM. Tel. 91014/92405, Fax 92185.

Hotel Elena (32), C-Kat., zehn relativ geräumige Zimmer mit Holztäfelung, aber reichlich alter Kasten. Deshalb sollte im Winter 1997/98 auch renoviert werden. Schon jetzt alle Zimmer mit Bad (sehr klein), Heizung und Telefon. Ohne viel Komfort im rustikalen Stil. Balkone klein und überwiegend zur Straße. Beim geplanten Umbau sollen die Bäder vergrößert und Klimaanlage, Kühlschrank und TV eingebaut werden. Ganzjährig geöffnet. Preise je nach Saison ca. 40-52 DM. Tel. 91738/91070/92112.

Studios Dimítrios (34), A-Kat., gehört im Grunde zum *"Neféli"*. Derselbe Besitzer vermietet acht Apartments der gehobensten Kategorie. Zimmer blitzblank sauber, geräumig im traditionellen Inselstil eingerichtet. Alle mit Bad, Telefon, TV, Zentralheizung und Balkon, dazu inseltypischer Kamin und Möbel. Der gesamte Komplex hübsch gestaltet. Ganzjährig geöffnet. Preise je nach Saison für 2 Pers. ca. 110-135 DM, für 4 Pers. ca. 135-170 DM. Tel. 91964/92060.

Rooms Trachanas (17), im mittleren Stadtbereich werden neun Zimmer mit zwei bis drei Betten im ersten Stock vermietet. Einige Zimmer mit eigenem Bad, andere haben Dusche auf dem Flur. Schlicht und einfach eingerichtet, teilweise Doppelbetten. Terrasse im weinüberrankten Hof. Schon etwas älteres Anwesen, das derzeit kräftig renoviert wird. Ganzjährig geöffnet, daher alle Zimmer mit Heizung. Preise je nach Saison ca. 38-45 DM mit und 25-32 DM ohne Bad. Tel. 91115.

Rooms Kyriaki Giannakaki (29), Privatzimmer direkt neben der Bank am Ortseingang ein paar Stufen hinunter. Vermietet werden sechs teilweise rustikal eingerichtete Zimmer mit 3-4 Betten, relativ geräumig, sehr sauber, alle mit Balkon. Großer Eingangsraum mit Tisch und Sofa für alle Gäste. Es gibt insgesamt drei Gemeinschaftsbäder, eines sogar mit Badewanne. DZ je nach Saison ca. 20-30 DM. Tel. 91459.

Houses Anna Stergiou (28), Anna vermietet zwei Häuser mitten in der Stadt. Eines liegt direkt an der Wendeschleife neben dem "russischen Arzt". Zwei Zimmer mit je zwei Betten, geräumige Wohnküche in der Mitte. Bad schon älter, aber tadellos. Westbalkon mit Stadtblick und schönem Sonnenuntergang. Durch die zentrale Lage manchmal laut. Preise je nach Saison ca. 32-50 DM.

Das andere Haus ist ein altes skyrotisches Stadthaus und liegt ziemlich weit oben am Hügel. Klassisch eingerichtet mit der typischen Holzdecke. Kleiner Balkon mit Stadtblick. Bad und Dusche direkt außerhalb am Haus angeschlossen. Preis ca. 40 DM. Tel. 91657.

Essen/Trinken

Die Palette ist vielfältig. Vor allem entlang der Hauptgasse gibt es etliche kleine, aber nicht ganz billige Tavernen. Das Angebot reicht von Fisch bis zu Moussaká, und überall gibt es klassische griechische Küche und ein paar Spezialitäten der Insel. Fast alle Tavernen bieten auch Mittagstisch mit eingeschränkter Auswahl. Für den kleinen Hunger gibt es mittlerweile vier Gýros-Souvláki-Buden, die wegen der günstigen Preise auch stets gut besucht sind.

Tavérna Gláros (22), direkt an der Straße unterhalb des Dorfplatzes. Spezialitäten des Hauses sind Souzoukakia, Ziegenfleisch in Tomatensauce oder Zitronensauce. Saubere Küche und nette Besitzer. Machen auch Mittagstisch, aber vor allem abends immer gut besucht. Preise im Rahmen. Gäste waren sehr zufrieden.

Blick vom Kloster Agíos Geórgios über die Dächer von Skýros/Stadt

Kristinas Restaurant (33), Kristina aus Australien bietet gute griechische und internationale Küche mit täglich wechselndem Angebot. Alles wird auf dem Herd oder im Ofen zubereitet, keine Grillgerichte. Oft Jazz oder Klassik als Hintergrundmusik. Bei deutschen und englischen Gästen beliebt. Liegt etwas außerhalb, versteckt hinter einem großen Tor in einem schmalen weinüberrankten Hof, die Straße am Gymnasium entlang und dann nochmals rechts ab. Angenehme Preise, freundlicher Service. Auch Mittagstisch mit kleinen Gerichten. Geöffnet vom 1. Juni bis zum 30. September.

Trattoria Sisyphos (24), etwas unterhalb des Dorfplatzes auf der rechten Seite. An dem blau-weißen Gitter sechs Stufen hinauf gehen. Draußen stehen unter weinüberranktem Schilfdach ein paar Tische, auf einem Seitenbalkon weitere Sitzmöglichkeiten. Fleischspezialitäten, normales Preisniveau. Hübsch gestaltet, aber durch die Straße etwa laut.

Tavérna Margetis (10), man sitzt gemütlich etwa in der Mitte der Hauptgasse unter einer Platane. Spezialität des Hauses sind Fischgerichte, es gibt aber auch Fleisch (Souvláki und Steaks) und sogar Huhn vom Holzkohlengrill. Abends immer gut besucht. Essen und Preise okay.

Tavérna Ta Asteria (9), Neonlicht-Restaurant mitten in der Hauptgasse. Wirkt von außen eher schmuddelig, innen hallenartige Atmosphäre. Tische teilweise auf der Gasse. Das Asteria wird von einer alten Griechin geführt, die tagsüber oft vor der Taverne sitzt und Gemüse putzt. Essen und Preise okay.

Skýros Pizza Restaurant (14), an der Hauptgasse direkt neben *"Skýros Travel"* gelegen. Sehr ordentlich mit grünem Stoff gedeckte Tische draußen auf der Agorá. Innen ebenfalls geschmackvoll eingerichtet. Saubere Küche, aber etwas nüchterne Atmosphäre. Den Gästen hat es ausgezeichnet geschmeckt. Gehobene Preise.

Estiatório Zygos (31), kleines Restaurant direkt oberhalb des Busstopps auf der linken Seite an der Straße. Es gibt Fleischspezialitäten vom Grill, der draußen auf der Terrasse unter einem Strohmattendach steht. Typisch griechische Einrichtung.

Restaurant Kabanera (4), etwas schwierig zu finden. Hinter der Panagía Melikarou links die Gasse ein paar Stufen hinunterlaufen und dann rechts. Man sitzt sehr ruhig in dieser Seitengasse auf einer Veranda. Täglich wechselnde Gerichte, Spezialität des Hauses ist Fisch. Gäste waren sehr zufrieden. Ortsübliche Preise.

Tavérna Pegasus (12), abseits der Agorá, versteckt in den Gassen des Ortes. Fisch- und Fleischspezialitäten. Von der Terrasse toller Blick auf die Berge westlich der

Stadt. Nur im Juli und August geöffnet. Wegbeschreibung: hinter der Panagía Melikarou links die Gasse hinuntergehen, dann wieder links eine Parallelgasse zur Agorá. Nach etwa 150 m liegt das Pegasus rechts an einer Ecke.

Restaurant To Panorama (1), an der westlichen Ortsumgehungsstraße. Man sitzt angenehm auf einer Hochterrasse unter einem Schilfmattendach. In der Mitte ein kleiner Brunnen, wirklich idyllisch mit Blick auf die Windmühlen in den Bergen und die Agíos Dimítrios-Kapelle. Nicht sehr stilvoll dagegen die Plastiktische. Ruhige Lage, weil hoch über der Straße. Fischspezialitäten, normale Preise. Dem Wirt gehört auch die Pension "Zita" in Mólos.

Estiatório Skýros (26), ebenfalls an der westlichen Umgehungsstraße gelegen, aber näher zum Stadtzentrum hin. Tische auf einer Terrasse unter einem Wellblechdach, direkt an der vielbefahrenen Straße in einer scharfen Kurve. Griechische Musik, daher beliebt bei Einheimischen, die in diesem (weitgehend touristenfreien) Viertel wohnen. Essen und Preise im üblichen Rahmen.

Popi (20), direkt an der Dorfplatia und der Wendeschleife. Ohne jeden Zweifel macht die freundliche Kalliopi, *Popi* genannt, die leckerste Pítta der Insel. Dementsprechend ist immer was los, Wartezeiten üblich. Egal ob Gýros, Pítta, Souvláki, Tsatzíki oder diverse Salate, alles schmeckt vorzüglich. Draußen an der Platía stehen ein Dutzend Tische, die zu Popis Fast food gehören und fast immer besetzt sind. Abends ab 18 Uhr geöffnet. Pitta ab 2,50 DM.

Anemos (11), Fast food-Laden etwa in der Mitte der Agorá. Macht leckere kleine Pizzen, Spaghettigerichte, auch Drinks und Kaffee. Tische draußen auf der Gasse. Abends immer gut besucht. Freundliche Besitzer.

O Mitsos (5), Fast food-Grill mit ein paar Sitzplätzen im Freien. Liegt direkt unterhalb des "Néo Ptolemos" und der "Kalypso-Bar". Gute Chese-Pie und Pizzen. Ganztätig geöffnet, auch in der Siesta-Zeit.

Kalí (25), weiterer Fast food-Laden an der Wendeschleife. Macht einen sauberen Eindruck. Es gibt die üblichen Kleinigkeiten. Sitzmöglichkeiten vorhanden, doch stets reger Autoverkehr an der Straße.

Plateia Skýros (19), nomen est omen, das riesige Café auf dem Dorfplatz. Weiße Plastikstühle und -tische unter den Platanen. Frühstück, tagsüber kleine Snacks, Kleinigkeiten zu essen, Kaffee und Drinks. Man befindet sich mitten im Zentrum. Hier kann der Gast stundenlang sitzen und dem griechischen Stadtleben zusehen.

Kafeníon Makedonia (30), direkt neben dem Zygos am Busstopp unter einem vorgezogenen Dach. Draußen blaue Tische und eine lange Holzbank. Macht einen etwas schmuddeligen Eindruck. Im ersten Stock werden Zimmer vermietet. Direkt an der Straße gelegen.

Cafébars/Nachtleben

Im Vergleich zu den anderen Sporadeninseln ist hier das Nachtleben selbst in der Hochsaison deutlich weniger ausgeprägt. Dennoch wird inzwischen einiges geboten. Zahlreiche Cafébars und Pubs finden sich entlang der Hauptgasse. Die Discos hat man glücklicherweise allesamt aus der Stadt in die nähere Umgebung verbannt. Als Faustregel gilt auf der Agorá: Man beginnt das Nachtleben in den weiter unten gelegenen Bars und arbeitet sich im Laufe der Nacht immer weiter den Hang hinauf.

Kalypso-Bar (7), entlang der Hauptgasse die am höchsten gelegene Bar. Man sitzt bequem auf Treppen neben der Agorá oder auf dem kleinen Platz (mit dem Kiosk und dem Kartentelefon) gegenüber. Angenehme Musik, Rock, Soul, manchmal auch griechische Schlager. Geschmackvoll eingerichtet, freundliche Bedienung und sehr beliebt. Nachmittags und abends geöffnet, doch erst nach 23 Uhr richtig was los.

Renaissance (21), direkt gegenüber dem Dorfplatz an der Straße. Kykladenblaue Türrahmen und kleine Veranda mit einigen Tischen. Man sitzt sehr angenehm auf Regiestühlen und beobachtet das Leben auf der Agorá und der Platía. Tagsüber geschlossen, der Wirt öffnet erst abends um 22 Uhr. Vielfältige internationale Musik.

Rodon Bar (8), im oberen Teil der Agorá, zu erkennen an den dunkelgrünen Holztüren. Angenehme, nicht zu laute Pop- und Rockmusik, manchmal wird auch Soul gespielt. Hübsch eingerichtet. Öffnet erst am Abend nach 21 Uhr und ist dann immer gut besucht.

Café 19 (23), direkt an der Wendeschleife gegenüber der Platía. Modern eingerichtet mit Barhockern und Fässern. Gespielt wird internationale Rock- und Popmusik. Besonderer Gag: Bilder nicht nur an den Wänden, sondern auch an der Decke. Ganzjährig und oft bis zum frühen Morgen geöffnet, insbesondere bei der einheimischen Jugend sehr beliebt.

Artisti (13), Cafébar, etwas unscheinbar neben der Taverne Margetis an der Hauptgasse. Angenehme Atmosphäre und Lautstärke der griechischen und internationalen Rockmusik. Ab 21 Uhr geöffnet und sehr beliebt.

Meroi (15), Cafébar inmitten des Lebens der Hauptgasse. Gut zu erkennen an der Skýros-Karte, die man außen an die Wand gemalt hat. Innen holzgetäfelte Wände in dunklem rustikalem Stil. Gespielt wird internationale Popmusik. Oft bis 4 Uhr in der Nacht geöffnet, dann wird meist auch auf der Agorá getanzt.

Musik Club Apocalypsis (18), hinter der Dorfplatia gelegen. Sehr hübsch mit vielen Blumen gestaltete Außenanlage im kykladischen Stil. Man sitzt auf bequemen Polstersesseln unter einem Schilfmattendach. Tagsüber herrlicher Blick auf die Hügel westlich der Stadt und den Sonnenuntergang. Gedämpfte Discomusik, etwas höheres Preisniveau.

Café Posto (16), modern eingerichtet mit bequemen Stühlen, teilweise draußen auf der Gasse. Internationale Popmusik, aber auch griechische Schlager. Typische Militärbar, weil bei den Soldaten des Luftwaffenstützpunktes sehr beliebt.

Néo Ptolemos (6), Cafébar unterhalb der "Kalypso-Bar" an der oberen Hauptgasse. Ebenfalls die Tische auf einem kleinen Vorplatz an der Agorá. Innen Stehbar, dunkel eingerichtet. Angenehme Hintergrundmusik, internationaler Pop und Rock. Ganztägig geöffnet, doch vor allem abends immer voll.

Imago, Summer Dancing Club (27), an der Wendeschleife gegenüber dem "Restaurant Sisyfos". Hier hat die moderne Zeit in Griechenland Einzug gehalten: Spielautomaten, Video-Games, Billardtische. Bei der älteren Jugend sehr beliebt, abends immer voll. Popmusik und Bar angeschlossen.

Stone Club (36), 1997 erstmals eröffnete Freiluftdisco außerhalb der Stadt am Straßenkreisel. Hübsch gestaltet, Tische mit bequemen weißen Regiestühlen auch auf

In Skýros/Stadt

einer Empore mit Blick auf die Tanzfläche. Innenraum ebenfalls ansprechend. Lichteffekte. Breites Musikangebot internationaler Pop-, Rock- und Soul-Musik auch aus den sechziger und siebziger Jahren. Täglich von Juni bis September ab 23 Uhr geöffnet. Eintritt ca. 6,50 DM (ein Drink inkl.).

Skyropoula Disco Club (2), größte Inseldisco an der östlichen Ortsumgehungsstraße, zwischen Kástrofelsen und Papátoú-Chouma-Strand. Großräumige Anlage, teilweise Freiluft, in der Mitte ein großer Brunnen mit Lichteffekten. Nachts Lasershow aufs Kástro und aufs Meer. Im Innenraum insgesamt vier Bars und eine riesige Tanzfläche. Internationale Popmusik in kräftiger Lautstärke. Zweifellos der ausgeflippteste Inselclub. Geöffnet von Juni bis September ab 24 Uhr und meist bis 8 Uhr morgens. Eintritt frei, discoübliche Getränkepreise.

On the Rocks, Disco auf der Westseite des Kástrofelsens unweit der Museen. Seit einigen Jahren allerdings wegen Lärmbelästigung der Anwohner geschlossen. Der Besitzer wollte zwar schalldicht umbauen, aber zum Zeitpunkt der Recherche war davon noch nichts zu sehen. Vielleicht wird es in den nächsten Jahren wieder eröffnet.

Sehenswertes im Ort

Skýros und seine Chóra haben keine herausragenden Altertümer vorzuweisen. Der Hauptort ist im Grunde als Ganzes ein Denkmal für sich. Außerdem gibt es zwei Museen, ein archäologisches und eines für Volkskunst. Ganz oben am Hügel liegen ein Kloster und die Reste der alten Wehranlage.

Die Chóra von Skýros: Fast jedes Haus ein Museum

Interessant ist ein Blick in die inseltypischen Häuser. Vielleicht am sehenswertesten sind aber die mit allerlei Gegenständen dekorierten Wände der Wohnzimmer. Mit viel Liebe eingerichtet und besonders am Abend, wenn die Zimmer erleuchtet sind, gut zu sehen. In einer Ecke der Wohnstube befindet sich der Holzofen *(Fougou)*, darüber sind in mehreren Reihen die Schätze und Besitztümer des Hauses aufgereiht. Buntbemalte Flaschen und Teller, antike Becher aus Glas, Kupfer oder Ton, dazwischen Bratpfannen oder reichverzierte Vasen auf den Simsen, handgeschnitzte Holztruhen und Möbelstücke usw. Selbst die Holzregale sind mit Ornamenten versehen. Fast jeder Einwohner von Skýros hat sich in seiner Stube ein eigenes "Museum" geschaffen. Alteingesessene Familien besitzen sogar venezianische Spiegel und französisches Porzellan.

Die Skyroten sind mittlerweile an die neugierigen Touristen gewöhnt und erlauben den Blick durchs Fenster (zumeist) gerne für ein paar Sekunden. Man zeigt sich stolz, wenn die Fremden den *Fougou* und die Familienreichtümer bewundern. Allerdings sollte man nicht zu aufdringlich sein, denn es sind schließlich private Räumlichkeiten und keine öffentlichen Kunstgalerien.

Kloster und Kirche Agíos Geórgios Skyrianos (im Kástro-Areal): gehörte einst zum Heiligen Berg Athos. Der Beginn des Ursprungsbaus datiert auf 895, der Regierungszeit von Leon VI. und Alexandros. Zunächst bekommt der Besucher nur den *Vorraum zur Klosterkirche* zu sehen. An den Wänden hängen zahlreiche neuere Ikonen, rundum Chorgestühl. Eine (neuere) Georgsikone steht direkt rechts hinter dem Portal. Gegenüber dem Eingang führt eine kleine Treppe weiter in die eigentliche Klosterkirche. Links neben der schweren Holztür mit dem Türstock aus Marmor hängt die alte, fast verblichene Ikone des Drachentöters, das heiligste Stück in dem kleinen Vorraum. Vor diesem Bildnis zahlreiche Votivtafeln als Dank der Gläubigen. Weitere Ikonen an den Wänden (u. a. Agíos Nikólaos).

Die Klosterkirche selbst ist ein Viersäulenbau mit einer uralten, handgeschnitzten Altarwand aus Holz, prachtvoll vergoldet und mit zahlreichen Ikonen versehen. Am beeindruckendsten sind sicherlich die recht gut erhal-

Blick vom Kástro auf Agíos Geórgios Skyrianos

tenen Fresken auf der linken Seite im Bogen. Gegenüber der Altarwand nur spärlich erhaltene Reste von Wandmalereien. Von der Decke reicht ein riesiger Kerzenleuchter herab. Auffallend die vielen uralten Weihrauchgefäße und der große rote Teppich mit dem Doppelkopfadler auf dem Boden. Die Namensikone steht links vor der Alterwand, rechts eine Christusdarstellung.

- *Kleiderordnung*: wird nicht so streng gehandhabt. Der freundliche Mönch Gerondios akzeptiert kurze Hosen und T-Shirts bei Frauen und Männern. Doch besser nicht darauf verlassen und dezente Kleidung mitbringen.
- *Besichtigungszeiten*: März bis August täglich von 7-22 Uhr. September bis Februar täglich 7.30-18 Uhr. Der Vorraum zur Klosterkirche ist stets geöffnet, die Klosterkirche selbst wird nur auf Anfrage für einige Minuten zur Besichtigung aufgeschlossen. Fragen Sie den Mönch Gerondios, eine kleine Spende wird erwartet. Fotografieren ist in der Klosterkirche verboten.
- *Zugang:* Kirche und Kloster liegen unmittelbar links im Kástroareal (Schild an der Eingangstür weist den Weg).

Kástro: Befestigungsanlage auf dem steilen Felsen oberhalb des Ortes. Der Aufstieg lohnt allein schon wegen des phantastischen Blicks hinunter auf Skýros/Stadt. Das ungefähr 180 m hoch gelegene Kástro in seiner heutigen Erscheinung wurde ursprünglich in byzantinischer Zeit unter den Herrschern *Nicephorus Phokas* und *Geórgios Tsimiskes* gebaut und unter venezianischer Herrschaft erweitert und abgeschlossen. *Francesco I. Grispo*, Statthalter der Gysi-Familie von 1383 bis 1397, ließ die Befestigungen vollenden. Zuvor stand an derselben Stelle eine Akropolis aus dem 4. Jh. v. Chr., die vermutlich von Makedoniern errichtet wurde. Die Ostwand des Kástros fällt fast senkrecht zum Meer ab, ein idealer Schutz vor Piraten.

Die alten, dicken Mauern sind noch immer imponierend, auch wenn von der alten Wehranlage nicht mehr viel erhalten ist. Zunächst liegt rechts des

Treppenweges eine alte dreischiffige Kirche, von der nur noch Teile der vorderen Grundmauern erhalten sind. Fast am höchsten Punkt des Weges steht eine kleine Kirche, die zum Zeitpunkt der Recherche gerade restauriert wurde (alle Ikonen und sogar die Altarwand wurden ins Kloster ausgelagert). Links neben dieser Kirche befindet sich eine Aussichtsplattform mit einem phantastischen Blick auf die Strände nordöstlich der Stadt. Noch ein Stück weiter oben stehen Überreste des Kástros: ein hohes Gewölbe mit einem Seitengewölbe links. Selbst während der größten Mittagshitze herrschen innerhalb der dicken Mauern angenehme Temperaturen.

In den vierziger Jahren wurde auf dem Nordosthang des Kástros ein bedeutender archäologischer Fund gemacht: ein Faustkeil aus Feuerstein, der in die Zeit des Paläolithikums datiert wird. Weitere Werkzeuge aus Feuerstein wurden außerdem in der Nähe der Achílles-Bucht gefunden. Zweifellos war das Kástro-Gebiet aber schon in mykenischer Zeit bewohnt. Diverse Fundstücke vom südlichen Abhang, dem *Basalos*, werden heute im archäologischen Museum gezeigt.

• Zugang: derselbe Weg wie zum Kloster Agíos Geórgios, dann nach der großen Eingangstür geradeaus durch den Torbogen und einen ca. 15 m langen, frisch geweißelten Gang hindurch. Den Rest des Weges führen Stufen hinauf.

Kirche Panagía Melikarou: Hauptkirche in der Stadt und direkt an der Hauptgasse. Die weiße handgeschnitzte Altarwand ist mit prächtigen Goldornamenten verziert. Darin sind zahlreiche dunkle Ikonenbildnisse mit silbernen Einlagen integriert. Die neueren Ikonen hängen an den Außenwänden, während die wertvolle Namensikone (eine Silberikone) direkt am Eingang der Kirche unter einer reich verzierten Holzkonstruktion steht. Im hinteren Teil eine Art Empore. Interessant erscheint vor allem die skyrotische Holzdecke mit einer riesigen Pantokrator-Ikone in der Mitte, eingerahmt von vier weiteren Ikonen. In den schachbrettgemusterten Fußboden wurde ein Doppelkopfadler eingearbeitet.

Zugang: Besichtigung am besten nach dem abendlichen Gottesdienst nach ca. 20 Uhr.

Kirche Panagía Eleimonitria: *Kirche der Barmherzigen Gottesmutter.* Eine Inschrift gibt das Jahr der Erbauung mit 1680 an. Im Heiligtum steht eine sehr schöne Christusbüste.

Kirche Panagía Tselepi und Panagía Theodori: interessante Wandmalereien. Darstellung der Frauen weniger nach den üblichen strengen byzantinischen Regeln, vermutlich westlich beeinflußt.

Faltaits-Museum: private Sammlung im Norden der Stadt. Volkskunstmuseum wäre zu wenig gesagt, wenngleich auch die meisten Exponate in diese Kategorie gehören. *Manos Faltaits*, ein in Griechenland bekannter Soziologe, Maler und Schriftsteller, eröffnete sein Museum schon 1964. Der "linksintellektuelle Pazifist" (so bezeichnet er sich selbst) gilt als der geistige Kopf einer kleinen Inselbewegung, die sich gegen die zunehmende Militärpräsenz auf Skýros wendet.

Ziemlich weit oben am Hügel Richtung Ialós-Strand liegt seine Familienvilla, in der auch das Museum untergebracht ist. In historischer Zeit soll an dieser Stelle ein Tempel neben dem noch erhaltenen Wachturm gestanden haben.

Platía Skýros – das Herz der Stadt

Die Räume des mehrgeschossigen Hauses sind prall gefüllt mit allerlei kunstvollen und bedeutenden Dingen. Zu sehen sind die typischen Handarbeiten der Inselbewohner: winzige Holztische und Stühle, bunt bemalte Porzellanteller, geschnitzte Haushaltsgegenstände, Messinggedecke, Stickereien und Näharbeiten, hölzerne Truhen, traditionelle Trachten und Hirtenkleidung, die seidenen Gewänder der Oberschicht (möglicherweise von den eigenen Vorfahren) und Hochzeits- und Brautjungfernkleidung mit kunstvollen Aufschlägen und phantasievollen Säumen (vor allem im ersten Raum).

Insbesondere die farbenfrohen Stickereien zeigen den eigenen Stil der Insel. Im mittleren Raum steht eine Vitrine mit vielen prächtigen Stücken. Sie stellen oft Motive aus der Mythologie und des gemeinen Volksglaubens dar: Fruchtbarkeitsbeschwörungen, verschlungene Schlangenmotive, die Nymphe, der Lebensbaum, die Quelle der Unsterblichkeit und das Hochzeitspaar. Andere Schaukästen zeigen Gebrauchsgegenstände wie Bestecke, handgeschnitzte Spindeln, Brotstempel und Schmuckstücke. In einem anderen Saal wurde eine komplette Küche mitsamt ihrer Ausstattung aufgestellt. Außerdem zieren eindrucksvolle Fotografien von dem alljährlichen Faschingstreiben der Ieros die Wände des Museums.

Manos sammelt auch alte und seltene Bücher, die insbesondere im zweiten Raum und in dem oberen Raum gezeigt werden. Das älteste Ausstellungsstück stammt angeblich aus dem Jahre 1503. Außerdem werden zahlreiche private und offizielle Dokumente aus der byzantinischen Ära, der Zeit der türkischen Besetzung und dem griechischen Unabhängigkeitskrieg aufbewahrt.

Das Faltaits-Museum verkauft auch neue Tonwaren und Stickereien, die nach der traditionellen skyrotischen Handwerkskunst hergestellt werden.

Während der Saison beschäftigt Manos einen englischsprachigen Führer, der Besucher durch das Museum geleitet. Besonders Interessierte (und wer etwas Griechisch spricht) können leicht mit Manos selbst ins Gespräch kommen. Gerne erzählt er Episoden aus der Geschichte von Skýros, über seine Familie und sich selbst.

Am Hang unterhalb des Museums hat Manos ein Theater nach klassischem Vorbild mit ca. 600 Sitzplätzen errichtet, in dem seit 1993 jedes Jahr im Juli und August zahlreiche kulturelle und künstlerische Veranstaltungen stattfinden. Motto: "Offene Universität des Hellenismus - Skýros Festival". Geboten werden u. a. Literaturlesungen, Konzerte, Volkstanzaufführungen und antike Dramen.

• *Öffnungszeiten*: täglich 10-13 Uhr und 17.30-20 Uhr. Eintritt frei. Da Manos die Annahme finanzieller Zuweisungen des Staates für private Museen strikt ablehnt, ist eine Spende sicherlich angebracht.

• *Wegbeschreibung*: der Hauptgasse folgen, im oberen Bereich ist der Weg zu den Museen ausgeschildert.

• *Buchtip*: Manos Faltaits hat ein sehr ausführliches Buch über die Geschichte und Kultur von Skýros geschrieben. Es ist in englischer Sprache verfaßt und für ca. 15 DM im Museum zu erwerben.

Archäologisches Museum: kleines Inselmuseum im ehemaligen Bürgermeisteramt. Es liegt unweit des Brooke-Denkmals, ein paar Schritte die Treppe abwärts, und beherbergt in zwei Sälen vor allem Funde aus der mykenischen Epoche. Als besonders wichtig wird die Vase mit der Abbildung eines Oktopus und die Darstellung eines Schiffes mit einem vogelähnlichen Bug angesehen. In einem Nebenzimmer wurde mit Möbeln und Geschirr aus den letzten vier Jahrhunderten (gestiftet vom Museumsgründer Ioánnis Papadimitriou) der Innenraum eines typischen Wohnzimmers der Insel nachgebaut.

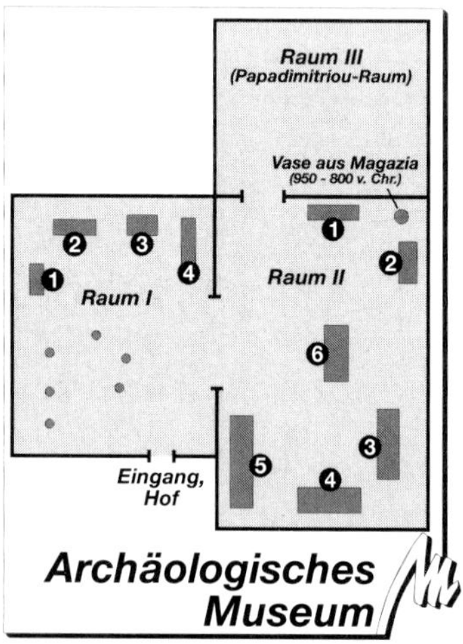

• *Rundgang*: **Hof (außen)**: Aufgestellt wurden u. a. Kapitelle, Säulenteile, Inschriften, Grabplatten und Kanonenkugeln. Gleich am Eingang die Bronzebüste des Museumsgründers Ioánnis Papadimitriou.

Raum I: Im Eingangsbereich sind unvollständige Skulpturen und Grabplatten aus römischer Zeit und dem Späthellenismus zu sehen. **Vitrine 1**: kleine Skulpturen, Vasen, Schalen, Inschriften und Haushaltsgegenstände aus Poúria. **Vitrine 2**: Schalen, Vasen, kleine Grabbeigaben, Schmuckgegenstände aus Magazía (ca. 950-800 v. Chr.). Besonders interessant hier die Doppelvase. **Vitrine 3**: Vasen, Schmuck (Ketten, Armreifen, Haarklammern, Ringe) und Krüge aus Magazía und Kámpos Agía Anna. **Vitrine 4**: Vasen, Krüge, Schmuck und Schalen aus geometrischer und archaischer Zeit sowie aus der Bronzeperiode.

Raum II: Rechts hinten in der Ecke steht eine riesige Vase von den Ausgrabungen in Magazía. Sie wird von den Experten auf ca. 950-800 v. Chr. datiert. **Vitrine 1**: Krüge, Schalen und Metallwerkzeuge aus prähistorischer (ca. 2500-1900 v. Chr.) und der frühen und mittleren ägäischen Bronzezeit (ca. 2800-2300 v. Chr.). Gefunden wurden die Stücke in Palamári, wo die Ausgrabungen noch immer nicht abgeschlossen sind. **Vitrine 2**: Schalen und Vasen. In dieser Vitrine stehen die bedeutendsten Funde von Skýros (Bassales, Faneromeni, Foukás, Themis und Balitis) aus der mykenischen Zeit (frühes 13. Jh. bis spätes 10. Jh. v. Chr.). In der mittleren Ebene steht die berühmte Vase mit dem Schiff und dem Oktopus. **Vitrine 3**: Vasen, Schalen, Amphoren, kleine Keramiken aus Magazía (ca. 950-850 v. Chr.), unten: Goldornamente als Grabbeigaben, Blätter, Haarringe und Fingerringe aus Themis/ Magazía. **Vitrine 4**: oben eine riesige Vase, weitere kleine Schalen, Tassen, Ketten, Sicherheitsnadeln, Amphoren aus Magazía (teilweise Grabbeigaben). **Vitrine 5**: Vasen, Schalen, Tassen, kleine Keramiken aus Magazía (ca. 900-850 v. Chr.). **Vitrine 6**: unten zwei riesige Behälter, außerdem weitere Vasen und Doppelvasen. Entenfiguren aus Themis (ca. 950-800 v. Chr.). Besonders interessant in dieser Vitrine eine protogeometrische Vase. Auf dem Ring sind acht Enten mit zwei Schlangen modelliert, die einen Vogel verschlingen (ebenfalls aus einem Grab bei Themis).

Raum III (Papadimitriou-Raum): In diesem Raum wurde ein traditionelles und bis heute typisch skyrotisches Einraumhaus mit den üblichen Holzkonstruktionen aufgebaut. Wandbehänge, Stühle, Stickereien, Truhen, Gebrauchskeramik, ein Kamin und ein Sofa lassen den Besucher die eigentümliche Inselarchitektur und Atmosphäre nachempfinden. Alle Exponate sind vom Museumsgründer Ioánnis Papadimitriou gestiftet, dessen Wohnzimmer hier nachgebildet wurde. Eine Treppe führt nach oben auf die hölzerne Zwischendecke. Sie ist aufwendig handgeschnitzt und mit vielen Ornamenten versehen. Oben befindet sich eine Vitrine mit Trachten.

- *Öffnungszeiten*: täglich 8.30-15 Uhr. Montags geschlossen. Eintritt ca. 3,20 DM, Studenten mit Ausweis frei.
- *Wegbeschreibung*: der Hauptgasse folgen, im oberen Bereich ist der Weg zu den Museen ausgeschildert.

▸ **Rupert Brookes-Denkmal:** Auf der Platía Agiou Vassaliou hat der bekannte griechische Bildhauer Michaelis Tombros das gewaltige Monument geschaffen. Der entkleidete Rupert Brooke blickt in voller Lebensgröße auf die Stadt. Eigentlich ein Skandal für gläubige orthodoxe Christen: ein splitternackter Engländer auf einem Sockel am Rande ihrer Stadt! Da verwundert es auch nicht, wenn bei besonders bedeutsamen religiösen Festen die Männlichkeit dezent abgedeckt wird. Eingeweiht wurde das Denkmal am 5. April 1931 (zu Person und Werk des Dichters vgl. S. 395).

Strände in Stadtnähe

An dem über 4 km langen goldgelben Sandstrand liegen die kleinen Ansiedlungen "Magazía" und "Mólos". Viele Übernachtungsmöglichkeiten und Tavernen, in der Mitte ein kleiner Fischerhafen.

Die phantastischen Strände nördlich von Skýros/Stadt zählen längst zu den Hauptanlaufpunkten der Inselbesucher. Sie sind in verschiedene Strandabschnitte eingeteilt: *Papá toú Chouma*, *Magazía*, *Mólos*, *Vína*, *Poúria* und ganz im Norden *Gyrísmata*. Die Strände an diesen Küstenabschnitten gehen aber im Grunde ineinander über. In den letzten Jahren wurden zahlreiche Hotels und Pensionen neu errichtet. Überwiegend hübsche Zimmer, aber höchstes Preisniveau der gesamten Insel. Wer in Magazía oder Mólos am Strand übernachtet, muß damit rechnen, von der Polizei am frühen Morgen unsanft geweckt zu werden.

Am oft 50 m breiten Strand gibt es leider so gut wie keinen Schatten, und Sonnenschirme werden nur in den vorderen Abschnitten Magazía und Mólos verliehen. Hier gibt es auch Wassersportmöglichkeiten. Weiter nördlich bei Vina und am Kap Poúria wird die Küste felsig und der Strand sehr schmal. Für Familien mit Kindern sind daher Mólos und Magazía zu empfehlen. Lediglich bei seltenem Südostwind wird Schmutz aus dem Meer an die Küste geschwemmt. Ansonsten ist das Wasser sehr sauber.

Vor Jahren drohte der Sandstrand bei Magazía vom starken Seegang und der Meeresströmung im Winter völlig weggespült zu werden. Daher hat man im Wasser drei Wellenbrecher mit großen Felsbrocken errichtet. Mittlerweile wird der Strand von Jahr zu Jahr breiter und ist nur noch knapp 30 m von den Felsen entfernt. Doch Vorsicht: Die Wassertiefe nimmt vor der gesamten Ostküste der Insel sehr schnell zu. Schon wenige Meter vom Ufer entfernt, kann man im Wasser nicht mehr stehen! Draußen im Meer liegt die vorgelagerte Klippe *Agíos Dimítrios* ungefähr 700 m entfernt.

Vor noch nicht allzu langer Zeit hat man einen Fischerhafen bei Mólos errichtet. Die Experten kamen eigens aus Athen angereist, und doch wurde das Bauwerk zu einem Flop, der wahrscheinlich in den nächsten Jahren wieder abgerissen oder umgebaut werden muß. Grund dafür sind die ungewöhnlichen und starken Meeresströmungen, die den nach Süden offenen Fischerhafen regelmäßig mit abgestorbenem Seegras anfüllen. Dort fault es in der Sonne vor sich hin, zieht Millionen von Stechmücken an und verursacht bei ungünstigem Wind den unangenehmen Geruch nach Schwefelwasserstoff (faule Eier). Zu Recht schimpfen heute die Fischer und Anwohner, die damals rechtzeitig vor der Fehlplanung warnten.

Dennoch liegen hier fast immer über fünfzig Kaíkis und kleine Kutter vor Anker. Interessant, den Fischern bei ihrer täglichen Arbeit zuzusehen. Entlang des Strandes befinden sich auch zahlreiche Tavernen, die zumeist von Mai bis Oktober geöffnet sind. Im Winter treffen sich die Einheimischen und die wenigen Touristen im ganzjährig offenen *"Café Corfari"* in Magazía.

▸ **Papa toú Chouma**: zu deutsch *die Erde des Priesters*. Damit ist der Abschnitt östlich und unterhalb des Kástros gemeint. Dieser Strand ist sehr schmal, an einigen Stellen auch felsig. Nicht unbedingt zu empfehlen, allenfalls wenn im August Mólos und Magazía überquellen.
Hinter dem Strand Papa toú Chouma hat man Spuren einer Siedlung aus dem Neolithikum entdeckt. Unter dicken Erdschichten wurden einige Tongefäße, Obsidianwerkzeuge, Muscheln und Tierknochen ausgegraben. Vermutlich wurde die Siedlung im 5. Jh. v. Chr. gegründet.

Baden am Ialos-Strand von Magazía

Magazía

Kein eigentlicher Ort, sondern mittlerweile eher ein recht weit entferntes Viertel von Skýros/Stadt. Langer schattenloser Sandstrand. Zahlreiche Übernachtungsmöglichkeiten und Tavernen.

Der Reiz von Magazía besteht im nahen Meer und dem vielbesuchten Sandstrand. Zudem hat die Ägäis hier oft eine starke Brandung, was auch Windsurfer in Scharen anzieht. In Magazía wohnen vor allem Familien mit Kindern. Einen Ortskern im klassischen Sinne gibt es nicht, Magazía ist daher am ehesten als langgezogene Strandsiedlung zwischen Straße und Meer zu bezeichnen. Tavernen und Unterkünfte wechseln sich mit unbebauten Grundstücken dazwischen ab.
Der Strand von Magazía, auch *Ialós* genannt, ist an einigen Stellen fast 50 m breit. Leider keinerlei Bäume, nur am Spätnachmittag werfen die Gebäude etwas Schatten. Herrlich sauber und erfrischend kühl ist das Meer. Vorsicht,

der oft starke Wind verursacht auch eine entsprechende Strömung. Beliebt ist das Rüberschwimmen auf die Wellenbrecher, wo man sich ungestört auf den Felsen sonnen kann. Am Strand wurde ein Volleyballfeld angelegt.

Verbindungen / Adressen

• *Verbindungen*: Die einzige Bushaltestelle von Magazía liegt direkt gegenüber vom Zeltplatz. Die Abfahrtszeiten sind dort angeschlagen. Allerdings sind die Verbindungen schlecht. Während der Nebensaison fährt nur ein Bus täglich außer sonntags, im Hochsommer werden nur zwei Fahrten täglich unternommen. Zudem existiert einmal täglich (außer sonntags) eine Verbindung zwischen Magazía und dem Hafen Linariá. Ein weiterer Busstopp ist der große Platz direkt am Strand zwischen Magazía und Mólos (an der Taverne *"Thomas"*).

• *Einkaufen*: Ein großer **Supermarkt** liegt direkt an der Durchgangsstraße, noch vor dem Abzweig nach Atsitsa auf der rechten Seite. Zwei weitere kleinere Lebensmittelläden liegen an der Stichstraße zur Taverne *"Stefanos"* und schräg gegenüber dem Eingang zum *"Hotel Xenía"*. Das Angebot ist nicht übermäßig, reicht aber zur Versorgung allemal aus. Richtung Stefanos Taverne gibt es auch einen **Souvenirladen**, der sich vor allem auf Keramik spezialisiert hat.

• *Telefonieren*: Ein Kartentelefon befindet sich ganz in der Nähe des Einganges zum Campingplatz auf der anderen Straßenseite.

Übernachten

In den letzten Jahren sind zahlreiche Privatquartiere entstanden, die in der Nebensaison fast leerstehen, im Hochsommer aber noch immer nicht ausreichen. Trotz der großen Konkurrenz sind selbst in der Nebensaison Zimmer mit Bad unter 40 DM (so der offizielle Preis) kaum zu bekommen. Man sollte sich nicht scheuen, im Frühjahr und Herbst kräftig zu handeln, insbesondere wenn man länger bleibt. In Strandnähe liegen im Grunde alle Häuser.

Hotel Xenía (27), B-Kat., direkt am Strand, wenn man in den Ort hineinfährt auf der rechten Seite. Eigener Parkplatz vor dem Haus. Alle 24 Zimmer mit Telefon, Teppichboden, Balkon und Blick zum Meer. Einrichtung nicht mehr ganz neu (zum Zeitpunkt der Recherche). Bäder tipptopp sauber. Eigenes Hotelrestaurant. Zugang zum Sandstrand wird täglich gepflegt. DZ mit Frühstück je nach Saison 100-140 DM. April bis Oktober geöffnet. Tel. 91209/92063/92065, Fax 92062.

Pension To Perigiali (33), A-Kat., 11 Zimmer mit zwei bis vier Betten in einer hübschen Anlage mit Garten. Die geräumigen und sauberen Zimmer haben teilweise auch eine Küche, alle jedoch Telefon, Kühlschrank und Balkon mit Gartenblick, teilweise auch aufs Meer. Einrichtung in dunklem Holz, macht alles einen gepflegten Eindruck. 100 m vom Meer zurückgesetzt. Bar im Garten, Frühstück wird auch aufs Zimmer serviert. Preise je nach Saison 48-77 DM fürs DZ ohne Küche, 54-90 DM fürs DZ mit Küche und 85-130 DM fürs 4-Bett-Zimmer. Tel. 91889/92075, Fax 92770.

Aegeolis Apartments (30), C-Kat., vermietet werden 11 Zimmer mit zwei bis vier Betten. Einrichtung in dunklem, rustikalem Stil. Sauber auch die Privatbäder. Jedes Zimmer verfügt über Telefon, Kühlschrank, eine kleine Teeküche und einen Balkon. Die Anlage liegt im südlichen Teil von Magazía, etwa 100 m vom Strand entfernt an einer kleinen Zufahrtsstraße. Preise je nach Saison ca. 56-83 DM fürs 2-3-Bett-Studio und 83-110 DM fürs 4-Bett-Apartment. Tel. 91113, Fax 92482.

Pension Ferogia, A-Kat., 15 geräumige DZ mit heller Kiefernholzeinrichtung und zwei bis drei Betten. Jedes Zimmer mit kleinem Balkon, fast alle mit Meeresblick. Bäder klein und sauber. Sohn des Besitzers spricht gut Englisch. Direkt am Strand gelegen. Preise je nach Saison ca. 40-63 DM. Tel. 91828.

Rooms Georgia Tsakami (24), vier geräumige DZ, hell eingerichtet und mit sauberen Bädern. Von den Balkonen Blick in den Garten. Am Ende des Ganges befindet sich eine kleine Küche mit Kühlschrank. Veranda mit Tischen im Schatten. Nebenan wird ein Apartment mit fünf Betten vermietet: ebenfalls großzügig und neu gebaut, Küche und Bad okay. Tip für Familien.

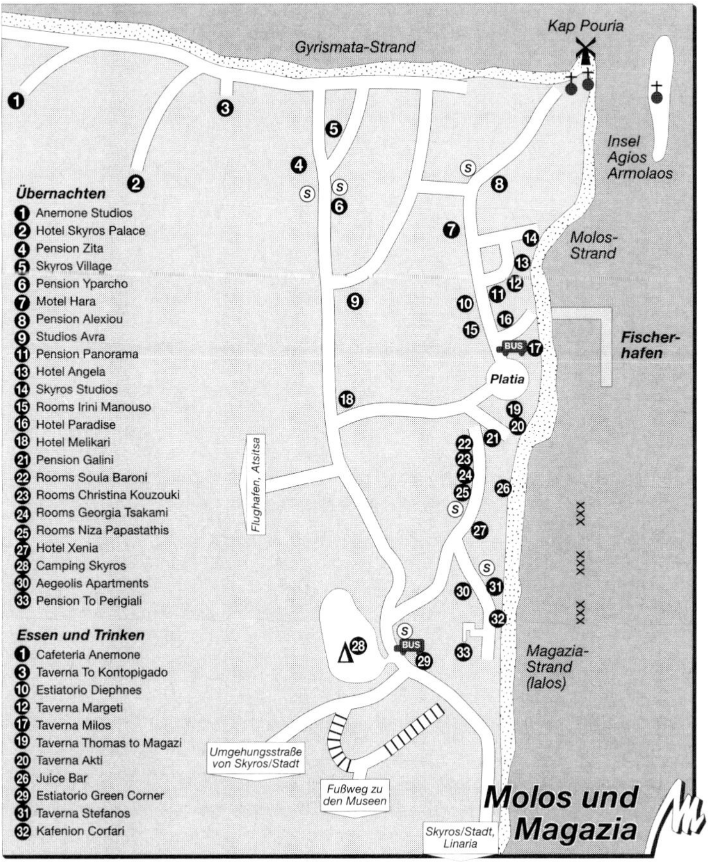

Georgia vermietet außerdem sechs weitere saubere 2- und 3-Bett-Zimmer in der Nachbarschaft: ebenfalls geschmackvoll und hell eingerichtet, Balkon mit Meeres- oder Gartenblick, Bäder okay, Kühlschrank auf dem Flur. Der ganze Komplex liegt direkt am Strand. Frau Maranthi, eine Verwandte, die in Deutschland lebt, hilft bei Sprachproblemen. Preise je nach Saison ca. 40-56 DM fürs DZ und 61-77 DM fürs Apartment. Tel. 91357.

Rooms Soula Baroni (22), insgesamt 15 geräumige Zimmer und Studios. Alles sehr sauber und nagelneu. Überwiegend in der inseltypischen Bauweise. Alle Zimmer mit Kühlschrank ausgestattet, Bäder weiß gekachelt. Im selben Haus werden auch zwei sehr große Studios mit Küche und Bad vermietet. Balkone haben teilweise Meeresblick.

Außerdem bietet Soula im Haus nebenan noch sechs weitere DZ mit Bad. Ebenfalls mit hellen Kiefernholzmöbeln eingerichtet, Küche mit Frühstücksraum im Flurbereich. Auch hier alle Zimmer sehr sauber, aber kein Meeresblick. Ebenfalls direkt am Strand. Frau Maranthi hilft bei Sprachproblemen. Preise je nach Saison ca. 40-56 DM fürs DZ und ca. 63-96 DM fürs Studio. Tel. 91394.

Rooms Christina Kouzouki (23), zwei Zimmer mit zwei oder drei Betten und einem sauberen Bad. Dunkle, rustikale Einrichtung, Kühlschrank auf dem Flur. Vor dem Haus Terrasse mit Schatten. Haus liegt direkt am Strand, ca. 50 m hinter dem *"Hotel Xenía"*. Frau Maranthi hilft auch hier bei Sprachproblemen. Preise je nach Saison ca. 40-56 DM. Tel. 91943.

Rooms Niza Papastathis (25), vier kleine und schlichte, aber saubere Zimmer. Gemeinsames Bad, Kühlschrank und Küche befinden sich hinten im Hausflur. Vor dem Haus eine kleine Terrasse unter Bäumen. Lage: am *"Xenía"* vorbei ca. 20 m auf der anderen Straßenseite. Preise je nach Saison ca. 44-52 DM. Tel. 91322.

• *Camping*: **Camping Skýros**, direkt am Ortsanfang, fünf Minuten vom Strand entfernt. Man gibt sich leger und locker. Äußeres Erscheinungsbild nicht gerade einladend. Die Anlage wurde auf einem ehemaligen Melonenfeld errichtet, deshalb ziemlich unebene Unterlage, harter Sandboden mit Grasstoppeln. Über den ganzen Platz huschen Hühner und Küken. Sanitäre Anlagen befanden sich zum Zeitpunkt der Recherche in ausreichendem Zustand. Auf dem Platz sind die Duschen kalt, nur im Office gibt es warme Duschen. Einige uralte Ölbäume, doch die meisten anderen Bäume sind viel zu klein, um in ihrem Schatten sein Zelt aufzubauen. Im Hochsommer wird man sich daher um die wenigen schattigen Plätze streiten müssen. Mattendächer sind noch keine vorhanden. Alles in allem: sauberer Platz, doch etwas lieblos angelegt. Freundlich geführte Rezeption, die auch einen Safe bereithält. Frühstücksbar vorhanden. Kleiner Laden zur Versorgung mit dem Nötigsten. Nebenan liegen eine Kiesverladestation und die Straße, daher nicht sehr ruhig. Preise: zwei Personen, Auto, und Zelt ca. 16 DM, jede weitere Person ca. 7 DM. Tel. 92458.

Essen/Trinken

Magazía bietet ein paar gute Tavernen. Die Inselspezialität Lobster mit Spaghetti gibt es fast überall. Die meisten Tavernen liegen direkt am Strand, eine auch an der Straße.

Tavérna Thomas to Magazí (19), direkt an der Platía, die Magazía von Mólos trennt. Man sitzt am Sandstrand mit Meeresblick unter runden Schilfschirmen. Spezialität des Hauses sind die inselüblichen Langusten mit Spaghetti. Thomas' Taverne ist stets gut besucht. Den ganzen Tag wird griechische Musik gespielt. Ortsübliches Preisniveau.

Tavérna Akti (20), ebenfalls direkt am Strand, aber etwas weiter südlich als *"Thomas"*. Man sitzt angenehm schattig auf einer betonierten Terrasse unter einem Schilfmattendach. Superblick aufs Meer. Die Küche bietet internationale Gerichte, täglich wechselnd. Moderne Musik. Normale Preise.

Taverna Stefanos (31), man sitzt angenehm auf einer Hochterrasse mit weinüberranktem Schilfmattendach. Superblick auf Strand und Meer. Spezialität des Hauses ist Fisch aller Art, insbesondere Lobster mit Spaghetti, von der Mutter des Wirtes gekocht. Viele Gerichte vom Holzkohlengrill. Gemütliche Atmosphäre bei griechischer Musik, eines der schönsten Plätzchen am Strand von Magazía. Ortsübliche Preise.

Estiatório Green Corner (29), schräg gegenüber vom Zeltplatz. Man geht einige Stufen die Treppe hinunter, sitzt aber direkt an der Straße. Gemütliche Holztische unter schattigen Bäumen. Griechische Küche mit einfachen Gerichten: Moussaká, Bohnen, Bifteki, gefüllte Tomaten, auch Fisch usw. Tagsüber fast nicht besucht, aber abends rappelvoll. Preise im Rahmen.

Kafeníon Corfari (32), am Strand von Magazía, ganz in der Nähe von Stefanos Taverne. Das freundliche, junge Besitzerpaar öffnet ab 11 Uhr morgens, macht auch Frühstück. Tagsüber gibt es diverse Kleinigkeiten wie leckere Omeletts, Salate, Käse und kalte Gerichte. Innenraum in typisch skyrotischer Einrichtung mit Tellern und Vasen an den Wänden. Gespielt wird moderne griechische Musik, Jazz, Blues, im Hochsommer manchmal Live-Musik bis 23 Uhr. Beliebter Treffpunkt für Spiele, Távli usw. Sehr sauber und angenehme Atmosphäre. Als einziges Café in Magazía ganzjährig geöffnet.

Juice-Bar (26), direkt am Hauptstrand von Magazía, hinter dem Volleyballfeld. Weiße Plastiktische und -stühle unter Schilfmattendach. Treffpunkt der griechischen Jugend. Große Auswahl an Drinks und Kleinigkeiten zu Essen. Schöner Blick auf den herrlichen Sandstrand.

Blick vom Kástro auf Mólos und Magazía

Mólos

Mittlerweile das Touristenzentrum der Insel, Jahr für Jahr kommen mehr Urlauber in den Ort. Früher war Mólos ein beschaulicher, kleiner Fischerhafen. Hervorragender Sandstrand.

Kein Wunder, daß in Mólos schon während der achtziger Jahre der große Bauboom ausgebrochen ist. Seit ein paar Jahren ist es nun wieder etwas ruhiger geworden, die Wirtschaftskrise macht sich auch in Griechenland bemerkbar. Entlang der Küstenstraße ist das Angebot an Hotels, Pensionen und Privatzimmern kaum noch überschaubar. Natürlich ist im Sommerrummel nur noch wenig vom typisch griechischen Ambiente vorhanden, doch Mólos scheint der richtige Ort für sonnenhungrige Touristen zu sein. Man fühlt sich wohl und zeigt dies auch.

Der genauso schöne wie breite Sandstrand schließt sich unmittelbar an Magazía an. Die Grenze zwischen den beiden Siedlungen markiert der kleine asphaltierte Platz am Strand. Hier liegen gleich zwei Tavernen und ein Kiosk. In die Mitte der Platía hat man 1991 neben dem Kinderspielplatz eine Gedenktafel aufgestellt.

Leider ist der Strand von Mólos völlig schattenlos, nur im Hochsommer werden Schirme verliehen. Oft weht ein kräftiger Wind, daher bietet sich Mólos als günstiger Ort zum Surfen an. In der Saison werden am Strand einige Bretter vermietet.

Verbindungen/Adressen

• *Verbindungen*: Die Verbindungen von dem fast 4 km entfernten Skýros/Stadt nach Mólos sind schlecht. Während der Nebensaison fährt nur ein Bus täglich außer sonntags, im Hochsommer werden auch nur zwei Fahrten täglich unternommen. Zudem existiert einmal täglich (außer sonntags) eine Verbindung zwischen Mólos und dem Hafen Linariá. Busstopp ist der große Platz direkt am Strand zwischen Magazía und Mólos sowie an der Straßenecke vor der *"Pension Alexiou"*.

- *Einkaufen*: Zwei kleine Supermärkte liegen sich direkt gegenüber an der Straße von Magazía nach Gyrísmata. Sie sind der *"Pension Yparcho"* und dem *"Estiatório Diephnes"* angeschlossen. Das Angebot ist nicht übermäßig, reicht aber zur Grundversorgung allemal aus.
- *Sportmöglichkeiten*: Heiner aus Niedersachsen vermietet am Hauptstrand von Mólos acht Surfbretter für Anfänger und Fortgeschrittene. Sie kosten pro Stunde ca. 16 DM. Außerdem erteilt Heiner Surfunterricht. Eine Stunde kostet ca. 30 DM, 5 Stunden ca. 100 DM, wobei der Schüler selbst entscheiden kann, bei welchen Windverhältnissen er den Unterricht nimmt. Kontakt entweder direkt am Strand oder von 9-11 Uhr und von 19-20 Uhr bei *"Trachanas-Motorbike"* in der Chóra. Dort verleiht Heiner zu den angegeben Zeiten Fahrräder *(siehe im Kapitel Skýros/Stadt)*. Tel. 92022. Fax 92023.
- *Tankstelle*: etwa 500 m hinter Mólos an der Straße zum Flughafen und nach Atsitsa. Es gibt Super (bleifrei), Normal und Diesel, ganztätig geöffnet.

Übernachten

Dank des hervorragenden Strandes wurde in den letzten Jahren viel gebaut, so daß es mittlerweile ein stattliches Angebot gibt. Sowohl Hotels als auch Privatzimmer und Studios sind nun reichlich vorhanden. Fast alle verfügen über eine gute Ausstattung und sind damit leider nicht gerade billig. Unter 35 DM wird man selbst in der Nebensaison kein Zimmer mehr bekommen. Im Hochsommer bleibt in Mólos oft kein Zimmer mehr frei, die Preise steigen dann kräftig.

Hotel Angela (13), C-Kat., doppelstöckige Bungalowanlage unweit des Strandes, von einer freundlichen einheimischen Familie geführt. Skyrotisch eingerichtete Eingangshalle mit TV, angenehme Atmosphäre im Haus, hübscher Garten aber kein Meeresblick. Zentralheizung vorhanden, weil ganzjährig geöffnet. Geräumige Zimmer mit rustikaler Einrichtung, Bad, Balkon und Telefon. Drittes Bett pro Zimmer möglich. Hübsch gestalteter Frühstücksraum. Preise je nach Saison ca. 77-102 DM fürs DZ inkl. Frühstück. Tel. 91764/91490, Fax 92030.

Hotel Paradise (16), C-Kat., an der Straße kurz hinter dem Dorfbeginn auf der rechten Seite. Große, kühl wirkende Eingangshalle mit moderner Einrichtung und TV. Vermietet werden 19 komfortabel eingerichtete Zimmer mit Bad, Balkon Heizung und Telefon. Dem Haus angeschlossen ist ein kleines Restaurant. Preise je nach Saison ca. 77-110 DM. Tel. 91220/91560/ 91443.

Hotel Melikari (18), C-Kat., an der Straße von Magazía nach Mólos. Zimmer in rustikaler Einrichtung, sauber und geräumig, Bäder okay. Die große Anlage verfügt über einen Swimmingpool und einen Tennisplatz. 1997 wurde das gesamte Hotel von einem holländischen Reiseveranstalter ausgebucht. Daher waren keine Zimmer frei zu mieten. Mit hoher Wahrscheinlichkeit, so der Besitzer, soll dies auch in den folgenden Jahren der Fall sein. Fragen Sie an der Rezeption. Offizielle Preise der EOT liegen bei ca. 77-102 DM fürs DZ je nach Saison. Tel. 91421, Fax 92421.

Motel Hara (7), insgesamt 18 DZ, nicht sehr groß, aber gut ausgestattet mit Kühlschrank, Ventilator, Heizung und Telefon. Eingerichtet mit hellem Holz, teilweise auch französische Betten. Kleine Bäder und Balkone. Außerdem werden vier Studios im typischen Inselstil vermietet: hohe Zimmer mit zwei Betten unten und einer Holztreppe, die zu zwei weiteren Betten auf der Empore führt. Auch diese Apartments sind mit Küche, Telefon, Ventilator und Heizung ausgestattet. Bäder recht klein, aber sauber. Die reichlich begrünte Anlage liegt an der Straße nach Gyrísmata. Ganzjährig geöffnet. Preise je nach Saison ca. 44-83 DM fürs DZ und 63-120 DM fürs Studio. Tel. 91601/92494/92800, Fax 91763.

Pension Galini (21), B-Kat., insgesamt 16 DZ in einer Seitenstraße 100 m hinter dem Strand von Magazía. Gut zu erkennen an den braunen Türen und Fensterläden. Die Zimmer im Obergeschoß verfügen teilweise über einen Balkon mit Meeresblick, unten befindet sich eine Veranda an der Straße. Zimmer und Bäder sind nicht sehr groß und auch nicht mehr brandneu, dafür mit

Kühlschrank und Heizung ausgestattet. Preise in der Hauptsaison ca. 65 DM je DZ. Tel. 91379.

Studios Avra (9), A-Kat., größere Anlage mit 2-/3-/4-Bett-Zimmern und Apartments, geführt von Maria Zorba. Räume insgesamt relativ klein, dafür große Wohnküchen. Mit dunklem Holz eingerichtet, Wände kahl, Bäder okay. Alles sauber aber schlicht. Auch die Zimmer ohne Küche sind nicht sehr geräumig. Innenhof der Anlage gepflegt, aber nicht gerade ansprechend. Geöffnet von Mai bis Oktober. Preise je nach Saison ca. 63-95 DM. Tel. 91659/91548, Fax 91548.

Skýros Village (5), A-Kat., zehn Apartments im traditionellen Inselstil. Geschmackvolle Einrichtung mit den üblichen Wandbehängen, skyrotische Betten. Alles sehr sauber und geräumig. Bäder und Küche neu und modern. Die gesamte Anlage liegt in einem hübschen Garten mit Marmortischen und Sitzbänken im Schatten. Holzkohlengrill für die Gäste vorhanden. Ruhig gelegen an der Straße zum *"Skýros Palace Hotel"*. Preise je nach Saison ca. 50-75 DM. Tel. 91904.

Skýros Studios (14), B-Kat., vermietet werden drei Studios direkt am Sandstrand von Mólos. Toplage für Familie mit Kindern. Phantastischer Meeresblick von den Terrassen. Gute Einrichtung. Weißes Haus mit braunen Fensterläden an einer Stichstraße zum Strand. Nur in der Hauptsaison geöffnet. Preise dann ca. 70-75 DM. Tel. 91376.

Pension Yparcho (6), B-Kat., neun hübsche Zimmer, reihenhausartig hintereinander angeordnet, davor ein langer, weinüberrankter Gang mit Tischen und Stühlen. Alle Zimmer mit hellen Möbeln, Küche und Bad, teilweise im traditionellen Inselstil eingerichtet mit den bunten Tellern über den Kaminen. Die gesamte Anlage wurde 1997 von der griechischen Marine für Soldaten angemietet und soll ab 1998 wieder für Touristen zur Verfügung stehen. Lage: direkt an der Straße zum Gyrísmata-Strand. Supermarkt angeschlossen. Voraussichtliche Preise je nach Saison ca. 50-63 DM. Tel. 91149.

Pension Alexiou (8), A-Kat., ziemlich weit hinten, Richtung Kap Poúria. Vermietet werden sechs Zimmer mit zwei bis drei Betten, relativ geräumig und mit hellem Kiefernholz eingerichtet. Gebäude schon etwas älter, aber alles tipptopp sauber. Leider sind die Bäder sehr klein geraten. Die 3-Bett-Zimmer haben einen eigenen Kühlschrank, die DZ einen Gemeinschaftskühlschrank auf dem Flur. Ganz oben befindet sich ein 4-Bett-Apartment mit Küche und einem riesigen Balkon mit Meerblick. Sehr ruhige Lage, bunter Garten mit Schatten angeschlossen. Preise je nach Saison ca. 44-63 DM fürs DZ, 7 DM extra für ein 3-Bett und ca. 50-77 DM fürs Apartment. Tel. 91305.

Pension Zita (4), C-Kat., insgesamt 21 DZ, teilweise mit Küche in einer Anlage links der Straße zum *"Skýros Palace Hotel"*. In zweistöckiger Bauweise um einen reichlich begrünten Innenhof angeordnet, doch alles ziemlich eng. Die Zimmer sind alle mit einem Kühlschrank ausgestattet, nicht gerade groß, schon etwas abgewohnt, aber okay. Auch die Bäder könnten eine Totalrenovierung gut vertragen. Im Hochsommer wird eine Bar betrieben. Ruhige Lage, etwa 150 m von der Straße zurückgesetzt. Preise je nach Saison ca. 32-50 DM ohne und 38-64 DM mit Küche. Tel. 91894/ 92313.

Pension Panorama (11), C-Kat., direkt an der Straße gelegen. 16 einfache Zimmer mit Bad. Von den Balkonen Blick in einen Gemüsegarten. Zu erkennen an den braunen Fensterläden, kurz vor dem *"Motel Hara"* auf der gegenüberliegenden Straßenseite. Preise je nach Saison ca. 35-50 DM.

Rooms Iríni Manouso (15), A-Kat., vermietet werden sechs Zimmer mit zwei bis drei Betten, alle mit eigenem Bad. Einrichtung in hellem Kiefernholz. Große, gemeinsam genutzte Hochterrasse ohne Meeresblick. Am Ende des Flures Gemeinschaftsküche mit Kühlschrank und Gaskocher. Außerdem wird ein großes 4-Bett-Studio mit Küche (mit Mikrowelle) und Bad vermietet. Preise je nach Saison 32-62 DM fürs DZ, 62-130 DM fürs Studio. Tel. 91852.

Essen/Trinken

Entlang des Strandes und der Straße liegen einige Tavernen und Cafés, die zumeist tagsüber gut besucht sind, u. a. auch deshalb, weil sie der einzige Platz sind, an dem man etwas Schatten erhaschen kann. Abends haben vor allem die Fischtavernen Konjunktur. Viele der Touristen essen in den hoteleigenen Restaurants, die oftmals auch fremden Gästen offenstehen

Moderne Kunst am Kap Poúria

Tavérna Milos (17), man sitzt sehr angenehm direkt über dem kleinen Fischerhafen auf der Hochterrasse, die in Kreisform um eine alte Mühle errichtet wurde. Direkt vor der Taverne bunte Fischerbootidylle. Spezialität wie überall: Lobster mit Spaghetti, zu empfehlen auch die Fischsorte Barbouni. Freundliche Wirtsleute, ortsübliche Preise.

Tavérna Margeti (12), nicht direkt am Strand, sondern etwa 150 m zurückgesetzt an der Stichstraße zum "Hotel Angela". Spezialitäten sind Fisch- und Fleischgerichte. Man sitzt unter einem weinüberranktem Vordach. Kein Meeresblick. Zum Zeitpunkt der Recherche nur abends geöffnet.

Estiatório Diephnes (10), direkt an der Straße Richtung Gyrísmata gelegen. Man sitzt auf einer Veranda, die durch die vielen dichten Grünpflanzen etwas dunkel wirkt. Angeboten werden die üblichen Gerichte. Dem Lokal ist ein kleiner Supermarkt und eine Zimmervermietung angeschlossen. Tel. 91188.

Vina: Strandabschnitt nördlich von Mólos. Deutlich ruhiger, aber bei weitem kein so breiter Sandstrand. Gelegentlich durch einige Felsen unterbrochen. In den Felsspalten sammelt sich angeschwemmtes Seegras, daher ist der Vina nicht sehr sauber. Beim Baden auf die Felsen im Wasser achten.

Ákra Poúria: flach auslaufendes Felskap nordöstlich von Mólos. Auf der ins Meer ragenden Landzunge steht eine alte Windmühle, die seit über 20 Jahren nicht mehr in Betrieb ist. Langsam zerfällt das Bauwerk und zeigt sich schon heute stark vom Meer zernagt. Am Kap gibt es einen kleinen Sandstrand, ansonsten ausgewaschener Fels.

Fast an der Spitze des Ákra Poúria hat man den Kopf einer Figur in den hellen Fels gemeißelt. Das umliegende Gestein wurde in geometrischen Formen bearbeitet und erweckt den Anschein, als sei hier eine antike Stadt versunken: Fundamente, Mauern, Treppen – alles vorhanden. Doch das Geheimnis der kantigen Steine ist lapidar. Man hat sich hier Baumaterial für Häuser geholt und die Steinblöcke gleich vor Ort entsprechend bearbeitet.

So sind die Gegenstücke in derselben Form entstanden und verblüffen heute die Besucher des Kaps. Keine 50 m von dieser Stelle entfernt, liegt die kleine, relativ spärlich bewachsene *Insel Agíos Armolaos* mit der gleichnamigen Kapelle auf der Skýros zugewandten Seite.

Kirche Agíos Nikólaos: Eine Besonderheit ist diese kleine, in den Fels hineingeschlagene Höhlenkirche. In den Innenraum mit Sandboden gelangt man über ein paar Stufen. Gleich rechts an der Wand fünf Ikonen, zwei davon zeigen den heiligen Nikolaus. Die Apsis wurde auf der linken Seite in den Fels geschlagen. Hier steht eine weitere Nikólaos-Ikone aus Silber. Das gesamte imposante Gewölbe wurde innen weiß gestrichen.

Kapelle Zoodóchos Pighí: direkt neben der Höhlenkirche am Kap Poúria. In der kleinen Kapelle mit ihrer roten Eingangstür befindet sich eine alte, hölzerne Altarwand. In der Mitte die Namensikone, außerdem viele Heiligenbildnisse an den Wänden. Reich ausgestattet im typischen Inselstil kleiner Kapellen: Tonnengewölbe, Fußboden im typischen Würfelmuster, immer frische Blumen über den Ikonen an der Altarwand. Beide Kapellen in Meeresnähe laden zum Verweilen im Schatten ein.

Gyrísmata

Nördlichster Abschnitt der stadtnahen Strände. Viele Felsen und Sand, oft starker Nordwind.

Je weiter man den Strand in Richtung Norden läuft, desto ruhiger wird es. Der Abschnitt Gyrísmata liegt schon über 6 km von Skýros/Stadt entfernt. Er begrenzt die flache Ebene, danach folgt unzugängliche Steilküste. Wenn man den Gyrísmata-Strand "Skýros Palace Beach" nennen würde, hätte man eine zutreffende Beschreibung der Situation, denn die meisten Gäste kommen aus dem nahegelegenen Hotel. Ansonsten sind hier einige private Neubauten entstanden, Zimmervermietung eher spärlich, das Gebiet liegt zu weit ab.

Das Wasser ist nicht an allen Stellen sauber. Richtung Kap Poúria werden oft viel Unrat und auch Teerklumpen aus dem Meer angespült. Der dortige Strand war zum Zeitpunkt der Recherche ziemlich verschmutzt. Direkt am Hotel wird der Gyrísmata jedoch gereinigt. Auch hier wächst allerdings kein Baum oder Strauch, Sonnenschirme gibts nur für Hotelgäste. Toll ist hingegen die fast immer starke Brandung.

Übernachten (s. Karte auf S. 359)

Das Angebot ist ziemlich mager, dafür steht hier das teuerste Hotel der Insel in einsamer Lage. Zum Zeitpunkt der Recherche existierten in der Umgebung einige Neubauten, die sicherlich in den kommenden Jahren eröffnet werden.

Hotel Skýros Palace (2), A-Kat., großflächige Bungalowanlage ca. 150 m hinter dem Strand. Insgesamt sechs zweistöckige Bauten eher im kykladischen Stil. Kühle Eingangshalle, sehr freundliches Personal an der Rezeption. Geräumige Zimmer mit hellen Kiefernholzmöbeln eingerichtet. In allen Wohneinheiten Telefon, Radio und teilweise auch Klimaanlage. Bäder modern und alles sehr sauber. Breite Balkone, fast alle mit Meeresblick. Im Hotel ein Mini-Markt, mehrere kleine Salons und ein Restaurant mit Plätzen am Meerwasser-Swimming-Pool sowie im Innenraum. Deutsches Satelliten-TV und Tennisplatz vorhanden. Hoteleigener Busservice. Preise je nach Saison inkl. Frühstück ca. 83-122 DM fürs DZ, bzw. 96-168 DM für ein 4-Bett-Bungalow. Tel. 91994/92227/91310, Fax 92070.

Anemone-Studios (1), A-Kat., hübsche, geräumige Studios mit heller Einrichtung und noch ziemlich neu. Bäder klein, aber sehr sauber mit modernen Waschbecken in Muschelform. Küche mit Mikrowellengerät ausgestattet. Von den kleinen Balkonen schöner Blick aufs Meer. Angenehme Atmosphäre. Eigene Duschen am Strand. Liegt noch hinter dem *"Skýros Palace Hotel"*. Geöffnet von Mai bis Oktober. Preise je nach Saison ca. 50-77 DM. Tel./Fax 91794.

Essen/Trinken (s. Karte auf S. 359)

Kein großes Angebot, denn die Hotelgäste essen im hauseigenen Restaurant, und für die wenigen Privatzimmer an diesem Strandabschnitt lohnen keine weiteren Tavernen.

To Kontopigado (3), große Fischtaverne, wenige Meter hinter dem Strand an einem Stichweg der Straße zum *"Skýros Palace Hotel"*. Man sitzt schattig unter einem Markisendach, kein Meeresblick. Das ganze Ambiente wirkt etwas wie eine Großraumtaverne für Gäste, die das Hotelessen satt haben. Daher auch hotelübliches Preisniveau, aber gutes Essen.

Cafeteria Anemone (1), im selben Haus wie die "Anemone-Studios". Eher ein kleines improvisiertes Café. Tische im angenehm klimatisierten Innenraum. Es gibt Kleinigkeiten zu Essen: Sandwiches, Tsatzíki, Salate und auch Eis. Vor dem *"Skýros Palace"* rechts ab und dann noch etwa 150 m. Während der Nebensaison die einzige tagsüber geöffnete "Versorgungsmöglichkeit" am Gyrísmata-Strand.

Hinterland von Skýros/Stadt

Unterhalb von Skýros/Stadt mündet der wasserreiche und größte Fluß der Insel, der Kephisós, ins Meer. In seinem Tal liegt westlich der Stadt das Kloster Agíos Dimítrios.

Zwischen dem Kephisós-Lauf und dem Talzug von Linariá verlaufen die bis zu 390 m hohen Valamika-Berge. Im Gebiet östlich des Gipfels *Dekatría* liegt die Müllkippe der Insel. Der starke Wind hier oben hat allerlei stinkende Abfälle auf die umliegenden Hügel verstreut. Bei Wanderungen sollte man dieses Areal meiden, der Anblick ruft blankes Entsetzen hervor.

▸ **Kloster Agíos Dimítrios:** zerstörtes Kloster an der Straße nach Atsitsa. Eine Inschrift auf der halb zerstörten Umfassungsmauer des Klosters gibt den Tag der Fertigstellung mit dem 10. Oktober 1611 an. Im Eingangsbereich des Klosters steht noch heute eine römische Statue ohne Kopf.

12-Kapellen-Wanderung von Skýros/Stadt nach Gyrísmata

Anstrengende Langwanderung im Hinterland von Skýros/Stadt. Vorbei an einem Dutzend hübscher Kirchen und Kapellen durch die Berglandschaft. Einsame Ziegenbauernhöfe. Zwischendurch immer wieder phantastische Blicke auf den Kástrohügel und hinunter auf den Strand bei Mólos.

Wegstrecke: von Skýros/Stadt westwärts auf die Ausläufer des Olymbos-Gebirges, dann mit Überquerung der Straße Mólos-Atsitsa in die Tiefebene bei Gyrísmata. Wegstrecke im Ganzen ungefähr 10,5 km.
Dauer: ca. 3,5-5 Stunden, bei Besichtigung der Kirchen und Kapellen entsprechend länger.
Schwierigkeit und Ausrüstung: Die Wanderung ist durchaus anstrengend und erfordert gute Kondition. Von Skýros/Stadt aus muß man zunächst auf ungefähr 250 Höhenmeter hinaufwandern, d. h. der Weg verläuft an einigen Stellen ziemlich steil. Dann geht es abwärts bis zur Straßenüberquerung und nochmals bergauf über einen Kamm. Feste Bergwanderschuhe sind empfehlenswert. Pro Person sollte man mit 2 Litern Wasser und ausreichend Proviant rechnen. Allerdings gibt es die Möglichkeit, bei den vielen Ziegenbauernhöfen um Wasser zu bitten.

Der Rundweg beginnt ungefähr 50 m nach der Wasserzapfstelle auf der westlichen Ortsumgehungsstraße Richtung Magazía. Hier nach links die vielbefahrene Straße verlassen. Ein Schotterweg führt abwärts, macht eine Linkskurve und führt nach ca. 200 m über eine Brücke. Der Fluß ist hier ziemlich verdreckt. Etwa 100 m nach der Brücke steht die Kapelle *Gennisis toú Christós* links am Weg hinter einem Lebensbaum.

Kapelle Gennisis toú Christós: kleine Einraumkapelle mit hellgrüner Außentür. Alte holzgeschnitzte Altarwand mit etwa zehn Ikonen. Namensikone links des Durchganges, in der Apsis weitere Christós-Darstellungen. Über dem Durchgang Holz mit vielen Ornamenten geschnitzt, Dach mit unverputzten Bruchsteinen.

Der Weg führt an der Einmündung bei der Kapelle nach links steil den Hang hinauf, direkt neben dem Gotteshaus entlang. Rechts ein paar Häuser, links ein Zaun, dahinter Olivenbäume. An der nächsten Rechtskurve steht die Kapelle *Agía Kyriaki*. Ihr Eingang befindet sich auf der Rückseite, bei den Ölbäumen.

Kapelle Agía Kyriaki: frisch geweißeltes Tonnengewölbe, hölzerne Altarwand dunkelrot bemalt und nur mit wenigen Verzierungen. In der Apsis die älteste Ikone der Kapelle, auf der Altarwand weitere Heiligendarstellungen. Zahlreiche Kyriaki-Bilder an den Wänden und weitere Ikonen.

Von der Kapelle aus wunderschöner Blick auf den Berg Olymbos. Der breite Weg führt weiter steil aufwärts, nach ca. 100 m steht links ein Haus. Danach knickt der Wanderweg scharf links ab, bleibt aber weiterhin breit und gut erkennbar. Auf der rechten Seite folgt sogleich ein kleiner Bauernhof,

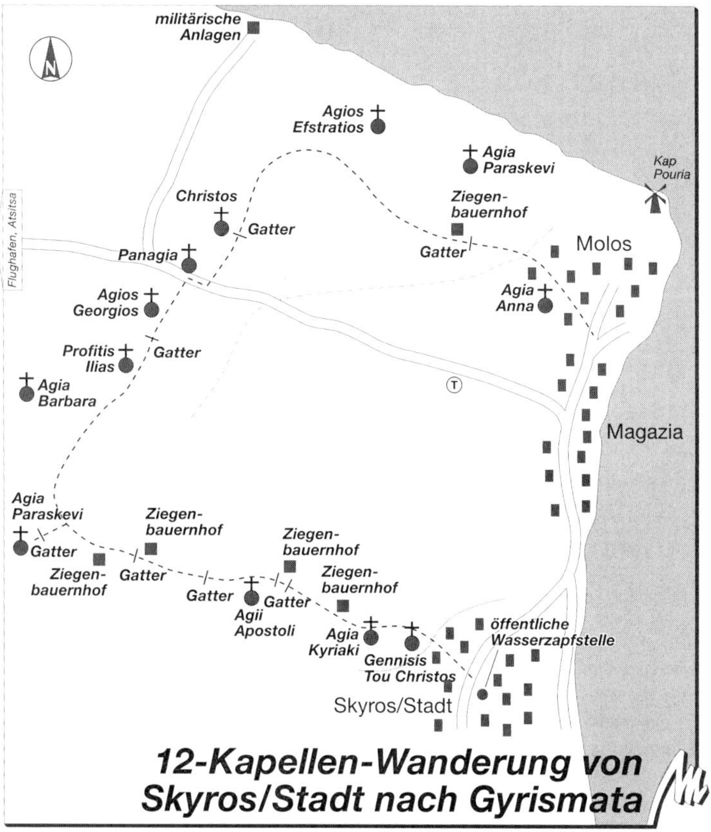

dann geht es weiter aufwärts durch einen Hohlweg. Hinter dem Hohlweg liegt rechts ein Ziegenbauernhof, doch der weitere Weg zweigt hier nach links ab und steigt weiter an. Im Blick nach hinten sieht man Skýros/ Stadt immer kleiner werden.

Rechts des Pfades verläuft hier ziemlich lange ein Metallzaun, bevor nach weiteren ca. 400 m erneut eine Wegteilung folgt: auch hier links den aufsteigenden Pfad nehmen. Gut 200 m weiter bergauf nähert man sich wieder einem Ziegenbauernhof. Es folgen nun zwei Ziegengatter direkt vor dem Bauernhof. Links dazwischen steht die Kapelle *Agíos Apóstolis.*

Kapelle Agíos Apóstolis: mit einer inseltypischen Holzdecke und zahlreichen Ikonen an den Wänden und auf der hölzernen Altarwand. Links des Durchganges die Namensikone der Apostel in die Altarwand eingearbeitet, Christós-Darstellung in der Apsis. Davor kleine Kerzenständer auf alten Marmorsockeln. Innenraum frisch geweißelt.

Hinter dem zweiten Gatter bleibt der Weg gut erkennbar und führt kurvenreich weiter stetig bergauf. Etwa 500 m entfernt erneut ein Ziegengatter zwischen den Felsen. Hinter dem Gatter zunächst abwärts, dann wieder aufwärts auf einen Kamm. Von dieser Stelle hat man zum (vorläufig) letzten Mal einen schönen Blick hinunter auf Skýros/Stadt und die Strandsiedlungen Magazía und Mólos.

Nach einem Stück des Weges trifft man nach einer scharfen Rechtskurve und einer kurzen Steigung auf den nächsten Ziegenbauernhof. Der Weg führt hinter dem Gehöft nach links weiter, erneut ein Gatter. Nun ist der höchste Punkt dieser Wanderung mit 240 Höhenmeter erreicht, und es eröffnet sich ein phantastischer Blick auf die Bergwelt des Olymbos. Die Hänge sind hier nicht so dicht bewachsen, überwiegend nur halbhohe Macchia. Bald kommt auch die Kirche Agía Paraskeví mit ihrem kykladenblauen Dach ins Sichtfeld.

Der Weg führt nun von höchsten Punkt fast parallel zum Hang und passiert nach gut 350 m den nächsten Bauernhof. Etwa 500 m hinter den Ziegenställen folgt die Abzweigung zu der Kirche *Agía Paraskeví*. Sie liegt majestätisch auf einem 220 m hohen Plateau, ein kurzer Stichweg führt hinüber (kleine Steigung und Drahtzaungatter). Schöner Rundumblick auf weitere Kapellen weiter östlich.

Kirche Agía Paraskeví: leider stets verschlossen, weil sie wie alle Paraskeví-Kirchen mit wertvollen Ikonen ausgestattet ist. Das gesamte Gelände um die Kirche ist eingezäunt. Neben dem Gotteshaus ein kleiner Platz für die Weihfeste, die jährlich am 26. Juli zu Ehren der Paraskeví gefeiert werden. Sehr auffallend die dunkelblau glänzende Dachwölbung.

Von der Paraskeví über den Stichweg wieder zurück auf den Hauptpfad und links hangabwärts wandern. Nach genau 1,5 km trifft der Weg auf die Kapelle *Profítis Ilías*, rechts des Pfades.

Kapelle Profítis Ilías: kleine, tonnengewölbte Einraumkapelle mit zahlreichen Ikonen auf der gemauerten Altarwand.
Rechts und links vom Eingang Darstellungen des Propheten Elías auf einem Wagen mit zwei und vier Schimmeln. Außerdem einige Christós-Bildnisse und größere Ikonen in der Apsis.

Rechts und links des Weges sind die Hügel hier mit halbhoher Macchia bewachsen, nur selten ein Baum. Die höheren Regionen zeigen sich völlig kahl, und oft bläst starker Wind. Der breite Schotterweg führt bergab, unten am Hang sieht man schon weitere Gotteshäuser. Ungefähr 300 m links des Weges liegt die Kapelle *Agía Barbára* auf einem Hügel. Im Norden blickt man nun auf den kugelrunden Bau der militärischen Radarstation.

Der Wirtschaftsweg führt weiter bergab, rechts begleitet von einem Flußbett, in dem üppig blühende rosafarbige Oleander ihren Duft verströmen. Ungefähr 200 m nach der Kapelle Profítis Ilías folgt ein (meist offenes) hölzernes Ziegengatter. Nun sieht man schon die Asphaltstraße *Mólos-Atsitsa*. Zuvor liegt links des Weges die Kapelle *Agíos Geórgios*.

Kapelle Agíos Geórgios: schlichte Einraumkapelle. In der Mitte der betonierten Altarwand die Namensikone des heiligen Georg bei seiner Lieblingsbeschäftigung, dem Drachentöten. Rechts und links weitere Heiligenbilder und ein paar Weihrauchgefäße. An den frisch geweißelten Wänden weitere Ikonen.

Nach der Kapelle geht es 100 m steil hinab, bevor man auf die Asphaltstraße trifft. Direkt auf der gegenüberliegenden Seite befindet sich die Kirche *Panagía*.

Kirche Panagía: größere Einraumkirche aus Naturstein. Gemauerte Altarwand mit zahlreichen Darstellungen der Muttergottes mit Kind. Links des Durchganges zwei Panagía-Ikonen, eine aus Silber. An der im unteren Teil blau bemalten Altarwand außerdem ein Pantokrator- und ein Johannes Prodromos-Bildnis.

Der weitere Wanderweg führt zunächst ungefähr 250 m auf der Straße Richtung Mólos (d. h. rechts hinunter), dann am Ende des Metallzaunes auf der linken Straßenseite und am Beginn der grauen Felswand steil hinauf. Die schlechte Schotterpiste nimmt mehrere kurze Steigungen. Links liegen ein Kornfeld und ein schöner Olivenbaumhain. Hier befindet sich etwa 750 m nach der Straße die Kapelle *Christós* inmitten üppiger Ölbäume. Durch ein Gatter im Metallzaun gelangt man zum Eingang des Gotteshauses.

Kapelle Christós: kleine, schlichte Kapelle. Gemauerte und verputzte Altarwand mit nur drei Ikonen, allesamt Christus-Darstellungen. In der Apsis eine weitere uralte Christus-Ikone. Die Wände werden von Marienbildnissen und einer Johannes-Ikone geziert.

Hinter der Christós-Kapelle steigt der Schotterweg weiter an und nähert sich der militärischen Radarstation oben auf dem Hügel. Fotografierverbot beachten! Auf dem gegenüberliegenden Hang Richtung Norden ist die Kapelle *Agíos Efstrátios* gut zu erkennen (auf halber Höhe rechts unterhalb der Radarstation). Plötzlich knickt der Weg nach rechts ab, und in der Ferne blickt man auf die Häuser am Strand von Mólos.

Auf einem Hügel links des Schotterpfades und rechts der Efstrátios-Kapelle liegt eine weitere, der *Agía Paraskeví* geweihte Kirche, auf dem Gipfel des Hügels. Der sehr steinige Weg verläuft steil abwärts, kommt an einem Ziegenbauernhof vorbei und führt zu einem Tal. Das Gatter hinter dem Gehöft ist meistens offen.

Ein im Sommer fast ausgetrockneter kleiner Fluß durchzieht das Tal, hohes Schilfgras, Kräuter und Olivenbäume rechts und links. Ganz unten durchquert man das Flußbett, und der steinige Weg nähert sich nordöstlich langsam Gyrísmata. Dem Wanderer bietet sich ein herrlicher Blick auf die flache Ebene hinter Mólos, ganz vorne das Kap Poúria mit der alten Windmühle. Vorbei an einigen Ziegenpferchen und einem hoch umzäunten Grundstück mit Griechenlandflagge weiter abwärts wandern. Ein paar Meter hinter den ersten Häusern geht der Pfad in eine asphaltierte Straße über, und bald liegt rechts hinter einer Kurve die Kapelle *Agía Anna*.

Kapelle Agía Anna: ungewöhnlich die grüne Eingangstür. Gemauerte Altarwand mit geschnitztem Holzsturz, alles in hellem Grün bemalt. Namensikone der heiligen Anna in Silber direkt rechts des Durchganges. Ansonsten zahlreiche weitere Anna-Darstellungen an den Wänden. In der Apsis eine uralte Ikone hinter Glas und ein Jesus-Bildnis direkt auf die Altarwand gemalt.

Von der Kapelle Agía Anna aus gelangt man über die Asphaltstraße nach ca. 2,5 km auf die Uferstraße in der Nähe des *"Melikari-Hotel"*. Von hier aus dann zu Fuß, per Bus oder Anhalter zurück in die Stadt.

Wanderung von Skýros/Stadt nach Linariá

Schöne Tageswanderung über die Hügel zwischen Skýros/Stadt und der Tiefebene, die beide Inselteile trennt. Landschaftlich sehr abwechslungsreich: dichter Pinienwald, kahle Berghänge und landwirtschaftliche Nutzflächen. Unterwegs zahlreiche Wegvarianten möglich, außerdem phantastischer Blick auf Skýros/Stadt, das Inselinnere und die Buchten rund um Linariá.

Wegstrecke: von Skýros/Stadt südsüdwestlich über die Hügel zwischen der Stadt und der Verbindungsstraße. Überquerung der Straße Skýros/Stadt-Linariá beim Abzweig nach Pévkos, danach wieder über einen Hügel und von Osten auf den Hafenort zu. Wegstrecke insgesamt ca. 11 km.
Dauer: ca. 3,5-5 Stunden.
Schwierigkeit und Ausrüstung: Auch diese Wanderung ist durchaus anstrengend und erfordert gute Kondition. Insbesondere im zweiten Teil (südlich der Asphaltstraße) verläuft der Weg an einigen Stellen ziemlich steil. Feste Bergwanderschuhe sind empfehlenswert. Pro Person sollte man mit 2 Litern Wasser und ausreichend Proviant rechnen. Allerdings gibt es unterwegs keine übermäßig schönen Rastplätze, vielleicht am ehesten an den Aussichtspunkten. Von der Abzweigung nach Pévkos kann man auch die Straße entlang nach Linariá wandern (ca. 2,5 km und keine starken Steigungen).

Von der Platía am unteren Ortseingang von Skýros/Stadt die Straße südlich laufen, an den Schulen vorbei zunächst Richtung *"Christinas Restaurant"*. Dann aber nicht rechts abbiegen, sondern geradeaus die Asphaltstraße weiterlaufen. Die Straße führt steil bergauf, phantastische Rückblicke auf Skýros/Stadt und das Meer. Nach genau 2 km ab Skýros/Stadt endet die Asphaltstrecke am Abzweig nach Atsitsa (ausgeschildert). Der Weg nach Linariá zweigt hier, auf ca. 110 Höhenmetern, nach links ab Richtung OTE-Sender.
Durch zum Teil dichten Wald steigt der Schotterweg weiter an. Unten im Tal auf der rechten Seite liegt eine riesige landwirtschaftliche Nutzfläche, am Waldrand stehen die beiden Kirchen Agíos Dimítrios und Agíos Geórgios. Wunderschöner Rundumblick auf die bewaldeten Berghänge. Ungefähr 250 nach dem Atsitsa-Abzweig folgt erneut eine Wegteilung: Links geht es weiter zum OTE-Sendemast, rechts verläuft leicht abschüssig die Schotterstraße nach Linariá.
Der Weg führt durch dichten Pinienwald. Nach ca. 1 km folgt die nächste Wegteilung (auf ca. 130 Höhenmeter): Der breitere Weg scheint rechts abzubiegen, der Wanderpfad jedoch führt links hangabwärts weiter durch dichten Wald. Bald folgt wieder ein Abzweig, hier den breiteren Pfad nach rechts wählen.
Vorbei an einem alten, ausgeschlachteten VW-Bus wird der Weg deutlich enger und schwieriger begehbar. Nun geht es steil abwärts. 1,5 km später ist das Tal erreicht, in dem die Hauptstraße von Skýros/Stadt nach Linariá verläuft. Der Wanderpfad wird breiter und trifft am Abzweig nach Órmos

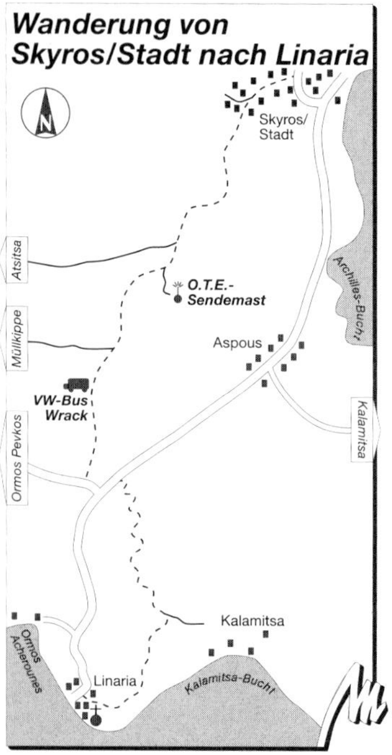

Pévkos auf die Asphaltstrecke. Von hier aus entweder weiter über die Straße nach Linariá oder unseren Wanderweg.

Der verläuft zunächst auf der Asphaltstraße Richtung Skýros/Stadt (also nach links) und biegt nach ca. 80-100 m nach rechts auf eine Schotterpiste ein. Der Weg steigt sogleich kräftig an, führt an ein paar Häusern vorbei und in Serpentinen den Berg hinauf. Vorsicht, an einigen Kehren wird der Pfad zu einer staubigen Sandpiste. Danach folgen im ansteigenden Teil mehrere Wegteilungen, bei denen stets der breitere, gut erkennbare Pfad gewählt werden muß. Auch an dieser Stelle bietet sich eine traumhafte Aussicht auf die hübsche Bucht von Acheroúnes und das flache Land dahinter.

Weitere erhebliche Steigungen folgen, bevor der Weg bei 130 Höhenmetern seinen höchsten Punkt erreicht. Von hier an geht es stetig abwärts bis Linariá. Bald wird der Blick auf die Felsnase mit der Kirche des Hafenortes freigegeben, doch zuvor wendet sich der Weg nach Osten. Die wunderschöne Aussicht auf die Bucht von Kalamítsa und die kykladisch-kahlen Berghänge des Inselsüdens wirken wohltuend auf den Betrachter und zudem postkartenverdächtig. Nach mehreren Kehren teilt sich der Weg auf ungefähr 110 Höhenmetern: Links geht es nach Kalamítsa, rechts am Hang entlang weiter die Schotterpiste nach Linariá.

Nach ein paar Kurven verschwindet der Órmos Kalamítsa aus dem Blickfeld und rechts taucht wieder der Hafen von Linariá auf. Der sandige und geschotterte Wanderpfad verläuft bergab. Auch am nächsten Abzweig rechts gehen und auf die Kirche zusteuern. Es folgen noch weitere Weggabelungen, bei denen man stets die breitere Piste wählt. Nach gut zehn Minuten passiert man die Kirche und erreicht den kleinen Hafenort direkt am Anleger. Am frühen Abend fährt immer ein Bus zurück nach Skýros/Stadt.

Von Skýros/Stadt in den Inselnorden bis zum Flughafen

Ein paar Kilometer hinter der Tankstelle bei Mólos eröffnet sich dem Betrachter von der Straße aus ein phantastischer Blick hinunter in das Tal hinter dem Flughafen. Hier sind die Hänge nur spärlich mit Macchia bewachsen, und der Blick reicht weit in die Ferne. Besonders interessant in diesem Gebiet sind der verlassene Ort *Katounes* und die archäologische Stätte *Palamári*.

In einem kleinen Tal bei Sikano führt rechts eine asphaltierte Straße den Berg hinauf, die dann plötzlich an einem Eisentor endet: militärisches Sperrgebiet! Die Landschaft jedoch ist bilderbuchreif - große Pinien, denen man das Harz mit Metallauffangbehältern abzapft. Am Hang eine Unzahl von Ziegen, oft stehen sie sogar auf der Straße.

Hinweis: Rund um den Flughafen und entlang der Straße hinter Katounes ist das Fotografieren von der Luftwaffe verboten worden. Überall stehen die Schilder: "Verbotenes Gelände. Fotografieren nicht gestattet". Natürlich kann nicht lückenlos überwacht werden, doch sollte man sich besser an das Verbot halten, denn die griechische Armee ist sehr streng.

▸ **Kirche Agía Paraskeví**: links neben der Straße nach Atsitsa auf einem knapp hundert Meter hohen Hügel. Prächtiger Kirchenbau mit separatem Glockenturm, gut von der Straße aus erkennbar. Die Kirche ist zwar stets verschlossen, doch der zehnminütige Aufstieg lohnt allein schon wegen des herrlichen Blicks auf Skýros/Stadt, den Kástrohügel mit seinem Kloster und den Strand von Magazía. In südlicher Richtung die macchiabewachsenen Hänge der Berge Afanés und Olymbos. Ruhiges Plätzchen, leider kein Schatten, tagsüber der Sonne gnadenlos ausgesetzt. Am 26. Juli findet hier alljährlich ein großes Kirchenfest statt.

▸ **Katounes**: Dieses Nest existiert nur noch auf der Landkarte – gut zwanzig alte, halbverfallene Häuser auf den Hügeln verstreut und ein schöner Blick auf das Tal. Die Pinien werden nun immer zahlreicher und stehen auch dichter. Warum der hübsch gelegene Ort verlassen wurde, war leider nicht in Erfahrung zu bringen.

▸ **Kapelle Agíos Geórgios**: Traumlage auf einem Felszahn neben der Straße bei Katounes. Innen schlicht, mit Bruchstein gemauert und verputzt. Dunkelbraune Altarwand mit sechs Ikonen, drei davon zeigen den Drachentöter. In der Apsis weitere Georgsdarstellungen. Der herrliche Blick auf die bewachsenen Hügel im Inselinneren lädt zu einer Rast an der Kirche ein.

▸ **Olymbos**: höchste Erhebung in diesem Teil der Insel. Die Hänge des 367 m hohen Berges sind dicht bewaldet. Es führen zwar keine markierten Pfade auf den Gipfel, doch das Klettergebiet gilt als leicht.

▸ **Palamári**: archäologische Ausgrabungsstätte unweit des Flughafens. Das kleine Areal von etwa 20 x 30 m Größe ist eingezäunt und sogar mit Stacheldraht versehen. Die Ausgrabungen laufen noch, aber die Archäologen sind nur vormittags bis gegen 14 Uhr in Palamári. An der kleinen Schutzhütte wurde eine Erklärungstafel (englischer Text) angebracht. Auch nachmittags ist die Besichtigung möglich, da das kleine Gebiet gut von außen einsehbar ist. Allerdings gibt es nichts Imposantes zu sehen. Ein paar Mauern, Fundamente, zum Teil vom Sand schon wieder zugeweht. Nur mit sehr viel Phantasie kann man sich Häuser und Gassen vorstellen.
Palamári ist nach den vorliegenden Erkenntnissen eine prähistorische Siedlung aus der frühen und mittleren ägäischen Bronzezeit vom späten 3. bis ins frühe 2. Jt. v. Chr. Damals existierten zwischen Palamári und den Zentren der griechischen Zivilisation enge Beziehungen. Die Ausgrabungen werden von der Griechischen Archäologischen Gesellschaft und der Inselverwaltung von Skýros seit 1981 durchgeführt. Einige der Fundstücke sind im Archäologischen Museum in Skýros/Stadt zu sehen.

- *Besichtigung*: jederzeit von außen möglich. Wer in das Gelände will, muß vormittags kommen und die Archäologen um eine kleine Führung bitten.
- *Wegbeschreibung*: In einer scharfen Kurve der Straße Mólos-Atsitsa, kurz bevor man die Ebene mit dem Flughafen erreicht, steht ein kleines weißes Schild mit der selbstgemalten Aufschrift "Palamári". Der Schotterweg zweigt nach rechts von der Straße ab und führt zunächst abwärts ins Tal. Nach ca. 50 m folgt eine Rechtskurve. Immer weiter auf der befahrbaren Schotterpiste und bei Abzweigungen stets dem breiteren Weg folgen. Bald erreicht man den Weiler Trahi mit der neuen *Kirche Agíos Geórgios* direkt an der Straße (s. o.). Nach der Kirche weiter geradeaus auf den Bauernweiler zu. Über eine kleine Betonbrücke stößt man direkt auf ein neues Haus, vor dem der Weg nach rechts abknickt. Hier geht es ein kurzes Stück bergauf, bevor ca. 200 m nach der Brücke erneut ein Abzweig folgt, an dem man rechts abbiegt. Die Piste bleibt befahrbar breit und führt an einigen neuen Häusern links vorbei. Unmittelbar am Ende der Minisiedlung liegt die *Kapelle Metamórphosis toú Christós* (s. o.) rechts der Straße. Am Abzweig ca. 50 m hinter der Kapelle geradeaus fahren, dann gelangt man unmittelbar zum Strand von Palamári. Wer sich an der letzten Wegteilung links hält, kommt zum Ende der Straße ca. 200 m südlich der Ausgrabungsstätte, die an der griechischen Fahne leicht zu erkennen und problemlos durch den Sand zu erreichen ist.

▸ **Órmos Palamári**: Unterhalb der Ausgrabungsstätte liegt ein schöner, etwa 150 m langer Sandstrand. Leider nicht sehr sauber, oft werden Teerklumpen angespült. Ansonsten zeigt sich der Strand absolut baum- und schattenlos, das Westende sehr felsig. Im flachen Wasser liegen zahlreiche Felsen und in der Mitte der Bucht eine kleine vorgelagerte Insel. Herrlicher Blick über die Nordküste und das ebene Hinterland des Órmos Palamári.
Anfahrt: wie zur Ausgrabungsstätte, keine Einrichtungen:

▸ **Kirche Agíos Geórgios**: Einraumkirche an der Straße zu dem Weiler Trahi. Gemauerte und verputzte Altarwand mit drei großen Ikonen, ganz rechts die Namensikone des Drachentöters. Außerdem Heiligenbilder an den Wänden mit Darstellungen des Agíos Fanuarios und Agíos Dimítrios sowie in der Apsis zahlreiche kleine Ikonen. Immer frische Blumen an der Altarwand, denn der heilige Georg ist der Schutzpatron der Bauern.

▶ **Kapelle Metamórphosis toú Christós:** reich mit Ikonen ausgestattete, ausgesprochen hübsche Kapelle am Weg nach Palamári, unweit des Strandes. Die gemauerte und verputzte Altarwand ist stets mit frischen Blumen geschmückt. Ganz links befindet sich die Christós-Ikone. In der Apsis liegen ein kunstvoll besticktes Tuch und weitere Heiligenbilder. Typisch skyrotisches Schilfrohrdach, darüber Beton und eine der inseltypischen Vasen in der Ecke.

Vom Flughafen an der Westküste entlang bis Pévkos

Mehrere hübsche Buchten und die einzige größere Siedlung Atsitsa. Schönes und dicht bewaldetes Wandergelände.

Die Asphaltstraße von Mólos westwärts endet in der Bucht von Atsitsa. Erst 1,5 km hinter dem Flughafen führt sie wieder durch dichten Pinienwald, der sich hier deutlich heller in der Farbe und lichter als auf Skópelos zeigt. Von Atsitsa führen dann Schotterwege quer über die Insel zurück nach Skýros/Stadt sowie über Órmos Foukás nach Pévkos. Letztere, ungefähr 7 km lange Strecke ist nur schlecht zu befahren, aber dennoch für Mofas und Jeeps zu meistern. Landschaftlich hingegen ist sie ein Genuß. Einmal kommt man sogar an einem stillgelegten Marmorbruch vorbei..
Sehenswert sind auf jeden Fall der Strand von *Agíos Pétros* und die Kapelle *Kyrá Panagía* unweit der Straße. Das gesamte Gebiet ist recht einfaches Wandergelände, da die Hügel nicht sehr hoch sind. Außer Atsitsa gibt es in diesem Teil der Insel jedoch keine Ortschaft, daher ausreichend Verpflegung und Wasser mitnehmen. Mit tieffliegenden Kampfflugzeugen und dem entsprechenden Lärm ist rund um den Airport immer zu rechnen.

• *Essen*: **Tavérna To Perama**, an der Straße Mólos-Atsitsa, direkt am Abzweig zur Haupteinfahrt des Flughafens gelegen. Mitten in der flachen Landwirtschaftsebene sitzt man unter einem Vordach mit Straßenblick. Familienbetrieb mit griechischer Küche. Es gibt die üblichen Gerichte zu den inselüblichen Preisen. Beliebt bei den Soldaten und Station für die Ausflügler nach Atsitsa.

▶ **Ákro Kartsinoúdi/Ákro Aloni/Ákro Markési:** der nördlichste Zipfel von Skýros. Von der Straße nach Atsitsa führt eine relativ gute Sandpiste am Flughafenzaun entlang zum *Kap Kartsino* (immer wieder Blick auf Kasernen und Wachtürme). An einem Marmorbruch vorbei fährt man direkt in einen dichten Pinienwald hinein. Diese schattige Strecke ist gerade an heißen Nachmittagen eine Wohltat.
Das Kap selbst ist ein Paradies für Geologen: zunächst überall vom Salzwasser angenagter Sandstein (kleine Krater verschiedener Größe im Stein). Grau, ja einmal sogar grün, sticht das kompakte Gestein vom porösen, löchrigen Sandstein ab. Die einzelnen Ablagerungsschichten sind deutlich zu erkennen. Türkisfarbenes Wasser ermöglicht den Blick auf den bunt bewachsenen Meeresboden (Vorsicht: viele Seeigel!). Etwas weiter südlich eine Bucht mit Sandstrand.

Paradiesische Einsamkeit am Órmos Agíos Pétros

Am Kap Markési wurden Überreste eines Tempels gefunden, der wahrscheinlich dem Meeresgott Poseidon geweiht war. Leider ist nicht weiter geforscht worden, so daß seine Datierung nur recht vage in der klassischen Zeit (ca. 1000 v. Chr.) vermutet wird. Auf der gut 23 x 14 m großen Fläche wurde im Mittelalter eine orthodoxe Kirche gebaut.

▶ **Órmos Agíos Pétros**: vielleicht eine der schönsten Buchten der Insel, kaum eine Menschenseele verirrt sich dorthin. Etwa auf Höhe der Kapelle Agíos Pétros geht der Schotterweg in Sand über, der das gesamte Gebiet hinter der Bucht anfüllt. Nur direkt am Wasser ein kleiner Kiesstreifen. Der flachabfallende Strand ist gut 150 m lang, ein riesiges Areal von goldgelbem Sand. Weit dahinter liegt ein Pinienhain, ideal zum wilden Campen. Am Wasser keinerlei Schatten, Einrichtungen gibt es weit und breit ebenfalls keine. Daher immer ausreichend Verpflegung und Trinkwasser mitnehmen. Rechts und links des Strandes flache, spärlich bewachsene Felsnasen. Das Wasser ist klar und seicht, aber einige Felsbrocken im Meer. Immer Wind. Wenige Meter hinter dem Beach wächst sogar rosafarbiger Oleander.

• *Anfahrt*: Genau dort, wo die Asphaltstraße nach Atsitsa eine scharfe Linkskurve nimmt, liegt rechts ein bewachter Eingang zum Flughafen. Geradeaus führt die Schotterpiste zur Pétros-Bucht. Zunächst geht es auf breiter, gut befahrbarer Straße durch dichten Wald. Nach ca. 1,5 km folgt eine Abzweigung: nach Agíos Pétros den Weg links hinunter nehmen (Schild links am Zaun). Kurz vor dem Strand liegt rechts oben auf dem Hügel die Kapelle Agíos Pétros. Zum Beach geht es noch wenige Meter weiter durch den goldgelben Sand.

Einrichtungen sind keine vorhanden.

Kapelle Agíos Pétros: auf einem Hügel hinter dem Strand. Altarwand aus Stein mit vielen Ikonen aus den zwanziger Jahren. In der Apsis große Darstellung des heiligen Georg, die Ikone des heiligen Petrus steht rechts des Durchganges (datiert auf 23. Juli 1928). Weitere Ikonen an der Altarwand (Panagía, Agíos Nikólaos, Agíos Ioánnis Prodromos usw.). Die kleine Kapelle wurde 1906 geweiht.

- **Órmos Agalípas**: Bucht westlich der Straße zum Órmos Agíos Pétros. Es führen zwar einige Pfade in dieses Gebiet, doch direkt zum Wasser muß man sich seinen Weg schon selbst suchen.
- **Ákro Vathí**: Kap nördlich der Buchten Lagonas und Tsagano. Ohne erkennbare Wegverbindung.
- **Órmos Lagonas/Órmos Tsagano**: zwei Buchten nördlich des Órmos Kalogrias. Soweit ersichtlich, führen hier keine Wege bis ans Wasser.
- **Órmos Kalogrias**: Etwa 4 km nach dem Flughafen erreicht man die Kalogrias-Bucht, auch *Órmos Kyrá Panagía* genannt. Direkt bei der Taverne befindet sich ein breiter, betonierter Kai, an dem auch größere Yachten anlegen können. In der Nähe liegt ein schöner Sandstrand mit klarem Wasser. In der Hochsaison ist durch die Taverne schon etwas mehr los. Am Wasser völlig schattenlos, nur zwischen Kalogrias und Atsitsa gibt es einige Olivenhaine, die ziemlich nah an den Strand heranreichen.

• *Essen*: **Taverna Kyrá Panagía**, direkt an der Weggabelung auf einem großen, betonierten Platz unter einer riesigen Pinie. Leider keinen Blickkontakt zum Strand. Es gibt die inselüblichen Spezialitäten wie selbstgefangenen Fisch. Familienbetrieb, nur im Juli und August geöffnet. Saubere Küche.

• *Einrichtungen*: kein Sonnenschirmverleih.

- **Kirche Kyrá Panagía**: liegt auf einer Landzunge wenig oberhalb des Wassers, etwa 400 m nach der Weggabelung mit der Taverne am Órmos Kalogrias. Eher unscheinbares kubisches Gebäude, kein Glockenturm, nur ein einfaches Kreuz über dem Eingang. Im Innenraum geht es drei Stufen hinab. Vorne eine gemauerte und geweißelte Altarwand mit vier Ikonen, die zweite von links zeigt die Muttergottes. Inseltypisch die Dachkonstruktion mit Schilfrohr und Beton. Die Apsis ist sehr reich ausgestattet, mit einem großen roten Samttuch, auf dem uralte Ikonen stehen.

Atsitsa

Kleines Dorf und ehemalige Verladestation für den Marmor, heute Sitz des Atsitsa-Centers.

Atsitsa selbst ist ein kleiner Ort, nur eine Handvoll Häuser, eine Pension und eine Taverne, alles wirkt etwas beengt. Gleich am Ortseingang ragen große, aus Naturstein gemauerte Säulen in die Höhe. Sie führen in kurzen Abständen aus den Bergen bis hinunter ans Meer und gehören zur alten Marmorverladestation, die in den sechziger Jahren geschlossen wurde. Längst sind auch die verbindenden Schienen entfernt worden, so daß die nackten Säulen eine skurrile Szenerie abgeben. Wenige Meter dahinter links, die Auffahrt hinauf, liegt das *Atsitsa-Center* (s. u.).

Am Ortsende befindet sich ein öffentlicher Pumpbrunnen, der tatsächlich funktioniert. Einige Zelte konnten wir hier und auf dem umzäunten Gelände (Loch im Draht) an den Säulen auch ausmachen. Hinter der Bucht und

Atsitsa-Center/Skýros-Center

"Sun, Sea and a Sense of Community"

Ein alternatives Ferienprogramm auf Skýros bietet das Atsitsa-Center. Ziel ist es, den Sommergästen eine Art geistiges Zentrum zur Verfügung zu stellen, das Kursteilnehmer bei der Suche nach bewußteren Lebensformen und mehr Selbsterfahrung unterstützt. Gespräche, Seminare und Anwendungen helfen, Streßfaktoren abzubauen und einfache Formen des Zusammenlebens zu üben. Die beiden Zentren (in Skýros/Stadt und Atsitsa) wurden im Jahre 1979 von Dr. Ioánnis Andricopoulos und seiner amerikanischen Frau Dr. Dina Glouberman gegründet. Beide leiten auch verschiedene Kurse.

Im Programm des Atsitsa-Centers sind über 200 Kurse enthalten, die von 90 verschiedenen Lehrern angeboten werden. Dazu gehören u. a. Meditation, Streßmanagement, Traumdeutung, Kräuterkunde, Aromatherapie, Tai Tchi, Qi Gong, Yoga, Reiki, Theater, Tanzen, Malen, Segeln, Überlebens- und Fitneßtraining, Wandern und Klettern. Arbeitssprache ist ausschließlich Englisch, die Kursleiter sind überwiegend Engländer und Amerikaner.

Üblicherweise finden vormittags und nachmittags Kurse statt. Dazwischen liegt das gemeinsame Mittagessen und die Siesta. Die Teilnahme an den Kursen ist freigestellt. Wer einen Tag relaxen oder nach Skýros/Stadt fahren will, kann das jederzeit tun. Man gibt sich sehr locker und überaus freundlich.

Die meisten Veranstaltungen finden in dem wunderschönen unverputzten Natursteinbau statt, der ehemaligen Schule von Atsitsa und dem heutigen Haupthaus des Centers. Alle übrigen Bauten sind im traditionellen Stil behutsam in den Hang integriert worden. Ganz oben befinden sich ein Freiluft-Meditationsraum und die Bambushütten für jeweils zwei Personen.

Die Kurse im ähnlich aufgebauten Haus in Skýros/Stadt arbeiten eher mit psychologischen Ansätzen: Persönlichkeitsentwicklung, Heilungstechniken und spirituelle Erfahrung, Bodywork, Imagework, Theater-Workshops, Musik, natürliche Rhythmen, Tai-Chi und Feng Shui.

Preise pro Person, je nach Saison und Kursangebot ca. 1500-2350 DM. Bezahlt wird im voraus und in britischen Pfund. Im Preis für zwei Wochen enthalten sind alle Kurse (wechselndes Angebot von April bis Oktober), Unterbringung in einfachen, runden Bambushäusern für jeweils zwei Personen (Atsitsa-Center) oder in einfachen Pensionen (Skýros-Center), Verpflegung und Transfer vom Hafen Linariá nach Skýros/Stadt bzw. Atsitsa. Maximale Teilnehmerzahl in Atsitsa 80 Personen, in Skýros/Stadt 50 Personen. Termine jeweils nur von Freitag bis Freitag und nur im zweiwöchigen Block.

Anmeldung und Informationsmaterial: SKYROS, 92 Prince of Wales Road, London NW5 3NE, Great Britain. Tel. 0044-1712674424/1712843065, Fax 0044-1712843063. E-mail: skyros@easynet.co.uk

Ruinen einer Marmorverladestation am Órmos Atsitsa

rechts der Kirche liegen die letzten Überreste der über 300 Jahre alten Siedlung Atsitsa. Rund um den ehemals reichen Ort wurden Erze abgebaut, wodurch die vielen Aushublöcher in den Hügeln entstanden sind. Vorsicht, nicht ohne Sicherung in irgendwelche Stollen klettern. Sie sind jahrzehntelang nicht mehr auf ihre Tragfähigkeit hin getestet worden.

• *Übernachten*: **Rooms Antonis**, der Tavernenwirt vermietet 18 neue DZ in einem größeren Haus oberhalb der Taverne. An den braunen Türen und Fensterläden zu erkennen. Nicht sehr geräumige, aber saubere Zimmer in hellem Kiefernholz eingerichtet. Alle mit kleiner Küche ausgestattet. Bäder schlicht und sauber. Teilweise Buchtblick von den Balkonen. Antonis vermietet auch die Zimmer direkt neben der Taverne (mit den kykladenblauen Fensterläden). Preise je nach Saison ca. 45-77 DM. Kein Telefonanschluß, soll aber 1998 gelegt werden.

• *Essen*: **Tavérna Antonis**, direkt unten am Wasser gelegen. Ein paar Tische und Stühle unter weinüberranktem Bambusdach. Blick auf die kleine Kiesbucht, die vorgelagerte Insel Atsitsa und die alten Bauwerke der Verladestation im Wasser. Spezialität des Hauses sind Fischgerichte. Normale Preise.

▶ **Órmos Atsitsa:** Baden ist möglich, doch es gibt schönere Strände. Mehrere kleine und große Abschnitte mit überwiegend feinem und grobem Kies. Der Hauptstrand vor der *"Taverne Antonis"* ist durch Algen ziemlich verschmutzt. Nördlich und südlich befinden sich weitere Buchten, die deutlich sauberer sind. Schatten gibt es nur durch die Felsen oder hinter den Stränden unter Pinien. Wasser klar und flach, aber mit zahlreichen Felsbrocken. Oft liegen hier Segelboote vor Anker.
Zur vorgelagerten *Insel Atsitsa* hinüberzuschwimmen ist gefahrlos möglich, doch stets auf die Windverhältnisse achten.

▶ **Kirche Agías Andreas:** die Dorfkirche von Atsitsa, ein paar Meter hinter der Bucht. Die kleine Einraumkirche besitzt eine helle, holzgeschnitzte

Altarwand neueren Datums mit Ornamenten und vier großen Ikonen. An den Wänden weitere Ikonenbilder, Kristalleuchter an der Decke. Der Ursprungsbau wurde 1899 geweiht.

- **Ákro Óros:** Kap unmittelbar westlich des 316 m hohen Berges Óros. Zum Kap führen keine offiziellen Wege. Das gesamte Gelände ist nur schwer zugänglich und sollte nur von erfahrenen Bergwanderern betreten werden.

- **Órmos Aliko:** Bucht südlich des Berges Óros. Leider führen keine erkennbaren Wege dorthin, zugänglich nur per Kaíki.

- **Óros Thália/Óros Óros:** zwei Hügel südlich von Atsitsa und nördlich der Foukás-Bucht. Hier wurden ganz in der Nähe des Flusses Kephisós prähistorische Scherben auf dem *Ausgrabungsfeld Koumari* gefunden. Außerdem stand sehr wahrscheinlich auf dem Gipfel des Thália in archaischer Zeit ein Marmortempel, der dem Apollon geweiht war. Noch heute ist die geebnete Fläche von ungefähr 17 x 24 m gut zu erkennen. Die Archäologen gehen davon aus, daß das Bauwerk vollständig zerstört wurde. Schließlich wurden nur ein paar Vasen, eine Marmorhand und eine Inschrift auf einem Amphorenhenkel gefunden.

- **Órmos Agías Foukás:** ungefähr 100 m grober Kies mit viel angeschwemmtem Unrat aus dem Meer, an einigen Stellen nicht sehr ansehnlich. Der Strand zeigt sich völlig baum- und schattenlos. Im sauberen Wasser liegen viele Steine, und am Südende der Bucht gibt es einen betonierten Anlegekai für Ausflugsboote, die die empfehlenswerte Taverne besuchen. Auch in der Hochsaison ziemlich ruhig. Gelegentlich läuft allerdings ein kleiner Dieselmotor in einem Häuschen hinter dem Strand. Foukás ist noch nicht an das Stromnetz angeschlossen, und die Taverne benötigt Strom.
  Nahezu 100 m hinter der Kapelle Agías Foukás liegt ein weiterer kleiner Strand auf der anderen Seite des Hügels. Auch hier baum- und schattenloser Kiesstrand, aber absolute Ruhe.

• *Einrichtungen*: außer der Taverne keinerlei Versorgungsmöglichkeiten. Bis zum Órmos Foukás gab es 1997 noch keine Telefonleitung, und das Handy streikt hier auch ("out of network").

• *Anfahrt*: von Atsitsa oder vom Órmos Pévkos möglich. Beide Routen verlaufen über teils katastrophale Schotterpisten. Von Pévkos aus zweigt der Weg ca. 500 m vom Órmos nach links ab. Sogleich folgt eine steil ansteigende Schotterpiste, eigentlich nur für Jeeps und Mofas geeignet. Auf jeden Fall wird man kräftig durchgeschüttelt, bevor man nach ca. 30-40 Minuten in Foukás ankommt. Ganz oben auf dem Hügel geht es an den Marmorbrüchen vorbei. Wichtig: bei Abzweigungen immer den breiten Hauptweg nehmen.

• *Übernachten*: Über der Taverne werden im Obergeschoß vom Wirt einige schlichte Zimmer vermietet, das Dach wird als Hochterrasse genutzt. Preis liegt bei etwa 30 DM. Kein Telefon.

• *Essen*: **Tavérna Foukás**, am Strand liegt eine kleine Taverne. Man sitzt sehr angenehm mit Buchtblick unter schattigem Schilfmattendach. Der Wirt holt den Fisch noch selbst aus dem Meer. Es gibt zwar nicht jeden Tag alles, aber die Qualität des Essens ist hervorragend. Günstige Preise.

- **Kapelle Agías Foukás:** kleine Kapelle auf der Landzunge südlich des Foukás-Strandes. Im Innern gemauerte, verputzte und stets frisch geweißelte Altarwand mit zahlreichen Ikonenbildern. Die Namensikone befindet sich links des Durchganges in der Mitte. Außerdem einige Darstellungen der heiligen Anna, ansonsten unspektakuläre Kapelle inmitten eines Ziegenpferches.

Blick auf Órmos Pévkos – im Hintergrund Linariá

• *Zugang*: Zur Kapelle gelangt man durch ein Ziegengatter am Südende des Strandes. Danach eine Minute den Hügel hinauflaufen.

▶ **Kirche Agíos Panteleímon:** hoch in den Bergen zwischen den Buchten von Foukás und Pévkos gelegen. Die große Kirche mit ihrer gemauerten Altarwand ist mit zahlreichen Ikonenbildern ausgestattet, wobei die Namensikone des heiligen Panteleímon direkt rechts am Eingang steht. Dahinter befinden sich eine schöne Marienikone und Christus am Kreuz in der Apsis. Im Gotteshaus brennen stets Kerzen, unter der Altarwand liegen immer frische Blumen. Der Schutzpatron der Ärzte ist im orthodoxen Glauben ein sehr bedeutender Heiliger und wird entsprechend verehrt. In der Mitte hängt ein nagelneuer, vergoldeter Kronleuchter von der Decke herab, darunter liegt eine dicke alte Bibel auf einem Pult.
Vom Kirchenvorplatz hat man einen phantastischen Blick hinunter auf die blaue Ägäis am Órmos Pévkos, die Acheroúnes-Bucht, auf alle vorgelagerten Inseln, sieht im Hintergrund sogar Linariá und natürlich die Berge im südlichen Inselteil. Diese Aussicht ist wirklich ein Genuß.

• *Zugang*: Zur Kirche gelangt man auf der Schotterpiste von Pévkos nach Foukás. Auf dem Sattel dieses Weges zweigt ein breiter Weg ca. 100 m links bis zur Kirche ab. Problemlos zu finden.

▶ **Órmos Pévkos:** 300 m feiner Sand, an einigen Stellen auch Kies. Der Strand erhielt 1990 den "Golden Seafish", eine Auszeichnung für besonders sauberes Wasser. In der Tat, die Ägäis zeigt sich hier in klarem Türkis. Am südlichen und nördlichen Strandende besteht die Bucht nur aus Kies, hier liegen auch große Felsen im Wasser. Badefreuden genießt man am besten im mittleren Strandteil. Der gesamte Abschnitt ist völlig baum- und schattenlos, nachdem vor einigen Jahren die Olivenbäume hinter der Bucht eingezäunt wurden. Üppig grün bewachsen zeigen sich die Hügel rund um den Órmos. Ansonsten wurde auf dem Sandstrand ein Volleyballfeld errichtet, von dem die Griechen am Wochenende reichlich Gebrauch machen. Nicht direkt am Strand, sondern in der Verlängerung der Straße befindet sich eine Taverne. Hier endet die neu asphaltierte Straße an einem breiten, betonierten Anlegekai für Yachten und Fischerboote.

- *Anfahrt*: Eine neu asphaltierte Straße führt von der Verbindungsstraße Linariá-Skýros/Stadt, vorbei an einem Marmorbruch, bis zur Pévkos-Bucht. Die Einmündungsstelle ca. 3 km von Linariá entfernt ist gut beschildert. Auch zu Fuß kann man den Hafenort Linariá über einen ehemaligen Eselspfad über Acheroúnes in gut 20 Minuten erreichen. Bis in die sechziger Jahre hinein wurde entlang des Weges Marmor abgebaut. Diverse große Steinblöcke und vor allem Schutthalden sind noch immer zu sehen. Links der Straße verläuft ein Flußbett, in dem üppiger rosafarbener Oleander wächst. Die neue Straße führt nach ca. 3,5 km direkt hinunter bis zu dem breiten, betonierten Fischerhafen, während zum Strand ein schmaler Treppenweg führt.
- *Einrichtungen*: außer der Taverne keinerlei Versorgungsmöglichkeiten. Bis zum Órmos Pévkos gab es 1997 noch keine Telefonleitung.
- *Übernachten*: Oberhalb des Strandes werden zehn Zimmer vermietet. Die Anlage wird aber nur in der Saison betrieben. Von den Balkonen hat man einen phantastischen Blick auf die Bucht. Übernachtungspreise liegen bei ca. 50-55 DM pro Tag. Kein Telefon.
- *Essen*: **Tavérna Mitsos**, an der Zufahrtsstraße zum Órmos Pévkos, kurz vor dem Ende an dem betonierten Kai auf der linken Seite. Man sitzt angenehm mit Meeresblick unter Bäumen und weinüberranktem Dach. Angeboten werden die üblichen Fleisch- und Fischgerichte. Die Besitzer sprechen nur wenig Englisch. Normale Preise, die Gäste waren sehr zufrieden.

Mittlerer Teil der Insel

Ein flacher Korridor führt von Skýros/Stadt über Aspoús nach Linariá. Gleichzeitig die engste Stelle der Insel und die Trennung der beiden so unterschiedlichen Teile. Außer der Hafenstadt Linariá sind nur Aspoús und Kalamítsa touristisch erschlossen.

Die Mitte von Skýros ist durch eine landschaftliche Eigenart geprägt, die eine Zweiteilung der Insel glaubhaft nahelegt. Etwa genau auf der Linie *Órmos Achílles – Órmos Kalamítsa* nähern sich die Kusten auf knapp 3 km an. Dieser Isthmos fällt zudem fast bis auf Meeresniveau ab. Das Tal zwischen der Nordost- und Südwestküste erreicht dabei eine Breite von gut 300-500 m. Die Geologen gehen davon aus, daß dieses Gebiet ursprünglich überflutet war und durch tektonische Verschiebungen später "verlandet" ist. Überreste von alten Kulturterrassen beweisen die einstige Fruchtbarkeit des Isthmos. Heute zeigt er sich zwar teilweise von Meeressand überweht, aber Landwirtschaft wird noch immer betrieben.

Linariá

Hafen von Skýros mit ruhmreiche Vergangenheit. Ausgangspunkt für jeden Besuch der Insel mit den Fähren. Der Ort liegt in einer kleinen Bucht gegenüber der vorgelagerten Insel Baláxa. Alles wirkt recht übersichtlich, fast familiär. Wenn allerdings die Fähre ankommt, beginnt am Hafen die große Hektik.

Menschenmassen strömen aus dem Bauch des Schiffes, Autos und Busse verstopfen die Zufahrtsstraße. Durch lautes und anhaltendes Hupen versuchen die Fahrer, sich ihren Weg zu bahnen. Aber bereits zwanzig Minuten nachdem die Fähre wieder abgelegt hat, ist der Spuk vorbei. Im Hafen wird es nach und nach ruhiger. Die Busse, Autos und Taxis haben sich in Richtung Skýros/Stadt in Bewegung gesetzt. Im Ort kehrt wieder die beschauliche Stille ein. Doch auch die knapp 200 Bewohner von Linariá wollen einen Teil des Tourismuskuchens für sich abschneiden. In den letzten Jahren sind einige Hotels und Pensionen neu entstanden. Dennoch wird der friedliche Ort selbst im Hochsommer nicht von Massen bevölkert.

Erhöht über dem südlichen Teil des Ortes liegt die weiß und hellblau gestrichene *Kirche Agíos Nikólaos*, von deren Vorplatz man einen schönen Blick hinüber zu der unbewohnten Insel *Baláxa* hat. Das Wasser ist tiefblau, und vor der Bucht erheben sich in unregelmäßigen Abständen kahle Kalkfelsen aus dem Wasser. Im Winter wirkt der Ort wie ausgestorben, dann sind auch alle Einrichtungen geschlossen. Einen besonderen Gag erlaubt sich das "Café Kávos": Immer, wenn die Fähre einläuft, ertönt vom gegenüberliegenden Hügel die klassische Melodie "Also sprach Zarathustra" schallend über die ganze Bucht.

Die erste richtige Fährverbindung nach Kými wurde im Jahre 1959 eingerichtet. Damals fuhr das ca. 40 m lange Holz-Kaíki *Bora* hinüber nach Euböa. Zwar konnten auch bis zu vier Autos transportiert werden, doch bestand die Ladung in den meisten Fällen aus Ziegen. Eigner der Bora war Geórgios Pappas aus Linariá, später einer der Mitbegründer von *Nomicos-Lines*. Im Jahre 1967 kaufte die Kapitänsfamilie die erste Fähre aus Stahl, die *Skýros*. Ab 1980 fuhr die *Anemoessa* (war einer der alten Namen von Skýros) nach Kými. Heute verkehrt die moderne *Lykomides* täglich zwischen Linariá und Kými auf Euböa.

Linariá wurde erst Mitte des 19. Jh. als Hafenort von eingewanderten Fischern gegründet. In den fünfziger und sechziger Jahren galt die Insel als reich und ihr Hafenort Linariá wurde das "kleine Paris" genannt. Damals gab es hier sieben Kafenía! Kapitäne und Matrosen mit ihren Frauen aus der weiten Welt flanierten am Hafen.

Verbindungen

- *Bus*: Wenn die Fähre anlegt, steht ein betagter Bus bereit, der nach *Skýros/Stadt* fährt. Während der griechischen Schulferien im Hochsommer wird der Schulbus zusätzlich zum Touristentransport eingesetzt. Üblicherweise fährt dieser zweite Bus dann nach *Mólos*. Täglich gibt es in der Nebensaison drei bis fünf Abfahrten, im Hochsommer bis zu 7 x, je nach Ankunft der Schiffe und Fähren. Preise: nach Skýros/Stadt ca. 1,40 DM, nach Mólos ca. 1,60 DM.
- *Taxi*: stehen ebenfalls am Hafen, wenn Fähren oder Dolphins einlaufen. Die Strecke *Linariá-Skýros/Stadt* kostet etwa 13 DM, nach Mólos ca. 15 DM und nach Atsitsa ca. 30 DM.

Adressen

- *Arzt*: Ein Arzt aus der Chóra hält zwar einmal in der Woche in Linariá Sprechstunde, aber dies ist nur für die alten Leute gedacht. Bei gesundheitlichen Problemen auf jeden Fall in die Chóra fahren.
- *Ausflüge*: **Nicos Pappas** macht in der Nebensaison ein- bis zweimal pro Woche, im Hochsommer fast täglich, verschiedene Exkursionen mit seinem Boot. Sehr beliebt ist die Tour entlang der Südküste von Skýros. Nicos verfügt über ein schnelles und sicheres Boot mit zwei Motoren. Der Ausflug führt durch die Kalamítsa-Bucht, um das Kap Marmaro in den Órmos Trís Boúkes und weiter an der Rénes-Bucht vorbei zu den Meereshöhlen (blaue Grotte) an der steil abfallenden Südostküste. Danach fährt Nicos für ca. 2 Stunden in eine hübsche Sandbucht auf der vorgelagerten Insel Sarakino, wo man herrlich baden kann. In der Bucht gibt es ein kleines Barbecue. Preis für diese Tagestour liegt bei ca. 38 DM. Start ist um 11 Uhr in Linariá, Rückkehr gegen 18 Uhr. Maximum sind 24 Personen. An- und Abreise von Skýros/Stadt mit dem Bus möglich (Zeiten sind abgestimmt). Nicos bietet auch andere Touren und Spezialausflüge zum Fischen. Tel. 96472/96249, Fax. 96412.
- *Bank/Geldwechsel*: nur in den Shops, Hotels oder bei den Fähragenturen. Eine Bank gibt es in Linariá nicht.
- *Einkaufen*: Zwei, drei Supermärkte liegen in der Nordostecke der Hafenpromenade. Das Angebot ist gut, in der Regel gibt es auch frisches Obst. Dazu kommen noch diverse Souvenirläden und ein Zeitschriftenhändler (keine deutschen Ausgaben).

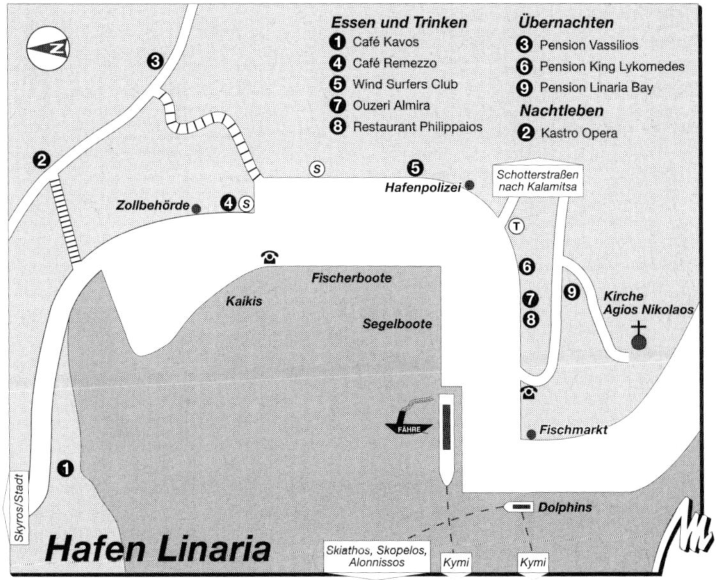

Ceramics Monika, an der Hafenpromenade. Die sehr ansprechende Keramik in traditionellem Inselstil (unglasiert, weiß engobiert) wird von Monika aus Wien angeboten. Dazu gibt es auch verschiedene Gebrauchs- und Zierkeramik, überwiegend mit Meeres- und Fischmotiven. Alle Verkaufsstücke sind selbst hergestellt und im eigenen Ofen gebrannt. Transportsichere Verpackung selbstverständlich. Der gegenüberliegende Workshop darf auch besichtigt werden. Üblicherweise arbeitet Monika dort aber nur in der Nebensaison und im Winter. Zusätzlich verkauft sie auch inseltypische Gewürze und selbst gesammeltes Meeressalz von den umliegenden Eilanden.

• *Tickets:* werden von den Filialen der Agenturen aus der Chóra direkt am Anleger verkauft. Für die Fähre ist das Büro von **Lykomides-Travel** zuständig, das jeweils eine Stunde vor Abfahrt der Fähre öffnet. Tel. 96465.
Flying-Dolphin-Tickets verkauft **Skýros-Travel**. Auch hier in der Regel nur eine bis anderthalb Stunden vor Abfahrt eines *Dolphins* geöffnet. Allerdings öffnet Skýros-Travel auch vor den Fährabfahrten, weil es hier die Bustickets für die Weiterfahrt von Kými nach Athen gibt. Tel. 96300.

• *Telefonieren*: An der Hafenpromenade gibt es seit einigen Jahren zwei Kartentelefone. Eines gegenüber der Supermärkte, das andere bei den Fähragenturen. Eine O.T.E.-Zentrale existiert in Linariá (noch) nicht.

• *Tankstelle*: in der Südostecke der Hafenpromenade (Super-bleifrei, Normal und Diesel). Geöffnet von 7 bis 22 Uhr (in der Nebensaison 2 Stunden Mittagspause).

• *Zollbehörde*: direkt an der Uferstraße. Tel. 96405/92454.

• *Zweiradverleih*: nur in Skýros/Stadt möglich.

Übernachten

Das Angebot an Übernachtungsmöglichkeiten ist in den letzten Jahren erweitert worden. Dennoch kommt es in der Hochsaison zu Engpässen. Dann werden in zahlreichen Häusern auch Privatzimmer in nicht immer einwandfreiem Zustand angeboten, für die man mit mindestens 40 DM pro DZ rechnen muß. Am Hang nach Osten ist angeblich der Bau eines offiziellen Zeltplatzes geplant.

Pension King Lykomides (6), A-Kat., neue Pension, direkt bei der Anlegestelle der Fähren unten an der Hafenpromenade. Die freundliche Anastassia Pappa vermietet insgesamt 13 Zimmer, teils mit zwei, teils mit vier Betten. Zimmer geräumig und sehr sauber, täglicher Service. Geschmackvolle Einrichtung in hellem Kiefernholz. Bäder weiß gekachelt, neu und ebenfalls blitzblank. Von allen Balkonen hat man einen schönen Blick in die Bucht. Kleiner Kühlschrank in jedem Zimmer. Preise je nach Saison 50-77 DM fürs DZ. Tel. 96249/96472/96253, Fax. 96412.

Pension Linariá Bay (9), A-Kat., oberhalb der Hafenpromenade (an dem Weg zur Kirche) werden insgesamt neun DZ, zwei 6-Bett-Zimmer und fünf Apartments vermietet. In rustikalem Stil eingerichtet mit dunklem Holz. Alle Zimmer mit Telefon, Kühlschrank, Klimaanlage und TV ausgestattet. Zimmer und Bäder geräumig und sauber, Balkone mit Meeresblick. Die Apartments sind hübsch möbliert und verfügen über eine Küche mit Mikrowelle. Preise je nach Saison ca. 50-63 DM fürs DZ und 90-110 DM fürs Apartment. Tel. 96476/96274/96275.

Pension Vassilios (3), B-Kat., der gut Deutsch sprechende Besitzer vermietet sechs DZ und zwei 4-Bett-Apartments oben am nördlichen Hang des Ortes. Einrichtung in hellem Kiefernholz, Bäder weiß gekachelt und sauber. Zimmer geräumig und vom Balkon Superblick über die Bucht. Apartments auch großzügig gebaut, die Bäder haben sogar eine Wanne. Sehr ansprechend insbesondere die mit Weinreben und vielen bunten Blumen begrünte Hochterrasse. Preise je nach Saison ca. 40-50 DM fürs DZ und ca. 63-96 DM fürs Apartment. Tel. 96378.

Essen/Nachtleben

• *Essen*: Die Auswahl ist nicht übermäßig, aber allemal ausreichend. Es gibt ein Restaurant und eine empfehlenswerte Oúzeri sowie diverse Cafés. Im Winter ist alles geschlossen.

Restaurant Philippaios (8), Fischtaverne direkt am Fähranleger. Man sitzt gemütlich mit Hafenblick unter einem Zeltdach an kykladenblauen Tischen und Stühlen. Schon mittags gut besucht. Spezialität des Hauses sind Lobster mit Spaghetti. Der Wirt spricht kein Englisch. Der Familie gehört auch die Pension *"Linariá Bay"*.

Oúzeri Almira (7), direkt neben der Pension *"King Lykomides"* auf der Hafenpromenade. Man sitzt sehr angenehm und wird direkt in das Leben am Hafen einbezogen. Es gibt alles, was man zu Oúzo essen kann (auch Frühstück ab 7 Uhr). Kleinigkeiten aller Art: Fisch, Tsatzíki, Salat usw. Uns schmeckten die kleinen Fische und die pikanten Muscheln sehr gut. Ganztägig geöffnet.

Wind Surfers Club (5), sehr beliebtes Café an der Hafenpromenade. Zum Zeitpunkt der Eröffnung war Surfen noch absolut in, und der Name ist bis heute erhalten geblieben. Einer der F2-Gründer kam damals regelmäßig nach Skýros. Früher war in diesem Haus das große Inselbüro der Nomicos-Lines untergebracht. Unter einem Schilfmattendach sitzt man außen direkt an der Promenade und wird in das Hafenleben einbezogen. Innen gibt es auch noch eine Bar. Das freundliche Besitzerehepaar bietet Frühstück, viele verschiedene Drinks und Kaffee. April bis Oktober geöffnet.

Café Kávos (1), Café-Bar auf der gegenüberliegenden Buchtseite. Sehr geschmackvoll in Handarbeit terrassenartig angelegt. Phantastischer Blick auf den Ort, die Bucht mit ihrem Fischerhafen und das blaue Meer. Sicherlich eine der schönsten Stellen der Insel. Traumhafter Platz zum Relaxen mit leichter Rockmusik und Soul. Geöffnet ist ab 9 Uhr vormittags, oft bis 3 Uhr in der Nacht. Es gibt Frühstück, Sandwiches, Snacks, Eis usw. Kykladenblaue Tische. Nicht billig.

Café Remezzo (4), an der Hafenpromenade, direkt am Beginn der Straße. Tische in einem weinüberrankten Vorhof unter einer riesigen Platane. Im Juli 1997 wurde ein typisches Bild mit Griechenland-Idylle an die Hauswand gemalt. Das Café ist bei Griechen beliebt, wird von den Männern als Kafeníon angesehen. Es gibt Frühstück, Sandwiches, Cheese-Pie usw.

• *Nachtleben*: **Kástro Opera (2)**, Freiluftdisco mit internationalem Softrock und grie-

Hoch auf dem Felsen – Agíos Nikólaos

chischer Popmusik. Täglich ab 22 Uhr geöffnet, mit Tanz und "viel Gaudi", wie der Deutsch sprechende Mitbesitzer berichtete. Wahrscheinlich meint er damit eine mitternächtliche Erfrischung im Swimming-Pool. Hübsch angelegt mit einem Arkadengang und großem Garten oberhalb des Hauses. Neben dem Pool eine Stehbar, besonders gut die "tropical Drinks". Geöffnet vom 1. Juli bis 15. September. Liegt nördlich hoch über dem Ort und der Straße am Hang. Von der Straße führt eine lange Treppe hinauf.

Kirche Agíos Nikólaos: überdimensional große Dorfkirche von Linariá. Der relativ neue, prunkvolle Bau thront ein paar Meter südlich auf einem Hügel. Vom Kirchenvorplatz bietet sich ein phantastischer Blick bei Sonnenuntergang auf die blaue Ägäis. Der Innenraum wurde sehr reich ausgestattet. Gleich rechts am Eingang eine Nikolaus-Inkonostase mit einem Heiligenschein aus Silber. Gegenüber eine Ikonostase der Panagía. An den vorderen beiden Pfeilern der Viersäulenkirche befinden sich eine weitere alte Nikólaos-Ikone (links) und eine Christós-Darstellung (rechts). Von der Decke hängen drei riesige Kronleuchter herab. Die Altarwand ist aus Beton und mit Ornamenten modelliert. Eingearbeitet sind zahlreiche neuere Heiligendarstellungen (Nikólaos, die Panagía, Ioánnis Prodromos, Kosmas und Christós). Leider keine Fresken, die Rundbögen sind blau bemalt. Dutzende Weihrauchgefäße über den Ikonen und an der Altarwand.

▸ **Órmos Linariá:** Zum Baden kann man das Hafenbecken von Linariá nicht empfehlen. Das Wasser ist hier ziemlich schmutzig. Sehr schön sind dagegen einige kleine Buchten südlich der Stadt. Sie sind leicht zu Fuß zu erreichen, bieten nur Kies- und Steinstrand, aber sauberes Wasser. Nächster Sandstrand ist die Bucht von Acheroúnes.

Von Linariá nach Skýros/Stadt

Weitgehend landwirtschaftliche Nutzfläche, dahinter steigen die Hügel und Berge an. Aspoús heißt der einzige größere, touristisch erschlossene Ort an der Straße. Hier gibt es auch Quartiere und Tavernen sowie eine Tankstelle.

Die Hauptverbindungsstraße vom Hafen Linariá nach Skýros/Stadt führt zunächst über einen Hügel, danach geradewegs durch flaches Gebiet bis Aspoús. Rechts und links des Asphalts erstrecken sich kleine Gärten und landwirtschaftlich genutzte Flächen. Dahinter steigen die Berge im Nordteil der Insel an, südlich zeigt sich die Hügellandschaft zunächst flacher. Hinter Aspoús trifft die Straße dann wieder auf die Küste und führt in zahlreichen Kurven hinauf zur Chóra.

- *Essen*: ** 	Tavérna Agalini**, an der Straße von Aspoús nach Linariá, ca. 1,5 km hinter dem Ort. Inmitten eines üppig grünen Rasens liegen Marmorplatten, auf die man Tische und Stühle gruppiert hat. Einige uralte Ölbäume spenden mittags Schatten, schön angelegter Garten. Spezialitäten: reiche Vorspeisenauswahl, Lobster mit Spaghetti und weitere Fischgerichte. Blick in die traditionelle Küche möglich. Griechische Musik. Preise okay.

▸ **Órmos Acheroúnes:** knapp 300 m Sandstrand mit kleinen und großen Kieseln. Am Südende befindet sich ein kleiner betonierter Anlegekai. Fast immer schaukeln ein paar Kaíkis und Segelschiffe vor Anker in der Bucht. Der Strand selbst ist nicht gerade sauber, bei Südwind wird viel Meeresdreck angespült. Meist ist die See jedoch spiegelglatt, das Wasser sauber und seicht, nur an einigen Stellen größere Felsen. Hinter dem Strand verläuft eine geteerte Straße, an die man vor kurzem Palmen gepflanzt hat, allerdings haben sie noch keine schattenspendende Größe erreicht. Rechts und links der Bucht fallen spärlich bewachsene Hügel sanft ins Meer ab.

Unweit des Strandes liegt das zentrale Elektrizitätswerk der Insel, dessen Turbinen den ganzen Tag über brummen und bei ungünstigen Windverhältnissen die Ruhe der Acheroúnes-Bucht erheblich beeinträchtigen können.

- *Anfahrt*: Von Linariá kommend, zweigt eine asphaltierte Zufahrtsstraße in einer Rechtskurve nach links zum Acheroúnes-Strand ab. Die Bucht ist von oben schon einige hundert Meter zuvor gut zu sehen.
- *Einrichtungen*: Im Hochsommer wird am Südende des Strandes auf dem Pegasus-Gelände ein kleiner Mini-Markt betrieben.
- *Übernachten*: **Pegasus-Apartments**, direkt am Beginn des Sandstrandes. Zimmer geräumig und sauber, gut ausgestattet. Alle Apartments haben eine komplette Küche, Telefon, Terrasse oder einen Balkon, teilweise Blick aufs Meer, teilweise ins Binnenland. Die Anlage befindet sich in einem Garten neben einem feuchten Schilfgebiet (Stechmücken!) und war zum Zeitpunkt der Recherche im Außenbereich noch nicht ganz fertiggestellt. Zudem liegt das E-Werk der Insel in Hörweite. Preise je nach Saison ca. 52-83 DM. Das Haus gehört Leftéris von "Skýros-Travel", Tel. 91123/91600.

Rooms Drosia, neben der Tavérna vermietet derselbe Besitzer zwei hübsche Zimmer mit jeweils drei Betten und Kühlschrank. Die Räume sind zwar schlicht und nicht sehr groß, Bäder mit Badewanne verügen. Preise je nach Saison ca. 50-63 DM. Tel. 96345.

- *Camping*: **Camping Acheroúnes**, kein offizieller Campingplatz. Vielmehr läßt Leftéris auf Anfrage Leute auf seinem Grund bei den Pegasus-Apartments zelten. Das Gelände hat eine nicht durchgängige Grasunterlage, teilweise auch Sand- und Kiesgrund. Da die Bäume noch klein sind, gibt es auch so gut wie keinen Schatten. Als sanitäre Anlagen werden die Pegasus-

Einrichtungen mitbenutzt. Tel. 91123/ 91600. Preise reine Verhandlungssache.

• *Essen*: **Psaria Paparouna**, am Südende der Bucht gelegen, wo die kleine Zufahrtsstraße auf den Strand trifft. Man sitzt in einem kleinen begrünten Areal unter einem Sonnendach direkt am Wasser. Spezialitäten des Hauses sind Fischgerichte. Der Wirt ist selbst Fischer und spricht gut Deutsch. Inselübliche Preise.

Tavérna Drosia, im mittleren Strandbereich liegt dieser Familienbetrieb inmitten eines Gartens. Freundlicher Wirt, dessen Sohn gut Englisch spricht. Empfehlenswert sind die Fleischgerichte wie Lamm in Zitronensauce, aber auch die Moussaká und die gefüllten Tomaten. Geöffnet von Mitte Juni bis Ende August.

Aspoús

In den letzten Jahren enorm gewachsenes Dorf an der Straße von Skýros/ Stadt nach Linariá. Einen richtigen Ortskern gibt es allerdings nicht. Vielmehr wurden die Häuser einfach rechts und links entlang der Straße und am Mealos-Strand errichtet. In Aspoús liegt zudem eine der Inseltankstellen. Ganz in der Nähe zweigt die Straße nach Kalamítsa ab. Mittlerweile gibt es auch gute Übernachtungsmöglichkeiten und einige Tavernen.

Verbindungen/Adressen

• *Verbindungen*: Die Busse von Skýros/ Stadt nach Linariá (und umgekehrt) halten in Aspoús. Der Busstopp liegt direkt an der Abzweigung der Straße nach Kalamítsa.

• *Adressen*: Ein guter **Supermarkt** befindet sich von Skýros/Stadt kommend am Ortsausgang auf der rechten Seite. Direkt dahinter liegt eine der vier **Tankstellen** der Insel (Super-bleifrei, Normal und Diesel). Der Tankstelle angeschlossen ist eine **Autowerkstatt**, die kleine Reparaturen durchführt. Noch ein Stück weiter an der Straße befindet sich am Busstopp (gegenüber dem Abzweig nach Kalamítsa) ein **Kartentelefon**.

Übernachten

Mittlerweile gutes Zimmerangebot, doch die Häuser liegen fast alle direkt an der vielbefahrenen Durchgangsstraße von Skýros/Stadt nach Linariá. Allerdings ist es von hier auch nur ein kurzer Weg zur Mealos-Bucht.

Melisanthi-Studios, A-Kat., nagelneu, 1997 eröffnete Anlage direkt an der Durchgangsstraße neben der Tankstelle. Die freundliche Frau Amerissa vermietet fünf großzügige Studios, gebaut und eingerichtet im typischen Inselstil. Alle Apartments haben einen Raum unten und eine Holztreppe, die auf eine Empore führt. Rustikale Möblierung. Tadellose neue Küche mit allem Komfort, Telefon, TV und Heizung. Bäder ebenfalls tipptopp sauber. Außenanlage hübsch begrünt. Preise je nach Saison ca. 89-110 DM fürs DZ, ca. 115-142 DM für drei Personen. Tel. 93012/93013/91944.

Mealos-Apartments, kurz hinter Lampros Taverne auf der gegenüberliegenden Straßenseite Richtung Strand. Leicht zu erkennen an den braunen Fensterläden. Großzügig eingerichtete Apartments, doch nur im Hochsommer geöffnet. Preise liegen um die 60 DM.

Rooms Lampros, gehören zur gleichnamigen Taverne. Vermietet werden sechs DZ direkt über der Taverne im selben Haus. Alle Zimmer mit drei Betten und Bad. Schlicht eingerichtet ohne viel Schnickschnack. Bäder okay. Lage an der Straße verursacht immer einen gewissen Geräuschpegel. Preise je nach Saison ca. 44-55 DM. Tel. 91388.

Rooms Margetis Laikos, ein Stück außerhalb von Aspoús. Sehr ruhig gelegen in der flachen Landwirtschaftsebene hinter dem Ort. Vermietet werden 8 relativ neue Zimmer mit Bad. Sauber und OK. Hübsch angelegter Vorgarten und weinüberrankter Innenhof. Anfahrt: An der Straße nach Kalamítsa bei der Kirche Agíos Ioánnis Prodromos rechts ab und ungefähr 200 m den Wirtschaftsweg entlang. Preise je nach Saison ca. 40-60 DM. Tel. 92007.

Essen/Trinken

Im Ort gibt es drei Tavernen, die vor allem auf Fischgerichte spezialisiert sind. Tagsüber gut besucht durch die Nähe zum Strand, aber auch abends ist immer was los.

Taverna Psariotis, Café und Restaurant, gleich am Ortseingang auf der linken Seite, wenn man von Skýros/Stadt kommt. Tische direkt über dem Ufer auf einer Hochterrasse. Typische Strandtaverne mit Stehbar, fast komplett in dunkelblau gehalten. An der Seite ein kleines Windmühlenrad. Spezialität wie üblich: Lobster mit Spaghetti. Der Wirt hat unten am Strand eine Dusche für die Gäste installiert. Nur in der Hauptsaison geöffnet.

Taverne Oscar, unweit *"Psariotis"*, ebenfalls zwischen Straße und Strand. Ebenfalls eine Hochterrasse mit Schilfmattendach, doch Oscar bevorzugt hellblaue Farbe. Es gibt gute Fischspezialitäten zu den ortsüblichen Preisen. Ebenfalls nur im Hochsommer geöffnet.

Taverna Lampros, rechts der Straße von Skýros/Stadt nach Linariá. Völlig im Grünen, sogar Bäume sind in die Terrasse integriert. Der Rest des Schilfmattendaches ist dicht mit Weinranken bewachsen. Spezialität des Hauses ist Fisch, Lobster in Bohnensauce und eine pikante Käsepie. Normale Preise.

Baden

▸ **Órmos Mealos**: der nördliche Teil der tiefen, sackförmigen Doppelbucht. Ungefähr 300 m Sand und grober Kies, vor allem am Westende. Im südlichen Abschnitt zeigt sich der Strand völlig baum- und schattenlos, im westlichen Teil liegen zwei Tavernen, die Schatten spenden. Leider werden in der Bucht oft Algen angeschwemmt. Wasser ansonsten relativ klar und in Ufernähe sehr flach. Interessant sind die großen Marmorblöcke, die in ein Haus am Strand eingearbeitet wurden.

Einrichtungen: Liegestuhlverleih neben der Taverne *"Psariotis"*. Zwei Stühle und Schirm kosten etwa 15 DM pro Tag.

▸ **Órmos Achílles**: der südliche Teil einer Doppelbucht. Der Órmos Achílles liegt südwestlich von Aspoús. Noch vor wenigen Jahren gehörte er zu den schönsten Badestellen der Insel. Mittlerweile zeigt er sich fast immer menschenleer. Grund hierfür ist der Neubau eines Yachthafens. Zum Zeitpunkt der Recherche waren die Bagger noch bei der Arbeit, aber schon ein Großteil der Bucht zubetoniert.

Einige Insulaner zeigen sich erbost über den Bau. Man spricht von EU-Geldern, die halt irgendwo verbaut werden müßten. Zudem mache ein Yachthafen an dieser Stelle wegen der Strömungen, der Windverhältnisse und der fehlenden Infrastruktur an Land wenig Sinn. Wie auch immer, der Yachthafen wird gebaut und soll 1998 fertig sein.

Ausgrabungen zeigen, daß es möglicherweise in der Spätantike an der Achílles-Bucht eine kleine Hafensiedlung gab, doch die Archäologen sind darüber noch uneins.

Östlich von Linariá

Hügeliges Gebiet, nur schwach mit Macchia und einigen Bäumen bewachsen. Zahlreiche kleine Kapellen. Eine Schotterpiste führt von Linariá nach Kalamítsa, man sollte jedoch besser von Aspoús über die Asphaltstraße fahren.

Im Grunde beginnt südlich der Hauptverbindung *Linariá-Skýros/Stadt* schon der Inselsüden. Das Gebiet ist deutlich schwächer besiedelt, richtige Dörfer mit einem Kern existieren nicht. Meist sind es langgezogene Siedlungen oder einzelne Häuser zwischen Aspoús und Nífi, dem südlichsten Weiler der Insel. Touristisch interessant ist dabei vor allem die weitläufige Sandbucht von Kalamítsa, die selbst im Hochsommer genügend Platz für alle Sonnenanbeter und Freunde des kühlenden Naß bietet. Rechts und links der Straße und auf den Hügeln liegen zahlreiche kleine Kirchen und Kapellen, die fast alle besichtigt werden können.

Kirche Agíos Ioánnis Prodromos: kleine Einraumkirche mit hölzerner Altarwand. Ioánnis-Ikone befindet sich gleich hinter dem Eingang auf der rechten Seite. Die Altarwand zählt nur drei Ikonen, dafür sind die Wände und die Apsis reicher ausgestattet. Die Darstellung des Kreuzweges Jesu ist in Griechenland eigentlich recht selten, außerdem viele Silberikonen. Typische Konstruktion: altes Schilfmattendach mit schweren Balken.

Wegbeschreibung: an der Straße nach Kalíkri, nach ca. 800 m (ab Aspoús) auf der rechten Seite in einer Linkskurve.

Kalikri/Loutró/Flea: geographische Bezeichnung für einige Häuser rechts und links der Straße nach Kalamítsa. Keine eigentlichen Dörfer oder Weiler mit erkennbarem Kern.

• *Essen*: **Tavérna Mouries**, direkt an einer Kurve der Straße nach Kalamítsa. Gut zwei Dutzend Tische unter Maulbeerbäumen, wirklich idyllischer Familienbetrieb mit griechischer Musik. Leider wurde mittlerweile die Sicht ins Tal verbaut. In der Taverne hat man einen kleinen Brunnen errichtet. Stolz zeigt der Wirt auch das Wasserspiel an einem Naturfelsen hinten im Garten und die Nachbildungen der Amphoren. Essen überwiegend vom Grill, lecker und günstig. Spezialität ist Ziegenfleischsuppe.

Kirche Agías Minas: kleines unspektakuläres Gotteshaus mit geweißelter Altarwand. Um die Ikonen hat man kykladenblaue Umrandungen gemalt. Die alte Silberikone des Agías Minas steht gleich rechts vom Eingang, weitere an der Altarwand. Die Wände sind nur karg geschmückt. Schöner Blick vom Kirchenvorplatz auf die Achílles-Bucht und den neuen Yachthafen.

Kalamítsa

Weitläufige Siedlung im flachen Hinterland der Bucht. Die Wohnhäuser liegen ziemlich verstreut auseinander, dazwischen viele Ferien- und Wochenendhäuser der Stadtbewohner und von Festlandsgriechen. Der Rest des Tales wird als landwirtschaftliche Fläche intensiv genutzt. Auffallend sind insbesondere zahlreiche kleine Olivenhaine. Ruhige Gegend, kaum Tourismus.
In der Umgebung wurden Reste einer frühchristlichen *Katakombe* ausgegraben. Außerdem haben Archäologen unweit eine *antike Grabstelle* entdeckt.

Militärjeeps bei einer Übung am Órmos Kalamítsa

Wie die Bewohner zahlreicher anderer Orte in Griechenland, nehmen auch die Skyroten für sich in Anspruch, das *Grab Homers* auf ihrer Insel zu haben. Es soll hinter der Kalamítsa-Bucht liegen.

• *Übernachten*: **Rooms Maritta Fischer**, Maritta aus Rheinhessen vermietet drei kleine DZ in ihrem Haus auf einem Hügel oberhalb der Kalamítsa-Bucht. Alle Zimmer sind mit hellem Kiefernholz eingerichtet, ein gemeinsames Bad befindet sich außen. Der Kühlschrank steht hinter dem Haus, Freiluftküche im hübschen, bunten Garten. Das Haus ist nicht leicht zu finden, eine steile betonierte Zufahrtsrampe führt links von der Straße hinauf. Ungefähr 800 m zum Strand. Preise je nach Saison ca. 25-32 DM fürs DZ. Kein Telefon.

Kirche Agía Barbára: oberhalb der Straße zur Bucht von Kalamítsa gelegen. Im Innern verputzte und geweißelte Altarwand mit sechs großen Ikonenbildern, Christus in der Mitte und weitere kleinere Heiligenbildnisse rechts und links. An den Wänden zahlreiche Ikonen neueren Datums, überwiegend Barbára-Darstellungen, zum Teil auch in Silber. Die Gebetsikone der 1961 geweihten Kirche steht gleich rechts neben dem Eingang, darüber ein besticktes Tuch von 1978. Große Kristallkerzenleuchter.

Jedes Jahr wird die Bucht von Kalamítsa Mitte Juni für zwei bis drei Tage gesperrt, da das griechische Militär hier Landeübungen vornimmt. Dann rollen Jeeps und schwere Panzer über den Strand, vor der Bucht ankern Kriegsschiffe, und die Düsenjäger donnern im Tiefflug über das Gebiet.

Órmos Kalamítsa: weit ausladende Bucht, überwiegend Sandstrand, aber an einigen Stellen auch Kies. Das kristallklare Wasser ist sehr sauber und relativ flach, gut für Familien geeignet. Entlang des Strandes stehen nur wenige Bäume. Direkt am Strand nur eine Taverne, die tagsüber von Ausflüglern gut besucht ist. In der Hochsaison sind an der Bucht etliche Zelte aufgeschlagen. Herrlich erholsam, weil selbst im August immer ein schönes ruhiges Plätzchen zu finden ist.

• *Anfahrt*: Die Straße, die bei Aspoús abzweigt, führt durch Kalamítsa direkt hinunter bis zur Bucht. Unmittelbar nach der Bucht endet der asphaltierte Teil, nach Nífi gelangt man nur über eine Schotterpiste.

• *Übernachten*: **Alkyonis**, Roula Fiolakis vermietet vier hübsche Apartments für jeweils drei Personen. Die neu errichteten Zimmer sind alle mit Küche und Kühlschrank ausgestattet. Bäder klein aber sehr sauber, außerdem phantastischer Blick von den Balkonen aufs Meer. Im Sommer hilft die Tochter des Hauses, die als Englischlehrerin in Athen arbeitet beim Übersetzen. Das Haus liegt an der Straße zur Bucht. In der letzten Kurve (vor dem Strand) zweigt links eine kleine und steile Betonpiste ab. Preise je nach Saison ca. 50-77 DM. Kein Telefon.

To Agrogiali, A-Kat., Apartmentanlage direkt am Südende der Bucht. Von den Balkonen herrlicher Blick aufs Meer. Neu errichtet in einem frisch begrünten Grundstück. Nur in der Hauptsaison geöffnet. Liegt direkt an der Straße nach Nífi, dort, wo der Asphalt endet.

• *Essen*: **Tavérna Kalamítsa**, etwa in der Mitte der Bucht gelegen, wo die Asphaltstraße auf den Strand trifft. Man sitzt bei griechischer Musik auf weißen Plastikstühlen unter einem Schilfmattendach direkt am Meer. Im Hochsommer wird auch eine Strandbar betrieben, in der Nebensaison gibt es eher kleine Gerichte. Essen und Preise okay.

Inselsüden

Gebirgig, fast baumlos, karg und steinig. Von den Einheimischen schlichtweg "to Vounó" (zu deutsch: "der Berg") genannt. Weitgehend unberührt und touristisch gänzlich unerschlossen. Steile Abhänge, riesige scharfkantige Felsklötze, hübsche Strände und Unterwasserhöhlen an der Südküste.

Die Region rund um den fast 800 m hohen *Kochilas*-Gipfel zeigt sich nahezu menschenleer. Hier leben die letzten Exemplare der Skýros-Ponys noch in freier Wildbahn. Außerdem sind im Südteil der Insel Tausende von Ziegen und Schafen heimisch, denen die stark duftenden Kräuter der Macchialandschaft Nahrung bieten. Während des Hochsommers meiden sogar die Hirten wegen der Wasserarmut den äußersten Süden. Entsprechend friedlich und ruhig ist es daher in dieser Gegend, die Buchten sind meist ebenso menschenleer. Geologisch gesehen ist der gesamte Inselsüden eine zusammenhängende Kalkmasse.

Wer die Absicht hat, den südlichen Teil der Insel zu erkunden, sollte einige Punkte beachten: Es gibt keine öffentlichen Verkehrsmittel, die Straße ist nur bis an die Bucht von Kalamítsa asphaltiert, danach breite Schotterpiste. Südlich der Quelle bei Nífi gibt es kein Trinkwasser mehr. Außerdem ist das Kartenmaterial unbefriedigend, und nirgendwo sind Wege markiert

(außer die Straße nach Trís Boúkes). Wer längere Wanderungen plant, sollte sich daher vorher bei den Einheimischen erkundigen und weit vorausschauend laufen. Am Kap Castélli, ganz im Süden der Insel, gibt es zum Beispiel einen 200 m tiefen Felssturz! Gutes Schuhwerk ist unabdingbar, da die Südhälfte von Skýros sehr unwegsam ist.
Östlich des Órmos Rénes wird die Küste sehr steil und felsig. Hier befinden sich zahlreiche Höhlen in den Felswänden. Wer einen Ausflug mit dem Schiff macht (zu Fuß gibt es keinen Zugang), kann die Wildziegen von Skýros in den Felshöhlen sehen. Ganz auf dem südöstlichsten Kap steht ein solarbetriebener Leuchtturm.

Nífi

Verstreute Bauernsiedlung entlang der Küste. Rechts und links der Schotterstraße, die zur Trís-Boúkes-Bucht führt, stehen einige Häuser. Hier leben überwiegend Ziegenbauern. In den letzten Jahren sind aber auch einige moderne Bauten von Stadtbewohnern entstanden.
Kurz hinter der Dorfkirche *Agía Triáda* liegt auf der Straßenseite gegenüber eine üppige Quelle. Selbst Einheimische aus der Stadt holen sich von dem kühlen, wohlschmeckenden Wasser.

Kirche Agía Triáda: kleine Einraumkirche am Ende von Nífi, etwas unterhalb der Straße. Gemauerte und verputzte Altarwand mit zahlreichen Ikonenbildern. Die Hauptikone steht rechts am Eingang. Inseltypisches Schilfmattendach.
Am griechischen Pfingstfest findet an der Agía Triáda ein Panigiri statt. Nebenan in der kleinen Küche wird gekocht, nach dem Gottesdienst ab etwa 21 Uhr gefeiert, gegessen und getanzt. Auch Touristen sind willkommen.

Baden

- **Órmos Kolimbáda**: weitläufige Buchten südlich von Nífi. Die gesamte Küste in diesem Gebiet ist von der Straße her gut zu überblicken. Ab und an führen kleine Ziegenpfade hinunter bis zum Wasser, aber in der Regel wird man sich seinen Weg selbst suchen müssen.
  Einrichtungen: keine vorhanden.
- **Ákra Mármara**: Kap südwestlich der *Trís-Boúkes*-Bucht. Das Kap Mármara schließt eine hügelige und nur spärlich bewachsene Halbinsel nach Süden ab. Außer Ziegenhirten sieht man keine Menschenseele in dieser Gegend.
- **Órmos Trís Boúkes**: früher einer der größten Piratenstützpunkte in der gesamten Ägäis. Der Órmos Trís Boúkes (zu deutsch: *drei Mündungen*) ist ein durch die vorgelagerten Inseln Platía und Sarakino gut geschützter Naturhafen. An mehreren Stellen befinden sich kleine Kieselstrände, die früher selbst im Hochsommer kaum besucht waren. Heute ist fast das gesamte Gebiet militärische Sperrzone, denn die griechische Kriegsmarine hat 1992 hier einen Stützpunkt errichtet.
  Seither ist die Bucht im Grunde unzugänglich. Vom Seeweg her ist das landen an der Küste bei den Bunkern und den betonierten Kais verboten, und

Kapelle an der Schotterpiste von Nífi zum Órmos Trís Boúkes

der Landweg endet 100 m hinter Brookes Grab (s. u.), unvermittelt am Eingangstor der Kaserne. Der Wachtposten ist schwer bewaffnet und verweigert Touristen den Zutritt. Von der See her darf man die Bucht passieren, sich aber nicht in auffälliger Weise der Küste nähern (und nicht fotografieren).

Zugänglich ist lediglich die etwa 200 m tiefe Schlauchbucht im Westen der Bucht, *Órmos Apias* genannt. Auch dieser Teil der Trís-Boúkes-Bucht verfügt über einen Kiesstrand. Der Rest der Bucht ist überwiegend flache Felsküste. Die Macchia reicht fast bis ans Wasser heran.

• *Anfahrt*: über die Schotterstraße hinter Nífi. Die Abzweigung nach rechts in den südwestlichsten Zipfel der Insel ist nicht leicht zu finden.
Einrichtungen sind keine vorhanden.

▸ **Rupert Brookes Grab**: Hier liegt kein Sohn der Insel begraben. Auch in seinen literarischen Texten hat der englische Dichter Rupert Brooke niemals irgendwelchen Bezug zu Skýros erkennen lassen und dennoch wird er heute auf der Insel verehrt.

Rupert Brooke

Brooke, geboren am 3. August 1887 im englischen Rugby, war Offizier der britischen Kriegsmarine. Während des Ersten Weltkrieges versteckte sich sein Lazarettschiff (vermutlich vor der deutschen Mittelmeerflotte) in der *Trís Boúkes*-Bucht von Skýros, wo der Dichter 1915 an Malaria starb. So wurde Skýros im Grunde rein zufällig zur letzten Ruhestätte des Dichters, und die Einheimischen versuchen heute, diese "Ehre" touristisch zu nutzen.

Das Grab von Rupert Brooke

Das Werk Brookes gilt in seiner englischen Heimat durchaus nicht als unumstritten. Der Lyriker gehörte der Gruppe der sogenannte *Georgianischen Poeten* an (nach König Georg V.), die sich einem eisernen Patriotismus und Pflichtbewußtsein verbunden fühlten. Brooke empfand den Krieg als läuterndes Erlebnis. Zur Zeit des Ersten Weltkrieges war Brooke damit gewiß kein Außenseiter, aber in den unruhigen Jahren nach der Studentenrevolte hat man jene Schriftsteller heftig als Kriegstreiber verurteilt. Wie auch immer man dazu stehen mag, Brookes Gedichte avancierten nicht nur unmittelbar nach dem Falkland-Krieg mit Rekordauflagen wieder auf die Bestsellerlisten, sondern werden auf der Insel noch heute viel gelesen.

Die Grabstelle selbst ist eher unscheinbar, oft weiden hier Ziegen und Schafe. Der Marmorsarkophag mit griechischer und lateinischer Inschrift liegt inmitten eines idyllischen Olivenhaines. Um die Ruhestätte hat man ein grünbemaltes Eisengitter errichtet und eine Gedenktafel aufgestellt.

• Wegbeschreibung: Nach Nífi führt eine gut 8 m breite Schotterpiste zunächst bergauf, dann mit Meeresblick bis hinunter in die Trís Boúkes Bucht. Ungefähr 500 m vor dem Strand endet der für Touristen befahrbare Teil der Strecke unvermittelt an einem schwer bewachten Militärposten, der die Einfahrt zum neuen Marinestützpunkt bewacht. Brookes Grab liegt genau 200 m vor dieser Straßensperre links unterhalb der Schotterpiste und ist gut von oben zu erkennen.

▸ **Órmos Rénes**: überwiegend felsige und flach ins Wasser auslaufende Küste. Am Órmos gibt es mehrere kleine, nicht sonderlich attraktive Kiesstrände. Die gesamte Gegend ist absolut einsam, nur die Glocken der Ziegenherden unterbrechen die Stille. Zum Badeb nicht unbedingt zu empfehlen. Außerdem ist das felsige Wasser voller Seeigel, wenn auch klar und sauber. Oberhalb der Bucht stehen ein paar vereinzelte Bäume, ansonsten wächst hier nur spärliche Macchia. In dem weiten Gebiet um den Órmos Rénes halten sich im Winter oft die kleinen *Pikermik*-Pferde auf.

• *Anfahrt*: Zum Órmos Rénes führt die Verlängerung der Schotterpiste, die oberhalb der Trís-Boúkes-Bucht rechts abzweigt. Danach gibt es keine erkennbaren Wege mehr. Einrichtungen sind keine vorhanden.

Minipferde einer uralten Rasse – die Skýros-Ponys

Im Süden der Insel lebten einst über 8000 kleine Pferde in freier Wildbahn. Diese Skýros-Ponys, die eigentlich *Pikermik-Pferde* (Gattung *Equus Cabalus Skyranus*) heißen, messen nur ungefähr 110 cm Höhe. Heute ist die Population wahrscheinlich auf weniger als einhundert Stück abgesunken. Ursache für den starken Rückgang war insbesondere die Schneekatastrophe im extrem harten Winter von 1987. Seither hat sich der Bestand nicht mehr erholen können, obwohl man auf den Einsatz der Tiere als "Erntehelfer" mittlerweile verzichtet. Früher wurden sie zur Erntezeit eingefangen und zum Dreschen des Getreides (mit den Hufen) ein paar Wochen im Jahr eingespannt. Danach ließen sie die Skyroten wieder frei, und die Tiere zogen im Winter wieder hinauf in die Felshöhlen der Berge.

Heute sind fast alle Pferde im Besitz verschiedener skyrotischer Familien, die die Tiere versorgen. Es wird durchaus erfolgreich versucht, die Nachkommenschaft zu sichern. Nur noch wenige Wochen im Jahr werden die Pforten der Gehege geöffnet oder die Pferde in die freie Wildbahn entlassen. Jeder kennt "seine" Tiere und kümmert sich um sie. In ihrem angestammten Gebiet am Órmos Rénes sind sie jedoch kaum noch zu beobachten. Die halbwilde Pferderasse bevölkerte Skýros schon während der Antike. Manche Wissenschaftler behaupten, sie seien schon in prähistorischer Zeit vor 17 Millionen Jahren auf der Insel gewesen. Aufgrund erhaltener bildhauerischer Zeugnisse (z. B. das Parthenon-Fries im Akrópolis-Museum in Athen) gehen die Archäologen davon aus, daß sämtliche in der griechischen Antike bekannten Pferderassen ungefähr die Größe der Pikermik-Pferde hatten.

Die Minipferde ernähren sich von Kräutern und von allerlei Gestrüpp, in Notzeiten sogar von Dornbüschen. Nach den ersten starken Regenfällen im Herbst beginnen die Quellen hoch oben im Gebirge wieder zu fließen. Die Pferde zogen sich früher dann in höher gelegene Regionen zurück. Mit ihren kräftigen Hufen konnten sie sogar Eis aufbrechen, um auch im Winter an Wasser zu gelangen. Üblicherweise sind die Populationsverluste in den strengen Wintern immer sehr hoch gewesen. Nur in der warmen Jahreszeit kamen die Pferde aus den Bergen in die Talsysteme der Insel herab. Manchmal werden im Juli noch immer traditionelle Pferderennen in Skýros/Stadt abgehalten.

Warnung: Oft sieht man die Pferde auch auf den Feldern und Wiesen im Norden der Insel. Sie wurden hier von ihren Besitzern zum Weiden angebunden, doch sollte man sich ihnen nicht allzu weit nähern, denn es sind noch immer halbwilde Pferde, die ohne Vorwarnung mit den Hufen ausschlagen können. In den letzten Jahren wurden zahlreiche Touristen von den Pferden verletzt, als sie ihnen Zucker geben oder sie fotografieren wollten.

- **Steilfelsen und Höhlen von Diatryptí**: Entlang dem östlichen Teil der Südküste fallen die Felsen zum Teil senkrecht ins Meer hinab. Die starke Brandung hat hier im Laufe der Jahrtausende tiefe Höhlen in die Felsen gefressen. Man nennt sie üblicherweise auf Skýros die "blauen Grotten", wahrscheinlich wegen der intensiven Blautöne des Wassers.
  Obwohl dieses Gebiet der Insel kaum über den Landweg zugänglich ist, wurden hier wichtige archäologische Funde von Werkzeugen aus Feuerstein und Obsidian gemacht. Die Stücke werden in die präneolithische Zeit datiert.
  Verbindungen: Sehr lohnenswert ist ein Ausflug mit dem Kaíki zu den Höhlen. Nicos aus Linariá fährt diese Tour im Sommer fast täglich (siehe Kapitel Linariá).
- **Ákro Kastelli**: der südöstlichste Zipfel von Skýros, auch *Ákro Lithári* genannt. Ein einsamer Leuchtturm auf der Felsnase weist den Schiffen den Weg um die Insel. Rund um das Kap fallen die Felswände ansonsten steil ins Meer ab. Auf der Westseite gibt es jedoch einen begehbaren Zugang zum solargesteuerten Leuchtfeuer, dessen Funktion einmal wöchentlich überprüft wird. Vorsicht mit dem Boot: Die Brandung ist auch bei wenig Wind stark, und vor der Küste liegen zahlreiche Klippen.
- **Kochilas-Gebirge**: nicht ganz einfach zu besteigendes Gelände inmitten des südlichen Inselteiles. Der höchste Gipfel des Gebirges ist mit 792 m der Óros Kochilas. Etwas weiter westlich erhebt sich der 734 m hohe Óros Daphni und südlich der Berg Vouva (727 m). Das tückische am Kochilas-Gebirge sind weniger seine langgezogenen Hänge, sondern die tiefen Schluchten, die sich an vielen Stellen plötzlich auftun. Insofern gilt: Wandern auf Sicht ist gut möglich, doch aufpassen, wo man hintritt.
  An Tagen mit instabiler Wetterlage sollte man auf Bergtouren im Inselsüden verzichten. Schnell ziehen Wolken auf und hüllen die Gipfel in Nebel. Ohne Kompaß hat man dann kaum eine Chance zurückzufinden.

Vorgelagerte Inseln

Insbesondere vor der Westküste von Skýros liegen zahlreiche kleine Inseln. Baláxa und Skyropoula sind die größten von ihnen, aber auch sie werden nicht von Badekaíkis angefahren. Im Süden von Skýros gibt es genügend einsame Strände, so daß sich die Überfahrt auf eines der umliegenden Eilande kaum lohnt. Vor der Nord- und Südküste liegen jeweils zwei weitere Inseln.

- **Nótios Podies**: das *südliche* Podies. Die kleine Insel liegt gut 2,5 km vor der Nordküste am Ákro Kartsinoúdi. Auf Nótios Podies steht an der Westküste ein Leuchtturm.
- **Voreiós Podies**: das *nördliche* Podies. Knapp 2 km nordnordwestlich von Nótios Podies liegt die Schwesterinsel Voreiós Podies im Meer. Auch sie verfügt über ein Leuchtfeuer, das aber an der nördlichsten Küste des kleinen Eilandes steht.
- **Kotsiles**: Minieiland vor dem Órmos Kalogrias. Die Insel liegt nur wenige hundert Meter von der Küste entfernt.

Leuchtturm auf der Südostspitze von Skýros

- **Atsitsa**: Minifelsen unmittelbar vor der gleichnamigen Bucht von Atsitsa. Bei starken Nordwestwinden sollte man wegen der Meeresströmungen nicht versuchen, auf das flache Eiland hinüberzuschwimmen. Die Bucht wird fast täglich von den Surfschülern des Atsitsa-Centers bevölkert.
- **Koulouri**: kleine Insel südlich vor dem Ákro Óros und sehr nah an der Küste gelegen. Koulouri mißt gut 1 km Länge und ungefähr 500 m in der Breite.
- **Lakonissi**: Minifelsen, gut 2 km westlich vor dem Órmos Pévkos gelegen. Die Insel wird auch *Voreiós Bouves* genannt.
- **Rínia**: kleine langgezogene Insel zwischen dem Órmos Pévkos und der Insel Skyropoula. Rínia ist über 1,5 km lang, aber nur wenige Hundert Meter breit. Das Eiland besteht aus hellem Kalkstein.
- **Skyropoula**: größere Insel in fast kreisrunder Form und mit etwas über 2,5 km Durchmesser. Das Eiland verfügt zwar über zwei schöne Sandstrände mit kristallklarem Wasser und über die sehenswerte Höhle *Kávos Spiliá*, wird aber von den Ausflugskaíkis von Skýros wegen seiner großen Entfernung nicht angelaufen. Skyropoula liegt gut 15 km westlich des Hafens Linariá und bleibt damit Segelschiffen oder Motorbooteignern vorbehalten. Im Südosten der Insel befindet sich ein vielbenutzter Ankerplatz mit zwei Kiesstränden, die ringsum mit dichter Macchia zugewuchert sind. Nach Norden hin fällt die aus Kalk bestehende Insel steil ins Meer ab. Die höchste Erhebung reicht auf ca. 185 m.

  Geographische Lage (Bucht im Südosten): 39°50' nördliche Breite, 24°22' östliche Länge.
- **Baláxa**: größte der Skýros vorgelagerten Inseln. Das nach Südsüdwesten hin langgestreckte Baláxa mißt von Nord nach Süd ungefähr 5 km Länge

Órmos Glifáda auf der vorgelagerten Insel Sarakino

und in der West-Ost-Ausdehnung ca. 1,5 km. Die Hänge der Insel zeigen sich fast kahl, keine Bäume und Sträucher, nur halbhohe Macchia. Dies liegt aber nicht nur am Wassermangel (soweit bekannt, gibt es auf Baláxa keine Süßwasserquelle), sondern auch an den hunderten von Ziegen, die hierher zum Weiden gebracht werden. Fast täglich fahren Hirten hinrüber, füttern, melken und bringen Tiere dorthin oder holen andere zurück. Am südöstlichsten Zipfel der Insel steht ein Leuchtturm. Die höchste Erhebung führt auf ca. 205 m.

- **Diavatés**: zwei kleine rötliche Eilande und mehrere Minifelsklippen, etwa 400 m vor dem Ákro Agíos Nikólaos gelegen. Beide Inseln bestehen im Grunde nur aus blankem Fels und ein paar Macchiasträuchern. Die Durchfahrt zwischen dem Kap und den Diavatés-Inseln ist für kleine Schiffe wegen der zahlreichen Klippen schwierig. Der südwestlichere der beiden größeren Felsen heißt *Exo Diavatés.*

- **Platía**: kleine Insel, die langgestreckt vor dem Órmos Trís Boúkes liegt und der Bucht damit einen hervorragenden natürlichen Schutz bietet. Das Eiland mißt knapp 2 km in der Länge.

- **Sarakino**: größere, ziemlich kahle Insel vor der Trís Boúkes-Bucht. In der West-Ost-Ausdehnung erreicht Sarakino über 2,5 km, die größte Nord-Süd-Breite ist nur unwesentlich kürzer, aber nach Osten hin wird die Insel deutlich schmäler. An der Südseite der Insel fallen die Felswände teils 25 m steil ins Meer hinab. Dort liegt aber auch eine tief in die Küstenlinie eingeschnittene Bucht, die *Órmos Glifáda* genannt wird und einen kleinen Sandstrand besitzt. Außer für Segler ist Sarakino aber auch mit einem Boot zu erreichen.

Die Glifáda-Bucht verfügt über einen ca. 60 m langen, sauberen und goldgelben Sandstrand. Leider kein schattenspendender Baum oder Strauch am Beach, nur ein paar alte Ölbäume ca. 150 m hinter dem Strand. Das Wasser ist sehr flach, aber an den Rändern befinden sich zahlreiche Seeigel auf den Felsen. In der Mitte kann man problemlos ins Wasser gelangen. Die Bucht wird auch von den Fischerkaikis gerne angelaufen.

Geographische Lage (Órmos Glifáda): 39°45' nördliche Breite, 24°36,8' östliche Länge.

Was haben Sie entdeckt?

Haben Sie eine schöne, einsame Bucht entdeckt, eine gemütliche Pension, einen abgelegenen Wanderpfad?

Wenn Sie Tips, Informationen, aber auch Kritikpunkte haben, lassen Sie es uns wissen. Schreiben Sie an:

Dirk Schönrock
Stichwort "Nördliche Sporaden"
c/o Michael Müller Verlag GmbH
Gerberei 19
91054 Erlangen

Kleiner Sprachführer

Keine Panik: Neugriechisch ist zwar nicht die leichteste Sprache, lassen Sie sich jedoch nicht von der fremdartig wirkenden Schrift abschrecken - oft erhalten Sie Informationen auf Wegweisern, Schildern, Speisekarten usw. auch in lateinischer Schrift, zum anderen wollen Sie ja erstmal verstehen und sprechen, aber nicht lesen und schreiben lernen. Dazu hilft Ihnen unser neuartiger "kleiner Sprachführer", den wir für Sie nach dem Baukastenprinzip konstruiert haben: Jedes der folgenden Kapitel bietet Ihnen Bausteine, die Sie einfach aneinanderreihen, d.h. einfache Sätze bilden können und - verstanden werden. So finden Sie sich im Handumdrehen in den wichtigsten Alltagssituationen zurecht, entwickeln ein praktisches Sprachgefühl und können sich so nach Lust und Notwendigkeit Ihren eigenen Minimalwortschatz aufbauen und erweitern.

- Wichtiger als die richtige Aussprache ist übrigens die Betonung! Ein falsch betontes Wort versteht ein Grieche schwerer als ein falsch oder undeutlich ausgesprochenes. Deshalb finden Sie im folgenden jedes Wort in Lautschrift und (außer den einsilbigen) mit Betonungszeichen.
  Viel Spaß beim Ausprobieren und Lernen!

Elementares

GRÜSSE

guten Morgen (bis mittags)	kaliméra
guten Abend	kalispéra
gute Nacht	kaliníchta
Hallo! Grüß' Sie!	jássas!
Tschüß	athío
auf Wiedersehen	chérete
alles Gute	stó kaló
gute Reise	kaló taxídi

GESPRÄCH

Wie geht es Ihnen?	ti kánete?
Wie gehts Dir?	ti kánis?
(Sehr) gut	(polí) kalá
so lala	étsi ki étsi
und Dir?	ke essí?
Wie heißt Du?	pos se léne?
ich heiße ...	to ónoma mou íne ...
Woher kommst du?	apo pu ísse?
Ich komme aus ...	íme apo ...
... Deutschland	... jermanía
... Österreich	... afstría
... Schweiz	... elwetía
Sprechen Sie englisch (deutsch)?	mílate angliká (jermaniká)?
Ich spreche nicht griechisch	den miló eliniká
Wie heißt das auf Griechisch?	pos légete aftó sta eliniká?
Ich verstehe (nicht)	(dén) katalawéno
Verstehst du?	katálawes? (katalawénis?)
In Ordnung (o.k.)	endáxi

MINIMAL WORTSCHATZ

Ja	nä
Nein	óchi
Nicht	dén
Ich verstehe (nicht)	(dén) katalawéno
Danke (vielen Dank)	efcharistó (polí)
Bitte(!)	parakaló(!)
Entschuldigung	signómi
groß/klein	megálo/mikró
gut/schlecht	kaló/kakó
viel/wenig	polí/lígo
heiß/kalt	sässtó/krío
oben/unten	epáno/káto
ich	egó
du	essí
er/sie/es	aftós/aftí/aftó
das (da)	aftó
(ein) anderes	állo
welche(r), welches?	tí?

Fragen & Antworten

Gibt es (hier) ... ?	**ipárchi (edó) ... ?**
Wo ist ... ?	**pu íne ... ?**
Ich möchte (nach) ...	**thélo (stin) ...**
Wann geht (fährt, fliegt)?	**pote féwgi?**
um wieviel Uhr?	**ti óra?**
wann kommt ... an?	**póte ftáni ...?**
wieviel Kilometer sind es?	**pósa kiliómetra íne?**
wieviel kostet es?	**póso káni?**
wissen Sie ... ?	**xérete ... ?**

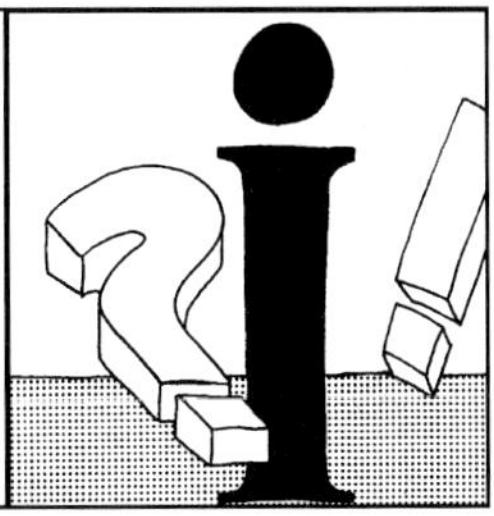

stündlich	aná óra
um 4 Uhr	tésseris óra
... der Hafen ...	... to limáni
... die Haltestelle	... i stási
ich weiß nicht	dén xéro
haben Sie ... ?	échete ... ?
... nein, haben wir nicht	... dén échoume
ja, bitte? (hier, bitte!)	oríste?/!

WORTSCHATZ

Wann	póte
Wo	pu
Von wo ...	ápo pu
... von Iraklion	...ápo to Iráklio
Wieviel(e)...	pósso (póssa) ...
Wohin ...	jia pu ...
nach /zum ...	tin/stin ...
... nach Athen	... stin Athína
links	aristerá
rechts	dexiá
geradeaus	isía
die nächste Straße	o prótos drómos
die 2. Straße	o défteros drómos
hier	edó
dort	ekí

Unterwegs

Abfahrt	anachórisis
Ankunft	áfixis
Gepäckaufbewahrung	apotíki aposkewón
Information	pliroforíes
Kilometer	kiliómetra
Straße	drómos
Telefon	tiléfono
Ticket	isitírio
Reservierung	fílaxi
Weg	ódos

Flugzeug/Schiff

Deck	katástroma
Fährschiff	férri-bot
Flughafen	aerodromio
das (nächste) Flugzeug	to (epómene) aeroplano
Hafen	limáni
Schiff	karáwi
Schiffsagentur	praktorío karawiú

Bus/Eisenbahn

Bahnhof	stathmós
(der nächste) Bus	(to epómene) leoforío
Eisenbahn	ssideródromos
Haltestelle	stásis
Schlafwagen	wagóni ípnu
U-Bahn	ilektrikós
Waggon	wagóni
Zug	tréno

Auto/Zweirad

ich möchte ...	thélo ...
wo ist ... ?	pu íne ...?
... die nächste Tankstelle?	... to plisiésteron wensinádiko?
Bitte prüfen Sie ...	parakaló exetásete ...
Ich möchte mieten (für 1 Tag)	thélo na nikiásso (jiá mia méra)
(die Bremse) ist kaputt	(to fréno) íne chalasménos
wieviel kostet es (am Tag)?	póso káni (jia mía méra)?
Benzin (super/normal/bleifrei)	wensíni (súper/apli/-amóliwdi)
Diesel	petréleo
1 Liter	éna lítro
20 Liter	íkosi lítra
Auto	aftokínito
Motorrad	motossikléta
Moped	motopodílato
Anlasser	mísa
Auspuff	exátmissi
Batterie	bataría
Bremse	fréno
Ersatzteil	andalaktikón
Keilriemen	imándas
Kühler	psijíon
Kupplung	simbléktis
Licht	fos
Motor	motér
Öl	ládi
Reifen	lásticho
Reparatur	episkewí
Stoßdämpfer	amortisér
Wasser (destilliertes)	to (apestagméno) neró
Werkstatt	sinergíon

Bank/Post/Telefon

Post und Telefon sind in Griechenland nicht am selben Ort! Telefonieren kann man in kleineren Orten auch an manchen Kiosken und Geschäften.

Wo ist	pu ine?
Ich möchte ...	thélo ...
... ein Tel.-Gespräch	... éna tilefónima
... (Geld) wechseln	... na chalásso (ta chrímata)
Wieviel kostet es (das)?	póso káni (aftó)?
... eine Bank	... mia trápesa
... das Postamt	... to tachidromío
... das Telefonamt	to O. T. E.
Bank	trápesa
Brief	grámma
Briefkasten	grammatokiwótio
Briefmarke	grammatósima
eingeschrieben	sistiméno
Euro-/Reisescheck	ewrokárta
Geld	ta chrímata
Karte	kárta
Luftpost	aeroporikós
Päckchen	paketáki
Paket	déma
postlagernd	post restánd
Tel.-Gespräch (anmelden) (nach)	(na anangílo) éna tilefónima (jia)
Telefon	tiléfono
Telegramm	tilegráfima
DM	jermanikó márko
Österr. Schillinge	afstriaká selínia
Schweizer Franken	elwetiká fránka

Übernachten

Zimmer	**domátio**
Bett	**krewáti**
ein Doppelzimmer	**éna dipló domátio**
Einzelzimmer	**domátio me éna krewáti**
mit ...	**me ...**
... Dusche/Bad	**dous/bánjo**
... Frühstück	**proinó**

Haben Sie?	échete?
gibt es ...?	ipárchi ...?
wo ist?	pu íne?
wieviel kostet es (das Zimmer)?	póso kani (to domátio)?
ich möchte mieten	thélo na nikásso (...)
(...) für 5 Tage	jia pénde méres
kann ich sehen ... ?	bóro na do ...?
kann ich haben ... ?	bóro na écho ... ?

ein (billiges/gutes)	éna (ftinó/kaló)
Hotel	xenodochío
Pension	pansión
Haus	spíti
Küche	kusína
Toilette	tualétta
Reservierung	enikiási
Wasser (heiß/kalt)	neró (sässtó/krió)

Essen & Trinken

Haben Sie?	échete?
Ich möchte ...	thélo...
Wieviel kostet es?	póso káni?
Ich möchte zahlen	thélo na pliróso
Die Rechnung (bitte)	to logariasmó (parakaló)
Speisekarte	katálogos

Getränke

Glas/Flasche	potíri/boukáli
ein Bier	mía bíra
(ein) Mineralwasser	(mia) sóda
Wasser	neró
(ein) Rotwein	(éna) kókkino krassí
(ein) Weißwein	(éna) áspro krassí
... süß/herb	glikós/imíglikos
(eine) Limonade (Zitrone)	(mia) lemonáda
(eine) Limonade (Orange)	(mia) portokaláda
(ein) Kaffee	(éna) nóckafo
(ein) Mokka	(éna) kafedáki
... sehr süß	... varí glikó
... mittel	... métrio
... rein (ohne Z.)	skéto
Tee	sái
Milch	gála

Griech. Spezialitäten

Fischsuppe	psaróssupa
Suppe	ssúpa
Garnelen	garídes
Kalamaris ("Tintenfischchen")	kalamarákia
Fleischklöschen	keftédes
Hackfleischauflauf mit Gemüse	musakás
Mandelkuchen mit Honig	baklawás
Gefüllter Blätterteig	buréki
Gefüllte Weinblätter (mit Reis & Fleisch)	dolmádes
Nudelauflauf mit Hackfleisch	pastítsio
Fleischspießchen	suwlákia

Sonstiges

Hähnchen	kotópulo
Kartoffeln	patátes
Spaghetti (mit Hackfleisch)	makarónia (me kimá)
Hammelfleisch	kimás
Kottlet	brísola
Bohnen	fasólia
Gemüse	lachaniká

Gewürze siehe "Einkaufen"

Einkaufen

Haben Sie?	échete?
kann ich haben?	bóro na écho?
geben Sie mir	dóste mou
klein/groß	mikró/megálo
1 Pfund (= 1/2 Kilo)	misó kiló
1 Kilo/Liter	éna kiló/lítro
100 Gramm	ekató gramárja
Apfel	mílo
Brot	psomí
Butter	wútiro
Ei(er)	awgó (awgá)
Essig	xídi
Gurke	angúri
Honig	méli
Joghurt	jaoúrti
Käse/Schafskäse	tirí/féta
Klopapier	hartí igías
Kuchen	glikó
Marmelade	marmeláda
Milch	gála
Öl	ládi
Orange	portokáli
Pfeffer	pipéri
Salz	aláti
Seife	sapúni
Shampoo	sambuán
Sonnenöl	ládi jia ton íljon
Streichhölzer	spírta
Tomaten	domátes
Wurst	salámi
Zucker	sáchari

Sehenswertes

wo ist der/die/das?
pu íne to/i/o?

wo ist der Weg zum ...?
pu íne i ódos jia ...?

wieviel Kilometer sind es nach ...?
póssa kiliómetra íne os to ...?

rechts	dexiá
links	aristerá
dort	ekí
hier	edó
Ausgang	éxodos
Berg	wounó
Burg	kástro (pírgos)
Dorf	chorió
Eingang	ísodos
Fluß	potamós
Kirche	eklisiá
Museum	musíon
Platz	platía
Stadt	póli
Strand	plas
Tempel	naós
Theater	théatro

Hilfe & Krankheit

gibt es (hier) ...?	**ipárchi (edó) ...?**
haben Sie ...?	**échete ...?**
wo ist (die Apotheke)?	**pu íne (to farmakío)?**
Wann hat der Arzt Sprechstunde?	**póte déxete o jiatrós?**
Ich habe Schmerzen (hier)	**écho póno (edó)**
Ich habe verloren ...	**échassa ...**
helfen Sie mir bitte!/Hilfe!	**woithíste me parakaló!/-woíthia!**

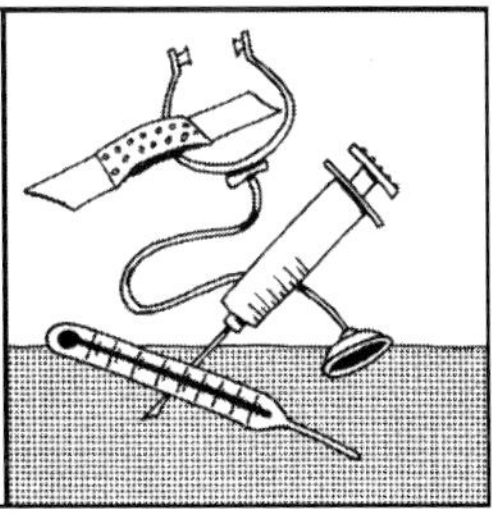

Arzt	jatrós
Deutsche Botschaft	presvía jermanikí
Krankenhaus	nossokomío
Polizei	astinomía
Tourist-Information	turistikés plioforíes
Unfall	atíchima
Zahnarzt	odontíatros
Ich bin allergisch gegen ...	egó íme allergikós jia ...
Ich möchte (ein)...	thélo (éna) ...
Abführmittel	kathársio
Aspirin	aspiríni
die "Pille"	to chápi
Kondome	profilaktiká
Penicillin	penikelíni
Salbe	alifí
Tabletten	hapía
Watte	wamwáki
Ich habe ...	écho ...
Ich möchte ein Medikament gegen...	thélo éna jiatrikó jia ...
Durchfall	diária
Fieber	piretós
Grippe	gríppi
Halsschmerzen	ponólemos
Kopfschmerzen	ponokéfalos
Magenschmerzen	stomachóponos
Schnupfen	sinàchi
Sonnenbrand	égawma
Verstopfung	diskiljótita
Zahnschmerzen	ponódontos

Zahlen

½	misó
1	éna
2	dío
3	tría
4	téssera
5	pénde
6	éxi
7	eftá
8	októ
9	ennéa
10	déka
11	éndeka
12	dódeka
13	dekatría
20	íkosi
30	triánda
40	sarránda
50	penínda
60	exínda
70	efdomínda
80	okdónda
90	enenínda
100	ekató
200	diakósa
300	triakósa
1000	hília
2000	dio hiliádes

Zeit

Morgen(s)	proí
Mittag(s)	messiméri
Nachmittag(s)	apógewma
Abend(s)	wrádi
heute	ssímera
morgen	áwrio
übermorgen	méthawrio
gestern	chtés
vorgestern	próchtes
Tag	méra

jeden Tag	káthe méra
Woche	ewdomáda
Monat	mínas
Jahr	chrónos
Stündlich	aná óra
Wann?	póte?

Wochentage

Sonntag	kiriakí
Montag	deftéra
Dienstag	tríti
Mittwoch	tetárti
Donnerstag	pémpti
Freitag	paraskewí
Samstag	sáwato

Monate

Ganz einfach: fast wie im Deutschen + Endung "-ios"! (z.B. April = Aprílios). Ianuários, Fewruários, Mártios, Aprílios, Máios, Iúnios, Iúlios, 'Awgustos, Septémwrios, Októwrios, Noémwrios, Dekémwrios.

Uhrzeit

Wann?	**póte?**
Stunde	**óra**
Um wieviel Uhr?	**piá óra (ti óra)?**
Wieviel Uhr (ist es)?	**tí óra (íne)?**
Es ist 3 Uhr (dreißig)	**íne trís (ke triánda)**

Achtung: nicht éna, tría, téssera óra (1, 3, 4 Uhr), sondern: mía, trís, tésseris óra!! Sonst normal wie unter Kapitel "Zahlen".

Das griechische Alphabet

Buchstabe groß	klein	Name	Lautzeichen	Aussprache
Α	α	Alpha	a	kurzes a wie in Anna
Β	β	Witta	w	w wie warten
Γ	γ	Gámma	g	g wie Garten j vor Vokalen e und i
Δ	δ	Delta	d	stimmhaft wie das englische "th" in the
Ε	ε	Epsilon	e	kurzes e wie in Elle
Ζ	ζ	Síta	s	stimmhaftes s wie in reisen
Η	η	Ita	i	i wie in Termin
Θ	ϑ	Thíta	th	stimmloses wie englisches "th" in think
Ι	ι	Jóta	j	j wie jagen
Κ	κ	Kápa	k	k wie kann
Λ	λ	Lámbda	l	l wie Lamm
Μ	μ	Mi	m	m wie Mund
Ν	ν	Ni	n	n wie Natur
Ξ	ξ	Xi	x	x wie Xaver
Ο	ο	Omikron	o	o wie offen
Π	π	Pi	p	p wie Papier
Ρ	ρ	Ro	r	gerolltes r

Σ	σς	Sígma	ss	ss wie lassen
Τ	τ	Taf	t	t wie Tag

Buchstabe		Name	Lautzeichen	Aussprache
groß	klein			
Υ	υ	Ipsilon	j	j wie jeder
Φ	φ	Fi	f	f wie Fach
Χ	χ	Chi	ch	ch wie ich
Ψ	ψ	Psi	ps	ps wie Kapsel
Ω	ω	Omega	o	o wie Ohr

Da das griechische und lateinische Alphabet nicht identisch sind, gibt es für die Übersetzung griechischer Namen in die lateinische Lautschrift oft mehrere, unterschiedliche Schreibweisen, z. B.: Chorefton (auf Pilion) - auch Horefto, Horefton, Chorefto; Kalkis - auch Chalikis oder Halkida.

Bestellung

☐ Ich möchte gerne unverbindlich das aktuelle Verlagsprogramm mit den Neuerscheinungen übersandt haben.
Alle unsere Titel sind im Buchhandel lieferbar, bitte bestellen Sie dort. Falls sich kein Buchladen in Ihrer Nähe befindet, liefern wir auch direkt.

Bitte schicken Sie mir

Preisangaben in DM

... **Algarve** 29.80
... **Altmühltal** 29.80
... **Amorgos & Kl. Ostkykladen** 34.80
... **Amsterdam** 26.80
... **Andalusien** 36.80
... **Apulien** 32.80
... **Baltische Länder** 39.80
... **Berlin** 29.80
... **Bodensee** 32.80
... **Bretagne** 39.80
... **Chalkidiki** 29.80
... **Donau** (dt.) 34.80
... **Ecuador** ca. 39.80
... **England** 36.80
... **Franken** 32.80
... **Fränk. Schweiz** 29.80
... **Gardasee** 29.80
... **Gomera** 29.80
... **Gran Canaria** 34.80
... **Griechenland Gesamt** 39.80
... **Griech. Inseln** 39.80
... **Irland** 36.80
... **Island** 39.80
... **Italien Gesamt** 42.-
... **Ital. Riviera** 32.80
... **Karpathos** 26.80
... **Katalonien** 29.80
... **Korfu/Ionische Inseln** 32.80
... **Korsika** 36.80
... **Kos** 29.80
... **Kreta** 39.80
... **Kreta Info-Karte** 16.80
... **Kroatien – Kvarner Bucht** 32.80
... **Kroatische Inseln u. Küste** 39.80
... **Kykladen** 39.80
... **La Palma** 32.80
... **La Palma Info-Karte** 12.80
... **Lanzarote** 36.80
... **Lesbos** 29.80
... **Liparische Inseln** ca. 29.80
... **Lissabon/Umgebung** 36.80
... **Mainfranken** ca. 29.80
... **Mallorca** 29.80
... **Mallorca** Infokarte ca. 12.80
... **Malta** 29.80

M. d. Eisenbahn durch Europa
... Europa-Südwest (Zone F + Frankreich) 26.80
... Skandin./Dänemark (Zone B + Dänemark) 22.80
... Frankreich/Benelux/ Großbritannien/ Irland (Zone E/A) 26.80

... **Niederlande** 39.80
... **Nördl. Sporaden** 34.80
... **Nord-/Mittelgriechenland** 39.80
... **Nordspanien** 32.80
... **Nordzypern** 29.80
... **Norwegen** 39.80
... **Nürnberg** 24.80
... **Oberbayerische Seen** 29.80
... **Oberitalien** 36.80
... **Peloponnes** 39.80
... **Polen** 39.80
... **Portugal** 39.80
... **Provence/Côte d'Azur** 39.80
... **Rhodos & Dodekanes** 32.80
... **Rom/Latium** 39.80
... **Samos** ca. 29.80
... **Samos/Chios/Lesbos** 34.80
... **Sardinien** 39.80
... **Schottland** 39.80
... **Sizilien** 39.80
... **Slowenien/Istrien** 32.80
... **Spanien Gesamt** 42.-
... **Südwestfrankreich** 36.80
... **Teneriffa** 32.80
... **Tirol** ca. 32.80
... **Toscana** 39.80
... **Toscana Info-Karte** 19.80
... **Tschech. u. Slow. Republik** 39.80
... **Tunesien** ca. 29.80
... **Türkei Gesamt** 44.80
... **Türkei Mittelmeerküste** 39.80
... **Ungarn** 36.80
... **Zypern**, südl. Landesteil 32.80

Ausschneiden, auf eine Postkarte kleben oder in einen Briefumschlag stecken, und ab geht die Post (Absender nicht vergessen)! Zustellung postwendend und portofrei, gegen Rechnung.

Michael Müller Verlag GmbH, Gerberei 19, 91054 Erlangen
Tel.: 0 91 31 / 20 59 29; Fax: 0 91 31 / 20 75 41

Wir möchten Sie gern kennenlernen ...

... um unsere Reisehandbücher noch besser auf Ihre Bedürfnisse abstimmen zu können. Deshalb auf dieser Doppelseite ein kurzer Fragebogen zu Ihrer letzten Reise mit einem unserer Handbücher.

Als Belohnung winken ...

... natürlich Reisehandbücher. Jeweils zum Jahresende verlost der Michael Müller Verlag unter allen Einsendern des Fragebogens 50 mal je ein Reisehandbuch Ihrer Wahl aus unserem Programm. (Der Rechtsweg ist ausgeschlossen)

Es bleibt natürlich alles unter uns ...

... Selbstverständlich garantieren wir absoluten Datenschutz und geben keine Adressen weiter. Versprochen!
Vielen Dank für ihre Mitarbeit und ... viel Glück!

Fragebogen

Ihre Reise

1) Mit welchem unserer Bücher waren Sie unterwegs? ....
   Und wann (Monat/Jahr)? ....
2) Mit wievielen Personen reisten Sie? Bitte kreuzen Sie an: ....
   ☐ allein ☐ zu zweit ☐ drei Personen oder mehr ....
   Mit Kindern? ☐ Nein ☐ Ja (Alter? ...... Jahre)
4) Wie lange dauerte Ihre Reise?
   ☐ bis 1 Woche ☐ bis 2 Wochen ☐ bis 3 Wochen ☐ über 3 Wochen
5) Hatten Sie Unterkunft und Anreise als Kombination bereits vorgebucht?
   ☐ Ja ☐ Nein
6) Welche/s Verkehrsmittel benutzten Sie zur Anreise? (Mehrfachnennungen möglich)
   ☐ Bahn ☐ Bus ☐ Flug ☐ Auto/Motorrad ☐ Fähre
   ☐ Sonstiges, nämlich
7) Mit welchem(n) Verkehrsmittel(n) waren Sie im Zielgebiet überwiegend unterwegs (Mehrfachnennungen möglich)?
   ☐ Bahn ☐ Bus ☐ eigenes Auto/Motorrad ☐ Mietfahrzeug ☐ Fähre
   ☐ anderes Verkehrsmittel, nämlich ....
   ☐ gar nicht, blieb an einem Ort
8) Wo übernachteten Sie vorwiegend?
   ☐ Gehobene Hotels ☐ Mittelklassehotels ☐ Landestypische Pensionen
   ☐ Privatzimmer ☐ Camping ☐ andere Unterkunft, nämlich ....
9) War es Ihre einzige Urlaubsreise in diesem Jahr?
   ☐ Ja ☐ Nein, ich verreise öfter mal für 1 Woche oder mehr, nämlich pro Jahr:
   ☐ 2x ☐ 3x ☐ 4x oder mehr;
   und dann meist ins: ☐ Inland ☐ Ausland

Ihr Reisehandbuch vom Michael Müller Verlag

1) Sind Sie das erste Mal mit einem unserer Reisehandbücher unterwegs gewesen?
☐ Ja ☐ Nein, vorher schon (Titel): ....

2) Wie lernten Sie unseren Verlag kennen?
☐ Empfehlung vom Buchhändler ☐ Empfehlung von Bekannten
☐ Habe das Buch zufällig im Buchhändlerregal entdeckt
☐ Über eine Anzeige in .... ☐ anders, nämlich ....

3) Insgesamt gesehen, waren Sie mit diesem Reisehandbuch
☐ nicht zufrieden ☐ zufrieden

4) Wir würden gerne wissen, wo wir in unseren Reisehandbüchern etwas verbessern können. Bitte geben sie deshalb den einzelnen Komponenten dieses Buches "Schulnoten" von 1 bis 6 und begründen Sie bitte Ihre Benotung.

	Note	Grund
Prakt. Informationen vor der Reise		
Geschichte		
Landeskundliches		
Orte und Regionen		
Sehenswürdigkeiten		
Prakt. Informationen unterwegs		

5) Was hat Ihnen an diesem Reisehandbuch besonders gefallen?
☐ Nichts Spezielles ☐ Doch, und zwar ....

6) Und was hat Sie am meisten gestört?
☐ Nichts Spezielles ☐ Doch, und zwar ....

7) Worüber hätten Sie gern mehr erfahren?
☐ Über ....
☐ Alle Informationen waren ausreichend

8) Unser Verlagsprogramm finden Sie auf den nächsten Seiten. Welche(s) Ziel(e) innerhalb Europas und des Mittelmeerraumes fehlt bzw. fehlen Ihnen in diesem Programm?
☐ Kein Ziel ☐ Doch, nämlich ....

9) Welches Reisehandbuch aus unserem Programm möchten Sie gewinnen?
....

Nun würden wir Ihnen gerne noch einige Fragen zu Ihren persönlichen Daten stellen (Datenschutz ist selbstverständlich gewährleistet)
Alter: .... Jahre
Familienstand: ☐ ledig ☐ verheiratet ☐ Kinder
Schulabschluß: ☐ Hauptschule ☐ Realschule ☐ Abitur
☐ Studium ☐ Beruf: ....

Fragebogen ausschneiden und an unsere Verlagsanschrift schicken (siehe unten). Bitte vergessen Sie nicht, für die Gewinnbenachrichtigung Ihren Namen und Adresse zu notieren.

Name: ....
Straße: ....
PLZ/Ort: ....

Michael Müller Verlag GmbH, Gerberei 19, 91054 Erlangen, FAX: 09131/207541

Vielen Dank thank you merci efcharistó gracias gracie tesekkür dekuji köszönöm

Sach- und Personenregister

A

Achilles 329
Alkohol 56
Anreise im Flugzeug (Skía) 117
Anreise mit dem Bus 38
Anreise mit dem Fahrrad 34
Anreise mit dem Flugzeug 24
Anreise mit der Bahn 36
Apartments 84
Ärztliche Versorgung 56f.
Atsitsa-Center 378
Ausflugsboote 47
Auslandskrankenschein E 111 57
Auslandskrankenversicherung 57
Automobilclub, griech. 34
Autoput 32
Autoreisezug 33

B

Baden 58
Bahncard 37
Bahnpässe 37
Bier 66
Briefmarken 75
Brooke, Rupert 395
Brot 62
Busverbindungen (Skía) 120
Buy & fly-Tarif 30

C / D

Camping 84
Chaireddin Barbarossa, Pirat 181
Chartorflügo 25
Diebstahl 58
Diplomatische Vertretungen 58
Dunlop, Richard 148

E

Einkaufen 59
Erdbeben 285
Ermäßigungen 59
Essen 60
Essen (Alo) 259
Essen (Skop) 190
Essen (Sky) 332
Essen (Skía) 116
Euro Domino 38
Euroschecks 69

F

Fährlinien 40
Fahrrad 52
Fährverbindungen nach Skíathos 118
Fährverbindungen 39, 44
Faltaits, Manos 352
Familie 67
Fauna 21
Feiertage 17
Ferienwohnungen 84
Fernsehen 75
Feste 17
Finanzen 68
Fisch 64
Flagge, griech. 154
Fleischgerichte 63
Flieg & spar-Tarif 28
Flora 18
Flughafensteuer 25
Flying Dolphin = Tragflügelboot 46
Fotografieren 70
Frühstück 62

G

Geldwechsel 68
Geographie 15
Geologie 15
Gepäcktransport 30
Geschichte (Alo) 257
Geschichte (Skop) 189
Geschichte (Sky) 330
Geschichte (Skía) 115
Gesten 70
Getränke 66
Gewürze 66
Gýros 63

H – J

Hochzeitsbräuche 332
Homöopathie 280
Hotels 83
Ieri 333
Informationen 70
Inselbusse 48
Inselfeste (Alo) 259
Inselfeste (Skop) 191
Inselfeste (Sky) 332
Inselfeste (Skía) 117
InterRail-Ticket 38
Jugendherbergen 84
Jugendtarif 29

K

Kafeníon 62
Kaffee 66
Kaíkis 47, 52
Karneval 333
Kartenmaterial 71
Käse 66
Kefthédes 63
Kioske 59
Kirchen 72
Kleftikó 63
Kleidung 71
Klima 13
Klöster 72
Komboloí 72
Konion, Giftpflanze 320
Kräuter 20
Kyklop, myth. Gestalt 318

L / M

Last Minute-Flüge 27
Linienflüge 28

Macchia 19
Marmor 16
Meeresforschungsstation (Alo) 310
Meeresfrüchte 64
Meltémi 13
Mietwagen 52
Mitfahrzentralen 39
Mönchsrobben 274, 310, 319
Moral 72
Motorradtransport 30
Mountainbikes 52
Moussaká 64
Mythologie (Alo) 257
Mythologie (Skop) 188
Mythologie (Sky) 329

N / O

Nachspeisen 65
Öffnungszeiten 74
Otto I. 154
Oúzeri 62

P

Pannenhilfe 34
Papadiamántis, Aléxandros 137
Papiere 74
Pasteli 116
Patronatsfeste 17
Peleus 257
Pensionen 84
Pikermik-Pferde = Skýros-Ponys 397
Piraten 181
Post 74
Privatzimmer 84

R / S

Radio 75
Rail & fly 30
Regínos, heiliger 224
Reiseschecks 69
Reisezeit 75
Religion 77
Restplatz-Börsen 27
Retsína 67
Schirokko 13
Schlangen 177
Schüler-/Studentenausweis ISIC 60
Segeln 78
Sicherheitsgebühr 25
Skýros-Ponys = Pikermik-Pferde 397
Sondergepäck 30
Souvláki 63
Speisekarte 62
Sport 77
Sprache 79
Sprachkurse 192
Stáphylos 189
Sternschnuppen 76
Stifádo 63
Sträucher 20
Strom 79
Super-flieg & spar-Tarif 29
Surfen 78
Süßigkeiten 65

T

Tauchen 77
Taxi (Skía) 120
Taxi 49
Telefon 79
Telefonkarten 80
Tiertransport 30
Toiletten 80
Trachten 185
Tragflügelboot = Flying Dolphin 46
Tragflügelboote (Skía) 118
Trinkgeld 62
TwenTicket 37
Tyropita = Cheese-Pie 60

U – Z

Übernachten 81
Uhrzeit 86
Umwelt 86
Vignetten 34
Vithoulkas, Geórgios 280
Vollkasko 51
Vorspeisen 63
Waldbrände 11
Wanderkarten 55
Wandern 53
Wasser 66, 87
Wassertemperaturen 14
Wein 67
Wetter 13
Wirtschaft (Alo) 259
Wirtschaft (Skop) 190
Wirtschaft (Sky) 331
Wirtschaft (Skía) 116
Zeitungen 87
Zelten 85
Zoll 87
Zweiradvermietung 49

Geographisches Register

A

Adelphí, Inselgruppe 322
Adelphopoulo, Insel 322
Agíos Geórgios, Insel (Skop) 251
Agíos Konstantínos (Alo) 305
Ákra Gérakas, Kap (Alo) 310
Ákra Kalámi, Kap (Alo) 305
Ákra Kyrá, Kap (Kyrá Pan) 317
Ákra Maístra, Kap (Alo) 305
Ákra Mármara, Kap (Sky) 394
Ákra Marpoúnta = Ákro Nótos, Kap (Alo) 282
Ákra Panagía, Kap (Kyrá Pan) 316
Ákra Poúria, Kap (Sky) 364